UTB 3363

W0041203

Eine Arbeitsgemeinschaft der Verlage

Böhlau Verlag · Köln · Weimar · Wien
Verlag Barbara Budrich · Opladen · Farmington Hills
facultas.wuv · Wien
Wilhelm Fink · München
A. Francke Verlag · Tübingen und Basel
Haupt Verlag · Bern · Stuttgart · Wien
Julius Klinkhardt Verlagsbuchhandlung · Bad Heilbrunn
Lucius & Lucius Verlagsgesellschaft · Stuttgart
Mohr Siebeck · Tübingen
Orell Füssli Verlag · Zürich
Ernst Reinhardt Verlag · München · Basel
Ferdinand Schöningh · Paderborn · München · Wien · Zürich
Eugen Ulmer Verlag · Stuttgart
UVK Verlagsgesellschaft · Konstanz
Vandenhoeck & Ruprecht · Göttingen
vdf Hochschulverlag AG an der ETH Zürich

Peter Pilhofer

Das Neue Testament und seine Welt

Eine Einführung

Mohr Siebeck

Peter Pilhofer, geboren 1955; 1989 Promotion; 1994 Habilitation; Professor für Neues Testament an der Universität Erlangen.

ISBN 978-3-8252-3363-1 (UTB)
ISBN 978-3-16-150217-0 (Mohr Siebeck)

Die Deutsche Nationalbibliothek verzeichnet diese Publikation in der Deutschen National-bibliographie; detaillierte bibliographische Daten sind im Internet über *http://dnb.d-nb.de* abrufbar.

Das Buch wurde von Hubert & Co in Göttingen auf alterungsbeständiges Werkdruckpapier gedruckt und gebunden.

Φιλίππῳ Ἀλεξάνδρῳ

τῷ συνεργῷ καὶ συστρατιώτῃ

εὐχαριστήριον

Vorwort

Als ich zu Beginn meines Studiums vor 35 Jahren in Erlangen unterwegs war, um das eine oder andere Buch zu erstehen, gab es noch eine ganze Reihe von Buchhandlungen, die theologische Bücher in großer Zahl vorrätig hatten. Da stand ich also in der Buchhandlung Krische – die heute wie so manche andere nicht mehr existiert – vor einem riesigen Regal mit neutestamentlichen Büchern auf der Suche nach einer Einführung. Ich blätterte in manchem Buch, konnte mich aber nicht so recht entscheiden, welches ich nehmen sollte. Da kam ein Kommilitone daher und fragte mich, was ich denn suche. Mit meiner Antwort: „Eine Einführung ins Neue Testament" freilich gab er sich nicht zufrieden. Hier verläßt mich leider mein Gedächtnis: Ich erinnere mich nicht präzise, wer es war. Auf jeden Fall war es ein ganz schlauer *studiosus* – ich schwanke zwischen zwei Figuren –, der zu mir sprach: „Was suchst Du denn genau, eine *Einführung* oder eine *Einleitung*?"

Zu meiner Schande mußte ich gestehen, daß ich gar nicht wußte, was der Unterschied ist zwischen *Einführung* ins Neue Testament und *Einleitung* ins Neue Testament. Der schlaue Kommilitone klärte mich auf: Eine *Einführung* ist ein Buch, das einen zum Neuen Testament hinführt; unter *Einleitung* dagegen versteht man ein wissenschaftliches Werk, das die einzelnen Schriften des Neuen Testaments untersucht und dabei Fragen nachgeht wie: Wer hat das Buch geschrieben? Wann ist es entstanden? Wo ist es abgefaßt? u. a.

Auf dem heutigen Büchermarkt können Sie sich den Unterschied an den beiden Büchern von Gerd Theißen und Ingo Broer klarmachen.[1] Wenn Sie die beiden Darstellungen vergleichen, fällt sofort die unterschiedliche Dimension ins Auge: Das Büchlein von Theißen hat 128 Seiten; in Vorlesungsstunden umgerechnet wäre das eine zweistündige Veranstaltung, bei der viele Stunden ausfallen dürften, und man würde das Pensum noch immer spielend schaffen. Bei Broer hat der erste Band 287 Seiten, der zweite sogar fast 450 – insgesamt also weit mehr als 700 Seiten. Selbst in einer vierstündigen Vorlesung wäre dieses Pensum auch nicht entfernt zu bewältigen!

Ich gehe in diesem Buch, das auf Erlanger und Nürnberger Vorlesungen zurückgeht, einen Mittelweg: Ich versuche eine Einführung in das Neue Testament, die nicht nur die 27 Schriften in den Blick nimmt, sondern die bunte Welt der ersten

---

1   *Gerd Theißen:* Das Neue Testament, C.H. Beck Wissen in der Beck'schen [sic] Reihe 2192, München 2002; *Ingo Broer:* Einleitung in das Neue Testament, Band 1: Die synoptischen Evangelien, die Apostelgeschichte und die johanneische Literatur; Band 2: Die Briefliteratur, die Offenbarung des Johannes und die Bildung des Kanons, Die Neue Echter Bibel. Ergänzungsband zum Neuen Testament 2,1 und 2,2, Würzburg 1998 und 2001.

Christinnen und Christen als Ganze vor Augen malt. Denn man kann das Neue Testament nicht sinnvoll lesen, wenn man die Lebenswelt der Menschen, von denen und für die es geschrieben wurde, gar nicht kennt. Daher werden wir uns auch ein wenig mit der Geschichte des ersten Jahrhunderts beschäftigen und die Rolle, die die christlichen Gemeinden in dieser Welt spielen, studieren. Zugleich aber werden selbstverständlich auch die Schriften des Neuen Testaments nach einleitungswissenschaftlichen Grundsätzen besprochen – wenngleich nicht in der von Broer vorexerzierten Gründlichkeit, denn dieses Buch wendet sich wie die Vorlesungen, aus denen es entstanden ist, primär an Studierende am Anfang ihres Studiums.

Die neuen Studienordnungen und Studiengänge der letzten Jahre haben eine neue Fassung der Vorlesung notwendig gemacht, auf der dieses Buch beruht: Da nun fast alle Studierenden auch eine Lehrveranstaltung zur Bibelkunde besuchen, war es möglich, die bibelkundlichen Stoffe stark zu reduzieren. Dadurch wurde Platz für andere Themen. Die Blicke in Zeit und Umwelt konnten erweitert werden, so daß nun ein – wie ich hoffe – deutliches Bild der Welt der frühen christlichen Gemeinden entsteht.

Dieses Buch wendet sich an Leserinnen und Leser, die gewisse Kenntnisse des Griechischen mitbringen; um auch solchen, die mit Griechisch noch gar nicht in Berührung gekommen sind, die Lektüre zu ermöglichen, habe ich im Text alle griechischen Wörter transkribiert. Dabei habe ich die zu betonende Silbe mit einem Unterpunkt gekennzeichnet, so daß in jedem Fall eine korrekte Aussprache auch denjenigen ermöglicht wird, die die griechischen Buchstaben noch nicht kennen. (Beispiel: ὁ λόγος erscheint in Umschrift als *ho logos*.) Einen solchen Unterpunkt habe ich gelegentlich auch bei Wörtern gesetzt, von denen ich annahm, daß sie nicht allgemein geläufig sind, um eine falsche Betonung von vornherein zu vermeiden.

Mein Dank gilt meinen Mitarbeiterinnen und Mitarbeitern, die an der Erstellung, Korrektur und Registererarbeitung der Buchfassung beteiligt waren: Herrn Dr. Jens Börstinghaus, der die TEX/LATEX 2ε-Version in Koma-Script zu überführen anregte und dieses Verfahren geduldig begleitet und gefördert hat; Frau Eva Schöniger, die wie schon bei der zweiten Auflage von Philippi II[2] die Hauptlast der TEXnischen Überarbeitung zu tragen hatte; schließlich Frau Elke Kaltenecker, Frau Dorothee Mann und Herrn Heiko Seeburg, die Korrektur gelesen und Vorschläge für die Register erarbeitet haben.

Mein Dank gilt weiter Philipp Pilhofer, der in bewährter Weise für die KDESvn-Plattform Sorge getragen hat, was die konfliktfreie gemeinsame Arbeit an den einzelnen Dateien ermöglichte. Auch an der TEXnischen Vorbereitung der Register hatte er (neben Dr. Jens Börstinghaus) maßgeblichen Anteil.

Mein Dank gilt schließlich Frau stud. theol. Edna Ranninger, die mich kurz vor Torschluß vor dem Theologischen Seminargebäude in Erlangen bei einem mir un-

---

2   *Peter Pilhofer:* Philippi. Band II: Katalog der Inschriften von Philippi, WUNT 119, Tübingen ²2009.

vergeßlich bleibenden Gespräch auf das Fehlen des § 19 in der Netzfassung dieses Textes aufmerksam gemacht hat. Für mich wird die Diskussion der Gallio-Inschrift künftig stets mit ihrem Namen verbunden bleiben (vgl. Mk 14,9).

Eine letzte Durchsicht des gesamten Textes verdanke ich Dr. Jens Börstinghaus. Er hat mich auf etliche Fehler aufmerksam gemacht, die ich noch korrigieren konnte. Für die Fehler, die immer noch stehengeblieben sind, trage selbstverständlich allein ich die Verantwortung.

Bräuningshof, 20. Februar 2010/20. Mai 2010   *Peter Pilhofer*

Inhaltsverzeichnis

Abbildungsverzeichnis

Abkürzungsverzeichnis

Alandsche Synopse Kurt Aland: Synopsis quattuor evangeliorum locis parallelis evangeliorum apocryphorum et patrum adhibitis, Stuttgart [15. Auflage, dritter Druck] 2001.

Barrington Atlas Richard J.A. Talbert [Hg.]: Barrington Atlas of the Greek and Roman World, Princeton and Oxford 2000.

Bauer/Aland Walter Bauer: Griechisch-deutsches Wörterbuch zu den Schriften des Neuen Testaments und der frühchristlichen Literatur, 6., völlig neu bearbeitete Auflage, herausgegeben von Kurt Aland und Barbara Aland, Berlin/New York 1988.

BDR Friedrich Blass/Albert Debrunner: Grammatik des neutestamentlichen Griechisch. Bearbeitet von Friedrich Rehkopf, Göttingen [14]1976.

Bornemann/Risch Eduard Bornemann/Ernst Risch: Griechische Grammatik, Frankfurt am Main/Berlin/München 1973.

CIL III Inscriptiones Asiae, provinciarum Europae graecarum, Illyrici latinae, Pars prior. Pars posterior, hg.v. Theodor Mommsen, Corpus Inscriptionum Latinarum III 1–2, Berlin 1873.

DNP Der Neue Pauly. Enzyklopädie der Antike, hg. v. Hubert Cancik und Helmuth Schneider, Stuttgart/Weimar: Band 1 (1996)–16 (2003).

ΕλλΠατ Βιβλιοθήκη ἑλλήνων Πατέρων καὶ ἐκκλησιαστικῶν Συγγραφέων, Athen seit 1955.

Glare P.G.W. Glare [Hg.]: Oxford Latin Dictionary, Oxford 1982 (Nachdruck 1985).

IAnkara E. Bosch: Quellen zur Geschichte der Stadt Ankara im Altertum, Türk Tarih Kurumu Yayinlarindan VII 46, Ankara 1967.

ICaes Clayton Miles Lehmann/Kenneth G. Holum: The Greek and Latin Inscriptions of Caesarea Maritima, The Joint Expedition to Caesarea Maritima. Excavation Reports V, Boston 2000.

IEph Die Inschriften von Ephesos.[1]

IJO II Walter Ameling: Inscriptiones Judaicae Orientis. Band II: Kleinasien, TSAJ 99, Tübingen 2004.

IKor I Benjamin Dean Meritt [Hg.]: Greek Inscriptions 1896–1927, Corinth. Results of Excavations Conducted by the American School of Classical Studies at Athens, Volume VIII, Part I, Cambridge/Mass. 1931.

---

1 Eine genaue Auflistung aller bisher erschienenen Bände findet sich auf Seite 153 in Anm. 2. Diese wird hier aus Platzgründen nicht wiederholt.

IKor III   John Harvey Kent [Hg.]: The Inscriptions 1926–1950, Corinth. Results
                of Excavations Conducted by the American School of Classical Studies at
                Athens, Volume VIII, Part III, Princeton 1966.

ILS   Inscriptiones Latinae Selectae, hg. v. Hermann Dessau, Vol. I–III 2, Berlin
                1892–1916, 5. Aufl. (unveränderter Nachdruck) Zürich 1997.

IPhil   Peter Pilhofer: Philippi. Band II: Katalog der Inschriften von Philippi,
                WUNT 119, Tübingen 2000 (2. Aufl. 2009).

LA   Lesart(en) [im Rahmen von textkritischen Diskussionen]

Lampe   G. W. H. Lampe [Hg.]: A Patristic Greek Lexicon, Oxford 1961 (Nachdr.
                1978).

LSJ   Henry George Liddell / Robert Scott / Henry Stuart Jones [Hg.]: A Greek-
                English Lexicon (mit einem Supplement ed. by E. A. Barber), Oxford 1968
                (Nachdr. 1977).[2]

Nestle/Aland[27] Barbara Aland/Kurt Aland: Novum Testamentum graece, post Eberhard
                et Erwin Nestle editione vixesima septima revisa communiter ediderunt
                Barbara et Kurt Aland, Johannes Karavidopoulos, Carlo M. Martini, Bruce
                M. Metzger, Stuttgart 1993.

Schürer   Emil Schürer: The history of the Jewish people in the age of Jesus Christ
                (175 B.C. – A.D. 135), A new English version revised and edited by Geza
                Vermes, Fergus Millar, Matthew Black, Martin Goodman, Edinburgh I
                1973, II 1979, III 1 1986, III 2 1987.

SIG[3]   Sylloge inscriptionum graecarum, hg. v. Wilhelm Dittenberger, Leipzig,
                3. Aufl. 1915.1917.1920.1921–1924 (Nachdr. Hildesheim 1960).

ThLL   Thesaurus Linguae Latinae editus auctoritate et consilio Academiarum
                quinque Germanicarum Berolinensis Gottingensis Lipsiensis Monacensis
                Vindobonensis (später: editus iussu et auctoritate consilii ab Academiis So-
                cietatibusque diversarum nationum electi), Leipzig 1900ff.

---

2   Die neue Ausgabe des Supplements (P. G. W. Glare/A. A. Thompson [Hg.]: Greek-English Lexicon. Revised Supplement, Oxford 1996) wird ohne Abkürzung zitiert.

Literaturverzeichnis

1. Einleitungen und Verwandtes[1]

Friedrich Schleiermacher: Einleitung ins Neue Testament. Aus Schleiermacher's handschriftlichem Nachlasse und nachgeschriebenen Vorlesungen, mit einer Vorrede von Dr. Friedrich Lücke, herausgegeben von G. Wolde, Friedrich Schleiermacher's sämmtliche Werke I 8, Berlin 1845.

Theodor Zahn: Einleitung in das Neue Testament, Zwei Bände, Leipzig [3]1906 bzw. [3]1907.

Philipp Vielhauer: Geschichte der urchristlichen Literatur. Einleitung in das Neue Testament, die Apokryphen und die Apostolischen Väter, Berlin/New York 1975; durchgesehener Nachdr. 1978.[2]

Willi Marxsen: Einleitung in das Neue Testament. Eine Einführung in ihre Probleme, 4. völlig neu bearbeitete Auflage, Gütersloh 1978.

Werner Georg Kümmel: Einleitung in das Neue Testament, Heidelberg [21]1983.

Jürgen Roloff: Einführung in das Neue Testament, Stuttgart 1995.

Ingo Broer: Einleitung in das Neue Testament, Band 1: Die synoptischen Evangelien, die Apostelgeschichte und die johanneische Literatur; Band 2: Die Briefliteratur, die Offenbarung des Johannes und die Bildung des Kanons, Die Neue Echter Bibel. Ergänzungsband zum Neuen Testament 2,1 und 2,2, Würzburg 1998 und 2001.[3]

Gerd Theißen: Das Neue Testament, C.H. Beck Wissen in der Beck'schen [sic] Reihe 2192, München 2002.

Udo Schnelle: Einleitung in das Neue Testament, UTB 1830, Göttingen [5]2005.

Petr Pokorný und Ulrich Heckel: Einleitung in das Neue Testament. Seine Literatur und Theologie im Überblick, UTB 2798, Tübingen 2007.

2. Wörterbücher und andere Hilfsmittel[4]

Kurt Aland: Synopsis quattuor evangeliorum locis parallelis evangeliorum apocryphorum et patrum adhibitis, Stuttgart [15. Auflage, dritter Druck]2001.

---

1   Diese ordne ich nach dem Erscheinungsjahr.

2   Im Vergleich zu den andern hier genannten Darstellungen hat das Vielhauersche Buch den nicht zu unterschätzenden Vorteil, daß es nicht nur die 27 Schriften des Neuen Testaments behandelt, sondern auch die zum Teil aus derselben Zeit wie die späteren neutestamentlichen Schriften stammenden Apokryphen und die Apostolischen Väter.

3   Mittlerweile ist eine teilweise überarbeitete einbändige Ausgabe dieses bewährten Werks bei der Wissenschaftlichen Buchgesellschaft in Darmstadt erschienen.

4   Hier halte ich die chronologische Reihenfolge nicht für sinnvoll: Ich ordne nach dem Alphabet.

Walter Bauer/Kurt Aland/Barbara Aland: Griechisch-deutsches Wörterbuch zu den Schriften des Neuen Testaments und der frühchristlichen Literatur, 6., völlig neu bearbeitete Auflage, Berlin/New York 1988.

Friedrich Blass/Albert Debrunner: Grammatik des neutestamentlichen Griechisch. Bearbeitet von Friedrich Rehkopf, Göttingen ¹⁴1976.

Heinrich Greeven: Synopse der drei ersten Evangelien mit Beigabe der johanneischen Parallelen, Tübingen 1981.

G. W. H. Lampe [Hg.]: A Patristic Greek Lexicon, Oxford 1961 (Nachdr. 1978).

Henry George Liddell/Robert Scott/Henry Stuart Jones [Hg.]: A Greek-English Lexicon (mit einem Supplement ed. by E.A. Barber), Oxford 1968 (Nachdr. 1977).

[LSJ Suppl.] P.G.W. Glare/Α.Α. Thompson [Hg.]: Greek-English Lexicon. Revised Supplement, Oxford 1996.

Bruce M. Metzger: A Textual Commentary on the Greek New Testament. A Companion Volume to the United Bible Societies' Greek New Testament (Fourth Revised Edition), Stuttgart ²1994.

William F. Moulton/Alfred S. Geden: A Concordance to the Greek Testament According to the Texts of Westcott and Hort, Tischendorf and the English Revisers, edited by William F. Moulton and Alfred S. Geden, Fifth Edition Revised by Harold K. Moulton, Edinburgh 1978 (die erste Auflage Edinburgh 1897).

[ThLL] Thesaurus Linguae Latinae editus auctoritate et consilio Academiarum quinque Germanicarum Berolinensis Gottingensis Lipsiensis Monacensis Vindobonensis (später: editus iussu et auctoritate consilii ab Academiis Societatibusque diversarum nationum electi), Leipzig 1900ff.

Kapitel I: Unterwegs

ὁδοιπορίαις πολλάκις
2Kor 11,26

Bücher werden am Schreibtisch geschrieben. Jedenfalls heute. Mindestens in der Regel. Die schönen bunten Prospekte der Laptop-Anbieter suggerieren zwar, daß gutaussehende junge Menschen im Bett schreiben oder am Strand oder notfalls auch im Zug, aber wer es einmal versucht hat, wird es schnell bleibenlassen. Die Sandkörner tun dem Gerät nicht gut, und die Akku-Laufzeit ermöglicht besinnliche Stunden am Meer schreibend ohnehin nicht. Wieso es bequem sein sollte, seinen Laptop im Bett zu traktieren, hat mir noch nie eingeleuchtet, und mit den Zügen ist das so eine Sache ... Das will ich hier nicht vertiefen.

In neutestamentlicher Zeit war an Schreibtischen an sich kein Mangel. Die Gemeinschaft von Qumran[1] konnte mit perfekt eingerichteten Schreibstuben aufwarten, wo nicht nur geeignete Tische, sondern auch gute Tinte jederzeit bereitstand. Die Verfasser der neutestamentlichen Schriften allerdings hatten weder einen Laptop noch einen Profi-Arbeitsplatz, wie wir ihn aus Qumran kennen. Das Schreiben war ihnen nicht in die Wiege gelegt, und manche taten sich ersichtlich schwer damit. Bücher in unserem Sinn sind es nicht, die da entstehen.

Zunächst entsteht ohnehin gar nichts. Wenn wir an Jesus denken, so können wir ihn uns mit einer Schreibfeder nicht ohne weiteres vorstellen. Auch die Menschen, die ihn umgaben, waren keine Literaten. Am See Genezareth gehörte die Kunst des Schreibens für Fischer nicht zu den überlebenswichtigen Kulturtechniken. Wie viele der Jünger Jesu überhaupt die Kunst des Schreibens beherrschten, mag man sich fragen. Daß aus diesem Kreis Bücher hervorgehen würden, war nicht zu erwarten.

Paulus hingegen konnte schreiben, kein Zweifel. Aber ein Literat war auch er nicht. Er ist nicht auf die Idee gekommen, Bücher zu verfassen. Er hätte seine Lehre ja in

---

1   Qumran ist ein Ort am Toten Meer, der dadurch bekannt geworden ist, daß dort in mehreren Höhlen eine reichhaltige Sammlung von jüdischen Texten aus neutestamentlicher Zeit gefunden wurde. Die Grabungen in den Höhlen und ihrer Umgebung förderten auch Gebäude zutage. In diesen wurde ein (in seiner Deutung umstrittener) Schreibraum – ein sogenanntes Skriptorium – mit »Schreibtischen« gefunden, vgl. dazu die folgende Abbildung (Abb. I.1 [S. 2]).
Zur Einführung in die Problematik eignet sich beispielsweise das bei der Abbildung zitierte Werk von *Werner Ekschmitt:* Ugarit – Qumran – Nag Ḥammadi. Die großen Schriftfunde zur Bibel, Kulturgeschichte der antiken Welt, Sonderband, Mainz 1993.

Abbildung I.1: Schreibtische aus Qumran (*Werner Ekschmitt:* a.a.O., Tafel 5: „Die angeblichen Schreibbänke aus dem angeblichen Skriptorium von Qumran. Die Rekonstruktion täuscht, da die Stahlstützen die »Bänke« viel höher ansetzen, als sie in Wirklichkeit waren. Vgl. die Diskussion S. 156.")

Traktaten veröffentlichen können, wie es bei Heiden wie Juden üblich war.[2] Er hat das wohl nicht einmal erwogen. Immerhin schrieb Paulus Briefe, die einen bedeutenden Teil des Neuen Testaments ausmachen. Aber das waren eben gerade keine Bücher, nicht eine Hinterlassenschaft für die Nachwelt – also etwa uns –, sondern Gelegenheitsschriften, aus der augenblicklichen Situation entstanden, ein Notbehelf, da Paulus nicht in mehreren Gemeinden gleichzeitig sein konnte.

Für ein breiteres Publikum schrieben die Evangelisten; Lukas versteht sich schon als christlicher Schriftsteller. Er will über seine eigene Gemeinde hinaus wirken und hat dabei wohl auch bereits die Nachwelt im Blick.

In diesem Kapitel wollen wir diese drei Männer kennenlernen: Dem Lukas können wir am Ende dieses Kapitels schon beim Schreiben über die Schulter schauen (§ 3 Lukas, der Geschichtsschreiber »des Weges«); bei Paulus und Jesus aber, den Männern der Praxis, nicht der Feder, beschränken wir uns vorerst darauf, sie auf einem Stück ihres Weges zu begleiten, um uns auf diese Weise der Welt des Neuen Testaments zu nähern.

---

2   Aus dem Bereich des Heidentums Beispiele anzuführen, erübrigt sich. Für die jüdische Seite kann man etwa auf Philon von Alexandrien verweisen, ein älterer Zeitgenosse des Paulus, der Schrift auf Schrift verfaßte, so daß allein das Erhaltene 12 Bände der Loeb Classical Library füllt.

§ *1 Jesus auf dem Weg nach Jerusalem*

Ein Charakteristikum des Lebens Jesu ist die anscheinend ruhelose Wanderschaft: „Die Füchse haben Gruben und die Vögel am Himmel haben Nester, aber der Menschensohn hat nicht, wo er sein Haupt hinlege."[3] Jesus hat keinen festen Wohnsitz, er ist ständig unterwegs. Wir finden ihn am See Genezareth und in den umliegenden Dörfern. Die Städte, die es in dieser Region durchaus auch gab, kommen in unsern Evangelien zumeist noch nicht einmal dem Namen nach vor. Jesus scheint sie gemieden zu haben.[4] (Zu den geographischen Gegebenheiten rund um den See Genezareth vgl. die Karte auf S. 8.)

Für Menschen, die zu Beginn des 21. Jahrhunderts in Mitteleuropa leben, ist diese Lebensweise schier unvorstellbar. Aber auch für die Zeitgenossen war sie alles andere als selbstverständlich. Selbst im engsten Freundes- und Familienkreis hielt man Jesus schlicht für verrückt: Als sie erfuhren, wo er gerade war – so berichtet Markus – zogen sie aus, „um ihn festzusetzen; denn sie sagten: »Er ist verrückt.«"[5] Noch nicht einmal die Mutter kann da etwas ausrichten, wie es einige Verse später heißt: „Und seine Mutter kam und seine Brüder, und sie standen draußen und schickten zu ihm, um ihn zu rufen. Und um ihn [Jesus] herum saß eine Menge, und sie sagten ihm: »Siehe, deine Mutter und deine Brüder und deine Schwestern sind draußen und verlangen nach dir.« Er antwortet ihnen: »Wer ist meine Mutter und meine Brüder?« Und er blickte umher auf die, die im Kreis um ihn herumsaßen: »Siehe meine Mutter, siehe meine Brüder. Denn wer den Willen Gottes tut, der ist mir Bruder und Schwester und Mutter.«"[6] Jesus hat nicht nur kein Haus, keine Wohnung, keine Bleibe, er will auch von seiner Familie nichts wissen. Er schart Anhänger um sich, die mit ihm auf dem Weg sind. Diese ersetzen ihm die Familie, wie wir aus der zitierten Stelle Mk 3 sehen können. Die Liste dieser Männer ist an verschiedenen Stellen im Neuen Testament überliefert: „Petrus und Johannes und Jakobus und Andreas, Philippos

---

3　Luk 9,58: αἱ ἀλώπεκες φωλεοὺς ἔχουσιν καὶ τὰ πετεινὰ τοῦ οὐρανοῦ κατασκηνώσεις, ὁ δὲ υἱὸς τοῦ ἀνθρώπου οὐκ ἔχει ποῦ τὴν κεφαλὴν κλίνῃ. Dieser Ausspruch Jesu wird auch bei Mt 8,20 überliefert. Es handelt sich dabei um Stoff aus der Spruchquelle Q, die wir im weiteren Verlauf noch im einzelnen besprechen werden.

4　Zu dieser Frage vgl. die Diskussion bei *Rudolf Hoppe:* Galiläa – Geschichte, Kultur, Religion, in: *Ludger Schenke u.a.:* Jesus von Nazaret – Spuren und Konturen, Stuttgart 2004, S. 42–58; speziell zum Verhältnis Jesu zu den Städten Galiläas hier S. 51–53.

5　Mk 3,21: καὶ ἀκούσαντες οἱ παρ' αὐτοῦ ἐξῆλθον κρατῆσαι αὐτόν, ἔλεγον γὰρ ὅτι ἐξέστη.

6　Mk 3,31–35: καὶ ἔρχεται ἡ μήτηρ αὐτοῦ καὶ οἱ ἀδελφοὶ αὐτοῦ καὶ ἔξω στήκοντες ἀπέστειλαν πρὸς αὐτὸν καλοῦντες αὐτόν. καὶ ἐκάθητο περὶ αὐτὸν ὄχλος, καὶ λέγουσιν αὐτῷ· ἰδοὺ ἡ μήτηρ σου καὶ οἱ ἀδελφοί σου ἔξω ζητοῦσίν σε. καὶ ἀποκριθεὶς αὐτοῖς λέγει· τίς ἐστιν ἡ μήτηρ μου καὶ οἱ ἀδελφοί μου; καὶ περιβλεψάμενος τοὺς περὶ αὐτὸν κύκλῳ καθημένους λέγει· ἴδε ἡ μήτηρ μου καὶ οἱ ἀδελφοί μου. ὃς γὰρ ἂν ποιήσῃ τὸ θέλημα τοῦ θεοῦ, οὗτος ἀδελφός μου καὶ ἀδελφὴ καὶ μήτηρ ἐστίν.
Zur Interpretation dieser Passage vgl. meinen Aufsatz: Περὶ δὲ τῆς φιλαδελφίας ... (1Thess 4,9). Ekklesiologische Überlegungen zu einem Proprium früher christlicher Gemeinden, in: *Peter Pilhofer:* Die frühen Christen und ihre Welt. Greifswalder Aufsätze 1996–2001. Mit Beiträgen von Jens Börstinghaus und Eva Ebel, WUNT 145, Tübingen 2002, S. 139–153; hier besonders S. 149–152.

und Thomas, Bartholomäus und Matthäus, Jakobus, der Sohn des Alphaios, und Simon, der Zelot, und Judas, der Sohn des Jakobus" – der andere Judas, der zwölfte Jünger, fehlt in dieser Version aus Apg 1, da er zu diesem Zeitpunkt schon tot ist.[7]

Exkurs: Listen im Neuen Testament

Für die Interpretation von Texten ist es wichtig, auf die jeweilige Textsorte zu achten. Das wird im Proseminar im einzelnen erörtert und geübt. Aber auch im Rahmen dieses Buches werden wir immer wieder darauf achten, mit welcher Textsorte wir es zu tun haben. Daher nutze ich diese Gelegenheit, um Sie auf die hier begegnende Textsorte »Liste« hinzuweisen.[8]

Nun mag man Listen nicht sonderlich spannend finden, fest steht: Im Neuen Testament begegnen uns zahlreiche Listen, ich nenne als Beispiele die berühmten sieben Männer, die fälschlich Diakone genannt werden, in Apg 6,5; die führenden Mitglieder der Gemeinde in Antiochien am Orontes, deren Liste Lukas in Apg 13,1 bietet; die Mitglieder der Delegation, die den Paulus von Griechenland nach Jerusalem begleiten, in Apg 20,4 oder die Liste der Orte, die Paulus auf dieser Reise berührt, die in Apg 20 und 21 enthalten ist.

Hier interessieren wir uns für die Liste der Zwölf.[9] Sie begegnet in Apg 1, wie wir gesehen haben. Lukas hat sie hier wiederholt, weil er im folgenden die Nachwahl für den ausgeschiedenen Judas erzählen will (Apg 1,15–26); ihren eigentlichen Ort hat diese Liste in seinem Evangelium in Luk 6,13–16. Dort hatte er sie aus Mk 3,16–19 übernommen. Auch Mt 10,2–4 ist von der Fassung des Markus abhängig.

Die älteste Fassung der Liste bietet also das Markusevangelium, von dem alle anderen Fassungen abgeleitet sind. Diese Urform der Liste sehen wir uns an:

„Und er machte die Zwölf,
und er legte dem Simon den Namen Petrus bei,
und Jakobus, den Sohn des Zebedäus,
und Johannes, den Bruder des Jakobus,
und er legte ihnen den Namen Boanerges bei, das heißt Donnersöhne,
und Andreas und Philippos,
und Bartholomäus und Matthäus

---

7   Apg 1,13–14: ὅ τε Πέτρος καὶ Ἰωάννης καὶ Ἰάκωβος καὶ Ἀνδρέας, Φίλιππος καὶ Θωμᾶς, Βαρθολομαῖος καὶ Μαθθαῖος, Ἰάκωβος Ἀλφαίου καὶ Σίμων ὁ ζηλωτὴς καὶ Ἰούδας Ἰακώβου.

8   Im Neuen Testament sind außer den oben im Text besprochenen Listen etwa noch die Stammbäume Jesu in Mt 1 und Luk 3 oder die berühmte Völkerliste in der Pfingstgeschichte des Lukas in Apg 2 zu nennen.
Zu alttestamentlichen Listen vgl. *Otto Eißfeldt:* Einleitung in das Alte Testament unter Einschluß der Apokryphen und Pseudepigraphen sowie der apokryphen- und pseudepigraphenartigen Qumrān-Schriften. Entstehungsgeschichte des Alten Testaments, 4. Auflage Tübingen 1976, S. 31–33. Ähnlich wie für die neutestamentlichen Listen gilt auch für die alttestamentlichen: „Es kann gar kein Zweifel darüber aufkommen, daß sehr viele dieser Listen echt sind und wirklich an die Stelle gehören, an der sie jetzt stehen" (*Otto Eißfeldt,* a.a.O., S. 33).

9   Zum historischen Hintergrund des Zwölferkreises vgl. *Jürgen Becker:* Jesus von Nazaret, Berlin/New York 1996, S. 32–34.

und Thomas und Jakobus, den Sohn des Alphaios;
und Thaddäus und Simon, den Kananäer,
und Judas Iskariot, der ihn verraten hat." [10]

Es ist hier nicht der Ort, die Listen im einzelnen miteinander zu vergleichen. Ich möchte Sie nur auf einige interessante Beobachtungen hinweisen: Die markinische Liste ist im wesentlichen paarweise geordnet; eine Ausnahme bildet der am Schluß genannte Verräter Judas und der Apostelfürst Petrus, der sogar von seinem Bruder getrennt wird, um die Spitze der Liste zu bilden. [11] Die zwölf Namen sind in ihrer weit überwiegenden Mehrheit hebräischen bzw. aramäischen Ursprungs; es begegnen nur zwei rein griechische Namen, nämlich Andreas und Philippos. [12] (Der eigentliche Name des Petrus, Simon, kann sowohl griechisch wie hebräisch bzw. aramäisch hergeleitet werden.) Die Eltern dieser Männer aus den Dörfern am See Genezareth hielten offenbar rein gar nichts von den modischen griechischen Namen, mit denen andere ihre Kinder schmückten. Sie blieben bei der jüdischen Tradition. So kann man aus einer vermeintlich langweiligen Liste weitreichende historische Schlüsse ziehen: Die Zwölf, mit denen Jesus unterwegs war, waren traditionelle Juden, die von griechischem Wesen nicht infiziert waren ...

Ganz anders verhält es sich mit den Sieben, deren Namen Lukas in Apg 6,5 bietet: Stephanos, Philippos, Prochoros, Nikanor, Timon, Parmenas und Nikolaos – hier haben wir nicht jüdische, sondern ausschließlich griechische bzw. makedonische Namen. Wenige Jahre höchstens trennen die beiden Listen voneinander: Die Anhänger Jesu, die ihn auf allen seinen Wegen begleitet hatten, auf der einen Seite, fast ausschließlich traditionsbewußte Juden aus Galiläa; eine wichtige Gruppe der Urgemeinde in Jerusalem auf der andern Seite: weltläufige Juden mit ausschließlich griechischen Namen. Größer könnte der Unterschied der beiden Gruppen kaum sein.

Als Listenexperten, die wir nunmehr sind, wenden wir uns jetzt abschließend noch einer ganz besonderen Liste aus Luk 8,2–3 zu. Im Unterschied zu der Liste der Zwölf ist diese für das Lukasevangelium spezifisch: Nirgendwo haben wir dazu eine Parallele! Lukas spricht in 8,1 von der Tätigkeit Jesu und der Zwölf – von Ort zu Ort arbeiten sie sich vor, indem sie überall predigen und das Evangelium vom Reich Gottes verkündigen – aber eben: nicht nur Jesus und die Zwölf sind da tätig, sondern: „auch einige Frauen, welche geheilt worden waren von bösen Geistern und Krankheiten, Maria, die Magdalene genannt wurde, aus der sieben

---

10 Mk 3,16–19: καὶ ἐποίησεν τοὺς δώδεκα, καὶ ἐπέθηκεν ὄνομα τῷ Σίμωνι Πέτρον, καὶ Ἰάκωβον τὸν τοῦ Ζεβεδαίου καὶ Ἰωάννην τὸν ἀδελφὸν τοῦ Ἰακώβου, καὶ ἐπέθηκεν αὐτοῖς ὀνόμα Βοανηργές, ὅ ἐστιν υἱοὶ βροντῆς· καὶ Ἀνδρέαν καὶ Φίλιππον καὶ Βαρθολομαῖον καὶ Μαθθαῖον καὶ Θωμᾶν καὶ Ἰάκωβον τὸν τοῦ Ἀλφαίου καὶ Θαδδαῖον καὶ Σίμωνα τὸν Καναναῖον καὶ Ἰούδαν Ἰσκαριώθ, ὃς καὶ παρέδωκεν αὐτόν.
In vielen Handschriften der späteren Zeit findet sich in v. 14 die Ergänzung οὓς καὶ ἀποστόλους ὠνόμασεν, „die er auch Apostel nannte". Diese Ergänzung identifiziert die Zwölf mit den Aposteln, wie es später Lukas tut (vgl. zur Definition der Apostel bei Lukas Apg 1,21–22).

11 Der Beiname des Simon wird hier nicht in seiner hebräischen bzw. aramäischen Form *Kephas* genannt, wie dies beispielsweise bei Paulus in Gal 2 der Fall ist, sondern in seiner griechischen Übersetzung Petrus.

12 „Unter den richtigen Personennamen befinden sich zwei ganz griechische, Andreas und Philippus, die vielleicht eben deswegen zusammengestellt werden" (*Julius Wellhausen: Das Evangelium Marci*, übersetzt und erklärt von J.W., Berlin ²1909, wieder abgedruckt in: *ders.: Evangelienkommentare. Mit einer Einleitung von Martin Hengel*, Berlin/New York 1987; hier S. 23–24 = 343–344).

Dämonen ausgefahren waren, und Johanna, die Frau des Chuza, des Verwalters des Herodes, und Susanna und viele andere, welche aus ihrem Vermögen für ihren Unterhalt sorgten."[13]

Jesus schart also nicht nur einen Kreis von 12 Jüngern um sich, sondern er hat darüber hinaus noch einen Kreis von teilweise vermögenden Sympathisantinnen, die die Bewegung unterstützen, wie wir im Zusammenhang dieser Liste erfahren. Diese spielen auch außerhalb Galiläas im weiteren Verlauf eine wichtige Rolle: Unter dem Kreuz finden wir keinen der Jünger (nur Joh 25,27 bietet eine abweichende Überlieferung, wonach auch einer der Jünger unter dem Kreuz zu finden ist), sondern lediglich Frauen aus dieser Gruppe; und am Ostersonntag sind es wiederum einige dieser Frauen, die sich auf den Weg zum Grab Jesu machen ...

Intellektuell gesehen waren diese Männer und Frauen gewiß kein Exzellenz-Cluster, wie man heute gerade in Bayern so schön sagt.[14] Das hindert sie allerdings nicht daran, eine schlagkräftige und effiziente Gruppe zu bilden. Jesus und sein engster Kreis, das ist eine verschworene Gemeinschaft, die viele Brücken zu ihrer Vergangenheit abgebrochen hat. Familiäre und andere Bande werden aufgegeben, ein Zuhause hat man nicht und braucht man auch nicht – aber ein festgeknüpftes Netz zum Teil hochgestellter Sympathisantinnen ist von Nutzen. Die Bewegung – wenn man so sagen darf – ist nicht völlig abgehoben und isoliert, sondern sie hat Ankerplätze hier und da, ein Geflecht von Unterstützerinnen, auf die Verlaß ist. So hätte es weitergehen können. Aber nun wird der Bewegung ein ganz neues Ziel gewiesen: Jerusalem.

$$* * *$$

Trotz des stetigen Unterwegs-Seins waren die Dinge in Galiläa in gewisser Weise geregelt. Aber was wird nun außerhalb Galiläas? Wie kommt Jesus auf die Idee, Galiläa (wie sich zeigt: ein für allemal) zu verlassen? Auf wessen Hilfe rechnet er unterwegs? Wer soll sich auf der Reise und in Jerusalem seiner annehmen?

Hier rächt es sich, daß wir keine Zeile aus der Feder Jesu besitzen. Er hat es versäumt, seine Memoiren (ἀπομνημονεύματα, *apomnēmoneumata*) zu verfassen, wie das heute jeder Politiker tut, dessen Namen ein paar Leute kennen.[15] Hätten wir sol-

---

13 Luk 8,2–3: καὶ γυναῖκές τινες αἳ ἦσαν τεθεραπευμέναι ἀπὸ πνευμάτων πονηρῶν καὶ ἀσθενειῶν, Μαρία ἡ καλουμένη Μαγδαληνή, ἀφ' ἧς δαιμόνια ἑπτὰ ἐξεληλύθει, καὶ Ἰωάννα γυνὴ Χουζᾶ ἐπιτρόπου Ἡρῴδου καὶ Σουσάννα καὶ ἕτεραι πολλαί, αἵτινες διηκόνουν αὐτοῖς ἐκ τῶν ὑπαρχόντων αὐταῖς.

Ben Witherington III: On the Road with Mary Magdalene, Joanna, Susanna, and Other Disciples – Luke 8₁₋₃, ZNW 70 (1979), S. 243–248; zur Begründung seiner Bemühungen führt der Verfasser dieser Studie aus: „Lk 8₁₋₃ has the somewhat dubious honor of being one NT pericope that has received no treatment in any scholarly journal of the last hundred years" (a.a.O., S. 243).

14 Das bleibt auch im frühen Christentum so: In den paulinischen Gemeinden war es eine Generation später nicht anders. Paulus schreibt an die Korinther in bezug auf den sozialen Status der Christinnen und Christen in Korinth 1Kor 1,26: βλέπετε γὰρ τὴν κλῆσιν ὑμῶν, ἀδελφοί, ὅτι οὐ πολλοὶ σοφοὶ κατὰ σάρκα, οὐ πολλοὶ δυνατοί, οὐ πολλοὶ εὐγενεῖς. „Denn seht auf eure Berufung, Brüder – nicht viele Weise nach menschlichem Urteil, nicht viele Mächtige, nicht viele Hochgeborene."

15 Zum Begriff ἀπομνημονεύματα *(apomnēmoneumata)* und seiner Verwendung bei Justin dem Märtyrer im zweiten Jahrhundert vgl. *Peter Pilhofer:* Justin und das Petrusevangelium, ZNW 81 (1990),

che Aufzeichnungen, dann wären wir angesichts dieses Entschlusses vielleicht nicht ganz so ratlos.

So aber müssen wir uns bescheiden. Mehr als die kurze Notiz in Mk 8,31 haben wir nicht: „Und er begann, sie zu lehren: Der Menschensohn müsse viel leiden und verworfen werden von den Ältesten und den Hohepriestern und den Schriftgelehrten und sterben und nach drei Tagen auferstehen."[16] Anders konnte sich Markus im Rückblick die Sache gar nicht zurechtlegen. Ein göttlicher Plan war es, der zum Tod Jesu führte. Jesus *mußte* nach Jerusalem vor die jüdischen Autoritäten, um umgebracht zu werden. In den Memoiren Jesu hätten wir dergleichen so wohl nicht gelesen ...

Also finden wir Jesus und die Zwölf auf dem Weg hinauf nach Jerusalem. Eine merkwürdige Reisegruppe ist das, die sich da auf den Weg gemacht hat, umso merkwürdiger, als auch einige Frauen darunter sind. Man reist auf Schusters Rappen, wie seit jeher.

Die Bedingungen dieser Reise sind den Christinnen und Christen unserer Tage, die mit Andacht „Lasset uns mit Jesus ziehen"[17] singen, wohl nicht so recht klar:

Lasset uns mit Jesus ziehen,
seinem Vorbild folgen nach,
in der Welt der Welt entfliehen,
auf der Bahn, die er uns brach,
immerfort zum Himmel reisen,
irdisch noch schon himmlisch sein,
glauben recht und leben rein,
in der Lieb den Glauben weisen.
Treuer Jesu, bleib bei mir,
gehe vor, ich folge dir.

Denn wer mit Jesus zieht und seinem Vorbild nachfolgt, der kann der Welt gerade nicht entfliehen. Jesus und seine Jünger reisen nach Jerusalem und nicht „immerfort zum Himmel" – diesem Ideal wird Jesus nicht gerecht, Paulus nicht, und Lukas auch nicht. Wir können uns den Weg nach Jerusalem gar nicht beschwerlich genug vorstellen. Gar nichts ist an dieser Reise „schon himmlisch", wie es so schön in unserm Lied

---

S. 60–78. Im heutigen Griechisch wird der Begriff gerade für die oben im Text erwähnten Politiker-Memoiren gern gebraucht.

16 Mk 8,31 lautet im Original: καὶ ἤρξατο διδάσκειν αὐτοὺς ὅτι δεῖ τὸν υἱὸν τοῦ ἀνθρώπου πολλὰ παθεῖν καὶ ἀποδοκιμασθῆναι ὑπὸ τῶν πρεσβυτέρων καὶ τῶν ἀρχιερέων καὶ τῶν γραμματέων καὶ ἀποκτανθῆναι καὶ μετὰ τρεῖς ἡμέρας ἀναστῆναι.

Es handelt sich hier um die erste der sogenannten Leidensweissagungen Jesu. Die beiden andern folgen dann in Mk 9,31 und 10,32–34. Im Rahmen der dritten begegnet die uns aus der Liturgie geläufige Formulierung: „Siehe, wir gehen hinauf nach Jerusalem ... "

17 Alternatives Wochenlied für die mit dem Sonntag *Estomihi* beginnende Woche, Bayerisches Gesangbuch Nr. 384 (Verfasser: Sigmund von Birken 1653). Besonders apart ist der Spruch von Hermann Hesse, mit dem die Seite geziert ist: „Damit das Mögliche entsteht, muß immer wieder das Un-

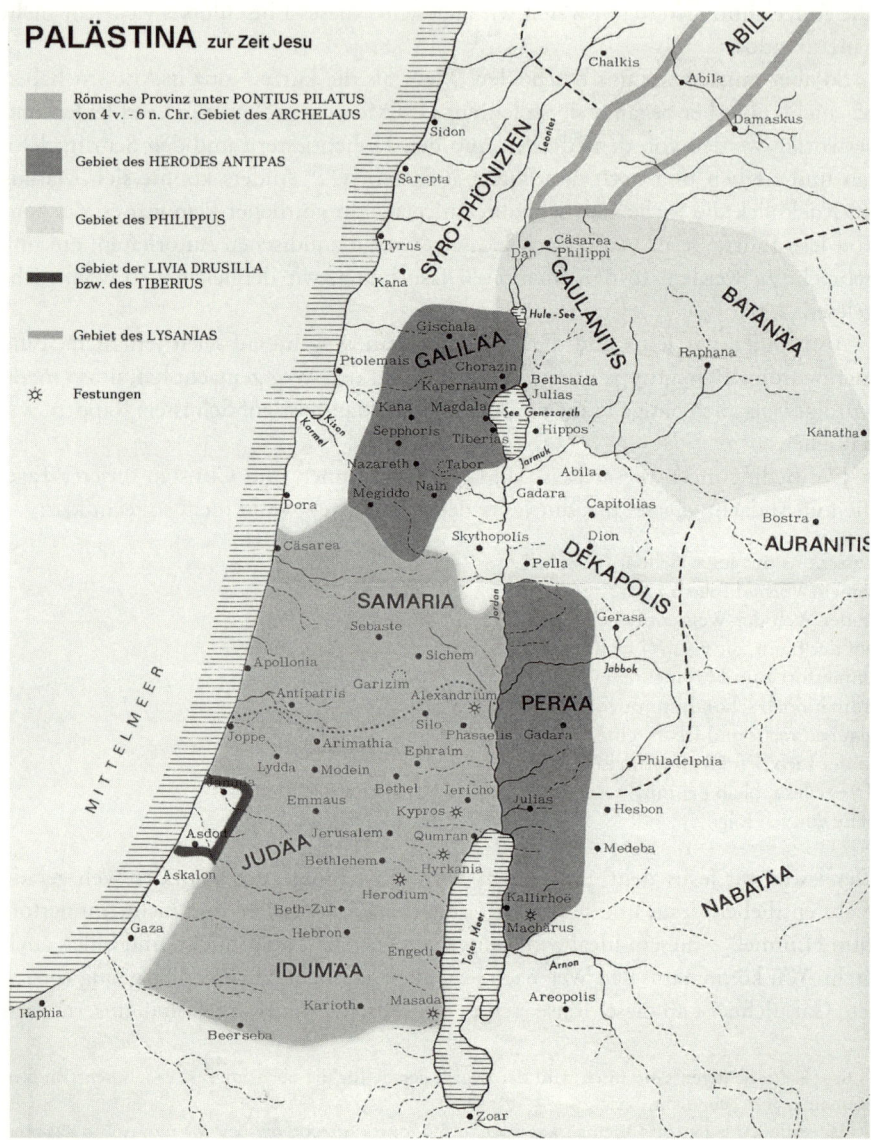

Abbildung I.2: Karte von Palästina: Das dunkel gekennzeichnete Gebiet – Galiläa im Norden und Peräa im Osten – bildet das Territorium des Herodes Antipas. Der südlich bzw. westlich davon gelegene Bereich, auf der Karte etwas heller dargestellt, – Samaria, Judäa und Idumäa – bildet von 4 v.Chr. bis 6 n.Chr. das Reich des Archelaos (ab 6 n.Chr. von römischen *praefecti* verwaltet; in der uns vor allem interessierenden Zeit von 26 bis 36 n.Chr. von Pontius Pilatus). Im Osten von Galiläa schließlich erstreckt sich das Gebiet des Philippos: Gaulanitis und Batanäa (noch heller gekennzeichnet).

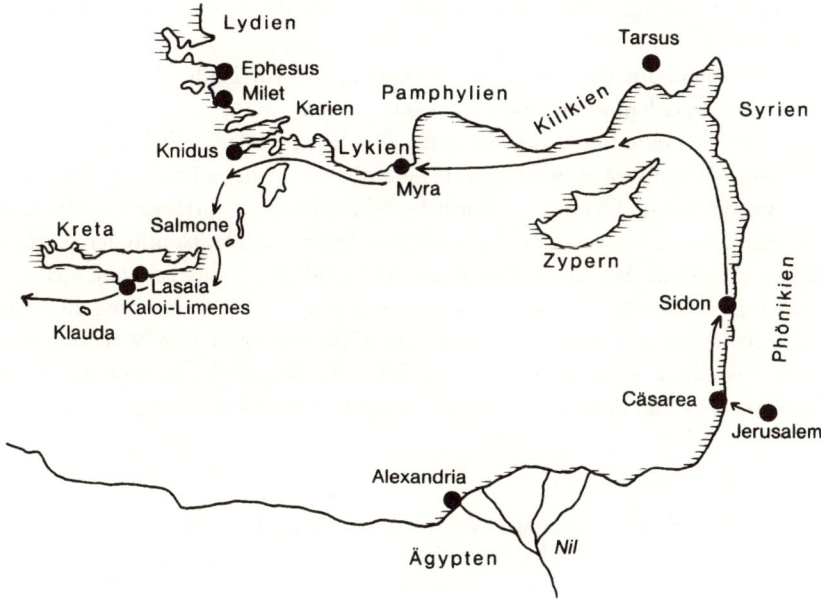

Abbildung I.3: Der Weg nach Rom: Ost-Abschnitt

heißt. Allein die verschiedenen Grenzübergänge kann man sich recht nervenaufreibend ausmalen. Wer vom See Genezareth nach Jerusalem reisen will und dabei – als frommer Jude – Samaria nicht betreten darf, muß zunächst das Gebiet des Herodes Antipas verlassen und in das Territorium der Dekapolis einreisen.[18]

Kaum hat man das Gebiet von Pella hinter sich, muß man erneut in das Territorium des Herodes Antipas einreisen, diesmal in die sogenannte Peräa. Also ist erneut ein Grenzübertritt erforderlich – mit all den unangenehmen Begleiterscheinungen, die wir EU-Bürger in Kürze nur noch aus der Literatur kennen werden.

§ 2 Paulus auf dem Weg nach Rom

Nachdem wir nun Jesus ein Stück auf seinem Weg nach Jerusalem begleitet haben, wenden wir uns der letzten Reise des Paulus zu, die von Jerusalem nach Rom führt. Waren wir mit Jesus um 30 unterwegs, so schreiben wir jetzt ungefähr das Jahr 60.

---

mögliche versucht werden" (a.a.O., S. 700). Was an dieser Parole christlich sein soll, fragt man wohl besser nicht ...

18   Leider bietet die abgedruckte Karte (Abb. I.2 [S. 8]) keine Straßen. Aber man kann sich das Städtedreieck Skythopolis – Gadara – Pella als Durchzugsgebiet für die Reise nach Jerusalem markieren.

Eine Schilderung eines solchen Grenzübertritts bietet *Gerd Theißen:* Der Schatten des Galiläers. Historische Jesusforschung in erzählender Form, München ³1987, S. 155–157.

Auf ein oder zwei Jahre hin oder her soll es uns in diesem Zusammenhang nicht ankommen.

Beiden gemeinsam ist, daß sie unterwegs sind: Auch Paulus hat keinen festen Wohnsitz mehr; er kann sich schon glücklich schätzen, wenn er für ein paar Wochen oder gar Monate eine feste Adresse besitzt. Die Regel ist das freilich nicht, sondern die Ausnahme: Wir wissen von längeren Aufenthalten (d.h. mehr als ein Jahr jeweils) nur in Antiochien am Orontes, in Korinth und in Ephesos. Normalerweise ist Paulus unterwegs. Was das bedeutet, erfahren wir von ihm selbst. Das ist nun der Vorteil im Vergleich mit Jesus, daß wir Schriften aus der Hand des Paulus besitzen, aus denen wir vieles über ihn selbst erfahren, insbesondere auch über seine Existenz unterwegs.

Auch so hätten wir vermutet, daß Paulus nicht aus Spaß zum Weltenbummler geworden ist; dank des Peristasenkatalogs im 2. Korintherbrief können wir uns ein recht plastisches Bild davon machen, was es für Paulus bedeutete, unterwegs zu sein.

Exkurs: Peristasenkataloge

Wir haben uns vorhin im Zusammenhang mit Jesus mit der Textsorte »Listen« beschäftigt.[1] Im Zusammenhang mit Paulus lernen wir hier eine besondere Gruppe dieser Textsorte kennen, den Peristasenkatalog. Das fremd anmutende Wort besteht aus zwei Bestandteilen, deren zweiter, *Katalog*, allen bekannt ist. Der erste Bestandteil leitet sich her vom griechischen Wort περίστασις *(peristasis)*, das in der Grundbedeutung „Herumstehen" bedeutet oder eine Gruppe von Menschen, die herumsteht. In einem weiteren Sinn bezeichnet es dann die „Umgebung", die „Umwelt" überhaupt. Schließlich bedeutet das Wort auch die Umstände, die Situation, den Stand der Dinge und speziell natürlich dann auch den schwierigen Stand der Dinge, die Krise.[2] So kann Cicero in einem Brief an seinen Freund Atticus von dem Stand seiner Angelegenheiten sprechen, indem er dieses griechische Wort benutzt: περίστασις *nostra*.[3] In unserm Zusammenhang ist der kritische Stand der Dinge gemeint, die Krise, die Gefahr. Ein Peristasenkatalog ist also eine Aufzählung kritischer Lebenssituationen.

Peristasenkataloge sind nun nicht nur bei Paulus im Neuen Testament belegt, sondern auch bei heidnischen Schriftstellern der Zeit. Material zum Vergleich findet man bei Rudolf Bultmann zusammengestellt.[4] Der berühmteste paulinische Peristasenkatalog steht 2Kor 11,21b–29: „Worin aber jemand den Mut aufbringt – ich rede unvernünftig – bringe auch ich den Mut auf:[5] Sie sind Hebräer? Ich bin es auch! Sie sind Israeliten? Ich bin es auch! Sie sind Same Abrahams? Ich bin es auch! Sie sind Beauftragte Christi? Ich rede im Wahnsinn: Ich bin es noch mehr! Öfter in Mühen, öfter in Gefängnissen, viel öfter verprügelt, oft in Todesgefahr. Von

---

1   Vgl. dazu oben S. 4–6.

2   Zum Wort περίστασις *(peristasis)* und seinen Bedeutungen vgl. LSJ 1388.

3   Cicero: Ad Atticum IV 8b,2.

4   *Rudolf Bultmann:* Der Stil der paulinischen Predigt und die kynisch-stoische Diatribe. Mit einem Geleitwort von Hans Hübner, Göttingen 1984 (erstmals erschienen 1910), S. 19; zur neueren Diskussion vgl. *Martin Ebner:* Leidenslisten und Apostelbrief. Untersuchungen zu Form, Motivik und Funktion der Peristasenkataloge bei Paulus, Forschung zur Bibel 66, Würzburg 1991, S. 1–7.

5   Die Übersetzung des Verses 21b gebe ich in Anlehnung an *Erich Gräßer:* Der zweite Brief an die Korinther. Kapitel 8,1–13,13, ÖTK 8/2, Gütersloh 2005; hier S. 157.

Juden habe ich fünfmal die 39 Schläge bekommen, dreimal bin ich gegeißelt worden[6], einmal bin ich gesteinigt worden, dreimal habe ich Schiffbruch erlitten, einen ganzen Tag verbrachte ich über dem Abgrund; viel unterwegs[7], in Gefahren in den Flüssen, in Gefahren durch Räuber, in Gefahren durch Juden, in Gefahren durch Heiden, in Gefahren in der Stadt, in Gefahren in der Einsamkeit[8], in Gefahren auf dem Meer, in Gefahren unter falschen Aposteln, in Mühe und Plage, oftmals ohne Schlaf, in Hunger und Durst, oft fastend, in Kälte und Nacktheit. Von dem allen abgesehen: Meine tägliche Sorge um alle die Gemeinden. Wer ist krank und ich bin es nicht auch? Wer hat Probleme und ich verzehre mich nicht?"[9]

Diesem Peristasenkatalog kann Paulus nun noch ein Kapitel hinzufügen: Er ist auf dem Weg nach Rom, als Gefangener, und er wird Rom nicht mehr lebendig verlassen. Der Tod ist die letzte Peristase, die er noch nicht kennt. Aber was hat er sonst nicht alles erlitten auf seinen Reisen! Schiffbruch beispielsweise gleich dreimal. Einen ganzen Tag ist er hilflos auf dem Meer getrieben, bevor er endlich gerettet wurde. Auch auf dieser letzten Reise steht ihm wieder ein Schiffbruch bevor (vgl. Apg 27).

Lukas berichtet in Kapitel 27 der Apostelgeschichte von dieser letzten Reise des Paulus (vgl. zu den Stationen die Karte oben S. 9). Sie beginnt in Caesarea, dem Sitz des Statthalters, an dem Paulus schon eine lange Zeit im Gefängnis gesessen ist. Paulus wird zusammen mit einigen anderen Gefangenen aus Caesarea unter dem Hauptmann Iulius auf den Weg gebracht.[10]

Ein Schiff aus Adramytteion soll sie in die Städte der *Asia* bringen. Der Bericht ist im Wir-Stil abgefaßt; ein Mitglied der Gruppe wird in 27,2 namentlich genannt: Aristarch, der Makedone, aus Thessaloniki.[11]

---

6   Höflich wie Paulus sein kann, läßt er hier die Entsprechung zu ὑπὸ Ἰουδαίων weg. Sie müßte natürlich ὑπὸ Ῥωμαίων heißen, da die Geißelung eine römische Strafe ist, vgl. etwa Apg 16,22.

7   Wörtlich übersetzt: „oft auf Reisen". Das Motto sowie die Überschrift des ersten Kapitels dieses Buches bezieht sich auf diese Formulierung des Paulus in 2Kor 11,26, die in gleicher Weise auch auf Jesus zutrifft.

8   Warum Paulus in diesem Zusammenhang in v. 26 nicht auch Hunde nennt, möchte ich gern wissen. Sind sie im Vergleich zu den andern aufgezählten Schrecknissen dann doch zu vernachlässigen? Meine eigenen Erfahrungen in den einschlägigen Provinzen des Imperium Romanum (beispielsweise in gebirgiger Gegend des Territoriums von Βεργίνα am 7. März 2006) sprechen eher dagegen …

9   Im Original: ἐν ᾧ δ᾽ ἄν τις τολμᾷ, ἐν ἀφροσύνῃ λέγω, τολμῶ κἀγώ. Ἑβραῖοί εἰσιν; κἀγώ. Ἰσραηλῖταί εἰσιν; κἀγώ. σπέρμα Ἀβραάμ εἰσιν; κἀγώ. διάκονοι Χριστοῦ εἰσιν; παραφρονῶν λαλῶ, ὑπὲρ ἐγώ· ἐν κόποις περισσοτέρως, ἐν φυλακαῖς περισσοτέρως, ἐν πληγαῖς ὑπερβαλλόντως, ἐν θανάτοις πολλάκις· ὑπὸ Ἰουδαίων πεντάκις τεσσαράκοντα παρὰ μίαν ἔλαβον, τρὶς ἐραβδίσθην, ἅπαξ ἐλιθάσθην, τρὶς ἐναυάγησα, νυχθήμερον ἐν τῷ βυθῷ πεποίηκα· ὁδοιπορίαις πολλάκις, κινδύνοις ποταμῶν, κινδύνοις λῃστῶν, κινδύνοις ἐκ γένους, κινδύνοις ἐξ ἐθνῶν, κινδύνοις ἐν πόλει, κινδύνοις ἐν ἐρημίᾳ, κινδύνοις ἐν θαλάσσῃ, κινδύνοις ἐν ψευδαδέλφοις, κόπῳ καὶ μόχθῳ, ἐν ἀγρυπνίαις πολλάκις, ἐν λιμῷ καὶ δίψει, ἐν νηστείαις πολλάκις, ἐν ψύχει καὶ γυμνότητι· χωρὶς τῶν παρεκτὸς ἡ ἐπίστασίς μοι ἡ καθ᾽ ἡμέραν, ἡ μέριμνα πασῶν τῶν ἐκκλησιῶν. τίς ἀσθενεῖ, καὶ οὐκ ἀσθενῶ; τίς σκανδαλίζεται, καὶ οὐκ ἐγὼ πυροῦμαι;

10   Apg 27,1: ὡς δὲ ἐκρίθη τοῦ ἀποπλεῖν ἡμᾶς εἰς τὴν Ἰταλίαν, παρεδίδουν τόν τε Παῦλον καὶ τινας ἑτέρους δεσμώτας ἑκατοντάρχῃ ὀνόματι Ἰουλίῳ σπείρης Σεβαστῆς.

11   ἐπιβάντες δὲ πλοίῳ Ἀδραμυττηνῷ μέλλοντι πλεῖν εἰς τοὺς κατὰ τὴν Ἀσίαν τόπους ἀνήχθημεν, ὄντος σὺν ἡμῖν Ἀριστάρχου Μακεδόνος Θεσσαλονικέως.

Abbildung I.4: Andriake, der Hafen der Stadt Myra in römischer Zeit

Über Sidon (Apg 27,3) geht es weiter an Zypern vorbei (v. 4) an Kilikien und
Pamphylien entlang nach Myra – der Heimat des Nikolaus – in Lykien (v. 5).

Zu Myra lesen wir in v. 5b.6: „... gingen wir in Myra in Lykien an Land. Und
dort fand der Hauptmann ein alexandrinisches Schiff, das nach Italien segelte, und
er brachte uns auf dieses Schiff.“[12] Der Hauptmann war ein Glückspilz: Er hätte
wohl keinen besseren Hafen finden können, um eine Verbindung nach Rom zu bekommen, als Andriake. Dieser spielte für den Getreideumschlag in der Kaiserzeit
eine wichtige Rolle, wie für das zweite Jahrhundert die staunenswert gut erhaltenen

---

12   κατήλθομεν εἰς Μύρα τῆς Λυκίας. κἀκεῖ εὑρὼν ὁ ἑκατοντάρχης πλοῖον Ἀλεξανδρῖνον πλέον
εἰς τὴν Ἰταλίαν ἐνεβίβασεν ἡμᾶς εἰς αὐτό.

Das Verbum ἐμβιβάζω bedeutet „put on board ship, cause to embark“, vgl. LSJ 539.

Myra ist in christlichen Kreisen weniger aus Apg 27,5–6 bekannt, sondern als die Stadt, in der der
Nikolaus wirkte, den jedes Kind kennt. Paulus wird kaum in die Stadt selbst hinaufgekommen sein,
die schon im ersten Jahrhundert mehrere Kilometer vom Meer entfernt lag, sondern lediglich den
Hafen Andriake kennengelernt haben. Dieser Hafen ist übrigens mittlerweile seinerseits verlandet und
zu einem Biotop geworden.

Zu Myra grundlegend ist die Studie *Jürgen Borchardt [Hg.]:* Myra. Eine lykische Metropole in antiker und byzantinischer Zeit, mit Beiträgen von Jürgen Borchardt, Otto Feld, Günter Neumann, Urs
Peschlow, Karl Schürer, Gottfried Wiegand, Hans Wiegartz, Michael Wörrle, Wolfgang Wurster; Auf-
nahmen von Dieter Johannes und Wolfgang Schiele, IF 30, Berlin 1975. Speziell zum Hafen Andriake
hier v. a. die Seiten 64–75.

Getreidespeicher zeigen, die der Kaiser Hadrian hier errichten ließ.[13] Damit war die Aufgabe des Hauptmanns einstweilen erledigt, und die nächste Etappe der Reise konnte in Angriff genommen werden.

Paulus war auf dieser Reise mit Sicherheit weniger glücklich, war er doch noch mehr als sonst von Sorgen geplagt; dies gilt vielleicht in ganz besonderer Weise für den kurzen Aufenthalt in Myras Hafen Andriake. Die generellen Sorgen des Paulus liegen auf der Hand: Er reist nicht als freier Mann nach Rom, wie er es seit vielen Jahren vorgehabt hatte, sondern als Gefangener. Er reist nicht nach Rom, um von dort aus weiter nach Spanien zu gelangen, wo er sein Missionswerk zu einem krönenden Abschluß hatte bringen wollen. Er reist nach Rom, wo sein Prozeß entschieden werden soll. Der Ausgang ist ungewiß. Wie Paulus mit einer solchen Situation umgehen konnte, zeigt Phil 1,12–26. Schon damals hatte er die Philipper aus seinem Gefängnis in Ephesos wissen lassen: „Von beiden Seiten bin ich aber bedrängt, einerseits habe ich Lust, zu sterben und mit Christus zu sein – das nämlich ist sehr viel besser. Mein Verbleiben im Fleisch andrerseits ist notwendiger um euretwillen" (Phil 1,23–24).[14]

Aber jetzt ist die Lage eine andere. Damals in Ephesos, als er an die Philipper schrieb, wußte sich Paulus in völliger Übereinstimmung mit der Gemeinde in Philippi. Dies zeigt der Philipperbrief an vielen Stellen. Man hat aus diesem Grund die Gemeinde in Philippi als »Lieblingsgemeinde« des Paulus bezeichnet.[15]

Jetzt ist die Lage eine völlig andere: Die Gemeinden in Galatien, an die er schreibt, drohen von ihm abzufallen und sich einer theologischen Richtung zuzuwenden, die Paulus nicht mehr als christlich anerkennen kann. Hier steht alles auf dem Spiel. Die Mission in Galatien steht möglicherweise vor dem Aus.[16]

---

13 Die Bauinschrift ist erhalten: *Horrea imp(eratoris) Caesaris, divi Traiani Parthici f(ili), divi Nervae nepotis, Traiani Hadriani Augusti co(n)s(ulis) III* (= CIL III 232); zu deutsch: „Die Getreidespeicher des Imperator Caesar Traianus Hadrianus Augustus, des Sohnes des Gottes Traianus Parthicus, des Enkels des Gottes Nerva, der dreimal Consul war." Zu dieser Inschrift vgl. *Michael Wörrle* in dem in der vorigen Anmerkung genannten Sammelband, S. 67–68.

14 συνέχομαι δὲ ἐκ τῶν δύο, τὴν ἐπιθυμίαν ἔχων εἰς τὸ ἀναλῦσαι καὶ σὺν Χριστῷ εἶναι, πολλῷ γὰρ μᾶλλον κρεῖσσον· τὸ δὲ ἐπιμένειν ἐν τῇ σαρκὶ ἀναγκαιότερον δι' ὑμᾶς.

Wir werden bei der Besprechung des Philipperbriefs sehen, daß dieser aus Ephesos geschrieben ist, also in die Zeit des Apg 18–19 beschriebenen Ephesos-Aufenthalts des Paulus gehört. Was die Gründe dafür angeht, verweise ich einstweilen auf dieses Kapitel.

15 Dieser Begriff wurde geprägt von Rudolf Pesch (*Rudolf Pesch:* Paulus und seine Lieblingsgemeinde. Paulus – neu gesehen. Drei Briefe an die Heiligen in Philippi, HerBü 1208, Freiburg/Basel/Wien 1985).

16 Ich halte den Galaterbrief für das letzte Schreiben des Paulus und datiere ihn in diese Wochen seiner letzten Reise nach Rom. Die Gründe dafür werde ich im Kapitel über den Galaterbrief im einzelnen darlegen. Diese These ist schon vor Jahrzehnten vertreten worden und wird auch heute in dem einen oder andern Kommentar aufrechterhalten. (Vgl. *Werner Foerster:* Abfassungszeit und Ziel des Galaterbriefes, in: Apophoreta. FS für Ernst Haenchen zu seinem siebzigsten Geburtstag am 10. Dezember 1964, BZNW 30, Berlin 1964, S. 135–141 sowie – was die Kommentare angeht – etwa *François Vouga:* An die Galater, HNT 10, Tübingen 1998.)

Der Galaterbrief, den Paulus in dieser Zeit zu Papier gebracht hat, ist vielleicht seine letzte Chance, auf die Entwicklung der Gemeinden in Galatien einzuwirken. Ob er in Rom noch einmal Nachrichten aus Galatien erhalten würde, mußte als sehr ungewiß erscheinen. Aus dieser spezifischen Situation, einerseits der galatischen Gemeinden, andrerseits des Paulus selbst, erklärt sich die Schärfe des Tons, die den Galaterbrief kennzeichnet.

Der Briefkasten in Andriake mit der Aufschrift Ptt[17] war also für Paulus von einer schicksalhaften Bedeutung: Der Brief an die Galater, den er ihm anvertraute, mußte im von ihm gewünschten Sinn wirken, sonst waren die galatischen Gemeinden für immer verloren.

* * *

Hatte der Hauptmann Iulius seine Aufgabe in Andriake also glänzend gelöst, so war für Paulus auch die weitere Reise Richtung Westen von schwersten Sorgen überschattet. Seine Sorgen um alle Gemeinden, die er am Schluß des genannten Peristasenkatalogs erwähnt, ist auf dieser letzten Reise vielleicht so groß wie nie. Die Gemeinden in Galatien stehen auf der Kippe – und Paulus hat seine letzte Möglichkeit der Einflußnahme seit der Abfahrt von Andriake nun schon hinter sich. Mit jedem Tag entfernt er sich weiter vom Ort des Geschehens, und eine Rückkehr wird es nicht geben …

Die Fährnisse der Reise selbst wiegen dagegen vergleichsweise leicht, obgleich auch sie staunenswert genug sind, wie Sie in Apg 27 und 28 im einzelnen nachlesen können. Sie bieten manche Möglichkeit, neue Einträge in den paulinischen Peristasenkatalog vorzunehmen. Dieses können wir im Rahmen dieses Buches im einzelnen jedoch nicht weiter verfolgen, und so lege ich Ihnen abschließend nur noch die Lektüre des Abschnitts Apg 27,1–28,31 dringend ans Herz.[18]

§ 3 Lukas, der Geschichtsschreiber »des Weges«

Wir haben Jesus ein Stück Wegs begleitet. Aus der Sicht des Lukas ist das rund 60 Jahre her. Wir haben Paulus auf seiner letzten Reise nach Rom begleitet. Das ist aus der Sicht des Lukas vor ungefähr 30 Jahren gewesen. Jetzt besuchen wir in diesem letzten Paragraphen unseres ersten Kapitels Lukas, den Geschichsschreiber »des Weges«. Diese Bezeichnung wird Sie vielleicht befremden. Daher beginnen wir damit, daß wir sie erklären.

---

17 Das Kürzel Ptt auf gelbem Grund steht für die türkische Post (türk. postane). In einer größeren Stadt wie etwa Antalya ist es nicht leicht, einen Briefkasten zu finden. Ein Ptt findet man immer, aber geschickterweise ist der Briefkasten nicht außen, sondern innen angebracht: So hat man etwa an einem Sonntag sein Ptt gefunden, wird aber seine Post trotzdem nicht los …

18 Vgl. dazu die Studie von *Jens Börstinghaus:* Sturmfahrt und Schiffbruch. Zur lukanischen Verwendung eines literarischen Topos in Apostelgeschichte 27,1–28,6, WUNT II 274, Tübingen 2010.

Lukas verwendet in der Apostelgeschichte eine höchst merkwürdige Bezeichnung für die neue Bewegung, deren Geschichte er darstellt: ἡ ὁδός *(hē hodos)*, »der Weg«. Er kennt zwar den Namen »Christen« schon und weiß sogar zu berichten, daß dieser erstmals in der Gemeinde in Antiochien am Orontes gebraucht wurde.[1] Aber diesen Namen verwendet er normalerweise genausowenig wie die andern neutestamentlichen Schriftsteller. Interessant ist in diesem Zusammenhang der Konkordanzbefund, wonach der Name »Christianer« in der frühen christlichen Literatur sehr selten vorkommt. Wir haben einen weiteren Beleg in der Apostelgeschichte (im Munde des jüdischen Königs Agrippa II., Apg 26,28) und einen einzigen sonst noch im Neuen Testament (im 1. Petrusbrief: 1Petr 4,16) – das ist alles. Eine reiche Ernte an Stellen bietet das *corpus* der Briefe des Ignatius – und der war bezeichnenderweise Bischof unseres Antiochien!

Die Bezeichnung »Christianer« kennt Lukas also, aber er verwendet sie nur an zwei Stellen in der Apostelgeschichte. Sie ist also die Ausnahme. In der Regel sagt Lukas, wenn er Christen bezeichnen will, ἡ ὁδός *(hē hodos)*, »der Weg«.[2] Eine rätselhafte Bezeichnung!

Die Schwierigkeit beginnt schon damit, daß die lukanische Bezeichnung in der deutschen Übersetzung schwer verständlich ist, um es vorsichtig zu formulieren. Man kann sagen: Sie ist so gut wie unverständlich. Nehmen Sie Apg 22,4 als Beispiel, wo Paulus sagt: „... der ich diesen Weg verfolgt habe bis zum Tod“[3] – das versteht der Uneingeweihte nicht. Setzen wir in unserer Übersetzung statt »Weg« probehalber »Bewegung« ein, wird es leichter: „... der ich diese Bewegung verfolgt habe bis zum Tod“ – das versteht man ohne weitere Vorkenntnisse.

Geht man die Stellen[4] durch, an der Lukas die Bezeichnung ἡ ὁδός *(hē hodos)* verwendet, so sieht man, daß man mit der Übersetzung »Bewegung« überall durchkommt. Sie scheint das von Lukas Gemeinte einigermaßen zu treffen. Doch ist damit

---

1   Apg 11,26: καὶ εὑρὼν ἤγαγεν εἰς Ἀντιόχειαν. ἐγένετο δὲ αὐτοῖς καὶ ἐνιαυτὸν ὅλον συναχθῆναι ἐν τῇ ἐκκλησίᾳ καὶ διδάξαι ὄχλον ἱκανόν, χρηματίσαι τε πρώτως ἐν Ἀντιοχείᾳ τοὺς μαθητὰς Χριστιανούς. „Und als er [Barnabas] ihn [Paulus] fand, führte er ihn nach Antiochien. Ein Jahr lang kamen sie in der Gemeinde zusammen und lehrten eine beträchtliche Menge. Es nannten sich aber in Antiochien zuerst die Jünger »Christen«.“
Das griechische Wort, das hier erstmals auftaucht, Χριστιανός *(Christianos)*, könnte man im Deutschen genauer mit »Christianer« wiedergeben. Es ist von dem griechischen Wort »Christus« abgeleitet und bezeichnet also einen Anhänger dieses Christus, wie Pompeianer einen Anhänger des Pompeius oder Caesarianer einen Anhänger des Caesar oder Herodianer einen Anhänger des Herodes. Anscheinend ist erstmals in Antiochien die christliche Gruppe als eine *eigenständige* Gruppe – unabhängig von der Synagoge? – aufgetreten und für die Menschen außerhalb erkennbar geworden. So wurde in Antiochien vor fast 2000 Jahren die Bezeichnung geprägt, die sich bis heute erhalten hat.
2   Vgl. dazu die folgenden Stellen: Apg 9,2; 19,9; 19,23; 22,4; 24,14; 24,22; abweichend mit einem Genitiv in Apg 18,25 und 26.
3   Im griechischen Original: ὃς ταύτην τὴν ὁδὸν ἐδίωξα ἄχρι θανάτου.
4   Sie sind oben in Anm. 2 zusammengestellt. (Die Liste am Rand von Apg 9,2 in der Ausgabe von Nestle/Aland auf S. 345 enthält einen Fehler; statt 19,2 ist hier richtig 19,9 zu lesen.)

noch nicht die Frage beantwortet, warum Lukas von dieser neuen Bewegung als von einem »Weg« spricht.

* * *

Eine Alternative, die sich aus heidnischer wie jüdischer Sicht nahegelegt hätte, nennt Lukas selbst in Apg 24,14. Diese Passage stammt aus der Verteidigungsrede, die Paulus vor dem Statthalter Felix in Caesarea hält. An der Stelle seiner Rede, wo Paulus von den aktuellen Ereignissen zum Grundsätzlichen übergeht, bekennt er sich zu dem Weg, den sie eine αἵρεσις *(hairesis)* nennen. Damit greift Lukas eine Bezeichnung auf, die jüdischen wie heidnischen Lesern verständlich gewesen wäre. Wer sich einer philosophischen Richtung verschreibt, hat seine Wahl getroffen. So kann man dann diese philosophische Schule selbst als »Hairesis« bezeichnen.[5] Dem entsprechend versucht der jüdische Schriftsteller Josephus, die jüdischen Richtungen wie etwa Pharisäer oder Sadduzäer seinem heidnischen Publikum als »Haireseis« verständlich zu machen.[6]

So hätte auch Lukas vorgehen können. Die christliche Bewegung wäre dann eine neue »Hairesis«, die den antiken Markt der Möglichkeiten um eine weitere Variante bereichert hätte. Freilich wäre die christliche Bewegung damit in diesen Markt der Möglichkeiten eingeordnet und damit zugleich auch nivelliert. Das Besondere dieses neuen Weges wäre nicht angemessen zum Ausdruck gebracht. Die christliche Bewegung wäre ein Weg unter anderen.

Vielleicht will Lukas gerade das vermeiden. Er will die christliche Bewegung eben nicht den vorhandenen Schulen jüdischer wie heidnischer Provenienz an die Seite stellen, er will sie ihnen vielmehr gegenüberstellen als etwas Neues und durchaus Eigenständiges.

* * *

Diesem seinem Gegenstand entsprechend wählt Lukas eine neue und eigenständige Darstellungsweise. Viele haben es schon versucht, ein Evangelium zu schreiben (vgl. Luk 1,1–4). Damit will sich Lukas nicht zufriedengeben. Er will die Geschichte der neuen Bewegung angemessen darstellen. Das ist mit seinem Evangelium nicht zu leisten. So legt Lukas ein Werk in zwei Teilen vor: Evangelium *und* Apostelgeschichte. Damit betritt Lukas Neuland: Keiner seiner Evangelistenkollegen hatte seinem Evangelium ein zweites Buch folgen lassen. Sie alle hatten sich mit ihrem Evangelium begnügt. Lukas ist der erste (und er bleibt auch in der Folgezeit der einzige) der

---

5   Von diesem Begriff leitet sich das Wort »Häresie« sowie das spätere »Häretiker« ab; beide sind im kirchlichen Sprachgebrauch im Sinne von Ketzerei bzw. Ketzer bis heute üblich. Diesen Sinn muß man für das erste Jahrhundert jedoch fernhalten.

6   In Flavius Josephus: Antiquitates XIII 171 heißt es: κατὰ δὲ τὸν χρόνον τοῦτον τρεῖς αἱρέσεις τῶν Ἰουδαίων ἦσαν. Die Parallele in XVIII 11 zeigt, daß αἵρεσις hier so viel bedeutet wie φιλοσοφία: Ἰουδαίοις φιλοσοφίαι τρεῖς ἦσαν ἐκ τοῦ πάνυ ἀρχαίου τῶν πατρίων.

Evangelisten, der sich mit seinem Evangelium nicht zufriedengibt, sondern ihm ein zweites Buch an die Seite stellt, um den weiteren Weg der Christenheit zu beschreiben.

Exkurs: Proömien

Wir finden daher auch formal im lukanischen Doppelwerk eine Besonderheit, die im Neuen Testament nicht ihresgleichen hat: Die Proömien (»Vorworte«). Damit signalisiert Lukas gleich zu Beginn seiner beiden Bücher, daß er sich von seinen Vorgängern abzusetzen gedenkt. Zugleich macht er klar, daß er sich an ein weiteres Publikum wenden will. Denn er „stellt … in schriftstellerischer Manier seinem Werk ein Proömium/Vorwort voran, in dem er seine Absichten und sein Verfahren beschreibt."[7]

Lukas reiht sich und sein Werk damit in die griechische Literatur ein; das ist neu. Er schickt beiden Büchern ein eigenes Proömium voraus (Luk 1,1–4 und Apg 1,1–2) und erlaubt damit einen Einblick in seine Absicht. Auch die Widmung seines Werkes an Theophilos (Luk 1,4 und Apg 1,1) entspricht antiker literarischer Gepflogenheit und hat im Neuen Testament keine Parallele. Keines der neutestamentlichen Evangelien hat ein Proömium, keines weist eine Widmung auf.

Wir werden uns mit den Proömien des Lukas genauer beschäftigen, wenn wir seine beiden Bücher besprechen.

Lukas ist von den neutestamentlichen Autoren vielleicht der einzige, der sich als Schriftsteller versteht; der einzige, der ein weiteres Publikum ins Auge faßt; der einzige, der wohl auch mit späteren Leserinnen und Lesern (wenngleich schwerlich mit uns …) rechnet.

✳ ✳ ✳

Von seinen Vorgängern unterscheidet Lukas sich vor allem durch die Methode. Er hat sich nicht damit begnügt, vorhandene Quellen zu bearbeiten und zu kombinieren – wie etwa Matthäus –, sondern er hat vor allem in bezug auf sein zweites Buch vermutlich etliche Reisen unternommen, um Material zu sammeln, das es so vorher in geschriebener Form eben nicht gab. Wer die beiden Bücher des Lukas liest, gewinnt schnell einen Eindruck vom Umfang dieser Reisen. Manche Gegenden sind dem Verfasser ganz offensichtlich aus eigener Anschauung vertraut, andere hat er nie besucht; manches muß strittig bleiben. Ob Lukas beispielsweise Palästina bereist hat, scheint zweifelhaft.[8] Galatien, den Schauplatz von Apg 13–14, kennt er gewiß nicht,

---

7   *Ingo Broer:* Einleitung in das Neue Testament, Band 1: Die synoptischen Evangelien, die Apostelgeschichte und die johanneische Literatur, Die Neue Echter Bibel. Ergänzungsband zum Neuen Testament 2,1, Würzburg 1998, S. 127.

8   Argumente für eine Kenntnis von Teilen Palästinas aus eigener Anschauung bietet *Martin Hengel:* Der Historiker Lukas und die Geographie Palästinas in der Apostelgeschichte, ZDPV 99 (1983), S. 147–183. Auch Hengel räumt jedoch ein: „Da nicht anzunehmen ist, daß der Grieche Lukas jemals Galiläa, Samaria oder die Jordanauen bereist hat, kann man von ihm auch nicht erwarten, daß er über den Verlauf der Grenzen von Samaria und Galiläa oder das Verhältnis von Galiläa zum Jordangebiet

Abbildung I.5: Blick über die Ebene von Philippi nach Thasos

wie man aus den abrupten Übergängen sehen kann, die Hunderte von Kilometern an Entfernung und Tausende Höhenmeter schlicht ignorieren (vgl. etwa Apg 13,14).[9] Ganz anders steht es mit dem ägäischen Raum, in dem Lukas sich bestens auskennt. Ganz besonders gut ist seine Kenntnis in Makedonien, wie etwa eine Notiz wie Apg 17,1 zeigt.

Ich habe daher eine alte These wieder aufgenommen und neu zu begründen versucht, wonach Lukas aus Makedonien, näherhin aus Philippi stammt.[10] Die Abbildung I.5 zeigt diese Heimat des Lukas:[11] Das Gebiet der römischen Kolonie Philippi,

---

oder zu Judäa genauer Bescheid wußte" (a.a.O., S. 150). Hengel zufolge kennt Lukas jedoch wenigstens Jerusalem aus eigener Anschauung.

9   Vgl. dazu im einzelnen *P.[eter] Pilhofer:* Luke's Knowledge of Pisidian Antioch, in: Actes du Ier Congrès International sur Antioche de Pisidie, Textes réunis par Thomas Drew-Bear, Mehmet Taşlıalan et Christine M. Thomas, Collection Archéologie et Histoire de l'Antiquité 5, Lyon/Paris 2002, S. 77–83. (Deutsche Fassung in: *ders.:* Die frühen Christen und ihre Welt. Greifswalder Aufsätze 1996–2001. Mit Beiträgen von Jens Börstinghaus und Eva Ebel, WUNT 145, Tübingen 2002, S. 113–122 unter dem Titel: Was wußte Lukas über das pisidische Antiochien?)

10   *Peter Pilhofer:* Lukas als ἀνὴρ Μακεδών. Zur Herkunft des Evangelisten aus Makedonien, in: *Peter Pilhofer:* Die frühen Christen und ihre Welt. Greifswalder Aufsätze 1996–2001. Mit Beiträgen von Jens Börstinghaus und Eva Ebel, WUNT 145, Tübingen 2002, S. 106–112.

11   Das in Abb. I.5 wiedergegebene Photo ist von der Akropolis von Philippi aus aufgenommen. Im Vordergrund erkennt man das moderne Dorf Krenides – hier befand sich in der Antike der östliche Friedhof der Stadt Philippi. Diesen durchquerte die antike Straße, die *Via Egnatia*, auf der die christlichen Missionare nach Philippi kamen.

deren Bedeutung für die paulinische Mission Lukas in Apg 16 besonders herausstreicht. In dieser Stadt, die vom römischen Wesen geprägt ist wie keine zweite im östlichen Teil des Römischen Reichs, bringt Lukas sein Werk zu Papier. Er ist durchdrungen von dem optimistischen Glauben, es könne ein friedliches Nebeneinander von Römischem Reich und christlicher Bewegung geben. Sein zweites Buch dient unter anderem dem Ziel, die politische Harmlosigkeit der neuen Bewegung darzustellen.

Der Paß im Hintergrund (ungefähr in der Mitte des Bildes) ist heute nach dem Paulusbegleiter Silas benannt. Von hier stiegen Paulus und seine Mitarbeiter auf der zweiten Missionsreise erstmals nach Philippi hinab.

Hinter dem Paß erhebt sich das mächtige Gebirge der Insel Thasos, die gegenüber von Neapolis – dem Hafen von Philippi, vgl. Apg 16,11–12 – in der Ägäis liegt.

Kapitel II: Jesus und seine Zeit

Es begab sich aber zu der Zeit, daß ein Gebot von dem Kaiser Augustus ausging, daß alle Welt geschätzt würde. Und diese Schätzung war die allererste und geschah zu der Zeit, da Cyrenius Landpfleger in Syrien war. Und jedermann ging, daß er sich schätzen ließe, ein jeglicher in seine Stadt. Da machte sich auf auch Joseph aus Galiläa, aus der Stadt Nazareth, in das jüdische Land zur Stadt Davids, die da heißt Bethlehem, darum daß er von dem Hause und Geschlechte Davids war, auf daß er sich schätzen ließe mit Maria, seinem vertrauten Weibe, die war schwanger . . . [1]

* * *

Zu dieser Ihnen hoffentlich bekannten Geschichte erzähle ich Ihnen erst einmal eine ganz andere Geschichte: In einer neutestamentlichen Prüfung im Konsistorium der Pommerschen Kirche kommen wir zum allgemeinen Teil. Die zu examinierende Dame kommt auf Lukas zu sprechen. Es entwickelt sich folgender Dialog:

PRÜFER   Schön. Was ist denn das Charakteristische am Lukasevangelium?
PRÜFLING   *wie aus der Pistole geschossen*   Die Verzahnung von Weltgeschichte und Heilsgeschichte.
PRÜFER   Woran kann man die denn sehen? Zeigen Sie uns das doch anhand eines geeigneten Textbeispiels.
PRÜFLING   *verfällt in tiefes Nachdenken*
PRÜFER   *will ihr helfen*   Na, nehmen Sie doch einfach die Weihnachtsgeschichte!
PRÜFLING   *ratlos*   ??
PRÜFER   Na, Sie kennen doch die Weihnachtsgeschichte!   *rezitiert Luther* „Es begab sich aber zu der Zeit, als ein Gebot ausging von –"
PRÜFLING   *unterbricht ihn*   „. . . von dem König Herodes!"   *triumphierend*
PRÜFER   *leicht genervt*   Nein, nicht von dem König Herodes. „– von dem Kaiser Augustus, daß alle Welt geschätzt würde."
PRÜFLING   *ratlos, kennt die Weihnachtsgeschichte offenbar gar nicht*   ??
PRÜFER   Macht nichts; Weihnachten liegt ja nun schon recht lange zurück. Wir hatten ja zuletzt Ostern. Nehmen Sie doch die lukanische Passions- und Osterge-

---

1   So lautet Luk 2,1–5 in der Lutherschen Übersetzung nach der Revision, wie sie in den dreißiger Jahren des vorigen Jahrhunderts verbreitet wurde. Im griechischen Original lesen wir: ἐγένετο δὲ ἐν ταῖς ἡμέραις ἐκείναις ἐξῆλθεν δόγμα παρὰ Καίσαρος Αὐγούστου ἀπογράφεσθαι πᾶσαν τὴν οἰκουμένην. αὕτη ἀπογραφὴ πρώτη ἐγένετο ἡγεμονεύοντος τῆς Συρίας Κυρηνίου. καὶ ἐπορεύοντο πάντες ἀπογράφεσθαι, ἕκαστος εἰς τὴν ἑαυτοῦ πόλιν. ἀνέβη δὲ καὶ Ἰωσὴφ ἀπὸ τῆς Γαλιλαίας ἐκ

schichte. Kann man da die Verzahnung von Weltgeschichte und Heilsgeschichte sehen?

PRÜFLING   ??

Im Anschluß an diese Prüfung prägt der geplagte Prüfer dann das *dictum:* Wer die Weihnachtsgeschichte nicht kennt, darf kein kirchliches Examen bestehen. Doch es hilft nichts. Dank ... Name von der Zensur gestrichen ... hat auch diese Kandidatin das Examen bestanden.

Ich will in diesem Buch versuchen, dem Beispiel des Lukas zu folgen, um Weltgeschichte und Heilsgeschichte zu verzahnen, d. h. also die neutestamentlichen Geschehnisse in den Verlauf der großen Weltpolitik einzuzeichnen. Von grundlegender Bedeutung für die Geschichte des frühen Christentums ist der Kaiser Augustus, wie schon Lukas gesehen hat. Ihm wollen wir uns daher zunächst zuwenden.

§ 4 *Der Kaiser Augustus (27 v. Chr. – 14 n. Chr.)*

Augustus[2] ist für das Neue Testament von grundlegender Bedeutung. Das *Imperium Romanum,* das er seinen Nachfolgern hinterließ, ist nicht nur der Rahmen all dessen, was sich im Neuen Testament abspielt, sondern für die ersten Christinnen und Christen der sie alle mehr oder weniger prägende Lebensraum. Mit seiner Infrastruktur vom Euphrat bis zum Atlantik und von Nordafrika bis nach Schottland ist dieses *Imperium Romanum* aber auch die Voraussetzung für die Ausbreitung des Evangeliums von Anfang an.

Augustus in seinem Tatenbericht

Augustus hat einen Bericht über seine Taten geschrieben, die *Res gestae divi Augusti,* die sich auf Inschriften in Galatien erhalten haben.[3] In der lateinischen Fassung beginnt das Dokument folgendermaßen:

πόλεως Ναζαρὲθ εἰς τὴν Ἰουδαίαν εἰς πόλιν Δαυὶδ ἥτις καλεῖται Βηθλέεμ, διὰ τὸ εἶναι αὐτὸν ἐξ οἴκου καὶ πατριᾶς Δαυίδ, ἀπογράψασθαι σὺν Μαριὰμ τῇ ἐμνηστευμένῃ αὐτῷ, οὔσῃ ἐγκύῳ.

2   Die folgenden Ausführungen zum Kaiser Augustus sind im wesentlichen mit meinem einschlägigen Text aus dem Erlanger Repetitorium von 2005 identisch. Vgl. dazu http://neutestamentliches-repetitorium.de/inhalt/inhalt.html.

Ausführlichere Informationen zu Augustus, als sie hier gegeben werden können, bietet *Dietmar Kienast:* Art. Augustus, DNP 2 (1997), Sp. 302–314, oder *F. Muller/K. Gross:* Art. Augustus, RAC 1 (1950), Sp. 993–1004. Eine kleine Biographie: *Friedrich Vittinghoff:* Kaiser Augustus, Persönlichkeit und Geschichte 20, Göttingen/Zürich ³1991.

Eine Sammlung von Quellen zu Augustus bieten *Victor Ehrenberg/A. H. M. Jones [Hg.]:* Documents illustrating the Reigns of Augustus & Tiberius, Oxford ²1955.

3   Augustus: Meine Taten/*Res gestae divi Augusti,* nach dem Monumentum Ancyranum, Apolloniense und Antiochenum, Lateinisch-Griechisch-Deutsch hg. v. Ekkehard Weber, Tusc, München ³1975.

Für wissenschaftliche Zwecke ist jetzt die neue Ausgabe von *John Scheid [Hg.]* heranzuziehen: Res Gestae Divi Augusti. Hauts faits du divin Auguste, Paris 2007.

rerum gestarum divi Augusti,
quibus orbem terra[rum] imperio populi Rom[a]ni subiecit
… exemplar subiectum.

„Nachstehend die Abschrift des … Berichtes von den Taten des göttlichen Augustus, durch welche er den Erdkreis der Herrschaft des römischen Volkes unterwarf …"[4] Deutlicher ist die griechische Übersetzung, wo es am Anfang heißt:

μεθηρμηνευμέναι ὑπεγράφησαν
πράξεις τε καὶ δωρεαὶ Σεβαστοῦ θεοῦ,

– hier ist dezenterweise keine Rede von der Herrschaft des römischen Volkes, dafür wird aber das lateinische *divus* mit aller wünschenswerten Klarheit übersetzt: Dieser Augustus ist θεός *(theos)*, ein Gott.[5]

Augustus als Gott: Ein Anfang des Kaiserkults

„Wir kennen heute zwischen 3.700 und 4.000 antike Gottheiten aus literarischen Texten und Inschriften. Wenn wir davon ausgehen, daß dies wie in den meisten Bereichen nur einen Bruchteil der antiken Verhältnisse widerspiegelt, dann waren antike Gottheiten im Wortsinn unzählig. Es gab sie überall, jeder antike Mensch hätte problemlos ein ganzes Bündel von Götternamen auflisten können. Die 182 Kaiser als Gottheiten bilden in diesem Pantheon nur eine verschwindend kleine Zahl, die allerdings aufgrund der ungeheuren Macht und ebensolchen Präsenz in der Öffentlichkeit alle übrigen, Iupiter einmal ausgenommen, in den Schatten stellte."[6]

Einen Anfang macht Augustus, wie wir in seinem Tatenbericht gesehen haben: Als epiphaner Gott wendet sich Augustus an die Menschen. Manfred Clauss spricht von dem Staatsgott Augustus. Wie bei Jesus (vgl. Mt 2) charakterisiert ein Komet (nach dem Tod Caesars im Juli 44 v. Chr.) den neuen Gott[7], ihm zu Ehren wird der Monat *Sextilis* in August umbenannt – und so heißt er noch heute! Schon die zeitgenössischen Dichter bezeichnen Augustus als Gott[8], und allenthalben werden Tempel für den neuen Gott errichtet, Städte nach dem neuen Gott benannt.

Von besonderer Bedeutung ist die Kalenderinschrift von Priene, ein Edikt des Statthalters der Provinz *Asia* aus dem Jahr 9 v. Chr., „der vorschlug, das neue Jahr in Zukunft mit dem Geburtstag des Augustus am 23. September beginnen zu lassen, und wie selbstverständlich davon ausging, daß jede größere Stadt der Provinz

---

4　Übersetzung von *Ekkehard Weber*, a.a.O., S. 11.
5　Nur am Rande sei die Tatsache notiert, daß das Buch in der griechischen Fassung die Überschrift πράξεις führt, vgl. dazu die Überschrift der Apostelgeschichte.
6　*Manfred Clauss:* Kaiser und Gott. Herrscherkult im römischen Reich, Stuttgart 1999 (Nachdr. der Erstauflage Leipzig 2001), S. 22.
7　Vgl. dazu im einzelnen *Manfred Clauss*, a.a.O., S. 57.
8　Belege bei *Manfred Clauss*, a.a.O., S. 63.

ein Kaiser-Heiligtum besaß, wo seine Entscheidung verkündet und aufgeschrieben werden konnte."[9]

Augustus im Neuen Testament

Allen Christinnen und Christen ist die Weihnachtsgeschichte des Lukas bekannt, die ihren Ausgangspunkt bei Augustus nimmt:

> ἐγένετο δὲ ἐν ταῖς ἡμέραις ἐκείναις
> ἐξῆλθεν δόγμα παρὰ Καίσαρος Αὐγούστου
> ἀπογράφεσθαι πᾶσαν τὴν οἰκουμένην.

Luk 2,1 lautet auf deutsch: „Es geschah aber in diesen Tagen, daß ein Edikt von dem Kaiser Augustus ausging, daß in der gesamten Welt eine Volkszählung stattfinden sollte." Dies ist einer der »Synchronismen«[10] des Lukas: Er versucht, die Heilsgeschichte in die Weltgeschichte einzubetten und führt daher die Weihnachtsgeschichte auf ein Edikt des Kaisers Augustus zurück.

Wir wollen diesen Synchronismus etwas genauer ansehen. Hier wird die höchste Autorität bemüht, die Lukas überhaupt aufmarschieren lassen kann: der Kaiser Augustus. Darüber wundern *wir* uns nicht, weil diese Geschichte uns seit langem vertraut ist. (Ich unterstelle, daß Sie im Gegensatz zu der zu Beginn dieses Kapitels zitierten Examenskandidatin die Weihnachtsgeschichte kennen ...) Trotzdem sollten wir uns darüber wundern.

Wir werfen zunächst einen Blick in den Artikel Αὐγοῦστος *(Augoustos)* des neutestamentlichen Wörterbuches von Bauer/Aland. Da heißt es:

„Αὐγοῦστος, ου *N. pr. m.* **Augustus,** Name d.[es] erst.[en] röm.[ischen] Kaisers (31v–14n) **Lk 21** (vgl. Mel.). Ἀόστου PrJk 17,1.– RAC 1,933–1004 (Lit.)."[11]

N. pr. m. bedeutet *Nomen proprium masculinum,* d.h. unser Αὐγοῦστος *(Augoustos)* – das ansonsten im Neuen Testament an keiner Stelle vorkommt – wird hier als Eigenname aufgefaßt.

Eine frühere Justizministerin[12] dieses schönen Landes, Frau Leutheusser-Schnarrenberger, hatte einen Hund, der hieß »Martin Luther«. Wenn nun ein Wörterbuch das Stichwort *Luther, Martin* aufnähme, versehen mit der erklärenden Anmerkung „Hundename" – dann wäre das gewiß nicht falsch, aber doch ziemlich irreführend;

---

9   *Manfred Clauss,* a.a.O., S. 70.

10   Vgl. schon Luk 1,5, den Beginn seiner Geschichte: „Es begab sich aber in den Tagen des Herodes, des Königs von Judäa, usw." (ἐγένετο ἐν ταῖς ἡμέραις Ἡρῴδου βασιλέως τῆς Ἰουδαίας) und dann besonders 3,1–2; auf letztere Stelle kommen wir zurück.

11   *Walter Bauer/Kurt Aland/Barbara Aland:* Griechisch-deutsches Wörterbuch zu den Schriften des Neuen Testaments und der frühchristlichen Literatur, 6., völlig neu bearbeitete Auflage, Berlin/New York 1988, Sp. 242.

12   Während ich diese Zeilen druckfertig mache, sehe ich mit Erstaunen, daß die genannte frühere Justizministerin dieses Amt erneut bekleidet; was aus dem im Text zitierten Hund geworden ist, wurde im Zusammenhang ihrer neuen Amtsperiode offenbar nicht thematisiert.

sagen wir: *weniger* als die halbe Wahrheit. Ähnlich verhält es sich mit der Erklärung „N. pr. m." im Artikel von Bauer/Aland. Αὐγοῦστος *(Augoustos)* ist zwar später als Name verwendet worden – sogar als Monatsname! – aber zunächst ist Αὐγοῦστος *(Augoustos)* nicht mehr als die Transkription eines lateinischen Wortes: *augustus.* Der so bezeichnete Mann heißt eigentlich Caius Octavius, nach seiner Adoption durch Caesar dann C. Iulius Caesar Octavianus.[13] In seinem Tatenbericht, den *Res gestae* – wir haben dieses Werk schon kurz besprochen –, berichtet Octavianus, daß ihm durch einen Beschluß des Senats der Beiname *Augustus* verliehen worden sei (§ 34: *senatusconsulto »augustus« apellatus sum*). „Bedeutung und Wertschätzung des Namens *»augus-tus«* sind nur zu erklären aus dem Begriff des *»augere«* u. [nd] *»augeri«,* d. h. »Wachstum u. [nd] Gedeihen bringen« bzw. »erhalten«"[14] – messianische Fähigkeiten also, die man dem ersten Kaiser zuschrieb und die die kaiserliche Propaganda durch die Zeiten gern im Munde führte. Ist Lukas also der kaiserlichen Propaganda auf den Leim gegangen?

Diese Propaganda geht auf Octavianus selbst zurück. In den schon erwähnten *Res gestae* heißt es in § 34,3: *post id tempus* (d. h. nachdem er den weihevollen Titel »Augustus« 27 v. Chr. erhalten hatte) *auctoritate omnibus praestiti.* „Hier lebt noch u. [nd] belebt sich neu die primitive Vorstellung, nach der A. [ugustus] als *auctor frugum* gefeiert wird"[15].

Das Gewicht dieses Beinamens wird vollends klar, wenn man hört, daß als Ehrenname für Octavianus ursprünglich *Romulus* im Gespräch war. „Man hatte zunächst daran gedacht, ihm den Beinamen Romulus zu geben; *augustus* gehörte bis dahin ausschließlich dem sakralen Bereich an, und als man sich für diesen neuen und für einen Menschen unerhörten Namen entschloß, wurde seine Stellung damit gleichsam in die göttliche Sphäre hinausgehoben .... Der Name des Kaisers, wie er seitdem lautet, Imperator Caesar Augustus, ist für seine Nachfolger ein ihre Stellung kennzeichnender Titel geworden, der den Rahmen um ihre eigenen Namen bildet."[16]

Als Ergebnis halten wir erst einmal fest: Es ist irreführend, wenn das griechische Αὐγοῦστος *(Augoustos)* bei Bauer/Aland ohne weitere Erläuterung als männlicher Personenname klassifiziert wird. Αὐγοῦστος *(Augoustos)* ist vielmehr lediglich eine Transkription des lateinischen *Augustus,* welches als Titel verwendet wird. Dabei ist zu beachten: In den zeitgenössischen griechischen Dokumenten wird *Augustus* nicht transkribiert, sondern übersetzt, und zwar mit Σεβαστός *(Sebastos)*. Umso bemerkenswerter, daß Lukas sich diesem Brauch nicht anschließt (obgleich er ihn selbstver-

---

13 Vgl. den in Anm. 2 zitierten Artikel von *F. Muller/K. Gross,* Sp. 993.
14 A. a. O., Sp. 994.
15 A. a. O., Sp. 995.
16 So der Kommentar von *Ekkehard Weber* (vgl. Anm. 3) zu dieser Stelle (S. 40).

Abbildung II.1: Der Kaiser Augustus (Photographie der unter Tiberius geprägten Münze des Augustus mit der Aufschrift: *Divus Augustus Pater*)

ständlich kennt: In Apg 25,21 und 25,25 verwendet er Σεβαστός *[Sebastos]*!), sondern stattdessen das transkribierte *Augustus* hier als Eigennamen verwendet.[17]

* * *

Daß zwei Städte in Palästina nach Augustus benannt und durch Tempel des Gottes Augustus geschmückt sind, soll wenigstens im Vorübergehen erwähnt werden: Caesarea am Meer, von Herodes dem Großen selbst erbaut, ist für die Apostelgeschichte wichtig (hier wirkt Philippos nach Apg 8, hier gibt es eine frühe christliche Gemeinde [Apg 10], hier spielt sich der größere Teil des Prozesses des Paulus ab [Apg 23,23–26,32]). Das andere Caesarea, zur Unterscheidung Caesarea Philippi genannt, markiert einen Wendepunkt in der Geschichte Jesu (Mk 8,27–30parr.).[18]

Schließlich sei noch notiert, daß Philippi, die Stadt, in der Paulus die erste christliche Gemeinde Europas gründete, im Jahr 30 v.Chr. von Augustus als römische Kolonie wiedergegründet worden ist und seither *Colonia Iulia Augusta Philippensis* heißt.

Was schließlich die DRAMATIS PERSONÆ angeht, so sind die meisten Personen, die die folgenden Geschehnisse bestimmen, in der Zeit des Kaisers Augustus zur Welt

---

17   Vgl. dazu insgesamt den Kommentar von *Joseph A. Fitzmyer:* The Gospel According to Luke. Introduction, Translation, and Notes, AncB 28, Garden City, New York 1981. Auch Fitzmyer weist z.St. darauf hin, daß es sich um einen *Titel* handelt: „*Augustus* was a title and was intended to be borne by all subsequent emperors; only Vitellius (A.D. 69) did not receive it. Luke transcribes the Latin title in Greek as *Augoustos*, treating the title as the emperor's name, which it actually became in time. Normally, the title *Augustus* was translated into Greek as *Sebastos*" (S. 399).

18   Zu Caesarea am Meer vgl. *Schürer* II 115–118, zu Caesarea Philippi *Schürer* II 169–171.

Abbildung II.2: Der Wiener Augustus

gekommen. Ich nenne im einzelnen Jesus und seine Jünger – von Jesus wissen wir es aus der Weihnachtsgeschichte, seine Jünger werden nicht wesentlich älter als er selbst gewesen sein; die Geschwister Jesu (vgl. die Liste der Brüder Mk 6,3), von denen für die Geschichte der Urgemeinde in Jerusalem Jakobus eine herausragende Rolle spielen wird; und schließlich natürlich auch Paulus, dessen Lebensdaten wir im einzelnen nicht kennen.[19]

Einige wichtige Jahreszahlen

Tod des Caius Iulius Caesar	44 v. Chr.
Schlacht bei Philippi	42 v. Chr.
Schlacht bei Actium	31 v. Chr.
Gründung der Kolonie Philippi	30 v. Chr.
Regierungszeit des Kaisers Augustus	27 v. Chr. – 14 n. Chr.
Niederlage im Teutoburger Wald	9 n. Chr.
Regierungszeit des Kaisers Tiberius	14 n. Chr. – 37 n. Chr.

---

19 Aber wenn Paulus schon in den dreißiger Jahren die Gemeinde verfolgt, kann er nicht erst unter Tiberius, der ab 14 n. Chr. regiert, geboren worden sein.

§ 5 Die Volkszählung und ihre Folgen

Das vielleicht wichtigste Ereignis für Palästina in der Regierungszeit des Augustus ist die Volkszählung, lateinisch *census*, die Lukas in 2,2 in die Statthalterschaft des Quirinius datiert, der 6/7 n.Chr. Statthalter von Syrien war.[1]

Lukas führt diesen *census* in 2,1 auf ein δόγμα *(dogma)* des Kaisers Augustus zurück. Ähnlich wie bei Αὐγοῦστος *(Augoustos)* fassen sich die Kommentare auch bei δόγμα *(dogma)* m.E. allzu kurz. Handelt es sich hier um einen Fachausdruck? Die Belege sind nicht so zahlreich, wie man erwarten könnte.[2] Immerhin übersetzt die Vulgata hier mit *edictum*. In ähnlichem Zusammenhang benutzt Lukas δόγμα *(dogma)* in Apg 17,7, wo die Gegner in Thessaloniki formulieren: καὶ οὗτοι πάντες ἀπέναντι τῶν δογμάτων Καίσαρος πράσσουσι, βασιλέα ἕτερον λέγοντες εἶναι Ἰησοῦν.

Inhaltlich geht es bei dem Erlaß um eine ἀπογραφή *(apographē)*, einen *census*, im Deutschen am besten mit »Volkszählung« zu übersetzen. Der von Lukas behauptete Zusammenhang der Volkszählung mit dem Amtsjahr des Quirinius, der 6/7 n. Chr. Statthalter von Syrien war, führt zu Schwierigkeiten. Ich will Ihnen wenigstens die wichtigsten Probleme nennen:

(1) Die Datierung der Geburt Jesu: Die Angabe in Luk 2,2 führt wegen des Datums des Quirinius auf 6/7 n.Chr. für die Geburt Jesu. Das ist insofern ein Problem, als wir uns bisher (vgl. 1,5) in den Tagen des Herodes befanden, der im Jahr 4 v.Chr. gestorben ist. Wie soll man diesen Graben von 4 v.Chr. bis 6/7 n.Chr. mit den zur Verfügung stehenden neun Monaten Schwangerschaft überbrücken?[3]

Man kann sich den garstigen Graben an dem folgenden Zahlenstrahl sehr schön veranschaulichen:

---

1 Wer sich näher für dieses Thema interessiert, sei auf den einschlägigen Exkurs in *Schürer* I 399–427 verwiesen; dort findet sich S. 399f. auch eine Literaturliste zum Thema. Diese bietet zwar *W.M. Ramsay:* The Census of Quirinius, Expositor I (1897), S. 274–286.425–435 sowie desselben The Bearing of Recent Discovery on the Trustworthiness of the New Testament, S. 238–300, nicht aber *W.M. Ramsay:* Was Christ Born at Bethlehem? A Study on the Credibility of St. Luke, London 1898: Die Quelle für die Kindheitsgeschichte des Lukas ist niemand anderes als Maria selber. Wie Ramsay sich das vorstellt, kann man S. 88 nachlesen (er hält es für möglich, daß Maria 57/58 – als Lukas in Palästina war – noch gelebt hat); Ramsay schreibt die sympathische Haltung, die Lukas Frauen gegenüber an den Tag legt, seinen surroundings in Macedonia (S. 90) zu!

Zur Karriere des P. Sulpicius Quirinius vgl. den Artikel von *Werner Eck*, DNP 11 (2001), Sp. 1105, der die These *Ramsays*, wonach Quirinius zweimal Statthalter in Syrien war, ablehnt. Der *census* des Quirinius erstreckte sich sowohl auf Syrien als auch auf Judäa. Er starb im Jahr 21.

2 Vgl. dazu *Hugh J. Mason:* Greek Terms for Roman Institutions. A Lexicon and Analysis, American Studies in Papyrology 13, Toronto 1974, S. 39 *sub voce* δόγμα sowie S. 128; an beiden Stellen werden Luk 2,1 und Apg 17,6 angeführt, darüber hinaus aber nur recht spärliches Material ...

3 Die konkurrierende Überlieferung in der Kindheitsgeschichte des Matthäusevangeliums muß die Geburt Jesu wegen der Geschichte vom Kindermord in Bethlehem (Mt 2,16) in die Regierungszeit des Herodes setzen; Jesus wäre demnach spätestens 4 v.Chr. geboren.

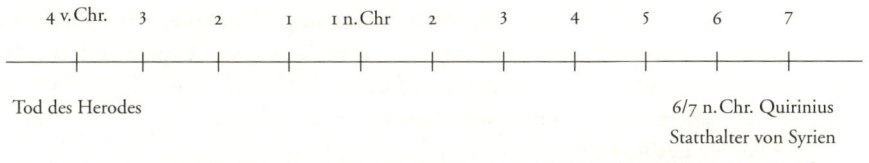

| 4 v.Chr. | 3 | 2 | 1 | 1 n.Chr | 2 | 3 | 4 | 5 | 6 | 7 |

Tod des Herodes   6/7 n.Chr. Quirinius
                                                   Statthalter von Syrien

9 Monate + 5 Monate $\overset{!}{=}$ 10/11 Jahre

(2) Die Frage der Zuständigkeit: Bethlehem liegt in Judäa, wie Luk 2,4 auch ausdrücklich gesagt wird. (Zur folgenden Argumentation ist durchweg die Karte oben
S. 8 heranzuziehen!) Somit ist Bethlehem bis zum Tod des Herodes Bestandteil von
dessen Königreich – wie sollen die Römer da einen *census* durchführen? Nach dem
Tod des Herodes fiel Judäa an dessen Sohn Archelaos (4 v.Chr. bis 6 n.Chr.; auf der
genannten Karte ist das Gebiet des Archelaos heller markiert) – auch in dessen Regierungszeit kann man sich einen römischen *census* in diesem Gebiet nicht recht vorstellen.[4] Erst nach Absetzung des Archelaos fällt Judäa unter römische Verwaltung;
dann ist ein römischer *census* in Judäa möglich und sinnvoll – womit wir wieder im
Amtsjahr des Quirinius landen …

(3) Das Schweigen der Quellen: Von einem weltweiten *census* (vgl. Luk 2,1: ἀπογράφεσθαι πᾶσαν τὴν οἰκουμένην *[apographesthai pasan tēn oikoumenēn])* erfahren
wir nur durch unsere lukanische Passage. Andere Quellen sagen nichts darüber. Das
ist merkwürdig.[5]

(4) Die lukanische Vorstellung, daß im Fall eines *census* jeder Betroffene mit Kind
und Kegel zu seiner Vaterstadt pilgert, widerspricht nicht nur allen römischen Gepflogenheiten, sondern ist praktisch undurchführbar.[6]

✳ ✳ ✳

Wir sehen: Mit den Synchronismen des Lukas ist es nicht so einfach. Das liest sich so
schön in 1,5 und 2,1ff., aber wenn man genauer zusieht, ergeben sich große Schwierigkeiten. Da es uns hier nicht darum geht, Lukas zu interpretieren, wollen wir es
damit sein Bewenden haben lassen. Im folgenden halten wir uns an die Daten, die
auch unabhängig von Lukas verifizierbar sind, und bemühen uns darum, die Politik
des Augustus in Palästina in den wesentlichen Punkten zu erfassen. Denn diese ist

---

4   Zur Regierungszeit des Archelaos vgl. *Schürer* I 354–357. Im Jahr 6 n.Chr. wurde er abgesetzt
und nach Gallien verbannt (a.a.O., S. 356).

5   Man sollte sich nicht so leicht zufriedengeben wie *Schürer* I 410: „In consequence, even though
it is established that apart from Luke no historical evidence exists of a general imperial *census* [meine
Kursivierung] under Augustus, the possibility still remains that Luke alone has preserved a record of it."
Aber auf derselben Seite liest man: „It is not very likely that the cautious Augustus, always careful to
respect the rights of the Senate, would have ordered, by means of one and the same edict, a census for
his provinces and for those of the Senate."

6   Vgl. dazu im einzelnen *Schürer* I 411–413.

für das Neue Testament von grundlegender Bedeutung: Angefangen bei Johannes dem Täufer über Jesus und sein Wirken bis hin zum Auszug der Urgemeinde aus Jerusalem (der dann nach der Zerstörung der Stadt zur Marginalisierung des jüdischen Christentums führte, das die christliche Geschichte bis zum heutigen Tag geprägt hat) – die Politik des Augustus hat weitreichende Folgen.

Man kann sich das leicht an folgendem Gedankenexperiment klarmachen: Schon nach dem Tod des Herodes hätte Augustus anders entscheiden können. Was wäre geschehen, wenn er Judäa im Jahre 6 n.Chr. nicht direkt unter römische Verwaltung gestellt hätte? Wenn er im Jahr 4 v.Chr. den älteren Plan des Herodes umgesetzt und den Antipas als alleinigen Nachfolger bestimmt hätte?[7] Die Volkszählung wäre vermieden worden – Antipas war bis 39 im Amt – und damit vielleicht auch die Geburt der Zeloten. Möglicherweise wäre es nie zum Jüdischen Krieg gegen die römische Besatzungsmacht gekommen ...

* * *

Dreimal hat Augustus entscheidend in den Verlauf der Geschehnisse in Palästina eingegriffen: Zunächst bei der Bestätigung des Königreichs des Herodes, sodann nach dem Tod des Königs Herodes im Jahr 4 v.Chr. und schließlich bei der Absetzung des Archelaos im Jahr 6 n.Chr.

Herodes[8] war noch in republikanischer Zeit durch den Senat als König der Juden eingesetzt worden (im Jahr 40 v.Chr.), hatte dann aber im Bürgerkrieg auf das falsche Pferd gesetzt und den Verlierer Antonius unterstützt. Trotzdem gelang es ihm nach der Schlacht bei Actium (31 v.Chr.), Augustus zu überzeugen, daß dieser ihn als König bestätigte. Dies erwies sich als eine weitreichende Entscheidung, haben die Nachfolger des Herodes doch bis Ende des ersten Jahrhunderts mindestens in Teilen seines Königreichs geherrscht.

Die zweite wichtige Entscheidung des Augustus fiel nach dem Tod des Herodes im Jahr 4 v.Chr. Dieser hatte mehrere Testamente verfaßt, die nicht miteinander übereinstimmten. Die Söhne waren in unterschiedlicher Weise als Nachfolger vorgesehen: Eines der Testamente (das fünfte) setzte den Herodes Antipas als (alleinigen) Thronfolger ein, ein weiteres (das sechste) den Antipas zusammen mit seinen Brüdern Archelaos und Philippos. Nach dem Tod des Herodes reisten Antipas und Archelaos sogleich nach Rom, um dort bei Augustus vorstellig zu werden, um die Nachfolge

---

7   Zu den verschiedenen Testamenten des Königs Herodes, in denen immer wieder andere Kinder begünstigt worden sind, vgl. *Harold W. Hoehner:* Herod Antipas, MSSNTS 17, Cambridge 1972, S. 18–39.

8   Das grundlegende Werk zu Herodes ist *Abraham Schalit:* König Herodes: Der Mann und sein Werk, SJ 4, Berlin 1969 (Nachdr. 2001). Zur schnelleren Orientierung empfehlenswert ist *Helmut Merkel und Dieter Korol:* Art. Herodes der Große, RAC 14 (1988), Sp. 815–849; hier Sp. 824 auch das folgende Zitat von Zeitlin: „Herod achieved his kingdom as a fox, ruled as a tiger and died as a madman" samt dem zugehörigen Nachweis.

in ihrem jeweiligen Sinn zu regeln.[9] Es kam zu langwierigen Verhandlungen, die wir hier im einzelnen nicht nachzeichnen können.

Nach langem Hin und Her entschied Augustus salomonisch, daß keiner der Söhne des Herodes dessen alleinige Nachfolge antreten sollte; vielmehr wurde sein Reich unter den Söhnen aufgeteilt: Archelaos erhielt Judäa, Samaria und Idumäa (das ist auf unserer Karte der heller markierte Bereich) und bekam den Titel Ethnarch, Herodes Antipas aber bekam Galiläa und Peräa (auf unserer Karte dunkler markiert) und den Titel Tetrarch. Ein dritter Sohn – der genannte Philippos[10] – bekam die Gaulanitis und Batanäa (auf der Karte noch heller) und wie Antipas den Titel Tetrarch.

Noch folgenreicher war die dritte Entscheidung, die Augustus im Jahr 6 n.Chr. in bezug auf Archelaos traf: Dieser Sohn des Herodes wurde abgesetzt und nach Gallien verbannt. Sein Reich wurde direkt der römischen Verwaltung unterstellt. Diese führte als erstes einen *census* durch, der die Opposition der jüdischen Bevölkerung hervorrief. Diese Opposition wuchs von Jahrzehnt zu Jahrzehnt und mündete im Jüdischen Krieg, der in der Zerstörung Jerusalems im Jahr 70 gipfelte.

Die Bedeutung dieser dritten Entscheidung charakterisiert Fergus Millar folgendermaßen: „Whether we see this change from the point of view of the structure of the Roman Empire or of its effects on the Jewish community and the Temple, or of the origins of Christianity, its significance can hardly be exaggerated."[11]

∗ ∗ ∗

Die von Augustus in Palästina getroffenen Entscheidungen führten zu der Konstellation, die wir beim Prozeß Jesu vorfinden: Jesus ist zwar aus Galiläa – mithin ein Landeskind des Herodes Antipas –, aber er ist in Jerusalem mit dem römischen Statthalter *(praefectus)* Pontius Pilatus konfrontiert, der sein Urteil fällt. Aber auch der bzw. die Hohenpriester, mit denen Jesus in seinem Prozeß zu tun hat (nach Joh 18,13 handelt es sich um Hannas und Kaiphas), werden – eine sehr merkwürdige Konstruktion – von dem römischen *praefectus* ernannt bzw. abgesetzt, ganz wie er

---

9   Eine ausführliche Diskussion der Nachfolgestreitigkeiten findet sich bei *Harold W. Hoehner:* Herod Antipas, MSSNTS 17, Cambridge 1972, S. 18–39.

10   Der übrigens eine Ausnahme unter den Söhnen des Herodes darstellt: „Whereas all the others … were ambitious, domineering, harsh and tyrannical toward their subjects, of Philip only praiseworthy reports are given. His reign was mild, just and peaceful" heißt es bei *Schürer* I 339 – nicht auszudenken, was passiert wäre, wenn Augustus *ihn* als Alleinerben seines Vaters Herodes eingesetzt hätte!
Dieser Philipp ist auch derjenige, der das alte Paneas in Caesarea umbenannt hat, das zur Unterscheidung von der gleichnamigen Stadt an der Küste Caesarea Philippi genannt wird: „He rebuilt and enlarged ancient Panias, at the sources of the Jordan north of Lake Gennesaret, and named it Caesarea in honour of the emperor. To distinguish it from the better known Caesarea on the coast, it was called Caesarea Philippi, under which name it appears in the Gospels (Mt. 16:13; Mk. 8:27)" (ebd.).
Aus neutestamentlicher Perspektive ist eine weitere Stadt des Philippos von Bedeutung: Bethsaida am nördlichen Ufer des Sees Genezareth, der Heimatstadt des Jüngers Philippus (welch ein Zusammentreffen!), vgl. Joh 1,44 und 12,21, die auch eines Weherufs Jesu gewürdigt wird (Mt 11,21). Diese Stadt hat Philippos der Tochter des Augustus zu Ehren in Julias umbenannt (*Schürer* II 171–172).

11   *Fergus Millar:* The Roman Near East 31 BC – AD 337, Cambridge (Mass.)/London 1993, S. 44.

will. Noch absonderlicher erscheint die Rolle des jeweiligen römischen Statthalters als Kammerdiener des Hohenpriesters: „Beyond that, the *praefecti* also inherited the role of guarding the high-priestly robes, as Herod and Archelaus had done before them. Josephus' account records a unique element in the history of Roman provincial government:

»After him, when the Romans took over the government, they retained control of the high priest's vestments and kept them in a stone building, where they were under the seal both of the priests and of the custodians of the treasury and where the warden of the guard lighted the lamp day by day. Seven days before each festival the vestments were delivered to the priests by the warden. After they had been purified, the high priest wore them; then after the first day of the festival he put them back again in the building where they were laid away before. This was the procedure at the three festivals each year and on the fast day.«

The »three festivals« were Passover, Pentecost and Tabernacles, and »the fast day,« the Day of Atonement. So far as we know, although individual Roman soldiers can be found observing many local cults throughout the Near East, there is no parallel to this deep official involvement in the annual cycle of festivals of a local community."[12]

∗ ∗ ∗

Abschließend sei auf die wichtigste Folge hingewiesen, die die Volkszählung des Quirinius in Judäa nach sich zog: den jüdischen Widerstand. Eine ganz konkrete Folge war die Gründung der zelotischen Partei, die Josephus als die vierte Philosophie bezeichnet. Wir haben im Zusammenhang der Benennung der neuen christlichen Bewegung erfahren, daß diese den Geschichtsschreiber Lukas vor Probleme stellte[13] und dabei schon gesehen, daß Josephus ein ähnliches Problem elegant löst, indem er die jüdischen »Parteien« seinem römischen und griechischen Publikum kurzerhand als Philosophenschulen vorstellt. Seit Menschengedenken gab es im Judentum drei solcher Philosophenschulen, nämlich Pharisäer, Sadduzäer und Essener. Der Zensus aber bringt nun die vierte Philosophie hervor, die Zeloten.

Es ist bezeichnend, daß die berühmten Ausführungen des Josephus über die Philosophenschulen bei den Juden in Antiquitates XVIII stehen – dem Buch seines Werkes, das mit der Amtszeit des Quirinius in Syrien und der Durchführung seines *census* in Judäa beginnt. Denn in dieser Zeit konstituierte sich die *vierte* Philosophie, die Partei der Zeloten.[14] Josephus betont eingangs die bedeutende Karriere, die Publius Sulpicius Quirinius schon hinter sich hat – er war unter anderem Konsul gewesen (12 v.Chr.) –, und schildert die komplizierte Struktur in Palästina: Quirinius ist für Syrien zuständig, aber Judäa steht unter dem Statthalter Coponius, einem Vorgänger

---

12 *Fergus Millar*, a.a.O., S. 45f. Die Stelle aus Josephus ist Antiquitates XVIII [!] 93–94.

13 Vgl. oben im Kapitel I die Seite 16.

14 Schon früher hatte Josephus in Antiquitates XIII 171 die drei Haireseis kurz erwähnt; die große Darstellung hat er sich für Buch XVIII aufgehoben.

des Pilatus. Obwohl also Judäa ein eigener Verwaltungsbezirk ist, gehört es doch irgendwie zu Syrien und steht somit unter der Oberaufsicht des dortigen Statthalters. Dieser überwacht auch den *census* in beiden Ländern (Antiquitates XVIII 1–2). Von Syrien wird weiter nichts berichtet, aber von Judäa heißt es in § 4:[15]

Ἰούδας δὲ Γαυλανίτης ἀνὴρ ἐκ πόλεως ὄνομα Γάμαλα	But a certain Judas, a Gaulanite from a city named Gamala,
Σάδδωκον Φαρισαῖον προσλαβόμενος	who had enlisted the aid of Saddok, a Pharisee,
ἠπείγετο ἐπὶ ἀποστάσει,	threw himself into the cause of rebellion.
τήν τε ἀποτίμησιν οὐδὲν ἄλλο ἢ ἄντικρυς δουλείαν ἐπιφέρειν λέγοντες καὶ τῆς ἐλευθερίας ἐπ' ἀντιλήψει παρακαλοῦντες τὸ ἔθνος.	They said that the assessment carried with it a status amounting to downright slavery, no less, and appealed to the nation to make a bid for independence.

Judas und Zadok also sind die Führer der neuen Bewegung; an Zustrom fehlt es nicht, wie Josephus mit bitteren Worten beklagt (§ 6). Schon hier taucht am Horizont die Zerstörung Jerusalems auf (§ 8), die doch erst zwei Generationen später erfolgte. Für den römischen Interessen verpflichteten Historiker handelt es sich um einen Fall von στάσις *(stasis)*, der zugleich einen Abfall von der jüdischen Tradition markiert, wie es in § 9 heißt:[16]

οὕτως ἄρα ἡ τῶν πατρίων καίνισις καὶ μεταβολὴ μεγάλας ἔχει ῥοπὰς τοῦ ἀπολουμένου τοῖς συνελθοῦσιν,	Here is a lesson that an innovation and reform in ancestral traditions weighs heavily in the scale in leading to the destruction of the congregation of the people.
εἴ γε καὶ Ἰούδας καὶ Σάδδωκος τετάρτην φιλοσοφίαν ἐπείσακτον ἡμῖν ἐγείραντες καὶ ταύτης ἐραστῶν εὐπορηθέντες πρός τε τὸ παρὸν θορύβων τὴν πολιτείαν ἐνέπλησαν	In this case certainly, Judas and Saddok started among us an intrusive fourth school of philosophy; and when they had won an abundance of devotees, they filled the body politic immediately with tumult,
καὶ τῶν αὖθις κακῶν κατειληφότων ῥίζας ἐφυτεύσαντο τῷ ἀσυνήθει πρότερον φιλοσοφίας τοιᾶσδε·	also planting the seeds of those troubles which subsequently overtook it, all because of the novelty of this hitherto unknown philosophy that I shall now describe.
περὶ ἧς ὀλίγα βούλομαι διελθεῖν, ἀλ-	My reason for giving this brief account of

---

15 Ich zitiere den Text und die Übersetzung von *Louis H. Feldman [Hg.]:* Josephus with an English Translation in Ten Volumes, Band IX: Jewish Antiquities, Books XVIII–XIX, LCL 433, Cambridge (Mass.)/London 1965, Nachdr. 1981, S. 4.6 (der Text) und S. 5.7 (die Übersetzung).

16 Ich gebe den Text wieder nach *Feldman*, S. 8, die Übersetzung a.a.O., S. 9.

λως τε ἐπεὶ καὶ τῷ κατ' αὐτῶν σπου- | it is chiefly that the zeal which Judas and
δασθέντι τοῖς νεωτέροις ὁ φθόρος τοῖς | Saddok inspired in the younger element
πράγμασι συνέτυχε. | meant the ruin of our cause.

Das ist gleichsam das Sprungbrett für die Diskussion der vier philosophischen Schulen, die sogleich folgt: In § 12–15 behandelt Josephus die Pharisäer, in § 16–17 die Sadduzäer, in § 18–22 die Essener. Danach kommt er, wie angekündigt, auf die vierte Philosophie, ἡ τετάρτη τῶν φιλοσοφιῶν *(hē tetartē tōn philosophiōn)*, zu sprechen.[17]

τῇ δὲ τετάρτῃ τῶν φιλοσοφιῶν ὁ Γαλι- | As for the fourth of the philosophies, Ju-
λαῖος Ἰούδας ἡγεμὼν κατέστη, | das the Galilaean set himself up as leader
τὰ μὲν λοιπὰ πάντα γνώμῃ τῶν Φαρι- | of it. This school agrees in all other re-
σαίων ὁμολογούσῃ, | spects with the opinions of the Pharisees,
δυσνίκητος δὲ τοῦ ἐλευθέρου ἔρως ἐ- | except that they have a passion for liberty
στὶν αὐτοῖς | that is almost unconquerable, since they
μόνον ἡγεμόνα καὶ δεσπότην τὸν θεὸν | are convinced that God alone is their
ὑπειληφόσιν. | leader and master.
θανάτων τε ἰδέας ὑπομένειν παρηλλαγ- | They think little of submitting to death
μένας ἐν ὀλίγῳ τίθενται καὶ συγγενῶν | in unusual forms and permitting venge-
τιμωρίας καὶ φίλων ὑπὲρ τοῦ μηδένα | ance to fall on kinsmen and friends if on-
ἄνθρωπον προσαγορεύειν δεσπότην. ἑ- | ly they may avoid calling any man mas-
ωρακόσιν δὲ τοῖς πολλοῖς τὸ ἀμετάλ- | ter. Inasmuch as most people have seen
λακτον αὐτῶν τῆς ἐπὶ τοιούτοις ὑπο- | the steadfastness of their resolution amid
στάσεως περαιτέρω διελθεῖν παρέλι- | such circumstances, I may forgo any fur-
πον. | ther account.

Die Gründung der zelotischen Partei ist also eine Folge des *census* des Quirinius. Diese Partei bestimmt die Geschichte der folgenden Jahrzehnte wie keine zweite und ist die wichtigste Ursache für den Jüdischen Krieg und die Zerstörung Jerusalems.

§ 6 Jüdische Gruppen in Palästina

Es wird in unsern Tagen immer darauf hingewiesen, Jesus sei Jude gewesen. Kein zurechnungsfähiger Historiker wird daran zweifeln.[1] Ein Neutestamentler spricht sogar

---

17 Ich gebe den Text wieder nach *Feldman*, S. 20.22, die Übersetzung a.a.O., S. 21.23. Es handelt sich um § 23.24a.

1 Was freilich nicht ausschließt, daß das Judesein Jesu dennoch gelegentlich bestritten wurde, so beispielsweise von einigen der nationalsozialistischen Rassenideologie verpflichteten Theologen wie Emanuel Hirsch (*Emanuel Hirsch:* Das Wesen des Christentums, Weimar 1939, Anhang: Die Abstammung Jesu, S. 158–165) und Walter Grundmann (*Walter Grundmann:* Jesus der Galiläer und das Judentum, Leipzig 1941, S. 165–175; zu Grundmann vgl. *Roland Deines, Volker Leppin und Karl-Wilhelm Niebuhr [Hg.]:* Walter Grundmann. Ein Neutestamentler im Dritten Reich, Arbeiten zur Kirchen- und Theologiegeschichte 21, Leipzig 2007). Ich danke Herrn Kollegen Helmut Merkel (Osnabrück) für einschlägige Hinweise in dieser Angelegenheit.

von der Judaizität Jesu.[2] Aber was soll damit gesagt sein? Inwiefern ist das Judesein Jesu für sein Wirken und für seine Lehre von Bedeutung? Wer diesen Fragen nachgehen will, kann sich nicht darauf beschränken, pauschal auf »das Judentum« hinzuweisen, denn »das Judentum« gibt es im 21. Jahrhundert ebensowenig wie es »das Judentum« im ersten Jahrhundert gegeben hat. Hier kommt es darauf an, genauer zuzusehen, bevor irgendwelche Schlüsse aus dem Judesein Jesu gezogen werden.

Zunächst ist sicherheitshalber einmal auf den Unterschied zwischen Diaspora-Judentum und palästinischem Judentum hinzuweisen. Es war nämlich ein großer Unterschied, ob man als Jude in Rom, in Alexandrien – also in der sogenannten Diaspora[3] –, oder in Jerusalem oder in Kapernaum – also in Palästina – lebte. Dabei ist zu beachten, daß schon zur Zeit Jesu mehr Juden außerhalb Palästinas lebten als innerhalb, eine Relation, die sich nach dem Krieg gegen die Römer und der Zerstörung Jerusalems im Jahre 70 noch weiter zuungunsten Palästinas verschob. Die Zahl der Juden „wird hoch veranschlagt, und obwohl man hier auf Vermutungen angewiesen ist, schätzt man, daß die Judenschaft 7 bis 10 % der Bevölkerung des Römerreichs ausmachte …"[4] Die Bedeutung des Diaspora-Judentums für die Ausbreitung der christlichen Botschaft kann man gar nicht überschätzen. Diese ist hier aber noch nicht unser Thema, geht es in diesem Kapitel doch um die Welt Jesu – in der spielte das Diaspora-Judentum aber kaum eine Rolle.[5]

Wir befassen uns in diesem Paragraphen also nur mit einem kleinen Teil des damaligen Judentums, dem Teil, der im ersten Jahrhundert in Palästina lebte. Das Diaspora-Judentum wird später in einem eigenen Paragraphen besprochen (im Kapitel III als § 13).

Von den in Palästina lebenden Juden war schon im vorigen Paragraphen im Zusammenhang mit der Volkszählung von 6/7 n.Chr. die Rede. Wir haben dabei gesehen, daß diese Volkszählung – der *census* – in dem nach der Absetzung des Archelaos erstmals unter direkte römische Verwaltung gestellten Judäa eine völlig neue Gruppe hervorgebracht hat, die Josephus die vierte Philosophie (τετάρτη φιλοσοφία, *tetártē philosophía*) nennt.[6] Die vierte Philosophie setzt drei weitere philosophische Schu-

2 *Günther Baumbach:* Randbemerkungen zu Jesu Judaizität, in: Christus bezeugen (FS Wolfgang Trilling), hg. v. Karl Kertelge, Traugott Holtz und Claus-Peter März, Freiburg/Basel/Wien 1990, S. 74–83. Auch für diesen Hinweis bin ich Herrn Kollegen Merkel zu Dank verpflichtet.

3 Vgl. dazu *Willem Cornelis van Unnik:* Das Selbstverständnis der jüdischen Diaspora in der hellenistisch-römischen Zeit. Aus dem Nachlaß herausgegeben und bearbeitet von Pieter Willem van der Horst, AGJU 17, Leiden/New York/Köln 1993.

4 *Willem Cornelis van Unnik*, a.a.O., S. 54 mit Belegen in Anm. 7.

5 Vgl. dazu die Liste der Zwölf, die gleichsam das palästinische Judentum widerspiegelt, mit der Liste der Sieben, die das Diaspora-Judentum repräsentiert, oben in Kapitel I, S. 4–6.

6 Vgl. dazu oben die S. 32–34.

len voraus, die schon vor den Zeloten existiert hatten.[7] Dabei handelt es sich um
die Sadduzäer, die Essener und die Pharisäer. Diese werden wir in dem vorliegenden
Paragraphen besprechen.[8]

1. Die Sadduzäer

Wir wenden uns als erster Gruppe den Sadduzäern zu. Diese sind uns auch aus der
synoptischen Tradition vetraut, die uns die Sadduzäer in einem Jerusalemer Streitgespräch zusammen mit Jesus vorstellt (die Perikope mit der sogenannten Sadduzäer-
frage, Mk 12,18–27//Mt 22,23–33//Luk 20,27–40). Im Unterschied zu seinen beiden
Evangelistenkollegen hat Matthäus die Angewohnheit, Pharisäer und Sadduzäer for-
melhaft zu οἱ Φαρισαῖοι καὶ Σαδδουκαῖοι *(hoi Pharisaioi kai Saddoukaioi)* zusammenzustellen.[9] Dieser Angewohnheit folgt die Forschung offenbar bis heute, wenn
Pharisäer und Sadduzäer zusammen behandelt werden, wie beispielsweise bei Schürer.[10]

Die Sadduzäer sind im Unterschied zu den andern Gruppen nicht überall in Palästina anzutreffen, sondern nur in Jerusalem. Insofern ist es kein Zufall, wenn die
synoptische Tradition ein Jerusalemer Streitgespräch zwischen Jesus und den Sadduzäern bietet. Bezeichnenderweise treten die Sadduzäer auch in der Apostelgeschichte
nur in solchen Kapiteln auf, die in Jerusalem situiert sind (4, 5 und 23). „Ausserhalb
Jerusalems giebt es keine Sadducäer, der Tempel ist ihr eigentliches Revier, in das
Gewirr des alltäglichen Lebens steigen sie nicht herab. So lange Jesus in Galiläa lehrt,
nehmen nur die Schriftgelehrten Jerusalems Notiz von ihm, welche mittelst der Pharisäer ihre Fühlfäden überall hinstrecken; die Sadducäer rühren sich erst, da sie in
ihrer eigenen Höhle gestört werden."[11] Daher können wir als erstes Zwischenergebnis festhalten: Die Sadduzäer sind auf Jerusalem beschränkt; in Galiläa trifft man sie

---

7   Josephus spricht sowohl in Ant XIII 171 als auch in Ant XVIII 12 von drei Gruppen, in Buch
XIII sagt er: κατὰ δὲ τὸν χρόνον τοῦτον τρεῖς αἱρέσεις τῶν Ἰουδαίων ἦσαν, in Buch XVIII dann
Ἰουδαίοις φιλοσοφίαι τρεῖς ἦσαν.
     Die Reihenfolge allerdings wechselt: In Buch XIII nennt Josephus als erste Gruppe die Pharisäer, als
zweite die Sadduzäer und als dritte die Essener (ἡ δὲ τρίτη δὲ Ἐσσηνῶν). In Buch XVIII zählt er dann
die drei Gruppen in umgekehrter Reihenfolge auf und nennt zuerst die Essener, dann die Sadduzäer
und erst zum Schluß die Pharisäer (τρίτην δὲ ἐφιλοσόφουν οἱ Φαρισαῖοι λεγόμενοι).
8   Vgl. dazu ausführlicher *Rudolf Hoppe:* Die jüdischen Religionsparteien und ihre Bedeutung für
die Verkündigung Jesu, in: *Ludger Schenke u.a.:* Jesus von Nazaret – Spuren und Konturen, Stuttgart
2004, S. 59–83.
9   So in Mt 3,7; 16,1; 16,6; 16,11 und 16,12 [gleich zweimal!].
10   *Schürer* II 381–414: § 26. Pharisees and Sadducees. Vgl. schon zuvor die Studie von *Julius
Wellhausen:* Die Pharisäer und die Sadducäer. Eine Untersuchung zur inneren jüdischen Geschichte,
Greifswald 1874 (3. Auflage Göttingen 1967).
11   *Julius Wellhausen,* a.a.O., S. 44.

ebensowenig an wie anderwärts. Die dem entgegenstehenden Stellen im Matthäus-evangelium sind historisch irreführend.[12]

Was den Namen der Sadduzäer angeht, so faßt Hans-Friedrich Weiß die For-schung folgendermaßen zusammen: „Die Bezeichnung »Sadduzäer«, ... literarisch erstmalig Mk 12,18 belegt, ist nicht mit den Kirchenvätern ... von hebräisch *zad-dîq*, »gerecht« abzuleiten, sondern vom Namen des Priesters *Zādôq* ..., der für die davidisch-salomonische Zeit als maßgeblicher Priester erwähnt wird ... und dessen Geschlecht der *b^{e}nê Zādôk* bzw. der Zadokiten bis ins 2. Jh. v. Chr. den Hohenprie-ster stellte ...“[13]

Ein entscheidender Punkt ist die geringe Zahl der Sadduzäer. Darauf weist Jose-phus in seinem Bericht in Ant XVIII 16–17 ausdrücklich hin:

εἰς ὀλίγους δὲ ἄνδρας οὗτος ὁ λόγος ἀφίκετο, τοὺς μέντοι πρώτους τοῖς ἀξιώμασι ...	Diese Lehre aber erreichte nicht viele Männer, aber die Ersten, was den Rang angeht ...

Auf eine einfache Formel gebracht könnte man sagen: Die Sadduzäer waren – etwa im Gegensatz zu den Pharisäern – nicht eine Massenbewegung, sondern ein kleiner Kreis, eine priesterliche Elite. „Die Sadducäer waren die herrschende, d.h. die regie-rende Classe. Als Regierende waren sie freilich nicht schon ohne weiteres Partei, son-dern das wurden sie erst durch eine eigenthümliche Lebensanschauung, die von ih-rer hohen weltlichen Stellung bedingt ist, durch eine gewisse praktische Philosophie, welche sie von dem im Volke herrschenden Geiste der Pharisäer unterschied.“[14] Wir können die *eigenthümliche Lebensanschauung* der Sadduzäer hier nicht im einzelnen diskutieren. Es mag an dieser Stelle genügen, drei charakteristische Punkte herauszu-heben, die zugleich den Gegensatz zu Jesus und seiner Verkündigung markieren:

1. Der Tempel: In der uns hier interessierenden Zeit ab der Absetzung des Ar-chelaos im Jahr 6 n. Chr. ist die Macht der Sadduzäer auf den Tempel und das Synhedrion beschränkt, da die römischen Statthalter die politische Macht in-nehaben. Im Zentrum ihrer Bemühungen steht in dieser Zeit, „den Status quo des jüdischen Tempelstaates mit seiner relativen Autonomie um jeden Preis zu erhalten ...“[15] Daher war es im sadduzäischen Interesse, sich mit dem jewei-

---

12 Richtig sagt schon Wellhausen: „Sie haben alle das Gemeinsame, dass Pharisäer und Sadducäer zusammen genannt werden, ohne dass der Schriftsteller davon ein Bewusstsein verräth, dass ein derar-tiges gemeinsames Auftreten der beiden Parteien im gewöhnlichen Leben und ausserhalb des Synedri-ums auffallend ist und einer besonderen Motivierung bedarf“ (*Julius Wellhausen*, a.a.O., S. 44, Anm. 1; hier auch im folgenden eine kurze Diskussion der einzelnen Stellen bei Matthäus).

13 *Hans-Friedrich Weiß*: Art. Sadduzäer, TRE 29 (1998), S. 589–594; hier S. 590, Z. 14–20. Zum Namen vgl. schon *Julius Wellhausen*, a.a.O., S. 45–47 sowie *Ernst Bammel*: Sadduzäer und Sadokiden, in: *ders.*: Judaica, Kleine Schriften I, WUNT 37, Tübingen 1986, S. 117–126.

14 *Julius Wellhausen*, a.a.O., S. 52.

15 *Hans-Friedrich Weiß*, a.a.O., S. 592, Z. 10–12.

ligen Statthalter zu arrangieren. Sowohl Jesus als auch die Urgemeinde mußte
aus dieser Perspektive als Störenfried erscheinen.

2. Die Thora: Die Sadduzäer machen einen großen Unterschied zwischen der
   Thora und den andern alttestamentlichen Schriften; nur die Thora lassen sie
   gelten. Insbesondere wenden sie sich auch gegen die halachische Tradition, die
   παράδοσις τῶν πρεσβυτέρων *(paradosis tōn presbyterōn)*, wie in der synoptischen Tradition gelegentlich formuliert wird.[16] Diesen Neuerungen gegenüber
   beharren sie auf ihrem konservativen Standpunkt.

3. Die Ablehnung der Eschatologie: Josephus erklärt seinen nichtjüdischen Lesern, daß die Sadduzäer die Fortdauer der Seele und die Strafen und Beloh-
   nungen im Hades ablehnten.[17] Näher an der Sache ist das Streitgespräch um
   die Auferstehung in Mk 12: Eine Auferstehung der Toten gibt es bei den Sadduzäern nicht.[18] „Das ist nichts Zufälliges, sondern von ihrer allgemeinen Welt-
   anschauung aus nothwendig. Denn die Auferstehung ist nur ein Bruchstück
   aus dem Ganzen der messianischen Hoffnung, die den Hintergrund für das
   Streben des Volks und der Pharisäer bildet, während die Sadducäer nicht in
   der zukünftigen, sondern in dieser Welt lebten und nicht im Himmel, sondern
   auf der Erde handelten."[19] Auch in dieser Hinsicht kann man ihre Position als
   konservativ charakterisieren.

Zum Schluß sei darauf hingewiesen, daß die Sadduzäer zusammen mit Jerusalem
und dem Tempel untergehen: Nach dem Jahr 70 gibt es keine Sadduzäer mehr, und
so ist es nicht verwunderlich, wenn schon Matthäus sie nur noch in schematischen
Formeln mit den Pharisäern zusammenstellt: Eine eigene Anschauung von den Sadduzäern fehlt ihm ebenso wie den Rabbinen der späteren jüdischen Traditionslitera-
tur.

In der uns hier interessierenden Zeit zwischen 6 und 70 spielen die Sadduzäer in
Jerusalem eine wichtige Rolle: Über ihre Position bei der Verurteilung Jesu schwei-

---

16 Die Formulierung begegnet bei Mk 7,3; 7,5; 7,8 sowie in der Parallele Mt 15,2.
    Zur Haltung der Sadduzäer in diesem Punkt vgl. Josephus: Ant XIII 297, wo es heißt: νῦν δὲ
    δηλῶσαι βούλομαι, ὅτι νόμιμά τινα παρέδοσαν τῷ δήμῳ οἱ Φαρισαῖοι ἐκ πατέρων διαδοχῆς, ἅπερ
    οὐκ ἀναγέγραπται ἐν τοῖς Μωυσέως νόμοις, καὶ διὰ τοῦτο ταῦτα τὸ Σαδδουκαίων γένος ἐκβάλλει,
    λέγον ἐκεῖνα δεῖν ἡγεῖσθαι νόμιμα τὰ γεγραμμένα, τὰ δ᾿ ἐκ παραδόσεως τῶν πατέρων μὴ τηρεῖν.
    Hier wird klar unterschieden zwischen dem, was die Thora sagt (also was ἐν τοῖς Μωυσέως νόμοις
    geschrieben steht), und dem, was zusätzlich überliefert wird, der pharisäischen Halacha also. Diese
    befolgen die Sadduzäer nicht, wie es am Schluß heißt (τὰ δ᾿ ἐκ παραδόσεως τῶν πατέρων μὴ τηρεῖν).

17 Josephus: Bellum II 165 heißt es: ψυχῆς τε τὴν διαμονὴν καὶ τὰς καθ᾿ ᾅδου τιμωρίας καὶ
    τιμὰς ἀναιροῦσιν.

18 Zu Mk 12,18–27 und den Parallelen vgl. die gründliche Studie von *Otto Schwankl:* Die Sad-
    duzäerfrage (Mk 12,18–27parr). Eine exegetisch-theologische Studie zur Auferstehungserwartung, BBB
    66, Frankfurt a. M. 1987.

19 *Julius Wellhausen,* a.a.O., S. 54–55.

gen die Quellen; ihre Opposition zur Urgemeinde wird in der Apostelgeschichte gelegentlich deutlich. Der Hohepriester Ananos der Jüngere, ein ausgewiesener Sadduzäer – αἵρεσιν δὲ μετήει τὴν Σαδδουκαίων *(haíresin dę metḗei tḗn Saddoukaíōn)*, sagt Josephus ausdrücklich[20] – betreibt die Ermordung des Leiters der Urgemeinde, des Jakobus, des Bruders Jesu, im Jahr 62.

* * *

Jesus war Jude, ohne Zweifel. Aber ein Jude im Sinne der Sadduzäer war Jesus nicht. Was den Sadduzäern theologisch wichtig war, interessierte Jesus kaum. Dem Tempel in Jerusalem stand er wie später der Kreis um Stephanus kritisch gegenüber (Mk 11,15–17 und Parallelen zur Haltung Jesu; Apg 6,13–14 zur Haltung des Stephanus).[21] Die Thora kritisierte Jesus in entscheidenden Punkten scharf. Seine eschatologische Verkündigung war den Sadduzäern ein Greuel. Neumodische Lehren wie die von der Auferstehung der Toten lehnten sie nachdrücklich ab. Zusammenfassend ergibt sich: Mit dem Judentum Jesu ist aus sadduzäischer Sicht kein Staat zu machen. Aus ihrer Sicht ist Jesus – wenn überhaupt – allenfalls ein sehr randständiger Jude ...

2. Die Essener

Kürzer können wir uns bei den Essenern fassen, die im Neuen Testament keine Rolle spielen – ihr Name wird an keiner Stelle erwähnt.[22] Doch der Vollständigkeit halber will ich auch diese Gruppe kurz vorstellen. Anders als bei den Sadduzäern sprudeln die Quellen für die Essener überaus reichlich: Wir haben einen ausführlichen Bericht über die Essener in einer Schrift des Philon von Alexandrien *(Quod omnis probus liber sit, § 72–91)*, eine Notiz bei dem römischen Autor Plinius dem Älteren *(Naturalis historia V 73)*, eine ausführliche Darstellung bei Josephus (Bellum II 119–162)[23] und schließlich das reiche Schrifttum aus Qumran, das zumeist für die Essener in Anspruch genommen wird.[24]

---

20 Josephus: Ant XX 199 heißt es: ὁ δὲ νεώτερος Ἄνανος, ὃν τὴν ἀρχιερωσύνην ἔφαμεν εἰληφέναι, θρασὺς ἦν τὸν τρόπον καὶ τολμητὴς διαφερόντως, αἵρεσιν δὲ μετήει τὴν Σαδδουκαίων, οἵπερ εἰσὶ περὶ τὰς κρίσεις ὠμοὶ παρὰ πάντας τοὺς Ἰουδαίους, καθὼς ἤδη δεδηλώκαμεν.

21 Genaueres zu dieser Frage findet sich in meiner Nürnberger Jesusvorlesung aus dem Wintersemester 2009/2010, die unter `http://neutestamentliches-repetitorium.de/inhalt/vorlesungen.html` zugänglich ist (vgl. hier im Kapitel IV den Paragraphen 13, S. 140–146).

22 Im Neuen Testament begegnet er weder in der Form Ἐσσαῖοι noch in der Form Ἐσσηνοί, wie ein Blick in die Konkordanz zeigt.

23 Diese und etliche weitere Quellen sind bequem zugänglich in der folgenden Sammlung: *Alfred Adam [Hg.]:* Antike Berichte über die Essener, 2., neubearbeitete und erweiterte Auflage von Christoph Burchard, KlT 182, Berlin 1972.

24 Zu den Essenern vgl. *Walter Bauer:* Essener, PW Suppl. IV (1924), Sp. 386–430, jetzt in: *ders.:* Aufsätze und kleine Schriften, hg. v. Georg Strecker, Tübingen 1967, S. 1–59 (dieser Artikel stammt aus der Zeit *vor* der Entdeckung der Qumranschriften, was bei der Benutzung zu bedenken ist) sowie *Otto Betz:* Art. Essener und Therapeuten, TRE 10 (1982), S. 386–391. Die Therapeuten sind ein Phänomen Ägyptens und werden daher in unserm Rahmen nicht behandelt.

Die Quellen sind sich darüber einig, daß die Essener eine ganz besondere Gruppe bilden. „Es handelt sich um eine Gemeinschaft von Männern, die, den Verkehr mit der Frau meidend, in der Hauptsache auf dem Lande in engem Umgang mit der Natur lebten und wohl am Toten Meer, in einem Klima und in einer Gegend, die ihren Bestrebungen besonders günstig waren, ein Zentrum ihrer Bewegung besaßen."[25] Diese zusammenfassende Bemerkung Walter Bauers hat sich nach der Entdeckung der Siedlung von Qumran in vollem Umfang bestätigt und ist auch heute noch zutreffend.

Der Gemeinschaft der Essener kann man daher nur als Mann beitreten. Kinder sind ebensowenig willkommen wie Frauen oder Sklaven. Die Essener bestehen nur aus freien Männern. Aber auch ein solcher kann sich der Gruppe nicht ohne weiteres anschließen, ist doch die Aufnahme eines neuen Mitglieds ein mühevoller Prozeß, der u. a. auch eine Probezeit vorsieht. Wer sich einer solchen Probezeit unterziehen will, erhält von den Essenern eine Hacke, einen Schurz und ein weißes Kleid, wie Josephus berichtet (Bellum II 137).[26] „Man braucht die drei Gegenstände, um ein »Reiner« sein zu können. Vom weißen Kleid ist das ohne weiteres deutlich. Des Schurzes bedient man sich bei den zahlreichen Bädern in kaltem Wasser, zu denen der E.[ssener] verpflichtet ist ..., vor dem Essen ..., nach der Verrichtung der Notdurft ..., bei Berührung durch ein Mitglied geringeren Grades ... "[27] Besonders die kultische Reinheit liegt den Essenern am Herzen, aber auch die Fastenbräuche und die peinlich genaue Einhaltung des Sabbats. Als Besonderheit sei noch vermerkt, daß es in ihrer Gemeinschaft kein Privateigentum gab, ein Sachverhalt, der für die lukanischen Summarien in Apg 2,42–47 und 4,32–37 von Interesse ist.

Was nun die theologischen Positionen der Essener im einzelnen angeht, so sind wir heute in der Lage, diese sehr viel eingehender zu diskutieren, haben wir doch in den Qumranschriften nun reiches Material aus erster Hand. Doch ist es im Rahmen einer Einführung ins Neue Testament ganz und gar unmöglich, nebenbei auch noch eine Einführung in die Schriften von Qumran zu geben.[28] Dies ist auch gar nicht nötig, da Jesus mit den Qumran-Essenern kaum irgendwelche Gemeinsamkeiten hat, wie wir sogleich sehen werden.

∗ ∗ ∗

Die Ferne Jesu zu den Essenern bedarf keiner Begründung im einzelnen. Es seien daher nur einige wenige Stichworte genannt: Jesus lehnt für seine Gemeinschaft Frauen keineswegs ab, im Gegenteil. Erinnert sei hier nur an die markante Liste Luk 8,2–3, die wir im ersten Kapitel kurz besprochen haben.[29] Das war für viele Außenstehende

---

25 *Walter Bauer*, a.a.O., S. 54 (in der Lexikonfassung Sp. 426).

26 Vgl. dazu *Walter Bauer*, a.a.O., S. 46 (in der Lexikonfassung Sp. 420).

27 Ebd.

28 Wer sich dazu informieren möchte, dem sei die Lektüre des Artikels Qumran aus der TRE empfohlen: *Armin Lange/Hermann Lichtenberger:* Art. Qumran, TRE 28 (1997), S. 45–79.

29 Vgl. oben Seite 5–6.

gerade das Anstößige, daß Jesus sich nicht nur oder auch nicht einmal in erster Linie an Männer wandte. Die frühe Gemeinde ist seinem Beispiel gefolgt, wie man etwa an Paulus sehen kann (vgl. beispielsweise Gal 3,28).

Für die Essener ist die kultische Reinheit von herausragender Wichtigkeit – Jesus hält davon rein gar nichts (Mk 7,1–23). Lange vor der Entdeckung der Gebäude in Qumran hat man gespottet: Die Leutchen sind aus der Badewanne gar nicht herausgekommen – Jesus bedarf zu kultischen Zwecken überhaupt keiner Badewanne.

Daher kann man auch nach 80 Jahren dem Urteil von Walter Bauer uneingeschränkt zustimmen: „Die Beziehungen Jesu zu den E.[ssenern] gehören nicht in eine Geschichte des Essenertums, sondern in eine Geschichte der unentschuldbaren wissenschaftlichen Irrtümer."[30]

Abschließend kann man daher konstatieren: Auch aus essenischer Sicht ist es mit Jesu Judesein schlecht bestellt; schlechter noch als bei den meisten zeitgenössischen Juden. Denn Jesus umgibt sich nicht nur mit Frauen, sondern kümmert sich auch nicht um Reinheits- oder Fastenfragen, um von anderem zu schweigen. Aus essenischer Sicht muß ihn das disqualifizieren ...

3. Die Pharisäer

Was die Pharisäer angeht, so können wir hier gleich zu Beginn zwei Bekannte namhaft machen, die von sich behaupten, dieser Gruppe zuzugehören, den Apostel Paulus in der ersten Hälfte des Jahrhunderts und den jüdischen Geschichtsschreiber Josephus in der zweiten Hälfte.[31] Paulus war ein ganz besonders motivierter Pharisäer, wie er in Phil 3 im Rückblick nicht ohne Stolz feststellt:[32]

4b εἴ τις δοκεῖ ἄλλος πεποιθέναι ἐν σαρκί,	**4b** Wenn irgend ein anderer meint, er könne sich auf seinen Besitzstand verlassen –

---

30 *Walter Bauer*, a.a.O., S. 58 (in der Lexikonfassung Sp. 429).

31 Josephus beansprucht, alle jüdischen Philosophien – mit Ausnahme natürlich der von ihm verachteten zelotischen – persönlich kennengelernt zu haben, bevor er dann seinen besonderen Heiligen in der Wüste fand, vgl. seine Angaben in Vita 10–11: περὶ δὲ ἑκκαίδεκα ἔτη γενόμενος ἐβουλήθην τῶν παρ' ἡμῖν αἱρέσεων ἐμπειρίαν λαβεῖν· τρεῖς δ' εἰσὶν αὗται, Φαρισαίων μὲν ἡ πρώτη, καὶ Σαδδουκαίων ἡ δευτέρα, τρίτη δ' Ἐσσηνῶν, καθὼς πολλάκις εἴπομεν· οὕτως γὰρ ᾤμην αἱρήσεσθαι τὴν ἀρίστην, εἰ πάσας καταμάθοιμι. σκληραγωγήσας οὖν ἐμαυτὸν καὶ πολλὰ πονηθεὶς τὰς τρεῖς διῆλθον, καὶ μηδὲ τὴν ἐντεῦθεν ἐμπειρίαν ἱκανὴν ἐμαυτῷ νομίσας εἶναι πυθόμενός τινα Βάννουν ὄνομα κατὰ τὴν ἐρημίαν διατρίβειν, ἐσθῆτι μὲν ἀπὸ δένδρων χρώμενον, τροφὴν δὲ τὴν αὐτομάτως φυομένην προσφερόμενον, ψυχρῷ δὲ ὕδατι τὴν ἡμέραν καὶ τὴν νύκτα πολλάκις λουόμενον πρὸς ἁγνείαν, ζηλωτὴς ἐγενόμην αὐτοῦ.

Doch darf man das wohl nicht für bare Münze nehmen, da es einem weit verbreiteten Topos entspricht. Vgl. dazu die kritischen Bemerkungen bei *Walter Bauer*, a.a.O., S. 24 (im Lexikonartikel Sp. 403).

32 Zur Auslegung dieser Passage vgl. meine Erlanger Vorlesung über den Philipperbrief aus dem Wintersemester 2009/2010, § 12, S. 90–97, im Netz verfügbar unter www.neutestamentliches-repetitorium.de/inhalt/vorlesungen.html.

ἐγὼ μᾶλλον·	ich kann es noch viel mehr:
5 περιτομῇ ὀκταήμερος,	5 (Bin ich doch) hinsichtlich der Beschneidung ein Achttägiger,
ἐκ γένους Ἰσραήλ,	aus dem Volk Israel,
φυλῆς Βενιαμείν,	vom Stamm Benjamin,
Ἑβραῖος ἐξ Ἑβραίων,	Hebräer von Hebräern,
κατὰ νόμον Φαρισαῖος,	hinsichtlich des Gesetzes Pharisäer,
6 κατὰ ζῆλος διώκων τὴν ἐκκλησίαν,	6 ein eifriger Verfolger der Kirche –
κατὰ δικαιοσύνην τὴν ἐν νόμῳ γενόμενος ἄμεμπτος.	nach der Gerechtigkeit, die im Gesetz gilt, (war ich) tadellos ...

Lukas schreckt nicht davor zurück, Paulus auch als Christ Pharisäer bleiben zu lassen. So verschafft er ihm in Apg 23 einen großen Auftritt im Synhedrion in Jerusalem – wir befinden uns am Ende der 50er Jahre –, bei dem Paulus das Auditorium sachkundig in Pharisäer und Sadduzäer aufteilt, um sich sogleich die Sympathien des pharisäischen Teils zu sichern:

6 γνοὺς δὲ ὁ Παῦλος	6 Paulus aber wußte,
ὅτι τὸ ἓν μέρος ἐστὶν Σαδδουκαίων	daß der eine Teil aus Sadduzäern bestand,
τὸ δὲ ἕτερον Φαρισαίων	der andere aus Pharisäern,
ἔκραζεν ἐν τῷ συνεδρίῳ·	und er rief in dem Synhedrion:
ἄνδρες ἀδελφοί,	„Ihr Männer und Brüder!
ἐγὼ Φαρισαῖός εἰμι,	Ich bin ein Pharisäer,
υἱὸς Φαρισαίων·	der Sohn von Pharisäern;
περὶ ἐλπίδος καὶ ἀναστάσεως νεκρῶν	wegen der Hoffnung auf Auferstehung
ἐγὼ κρίνομαι.	der Toten werde ich angeklagt!"

Die Auferstehung der Toten lehnen die Sadduzäer als modernistische Neuerung ab, das haben wir gesehen.[33] Die Pharisäer hingegen propagieren sie. Paulus macht sich diesen Unterschied in dieser Situation zunutze, indem er sich als Pharisäer bezeichnet und auf diese spezifische Differenz zwischen der Lehre der Pharisäer und der Sadduzäer verweist. Es ist hier nicht der Ort, die mangelnde Plausibilität dieser Szene im einzelnen zu erweisen. Sie dient uns hier zunächst nur dazu, Unterschiede zwischen den Sadduzäern und den Pharisäern zu benennen.

Wir haben gesehen, daß die Sadduzäer sich um den Tempel scharen und sich dem entsprechend auf den Raum Jerusalem beschränken. Die Essener trafen wir vor allem in der Region des Toten Meeres an, doch berichten die Quellen, daß sie auch über diese Gegend hinaus verbreitet waren. Beide Gruppen gingen in dem mörderischen Gemetzel des Kriegs gegen die Römer unter: Den Sadduzäern wurde die Grundlage ihrer Existenz – der Tempel – entzogen; die Siedlung in Qumran wurde in derselben

---

33 Vgl. oben Seite 38–39.

Zeit dem Erdboden gleichgemacht. Weder von Sadduzäern noch von Essenern weiß die Geschichte nach dem Jahr 70 noch etwas zu berichten.

Die Pharisäer hingegen beschränkten sich nicht auf Judäa – auch in Galiläa ist mit ihnen zu rechnen (vgl. zu den einzelnen Regionen die Karte oben Seite 8). Sie haben als einzige die Katastrophe des Jahrs 70 überlebt, und *ihre* »Philosophie« wurde zum Fundament des rabbinischen Judentums. Ihre Verankerung in der jüdischen Bevölkerung war ungleich größer als die der Konkurrenz ...

In der synoptischen Tradition erscheinen die Pharisäer als allgegenwärtig – so all-gegenwärtig, wie die deutschen Innenminister ihre Sicherheitskräfte gern sähen. Im Markusevangelium »begleiten« die Pharisäer das Wirken Jesu ab Kapitel 2. Ihren ersten Auftritt haben sie in einem Privathaus, in dem Jesus ißt. Sie beschweren sich bei seinen Jüngern darüber, daß Jesus zusammen mit Zöllnern und Sündern ißt – so etwas tut ein ordentlicher Jude aus ihrer Sicht nicht (Mk 2,13–17).[34]

Gleich in der nächsten Perikope (Mk 2,18–22) beklagen die Pharisäer sich umge-kehrt bei Jesus über die mangelnde Fastenpraxis seiner Jünger: Die Jünger Jesu fasten *überhaupt nicht* und setzen sich damit in Widerspruch nicht nur zur pharisäischen Praxis.

In der folgenden Perikope legen sich die Pharisäer in einem Kornfeld bereit, an einem Ort also, wo man vielleicht nicht unbedingt mit ihrer Präsenz gerechnet hätte, insbesondere an einem Sabbat nicht (Mk 2,23–28). Sogleich machen sie Jesus Vorhal-tungen: „Siehe, was sie am Sabbat tun; das ist verboten!" (Mk 2,24).

In der Synagoge lauern sie Jesus auf, um Zeuge weiterer Verstöße zu werden (Mk 3,1–6). Und prompt heilt Jesus einen Kranken, obgleich die Dringlichkeit des Falles durchaus zu wünschen übrig ließ. Jetzt reicht es den Pharisäern:

6 καὶ ἐξελθόντες οἱ Φαρισαῖοι	**6** Und die Pharisäer gingen (aus der Syn-agoge) hinaus
εὐθὺς μετὰ τῶν Ἡρῳδιανῶν συμβού-λιον ἐδίδουν κατ' αὐτοῦ	und berieten sich sogleich mit den Hero-dianern gegen ihn,
ὅπως αὐτὸν ἀπολέσωσιν.	daß sie ihn umbringen könnten.

Man spricht in diesem Zusammenhang von dem sogenannten ersten Todesbeschluß gegen Jesus. Und dieser Todesbeschluß geht auf pharisäische Aktivitäten zurück. Die neben den Pharisäern genannten Herodianer spielen eine untergeordnete Rolle.[35]

---

34 Umso erstaunlicher, daß Petrus diese Praxis Jesu etliche Jahre später vergessen zu haben scheint: Beim sogenannten antiochenischen Zwischenfall, von dem Paulus in Gal 2,11–14 berichtet, finden wir ihn schließlich auf der Seite derer, die ein gemeinsames Essen von Heidenchristen und Judenchristen ablehnen.

35 Ganz offensichtlich meint Ἡρῳδιανοί Anhänger des Herodes. Aber welches Herodes? Ist an den längst verblichenen König Herodes gedacht? Oder an seinen in Galiläa derzeit herrschenden Sohn Herodes Antipas? Dagegen könnte sprechen, daß nach Markus sich Ἡρῳδιανοί auch in Jerusalem finden, vgl. Mk 12,13. In Mk 8,15 schließlich begegnen sie in einer *varia lectio*.

Das läßt die moderne These, wonach Jesus selbst nichts anderes als ein Pharisäer war, von vornherein nicht sonderlich plausibel erscheinen ...

∗ ∗ ∗

Die Literatur zu den Pharisäern ist in den letzten 30 Jahren so sehr angeschwollen, daß sie auch ein Fachmann schwerlich mehr überschauen kann. Ich beziehe mich im folgenden auf die klassische Studie von Julius Wellhausen und auf den ausgezeichneten Artikel in der TRE aus der Feder von Hans-Friedrich Weiß.[36]

Ob sich die Pharisäer selbst als Pharisäer bezeichnet haben, ist ganz ungewiß. „Einziger Zeuge für den Parteinamen »Pharisäer« als Selbstbezeichnung ist jedenfalls der Apostel Paulus (Phil 3,4; vgl. auch Act 23,6)"[37] – wir haben uns die beiden Stellen schon angesehen. Der Name bezeichnet »Abgesonderte«, und als solche – freilich im positiven Sinn – verstanden sich die Pharisäer jedenfalls.

Julius Wellhausen charakterisiert die Pharisäer folgendermaßen: „Also die Pharisäer unterschieden sich vom Volke nicht durch den absonderlichen Inhalt ihres Wollens, sondern vielmehr durch den Grad ihres Eifers und ihrer Consequenz in den gemeinsamen Bestrebungen der Bürger des heiligen Gemeinwesens, sie waren mit anderen Worten innerhalb der Theokratie die theokratische Partei. Als getreueste Schüler schlossen sie sich den Schriftgelehrten an, sie waren eine Erweiterung des Kreises derselben für die Zwecke mehr des öffentlichen Lebens, gegenüber den lehrenden νομιχοί *[nomikoi]* gleichsam die wandelnden νομιχοί *[nomikoi]*, die Virtuosen der Religion."[38]

Der Eifer der Pharisäer richtet sich auf die Erfüllung der Thora: „Bei allen im einzelnen unterschiedlichen Akzentsetzungen stimmen alle zur Verfügung stehenden Quellen darin überein, daß für den Pharisäismus im Unterschied zu den übrigen jüdischen Parteien und Guppenbildungen ein besonderes Grundverständnis der Tora und eine daraus erwachsende spezifisch pharisäische Tora-Observanz charakteristisch war, und zwar – wie Josephus mehrfach betont (Bell I,110.648 ; Ant XVII,41; XX,43; Vita 191; vgl. auch Act 22,3) – im Sinne der »Genauigkeit« (ἀχρίβεια *[akribeia]*) der Pharisäer im Umgang mit der Tora."[39]

---

36   Die Studie von Julius Wellhausen wurde bereits bei den Sadduzäern herangezogen, vgl. dazu oben S. 36, Anm. 10: *Julius Wellhausen: Die Pharisäer und die Sadducäer. Eine Untersuchung zur inneren jüdischen Geschichte,* Greifswald 1874 (3. Auflage Göttingen 1967).

Hans-Friedrich Weiß: Art. Pharisäer I und Pharisäer II, TRE 26 (1996), S. 473–485.

Darüber hinaus lohnt sich auf jeden Fall ein Blick in *Schürer* II 381–414: § 26. Pharisees and Sadducees.

Speziell zum Verhältnis Jesu zu den Pharisäern: *Helmut Merkel:* Jesus und die Pharisäer, NTS 14 (1967/68), S. 184–208 sowie *Hans-Friedrich Weiß:* Art. Φαρισαῖος, ThWNT IX (1973), S. 36–51.

37   *Hans-Friedrich Weiß:* Art. Pharisäer I und Pharisäer II, TRE 26 (1996), S. 473–485; hier S. 474, Z. 20–22.

38   *Julius Wellhausen,* a.a.O., S. 20.

39   *Hans-Friedrich Weiß,* a.a.O., S. 475, Z. 44–50.

Dabei beschränken sich die Pharisäer nicht auf ihren eigenen Kreis; vielmehr geht ihr Bestreben dahin, alle Juden auf ihre eigene Haltung zur Thora einzuschwören. Insofern sind die Zusammenstöße zwischen ihnen und Jesus, wie sie in Mk 2–3 geschildert werden, durchaus typisch für die Pharisäer. In diesem Zusammenhang ist die oben bereits zitierte Bemerkung des Josephus aufschlußreich, die ich wegen ihrer Bedeutung für die Pharisäer hier noch einmal ausführlich anführe:[40]

νῦν δὲ δηλῶσαι βούλομαι,	Nun möchte ich erwähnen,
ὅτι νόμιμά τινα παρέδοσαν τῷ δήμῳ οἱ Φαρισαῖοι ἐκ πατέρων διαδοχῆς,	daß die Pharisäer dem Volk gewisse gesetzliche Vorschriften aus der väterlichen Überlieferung tradieren,
ἅπερ οὐκ ἀναγέγραπται ἐν τοῖς Μωυσέως νόμοις,	welche nicht geschrieben stehen in den Gesetzen des Mose,
καὶ διὰ τοῦτο ταῦτα τὸ Σαδδουκαίων γένος ἐκβάλλει,	und deswegen verwirft sie die Gruppe der Sadduzäer
λέγον ἐκεῖνα δεῖν ἡγεῖσθαι νόμιμα τὰ γεγραμμένα,	mit der Begründung, daß man nur das für Gesetz halten dürfe, was (bei Mose) geschrieben steht;
τὰ δ' ἐκ παραδόσεως τῶν πατέρων μὴ τηρεῖν.	das aus den väterlichen Überlieferungen aber solle man nicht einhalten.

Es geht den Pharisäern also nicht nur um die schriftliche Thora – da wären sie mit den Sadduzäern einig gewesen –, sondern um die mündliche Gesetzesüberlieferung, die sie zur schriftlichen Thora hinzufügten, um auch diese verbindlich zu machen. Dies geht nicht nur aus Josephus, sondern auch aus dem Neuen Testament (Mk 7) hervor. Die Pharisäer führen auch die mündliche Gesetzesüberlieferung auf die Gesetzgebung am Sinai zurück und verbinden sie „durch eine lückenlose Traditions- und Sukzessionskette mit der eigenen Gegenwart ... (mAv 1,1). Sie stellt nunmehr den »Zaun um das Gesetz« dar (mAv 1,1; 3,14), der als solcher den toragemäßen Wandel im Alltag der Welt überhaupt erst ermöglicht."[41]

* * *

Auch aus Sicht der Pharisäer erscheint das Judentum Jesu als überaus problematisch: Er lehnt nicht nur die ihnen so sehr wichtige mündliche Überlieferung – den Zaun um die Thora – ab, sondern kritisiert diese selbst in Punkten, die den Pharisäern sehr am Herzen liegen; es möge hier genügen, auf den Sabbat und die Reinheitsgebote zu verweisen.

---

40 Es handelt sich um Josephus: Ant XIII 297, vgl. dazu oben Seite 38 mit Anm. 16.
41 *Hans-Friedrich Weiß*, a.a.O., S. 476, Z. 47–50.

4. Die Zeloten

Über die Entstehung der vierten Philosophie haben wir bereits im vorigen Paragraphen im Zusammenhang mit der Volkszählung gesprochen. Hier mögen einige weitere Hinweise auf die Zeloten das Bild der jüdischen Gruppen in Palästina abrunden.[42]

Josephus – das sei hier ausdrücklich betont – verwendet in der zitierten Passage in Antiquitates XVIII den Begriff »Zeloten« *nicht*, sondern er spricht nur von der vierten Philosophie. Auf diesen Sachverhalt haben Foakes Jackson und Lake schon vor 90 Jahren aufmerksam gemacht: „It is somewhat of a shock to discover from Josephus that, if his evidence be correct, the use of the name Zealot to describe a Jewish sect or party cannot be earlier than A.D. 66."[43] Daher ist umstritten, ob man diesen Begriff mit dem der vierten Philosophie gleichsetzen darf. Foakes Jackson und Lake halten dies nicht für sachgemäß: „No doubt the Fourth Philosophy supplied the intellectual attitude from which the Zealots and Sicarii logically started, but there is no possibility of clearness in historical writing, if the name of a political party be given to its logical antecedents."[44] Ihnen zufolge sollte man also genau unterscheiden zwischen 1. der vierten Philosophie als einem Vorläufer von 2. den Zeloten der Jahre 66 bis 70 und 3. den *sicarii*, die ihrerseits keineswegs mit den Zeloten identisch sind.

Anders verfährt Roland Deines in seinem genannten TRE-Artikel. Er räumt zwar ein, daß Josephus den Begriff »Zeloten« erst benutzt, „wo er rivalisierende Gruppen voneinander unterscheiden muß. Als Oberbegriff für die gesamte Aufstandsbewegung gebraucht er die Bezeichnung dagegen *nicht*."[45] Aber Deines ist trotzdem der Auffassung, daß man sinnvollerweise an dem Begriff »Zeloten« durchaus als Oberbegriff festhalten sollte, um damit die ganze Bewegung seit ihrer Gründung im Jahr 6 durch Judas Galilaeus bis zu ihrem Ende im Jahr 70 zu bezeichnen.[46]

Wir haben gesehen, daß die vierte Philosophie ihren Ausgangspunkt bei den Pharisäern nimmt. „Der Ausgangspunkt kann nur in dem Satze μόνος ἡγεμὼν καὶ δεσπότης ὁ θεός *[monos hēgemōn kai despotēs ho theos]* gefunden werden und in der messia-

---

42   Vgl. oben in Paragraph 5 die Seiten 32 bis 34.

Literatur zu den Zeloten: *F.J. Foakes Jackson und Kirsopp Lake:* The Zealots, = Appendix A in: The Beginnings of Christianity, Part I: The Acts of the Apostles, ed. by F.J. Foakes Jackson und Kirsopp Lake, Vol. I, Prolegomena I: The Jewish, Gentile und Christian Backgrounds, London 1920, S. 421–425.

Martin Hengel: Die Zeloten, AGJU 1, Leiden/New York ²1976.

Schürer II 598–606: Appendix B: The Fourth Philosophy: *Sicarii* and Zealots.

Roland Deines: Art. Zeloten, TRE 36 (2004), S. 626–630 (gleich in der ersten Zeile des Artikels ist das verkehrte ζηλοταί in ζηλωταί zu korrigieren!).

43   *F.J. Foakes Jackson und Kirsopp Lake,* a.a.O., S. 421. Josephus vermeidet den Namen »Zeloten« für die Anhänger der vierten Philosophie in den Antiquitates ganz; er spricht von Zeloten (Ζηλωταί) nur in seiner älteren Darstellung im Bellum und auch hier nur im Zeitraum von 66 bis 70. Wollte man diesem Sprachgebrauch folgen, dürfte man von Ζηλωταί ausschließlich im Zusammenhang dieser Jahre sprechen.

44   *F.J. Foakes Jackson und Kirsopp Lake,* a.a.O., S. 422.

45   *Roland Deines,* a.a.O., S. 630, Z. 2–4.

46   *Roland Deines,* a.a.O., S. 630, Z. 10–16.

nischen Hoffnung, die das Lebenselement der Zeloten[47] war. Der Unterschied liegt darin, dass die Zeloten Gott zu Hilfe kommen wollten, damit seine Verheissungen in Erfüllung giengen, während die Pharisäer nur hofften, aber ihre Handlungen keineswegs in direkte Beziehung zur Realisierung der Hoffnung setzten."[48] Den Satz, auf den sich Wellhausen hier bezieht, haben wir im vorigen Paragraphen schon in seinem Zusammenhang besprochen.[49] Gott allein ist der Herr, und die römische Herrschaft, die sich seit 6 n. Chr. in Judäa in Form der Volkszählung (des *census*) manifestiert, ist damit ein Fall für das erste Gebot: Wer die Steuer an die Römer zahlt, versündigt sich gegen das erste Gebot. Das war der Ausgangspunkt für Judas und Zadok. Und dieses Thema war auch eine Generation später noch heiß umstritten, wie die sogenannte Zinsgroschenperikope (Mk 12,13–17) zeigt: Jesus wird hier zu genau diesem Problem befragt, ob man dem Kaiser Steuer zahlen soll oder nicht.

∗ ∗ ∗

Die heutige Forschung ist sich weitgehend darin einig, daß Jesus zelotischen Positionen fernstand.[50] Sofern die vierte Philosophie den Pharisäern nahestand – in den theologischen Fragen im engeren Sinn –, bedarf dies hier keines erneuten Nachweises. Was die politischen Folgerungen angeht, die die Zeloten daraus ableiten, so lehnt Jesus diese ab. Auch er ist weder ein Freund der Römer, noch hat er Sympathien für seinen Landesherrn Herodes Antipas. Aber gerade die erwähnte Zinsgroschenperikope (Mk 12,13–17) macht deutlich, daß er das Steuerzahlen an die Römer keineswegs rundheraus ablehnt. Sein „gebt dem Kaiser zurück, was dem Kaiser gehört"[51], macht Jesus in zelotischen Kreisen unmöglich.

---

47 Wellhausen verwendet den Begriff, ohne die oben eingeführte Unterscheidung zu kennen.

48 *Julius Wellhausen*, a.a.O., S. 22.

49 Es handelt sich um Josephus: Ant XVIII 23, vgl. dazu oben Seite 34.

50 Zu den immer wieder unternommenen Versuchen, Jesus als politischen Revolutionär darzustellen, vgl. die Übersicht von *Ernst Bammel*: The revolution theory from Reimarus to Brandon, in: *Ernst Bammel/C.F.D. Moule [Hg.]*: Jesus and the Politics of His Day, Cambridge 1984 (korrigierter Nachdr. 1985), S. 11–68. Ein klassischer Vertreter dieser Position ist *Robert Eisler:* Ἰησοῦς βασιλεὺς οὐ βασιλεύσας. Die messianische Unabhängigkeitsbewegung vom Auftreten Johannes des Täufers bis zum Untergang Jakobs des Gerechten nach der neuerschlossenen »Eroberung von Jerusalem« des Flavius Josephus und den christlichen Quellen, RWB 9, Zwei Bände, Heidelberg 1929 und 1930. Eine Generation später wurde Jesus als eine Art Zelot dargestellt von *S. G. F. Brandon:* Jesus and the Zealots. A Study of the Political Factor in Primitive Christianity, Manchester 1967, vgl. dazu *J.P.M. Sweet:* The Zealots and Jesus, in dem zitierten Sammelband von *Ernst Bammel/C.F.D. Moule*, S. 1–9. Zu Gemeinsamkeiten und Unterschieden der Positionen Eislers und Brandons vgl. *Ernst Bammel*, a.a.O., S. 37–39. Auch im 21. Jahrhundert fehlt es an solchen Versuchen im Gefolge Eislers und Brandons nicht.

51 Mk 12,17: τὰ Καίσαρος ἀπόδοτε Καίσαρι.

§ 7 Der Kaiser Tiberius (14 n. Chr. – 37 n. Chr.)

Tiberius[1] ähnelt in einer Hinsicht dem bedauernswerten Prinzen Charles: Er mußte lange warten, bis er Nachfolger auf dem Thron wurde. Geboren am 16. November 42 v. Chr., wurde er doch erst im Jahr 14 n. Chr. Nachfolger des Augustus. Als alter Mann kommt Tiberius mit 56 Jahren auf den Thron. Da ist es verständlich, daß er lange vorher schon keine Lust mehr hat: Als »Inselherrscher«[2] zieht er sich ins Exil nach Rhodos zurück (5 v. Chr. bis 2 n. Chr.). Nach diesem siebenjährigen Exil in Rhodos kehrt Tiberius nach Rom zurück und ist 4–14 n. Chr. Mitregent des Augustus.

„Wie der Divus Iulius für den Staat des Augustus, so wurde der Divus Augustus der Beschützer und Wegweiser für das neue Regime. Gleich nach der Bestattung des Vorgängers wurde ein Tempel für Augustus erbaut und ein Kult für ihn eingerichtet. Dafür wurde die Kultgenossenschaft der »Augustalischen Brüder« geschaffen, nach dem Vorbild der »Titier«, die einst Titus Tatius zur Erhaltung der Kultbräuche ins Leben gerufen hatte.“[3]

Für die Geschichte des frühen Christentums ist besonders die Ausweisung der Juden aus Rom durch Tiberius im Jahr 19 n. Chr. von Bedeutung. „Nach einer philosemitischen Richtung unter Caesar und Augustus begann damit im Römerreich eine Strömung, die bei gleichzeitiger Ablehnung anderer ausländischer Kulte einem starken Antisemitismus huldigte. Tiberius scheint hier einmal Annäherung an die Volksstimmung gesucht und gefunden zu haben.“[4]

Der göttlichen Verehrung seiner eigenen Person stand Tiberius – und das macht ihn sympathisch – skeptisch gegenüber: „Tiberius lehnte den Beinamen »Vater des Vaterlandes« *(pater patriae)* ab, der ihm mehrmals angetragen worden war . . . . Gleiche Mäßigung offenbarte Tiberius angesichts des Vorschlags, einen Monat nach ihm zu benennen (so wie der Juli nach Iulius Cäsar und der August nach Augustus benannt wurden); er replizierte mit den Worten: »Was macht ihr, wenn ihr dreizehn

---

1   Die folgenden Ausführungen zum Kaiser Tiberius sind im wesentlichen mit meinem einschlägigen Text aus dem Erlanger Repetitorium von 2005 identisch. Vgl. dazu http://neutestamentliches-repetitorium.de/inhalt/inhalt.html.
   Ausführlichere Informationen zu Tiberius, als sie hier gegeben werden können, bietet *Werner Eck:* Art. Imp.[erator] T.[iberius] Caesar Augustus, DNP 12/1 (2002), Sp. 532–535. Eine kleine Biographie: *Zvi Yavetz:* Tiberius. Der traurige Kaiser. Biographie, Aus dem Hebräischen von David Ajchenrand, München 1999. Die klassische deutsche Darstellung stammt aus der Feder von *Ernst Kornemann:* Tiberius, Stuttgart 1960; erweiterte Neuausgabe Frankfurt 1980.
   Eine Sammlung von Quellen zu Tiberius bieten *Victor Ehrenberg/A. H. M. Jones [Hg.]:* Documents illustrating the Reigns of Augustus & Tiberius, Oxford ²1955.
2   *Ernst Kornemann*, a.a.O., S. 33: Nesiarch. „Tiberius war mit der griechischen Sprache und Literatur, besonders mit der griechischen Philosophie vertraut; daher wohl die Wahl von Rhodos, das seit langem einen großen Ruhm als Hochsitz der Wissenschaft und als Lehrstätte . . . in aller Welt genoß“ (ebd.).
3   *Ernst Kornemann*, a.a.O., S. 92.
4   *Ernst Kornemann*, a.a.O., S. 106.

Abbildung II.3: Der Kaiser Tiberius (Portrait aus Pergamon)

Kaiser habt?«[5] Darum gibt es bis heute keinen Monat, der nach Tiberius benannt wäre; spätere Versuche, weitere Monate nach den jeweils regierenden Kaisern zu benennen – etwa im Fall des Nero – haben sich längerfristig nicht durchgesetzt, und so erinnert unser Kalender heute nur an Cäsar und an Augustus ...

„Am 16. März 37 starb T.[iberius] in Misenum, möglicherweise von Caligula erstickt. Seine Asche wurde im Mausoleum Augusti beigesetzt, doch erfolgte keine Divinisierung."[6]

Tiberius im Neuen Testament

Wie schon im Fall des Augustus ist auch hier zunächst das Evangelium des Lukas anzuführen. Wieder ist es einer der lukanischen »Synchronismen«, in dem uns der Kaiser Tiberius begegnet:

ἐν ἔτει δὲ πεντεκαιδεκάτῳ τῆς ἡγεμονίας Τιβερίου Καίσαρος,
ἡγεμονεύοντος Ποντίου Πιλάτου τῆς Ἰουδαίας ...

Luk 3,1 lautet auf deutsch: „Im 15. Jahr des Kaisers Tiberius, als Pontius Pilatus Statthalter von Judäa war ..." Damit datiert Lukas das Auftreten Jesu auf das Jahr 28/29

---

5   *Zvi Yavetz*, a.(Anm. 1)a.O., S. 85.
6   *Werner Eck*, a.(Anm. 1)a.O., Sp. 534f.

n. Chr. – eines der wenigen chronologischen Daten, das uns das Neue Testament für das Leben Jesu bietet.[7]

Neben dem regierenden Kaiser Tiberius erwähnt Lukas in 3,1 den Statthalter Pontius Pilatus, der von 26 bis 36 in Palästina tätig war, bevor er (noch zur Regierungszeit des Tiberius) aus Palästina abberufen wurde. Er ist für die Passionsgeschichte Jesu von entscheidender Bedeutung, daher werden wir uns ihm in einem eigenen Paragraphen zuwenden (§ 8 Pontius Pilatus).

Tiberius spielt auch in der Zinsgroschenperikope Mk 12,13–17 eine Rolle, wo es in v. 16b heißt: τίνος ἡ εἰκὼν αὕτη καὶ ἡ ἐπιγραφή; *(tinos hē eikōn hautē kai hē epigraphē?)* „Wessen Bild ist das und wessen Aufschrift?" Auf dem Denar ist Tiberius abgebildet. Er ist der Kaiser, von dem Jesus in v. 17 sagt: τὰ Καίσαρος ἀπόδοτε Καίσαρι καὶ τὰ τοῦ θεοῦ τῷ θεῷ *(ta Kaisaros apodote Kaisari kai ta tou theou tō theō).* „Was des Kaisers ist, gebt dem Kaiser (zurück), was Gottes ist, (gebt) Gott (zurück)." Wir können hier darauf hier nicht näher eingehen.[8]

Abschließend ist aus dem Neuen Testament noch die Stelle Joh 19,12 zu nennen, wo von dem Freund des Kaisers (φίλος τοῦ Καίσαρος *[philos tou Kaisaros]*) die Rede ist. Man wirft dem Pilatus vor, daß er kein Freund des Kaisers mehr sein könnte, wenn er Jesus als Rivalen des Kaisers nicht zum Tod verurteilen würde. Auch hier ist mit dem Kaiser unser Tiberius gemeint.[9]

* * *

Auch eine wichtige Stadt in Palästina ist nach dem Kaiser Tiberius benannt: Tiberias am Westufer des Sees Genezareth, von Herodes Antipas gegen manche Widerstände als Hauptstadt seines Reiches gegründet.[10] Im Unterschied zu den beiden Städten, die zu Ehren des Augustus Caesarea genannt worden waren, handelt es sich bei Tiberias um eine Neugründung. Besonders interessant aus neutestamentlicher Perspektive ist die Tatsache, daß diese Stadt während des Lebens Jesu errichtet worden ist: „Thus Antipas could have started the construction of the city on Tiberius' accession in A. D. 14 and have founded it officially four years later, A. D. 18."[11]

---

7   Zur Errechnung des Datums für das Auftreten Jesu vgl. meine Jesusvorlesung aus dem Wintersemester 2009/2010, wo in § 4 eine genauere Darstellung gegeben wird, vgl. besonders S. 37 mit Anm. 13 (im Netz zugänglich unter `http://neutestamentliches-repetitorium.de/inhalt/vorlesungen.html`).

8   Wer sich dafür im einzelnen interessiert, greife zu *Werner Stenger:* »Gebt dem Kaiser, was des Kaisers ist ...!«. Eine sozialgeschichtliche Untersuchung zur Besteuerung Palästinas in neutestamentlicher Zeit, BBB 68, Frankfurt 1988.

9   Zum historischen Hintergrund vgl. *Ernst Bammel:* Φίλος τοῦ Καίσαρος, ThLZ 77 (1952), Sp. 205–210.

10   Zu Tiberias vgl. *Schürer* II 178–182 sowie *Harold W. Hoehner:* Herod Antipas, MSSNTS 17, Cambridge 1972, S. 91–100. Die Stadt wurde auf einem Friedhof errichtet und war daher aus jüdischer Sicht unrein.

11   *Harold W. Hoehner,* a. a. O., S. 94. *Hoehner* rechnet allerdings mit einer späteren Gründung erst im Jahr 23; aber auch diese fiele natürlich in die Lebenszeit Jesu.

Wie auch andere Städte Galiläas ignoriert Jesus Tiberias vollständig,[12] obgleich die Stadt eigentlich gar nicht zu umgehen ist, wenn man am Westufer des Sees unterwegs ist. Das Schweigen der Synoptiker ist freilich kein durchschlagendes Argument, wie der Fall Chorazin zeigt.[13]

Einige Jahreszahlen

Tod des Caius Iulius Caesar	44 v. Chr.
Schlacht bei Philippi	42 v. Chr.
Schlacht bei Actium	31 v. Chr.
Gründung der Kolonie Philippi	30 v. Chr.
Regierungszeit des Kaisers Augustus	27 v. Chr. – 14 n. Chr.
Niederlage im Teutoburger Wald	9 n. Chr.
Regierungszeit des Kaisers Tiberius	14 n. Chr. – 37 n. Chr.

§ 8 *Pontius Pilatus,* praefectus Iudaeae *26–36*

Als ich die Vorlesung, auf der dieses Buch beruht, zum ersten Mal hielt, war der Abschnitt über Pontius Pilatus sehr kurz. Er lautete: „Der ebenfalls aus dem Neuen Testament wohlbekannte Präfekt von Judäa, Pontius Pilatus, steht mit seinem Kaiser in Rom in enger Verbindung. In der nach Augustus benannten Residenzstadt der römischen Statthalter, Caesarea am Meer, weiht Pontius Pilatus seinem Kaiser ein sogenanntes *Tiberieum*[1]:

> [---]*s Tiberiéum*
> [- Po]*ntius Pilatus*
> [praef]*ectus Iuda[ea]e*
> [...]

auf deutsch: »Pontius Pilatus, Präfekt von Judäa, (weiht) das Tiberieum ... « Pontius Pilatus ist von 26 bis 36 n. Chr. Statthalter von Judäa."

---

12 Vgl. dazu oben in Kapitel I die S. 3. Im Unterschied zu anderen Städten wird aber wenigstens der Name dieser Stadt im Neuen Testament genannt, allerdings nur im Johannes-Evangelium: Joh 6,1.23; 21,2.

13 Von einer Tätigkeit Jesu in Chorazin berichtet kein Synoptiker; der Spruch aus Q (Luk 10,13// Mt 11,21) zeigt jedoch, daß Jesus dort tätig gewesen sein muß.

1 Es handelt sich um ICaes 43, vgl. dazu: *Clayton Miles Lehmann/Kenneth G. Holum:* The Greek and Latin Inscriptions of Caesarea Maritima, The Joint Expedition to Caesarea Maritima. Excavation Reports V, Boston 2000, S. 67–70 (vgl. dazu meine Rezension in ThLZ 127 [2002], Sp. 24–27).

Das war wohl allzu knapp, allzu knapp angesichts der Bedeutung dieser Inschrift, allzu knapp vor allem angesichts der Bedeutung des Pontius Pilatus für das Neue Testament, insbesondere für den Tod Jesu. Daher habe ich ab der zweiten Auflage dieser Vorlesung für Pontius Pilatus einen eigenen Paragraphen vorgesehen.

1. Die Rekonstruktion der Inschrift nach Géza Alföldy

Géza Alföldy hat sich in zwei Aufsätzen mit der Pilatus-Inschrift befaßt und die folgenden Ergänzungen für die zerstörten Partien vorgeschlagen:

> [nauti]s Tiberieum
> [- Po]ntius Pilatus
> [praef]ectus Iudae[a]ẹ
> [ref]e[cit].[2]

Was zunächst die Ergänzung in Z. 1 angeht, so ist Alföldy der Auffassung, daß viele Möglichkeiten wegen Platzmangel von vornherein auszuschließen sind. „Am Anfang der 1. Zeile ... fehlen vor dem erhaltenen Textrest [---]s Tiberiéum, entsprechend den Anforderungen der Symmetrie, ziemlich genau fünf Buchstaben."[3] Vorschläge wie beispielsweise [Caesarien]s(ibus) oder [Dis Augusti]s kommen daher nicht in Frage.[4]

Sodann handele es sich bei dem in Z. 1 erhaltenen Wort Tiberieum nicht um ein Adjektiv – wie von den meisten Autoren angenommen –, sondern um ein Substantiv wie auch Caesareum oder Augusteum, d.h. genau formuliert um den „substantivisch verwendete[n] Neutrum Singular" des Adjektivs Tiberieus.[5] Die genannten Parallelen legen sodann den Gedanken nahe, daß mit Tiberieum ähnlich wie mit Caesareum und mit Augusteum ein Bauwerk bezeichnet wird. „Ein so benanntes Gebäude könnte, wie von mehreren Forschern angenommen, ähnlich wie viele als Caesareum und

---

2   *Géza Alföldy:* Pontius Pilatus und das Tiberieum von Caesarea Maritima, SCI 18 (1999), S. 85–108 (der oben abgedruckte Text hier S. 106); *ders.:* Nochmals: Pontius Pilatus und das Tiberieum von Caesarea Maritima, SCI 21 (2002), S. 133–148. Unter den zahlreichen älteren Studien zu der Pilatus-Inschrift verdienen besonders folgende Erwähnung: *Gilbert Labbé:* Ponce Pilate et la munificence de Tibère. L'inscription de Césarée, REA 93 (1991), S. 277–297 (schlägt in Z. 1 [munu]s vor, in Z. 4 [f]e[cit] und meint, dieses *munus Tiberium* beziehen sich auf eine Bibliothek in Caesarea, die „Tiberius-Bibliothek"). *Ekkehard Weber:* Zur Inschrift des Pontius Pilatus, BoJ 171 (1971), S. 194–200 (erwägt S. 196 für Z. 1 en passant [civibu]s Tiberieum, entscheidet sich dann aber S. 198 doch für [Kal(endis) Iulii]s Tiberieum und schlägt in Z. 2 das *praenomen M(arcus)* vor; als Verbum in Z. 4 bietet er [dedicavit]).

Die Ausgabe, nach der man die Inschriften aus Caesarea am Meer zitiert, wurde bereits in der vorigen Anm. 1 genannt. Daneben ist noch folgendes Florilegium namhaft zu machen: *Laura Boffo:* Iscrizioni greche e latine per lo studio della bibbia, Biblioteca di storia e storiografia dei tempi biblici 9, Brescia 1994 (die Pilatus-Inschrift hier als Nr. 25 auf S. 217–233).

3   *Géza Alföldy,* a.a.O., S. 90.

4   Ebd.

5   *Géza Alföldy,* a.a.O., S. 93.

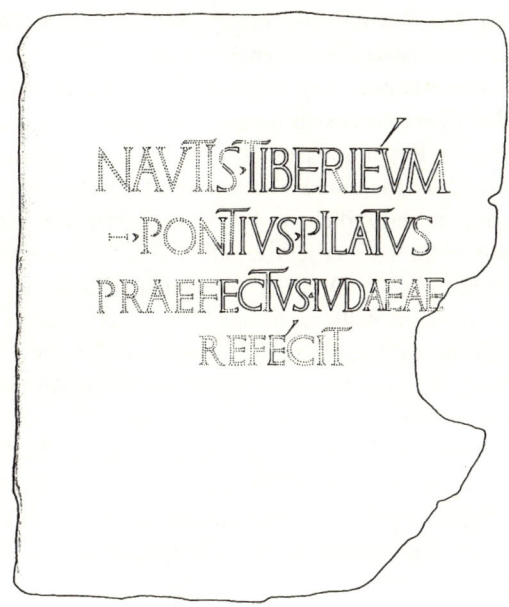

Abbildung II.4: Die Rekonstruktion der Inschrift von Géza Alföldy

Augusteum benannte Bauten, im Prinzip ein Kaisertempel gewesen sein. Doch kann ein solcher Name auch einen Profanbau bezeichnen."[6]

Hier zieht Alföldy nun Nachrichten des Josephus heran, einerseits Bell I 412, andererseits Ant XV 336: An beiden Stellen ist von einem Turm im Hafen die Rede, der den Namen Drusium (Δρούσιον) trug.[7]

Im ersten Buch seines Bellum schildert Josephus im Abschnitt § 408–415 die Bautätigkeit Herodes des Großen in dem von ihm so benannten Caesarea, das zuvor Stratonsturm geheißen hatte (§ 405 Στράτωνος πύργος *[Stratōnos pyrgos]*; § 414 Καισάρειαν γοῦν ὠνόμασεν αὐτὴν sc. τὴν πόλιν *[Kaisareian goun ōnomasen autēn sc. tēn polin]*).[8]

Besonders eingehend befaßt er sich mit dem Hafen, der für die gesamte Region von herausragender Bedeutung war. Josephus beschreibt die Mauer, die den Hafen

---

6   *Géza Alföldy,* a.a.O., S. 94. Die These, wonach es sich bei dem *Tiberieum* um einen Kaisertempel handelte, wurde auch von Ethelbert Stauffer in Erlangen vertreten (*Ethelbert Stauffer:* Die Pilatusinschrift von Caesarea. Festrede, gehalten bei der Jahresfeier der Friedrich-Alexander-Universität Erlangen-Nürnberg am 4. November 1965, Erlanger Universitätsreden 12, Erlangen 1966, S. 13).

7   An der parallelen Stelle Ant XV 336 findet sich der Name Drusus für den Turm (ὁ μέγιστος sc. πύργος Δροῦσος ὀνομάζεται *[ho megistos sc. pyrgos Drousos onomazetai]*).

8   Eine zweite Fassung der Schilderung des Ausbaus der Stadt findet sich in Ant XV 331–341; in bezug auf den Hafen ist diese weniger detailliert.

umgab, und erwähnt ihre Türme (πύργοι *[pyrgoi]*), deren größter und schönster Δρούσιον *(Drousion)* genannt worden sei (Bell I 412).

„Vor diesem Hintergrund drängt sich folgender Gedanke auf: Wenn es in Caesarea ein Druseum gab, dann versteht es sich beinahe von selbst, daß das Tiberieum dort mit dem Druseum in eine Beziehung gesetzt wurde. Galten Tiberius und Drusus als ein Brüderpaar, dessen Unzertrennlichkeit überall dort, wo dies möglich und sinnvoll schien, durch Monumente verherrlicht wurde, dann dürfen wir annehmen, daß das Tiberieum, das Pilatus in Caesarea errichten ließ, nichts anderes als ein Pendant zum Druseum war: Es dürfte wie das Druseum ein turmartiges Bauwerk beträchtlicher Größe gewesen sein; es stand wohl in dessen Nähe und wohl in einer ähnlichen Position wie dieser Turm; und es diente offenbar auch derselben Aufgabe wie das Druseum. Mit anderen Worten: Das Tiberieum war allem Anschein nach ebenso wie das Druseum ein Leuchtturm im Hafen von Caesarea."[9]

Handelt es sich bei dem Tiberieum also um einen Turm im Hafen, nach Alföldy wahrscheinlich sogar um einen Leuchtturm, dann wird auch die für den Anfang in Z. 1 vorgeschlagene Ergänzung *[nauti]s* verständlich: Für die Seefahrer ist ein solcher Leuchtturm unerläßlich. Ihnen errichtet Pilatus dieses Bauwerk. Daher stehen sie im Dativ am Anfang dieser Inschrift.[10]

Die nach meinem Urteil durchschlagende Begründung für die Ergänzung *[nauti]s* findet Alföldy in Bellum I 414, wo es heißt:

ἀνέθηκεν δὲ τῇ μὲν ἐπαρχίᾳ τὴν πόλιν,	Er widmete die Stadt der Umgegend,
τοῖς ταύτῃ δὲ πλοϊζομένοις τὸν λιμένα,	den Hafen aber denen, die hier zur See fahren,
Καίσαρι δὲ τὴν τιμὴν τοῦ κτίσματος·	die Ehre der Gründung dem Kaiser –
Καισάρειαν γοῦν ὠνόμασεν αὐτήν.	Caesarea nannte er also die Stadt.

Damit kommen wir schließlich zu der Ergänzung in Z. 4. Auszugehen ist von dem auf dem Stein deutlich erkennbaren Apex (ähnlich wie bei dem *Tiberiéum* in Z. 1). Dieser Apex kennzeichnet einen langen Vokal, Alföldy zufolge ein É.[11] Aus Symmetriegründen kommt daher *[ref]é[cit]* in Frage. „Es entspricht genau der oben dargelegten Ansicht, daß Pilatus mit seinem Tiberieum kein ganz neues Gebäude errichtete, sondern ein früheres Bauwerk dieses Namens ersetzte. In einem solchen Fall ist das korrekte Verb *reficere*..."[12]

✳ ✳ ✳

　9　*Géza Alföldy*, a.a.O., S. 96.

　10　*Géza Alföldy* weist darauf hin, daß „der Stein, der die Inschrift des Pilatus trägt, optimal" zu dieser Hypothese paßt (a.a.O., S. 103f.).

　11　Vgl. *Géza Alföldy*, a.a.O., S. 86f. und S. 106.

　12　*Géza Alföldy*, a.a.O., S. 106.

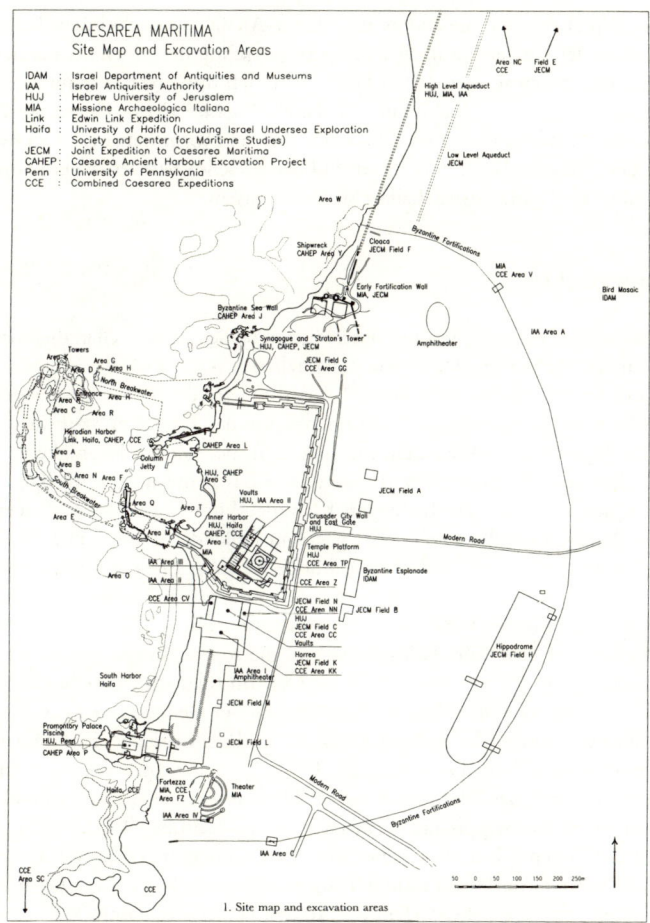

1. Site map and excavation areas

Abbildung II.5: Der Stadtplan des antiken Caesarea am Meer

Exkurs: Zum Namen Tiberieum

Wer sich nun die ganze Zeit wundert, wieso Herodes der Große in seinem schönen neuen Hafen (Leucht-)Türme mit Namen von Mitgliedern der kaiserlichen Familie belegt, sei an eine Seuche unserer Zeit erinnert: Das schöne Volksparkstadion in Hamburg heißt neuerdings nicht mehr so, sondern vielmehr „HSH-Nordbank-Arena".[13] Das frühere Waldstadion in Frankfurt am Main heißt nunmehr „Commerzbank-Arena". Das Frankenstadion des ruhmreichen 1. FC Nürnberg hört neuerdings auf den schönen Namen „easyCredit" – in dieser Schreibweise vom Verfasser auf einem Straßenschild am Nürnberger Ring bewundert . . . – und das neue Stadion

---

13 Zunächst war das Volksparkstadion in „AOL-Arena" umbenannt worden, das hatte im Vergleich zum nunmehrigen „HSH-Nordbank-Arena" mindestens den Vorteil der Kürze!

vor den Toren Münchens hieß nie anders als „Allianz-Arena". Diese Beispiele ließen sich beliebig vermehren! An der Universität in Würzburg gibt es schon den einen oder anderen Hörsaal, den der Name eines Sponsors ziert (einer heißt, wenn ich mich recht entsinne, „Hörsaal Aldi Süd"). In Bremen gibt es eine Hochschule, die heißt als ganze Jacobs University Bremen – da wäre mir eine nach Tiberius benannte Bibliothek vielleicht sogar lieber ... Der Wetterbericht wird uns von der Dresdner Bank präsentiert, Fußballspiele im Fernsehen gern von Warsteiner. Veltins dagegen ist im Namen des Schalker Stadions präsent.

Exkurs: Pilatusbücher

Wir werfen einen Blick auf zwei neuere Pilatusbücher, beide fast Bestseller, die unsere Inschrift behandeln. Zuletzt erschien im Jahr 2002 das Buch von Karl Jaroš, das schon auf dem Umschlag ein Photo der Pilatus-Inschrift bietet.[14] Auf S. 39 wird der Stein erneut abgebildet, S. 40 bringt eine »Übersetzung« wie folgt: „[Den Einwohner]n das Tiberieum [Ponti]us Pilatus [Praefect]us Jud[aeae [erneuerte]". Wir halten uns hier nicht bei solchen Kleinigkeiten auf wie der Tatsache, daß dies kein deutscher Satz ist (wen kann das heute noch schrecken?) und schon gar nicht bei Quisquilien wie der fehlenden Klammer] am Ende von Z. 3, dem fehlenden Vornamen am Anfang derselben Zeile oder gar dem fehlenden Punkt am Schluß des Textes (das stört wirklich niemanden). Daß die zugehörige Anm. 41 nicht auf S. 40, sondern schon zuvor auf S. 39 steht (wie übrigens auch Anm. 40 ...) mag man auf den Verlag und seine(n) Setzer schieben. Doch für den Inhalt der Anm. 41 dürfte wohl der Autor selbst verantwortlich zeichnen: Zunächst bietet er eine Rekonstruktion, die so bei keinem Autor seit 1961 – dem Jahr der Entdeckung des Pilatussteins – zu finden ist. Im folgenden bezieht sich Jaroš auf das zweite sogleich zu besprechende Pilatusbuch von Alexander Demandt, dem er die Hypothesen Alföldys offenbar entnimmt, die er dann kritisiert. Zu Recht beklagt sich Géza Alföldy über diese unwissenschaftliche Vorgehensweise: „K. Jaroš, ... der meinen Beitrag nicht gelesen zu haben und ihn nur durch das Pilatusbuch von A. Demandt ... zu kennen scheint."[15]

Merke: Man zitiert die Bergpredigt nicht nach der Bildzeitung. Wer es dennoch tut, kann in der wissenschaftlichen Diskussion kein Gehör beanspruchen ... Sie werden in Ihrem Berufsleben immer wieder mit derlei Produkten konfrontiert werden; daher ist es nie zu früh, die Auseinandersetzung damit zu üben. Mein Rat: In den Papierkorb damit.

Ernster zu nehmen ist das zweite Pilatusbuch von Alexander Demandt.[16] Hier wird die Pilatus-Inschrift, unsere „wichtigste archäologische Quelle", eingehender auf S. 72–74 besprochen. Hier wird Géza Alföldy korrekt als Gewährsmann genannt und sein Text in der Rekonstruktionszeichnung Abb. 31 auf S. 74 wiedergegeben. Demandt schließt sich der Alföldyschen Rekonstruktion ohne Einschränkung an.

---

14   *Karl Jaroš*: In Sachen Pontius Pilatus, Kulturgeschichte der antiken Welt 93, Mainz 2002.

15   *Géza Alföldy:* Nochmals: Pontius Pilatus und das Tiberieum von Caesarea Maritima, SCI 21 (2002), S. 133–148; hier S. 135.

Alföldy reagiert mit diesem zweiten Aufsatz nebenher auch auf die beiden inzwischen erschienenen Pilatusbücher, die wir in diesem Exkurs besprechen, hauptsächlich aber auf folgenden Aufsatz: *Tibor Grüll:* Pilate's *Tiberiéum.* A New Approach, AAH 41 (2001), S. 267–278.

16   *Alexander Demandt*: Hände in Unschuld. Pontius Pilatus in der Geschichte, Köln/Weimar/Wien 1999. Irritierend finde ich freilich die Auswahl des Umschlagsbildes. Auf die Gefahr hin, mich als Banause zu erweisen: So hat Pontius Pilatus mit Sicherheit *nicht* ausgesehen.

Abbildung II.6: Das antike Caesarea am Meer aus der Luft

2. Kurzer Kommentar zur Pilatus-Inschrift aus Caesarea

Wenn wir dem Vorschlag Géza Alföldys folgen, haben wir in Z. 1: *[nauti]s Tiberié-um.* Den Seefahrern wird also dieses Gebäude, wahrscheinlich ein Turm im Hafen, geweiht. Auch wenn der Name *Tiberiéum* dem Turm schon von seinem Erbauer Herodes dem Großen gegeben worden sein sollte, drückt sich hier eine besondere Beziehung des Pilatus zu dem Kaiser Tiberius (14–37 n.Chr.) in Rom aus: Schließlich hat er den Turm renoviert, wie wir in Z. 4 erfahren.

Interessant ist in diesem Zusammenhang eine Passage aus der johanneischen Passionsgeschichte. Die Juden wollen Druck auf Pilatus ausüben, um ihr Ziel, die Hinrichtung Jesu, zu erreichen. Da sagen sie zu ihm: „Wenn du diesen (Jesus) freiläßt, bist du kein Freund des Kaisers (οὐκ εἶ φίλος τοῦ Καίσαρος *[ouk ei philos tou Kaisaros],* Joh 19,12)". Pilatus will diese Würde, »Freund des Kaisers« zu sein, nicht verlieren, läßt Jesus daher nicht frei, sondern läßt ihn kreuzigen.[17] Dieser Zug findet

---

17 Der Titel φίλος τοῦ Καίσαρος ist auch außerhalb des Neuen Testaments bezeugt. Besonders schöne Belege bietet Epiktet: Dissertationes IV 1. Vgl. *Martin Bang:* Die Freunde und Begleiter des

sich in der synoptischen Passionsgeschichte noch nicht; er ist für das Johannesevangelium spezifisch, das sich in diesem Punkt offenbar auf eine Quelle stützt, die das Verhältnis des Pilatus zu seinem Kaiser in Rom sehr präzise zu beschreiben vermag.

Leider wird in Z. 2 zwar der Name Pontius Pilatus genannt, der Vorname (das *praenomen*) des Mannes am Anfang der Zeile ist jedoch nicht erhalten. Manchmal ergänzt man *M(arcus)*, doch ist das nicht mehr als eine Vermutung.[18] Wir müssen uns mit dem *nomen gentile* Pontius und dem *cognomen* Pilatus begnügen. Das *cognomen* Pilatus ist überaus selten.[19] In den neutestamentlichen Handschriften begegnet er als Πιλᾶτος *(Pilạtos)* oder auch als Πειλᾶτος *(Peilạtos)*.

Besonderes Interesse verdient schließlich noch die dritte Zeile unserer Inschrift, deren Rekonstruktion nicht umstritten ist: *[praef]ectus Iudae[a]e*. Ob man in dem *Iudaeae* einen Buchstaben mehr oder weniger in eckige Klammern setzt, ist für die Sache, um die es hier geht, ohne Belang. Hier haben wir nämlich den amtlichen Titel unseres Freundes Pontius Pilatus vor uns; dieser lautet also *praefectus Iudaeae*, und nicht etwa, wie man dem Tacitus entnehmen kann, *procurator Iudaeae* (Tacitus: Annales XV 44,3).[20]

Obwohl dieser Sachverhalt nun seit der Entdeckung unserer Inschrift im Jahr 1961 bekannt ist, hat er sich leider noch nicht überall herumgesprochen, wie exemplarisch an dem Bauerschen Wörterbuch gezeigt sei, das in seiner von Kurt Aland und Barbara Aland „völlig neu bearbeitete[n] Auflage" von 1988[21] im Artikel »Pilatus« unverdrossen behauptet: *Prokurator v.[on] Judäa 26–36 n[ach Chr.] ...* [22] Wenn Sie also hinfort in einem Buch in bezug auf Pilatus »Prokurator« lesen, nehmen Sie einen spitzen Bleistift, streichen es beherzt durch und schreiben an den Rand: „NEIN! Vielmehr: *praefectus.*"

3. Zusammenfassung

1. Nach der Absetzung des Archelaos, des Sohnes des Herodes des Großen, im Jahr 6 n.Chr. kam der Süden Palästinas unter direkte römische Herrschaft. (Es

---

Kaisers, in: *Ludwig Friedländer:* Darstellungen aus der Sittengeschichte Roms in der Zeit von August bis zum Ausgang der Antonine, 9. und 10. Auflage hg. v. Georg Wissowa, Band IV, Leipzig 1921, S. 56–76; hier speziell zu den φίλοι des Tiberius S. 61–63, wo unser Pontius Pilatus allerdings nicht erwähnt wird. Zur Passage in Joh 19 vgl. *Ernst Bammel:* Φίλος τοῦ Καίσαρος, ThLZ 77 (1952), Sp. 205–210.

18 Der Vorschlag findet sich bei *Ekkehard Weber*, a.a.O., S. 198 und ist im Apparat der Inschriften von Caesarea gebucht.

19 Vgl. dazu *Heikki Solin:* Pilatus, in: *ders.:* Analecta epigraphica 1970–1997, iterum edenda, indicibusque instruenda curavit Michael Kajava adiuvantibus Karolo Korhonen, Martino Leiwo, Olavo Salomies, Acta Instituti Romani Finlandiae 21, Rom 1998, S. 6–8; hier S. 7.

20 *Ekkehard Weber*, a.a.O., S. 195, Anm. 4: „Praefecti sind Statthalter, deren Amtsbereich noch nicht ordnungsgemäßes Provinzialstatut besitzt; vgl. bes. O. Hirschfeld, Die kaiserlichen Verwaltungsbeamten³ 348f."

21 So das Titelblatt des *Bauer/Aland* auf S. III.

22 *Bauer/Aland*: Art. Πιλᾶτος, Sp. 1324.

handelt sich dabei um die auf unserer Palästinakarte oben S. 8 *heller* markierten Gebiete [Idumäa, Judäa und Samaria].)

2. Aus der Inschrift des Pilatus aus Caesarea am Meer können wir entnehmen, daß die Statthalter den offiziellen Titel *praefectus Iudaeae* führten. (Dies änderte sich aber in der Folgezeit, so daß der Irrtum des Tacitus, der fälschlicherweise schon zur Zeit des Pilatus *procurator* annimmt, verständlich wird.)

3. Die *praefecti Iudaeae* residierten nicht in Jerusalem, sondern im ehemaligen Palast des Herodes in Caesarea am Meer.

4. Für das Neue Testament ist unter diesen Statthaltern Pontius Pilatus mit Abstand der wichtigste: In seine Amtszeit von 26 bis 36 n.Chr. fällt die Wirksamkeit und der Tod Johannes des Täufers, die Wirksamkeit und der Tod Jesu von Nazareth sowie der Anfang der Urgemeinde in Jerusalem.

5. Demgemäß begegnet uns Pilatus in den Evangelien, besonders in der Passionsgeschichte (Luk 3,1; 13,1; Mk 15//Mt 27// Luk 23//Joh 18–19). Erstaunlicherweise wird von Konflikten des Pilatus mit der Urgemeinde nichts berichtet.[23]

6. Nach Joh 18,12 war Pilatus φίλος τοῦ Καίσαρος *(philos tou Kaisaros)*. Seine besondere Beziehung zum Kaiser Tiberius (14–37 n.Chr.) erhellt auch aus der Inschrift aus Caesarea:[24] Ihr zufolge hat Pilatus ein nach dem Kaiser Tiberius benanntes Gebäude, wohl einen Turm im Hafen von Caesarea, wiederhergestellt.

§ 9 Johannes der Täufer

Damit haben wir die Grundzüge der politischen Landschaft kennengelernt, in die wir nun das Wirken des Täufers und das Wirken Jesu einzeichnen können. Beide leben unter der Regierung des Kaisers Tiberius, beide haben mit Herodes Antipas zu tun, der den Johannes schließlich hat hinrichten lassen. Beide sind mit einer politisch und religiös aufgeladenen Situation konfrontiert, in der die Zeloten alle umbringen, die entweder selbst Römer sind oder im Verdacht stehen, mit der römischen Herrschaft zu sympathisieren.

---

23 In der Apostelgeschichte begegnet Pilatus nur in Form der Rückschau auf den Prozeß Jesu in Apg 3,13; 4,27; 13,28, aber nicht mehr als handelnde Figur der Gegenwart.
Die Verantwortung des Pilatus für den Tod Jesu hat selbst im Credo ihren Niederschlag gefunden: „... gelitten unter Pontius Pilatus, gekreuzigt, gestorben und begraben ...“

24 In diesem Zusammenhang könnte man noch die von Pilatus in Palästina geprägten Bronzemünzen anführen, die die Aufschrift Τιβερίου Καίσαρος aufweisen, vgl. dazu die Diskussion bei *Alexander Demandt*, a.a.O., S. 71 mit Abb. 9.

1. Jesus und Johannes der Täufer

Wir haben uns früher in diesem Kapitel mit jüdischen Gruppen in dem Palästina der Zeit Jesu befaßt und dabei die Sadduzäer, die Essener, die Pharisäer und die Zeloten kennengelernt.[1] Wir wollten der »Judaizität«[2] Jesu auf die Spur kommen und wurden enttäuscht: Das Judesein Jesu wird von keiner dieser Gruppen wesentlich erhellt.

Wenn es um Jesu Judesein geht, muß man sich an eine Figur halten, die aus dem Spektrum der genannten Gruppen herausfällt, an Johannes den Täufer. Wer dem Judesein Jesu auf die Spur kommen will, darf sich nicht mit Pharisäern oder Sadduzäern befassen; er muß sich so gut wie ausschließlich an Johannes den Täufer halten.

Josephus prahlt damit, daß er die drei jüdischen Philosophien selbst gründlich studiert habe[3] (die revolutionäre τετάρτη φιλοσοφία *[tetartē philosophia]* kam für ihn natürlich von vornherein gar nicht in Frage ...). Jesus hat dergleichen Renommiergehabe nicht nötig. Aber auch er wird sich umgetan haben auf dem Markt der Möglichkeiten in Palästina. Aber im Gegensatz zu Josephus war er mit dem vorhandenen Angebot keineswegs zufrieden: Wäre er von den Pharisäern angetan gewesen, hätte er gleich in Nazareth bleiben können. Pharisäer hätte er in der heimischen Synagoge genug gefunden. Er hätte die Schreinerei seines Vaters Joseph übernommen, eine nette Familie gegründet, und beim Wiederaufbau der Stadt Sepphoris nahe bei Nazareth hätte er es wohl sogar zu leidlichem Wohlstand gebracht – nie wäre er mit irgendwelchen Behörden, geschweige denn dem römischen Statthalter in Konflikt geraten, von einer Kreuzigung gar nicht zu reden. Alt und lebenssatt hätte er sein Leben ungestört in Nazareth vollendet.

Mehr Engagement hätte allerdings der Anschluß an die Sadduzäer erfordert. Wie wir gesehen haben, waren diese auf Jerusalem und den Tempel konzentriert. Die Heimat in Nazareth hätte er verlassen müssen, die Schreinerkarriere in der väterlichen Werkstatt hätte er drangeben müssen, um nach Jerusalem auszuwandern. Dort hätte er sich am Tempel den Sadduzäern anschließen können – doch sind uns dergleichen Versuche Jesu nicht überliefert. Die sogenannte »Tempelreinigung« (Mk 11,15–17//Mt 21,12–13// Luk 19,45–46//Joh 2,13–17), die schon dem Matthäus und dem Lukas nicht so recht geheuer war, weist in eine *ganz andere* Richtung. (Die Geschichte von dem zwölfjährigen Jesus im Tempel [Luk 2,41–52] ist eine Legende nach dem Geschmack

---

1   Vgl. oben den Paragraphen 6: Jüdische Gruppen in Palästina, S. 34–48.

2   Zu diesem merkwürdigen Begriff vgl. oben S. 35 mit Anm. 2.

3   Josephus: Vita, § 10–11, heißt es: περὶ δὲ ἑκκαίδεκα ἔτη γενόμενος ἐβουλήθην τῶν παρ' ἡμῖν αἱρέσεων ἐμπειρίαν λαβεῖν· τρεῖς δ' εἰσὶν αὗται, Φαρισαίων μὲν ἡ πρώτη, καὶ Σαδδουκαίων ἡ δευτέρα, τρίτη δ' Ἐσσηνῶν, καθὼς πολλάκις εἴπομεν· οὕτως γὰρ ᾤμην αἱρήσεσθαι τὴν ἀρίστην, εἰ πάσας καταμάθοιμι. σκληραγωγήσας οὖν ἐμαυτὸν καὶ πολλὰ πονηθεὶς τὰς τρεῖς διῆλθον ... „Als ich ungefähr sechzehn war, wollte ich unsere Philosophien kennenlernen. Es handelt sich um drei (Philosophenschulen), die erste die der Pharisäer, die zweite der Sadduzäer, die dritte der Essener, wie wir schon oft gesagt haben. Ich glaubte die beste auf die Weise wählen zu können, daß ich alle (drei) kennenlernte. Ich unterzog mich einer harten Schule und stand viel aus, als ich die drei (philosophischen Richtungen) durchlief ... “

des Lukas, die man für den historischen Jesus nicht in Anspruch nehmen darf.[4] Sie weist übrigens eine bedenkliche Parallele bei Josephus auf.[5])

Bei den Essenern hätte Jesus seine Schreiner-Fähigkeiten vermutlich nutzen können, aber auch mit deren Angebot vermochte er sich durchaus nicht anzufreunden.

Auch den Zeloten hat sich Jesus nicht anschließen wollen, obgleich Galiläa, seine Heimat, ihm dazu jede Gelegenheit geboten hätte. Aber auch die waren ihm nicht radikal genug.

So blieb nur noch einer übrig, Johannes der Täufer. Mit ihm verband ihn die Grundüberzeugung: Beide, Johannes der Täufer und Jesus von Nazareth, waren mit dem vorhandenen religiösen Angebot zutiefst unzufrieden. Wer nach der »Judaizität« Jesu fragt, muß daher zunächst und vor allem nach der »Judaizität« des Johannes fragen.

2. Die Quellen über Johannes den Täufer

Was Johannes den Täufer angeht, so besitzen wir im wesentlichen zwei Quellen, nämlich das Neue Testament auf der einen Seite, den Josephus auf der andern Seite.[6] Beide Quellen haben ihre Probleme mit Johannes dem Täufer: Die Evangelisten müssen versuchen, ihn als Vorläufer Jesu und nur als solchen erscheinen zu lassen. Dabei ist es historisch sehr unwahrscheinlich, daß Johannes sich in dieser Rolle gesehen hat. Josephus dagegen möchte die Botschaft des Täufers möglichst harmlos halten

---

4   Absurd erscheint die Annahme bei Hengel und Schwemer: „Hier könnte es sich um eine Familientradition handeln." (*Martin Hengel/Anna Maria Schwemer:* Jesus und das Judentum. Geschichte des frühen Christentums, Band I, Tübingen 2007, S. 287, Anm. 66.)

5   Diese steht in der oben in Anm. 3 schon einmal zitierten Vita, § 9, wo die überragenden Fähigkeiten des vierzehnjährigen Josephus folgendermaßen gerühmt werden: ἔτι δ' ἀντίπαις ὢν περὶ τεσσαρεσκαιδέκατον ἔτος διὰ τὸ φιλογράμματον ὑπὸ πάντων ἐπηνούμην συνιόντων ἀεὶ τῶν ἀρχιερέων καὶ τῶν τῆς πόλεως πρώτων ὑπὲρ τοῦ παρ' ἐμοῦ περὶ τῶν νομίμων ἀκριβέστερόν τι γνῶναι. „Als ich noch ein kleiner Junge war [ἀντίπαις heißt, als Substantiv gebraucht: „a mere boy", vgl. LSJ, S. 159, *s. v.*] – um die vierzehn Jahre vielleicht –, wurde ich wegen meiner Gelehrsamkeit von allen bewundert, und immer versammelten sich die Hohenpriester und die Ersten der Stadt, um von mir Genaueres in bezug auf die gesetzlichen Vorschriften zu erfahren."

Der Unterschied ist: Josephus erzählt diese Geschichte selbst, und stellt sich also als Wunderknaben dar; Jesus hingegen ist für die lukanische Geschichte in keiner Weise verantwortlich zu machen.

6   Im Neuen Testament sind im wesentlichen Texte aus den synoptischen Evangelien zu nennen: Mk 1 und 6 samt den Parallelen bei Matthäus und Lukas; Matthäus mit der Täuferpredigt in Kapitel 3 samt der lukanischen Parallele (sogenannter Q-Stoff); sodann Luk 1 mit der Ankündigung der Geburt Jesu und der Geburt des Täufers (sogenanntes Sondergut des Lukas).

Bei Josephus findet sich der Bericht über den Täufer in den uns bereits bekannten Antiquitates XVIII 116–119, wo eine militärische Niederlage des Antipas auf dessen Hinrichtung des Täufers zurückgeführt wird.

Literatur zu Johannes dem Täufer gibt es im Überfluß. Ich greife aus den älteren Monographien als Beispiel *Ernst Lohmeyer:* Das Urchristentum. 1. Johannes der Täufer, Göttingen 1932, aus den neueren aber *Robert L. Webb:* John the Baptizer and Prophet. A Socio-Historical Study, JSNT.S 62, Sheffield 1991 heraus.

und vor allem *unpolitisch*. Bei ihm erscheint Johannes als blasser Moralprediger, der kein Wässerchen trüben kann. Beide sind sich einig, daß die Taufe das wesentliche Kennzeichen des Johannes ist: Beide bezeichnen ihn daher als βαπτιστής *(baptistēs)*.

Beide Quellen bedürfen also einer kritischen Analyse, wenn man die Botschaft des Täufers rekonstruieren will. Dies kann ich in diesem Buch nur ansatzweise leisten. Ich beschränke mich daher auf einige besonders wichtige Züge.

3. Die Nachrichten über Johannes den Täufer bei Josephus

Josephus[7] behandelt in Buch XVIII seiner Antiquitates die für das Neue Testament entscheidenden Jahre vom Tod des Herodes des Großen im Jahr 4 v.Chr. bis zum Ende des Kaisers Gaius – uns besser bekannt als Caligula – im Jahr 41 n.Chr. Buch XVIII beginnt mit dem Wirken des uns auch aus dem Neuen Testament bekannten Statthalters Publius Sulpicius Quirinius (§ 1); vgl. Luk 2,1–2. Wir haben uns mit dieser Eingangspassage von Antiquitates XVIII schon zu Beginn dieses Kapitels im Zusammenhang mit Augustus und seiner angeblich weltweiten Volkszählung befaßt.

Für unseren Zusammenhang ist die Sequenz von Interesse, die mit § 36 beginnt: Hier ist Herodes Antipas die Hauptperson. In § 55 taucht dann Pontius Pilatus erstmals auf (fälschlich als *procurator* = ήγεμών statt als *praefectus* bezeichnet). In § 63–64 ist dann von Jesus die Rede; es handelt sich um das sogenannte Testimonium Flavianum, das wir in unsrem Zusammenhang jedoch nicht besprechen können.

Josephus liebt die Abwechslung. So bringt er in § 65ff. eine stadtrömische Geschichte aus der Gattung sex and crime. An diese stadtrömische Skandal-Geschichte mit den Isispriestern schließt sich eine jüdische an (§ 81–84), die zur Ausweisung der Juden aus Rom durch den Kaiser Tiberius führt. Damit kehrt Josephus § 85 wieder zum Schauplatz Palästina und zu Pontius Pilatus zurück. Der wird aufgrund einer Petition der Samaritaner seines Amtes enthoben und vom Statthalter von Syrien – Vitellius – nach zehnjähriger Amtszeit nach Rom zurückgeschickt (§ 89), um sich vor dem Kaiser zu verantworten; Tiberius (14–37 n.Chr.) jedoch ist inzwischen gestorben.

Vitellius kommt selbst nach Jerusalem (§ 90ff.), um die Dinge zu ordnen. Hier kommt auch der Tetrarch Herodes Antipas[8] wieder in den Blick (§ 109ff.), der in einem sehr ungünstigen Licht erscheint. Josephus schildert einen Konflikt zwischen Aretas, dem König von Petra, und dem Herodes Antipas. Dieser nämlich war seit langer Zeit mit einer Tochter des Aretas verheiratet. Nun hatte Antipas aber Gefallen an Herodias, der Frau seines Halbbruders Philipp (so nach Mk 6,17 – bei Josephus heißt er vielmehr auch Herodes) gefunden. Das Paar kam überein, zu heiraten. Zu diesem Zweck mußte Antipas zum einen erst aus Rom zurückkehren, zum andern seine bisherige Frau, die Tochter des Aretas, loswerden (ἐκβάλλειν *[ekballein]*). Die aber hatte Wind von der Sache bekommen und bei ihrem Vater Aretas Zuflucht gesucht (§ 111–112).

---

7   Die folgende Darstellung ist im wesentlichen meiner Vorlesung *Theologie des Neuen Testaments* entnommen, die ich im Wintersemester 2006/2007 in Erlangen gehalten habe (im Netz zugänglich unter http://neutestamentliches-repetitorium.de/inhalt/vorlesungen.html); hier aus dem Paragraphen 10 auf den Seiten 126–131 und 132–141.

8   Zu Antipas vgl. *Harold W. Hoehner:* Herod Antipas, SNTS.MS 17, Cambridge 1972.

Aretas, der ohnehin Grenzstreitigkeiten mit Antipas hatte, schickte seine Armee aus, die einen glänzenden Sieg über die Truppen des Antipas errang (§ 114), woraufhin Antipas sich beleidigt bei Tiberius beschwert.

An dieser Stelle kommt Josephus nun auf die uns interessierende Geschichte Johannes des Täufers. Er leitet sie in § 116 mit den Worten ein: „Einige der Juden waren der Auffassung, das Heer des Antipas sei von Gott zerstört worden als eine gerechte Strafe für das, was Antipas dem Johannes dem Täufer angetan habe", d.h. er verknüpft seine Darstellung des Täufers mittels der Meinung des Volkes mit dem Krieg zwischen Aretas und Antipas:[9]

116 τισὶ δὲ τῶν Ἰουδαίων ἐδόκει ὀλωλέναι τὸν Ἡρώδου στρατὸν ὑπὸ τοῦ θεοῦ καὶ μάλα δικαίως τινυμένου κατὰ ποινὴν Ἰωάννου τοῦ ἐπικαλουμένου βαπτιστοῦ.

117 κτείνει γὰρ δὴ τοῦτον Ἡρώδης ἀγαθὸν ἄνδρα καὶ τοῖς Ἰουδαίοις κελεύοντα ἀρετὴν ἐπασκοῦσιν καὶ τὰ πρὸς ἀλλήλους δικαιοσύνῃ καὶ πρὸς τὸν θεὸν εὐσεβείᾳ χρωμένοις βαπτισμῷ συνιέναι·

οὕτω γὰρ δὴ καὶ τὴν βάπτισιν ἀποδεκτὴν αὐτῷ φανεῖσθαι μὴ ἐπί τινων ἁμαρτάδων παραιτήσει χρωμένων, ἀλλ' ἐφ' ἁγνείᾳ τοῦ σώματος, ἅτε δὴ καὶ τῆς ψυχῆς δικαιοσύνῃ προεκκεκαθαρμένης.

118 καὶ τῶν ἄλλων συστρεφομένων καὶ γὰρ ἤσθησαν ἐπὶ πλεῖστον τῇ ἀκροάσει τῶν λόγων, δείσας Ἡρώδης τὸ ἐπὶ τοσόνδε πιθανὸν αὐτοῦ τοῖς ἀνθρώποις μὴ ἐπὶ ἀποστάσει τινὶ φέροι, πάντα γὰρ ἐῴκεσαν συμβουλῇ τῇ ἐκείνου πράξοντες, πολὺ κρεῖττον ἡγεῖται πρίν τι νεώ-

116 Einigen aber von den Juden schien es, daß zerstört worden war das Heer des Herodes von Gott, welcher sehr gerechter Weise Rache übte für die Behandlung des Johannes mit dem Beinamen der Täufer.

117 Herodes nämlich hatte diesen getötet, einen guten Mann, welcher die Juden ermahnt hatte, sich der Tugend zu befleißigen und untereinander Gerechtigkeit zu üben, in bezug auf Gott aber Frömmigkeit zu üben, danach aber zur Taufe zu kommen.

Denn auf diese Weise wäre ihm [Gott] die Taufe annehmbar, wenn sie nicht benutzt würde zur Lossprechung von Sünden, sondern zur Heiligung des Körpers, weil auch die Seele zuvor durch die Gerechtigkeit gereinigt worden wäre.

118 Und als sich die anderen um ihn herum versammelten – denn sie waren in höchstem Maße enthusiasmiert von dem Hören seiner Reden –, fürchtete Herodes, daß seine so große Überredsamkeit die Menschen zu einem Aufstand mitreißen könnte – alles nämlich taten sie in

---

9   Ich trage an dieser Stelle noch einleitende Literatur sowohl zu Johannes dem Täufer als auch zu Josephus nach:

Zu Johannes dem Täufer vgl. *Otto Böcher:* Art. Johannes der Täufer, TRE 17 (1988), S. 172–181.

Zur Einführung zu Josephus vgl. *Günter Mayer:* Art. Josephus Flavius, TRE 17 (1988), S. 258–264 oder – besser! – Heinz Schreckenbergs Artikel im RAC (*Heinz Schreckenberg:* Art. Josephus, RAC 18 [1998], Sp. 761–801).

τερον ἐξ αὐτοῦ γενέσθαι προλαβὼν ἀνελεῖν τοῦ μεταβολῆς γενομένης [μὴ] εἰς πράγματα ἐμπεσὼν μετανοεῖν.

Übereinstimmung mit seinem Rat; daher hielt er [Herodes] es für besser, bevor daraus ein Umsturz erfolge, vorher aktiv zu werden und ihn umzubringen, damit er nicht in Schwierigkeiten gerate und sich umorientieren müßte, wenn der Umsturz erfolgt sei.

119 καὶ ὁ μὲν ὑποψίᾳ τῇ Ἡρώδου δέσμιος εἰς τὸν Μαχαιροῦντα πεμφθεὶς τὸ προειρημένον φρούριον ταύτῃ κτίννυται.

119 Und der aufgrund des Verdachts des Herodes Gefangene wurde nach Machaerus, der zuvor [schon] erwähnten Festung, gebracht, und wegen dieses [Verdachts] wurde er getötet.

τοῖς δὲ Ἰουδαίοις δόξαν ἐπὶ τιμωρίᾳ τῇ ἐκείνου τὸν ὄλεθρον ἐπὶ τῷ στρατεύματι γενέσθαι τοῦ θεοῦ κακῶσαι Ἡρώδην θέλοντος.

Die Juden aber waren der Meinung, daß wegen dessen Bestrafung die Vernichtung über das Heer gekommen sei, weil Gott Herodes bestrafen wollte.

Die etwas holprige Übersetzung des nicht ganz einfachen Textes bitte ich zu entschuldigen – für Vorschläge zur Verbesserung bin ich jederzeit dankbar![10]

Zwei so verschiedene Quellen wie das Markusevangelium und Josephus stellen also einen Zusammenhang zwischen Antipas und dem Täufer her, der mit der Ehekrise des Antipas zusammenhängt. In § 116 fällt das Kennwort βαπτιστής *(baptistēs)* – so ist Johannes dem jüdischen Publikum bekannt;[11] in § 117 wird der Beiname für das römische Publikum erklärt. Josephus schildert Johannes für die römischen Leser als einen »guten Mann«, der den Juden Tugend, Gerechtigkeit und Frömmigkeit predigte. Dadurch wird Johannes der Anstrich eines Philosophen gegeben, der die Juden vorrangig in diesen Dingen unterweisen will; einen Grund für eine Verfolgung des Johannes gibt es demnach eigentlich nicht.

Die politische Brisanz der Botschaft des Täufers bleibt unsichtbar und kann noch nicht einmal zwischen den Zeilen entdeckt werden: Der Gedanke der Reinigung der Seele (ψυχή *[psychē]*) durch Umkehr zu einem sittlichen Leben steht im Vordergrund, die Taufe selbst dagegen tritt als sekundär in den Hintergrund. Sie erscheint als Äußerlichkeit, als Waschung des Körpers zur Heiligung, nachdem die Seele gereinigt wurde. Wie die Brisanz der Botschaft, so hat Josephus auch die Brisanz der Taufe banalisiert und entwertet.

---

10 Wer eine glattere Übersetzung lesen will, greife etwa zu *C. K. Barrett:* Die Umwelt des Neuen Testaments. Ausgewählte Quellen. Herausgegeben und übersetzt von Carsten Colpe, WUNT 4, Tübingen 1959, S. 209–210.

11 Man beachte den lexikalischen Befund: βαπτιστής ist vor Josephus bzw. dem Neuen Testament nicht belegt; der griechische Leser des Josephus war deswegen gewiß ziemlich verwundert, als er dieses Wort las ...

Alles bestens für den römischen Leser – aber inwiefern, so fragt der sich mittlerweile beunruhigt, geht von einem solchen Menschen überhaupt Gefahr aus? Auf diese Frage versucht Josephus in § 118 zu antworten. Mysteriöse ἄλλοι *(alloi)* sind es, die für Zoff sorgen. Wirkt Johannes nach § 117 auf Ἰουδαῖοι *(Ioudaioi)* in Richtung auf Tugend, so sind es in § 118 von diesen offenbar verschiedene οἱ ἄλλοι – man beachte den Artikel! –, die auf στάσις *(stasis)* aus sind. Wie der fromme Tugendlehrer diese anderen auf den Weg der Revolution führt, darf man nicht fragen. Herodes kommt dieser Revolution zuvor, da er fürchtet, daß aus den Worten des Täufers etwas Neues (νεώτερον *[neōteron]*) entstehen könnte.[12] Die Begriffe στάσις *(stasis)* und νεώτερον *[neōteron]*) gehören zum politischen Wortschatz. In römischer Perspektive gilt, daß alles, was mit Neuem verbunden ist, immer auch eine staatsfeindliche Implikation befürchten läßt. Daher wird auf diese Weise dem römischen Leser die Reaktion des Herodes und der Tod des Täufers plausibel gemacht.

Wir formulieren als Zwischenergebnis: Obgleich Josephus die Täufertätigkeit zugunsten einer philosophischen Verbrämung sehr in den Hintergrund drängt, ist diese als historisch charakteristisch für Johannes (βαπτιστής *[baptistēs]*!) anzunehmen. Johannes fiel offenbar gerade durch seine Taufpraxis auf. Ein großer Menschenstrom kommt zu ihm, um sich von ihm taufen zu lassen. Auch die Botschaft – von Josephus zur Unkenntlichkeit entstellt – muß die Mengen fasziniert haben. So ist es gut, daß wir eine Quelle haben, die uns gerade über diese faszinierende Botschaft Aufschluß gibt: Q.[13] Ihrem Zeugnis werden wir uns als nächstes zuwenden.

4. Die Nachrichten über Johannes den Täufer im Neuen Testament

Den entscheidenden Punkt also versteht man nicht, wenn man das Zeugnis des Josephus studiert: Wie kam es, daß solche Massen zu Johannes strömten, wenn seine Botschaft doch derart fad war? „Aber einige andere Züge sind auch hier auffallend genug und zeigen, daß die tugendreiche Harmlosigkeit, die Josephus dem Täufer leiht, eben nur dürftige Hülle für anderes nicht Gesagtes ist. Alle wenden sich ihm zu und sind aufgewühlt durch seine Worte, Alle pflegen blindlings zu tun, was er ihnen rät, so daß Herodes einen Aufstand dieser aufgerührten Menge befürchtete. ... Es ist also hier das Bild eines nationalen Reformators angedeutet, dem alle Zuhörer folgen, wohin er sie führt und in dem, was er von ihnen fordert."[14]

Daran sehen wir: Josephus verschweigt das Wesentliche, die Botschaft des Täufers, die große Menschenmengen in Bewegung setzte. Diese Botschaft war offenbar so, daß er sie seinem griechischen und römischen Publikum nicht zumuten konnte. Sie

---

12 Vgl. *Peter Pilhofer:* PRESBYTERON KREITTON. Der Altersbeweis der jüdischen und christlichen Apologeten und seine Vorgeschichte, WUNT 2/39, Tübingen 1990, S. 77–82.

13 Mit der sogenannten Spruchquelle Q werden wir uns später in § 46 im Zusammenhang mit der Diskussion der Entstehung der Evangelien genauer beschäftigen.

14 *Ernst Lohmeyer,* a.(Anm. 6)a.O., S. 31.

ist auch ziemlich unzumutbar. Denn Johannes verkündet das unmittelbar bevorstehende Weltende – das ist politisch nicht korrekt und weder dem Antipas, noch dem Pilatus, noch gar dem Kaiser in Rom zu vermitteln. Einer der zentralen Punkte dieser Botschaft ist in Q erhalten:[15]

γεννήματα ἐχιδνῶν, τίς ὑπέδειξεν ὑμῖν φυγεῖν ἀπὸ τῆς μελλούσης ὀργῆς;	Schlangenbrut! Wer hat euch gezeigt, wie ihr vor dem kommenden Zorn fliehen könnt?
ποιήσατε οὖν καρποὺς ἀξίους τῆς μετανοίας·	Bringt nun Früchte, die der Umkehr würdig sind;
καὶ μὴ ἄρξησθε λέγειν ἐν ἑαυτοῖς·	und fangt nicht an, untereinander zu sagen:
»πατέρα ἔχομεν τὸν Ἀβραάμ.«	»Wir haben den Abraham zum Vater!«
λέγω γὰρ ὑμῖν ὅτι δύναται ὁ θεὸς ἐκ τῶν λίθων τούτων ἐγεῖραι τέκνα τῷ Ἀβραάμ.	Ich sage euch nämlich, daß Gott aus diesen Steinen dem Abraham Nachkommen erwecken kann.
ἤδη δὲ καὶ ἡ ἀξίνη πρὸς τὴν ῥίζαν τῶν δένδρων κεῖται· πᾶν οὖν δένδρον μὴ ποιοῦν καρπὸν καλὸν ἐκκόπτεται καὶ εἰς πῦρ βάλλεται.	Schon ist auch die Axt an die Wurzel der Bäume gelegt; jeder Baum nun, der nicht gute Frucht bringt, wird abgehauen und ins Feuer geworfen.

Solche radikalen Aussprüche wird man dem Johannes nicht zutrauen, wenn man die Darstellung des Josephus gelesen hat! Wir können uns glücklich schätzen, daß die christliche Tradition sich für den Täufer interessierte und uns eine Reihe charakteristischer Sätze von ihm überliefert hat.

Nach dieser Kostprobe einiger weniger Zeilen wundern wir uns nicht mehr, daß Josephus davor zurückschreckt, davon etwas mitzuteilen. Seine römischen Leser wären nun in der Tat entsetzt. Auf dieser Basis läßt sich ein jüdisch-römischer Dialog nicht führen. Dieses apokalyptische Szenario ist mit dem schönen Programm der *pax Romana* schlechterdings unvereinbar. Eine Verständigung zwischen Juden und Römern – das ist klar – ist in einer Koalition mit Johannes unvorstellbar. Diese Theologie spricht allen römischen Werten Hohn. Johannes wäre in jeder Delegation an den römischen Kaiser ein absolutes Desaster.

Der Zorn Gottes steht für Gottes Zorngericht; dieses sieht Johannes als unmittelbar bevorstehend an. Niemand kann diesem Gericht entgehen: Die Axt ist schon an die Wurzel der Bäume gelegt. Auch die Abrahamskindschaft nützt hier überhaupt nichts. „So hat das jüdische Volk durch seine Herkunft nichts vor anderen Völkern

---

15 Das im folgenden zitierte Q-Stück findet sich in Luk 3,7b–9//Mt 3,7b–10. Da man Q immer nach Lukas zitiert, schreibt man dafür auch kurz Q 3,7b–9. Die Rahmung in dem v. 7a lasse ich weg, da sie für unsere Zwecke hier keine Rolle spielt. Wir haben in Mt 3,7a übrigens ein Beispiel für das oben S. 36 mit Anm. 9 erwähnte Phänomen, wonach Matthäus Pharisäer und Sadduzäer gemeinsam auftreten läßt, was hier historisch ausgeschlossen ist: Kein Sadduzäer hätte Jerusalem verlassen, um sich zu Johannes aufzumachen!

voraus, wenn jetzt der Tag des Zornes anbricht; alle Menschen stehen dann, weil sie staubgeboren sind, in der unendlichen Ferne von Gott. Dieser Gedanke ist in der Tat im jüdischen Glauben eine fast unerhörte Neuerung, weil er an die geheiligten Grundlagen des Volkes rührt.“[16]

Die einzige Chance, die der Mensch in dieser Situation noch hat, ist die Taufe. Ihr kommt daher – im Gegensatz zu den vernebelnden Ausführungen des Josephus – eine alles entscheidende Bedeutung zu: Nur wer sich taufen läßt, kann im künftigen Gericht bestehen. „So ist ... der Täufer nicht nur der düster ernste Verkünder eines göttlichen Zornes, der Mensch und Welt vernichtet, sondern er ist zugleich der Bote eines göttlichen Heiles, das in der Taufe Menschen errettet.“[17]

Wenn man Q als Quelle zugrundelegt, kann man wesentliche Aspekte der Botschaft Johannes des Täufers rekonstruieren. Zusammenfassend ergibt sich:

1. Das Gericht (ὀργή *[orgē]*) steht unmittelbar bevor.

2. Abrahamskindschaft rettet nicht aus der ὀργή *(orgē)*.

3. Nur die Taufe des Johannes vermag Rettung zu garantieren. Der künftige Weltenrichter hat die Worfschaufel schon in der Hand – das Getreide kommt in die Scheune, der Rest aber ins unauslöschliche Feuer (Mt 3,12).

5. Jesus als Jünger des Johannes

Und bei einem solchen apokalyptischen Feuerkopf ist Jesus in die Lehre gegangen. Daran gibt es ganz und gar keinen Zweifel. Ich berufe mich auf den überaus milden Otto Böcher: „Nur weil Jesus von Johannes dem Täufer die Taufe empfangen und seinem Lehrer höchste Verehrung gezollt hat, haben die Evangelien Täuferstoffe aufgenommen und uns überliefert.“[18] Also: Johannes war der Lehrer; Jesus war der Schüler. Noch einmal Otto Böcher: „Der gegenwärtigen Kirche ist Johannes bedeutsam und verehrungswürdig als Lehrer und Täufer Jesu; er steht damit gleichsam am Anfang der Kirchengeschichte. Die bis heute geübte christliche Wassertaufe geht auf ihn zurück. Noch deutlicher als Jesus verbindet der vollmächtige, von der neutestamentlichen Tradition bona fide degradierte Prophet Jochanan b. Sacharja das Christentum mit seiner jüdischen Mutterreligion.“[19]

Es wird heute als ganz neue Erkenntnis gefeiert, daß Jesus Jude war. Daran kann in der Tat kein vernünftiger Mensch zweifeln. Aber man muß schon die Kirche im Dorf lassen: Er war alles andere als ein mainstream Jude. Dafür bürgt Johannes der Täufer als sein Lehrer. Beide, Lehrer wie Schüler sind von jeder Art von jüdischem Establishment unendlich weit entfernt. Das will wohl beachtet sein.

---

16 *Ernst Lohmeyer*, a.a.O., S. 59f.
17 *Ernst Lohmeyer*, a.a.O., S. 69.
18 *Otto Böcher*, a.a.O., S. 179, Z. 38–40.
19 *Otto Böcher*, a.a.O., S. 180, Z. 9–13.

Johannes der Täufer ist eben nicht mainstream Judaism. Gern wird neuerdings gegen das Unableitbarkeitskriterium Ernst Käsemanns polemisiert – wir werden das im nächsten Paragraphen genauer besprechen. Für Johannes den Täufer bedarf es keines Unableitbarkeitskriteriums. Wer seine Mitjuden mit γεννήματα ἐχιδνῶν (*gennēmata echidnōn*) anspricht, hat sich nicht nur aus dem jüdischen Establishment verabschiedet.

Johannes wird mit dem Satz zitiert: „Gott kann aus diesen Steinen dem Abraham Kinder erwecken!" Damit ist die Grundlage allen Judentums in Frage gestellt. So ist es kein Wunder, daß Johannes von dem zuständigen jüdischen Herrscher hingerichtet wurde. Dieser kam offenbar zu demselben Schluß wie wir Heutigen. Jesus wurde von dem zuständigen römischen *praefectus* hingerichtet. Die Schicksale der beiden Außenseiter Johannes und Jesus gleichen einander. Das ist ganz bestimmt kein Zufall, daß beide – Juden hin, Juden her – so endeten, wie sie endeten, als Außenseiter.

* * *

Für uns ist Johannes besonders deshalb interessant, weil Jesus sein Schüler gewesen ist.[20] Was hat Jesus bei Johannes gelernt? Was hat er von ihm übernommen?

Die Taufe, die doch für den Täufer so charakteristisch ist, daß er von ihr den Beinamen βαπτιστής (*baptistēs*) erhielt, hat Jesus merkwürdigerweise nicht weitergeführt: Obwohl die Taufe für die spätere christliche Gemeinde konstitutiv ist, führt sie sie – mit einer einzigen Ausnahme[21] – nicht auf Jesus zurück, auf den man doch sonst alles zurückführt, wenn es irgend angeht. Daraus ergibt sich: Weder Jesus noch auch seine Jünger haben getauft. Sie haben diesen Ritus des Johannes also nicht fortgeführt und unterscheiden sich in diesem Punkt von ihrem Meister.

Auch die Ankündigung des unmittelbar bevorstehenden Zornes Gottes hat Jesus nicht von dem Täufer übernommen. Beide sind sich einig, daß die Endzeit angebrochen ist. Aber diese bringt nach Johannes das Zorngericht, nach Jesus jedoch das Reich Gottes. Das Reich Gottes aber ist etwas fundamental anderes als das Gericht.

§ 10 Jesus von Nazareth

Das Auftreten Jesu datiert Lukas ausdrücklich in das 15. Jahr des Tiberius, d.h. in das Jahr 28/29 (Luk 3,1). Jesus ist Galiläer, ein Landeskind des Herodes Antipas. Er hat gelegentlich gegen seinen Tetrarchen polemisiert (Luk 13,31–33). Als Anhänger des Täufers kann Jesus für Antipas von vornherein nur als Gefahr erschienen sein. Wie wir im ersten Kapitel schon gesehen haben, bildet Galiläa auch die Bühne für

---

20   Dieser Eindruck entsteht selbst im Johannesevangelium im ersten Kapitel, demzufolge auch etliche Jünger Jesu ursprünglich Jünger des Täufers gewesen sind.

21   Vgl. dazu Joh 3–4.

Wort und Tat Jesu.[1] Erst am Schluß seines Lebens verlegt Jesus seine Tätigkeit in die römische Provinz Judäa, d.h. aus dem Herrschaftsbereich des Antipas in die Zuständigkeit des Pilatus. Dieser ist der Verantwortliche für die Kreuzigung Jesu, wie alle Evangelien verraten, wenngleich eine zunehmende Tendenz zur Entlastung der römischen Seite unverkennbar ist.

Politische Gründe sind es, die zur Kreuzigung Jesu geführt haben. Jesus selbst war zwar an Politik nicht interessiert; das half ihm nichts. Er verkündigte das Reich Gottes, und das störte auch und gerade die Politiker. Wer das Reich Gottes verkündet, hält, um es ganz vorsichtig auszudrücken, das Römische Reich nicht für die beste aller Welten. Er ist mit den bestehenden Zuständen nicht zufrieden. Die Botschaft Jesu ist nicht politisch; aber kein Politiker kann sie ignorieren. Das Römische Reich kann das schon gar nicht. Denn es kann eine solche Konkurrenz wie das Reich Gottes nicht akzeptieren. Wer das Reich Gottes erwartet, ist am Römischen Reich mindestens desinteressiert. Das letzte Buch des Neuen Testament zeigt, welche Formen ein solches Desinteresse annehmen kann.

1. Jesus in Galiläa

Galiläa als Herkunfts- und Wirkungsland Jesu hat in der Forschung seit jeher Beachtung gefunden.[2] Walter Bauer faßt die Informationen, die man dem Josephus entnehmen kann, so zusammen: „Wir haben uns also nach den Angaben des Josephus für die Zeit Jesu Galiläa als ein Land zu denken, das eingebettet in eine wesentlich heidnische Umwelt und vom eigentlichen Judenbezirk durch das halbheidnische Samarien abgeriegelt, eine in der Hauptsache jüdische Bevölkerung besessen hat, in den größeren Städten allerdings mit erheblichen nichtjüdischen Minderheiten."[3]

Die Römer waren an Galiläa nur mäßig interessiert. Es ist gewiß kein Zufall, daß der unter Augustus in Judaäa und den angrenzenden Gebieten eingesetzte Sohn des

---

1   Vgl. oben S. 6–9. Die derzeit beste Darstellung des historischen Jesus bietet *Jürgen Becker:* Jesus von Nazaret, Berlin/New York 1996. Eine Literaturauswahl zu diesem Thema findet sich in meiner Nürnberger Jesus-Vorlesung aus dem Winter 2009/2010, die im Netz unter `http://neute-stamentliches-repetitorium.de/inhalt/vorlesungen.html` zugänglich ist; hier in der Titelei, S. VII–IX.

2   Ich nenne als klassische Studie *Walter Bauer:* Jesus der Galiläer, in: Festgabe für Adolf Jülicher, Tübingen 1927, S. 16–34; jetzt in: *ders.:* Aufsätze und kleine Schriften, hg.v. Georg Strecker, Tübingen 1967, S. 91–108 (danach hier von mir zitiert) sowie als neueren Beitrag: *Gabriele Faßbeck/Sandra Fortner/Andrea Ruttloff/Jürgen Zangenberg [Hg.]:* Leben am See Gennesaret. Kulturgeschichtliche Entdeckungen in einer biblischen Region, Zaberns Bildbände zur Archäologie o. Nr., Mainz 2003. Für unsere Fragestellung ist in diesem Band vor allem der Beitrag *Peter Busch/Gabriele Faßbeck/Jürgen Zangenberg:* »Er predigte in ihren Dörfern und Synagogen« – Die archäologische Forschung am See Gennesaret und die frühe Jesusbewegung, a.a.O., S. 153–163 von Bedeutung.

Eine gute Übersicht über die neuere Forschung zu Galiläa bietet *Rudolf Hoppe:* Galiläa – Geschichte, Kultur, Religion, in: *Ludger Schenke u.a.:* Jesus von Nazaret – Spuren und Konturen, Stuttgart 2004, S. 42–58.

3   *Walter Bauer,* a.a.O., S. 93.

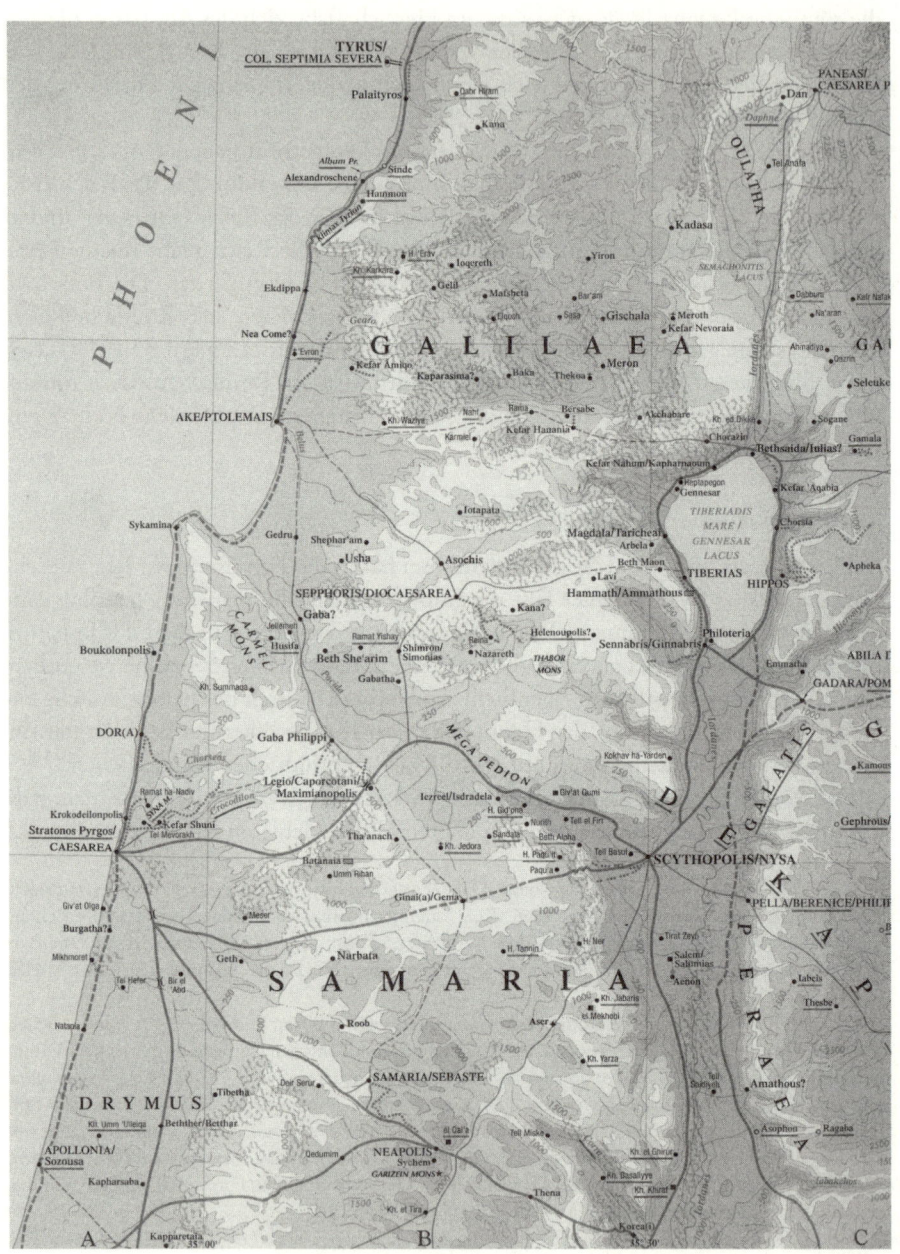

Abbildung II.7: Galiläa im Altertum

Herodes namens Archelaos bereits im Jahr 6 n. Chr. abgesetzt und durch einen römischen Statthalter ersetzt wurde, während sein Bruder Herodes Antipas in Galiläa ungestört von 4 v. Chr. bis 39 n. Chr. regierte und dabei drei Kaiser erlebte, Augustus (bis 14 n. Chr.), Tiberius (bis 37 n. Chr.) und schließlich noch die Anfangsjahre des Caius, besser bekannt unter dem Namen Caligula (37–41 n. Chr.). „An Galiläa reizte nichts die römische Begehrlichkeit. Man brauchte es auch nicht, um die Verbindung zwischen Syrien und Judäa aufrechtzuerhalten."[4] Das ändert sich erst im jüdisch-römischen Krieg ab 66 n. Chr., als der uns nun schon hinlänglich bekannte Josephus als Kommandeur die Aufständischen in Galiläa befehligte. Doch das war lange nach Jesu Tod.

Für die Zeit Jesu ergibt sich also: Galiläa unterscheidet sich deutlich vom jüdischen Kernland. Zwar ist auch Galiläa mehrheitlich von Juden bewohnt, doch ist überall, besonders in den Städten wie Sepphoris, Tiberias und weiter südlich (schon außerhalb Galiläas) in Skythopolis, mit einer beträchtlichen heidnischen Minderheit zu rechnen.

Was ergibt sich aus diesem Ergebnisse für Jesus von Nazareth? Manche Jesus-Bücher schwelgen in Kindheit und Jugend Jesu. Abgesehen davon, daß wir darüber relativ wenig wissen und die Autoren daher darauf angewiesen sind, ihre Phantasie spielen zu lassen, tragen solche Spekulationen weder historisch noch theologisch etwas aus.[5]

---

4   *Walter Bauer*, a.a.O., S. 94.

5   Ich nenne als Beispiel *Joachim Gnilka:* Jesus von Nazaret. Botschaft und Geschichte, HThK.S 3, Freiburg/Basel/Wien 1990, S. 77: „Im Griechisch der Papyrus-Urkunden werden den τέκτονες folgende Tätigkeiten zugeschrieben: sie sind beim Schleusenbau tätig, halten das Schöpfrad instand, bauen Türen, Häuser, bessern einen Sattel aus usw." Sehr schön: In Ägypten sind Schleusen und Schöpfräder sicher überaus gefragt, aber in Galiläa?
Neben dieser kuriosen Quelle bringt Gnilka in diesem Zusammenhang Sätze wie: „Als Kleinkind wird er von Maria erzogen worden sein, dann von Josef, der ihn in die Thora einzuweisen hatte. In der Synagoge hörte er die Schriftlesungen und ihre Auslegung in der Predigt. Im Alltag übte er einen Beruf aus" (*Joachim Gnilka*, ebd.) – besonders den letzten Satz muß man sich auf der Zunge zergehen lassen …
Dann zum Schreinerhandwerk weiter: „Trotz seiner Vielseitigkeit darf die Frage erlaubt sein, ob ein τέκτων in Nazaret genug Arbeit hatte. Schon A. Schlatter hat mit der Möglichkeit gerechnet, daß Josef beim Wiederaufbau von Sepphoris, das von Varus im Jahr 4 v. Chr. zerstört worden war, beteiligt gewesen sei. Weil sich der Wiederaufbau über Jahre hinzog – sollte auch Jesus an diesen Arbeiten beteiligt gewesen sein?" (*Joachim Gnilka*, ebd.) – man nehme sich genügend Zeit, um die elegante Syntax gerade des letzten Satzes gehörig zu bewundern!
Die Familie schließlich nicht zu vergessen: „Wenn wir die communiter contingentia voraussetzen dürfen, die allgemeinen Gepflogenheiten, wird seine Mutter Maria 15–17 Jahre älter als er gewesen sein, Josef etwa 25 Jahre älter. Die Vermutung, daß Josef, der in den Evangelien nur innerhalb der Kindheitsgeschichten erwähnt wird, früh verstarb, hat manches für sich. Maria könnte dann mit ihrem Sohn in den größeren Sippenverband aufgenommen worden sein. Der Name der vier Herrenbrüder Jakobus, Josef, Juda, Simon (Mk 6,3), samt und sonders die Namen jüdischer Patriarchen, lassen auf eine im jüdischen Glauben verwurzelte Sippe schließen. Über die Namen der Herrenschwestern erfahren wir nichts. Übrigens hieß er Jeschua, seine Mutter hieß Mirjam …" (*Joachim Gnilka*, a.a.O., S. 76).

Da scheint es erfolgversprechender, den galiläischen Hintergrund für das Leben und die Lehre Jesu fruchtbar zu machen, wie es einst schon Walter Bauer versucht hat:

„Der Galiläer wuchs außerhalb des Bannkreises von Schriftgelehrsamkeit und Pharisäismus auf, in ziemlicher Freiheit vom Gesetz und ohne die quälende Angst, daß die Nähe des Heiden beflecken müsse. ... Und daß Jesus, der in Nazareth, kaum eine deutsche Meile von dem halbheidnischen Sepphoris entfernt, seine Kindheit verbrachte, kein pharisäischer Eiferer war und niemals ein solcher gewesen ist, bedarf keines Beweises. Ihm galt auch der fromme Heide als Gottes Kind, und nirgends hören wir, daß er die Beschneidung als Voraussetzung für den Anschluß an seine Person gefordert oder vor Heilung und Belehrung nach dem Bekenntnis des Betreffenden gefragt hätte. Man kann die Einsilbigkeit, um nicht zu sagen das Schweigen der Überlieferung an diesem Punkt unmöglich so auffassen, daß sich Jesus eben in eine rein jüdische Umgebung gestellt fand, für die derartige Forderungen gegenstandslos gewesen wären. Besteht doch auch keinerlei Anlaß zu dem Glauben, die »Zöllner und Sünder«, in deren Nähe sich Jesus wohlfühlte, hätten alle zum Judentum gehört; es befanden sich ohne Zweifel auch ἐξ ἐθνῶν ἁμαρτωλοί *[ex ethnōn hamartōloi]* (Gal. 2, 15) darunter. Wer damals am See Genezareth oder sonstwo in Galiläa unter freiem Himmel das Wort ergriff, war gar nicht imstande, heidnische Zuhörer auszuschließen. Gerade daß Jesus sich mit seiner Predigt nicht auf den Synagogenraum beschränkt hat, ist bezeichnend. Und selbst in der Synagoge fand er sich in der Gemeinschaft gottesfürchtiger Heiden (Lk. 7, 4f.).“[6]

Möglicherweise lassen sich die Unterschiede zwischen Johannes dem Täufer und Jesus und dessen kritische Haltung zum Gesetz aus dem galiläischen Hintergrund Jesu erklären. Ich stimme auch hier Walter Bauer zu: „Die Überlieferung läßt Jesus, soweit er bei seiner Verkündigung überhaupt den Anschluß an die Schrift sucht, an die prophetische Predigt anknüpfen. Als Herold des Gesetzes hat er nicht gewirkt. Weit eher läßt sich das Gegenteil sagen. Niemals betont er die Notwendigkeit der Opfer. Der Tempel ist ihm in seinen letzten Tagen Kampfplatz, nicht Stätte der Anbetung. Und er macht sich den Hoseaspruch zu eigen (6, 6): »Barmherzigkeit will ich und keine Opfer.« Von levitischer Reinheit hält er nichts und lehnt für sich und die Seinen das Fasten ab. Er meint, daß es für den Menschen dringendere Pflichten geben könne als Sabbatheiligung. Und den gesetzlichen Anspruch auf Wiedervergeltung oder das Recht, die Ehefrau zu entlassen, verwirft er rundweg. In dieser Richtung konnte er sich mit Heiden wahrlich leichter verständigen als mit strenggesinnten Juden.“[7]

2. Die Leben-Jesu-Forschung

Im Rahmen dieses Buches ist es nicht möglich, die Geschichte der Leben-Jesu-Forschung nachzuzeichnen. Ich will Sie nur darauf hinweisen, daß man mittlerweile drei Phasen dieser Forschung unterscheidet: Die erste dieser Phasen reicht von Reimarus (1694–1768) bis zu Albert Schweitzer, also grob gesprochen vom Ende des 18. Jahr-

---

6   *Walter Bauer*, a. a. O., S. 102.

7   *Walter Bauer*, a. a. O., S. 102–103. Hosea 6,6 wird in Mk 12,33 im Hintergrund stehen; zitiert wird die Stelle beispielsweise in Mt 9,13.

hunderts bis zum Beginn des 20. Jahrhunderts.[8] Vom Anfang bis in die Mitte des 20. Jahrhunderts trat dann mindestens in Deutschland eine längere Pause in der Jesusforschung ein, da weder die dialektische Theologie noch die Schule Rudolf Bultmanns an der Person Jesu interessiert war. Insbesondere für die Theologie sei Jesus ohne Bedeutung, wie in klassischer Weise Rudolf Bultmann formuliert hat. Er beginnt seine „Theologie des Neuen Testaments" mit Vorbemerkungen, deren erster Satz Berühmtheit erlangt hat: „Die Verkündigung Jesu gehört zu den Voraussetzungen der Theologie des NT und ist nicht ein Teil dieser selbst."[9]

Dieser Bultmannschen These wurde in den fünfziger Jahren insbesondere von seinen eigenen Schülern widersprochen, die die zweite Phase der Leben-Jesu-Forschung einleiteten.[10] In dieser Phase erschien dann eine wahre Flut von Jesusbüchern, die ich hier nicht einmal ausschnittsweise nennen kann. Ich weise Sie nur hin auf einen letzten Höhepunkt in den 90er Jahren, das Jesus-Buch von Jürgen Becker.[11]

Darauf folgt dann schließlich die dritte Phase, die vor allem im angelsächsischen Sprachraum zuhause ist, insbesondere in den USA, wie man schon an dem auch bei uns gängigen Etikett »third quest« erkennen kann, ein dritter Anlauf, dem historischen Jesus auf die Spur zu kommen.

Ich nahm in den 90er Jahren diese neue Richtung erstmals wahr, als ich ein Buch von Birger A. Pearson zu rezensieren hatte. Darin fand sich ein Aufsatz über das sogenannte »Jesus Seminar« in den USA.[12] Diese Studie Pearsons befaßte sich sehr

---

8   Eine knappe Übersicht über die Erforschung des Lebens Jesu bietet *Ingo Broer:* Die Bedeutung der historischen Rückfrage nach Jesus und die Frage nach deren Methodik, in: *Ludger Schenke u. a.:* Jesus von Nazaret – Spuren und Konturen, Stuttgart 2004, S. 19–41; hier S. 19–28.

Von Schweitzer ist zu nennen: *Albert Schweitzer:* Das Messianitäts- und Leidensgeheimnis. Eine Skizze des Lebens Jesu, Das Abendmahl im Zusammenhang mit dem Leben Jesu und der Geschichte des Urchristentums, Zweites Heft, Tübingen und Leipzig 1901 (Nachdr. Hildesheim/Zürich/New York 1983), sowie die klassische Geschichte der Leben-Jesu-Forschung, Tübingen [6]1950 (viele Nachdrucke, auch als Taschenbuch).

Zu Reimarus vgl. *Harald Schultze:* Art. Reimarus, TRE 28 (1997), S. 470–473. Reimarus wagte es nicht, seine kritischen Studien zu Jesus zu Lebzeiten zu publizieren. Seine uns in diesem Zusammenhang interessierende Schrift wurde unter dem Titel: „Von dem Zwecke Jesu und seiner Jünger. Noch ein Fragment des Wolfenbüttelschen Ungenannten" erst zehn Jahre nach seinem Tod von Gotthold Ephraim Lessing herausgegeben (Braunschweig 1778). 1788 erschien der „Anhang zu dem Fragment vom Zweck Jesu und seiner Jünger".

9   *Rudolf Bultmann:* Theologie des Neuen Testaments, 7., durchgesehene, um Vorwort und Nachträge erweiterte Auflage, hg. v. Otto Merk, UTB 630, Tübingen 1977, S. 1.

10   Zu nennen sind hier verschiedene Aufsätze von Ernst Käsemann, die zum großen Teil in seiner Aufsatzsammlung „Exegetische Versuche und Besinnungen" wieder abgedruckt sind; ich nenne als Beispiel: *Ernst Käsemann:* Das Problem des historischen Jesus, ZThK 61 (1954), S. 125–153, jetzt in EVB I 187–214 sowie das zu einem Klassiker gewordene Jesusbuch von Günther Bornkamm (*Günther Bornkamm:* Jesus von Nazareth, UB 19, Stuttgart 1956; 14. Aufl. 1988; die Zahl der Auflagen weist auf die weite Verbreitung dieses Buches im deutschen Sprachraum).

11   *Jürgen Becker:* Jesus von Nazareth, Berlin/New York 1996.

12   *Birger A. Pearson:* The Gospel according to the »Jesus Seminar«. On Some Recent Trends in Gospel Research, ein Aufsatz, der in dem Sammelband Pearsons mit dem Titel The Emergence of

kritisch mit dem amerikanischen Sammelwerk „The Five Gospels", das zu einer Art
Bestseller wurde und das Sie in unserer Bibliothek in all seiner Farbenpracht bewundern können.[13] In Deutschland wandelte Gerd Lüdemann auf diesen Spuren.[14] Bei
ihm findet sich dieselbe mathematische Sicherheit, die auch die genannten amerikanischen Kollegen auszeichnet. Besonders liebenswert ist die immer wieder zur Schau
gestellte Attitüde, allen, insbesondere natürlich den Zunftgenossen, zu zeigen, wo's
langgeht (bisher haben sich anscheinend ausschließlich Ignoranten auf diesem Feld
getummelt …): Was Jesus *wirklich* sagte und tat, das hat nach nahezu 2000 Jahren
eben erstmals Gerd Lüdemann herausgefunden.[15]

3. Die Kriterienfrage

Entscheidend bei der Rückfrage nach dem historischen Jesus ist das anzuwendende
Verfahren; im Blick auf die zahlreichen ihm in den Mund gelegten Aussprüche, die
häufig nicht recht zueinander passen wollen oder einander sogar widersprechen, bedarf es der Kriterien, um echte Jesusworte von solchen zu unterscheiden, die ihm erst
später in den Mund gelegt worden sind. Es ist ein Verdienst der zweiten Phase der
Leben-Jesu-Forschung, solche Kriterien formuliert zu haben.

Das erste und wichtigste Kriterium, das Käsemann entwickelt hat, ist das sogenannte *Unableitbarkeitskriterium:* „Einigermaßen sicheren Boden haben wir nur in
einem einzigen Fall unter den Füßen, wenn nämlich Tradition aus irgendwelchen
Gründen weder aus dem Judentum abgeleitet noch der Urchristenheit zugeschrieben
werden kann, speziell dann, wenn die Judenchristenheit ihr überkommenes Gut als
zu kühn gemildert oder umgebogen hat"[16] – das ist gleichsam die Definition für den
Begriff »Unableitbarkeitskriterium«.

Mit Hilfe des Unableitbarkeitskriteriums ist es möglich, einen harten Kern von
echten Jesusworten zu rekonstruieren. Das Problem des Unableitbarkeitskriteriums
liegt darin, daß auf diese Weise ganz sicher viel verloren geht, was *auch* auf den histori-

---

the Christian Religion. Essays on Early Christianity, Harrisburg 1997 (S. 23–57) enthalten war, den
ich damals in Greifswald für die *Theologische Literaturzeitung* rezensierte (*Peter Pilhofer:* Rez. Birger A.
Pearson: The Emergence of Christian Religion, ThLZ 124 [1999], Sp. 402).

13 *Robert W. Funk/Roy W. Hoover/The Jesus Seminar:* The Five Gospels: The Search for the Au-
thentic Words of Jesus, New York 1993.

Ich habe hier wie auch an anderen Stellen den Vorlesungsstil bewußt beibehalten und kann nur
hoffen, daß die BenutzerInnen des Buches eine Bibliothek in ihrer Näher finden, die dieses – wenigstens
farblich – so bemerkenswerte Buch besitzt …

14 Vgl. etwa *Gerd Lüdemann:* Jesus nach 2000 Jahren: Was er wirklich sagte und tat, mit Beiträgen
von Frank Schleritt und Martina Janssen, Lüneburg 2000 (übrigens ein Band mit 890 Seiten – wer mag
den lesen?).

15 Ein Forschungsbericht zur Jesusforschung wird in Kürze in der Theologischen Rundschau erscheinen (*Helmut Merkel:* 20 Jahre Jesusforschung); dort findet man einen ausgezeichneten Überblick
auch über die Vertreter der dritten Phase, die hier nur im Vorübergehen behandelt werden konnten.

16 *Ernst Käsemann*, a.a.O., S. 205.

schen Jesus zurückgeführt werden kann – denn gewiß hat er nicht nur Unableitbares gesagt.[17]

Trotz dieses Problems und trotz verschiedentlich vorgebrachter Kritik halte ich an dem Käsemannschen Unableitbarkeitskriterium uneingeschränkt fest. Das genannte Problem ist auf jeden Fall das geringere Übel; die Kritik scheint mir nicht selten von ideologischen Prämissen geleitet, die ich in diesem Fall ebensowenig zu akzeptieren bereit bin wie im Fall der irreführenderweise als »Übersetzung« firmierenden „Bibel in gerechter Sprache".

Über diesen Minimalbestand hinaus führt das Kohärenzkriterium; dieses erlaubt es, dem mittels des Unableitbarkeitskriteriums rekonstruierten Minimalbestand artverwandte Stoffe zuzufügen. Vereinfacht gesagt: Was paßt zu dem, was gesicherter Minimalbestand ist? So fragt man mit dem Kohärenzkriterium.

Diese beiden genannten Kriterien erlauben es, aus der neutestamentlichen Überlieferung die Botschaft des historischen Jesus zu rekonstruieren.[18] Sie bieten aber auch eine Möglichkeit, Bücher über Jesus zu beurteilen; denn an dieser methodischen Frage entscheidet sich jeweils, wohin die Reise geht: Sie können alle Jesusbücher an diesem methodischen Vorgehen beurteilen und brauchen gar nicht darauf zu achten, was inhaltlich behauptet wird. Wenn etwa ohne jede Begründung der Text Mt 5,17ff. für den historischen Jesus in Anspruch genommen wird – und das geschieht ja nicht nur in Büchern vom Kaliber der »Verschlußsache Jesus«[19] –, dann weiß jeder Kundige, was die Stunde geschlagen hat. Eine weitere Lektüre solcher Bücher wird sich in diesem Fall dann schwerlich lohnen!

---

17 Gegen das Unableitbarkeitskriterium spricht sich Theißen aus: „Das »Unableitbarkeitskriterium« ... ist verkappte Dogmatik: Jesus scheint direkt aus dem Himmel ableitbar zu sein. Und diese Dogmatik hat antijüdischen Akzent: Unableitbar ist, was Jesus in Gegensatz zum Judentum bringt." (*Gerd Theißen:* Der Schatten des Galiläers. Historische Jesusforschung in erzählender Form, München 1986, 3. Aufl. 1987, S. 199.)

Die Begründung dafür sieht bei Theißen folgendermaßen aus: 1. Das Unableitbarkeitskriterium ist nicht praktikabel: „Wenn wir bei einem Jesuswort keine Abhängigkeit von jüdischen Traditionen erkennen können, folgt daraus nicht, daß es sie nicht gegeben hat. Jesus könnte von mündlichen Traditionen beeinflußt sein. Oder von Traditionen, die in verschollenen Schriften enthalten sind." 2. Das Unableitbarkeitskriterium vernachlässigt alles, was Jesus mit dem Judentum gemeinsam hat, „als sei er – im Unterschied zu anderen Menschen – nicht aus seinem geschichtlichen Umfeld heraus zu verstehen." (Hier folgt dann das anfangs zitierte Stück!)

Theißens Alternative lautet folgendermaßen: „Anspruch auf Echtheit haben Jesustraditionen, wenn sie im Rahmen des damaligen Judentums historisch möglich sind, aber zugleich einen besonderen Akzent haben, der verständlich macht, daß sich später das Urchristentum aus dem Judentum heraus entwickelt hat. Nicht nur Jesus, das ganze Urchristentum ist aus dem Judentum »ableitbar«." (ebd.)

18 Wer sich genauer über die Frage der Kriterien informieren will, greife zu *Ingo Broer:* Die Bedeutung der historischen Rückfrage nach Jesus und die Frage nach deren Methodik, in: *Ludger Schenke u.a.:* Jesus von Nazaret – Spuren und Konturen, Stuttgart 2004, S. 19–41; speziell zu den Kriterien S. 28–37.

19 *Michael Baigent/Richard Leigh:* Verschlußsache Jesus. Die Qumranrollen und die Wahrheit über das frühe Christentum. Aus dem Englischen von Paul S. Dachs und Brigitta Neumeister-Taroni, München [Droemer Knaur] 1991 (engl. Original unter dem Titel: The Dead Sea Scrolls Deception, London 1991).

4. Charakteristische Züge der Lehre Jesu

Wir haben gesehen, daß Jesus von Johannes dem Täufer herkommt. Die synoptische Tradition bewahrt als eines der sichersten Daten des Lebens Jesu die Tatsache auf, daß Jesus von Johannes getauft worden ist. Keiner Gruppe im damaligen palästinischen Judentum stand Jesus so nahe wie dem Täufer. Dennoch gibt es auch im Vergleich mit dem Täufer klare Unterschiede, so beispielsweise die fehlende Fastenpraxis (vgl. Mk 2,18–20): Die Jünger des Johannes fasten – wie alle Juden –; Jesus und seine Jünger fasten nicht. Jesus ist im Unterschied zu seinem Lehrer Johannes kein Asket:[20]

1. Bei aller Kontinuität weist die Jesusbewegung nun auch deutliche Unterschiede zur Täuferbewegung auf, wie man an der Fastenfrage sehen kann.

2. Die Täuferbewegung ist durch Askese gekennzeichnet. Der Täufer selbst lebt in der Wüste und ernährt sich von Heuschrecken und wildem Honig (Mk 1,6); seine Jünger fasten (Mk 2,18b).

3. Die Jesusbewegung steht der Askese fern. Jesus lebt nicht in der Wüste, und seine Jünger fasten nicht (Mk 2,18b). Dies ist schon den zeitgenössischen Beobachtern aufgefallen: Sie nennen Jesus einen „Fresser und Weinsäufer" (Mt 11,19b: ἄνθρωπος φάγος καὶ οἰνοπότης *[anthrōpos phagos kai oinopotēs]*). Damit ist der Unterschied von Johannesbewegung und Jesusbewegung präzise bezeichnet.

∗ ∗ ∗

Interessant ist nun die Begründung, die Jesus für sein und seiner Jünger Verhalten gibt. Auf die Frage der Gegner, warum seine Jünger im Unterschied zu den andern Juden nicht fasten, antwortet Jesus mit einem Bild (Mk 2,19):

εἶπεν αὐτοῖς ὁ Ἰησοῦς·	Jesus sagte zu ihnen:
μὴ δύνανται οἱ υἱοὶ τοῦ νυμφῶνος ἐν ᾧ	„Können denn die Hochzeitsleute fasten,
ὁ νυμφίος μετ' αὐτῶν ἐστιν νηστεύειν;	solange der Bräutigam bei ihnen ist?"

Gute Gründe sprechen dafür, den ἐν ᾧ *(en hō)*-Satz für einen Einschub der späteren Tradition zu halten, der den Anschluß der folgenden Gemeinde-Überlegung ermöglicht, wonach die christliche Gemeinde eben doch fasten darf – was auch der gegenwärtige bayerische Landesbischof, von Haus aus übrigens Neutestamentler, für das Gegebene hält, wie er beim Ball der CSU verlauten ließ ... Jesu ursprüngliche Antwort zielt nicht auf solche späteren Notwendigkeiten.[21] Jesus sagt kurz und knapp:

---

20 Die folgende Zusammenfassung entnehme ich meiner Vorlesung *Theologie des Neuen Testaments*, die ich in Erlangen gehalten habe (vgl. dazu oben S. 62, Anm. 7), S. 148.

21 Eine eingehendere Argumentation zur Dekomposition von Mk 2,18–20 findet sich in meiner mehrfach zitierten Vorlesung *Theologie des Neuen Testaments*, S. 142–148.

μὴ δύνανται οἱ υἱοὶ τοῦ νυμφῶνος νησ-τεύειν; | „Können denn die Hochzeitsleute fa-sten?"

Aus diesem Bild spricht die Überzeugung Jesu, daß mit seinem Wirken das Reich Gottes anbricht. Die Heilszeit ist jetzt – Fasten kommt da nicht in Frage. Wir achten auf die Formulierung οἱ υἱοὶ τοῦ νυμφῶνος *(hoi hyioi tou nymphōnos)*. Das Wort νυμφών *(nymphōn)* heißt „Brautgemach". Die υἱοὶ τοῦ νυμφῶνος *(hyioi tou nymphōnos)* sind also „die Söhne des Brautgemachs", d.h. die Hochzeitsgesellen, die dem Bräutigam am nächsten stehenden Gäste auf der Hochzeit.[22] Ein starkes Selbst-bewußtsein spricht aus dieser Antwort: Die Zeit des Fastens ist vorbei; auf einer Hochzeit fastet man nicht. Mit einer späteren Formulierung des Paulus hätte Jesus auch sagen können: „Siehe, jetzt ist die angenehme Zeit, siehe jetzt ist der Tag des Heils" (ἰδοὺ νῦν καιρὸς εὐπρόσδεκτος, ἰδοὺ νῦν ἡμέρα σωτηρίας *[idou nyn kairos euprosdektos, idou nyn hēmera sōtērias]*, 2Kor 6,2b). Wer wird da fasten wollen?

Dies wirft ein bezeichnendes Licht auf Jesus den Juden: Welcher zeitgenössische Rabbi hat solches für sich in Anspruch genommen? Das ist kein mainstream Judaism. Doch das nur am Rande.

Wir können der Botschaft Jesu vom Anbruch des Reiches Gottes hier nicht im einzelnen nachgehen; ich will mich auf ein charakteristisches Logion beschränken, das Q-Logion Luk 11,20//Mt 12,28:

εἰ δὲ ἐν δακτύλῳ θεοῦ
ἐκβάλλω τὰ δαιμόνια,
ἄρα ἔφθασεν ἐφ᾽ ὑμᾶς
ἡ βασιλεία τοῦ θεοῦ. | Wenn ich mit dem Finger Gottes
die Dämonen austreibe,
dann ist die Gottesherrschaft
zu euch gekommen!

Ich habe hier die Fassung des Lukas zitiert, von welcher Matthäus nur ganz am Anfang abweicht, indem er statt des originellen ἐν δακτύλῳ θεοῦ *(en daktylō theou)* vielmehr das blasse ἐν πνεύματι θεοῦ *(en pneumati theou)* bietet. „Zu Recht wird die Lukasfassung ... als ursprünglicher Wortlaut angesehen. Die übliche Annahme, es handele sich um ein ursprünglich isoliert überliefertes Einzellogion, ist freilich problematisch, da Ichform und direkte Anrede einen Kontext fordern. Der Vorschlag H. Schürmanns, aus dem Grundbestand von Mt 12,22.23a.25a par. Lk 11,14.17a.20 ein Apophthegma zu rekonstruieren, vermag dieses Problem auf einleuchtende Weise zu beheben."[23]

Der Aorist des Verbums φθάνω *(phthanō)*, dieses ἔφθασεν *(ephthasen)*, das hier verwendet wird, weist darauf hin, daß in dem Wirken Jesu die Herrschaft Gottes zu den Menschen schon *gekommen ist*. „Während die Apokalyptik diese Welt ... so grund-sätzlich negativ ansah, daß Heil erst in einem kommenden Äon möglich erschien, hat

---

22 Vgl. das Bauersche Wörterbuch, Sp. 1103, *s. v.* νυμφών.

23 *Helmut Merkel:* Die Gottesherrschaft in der Verkündigung Jesu, in: Königsherrschaft Gottes und himmlischer Kult im Judentum, Urchristentum und in der hellenistischen Welt, WUNT 55, Tübingen 1991, S. 119–161; hier S. 142f. (der Nachweis für Schürmann in Anm. 133).

Jesus diese Welt als möglichen Ort heilvoller Gottesherrschaft angesehen."[24] So interpretieren wir die Aussage: „Wenn ich mit dem Finger Gottes die Dämonen austreibe, so ist die Herrschaft Gottes zu euch gelangt." Und wir sehen auch an diesem Beispiel die enge Verzahnung von Jesu Wort und Jesu Tat. Das Austreiben der Dämonen macht die Ankunft der Gottesherrschaft deutlich.

∗ ∗ ∗

Es trifft nicht zu, daß Jesus ein „gesetzestreuer Jude war", wie nicht nur jüdische Autoren behaupten.[25] Die in diesem Zusammenhang gern angeführte Stelle Mt 5,17 gibt vielleicht die Auffassung des Matthäus wieder, aber gewiß nicht die des historischen Jesus. Dieser stand nicht nur der mündlichen Gesetzesüberlieferung – der Halacha –, sondern auch der Thora des Mose durchaus kritisch gegenüber. Das ergibt sich aus der Analyse der synoptischen Überlieferung: Dabei kommt es darauf an, in einem ersten Schritt (»Dekomposition«) die älteste erreichbare Fassung zu rekonstruieren (Mk 2,18b.19a; Mk 2,27; Mk 7,15). Erst danach ist zu fragen, ob die auf diese Weise rekonstruierte älteste Fassung der Tradition auf den historischen Jesus zurückgeführt werden kann. Das ist insbesondere da der Fall, wo sich diese Tradition weder aus dem zeitgenössischen Judentum noch aus der frühen Kirche ableiten läßt (Kriterium der Unableitbarkeit; dies traf bei den genannten Texten zu: ein schlagendes Beispiel ist Mk 2,18b.19a). Auf diese Weise gewinnt man einen gesicherten Grundbestand an Aussagen Jesu zu Fragen des Gesetzes. Es ergibt sich:

1. Jesus befindet sich in Konflikt mit weit verbreiteter Praxis: Seine Jünger fasten nicht (Mk 2,18b.19a), obwohl dies ohne Analogie bei den zeitgenössischen Gruppen im Judentum ist (und die Kirche schon sehr früh mit dem Fasten beginnt, bzw. von Anfang an an den einschlägigen jüdischen Bräuchen festhält).

2. Jesus befindet sich in Konflikt mit der Halacha pharisäischer Kreise: Seine Aussage zum Sabbat (Mk 2,27) stellt vielleicht nicht das Gebot der Thora selbst, wohl aber die Halacha der Pharisäer in Frage.

3. Jesus befindet sich in Konflikt mit der Thora des Mose selbst: „... wer bestreitet, daß die Unreinheit von außen auf den Menschen eindringt [Mk 7,15], trifft die Voraussetzungen und den Wortlaut der Thora und die Autorität des Moses selbst. Er trifft darüber hinaus die Voraussetzungen des gesamten antiken Kultwesens mit seiner Opfer- und Sühnepraxis. Anders gesprochen: Er hebt die für die gesamte Antike grundlegende Unterscheidung zwischen dem

---

24 _Helmut Merkel,_ a.a.O., S. 161.

25 Diese Passage habe ich aus meiner Vorlesung _Theologie des Neuen Testaments_ herübergenommen. Sie hat dort die Funktion einer Zusammenfassung. Daher ist sie ungewöhnlich thetisch. Wer sich für die Begründungen interessiert, mag die ausführliche Argumentation in jener Vorlesung studieren.

Temenos, dem heiligen Bezirk, und der Profanität auf und kann sich deshalb den Sündern zugesellen."[26]

Auch in seiner Verkündigung des nahen Gottesreichs unterscheidet sich Jesus von Johannes dem Täufer. Dieser verkündigt das Zorngericht Gottes als unmittelbar bevorstehend. Vor dem Zorn Gottes schützt das Judesein nicht; hier hat nur der eine Chance, der von Johannes getauft worden ist.

1. Jesus selbst interpretiert seine Heilung Besessener als Anbruch des Reiches Gottes: „Wenn ich mit dem Finger Gottes die Dämonen austreibe, dann *ist* das Reich Gottes zu euch gekommen."[27] So ist das Reich Gottes zwar eine eschatologische Größe, aber es realisiert sich schon jetzt im Wirken Jesu.

2. Dazu paßt die Stellungnahme Jesu zum Gesetz: Wenn das Reich Gottes gekommen ist, kann man nicht länger fasten (Mk 2,18–22). Der Sabbat ist um des Menschen willen da, nicht der Mensch um des Sabbats willen (Mk 2,27[28]). Die Reinheit ist ebenso überflüssig wie vieles andere (Mk 7).

3. Ausdrücklich sei betont: Mt 5,17ff. ist matthäisch, nicht jesuanisch. Jesus steht auch sonst dem Gesetz kritisch gegenüber, wie etwa seine Ablehnung der Ehescheidung in Mk 10 zeigt.

4. Es ist im Rahmen dieses Buches nicht möglich, weitere wesentliche Aspekte der Botschaft Jesu zu besprechen. Ein solcher wäre beispielsweise die Kritik am Tempel, die in der Urgemeinde im Kreis der Hellenisten wieder aufgenommen wurde (Apg 6–7). Die sogenannte Tempelreinigung ist in bezug auf die Anklage Jesu gerade aus römischer Perspektive ein nicht zu unterschätzender Punkt.

5. Überhaupt muß betont werden: Eine Rekonstruktion der Botschaft Jesu hat in jedem Fall seine Hinrichtung durch den zuständigen römischen Statthalter zu berücksichtigen. Das Wirken Jesu kann nicht durchweg harmlos in den Bahnen des zeitgenössischen Judentums verlaufen sein – dann bliebe seine Kreuzigung ein Rätsel.[29]

---

26 *Ernst Käsemann:* Das Problem des historischen Jesus, ZThK 51 (1954), S. 125–153; wieder abgedruckt in: *ders.:* Exegetische Versuche und Besinnungen I, Göttingen 1960, S. 187–214; hier S. 207.

27 Im Original lautet der Satz: εἰ δὲ ἐν δακτύλῳ θεοῦ ἐκβάλλω τὰ δαιμόνια, ἄρα ἔφθασεν ἐφ᾽ ὑμᾶς ἡ βασιλεία τοῦ θεοῦ.

28 Beide Seitenreferenten lassen diesen Vers aus – weil er ihnen zu radikal erscheint!

29 Dieser Sachverhalt ist in der monumentalen Darstellung von *John P. Meier:* A Marginal Jew: Rethinking the Historical Jesus. Volume I: The Roots of the Problem and the Person, The Anchor Bible Reference Library, New York/London/Toronto/Sydney/Auckland 1991. Volume II: Mentor, Message, and Miracles, The Anchor Bible Reference Library, New York/London/Toronto/Sydney/Auckland 1994. Volume III: Companions and Competitors, The Anchor Bible Reference Library, New

Insgesamt bestätigt sich die in diesem Paragraphen mehrfach ausgesprochene Einschätzung, daß Jesus nicht einem wie auch immer gearteten »mainstream Judaism« zuzuordnen ist; er war, wie John P. Meier programmatisch im Titel seiner großen Darstellung formuliert, *A Marginal Jew*.[30]

York/London/Toronto/Sydney/Auckland 2001. Volume IV: Law and Love, The Anchor Yale Bible Reference Library, New Haven and London 2009, sogar zu einem Kriterium der Jesusforschung erhoben worden, vgl. I 177: „criterion of Jesus' rejection and execution". Meier weist darauf hin, daß dieses Kriterium weniger auf einzelne Logien ziele. Vielmehr „it directs our attention to the historical fact that Jesus met a violent end at the hands of Jewish and Roman officials and then asks us what historical words and deeds of Jesus can explain his trial and crucifixion as »King of the Jews.«"

Zur Würdigung der Meierschen Darstellung vgl. den oben S. 74 in Anm. 15 zitierten Forschungsbericht von *Helmut Merkel*.

30 Zum Begriff der Marginalität vgl. die Skizze von *John P. Meier*, a.a.O., I 6–9 mit der Überschrift: „A Marginal Note on Marginality."

Kapitel III: Von der Urgemeinde zu Paulus

Wir haben im ersten Kapitel gesehen, daß Lukas in der Apostelgeschichte eine völlig neue Bezeichnung für die christliche Bewegung erfunden hat, den »Weg«.[1] Dieser Begriff legt den Gedanken nahe, daß es sich hier um eine einheitliche Bewegung handelt. Und dies möchte Lukas seinen Leserinnen und Lesern in der Tat vermitteln: Von der Himmelfahrt Jesu bis zur Predigt des Paulus in Rom führt der Weg des Evangeliums, den Lukas in der Apostelgeschichte nachzeichnet. Sackgassen sieht diese Route ebensowenig vor wie Abzweigungen. Und dennoch kann auch Lukas nicht ganz verbergen, daß es zu Differenzen innerhalb dieser Bewegung kommt, die zu Scheidungen führen. Der Weg beginnt sich zu verzweigen ...

§ 11 Der Weg beginnt sich zu verzweigen

Da unser Thema nicht die Geschichte des frühen Christentums, sondern die Einführung ins Neue Testament ist, wollen wir hier nur die wichtigste dieser Verzweigungen in Augenschein nehmen. Lukas schildert sie im sechsten Kapitel der Apostelgeschichte. Es handelt sich um einen Konflikt grundsätzlicher Art mit weitreichenden Folgen für die Ausbreitung des Evangeliums jenseits von Palästina. Bisher war die Urgemeinde stets als einmütig geschildert worden. Der Gedanke, daß es innerhalb dieser Gemeinde auch einmal zu Meinungsverschiedenheiten kommen könnte, war noch gar nicht aufgetaucht. Wer die ersten fünf Kapitel der Apostelgeschichte liest, erwartet einen solchen Konflikt gewiß nicht. Umso überraschter ist man, wenn man zu 6,1–6 kommt, wo von einer handfesten Auseinandersetzung innerhalb der Gemeinde erzählt wird. Lukas spricht von einem „Murren" in der Gemeinde (γογγυσμός [goggysmos]) und wählt damit einen recht deutlichen Ausdruck. Es handelt sich nicht um Individuen, die miteinander Schwierigkeiten haben, sondern um ein Problem grundsätzlicher Natur, das zwischen zwei Gruppen besteht. Diese beiden Gruppen werden als Ἑλληνισταί (Hellēnistai) und als Ἑβραῖοι (Hebraioi) bezeichnet. Damit ist zunächst ein sprachlicher Unterschied ins Auge gefaßt: Die Hellenisten sprechen griechisch, die Hebräer dagegen aramäisch. Aber auch soziale und möglicherweise theologische Differenzen sind damit verbunden. Lukas beschränkt sich auf das soziale Problem: Es „entstand ein Murren bei den Hellenisten gegen die Hebräer, weil ihre

---

1   Vgl. dazu oben S. 14–17.

Witwen bei der täglichen Versorgung übersehen wurden" (6,1). Wir wollen zunächst den Text selbst zu Wort kommen lassen:[2]

1 In diesen Tagen aber, als die Zahl der Jünger wuchs, da entstand ein Murren bei den Hellenisten gegen die Hebräer, weil ihre Witwen bei der täglichen Versorgung übersehen wurden. 2 Die Zwölf riefen aber die Versammlung der Jünger zusammen und sagten: „Es ist nicht akzeptabel, daß wir das Wort Gottes vernachlässigen, um uns mit der Essensversorgung zu beschäftigen. 3 Seht euch daher nach sieben Männern aus eurer Mitte um, Brüder, mit gutem Ruf, voll Geist und Weisheit, welche wir für dieses Geschäft einsetzen. 4 Wir aber [d.h. die Zwölf] halten uns an das Gebet und den Dienst des Wortes." 5 Und der ganzen Versammlung gefiel dieser Vorschlag, und sie wählten den Stephanus, einen Mann voll Glauben und heiligem Geist, aus, und Philippos und Prochoros und Nikanor und Timon und Parmenas und Nikolaos, einen Proselyten aus Antiochien, 6 welche sie vor die Apostel stellten, und sie beteten und legten ihnen die Hände auf.

Die Namensliste aus v. 5 haben wir schon im ersten Kapitel besprochen und mit der Liste der Zwölf verglichen. Wir kamen damals zu dem Ergebnis, daß wir in dieser Liste nicht jüdische, sondern ausschließlich griechische bzw. makedonische Namen vor uns haben. Diese Sieben werden in unserm Text ausdrücklich den Zwölf gegenübergestellt; die Liste der Zwölf steht, wie wir gesehen haben, in deutlichem Gegensatz zu der der Sieben, weil die Zwölf fast ausschließlich jüdische Namen tragen.[3] Zwei Welten prallen hier aufeinander: Die Jünger Jesu, aus jüdischen Familien am See Genezareth stammend, traditionelle jüdische Familien repräsentierend – das sind die Zwölf mit Petrus an der Spitze. Auf der andern Seite die Sieben – keiner von ihnen hat einen jüdischen Namen; sie repräsentieren die Diaspora, die »hellenistischen« Juden. Der Gegensatz zwischen Hellenisten und Hebräern, von dem Lukas im Text spricht, läßt sich also schon an den jeweiligen Namen ablesen.

---

2   Apg 6,1–6 lautet im Original: ἐν δὲ ταῖς ἡμέραις ταύταις πληθυνόντων τῶν μαθητῶν ἐγένετο γογγυσμὸς τῶν Ἑλληνιστῶν πρὸς τοὺς Ἑβραίους, ὅτι παρεθεωροῦντο ἐν τῇ διακονίᾳ τῇ καθημερινῇ αἱ χῆραι αὐτῶν. προσκαλεσάμενοι δὲ οἱ δώδεκα τὸ πλῆθος τῶν μαθητῶν εἶπαν· οὐκ ἀρεστόν ἐστιν ἡμᾶς καταλείψαντας τὸν λόγον τοῦ θεοῦ διακονεῖν τραπέζαις· ἐπισκέψασθε δέ, ἀδελφοί, ἄνδρας ἐξ ὑμῶν μαρτυρουμένους ἑπτὰ πλήρεις πνεύματος καὶ σοφίας, οὓς καταστήσομεν ἐπὶ τῆς χρείας ταύτης· ἡμεῖς δὲ τῇ προσευχῇ καὶ τῇ διακονίᾳ τοῦ λόγου προσκαρτερήσομεν. καὶ ἤρεσεν ὁ λόγος ἐνώπιον παντὸς τοῦ πλήθους, καὶ ἐξελέξαντο Στέφανον, ἄνδρα πλήρης πίστεως καὶ πνεύματος ἁγίου, καὶ Φίλιππον καὶ Πρόχορον καὶ Νικάνορα καὶ Τίμωνα καὶ Παρμενᾶν καὶ Νικόλαον προσήλυτον Ἀντιοχέα, οὓς ἔστησαν ἐνώπιον τῶν ἀποστόλων, καὶ προσευξάμενοι ἐπέθηκαν αὐτοῖς τὰς χεῖρας.

3   Vgl. oben im Kapitel I die Seiten 4–6. Im Zusammenhang der Apostelgeschichte ist der Begriff der Zwölf sehr auffällig, weil er singulär ist: οἱ δώδεκα *(hoi dōdeka)* begegnet in der Apostelgeschichte nur hier in 6,2; auch die Bezeichnung μαθητής *(mathētēs)* in v. 1 begegnet hier erstmals in der Apostelgeschichte. Aus diesen (und andern) Beobachtungen schließt man häufig, daß mit unserm Abschnitt eine neue Quelle des Lukas einsetzt.

Lukas berichtet hier von der Einsetzung eines neuen Gremiums, das neben die Apostel treten soll.[4] Hinfort haben wir es also in der Urgemeinde mit zwei verschiedenen, miteinander konkurrierenden Gremien zu tun. Man sollte allerdings in bezug auf das neue Gremium nicht von den »sieben Diakonen« sprechen, denn die Bezeichnung διάϰονος *(diakonos)* begegnet bei Lukas in diesem Zusammenhang nicht! Man sollte sich gut einprägen: Das Nomen διάϰονος *(diakonos)* begegnet bei Lukas nicht nur hier nicht, sondern *überhaupt* nicht (weder im Evangelium noch in der Apostelgeschichte!). Um so absurder ist es daher, wenn man häufig von den »sieben Diakonen« hört. Ich werde daher versuchen, diese Bezeichnung völlig zu vermeiden und konsequent die »Sieben« zu verwenden.

Die Rede von den sieben »Diakonen« führt auch sachlich ins Abseits. Keineswegs widmen sich die neugewählten Sieben ausschließlich dem Tischdienst, wie unser Text suggerieren will. Von einem dieser Sieben erfahren wir gleich im folgenden Abschnitt der Apostelgeschichte, daß er als Prediger und Wundertäter Aufsehen erregt. Das ist für einen, der sich hauptsächlich mit Essen auf Rädern befaßt, mehr als ungewöhnlich!

Und damit kommen wir zu den theologischen Differenzen zwischen den beiden Gremien und das heißt natürlich auch: zwischen den beiden Gruppen, die durch die beiden Gremien repräsentiert werden. Von der theologischen Position des Stephanus werden im folgenden zwei Einzelheiten berichtet, die sich zu einem Bild der »hellenistischen« Theologie zusammenfügen. Stephanus wendet sich – im Unterschied zur Urgemeinde, wie sie in den ersten fünf Kapiteln der Apostelgeschichte geschildert wird – vom Tempel ab. War bisher immer davon die Rede, daß alle täglich einmütig im Tempel sitzen, so wird in v. 9 ein völlig neues Verfahren geschildert: Stephanus debattiert nicht im Tempel, sondern in der Synagoge! Es ist sicher kein Zufall, daß dies der erste Beleg für συναγωγή *(synagōgē)* in der Apostelgeschichte ist. Die Apostel hatten mit der Synagoge offenbar nichts im Sinn. Sie werden von Lukas ausschließlich mit dem Tempel in Verbindung gebracht. Stephanus als Repräsentant der Sieben steht dem Tempel kritisch gegenüber. Er ist ein Mann der Synagoge, nicht des Tempels. Das ist ein ganz wichtiger Übergang: Im Tempel kann man keine Heidenmission treiben, und auch die Judenmission kommt schnell an eine natürliche Grenze. Die Synagoge bietet da ganz andere Möglichkeiten. Überall, wohin christliche Missionare vordringen, können sie bei der Synagoge anknüpfen. (Dies gilt wenigstens für den östlichen Teil des Römischen Reiches fast ohne Einschränkung. Anders wird es erst in Gallien oder in Spanien, aber bis die Mission so weit nach Westen vordringt, vergeht noch eine gute Weile . . .)

Damit bahnt sich schon hier in Jerusalem der entscheidende Umschwung an. Der weitere Verlauf der Mission ist im Dunstkreis der Synagoge angesiedelt; das ist der Fall in Damaskus (9,2 und 20), auf Zypern (13,5), im pisidischen Antiochien (13,14

---

4   Ich kehre nun zum normalen lukanischen Sprachgebrauch zurück und rede von den Aposteln, nicht von den Zwölfen.

und 43), in Ikonion (14,1), in Philippi (16,13 – hier steht ausnahmsweise προσευχή [proseuchē], nicht συναγωγή [synagōgē][5]) in Thessaloniki (17,1 und 10) und sogar in Athen (17,17), ferner in Korinth (18,4.7.10) und in Ephesos (18,26; 19,8). Für das syrische Antiochien erwähnt Lukas die Synagoge zwar nicht, daß sie aber auch dort von Bedeutung war, kann man nicht bezweifeln. Angesichts der Fülle dieses Materials kann man die Bedeutung unseres Verses gar nicht hoch genug einschätzen: Stephanus ist nicht nur der erste christliche Märtyrer, er ist auch der erste christliche Missionar, der im Milieu der Synagoge tätig ist, und insofern der wichtigste Vorgänger des Paulus, den wir namentlich kennen.

Damit haben wir den ersten theologischen Unterschied herausgearbeitet, der die beiden Gremien und die durch sie repräsentierten Gruppen in der Gemeinde in Jerusalem trennt: Die Hellenisten kritisieren den Tempel und wirken nicht mehr in ihm, sondern in der Synagoge. Die Hebräer dagegen halten am Tempel fest bis zum bittern Ende, das heißt bis zum Auszug der Urgemeinde aus Jerusalem einige Jahre vor seiner Zerstörung.

Der Auszug der Urgemeinde aus Jerusalem bedeutet auch ihr Ende. „Mit dem Auszug aus Jerusalem hatte die Urgemeinde ihre Sonderstellung verloren und ihre weitere Geschichte verliert sich in der der Ebionäer, Nazaräer und anderer judenchristlicher Sekten. Von einer Urgemeinde läßt sich nach dem jüdischen Krieg nicht mehr reden."[6] Damit läßt sich die Phase der Urgemeinde zeitlich recht genau fassen: Ihr Anfang ist auf das Todesjahr Jesu – wahrscheinlich 30 n.Chr. – zu datieren. Ihr Ende fällt in die Zeit vor den Wirren des Jüdischen Krieges ab 66 n.Chr. Vor dem Untergang Jerusalems hat die Urgemeinde Jerusalem verlassen. Man kann sich also grob merken 30–65, wenn es um die Zeit der Urgemeinde in Jerusalem geht.[7]

Noch folgenreicher für die Zukunft[8] erwies sich ein zweiter theologischer Dissens zwischen den beiden Gruppen; dieser betraf die Stellung zum Gesetz. In v. 14 unseres Kapitels heißt es ausdrücklich, Stephanus habe sich auf Jesus berufen als auf einen solchen, der ἀλλάξει τὰ ἔθη ἃ παρέδωκεν ἡμῖν Μωυσῆς (allaxei ta ethē ha paredōken hēmin Mōysēs): „der die Gebräuche, die uns Moses überliefert hat, ändern wird." Die Verbindung zwischen der Kritik Jesu und der Kritik des Stephanus wird also vom »Text« der Anklage selbst nahegelegt. Daß Lukas die Zeugen als falsche be-

---

5   Vgl. dazu *Peter Pilhofer*: Philippi I. Die erste christliche Gemeinde Europas, WUNT 87, Tübingen 1995, S. 231–234.

Zum Institut der Synagoge in neutestamentlicher Zeit und seiner Bedeutung besonders für die Diaspora vgl. die Ausführungen bei *Schürer* II in dem § 27 „School and Synagogue", S. 415–463.

6   *Heinrich Kraft*: Die Entstehung des Christentums, Darmstadt 1981, S. 289.

7   Zum Auszug der Urgemeinde aus Jerusalem vgl. Euseb, H.E. III 5,3. Leider gibt Euseb kein Datum. So ist man auf Hypothesen angewiesen: „Das geschah zwischen dem Martyrium des Jakobus (62) und dem Ausbruch des Krieges (66); denn nach der Einschließung der Stadt hätte der Auszug nicht mehr stattfinden können" (*Heinrich Kraft*, a.a.O., S. 288).

8   Dies gilt bis auf den heutigen Tag: Daß wir als heidenchristliche Gemeinde überhaupt existieren, ist eine Folge der Gesetzesinterpretation der Hellenisten.

zeichnet, ist dagegen kein Einwand. Es liegt nahe, für die historische Ebene daraus den Schluß zu ziehen, daß die Sieben den Schwung in den Laden gebracht haben, den die Apostel der Darstellung des Lukas zufolge haben vermissen lassen. Mit dem Einmütig-im-Tempel-Sitzen ist es dann allerdings vorbei: Stephanus kritisiert – wie zuvor Jesus – beides: den Tempel wie auch das Gesetz. Deshalb wird er vor das Synhedrion geschleppt und angeklagt. Hätte sich Stephanus darauf beschränkt, Witwen zu versorgen und Wunder zu tun, so hätte ein Konflikt gar nicht entstehen können.

Die Kritik am Tempel erledigt sich nach 70 von selbst, nicht aber die Kritik am Gesetz. Sie ist daher noch wichtiger für die weitere Entwicklung des Christentums. Sie verbindet die Gruppe der Hellenisten mit der Botschaft des historischen Jesus, der das Gesetz in zentralen Punkten kritisiert hatte (Ehescheidung, vgl. Mk 10; Sabbatfrage, vgl. Mk 2–3; Reinheitsgebote, vgl. Mk 7). Ihr ist es zu verdanken, daß diese gesetzeskritische Haltung Jesu im Evangelium des Markus noch deutlich erkennbar ist.

§ 12 Das Personal wird gewechselt

Bevor wir gleich den Weg der Hellenisten von Jerusalem nach Antiochien verfolgen, wo wir dann auch Bekanntschaft mit Paulus machen werden, müssen wir rasch noch einmal einen Blick auf die politische Bühne werfen, wo Ende der dreißiger Jahre das Personal komplett ausgetauscht wird: Zuerst wird im Jahr 36 Pontius Pilatus abgesetzt, der uns aus der Passionsgeschichte bekannt ist; dann stirbt der Kaiser Tiberius im Jahr 37 und bekommt erst Caligula, dann wenige Jahre später den Claudius als Nachfolger. Schließlich erwischt es auch den Antipas, der seit 4 v.Chr. Galiläa und Peräa verwaltet hatte: Er wird seines Amtes entsetzt und ins schöne Lugdunum nach Gallien verbannt. Wir wenden uns zunächst den Änderungen in Rom – Ehre wem Ehre gebührt –, dann den neuen Gesichtern in Palästina zu.

Caius (37–41) und Claudius (41–54)

Über den Tod des Tiberius liefen viele Gerüchte um. Eines davon besagt, daß sein Nachfolger ihn eigenhändig ermordet hat. Caius[1] ist besser unter seinem Spitznamen Caligula[2] bekannt. Sein »richtiger« Name, *Caius Iulius Caesar*, ist nicht verwendbar, weil er keine Unterscheidung von dem weitaus bedeutenderen Vorgänger gleichen

---

1   Die folgenden Ausführungen zu Caius sind eine stark gekürzte Fassung meines einschlägigen Textes aus dem Erlanger Repetitorium von 2005.

2   „Der Name C.[aligula] wurde ihm von den Soldaten an der Rheinfront, wohin ihn die Mutter [Agrippina die Ältere] gebracht hatte, im J.[ahr] 14 gegeben" (*Werner Eck* [vgl. die folgende Anmerkung], Sp. 937).

Namens erlaubt. Daher wird dieser Kaiser entweder als Caius oder als Caligula bezeichnet.[3]

Zeitgenössische Quelle für Caligula ist vor allem der jüdische Philosoph Philon von Alexandrien, der als Leiter einer Gesandtschaft der alexandrinischen Juden nach Rom den Kaiser auch persönlich kennengelernt hat. Die beiden einschlägigen Schriften des Philon sind *Legatio ad Caium* und *Adversus Flaccum*. Neben den üblichen Autoren (Tacitus, Sueton, Cassius Dio) ist vor allem der jüdische Geschichtsschreiber Flavius Josphus[4] für die Zeit des Kaisers Caligula von Bedeutung.

Von den Protagonisten am Hof ist der jüdische König Agrippa I. wichtig, der auch in Apg 12 eine zentrale Rolle spielt.[5] Die in Apg 12,2 berichtete Hinrichtung des Zebedaiden Jakobus ist ein Wendepunkt in der Geschichte der Jerusalemer Urgemeinde. Petrus scheint damals Jerusalem endgültig verlassen zu haben.

„Der Regierungsantritt des jugendlichen Kaisers wurde im ganzen Reich mit Jubel begrüßt; der Anbruch eines saturnischen Zeitalters (Philo leg. 13) wurde mit großarti-

---

3   Ausführlichere Informationen zu Caligula, als sie hier gegeben werden können, bietet *Werner Eck:* Art. Caligula, DNP 2 (1997), Sp. 937–939, oder *Johannes Straub:* Art. Caligula, RAC 2 (1954), Sp. 827–837. Eine kleine Biographie: *Aloys Winterling:* Caligula. Eine Biographie, München 2003. Dieses Buch versucht, das Bild des Kaisers zu revidieren: „Die aus der Antike überlieferten Berichte über Caligula verfolgen das deutlich erkennbare Ziel, den Kaiser als ein sinnlos handelndes Ungeheuer darzustellen. Sie geben nachweisbar falsche Informationen, die dieses Bild stützen sollen" (S. 9).
Epigraphische Quellen zu Caligula bietet *E. Mary Smallwood:* Documents illustrating the Principates of Gaius, Claudius, and Nero, Cambridge 1967.

4   Er ist vor allem als Quelle für das Ende des Caligula von herausragender Bedeutung, vgl. *T.P. Wiseman:* Flavius Josephus [Ant XIX 1–273], Death of an Emperor. Translated with an Introduction and Commentary, Exeter 1991.

5   Der König, von dem hier die Rede ist, ist Herodes Agrippa I., der ab 41 n.Chr. König über Judäa war. Zu Agrippa I. vgl. die Informationen bei *Emil Schürer:* The history of the Jewish people in the age of Jesus Christ (175 B.C. – A.D. 135), A new English version revised and edited by Geza Vermes, Fergus Millar, Matthew Black, Martin Goodman, Band I, Edinburgh 1973, S. 442–454: *§ 18. Agrippa I A.D. 37, 40, 41–44.*
„The New Testament (Acts 12) names him simply Herod. In Josephus and on the coins, however, he is always called Agrippa. An inscription from Athens … reveals that his name was Iulius Agrippa, and from the *praenomen* of his son it is virtually certain that his father too had as his full Roman name, M. Iulius Agrippa." (*Schürer* I 442, Anm. 1.)
Für die Datierung der Ereignisse von Apg 12 kommt das erste von Schürer genannte Regierungsjahr nicht in Frage, da der König Agrippa erstens dieses Jahr in Rom zubrachte und zweitens die Ernennung durch Caligula nicht Jerusalem betraf; daher konnte er im Jahr 37 noch nicht – wie von Apg 12 vorausgesetzt – in Jerusalem tätig werden (vgl. die Übersicht bei *Schürer* I 444). Auch das Jahr 40 kommt nicht in Frage; zwar wurde damals auch das frühere Herrschaftsgebiet des Herodes Antipas dem Agrippa zugeschlagen (*Schürer* I 445), aber noch immer nicht Jerusalem. Erst nach dem Tod des Caligula bekam Agrippa durch den von ihm protegierten neuen Kaiser Claudius im Jahr 41 auch Judäa und Samaria hinzu. Die Ereignisse aus Apg 12 können daher nicht vor dieses Jahr 41 datiert werden.
Fraglich bleibt ein Zusammenhang unserer Ereignisse mit dem Tod des Agrippa im Jahr 44 (Apg 12,19–23 und Josephus: Antiquitates XIX 343–352, vgl. *Schürer* I 453). Gegebenenfalls wären die Ereignisse aus Kapitel 12 dann ins Jahr 44 zu datieren.

gen Opfern, in Treuekundgebungen u.[nd] Festgesandtschaften gefeiert"[6]. Das Volk hatte den Tiberius gründlich satt[7] und setzte große Hoffnungen auf Caius.

„Der Geldsegen, der … anläßlich seines Herrschaftsantritts auf die römische Bürgergesellschaft niederging, unterstrich nachhaltig seine Großzügigkeit, eine vor allem bei Soldaten und Volk sehr beliebte und beliebt machende kaiserliche Tugend."[8] Dem Caligula zu Ehren wurde der Monat September in *Germanicus* umbenannt; seine Schwester Drusilla ließ er zur Göttin ausrufen: „Der Senator Livius Geminus erklärte unter Eid, er habe gesehen, wie Drusilla zum Himmel fuhr und mit den Göttern Zwiesprache hielt, und wünschte sich und seinen Kindern für den Fall einer Lüge den Tod. Die Schmeichelei war in diesem Falle … erfolgreich. Er wurde mit einer Million Sesterzen belohnt."[9]

„Dio berichtet im Anschluß an die Gladiatorenversteigerungen, Caligula habe sein Lieblingsrennpferd namens Incitatus (»Heißsporn«) zu sich zum Mahle geladen, ihm goldene Gerstenkörner vorgesetzt, ihm aus goldenen Bechern zugetrunken und geplant, es zum Konsul zu machen."[10]

Er ließ sich als lebendige Gottheit verehren und ging so weit, die Proskynese bei Hof einzuführen: „Er ließ sich die Proskynese des Vitellius, des Vaters des späteren gleichnamigen Kaisers, gefallen. Dieser Lucius Vitellius war nach Sueton der erste, der Gaius/Caligula als Gottheit verehrte und gleichzeitig diese Verehrung konsequent in das Zeremoniell umsetzte. Wie Priester beim Opfer an die Götter näherte sich Vitellius der Gottheit mit verhülltem Kopf, »wobei er sich umdrehte und dann zu Boden warf«."[11]

* * *

---

6   *Johannes Straub*, a.a.O., Sp. 828.

7   Bei Sueton ist die wenig schmeichelhafte Aufforderung *Tiberius in Tiberim* überliefert (Sueton: Tiberius 75,1). Im Unterschied zu Tiberius, der erst als ein alter Mann Nachfolger des Augustus wurde, kam Caligula mit 24 Jahren auf den Thron.

8   *Aloys Winterling*, a.a.O., S. 55.

9   *Aloys Winterling*, a.a.O., S. 80.

10   *Aloys Winterling*, a.a.O., S. 99. Während ich die letzte Korrektur für dieses Buch lese (wir schreiben den 11. März 2010), gelangt dieses Pferd in Form eines Esels zu neuer Berühmtheit: Der bekannte Althistoriker Dr. Guido Westerwelle hat es im Februar/März 2010 für zweckmäßig gehalten, »spätrömische Dekadenz« in die Debatte um Hartz IV einzuführen, wofür er von Herrn Dr. Heiner Geißler als »Esel« gescholten wurde (einen solchen habe einst Caligula zum Konsul gemacht). Herr Geißler erweist sich als dem Althistoriker unterlegen: Wie der angeführte Sachverhalt zeigt, wollte Caligula nicht einen Esel, sondern ein Pferd zum Konsul machen. Ob das in bezug auf den berühmten Althistoriker einen wesentlichen Unterschied macht, sei dem Urteil der LeserInnen überlassen …

11   *Manfred Clauss*: Kaiser und Gott. Herrscherkult im römischen Reich, Stuttgart 1999 (Nachdr. der Erstauflage Leipzig 2001), S. 90.

Abbildung III.1: Die Kaiser Caius und Claudius. Die linke Münze – ein Denar – bietet ein Portrait des Caius mit der Aufschrift: *C(aius) Caesar Aug(ustus) Germ(anicus) p(ontifex) m(aximus) tr(ibunicia) pot(estate) co(n)s(ul).* Die rechte Münze – ein Aureus – zeigt Claudius mit der Aufschrift: *Ti(berius) Claud(ius) Caesar Aug(ustus) p(ontifex) m(aximus) tr(ibunicia) p(otestate).*

Claudius[12] gleicht eher dem Tiberius als dem Caligula: Auch er war schon ein älterer Herr, als er den Thron bestieg. Er war nämlich der Onkel seines Vorgängers, woraus schon ersichtlich ist, daß mit diesem Karrieresprung nicht mehr zu rechnen war ...

Claudius war ein Bruder des Germanicus, des Vaters des Kaisers Caligula. Er wurde am 1. August des Jahres 10 v.Chr. geboren, war mithin 22 Jahre älter als sein Vorgänger. Mit über 50 wurde er Kaiser.

„Als Kind war C.[laudius] stets kränklich; er war geh- und sprachbehindert, so daß ihm kaum jemand eine öffentliche Rolle zutraute, wie sie einem Mitglied der *domus Augusta* sonst selbstverständlich zufiel. Bezeichnend dafür sind die bei Sueton zitierten Briefe des Augustus (Suet. Claud. 2,1).“[13] Interessant ist, daß Claudius eher ein Gelehrter war, was man so wohl von keinem seiner Vorgänger behaupten kann

---

    12   Die folgenden Ausführungen zu Claudius sind eine stark gekürzte Fassung meines einschlägigen Texts aus dem Erlanger Repetitorium von 2005.

    Eine ausführlichere Darstellung, als sie in diesem Rahmen möglich ist, bieten *Willem den Boer:* Art. Claudius, RAC 3 (1957), Sp. 179–181; *Werner Eck:* Art. Claudius [III 1], DNP 3 (1997), Sp. 22–26; klassische Darstellungen des Claudius sind: *Arnaldo Momigliano:* L'opera dell'imperatore Claudio, Florenz 1932; englische Übersetzung: Claudius. The Emperor and his Achievement (1934), Cambridge ²1961; *Barbara Levick:* Claudius, New Haven 1990.

    Epigraphische Quellen zu Claudius bietet *E. Mary Smallwood:* Documents illustrating the Principates of Gaius, Claudius, and Nero, Cambridge 1967.

    Eine eigenartige Inschrift aus Nazareth bespricht *Stephan Lösch:* Diatagma Kaisaros. Die Inschrift von Nazareth und das Neue Testament. Eine Untersuchung zur neutestamentlichen Zeitgeschichte, Freiburg 1936.

    13   *Werner Eck,* a.a.O., Sp. 22.

(im übrigen auch nicht von einem seiner Nachfolger, wenigstens nicht aus neutesta-
mentlicher Zeit ...). „Frühzeitig beschäftigte er sich mit Lit.[eratur], speziell mit
Historiographie, publizierte auch manche Versuche (Suet. Claud. 3,1), darunter eine
Gesch.[ichte] Roms in 41 B.[üchern] bis zum Jahr 14 n.Chr., eine Gesch.[ichte] der
Etrusker in 20 und eine Gesch.[ichte] Karthagos in 8 B.[üchern], die beiden letzten
in griechischer Sprache (Suet. Claud. 41f. ...).“[14]

„Zu Beginn seiner Regierungszeit führte Claudius eine religionspolitische Maßnahme durch, die vielen sicherlich längst überfällig schien: Er konsekrierte Livia,
nach dem Tod des Augustus aufgrund dessen Testaments Iulia Augusta genannt, als
Staatsgöttin Augusta (*diva Augusta*). Ihr Kult fand Eingang in den durch Gaius/Cali-
gula vollendeten Tempel des Staatsgottes Augustus auf dem Palatin; aus Rom ist die
Inschrift eines »Tempelhüters des Staatsgottes Augustus und der Staatsgöttin Augusta
auf dem Palatin« erhalten.“[15]

Die eigene Divinisierung des Claudius nach seinem Tod am 13. Oktober 54 n.Chr.
hat es zu literarischer Berühmtheit gebracht; diesem Ereignis hat Seneca seine Satire unter dem Namen Apokolokyntosis gewidmet.[16] Der Titel Apokolokyntosis ist
griechisch: ἀποκολοκύντωσις (*apokolokyntōsis*) bedeutet »Verkürbissung«; er soll den
Leser an das analog gebildete Wort ἀπαθανάτισις (*apathanatisis*) »Unsterblichma-
chung« denken lassen. „Zweifellos beabsichtigte Seneca mit der Neubildung des Wortes Apokolokyntosis ein boshaftes Wortspiel.“[17]

In dieser Satire macht sich Seneca über die Divinisierung des verstorbenen Claudius lustig. Claudius steht vor der Himmelstür (5,2), um seinen Platz unter den Göttern einzunehmen. Iuppiter entsendet Hercules, um nachzusehen, was das für ein
Wesen sei, das da vor der Tür stehe. Claudius gelingt es offenbar, den Hercules für
sein Anliegen zu gewinnen (die Handschriften haben hier eine Lücke). Die Götter
stimmen daraufhin über die Aufnahme des Claudius ab (§ 9). Aber Augustus hält eine Rede und spricht sich gegen die Aufnahme des Claudius aus, der daraufhin in die
Unterwelt geschickt wird (§ 10–11). Auf dem Weg hinunter kommen Mercurius und
Claudius bei dem Begräbnis des Claudius vorbei: „Wie Claudius seine eigene Lei-
chenfeier sah, da dämmerte ihm, daß er wirklich tot war.“[18] Das Unterweltsgericht
entscheidet, Claudius dem Caligula als Sklaven zu überlassen.

---

14 Ebd.
15 *Manfred Clauss:* Kaiser und Gott. Herrscherkult im römischen Reich, Stuttgart 1999 (Nachdr.
der Erstauflage Leipzig 2001), S. 94; die in Übersetzung zitierte Inschrift lautet im Original: *aeditu(u)s
templi divi Aug(usti) [e]t divae Augustae quod est in Palatium*, vgl. Anm. 88: CIL VI 4222 = ILS 4995.
16 Lucius Annaeus Seneca: Apokolokyntosis. Lateinisch-deutsch herausgegeben und übersetzt von
Gerhard Binder, Tusc, Darmstadt 1999.
17 *Gerhard Binder*, S. 93.
18 § 12,3 in der Binderschen Übersetzung (S. 35).

Claudius und das Neue Testament

Von Bedeutung für die Geschichte des frühen Christentums ist besonders die Vertreibung der Juden aus Rom, welche nach der berühmten Formulierung des Sueton (Claudius 25,4) *impulsore Chresto* in Rom Unruhe stifteten: „Die Juden, die von Chrestus aufgehetzt, fortwährend Unruhen stifteten, vertrieb er aus Rom."[19] Auf dieses Ereignis nimmt Lukas in Apg 18,1–2 Bezug, wenn er sagt: „Danach verließ er [Paulus] Athen und kam nach Korinth. Und er traf einen Juden mit Namen Aquila, der Herkunft nach vom Pontos, der war unlängst aus Italien gekommen, und Priskilla, seine Frau, weil Claudius ein Edikt erlassen hatte, daß alle Juden Rom zu verlassen hatten."

Das Edikt des Claudius über die Vertreibung der Juden aus Rom ist hinsichtlich seiner Datierung umstritten. Nicht strittig ist seine überragende Bedeutung für die Pläne des Paulus: Aus Rom wurde erst einmal nichts, und an ein Ausgreifen nach Spanien war daher um 50 gar nicht zu denken. Diese Pläne mußte Paulus erst einmal zurückstellen.

Einige Jahreszahlen

Tod des Caius Iulius Caesar	44 v. Chr.
Regierungszeit des Kaisers Augustus	27 v. Chr. – 14 n. Chr.
Geburt des Claudius	10 v. Chr.
Geburt des Caligula	12 n. Chr.
Regierungszeit des Kaisers Tiberius	14 n. Chr. – 37 n. Chr.
Regierungszeit des Caius/Caligula	37 n. Chr. – 41 n. Chr.
(Herodes) Agrippa I. wird König	37 n. Chr.
(Herodes) Agrippa I.	37, 40, 41 – 44 n. Chr.
Regierungszeit des Claudius	41 n. Chr. – 54 n. Chr.

Die Entwicklung in Palästina

Die Absetzung des Pontius Pilatus im Jahr 36 leitet eine Übergangsphase in Judäa ein: Der Tod des Tiberius im Jahr 37 brachte eine Phase der Unsicherheit mit sich.

---

19 Im Original: *Iudaeos impulsore Chresto assidue tumultuantis Roma expulit* (Sueton: Divus Claudius 25,4; Cai Suetoni Tranquilli opera, Band I: De vita Caesarum libri VIII, hg. v. Maximilian Ihm, BibTeu, Stuttgart 1978 [Nachdr. der Ausgabe von 1908], S. 209, Z. 7–8.)

Dazu vgl. *Helga Botermann:* Das Judenedikt des Kaisers Claudius: Römischer Staat und Christiani im 1. Jahrhundert, Hermes Einzelschriften 71, Stuttgart 1996.

Von den Nachfolgern des Pilatus kann man nicht einmal sagen, ob es einer war oder zwei. Erst mit Agrippa I. sind wir wieder auf sicherem Boden. Er tritt nicht nur die Nachfolge der römischen *praefecti* in Judäa an, sondern auch die des Herodes Antipas in Galiläa und Peräa und vereinigt so ganz Palästina unter seiner Herrschaft: „The new emperor [nämlich Claudius] not only confirmed him in his royal possessions but supplemented them with Judaea and Samaria, so that he now united under his rule the whole of his grandfather's kingdom."[20] Für wenige Jahre erleben wir also eine Auferstehung des Königreichs des Herodes – das mit dem Tod des Agrippa im Jahr 44 allerdings ein jähes Ende nimmt. Danach wird Judäa wieder der römischen Verwaltung direkt unterstellt wie in der Zeitspanne von 6 bis 41.

Pontius Pilatus war zehn Jahre lang als *praefectus* in Judäa, 26–36 oder 37.[21] „The long term of office held by ... Pontius Pilate corresponded to the general rules adopted by Tiberius when appointing provincial governors. For the good of the provinces concerned, he left them as long as possible in their posts because he thought governors behaved like flies on a wounded body: once sated, they then temper their extortions, whereas new men would start with a keen appetite."[22] Trotz dieser plausiblen Maxime des Tiberius war die Amtszeit des Pilatus alles andere als ein Segen für die betroffenen Menschen. Wir haben im vorigen Kapitel schon von der Opposition in Judäa gehört, die seit der Zeit des *census* im Jahr 6 immer mehr wuchs. Pilatus hat seinen Teil dazu beigetragen, diese Opposition nach Kräften zu steigern. „Philo (or rather Agrippa I, in his letter which Philo reproduces) describes him as unbending and callously hard by nature, »a man of inflexible disposition, harsh and obdurate«, and has a low opinion of the manner in which Pilate discharged his official duties. He charges Pilate with greed, vindictiveness and cruelty. As Agrippa's testimony on Pontius Pilate's conduct of affairs in Judaea is the only one extant from any of the prefect's own contemporaries, it cannot be dismissed."[23]

Seine Amtszeit ist voll von Provokationen, die ich hier im einzelnen nicht diskutieren kann. Das führte dazu, daß auch vernünftige Maßnahmen des Präfekten mißtrauisch beäugt und von vielen verurteilt wurden. Selbst im Neuen Testament haben seine oft brutalen Anordnungen ihren Niederschlag gefunden, wie man an Luk 13,1 sehen kann. Alle vier Söhne des Herodes unterstützten eine Petition an den Kaiser Tiberius, um sich gegen eine Maßnahme des Pilatus zu beschweren und ihre Rücknahme zu fordern.[24]

---

20 *Schürer* I 445.

21 Das genaue Datum der Absetzung des Pilatus ist umstritten, vgl. *Ernst Bammel:* Pilatus' und Kaiphas' Absetzung, in: *ders.:* Judaica. Kleine Schriften I, WUNT 37, Tübingen 1986, S. 51–58, der zu dem Ergebnis kommt: „Wir entscheiden uns also für die Absetzung des Pilatus im Winter 36/37, die des Kaiphas an Ostern [des Jahres 37]" (S. 57).

22 *Schürer* I 383; der Fehler im zweiten Satz, wo es im Original heißt: „he left the*n* as long as possible", ist von mir berichtet.

23 *Schürer* I 384.

24 Philon: Legatio ad Caium § 299–306, vgl. *Schürer* I 386.

Ein Gemetzel unter den Samaritanern führte dann – wohl im Winter 36/37 – zum Sturz des Pilatus. Die Samaritaner beschwerten sich bei Vitellius, dem Statthalter von Syrien, über Pilatus. Dieser setzte ihn kurzerhand ab und schickte ihn nach Rom, um sich vor dem Kaiser zu verantworten. Tiberius allerdings war schon gestorben (am 16. März 37), als Pilatus in Rom eintraf. Über seine weiteren Schicksale wissen wir nichts.[25]

Den einen bzw. die beiden Nachfolger des Pilatus können wir übergehen, da sie nur kurz im Amt waren, und Nachrichten über sie nicht überliefert sind.[26] Wichtiger für den weiteren Gang der Geschichte ist die Tatsache, daß zwei Jahre nach Pilatus auch Herodes Antipas (4 v. Chr. – 39 n. Chr.) abgesetzt wurde. Er war, wie wir gesehen hatten, im Jahr 4 v. Chr. von Augustus als Tetrarch von Galiläa und Peräa eingesetzt worden und hatte auch die Regierungszeit des Tiberius gut überstanden. Der neue Kaiser aber war ein Förderer des Agrippa I., der ein Bruder der Herodias, der Frau des Antipas, war. Caligula verlieh dem Agrippa den Titel König, was den Neid der Herodias hervorrief. Sie überredete ihren Mann Antipas, auch den Königstitel anzustreben. So machte man sich auf den Weg nach Rom; gleichzeitig betrieb Agrippa I., der alte Kumpan des Caligula, eine Anklage des Antipas vor dem Kaiser. „Both parties arrived simultaneously in Baiae before Caligula. After the emperor had heard the petition and the indictment, he asked Antipas about the stockpile of weapons. And when Antipas could not deny it, Caligula credited him with the remaining charges, deposed him from his tetrarchy and banished him to Lugdunum in Gaul."[27] Das Reich des Antipas wurde dem des Königs Agrippa I. zugeschlagen, der für einige wenige Jahre das Gebiet seines Großvaters Herodes beherrschte.[28]

§ 13 *Das Judentum in der Diaspora*

Wir haben uns in dem zweiten Kapitel mit den jüdischen Gruppen in Palästina befaßt und bei dieser Gelegenheit schon festgehalten, daß die Lage in der Diaspora ganz anders aussieht.[1] Wir haben sodann zu Beginn des dritten Kapitels den Übergang eines Teils der christlichen Bewegung vom Tempel zur Synagoge verfolgt und gesehen, daß dieser Übergang ein zukunftsträchtiger Schritt war: Eine Synagoge findet man überall da, wo Juden in hinlänglicher Zahl wohnen, also beispielsweise rund

---

25   Doch vgl. *Schürer* I 387, Anm. 144 zu den christlichen Fälschungen, die unter dem Namen des Pilatus umliefen; so habe Pilatus seine Grausamkeiten bereut und sei als überzeugter Christ gestorben usw.

26   Vgl. *Schürer* I 383.

27   *Schürer* I 352. Die Quelle ist Josephus: Antiquitates XVIII 252.

28   Einzelheiten oben auf S. 86 in Anm. 5.

1   Vgl. dazu oben den Paragraphen 6 zu den jüdischen Gruppen in Palästina (S. 37–50); hier S. 37–38 zur Unterscheidung zwischen palästinischem Judentum und dem Judentum der Diaspora.

ums östliche Mittelmeer, wo immer man hinkommt. Die jüdische Diaspora ist also eine grundlegende Voraussetzung der christlichen Mission.[2]

1. Der Begriff διασπορά *(diaspora)*

Der Begriff διασπορά *(diaspora)* ist von Willem Cornelis van Unnik gründlich untersucht worden, so daß ich seine Ergebnisse hier im wesentlichen nur zu referieren brauche.[3] Der Begriff διασπορά *(diaspora)* wird schon früh von jüdischen Autoren verwendet, wie Stellen wie 2Makk 1,27 und PsSal 9,2 zeigen. Dabei handelt es sich jedoch nicht um die Übernahme eines in der griechischen Literatur bereits gängigen Begriffs. Denn in unserem Sinn wird διασπορά *(diaspora)* „in der griechischen geographischen Literatur" überhaupt nicht verwendet.[4] Dagegen ist er – freilich nicht in unserer Bedeutung – als philosophischer Terminus bezeugt: „Das Wort scheint also zur Schulsprache des Epikurs gehört zu haben und mit seiner Atomlehre verbunden gewesen zu sein. Διασπορά bedeutet dann: in seine letzten Einheiten aufgelöst, zusammenhangslos geworden sein."[5] Sonst findet sich διασπορά *(diaspora)* jedoch so gut wie überhaupt nicht. „Das ist merkwürdig, zumal das Verbum διασπείρειν *[diaspeirein]* seit Herodot sehr verbreitet ist. Die Tatsache ist noch auffälliger, wenn man beobachtet, daß die Septuaginta das Wort 12 Mal gebraucht und daß auch im Neuen Testament und bei christlichen Autoren der Ausdruck geläufig ist."[6]

Wir können also als erstes Zwischenergebnis festhalten: Der Begriff διασπορά *(diaspora)* findet sich in unserer Bedeutung in der griechischen Literatur überhaupt nicht. *Er entstammt der Septuaginta und bleibt im folgenden auf den jüdisch-christlichen Bereich beschränkt.*

∗ ∗ ∗

---

2   Aus der reichen Literatur zur Diaspora nenne ich exemplarisch:
Gerhard Delling: Die Bewältigung der Diasporasituation durch das hellenistische Judentum, Berlin 1987.
Willem Cornelis van Unnik: Das Selbstverständnis der jüdischen Diaspora in der hellenistisch-römischen Zeit. Aus dem Nachlaß herausgegeben und bearbeitet von Pieter Willem van der Horst, AGJU 17, Leiden/New York/Köln 1993.
Isaiah M. Gafni: Land, Center and Diaspora. Jewish Constructs in Late Antiquity, Journal for the Study of the Pseudepigrapha, Supplement Series 21, Sheffield 1997.

3   Vgl. *Willem Cornelis van Unnik*, a.a.O., S. 69–88: „II. Der Ausdruck »Diaspora«". Hier finden sich auch Hinweise auf ältere Arbeiten, beispielsweise den Artikel im Theologischen Wörterbuch (*Karl Ludwig Schmidt:* Art. διασπορά, ThWNT II [1935], S. 98–104), der durch die Studie von van Unnik überholt ist.

4   *Willem Cornelis van Unnik*, a.a.O., S. 74. Das Standard-Wörterbuch LSJ und der einschlägige Artikel von *Karl Ludwig Schmidt* (vgl. die vorige Anmerkung!) bieten überhaupt nur *einen* profanen Beleg für διασπορά, nämlich Plutarch: *Non posse suaviter vivi secundum Epicurum* 27, wo διασπορά im philosophischen Zusammenhang bei Epikur bezeugt ist (von der Zerstreuung der Atome, vgl. *Willem Cornelis van Unnik*, a.a.O., S. 74–75).

5   *Willem Cornelis van Unnik*, a.a.O., S. 75.

6   *Willem Cornelis van Unnik*, a.a.O., S. 76.

Interessant ist der Gebrauch von διασπορά *(diaspora)* bei den Kirchenvätern; van Unnik untersucht Material aus Justin, Hippolyt, Origenes, Euseb und anderen und kommt dann zu dem folgenden Ergebnis:[7] „An Hand dieser Texte machen wir einige Beobachtungen:

1. das Wort ist immer im Singular gebraucht von einer bestimmten Sache;

2. die Kirchenväter verraten nirgends, daß es ein nicht geläufiger Ausdruck ist, der einer besonderen Erläuterung bedürfte;

3. er wird immer in Zusammenhang mit den Juden gebraucht, die, aus ihrem Heimatland vertrieben, in der Diaspora leben;

4. dabei ist Diaspora entweder die Aktion des Zerstreuens oder geographisch die Lage des Zerstreutseins;

5. das Leben der Juden in der Diaspora wird im allgemeinen ungünstig als Strafe beurteilt.“

* * *

Des weiteren erörtert van Unnik das Verhältnis des Begriffs »Diaspora« zu dem Begriff »Exil«, im Alten Testament mit גולה *(golah)* bzw. גלות *(galuth)* bezeichnet.[8] „Weil das Wort διασπορά *[diaspora]* so typisch mit dem Judentum verbunden ist, wird es auch oft mit einem anderen gangbaren Ausdruck gleichgestellt, nämlich mit *galuth*, »Exil«. Das liegt anscheinend auf der Hand. Seit Jahrhunderten wird in jüdischen Kreisen gesprochen und geschrieben von der *galuth*, wenn an die Verbannung Israels aus Palästina, an den Zustand des Volkes, das in vielen Ländern, fast über die ganze Welt, oft bedrängt und in sehr schwierigen Umständen zerstreut war und ist[, gedacht ist].“[9]

Dieser weitverbreitete Sprachgebrauch ist jedoch anachronistisch, d. h. er wird dem Befund aus der Antike nicht gerecht. Dies zeigt ein Vergleich zwischen der Terminologie des hebräischen Alten Testaments und seiner griechischen Übersetzung, der eine Gleichsetzung von Diaspora und Exil gerade ausschließt: Die griechischen Übersetzer des hebräischen Urtextes verwenden zur Wiedergabe des Stammes גלה *(gālāh)* und seiner Derivate das griechische διασπορά *(diaspora)* gerade nicht, sondern vielmehr Wörter wie αἰχμαλωσία *(aichmalōsia)*, ἀποικισμός *(apoikismos)*,

---

7   *Willem Cornelis van Unnik*, a.a.O., S. 79.

8   Vgl. dazu den einschlägigen Artikel von *Hans-Jürgen Zobel:* גלה *(gālāh)*, ThWAT I (1973), Sp. 1018–1031.

9   *Willem Cornelis van Unnik*, a.a.O., S. 81. Am Schluß des Satzes fehlt bei van Unnik versehentlich ein Prädikat, vor dem »Zustand des Volkes« habe ich das falsche »die« in ein »den« stillschweigend verbessert.

μετοικεσία *(metoikesia)*, παροικία *(paroikia)* und die zugehörigen Verben.[10] Daher findet sich nirgendwo, wo die Septuaginta das griechische διασπορά *(diaspora)* aufweist, im hebräischen Urtext eine Form des Stammes גלה *(gālāh)*, wie ein kurzer Blick in Hatch/Redpath zeigt.[11]

„Was lehrt uns dieser Tatbestand? Erstens, daß διασπορά *[diaspora]* niemals Übersetzung von גלה *[gālāh]* und seinen Derivaten ist. D.h., während »Exil« mit verschiedenen Worten wiedergegeben ist, hat man doch *niemals* διασπορά *[diaspora]* oder διασπείρω *[diaspeirō]* gebraucht. Ist das rein zufällig? *Oder soll man nicht vielmehr sagen, daß die Übersetzer hier bewußt differenziert haben, weil für ihr Verständnis ein sachlicher Unterschied vorlag?*"[12]

Wir halten als zweites Zwischenergebnis fest: Die Diaspora hat nichts mit dem Exil zu tun. Beide Begriffe sind strikt auseinanderzuhalten.

* * *

Ich zitiere zum Abschluß eine längere Passage aus van Unnik, in der er die bisherigen Ergebnisse noch einmal übersichtlich darstellt: Die Übersetzer der Septuaginta haben den Begriff »Diaspora« „in ihr Vokabular aufgenommen und in einen bestimmten Zusammenhang hineingestellt. *Während der Grundtext noch keinen feststehenden Begriff kennt, haben sie mit diesem Substantiv einen solchen Begriff geschaffen.* Das muß eine bewußte Tat gewesen sein, und man darf ruhig annehmen, daß die Juden in Alexandrien dazu kamen, weil sie in einer Situation standen, die die in Palästina lebenden alten Bibelschreiber noch nicht gekannt hatten. Eben in der »Diaspora«. Sie haben damit die Lage ihres Volkes als etwas anderes als eine »Gefangenschaft«, ein »Exil« oder eine »Deportation« u.s.w. charakterisiert, Begriffe, die *auch* in der griechischen Geschichte und Sprache bekannt waren. Sie wählten dieses etwas abseitige, besondere Wort, weil eben ihre Lage von solch anderer Art war, daß sie nicht in den bekannten Kategorien gefaßt werden konnte. Vielleicht hatte das den Nachteil, für Griechen nicht verständlich zu sein, oder hatte es auch einen anderen Effekt. Jedenfalls nahmen sie dafür ein griechisches Wort, das durch ihre Tat eine bestimmte Prägung bekam, weil es auf eben diese spezielle Situation angewendet wurde. *Und diese ihre Tat hat Geschichte gemacht, die noch immer fortdauert!*"[13]

Damit können wir das abschließende Ergebnis formulieren: Der uns so vertraute Begriff »Diaspora« leitet sich von dem griechischen Wort διασπορά *(diaspora)* ab. Dieser Feststellung muß man jedoch sogleich die zweite hinzufügen: In der uns geläufigen Bedeutung kommt das Wort in der griechischen Literatur außerhalb des

---

10 Vgl. *Willem Cornelis van Unnik*, a.a.O., S. 82–83 und die dort angeführten Belege.

11 *Edwin Hatch/Henry A. Redpath:* A Concordance to the Septuagint and the other Greek Versions of the Old Testament, Volume I, Oxford 1897 (Nachdr. Graz 1975), S. 311.

12 *Willem Cornelis van Unnik*, a.a.O., S. 83. Das Prädikat des ersten Satzes habe ich stillschweigend von »sind« in »ist« verbessert. Die Hervorhebung stammt aus dem Original.

13 *Willem Cornelis van Unnik*, a.a.O., S. 85; im dritten Satz des Zitats habe ich das falsche »bewuste« in »bewußte« stillschweigend korrigiert.

jüdisch-christlichen Bereichs nirgendwo vor. Dabei handelt es sich vielmehr um eine Neuprägung, für die die Übersetzer der Septuaginta verantwortlich sind. Von diesen haben es Juden wie Christen übernommen.

2. Die Ausdehnung der Diaspora

Mit dem Kaiser Caius, dem Nachfolger des Tiberius, besser bekannt unter seinem Spitznamen Caligula, haben wir uns schon zu Beginn dieses dritten Kapitels beschäftigt.[14] Caius hatte den Statthalter von Syrien, Petronius, beauftragt, eine Kolossalstatue seiner selbst im Tempel von Jerusalem aufstellen zu lassen (Philon: _Legatio ad Caium_, § 197–206). Um diese Katastrophe zu verhindern, schreibt Agrippa I. einen ausführlichen Brief an Caius, den Philon in voller Länge in seiner _Legatio ad Caium_ zitiert (§ 276–329).

Uns interessiert aus diesem Bittbrief eine Passage, in der Agrippa I. auf die weite Verbreitung der Juden zu sprechen kommt. Dabei benutzt er nicht den uns geläufigen Ausdruck διασπορά _(diaspora)_, sondern er spricht von Kolonien (ἀποικίαι, _apoikiai_), die die Juden überallhin ausgesandt hätten:[15]

§ 281 αὕτη [sc. ἡ ἱερόπολις = Jerusalem], καθάπερ ἔφην, ἐμὴ μέν ἐστι πατρίς, μητρόπολις δὲ οὐ μιᾶς χώρας Ἰουδαίας ἀλλὰ καὶ τῶν πλείστων, διὰ τὰς ἀποικίας ἃς ἐξέπεμψεν ἐπὶ καιρῶν εἰς μὲν τὰς ὁμόρους, Αἴγυπτον, Φοινίκην, Συρίαν τήν τε ἄλλην καὶ τὴν Κοίλην προσαγορευομένην,	Diese [sc. die heilige Stadt = Jerusalem] ist, wie gesagt, meine Heimat, die Metropolis nicht eines Landes Judäa, sondern auch die der meisten [Länder], wegen der Kolonien, welche sie zu Zeiten in die benachbarten [Länder] aussandte, nach Ägypten, Phoinikien, Syrien (sowohl das andere als auch das das »Hohle«[16] genannte),
εἰς δὲ τὰς πόρρω διῳκισμένας, Παμφυλίαν, Κιλικίαν, τὰ πολλὰ τῆς Ἀσίας ἄχρι Βιθυνίας καὶ τῶν τοῦ Πόντου μυχῶν,	und in die fernab gelegenen [Länder], Pamphylien, Kilikien, das meiste von Asien bis nach Bithynien und die entlegenen Winkel des Pontos,
τὸν αὐτὸν τρόπον καὶ εἰς Εὐρώπην, Θετταλίαν, Βοιωτίαν, Μακεδονίαν, Αἰτωλίαν, τὴν Ἀττικήν, Ἄργος, Κόρινθον, τὰ πλεῖστα καὶ ἄριστα Πελοποννήσου,	auf dieselbe Weise auch nach Europa, nach Thessalien, Boiotien, Makedonien, Aitolien, Attika, Argos, Korinth, die meisten und die besten [Gegenden] der Peloponnes;
§ 282 καὶ οὐ μόνον αἱ ἤπειροι μεσταὶ τῶν Ἰουδαϊκῶν ἀποικιῶν εἰσιν, ἀλλὰ	und nicht nur das Festland ist voll mit jüdischen Kolonien, sondern auch die

---

14 Caius regierte von 37 bis 41, vgl. dazu oben im Paragraph 12 die Seiten 85–87. Sein Aufstieg verläuft parallel mit dem des Agrippa I., der seine Königswürde im Jahr 37 keinem andern als seinem Freund Caius verdankt, vgl. dazu oben S. 90–92.

15 Philon: Legatio, § 281–284.

καὶ νήσων αἱ δοκιμώταται, Εὔβοια, Κύπρος, Κρήτη.

καὶ σιωπῶ τὰς πέραν Εὐφράτου· πᾶσαι γὰρ ἔξω μέρους βραχέος, Βαβυλὼν καὶ τῶν ἄλλων σατραπειῶν αἱ ἀρετῶσαν ἔχουσαι τὴν ἐκ κύκλῳ γῆν Ἰουδαίους ἔχουσιν οἰκήτορας.

§ 283 ὥστ᾽ ἐὰν μεταλάβῃ σου τῆς εὐμε-νείας ἡ ἐμὴ πατρίς,

οὐ μία πόλις ἀλλὰ καὶ μυρίαι τῶν ἄλ-λων εὐεργετοῦνται καθ᾽ ἕκαστον κλίμα τῆς οἰκουμένης ἱδρυθεῖσαι, τὸ Εὐρω-παῖον, τὸ Ἀσιανόν, τὸ Λιβυκόν, τὸ ἐν ἠπείροις, τὸ ἐν νήσοις, παράλόν τε καὶ μεσόγειον.

§ 284 ἁρμόττει δέ σου τῷ μεγέθει τῆς τοσαύτης τύχης διὰ τῶν εἰς μίαν πόλιν εὐεργεσιῶν μυρίας ἄλλας συνευεργε-τεῖν,

ὅπως διὰ πάντων τῶν τῆς οἰκουμένης μερῶν ᾄδηταί σου τὸ κλέος

καὶ οἱ μετ᾽ εὐχαριστίας ἔπαινοι συνη-χῶνται.

---

hervorragendsten Inseln, Euböa, Zypern und Kreta.

Ich übergehe die Gegenden jenseits des Euphrat: Alle nämlich, von einem klei-nen Teil abgesehen, haben jüdische Ko-lonisten[17]: Babylon selbst und die von den andern Satrapien, die den fruchtbar-sten Boden reihum aufweisen.

Wenn daher meine Heimatstadt [Jeru-salem] deiner Großherzigkeit teilhaftig wird,

dann wird nicht *eine* Stadt deine Wohl-taten erfahren, sondern unzählige Städte, in jeder Weltgegend errichtet, in Europa, in Asien und in Libyen, auf dem Festland und auf den Inseln, an der Küste und im Landesinnern.

Es paßt aber zu der Größe deines Glücks, wenn durch die Wohltaten, die *einer* Stadt erwiesen werden, ungezählte ande-re (Städte) zugleich mitbedacht werden,

so daß dein Ruhm in allen Teilen der be-wohnten Welt besungen wird

und die von Dankbarkeit erfüllten Lob-preisungen dazu erklingen.

Bemerkenswert ist in diesem Brief des Agrippa I. vor allem die Terminologie: Wie wir eingangs schon bemerkt haben, verwendet er nicht den uns geläufigen Ausdruck διασπορά *(diaspora)*, sondern er spricht von Kolonien (ἀποικίαι, *apoikiai*), die die Juden überallhin ausgesandt hätten. Nun kann man sagen: Er muß auf seinen Adres-saten, den Kaiser Caius, Rücksicht nehmen; und der hätte an der nur in jüdischen und christlichen Kreisen geläufigen Verwendung des griechischen διασπορά *(diaspo-rạ)* gewiß Anstoß genommen. Daher kommt Agrippa I. ihm entgegen, indem er dieses Wort vermeidet, und stattdessen von ἀποικίαι *(apoikiai)* spricht.

Doch ist unser Problem mit dieser Überlegung keineswegs aus der Welt geschafft, denn die Verwendung des griechischen ἀποικίαι *(apoikiai)* zieht ihrerseits weitere

---

16 Zum Begriff »Hohles« Syrien, griechisch Κοίλη Συρία, vgl. den Artikel Koile Syria von *Karl-heinz Kessler:* Koile Syria, DNP 6 (1999), Sp. 630–631. Vermutlich ist hier das Gebiet zwischen Libanon und Antilibanon gemeint (wie auch bei Strabon XVI 15,4).

17 Das griechische οἰκήτωρ heißt eigentlich »Einwohner«, weist aber auch die spezielle Bedeutung »Kolonist« auf, die optimal in unsern Zusammenhang paßt, vgl. LSJ, S. 1203, *s. v.* οἰκήτωρ 2.

Wendungen nach sich, die die Angelegenheit in einem ganz anderen Licht erscheinen lassen: Jerusalem erscheint als Metropolis (μητρόπολις *[mētropolis]*) – und das ist natürlich kein Zufall, sondern liegt in der Absicht des Agrippa I. –, als Metropolis, die ihre Kolonien »aussendet« (ἐξέπεμψεν *[exepempsen]*). Wir haben es also mit einem Geschehen zu tun, das von Jerusalem ausgeht und aktiv gestaltet wird. Die Aussendung der »Kolonisten« entspringt nicht einer Notlage, sondern geschieht offenbar völlig freiwillig. Die von uns so genannte Diaspora erscheint hier keineswegs als ein schweres Los, das viele Juden, der Not gehorchend, hätten auf sich nehmen müssen. Für die Interpretation der Passage ist entscheidend, daß das griechische Verständnis von Kolonisation im Hintergrund steht: Eine Stadt hat eine allzu große Bevölkerung und entsendet einen Teil des Überschusses, um anderswo eine neue Stadt, eine Kolonie zu gründen. Dieses aus der griechischen Geschichte bekannte Verfahren wird hier von Agrippa I. auf Jerusalem übertragen.[18] Daß daraus ein gewisser Stolz des Briefschreibers spricht, ist nach meinem Urteil nicht zu verkennen. Dieses Zeugnis reiht sich daher nicht ohne weiteres in das bei van Unnik besprochene Material ein, aus dem van Unnik – verkürzt gesprochen – den Schluß zieht, die Juden hätten die Diaspora als eine Strafe Gottes verstanden. Doch das ist hier nicht unser Thema …

* * *

Wir haben es uns hier nicht zur Aufgabe gemacht, herauszufinden, wie die in der Diaspora lebenden Juden ihre Situation theologisch interpretiert haben, sondern uns geht es um die viel leichtere Frage nach der Ausdehnung dieser Diaspora. Und für diese Frage kommt dem zitierten Text aus dem Brief des Agrippa I. eine wichtige Rolle zu. Wie Agrippa I. selbst wollen auch wir die Gegenden jenseits des Euphrat übergehen (§ 282 Mitte), da diese uns in diesem Zusammenhang nicht interessieren. Uns geht es um die Diaspora, soweit sie innerhalb der Grenzen des *Imperium Romanum* zu finden ist.

Zunächst werden die benachbarten Länder Ägypten, Phoinikien und Syrien genannt, danach zählt Agrippa I. einzelne Teile Kleinasiens wie Kilikien, Pamphylien, Bithynien und Pontus auf, bevor er dann nach Europa übergeht, wo zahlreiche Gegenden auf der andern Seite der Ägäis genannt werden (Makedonien, Thessalien, Boiotien, Attika, Aitolien und die Peloponnes[19]). Abschließend folgen noch drei gro-

---

18 Es ist mir unverständlich, daß *van Unnik* bei der Diskussion unseres Briefes diesen Sachverhalt nicht berücksichtigt hat (vgl. a.a.O., S. 128), da er doch in bezug auf eine parallele Passage bei Philon ganz richtig feststellt: „Ἀποικία hat hier die gemeingriechische Bedeutung und wird nicht mit der Vorstellung von Exil verbunden, wie in der LXX. Soweit ich weiß, ist dies die einzige Stelle, wo die Diaspora so dargestellt wird. Ein gewisser Solz ist hier unverkennbar … " (a.a.O., S. 136 über *In Flaccum* 45–46): Gerade dieselbe Terminologie haben wir doch auch in *Legatio ad Caium* 281, so daß *In Flaccum* 45–46 mithin keineswegs die *einzige* Philon-Stelle ist!

19 Die Reihenfolge ist weder auf dieser noch auf der andern Seite der Ägäis recht nachvollziehbar; ich habe eine bessere geographische Ordnung herzustellen versucht.

ße Inseln im östlichen Mittelmeer, Euböa, Zypern und Kreta. Italien, wo es nicht nur in Rom zahlreiche Juden gab, wird hier nicht erwähnt.

Damit übertrifft die Metropolis Jerusalem so ziemlich alles, was aus der griechischen Geschichte an Vorbildern in Frage kommt: So weit verstreute und so zahlreiche Kolonien kann keine der griechischen Städte aufweisen. Der Kaiser kann an dieser Aufzählung die Größe des Problems erkennen. Doch nicht als Drohung wird dem Kaiser der Umfang der jüdischen Diaspora vor Augen gestellt: Der Verfasser gibt der Sache eine positive Wendung, indem er seiner Liste hinzufügt, daß alle diese jüdischen Kolonien von dem profitieren werden, was der Kaiser der Metropolis Jerusalem an Wohltaten zukommen lassen wird: „Es paßt aber zu der Größe deines Glücks, wenn durch die Wohltaten, die *einer* Stadt erwiesen werden, ungezählte andere (Städte) zugleich mitbedacht werden, so daß dein Ruhm in allen Teilen der bewohnten Welt besungen wird und die von Dankbarkeit erfüllten Lobpreisungen dazu erklingen."[20]

* * *

Heute sind wir in der glücklichen Lage, daß wir die hier und in andern Texten behauptete Ausdehnung der jüdischen Diaspora durch archäologische, insbesondere aber durch epigraphische Zeugnisse bestätigen und sogar in vielen Fällen noch erweitern können. Ich greife ein einziges Beispiel heraus, die in § 281 genannte Landschaft Kilikien. (Ich wähle dieses Beispiel, weil Kilikien als Heimat des Apostels Paulus für dieses und die folgenden Kapitel von ganz besonderer Bedeutung ist.) Hier wie in andern Gegenden kann man mit Hilfe des unlängst erschienen Corpus der jüdischen Inschriften Kleinasiens[21] ohne großen Aufwand die Städte zusammenstellen, in der Juden bezeugt sind (ich folge der Anordnung Amelings):

1. Aigai (auf unserer Karte *Aegae*, im Osten von Tarsos): Sarkophag einer Jüdin

2. Anemourion (auf unserer Karte *Anemourium*, der südlichste Punkt von Kilikien): Eine jüdische Familie wird durch die Inschrift 233 aus Korykos bezeugt

3. Diokaisareia (auf unserer Karte *Diocaesarea*, auf halbem Weg zwischen Anemourion und Tarsos, im Landesinnern gelegen): zwei jüdische Inschriften

4. Korykos (auf unserer Karte *Corycus*, am Meer nicht weit von Diokaisareia): Eine Fülle von jüdischen Inschriften in der überaus gut erhaltenen Nekropole (die Nummern 232–243 im Katalog von Ameling)

5. Seleukeia am Kalykadnos (auf unserer Karte *Seleucia*, zwischen Diokaisareia und Korykos, etwas landeinwärts): zwei jüdische Grabanlagen; ein weiterer

---

20 Zur Interpretation unseres Briefes ist der Smallwoodsche Kommentar heranzuziehen: *E. Mary Smallwood:* Philonis Alexandrini Legatio ad Gaium. Edited with an Introduction, Translation and Commentary, Leiden ²1970 (1. Aufl. 1961).

21 *Walter Ameling:* Inscriptiones Judaicae Orientis. Band II: Kleinasien, TSAJ 99, Tübingen 2004, S. 492–533: 16. Kapitel: Kilikien.

Abbildung III.2: Kilikien und die angrenzenden Gebiete

jüdischer Einwohner namens Theodotos ist durch seinen in Palästina gefundenen Grabstein für Seleukeia am Kalykadnos bezeugt, vgl. Nummer 246 im Katalog von Ameling

6. Selinus/Traianopolis (auf unserer Karte *Selinus*, vom Kap bei Anemourion etwas weiter Richtung Westen am Meer gelegen): Grab des Ioses

7. Tarsos (auf unserer Karte *Tarsus*, lange Zeit die Hauptstadt der römischen Provinz Kilikien): eine jüdische Inschrift mit der Stiftung für eine Synagoge (Ameling, Nummer 248); zwei weitere jüdische Bewohner sind für Tarsos durch Grabsteine aus Jaffa bezeugt, vgl. Amelings Nr. 249 und 250

Wir können derzeit also nicht weniger als sieben Städte in Kilikien namhaft machen, für die jüdische Einwohner bezeugt sind. In einer von ihnen gab es sogar eine Synagoge, die wir inschriftlich nachweisen können. Diese Situation ist keineswegs für Kilikien spezifisch: Auch die anderen in dem Brief des Agrippa I. genannten Gebiete könnte man in dieser Weise überprüfen und käme dabei zu analogen Ergebnissen.

Audsrücklich will ich darauf hinweisen, daß die epigraphischen Zeugnisse in der Regel wesentlich jüngeren Datums sind als der um 40 n.Chr. zu datierende Brief des Agrippa I. Der eine oder andere Ort ist daher möglicherweise erst nach der neuerlichen Auswanderungswelle im Gefolge des jüdisch-römischen Krieges (Zerstörung Jerusalems im Jahr 70 n.Chr.) von Juden besiedelt worden. Das ändert jedoch nichts am Gesamtbild: Die Ausdehnung der jüdischen Diaspora ist schon in der Mitte des ersten Jahrhunderts staunenswert. Hätten wir mehr so gut erhaltene Nekropolen wie in Korykos, so könnten wir davon ein sehr viel umfassenderes Bild zeichnen.[22]

3. Die Synagoge als Charakteristikum der Diaspora

Die zentrale Institution des Diaspora-Judentums ist die Synagoge. Der Synagogen-Gottesdienst löste schon vor der Zerstörung des Tempels im Jahr 70 den Tempelkult ab. Dies geschah zunächst nicht aus prinzipiellen, sondern aus rein praktischen Gründen. Ein Jude, der in Kilikien lebt, sagen wir in Tarsos, kann schon wegen der räumlichen Entfernung am Tempelkult gar nicht regelmäßig teilnehmen. Er sieht sich daher an seine heimische Synagoge gewiesen, die ihm den Tempel ersetzen muß und kann.[23]

Wir müssen uns klarmachen: Wir dürfen nicht von der heutigen Synagoge auf die Vorläuferinstitution im ersten Jahrhundert schließen. Erst recht müssen wir die Vorstellung einer Kirche ganz fernhalten. Der Begriff »Synagoge« bezeichnet zunächst einfach die Versammlung, dann auch den Raum oder das Gebäude, in dem sich diese Versammlung trifft. Dabei handelt es sich keineswegs um eine rein gottesdienstliche Versammlung. Denn die Synagoge war „ein Versammlungshaus für die vielfältigsten Zwecke: zum Richten, aber auch zum Gottesdienst; zum Besprechen von alltäglichen Dingen, aber auch zum religiösen Unterricht; zum Einholen von medizinischen Ratschlägen, aber auch zum Predigen. Dabei überwogen die profanen Aufgaben ursprünglich; erst nach der Zerstörung des Zweiten Tempels traten die religiösen Aufgaben langsam in den Vordergrund, ohne daß sie überall die profanen Aufgaben verdrängen konnten."[24]

---

22 Bilder und Texte aus Korykos und auch von fast allen andern hier aufgezählten Städten Kilikiens finden sich im Netz unter www.kilikien.de.
  Die Karte von *Karl Leo Noethlichs:* Die Juden im christlichen Imperium Romanum (4.–6. Jahrhundert), Studienbücher Geschichte und Kultur der Alten Welt, Berlin 2001, S. 245 stellt die Lage in der Spätantike dar: Wer sich einen Eindruck von der Ausdehnung der Diaspora in dieser Zeit verschaffen will, möge einen Blick darauf werfen.

23 Zum Problem vgl. den von mir in Zusammenarbeit mit *Armin Lange* und *Beate Ego* herausgegebenen Sammelband: Gemeinde ohne Tempel – Community without Temple. Zur Substituierung und Transformation des Jerusalemer Tempels und seines Kults im Alten Testament, antiken Judentum und frühen Christentum, WUNT 118, Tübingen 1999.

24 *Frowald G. Hüttenmeister:* Die Synagoge. Ihre Entwicklung von einer multifunktionalen Einrichtung zum reinen Kultbau, in: Gemeinde ohne Tempel (vgl. die vorige Anmerkung), S. 357–370; Zitat S. 360.

Wenn wir noch einmal einen Blick auf unsere heutigen Verhältnisse werfen, können wir sagen: Die Synagoge ist Kirche *und* Gemeindehaus in einem; sie erfüllt darüber hinaus weitere Funktionen, für die unsere heutigen christlichen Gemeinden keine Analogie bieten.

Ein solches Kommunikationszentrum fand Paulus überall vor, wohin er als Missionar kam, angefangen in seiner Heimatstadt Tarsos über Damaskos nach Jerusalem und in die Hauptstadt Syriens, Antiochien am Orontes. Danach auf der Insel Zypern – die in dem vorhin besprochenen Brief des Agrippa I. in § 282 ausdrücklich genannt wird! – und in den Städten Galatiens bzw. Lykaoniens, Antiochien *ad Pisidiam* und Ikonion (allerdings offenbar nicht in Lystra; das ist eine Ausnahme ...). Bei der zweiten Missionsreise dann in Philippi, in Thessaloniki, in Beroia, in Athen, in Korinth und in Ephesos – überall konnte Paulus bei der örtlichen Synagoge anknüpfen, um erste Kontakte herzustellen. Er hätte – wie es sein Plan war – bis Spanien vordringen müssen, um in Gegenden zu wirken, in denen Synagogen nicht vorhanden waren; dies hätte eine radikale Umstellung seiner missionarischen Methode nach sich gezogen.

Zahlreiche Synagogen in der Diaspora sind uns bezeugt, sei es durch literarische Quellen, sei es durch Inschriften, sei es durch archäologische Überreste. Letztere sind besonders wichtig, wenn man sich einen Eindruck von einem antiken Synagogengebäude verschaffen will. Daher möchte ich Ihnen eine solche Diaspora-Synagoge wenigstens kurz anhand von Dias vorstellen, die Synagoge von Sardes.[25]

4. Die Organisation der Gemeinden in der Diaspora

So wichtig die archäologischen Erkenntnisse in bezug auf die Synagogen sind, von dem täglichen Leben einer Diaspora-Gemeinde können sie uns kein vollständiges Bild vermitteln. Hier helfen die epigraphischen Zeugnisse weiter, die in den uns interessierenden Gegenden teilweise reichlich vorhanden sind.[26] Wir können uns im Rahmen dieses Buches noch nicht einmal überschlägig mit diesen reichen Zeugnissen beschäftigen. Doch will ich Ihnen exemplarisch die berühmteste dieser Inschriften vorführen, die Inschrift aus Aphrodisias.

Diese Inschrift war – wie manche andere – schon berühmt, lange bevor sie veröffentlicht wurde. Es gibt nämlich nichts Schöneres, als über Inschriften zu spekulieren, deren Text man noch gar nicht kennt. Ich erinnere mich deutlich an den Gastvortrag von Herrn [𝔑𝔞𝔪𝔢 𝔳𝔬𝔫 𝔡𝔢𝔯 𝔷𝔢𝔫𝔰𝔲𝔯 𝔤𝔢𝔰𝔱𝔯𝔦𝔠𝔥𝔢𝔫 ...] in Münster Anfang der achtziger Jahre des vorigen Jahrhunderts. Da ging eine Inschrift von Hand zu Hand, geschrieben mit einer IBM-Kugelkopf-Schreibmaschine, ungezählte Male kopiert und dement-

---

25 Dieser Satz entstammt den Vorlesungen, aus denen dieses Buch entstanden ist; im Rahmen eines Buches ist er freilich nicht einzulösen. Ich lasse ihn dennoch auch in der Buchfassung stehen: Wer mag, kann sich solche Bilder auf meiner Seite www.antike-exkursion.de ansehen.

26 Vgl. für Kleinasien den oben in Anmerkung 21 zitierten Band von *Walter Ameling* mit den jüdischen Inschriften.

sprechend unleserlich, *die Aphrodisias-Inschrift.* Ein literarischer Niederschlag dieses Phänomens findet sich in dem Buch von Bernadette Brooten über die weiblichen Synagogen-Funktionäre.[27]

Um die Lektüre dieser überaus wichtigen Inschrift[28] nicht über Gebühr zu erschweren, habe ich alle Unterpunkte weggelassen.[29] Auch habe ich darauf verzichtet, die Teile des Textes, die spätere Zufügungen sind, durch kursiven Satz zu kennzeichnen.[30] Insgesamt gilt: „Die Lesungen sind meist eindeutig, die Auflösungen der Abkürzungen und die Interpretation des Textes weniger“[31] – hier muß man sich dann in die Feinheiten des Kommentars vertiefen, was wir im Rahmen dieses Buches natürlich nicht versuchen können.

Die Diskussion der Inschrift seit ihrer Publikation im Jahr 1987 hat ergeben, daß die Seiten A und B nicht Teil ein- und derselben Inschrift sind. Dagegen spricht, daß die beiden Texte von verschiedenen Steinmetzen stammen, die verschiedene Techniken anwandten: So hat beispielsweise der Steinmetz, der für B verantwortlich zeichnete, Zeilen durch dünne Striche vorher markiert, der andere Steinmetz nicht. Im Unterschied zu seinem Kollegen arbeitete er mit Worttrennern, hochgestellten Punkten, um eine neue Person von der vorigen abzugrenzen. Schließlich nimmt A nur den oberen Teil des Steins ein, so daß genug Platz verblieben wäre, gleich mit B fortzufahren.[32]

---

27 *Bernadette J. Brooten:* Women Leaders in the Ancient Synagogue. Inscriptional Evidence and Background Issues, Brown Judaic Studies 76, Atlanta 1982, S. 151: „Just as this study was being prepared for publication, Prof. Dr. Martin Hengel kindly informed me of the existence of an unpublished Jewish inscription from Aphrodisias in Caria in which a woman by the name of Jael is called … “ Wahrscheinlich war Hengel schon damals in Besitz der IBM-Kugelkopf-Fassung der berühmten Inschrift.

28 Die zitierte Inschrift aus Aphrodisias ist erstmals publiziert von *Joyce Reynolds/Robert Tannenbaum [Hg.]:* Jews and God-Fearers at Aphrodisias: Greek Inscriptions with Commentary. Texts from the Excavations at Aphrodisias Conducted by Kenan T. Erim, Proceedings of the Cambridge Philological Society, Supplementary Volume no. 12, Cambridge 1987. Heute zitiert man den Text nach *Walter Ameling,* a.a.O., S. 71–112 = Nummer 14, der eine Fülle von Literatur seit 1987 verarbeitet hat; sein Kommentar ist die Grundlage für jede weitere Diskussion der Aphrodisias-Inschrift. Seine Übersetzung habe ich durchweg als Grundlage meiner eigenen Versuche herangezogen; ich weiche an keiner sachlich bedeutsamen Stelle von ihr ab.

29 Nach den epigraphischen Gepflogenheiten bedeutet ein Punkt unter einem Buchstaben, daß die Lesung nicht sicher ist. Hat man beispielsweise Λ und setzt darunter einen Punkt, so signalisiert man dem Leser damit, daß es auch ein Α oder ein Δ sein könnte. Der bekannte Autohersteller namens ΚΙΛ zeigt seine epigraphische Ignoranz, wenn er ein eindeutiges Α durch ein ebenso eindeutig falsches Λ wiedergibt und dann noch zu allem Unglück darauf verzichtet, einen Unterpunkt zu setzen, so daß jeder griechische Epigraphiker KILL versteht …

30 Ameling unterstreicht schließlich noch solche Partien, die auf einer Rasur stehen, a.a.O., S. 75. Auch dies ahme ich hier der Einfachheit halber nicht nach.

31 *Walter Ameling,* ebd.

32 Einzelheiten der Argumentation kann man bei *Walter Ameling,* a.a.O., S. 76–78 nachlesen.

Seite A: Der Text

Kolumne I

θεὸς βοηθὸς[33] πατελλάδω[ν]
οἱ ὑποτεταγμέ-
νοι τῆς δεκαν(ίας)
τῶν φιλομαθῶ[ν]
5 τῶν κὲ παντευλογ(ούντων)
εἰς ἀπενθησίαν
τῷ πλήθι ἔκτισα[ν]
ἐξ ἰδίων μνῆμα·
Ἰαηλ προστάτης[34]
10 *v.* σὺν υἱῷ Ἰωσούᾳ ἄρχ(οντι)
Θεόδοτος παλατῖν(ος) σὺν
v. υἱῷ Ἰλαριανῷ *vacat*
Σαμουηλ ἀρχιδ(έκανος) προσήλ(υτος)
Ἰωσῆς Ἰεσσέου *vacat*
15 Βενιαμιν ψαλμο(λόγος)
Ἰούδας εὔκολος *vacat*
Ἰωσῆς προσήλυ(τος)
Σαββάτιος Ἀμαχίου
Ἐμμόνιος θεοσεβ(ής) *v. v.*
20 Ἀντωνῖνος θεοσεβ(ής)
Σαμουηλ Πολιτιανοῦ
Εἰωσηφ Εὐσεβίου προσή(λυτος)
κα[ὶ] Εἰούδας Θεοδώρ(ου)
καὶ Ἀντιπέος Ἑρμή(ου)
25 καὶ Σαβάθιος νεκτάρις
[κα]ὶ Σαμο[υ]ηλ πρεσ-
βευτὴς ἱερεὺς

---

33 Bei *Walter Ameling* irrtümlich βοηθός statt βοηθὸς.
34 Links von unserer Kolumne I findet sich von Z. 9 bis Z. 17 noch der folgende Text: Σα-|μου-|ηλ| πρεσ-|βευ-|τῆς| Περ-|γε-|ούς.

Seite A: Die Übersetzung

Kolumne I

Gott (ist) der Helfer der Imbißinhaber.
Die unten aufgeführten
Mitglieder der Vereinigung
der Wissensliebenden,

5   die auch (bekannt sind als die, die) Segen auf alle herabrufen,
errichteten der Menge
zur Befreiung von Trauer
aus eigenen Mitteln ein Grabmal:
Jael[35], der Vorsteher,[36]

10   mit (seinem) Sohn Josua, dem Archon;
Theodotos, der Hofbeamte, mit
(seinem) Sohn Hilarianos;
Samuel, der Leiter der Vereinigung, der Proselyt;
Joses, der Sohn des Jesseos;

15   Benjamin, der Psalmensänger;
Judas, der Milde;
Joses, der Proselyt;
Sabbatios, der Sohn des Amachios;
Emmanios, der Gottesfürchtige;

20   Antoninus, der Gottesfürchtige;
Samuel, der Sohn des Politianus;
Joseph, der Sohn des Eusebios, der Proselyt;
und Judas, der Sohn des Theodoros;
und Antipeos, der Sohn des Hermes;

25   und Sabathios, der Duftende;
und Samuel, der Gesandte, der Priester.

---

35   Auf diesen hatte es *Bernadette Brooten* schon vor der Veröffentlichung der Aphrodisias-Inschrift abgesehen, vgl. die oben in Anm. 27 zitierte Notiz. Ihr zufolge handle es sich hier um eine Frau. Und in der Tat kann das griechische Ιαηλ eine Frau bezeichnen; vgl. dazu die bei *Walter Ameling* im Kommentar zur Stelle, a.a.O., S. 92 angeführten Belege. Dagegen spricht jedoch: „Die folgende Amtsbezeichnung προστάτης ist eindeutig ein Masculinum, kein Femininum: bei einer Frau wäre προστάτις zu erwarten (cf. Röm 16,1f.)“ (*Walter Ameling*, a.a.O., S. 93). Zudem kann man argumentieren, daß im folgenden ausschließlich Männer aufgezählt werden.

36   Der links von der Kolumne laufende Text, der oben in Anmerkung 34 zitiert ist, lautet in deutscher Übersetzung: „Samuel, der Gesandte, aus Perge.“

Seite B: Der Text, erster Teil

[. . .]
[. . . . . . . Σ]εραπίωνος *vacat*
[. . .]
⌜Ιωση⌝φ Ζήνωνος *vacat*
5   [Ζή]νων Ἰακωβ ·³⁷ Μανασῆς Ἰωφ
    Ἰούδας Εὐσεβίου *vacat*
    Ἑορτάσιος Καλλικάρπου *vacat*
    Βιωτικός · Ἰούδας Ἀμφιανοῦ
    Εὐγένιος χρυσοχόος *vacat*
10 Πραοίλιος · Ἰούδας Πραοιλίου *v.*
    Ῥοῦφος · Ὀξυχόλιος γέρων
    Ἀμάντιος Χαρίνου · Μύρτιλος
    Ἰακω προβατον(όμος) · Σεβῆρος *vacat*
    Εὔοδος · Ἰάσων Εὐόδου *vacat*
15 Εὐσαββάθιος λαχα(νοπώλης) · Ἀνύσιος
    Εὐσαββάθιος ξένος · Μίλων
    Ὀξυχόλιος νεώτερος *vacat*
    Διογένης · Εὐσαββάθιος Διογέν(ους)
    [Ἰού]δας Παύλου · Θεόφιλος *vacat*
20 [Ἰ]α[κ]ωβ ὁ κὲ Ἀπελλί(ων) · Ζαχαρίας μονο(πώλης)
    [Λε]όντιος Λεοντίου · Γέμελλος
    [Ἰο]ύδας Ἀχολίου · Δαμόνικος *vacat*
    Εὐτάρκιος Ἰούδα · Ἰωσηφ Φιληρ(?)
    Εὐσαββάθιος Εὐγενίου *vacat*
25 Κύρυλλος · Εὐτύχιος χαλκο(τύπος)
    Ἰωσηφ παστι(λλάριος) · Ῥουβην παστ(ιλλάριος)
    Ἰούδας Ὁρτασί(ου) · Εὐτύχιος ὀρν(ιθοπώλης)
    Ἰούδας ὁ κὲ Ζωσι(?) · Ζήνων γρυτ(οπώλης)
    Ἀμμιανὸς χιλᾶς · Αἰλιανὸς Αἰλια(νοῦ)
30 Αἰλιανὸς ὁ καὶ Σαμουηλ · Φίλανθος
    Γοργόνιος Ὀξυ(χολίου) · Ἑορτάσιος Ἀχιλλέ(ως)
    Εὐσαββάθιος Ὀξυχ(ολίου) · Παρηγόριος
    Ἑορτάσιος Ζωτικοῦ · Συμεών Ζην(?)
                              vacat

---

37   Wie wir gesehen haben, sind die Worttrenner für den Steinmetz der Inschrift B charakteristisch. Ich habe sie aus diesem Grund ausnahmsweise stehengelassen; normalerweise würde man sie in einer modernen Ausgabe durch Kommata oder sonst passende Satzzeichen ersetzen.

Seite B: Die Übersetzung, erster Teil

...

... der Sohn des Serapion; ...

...

Joseph[38], der Sohn des Zenon;
5 Zenon, der Sohn des Jakob; Manases, der Sohn des Joph;
Judas, der Sohn des Eusebios;
Heortasios, der Sohn des Kallikarpos;
Biotikos; Judas, der Sohn des Amphianos;
Eugenios, der Goldschmied;
10 Praoilios; Judas, der Sohn des Praoilios;
Rufus; Oxycholios der Ältere;
Amantios, der Sohn des Charinos; Myrtilos;
Jako, der Schäfer; Severus;
Euodos; Jason, der Sohn des Euodos;
15 Eusabbathios, der Gemüsehändler; Anysios;
Eusabbathios, der Fremde; Milon;
Oxycholios der Jüngere;
Diogenes; Eusabbathios, der Sohn des Diogenes;
Judas, der Sohn des Paulus; Theophilos;
20 Jakob, auch Apellion genannt; Zacharias, der Kaufmann;
Leontios, der Sohn des Leontios; Gemellos;
Judas, der Sohn des Acholios; Damonikos;
Eutarkios, der Sohn des Judas; Joseph, der Sohn des Philer(?);
Eusabbathios, der Sohn des Eugenios;
25 Kyrillos; Eutychios, der Bronzeschmied;
Joseph, der Zuckerbäcker; Ruben, der Zuckerbäcker;
Judas, der Sohn des Hortasios; Eutychios, der Geflügelhändler;
Judas, auch Zosi(?) genannt; Zenon, der Trödler;
Ammianus, der Futterhändler; Aelianus, der Sohn des Aelianus;
30 Aelianus, der auch Samuel genannt wird; Philanthos;
Gorgonios, der Sohn des Oxycholios; Heortasios, der Sohn des Achil-
leus;
Eusabbathios, der Sohn des Oxycholios; Paregorios;
Heortasios, der Sohn des Zotikos; Symeon, der Sohn des Zen(?).[39]

---

38 Die Ergänzung von *Reynolds/Tannenbaum* setzt *Ameling* nicht in seinen Text.
39 Auf der Inschrift folgt hier ein Leerraum, der ungefähr sechs leeren Zeilen entspricht.

Seite B: Der Text, zweiter Teil

καὶ ὅσοι θεοσεβῖς · Ζήνων βουλ(ευτής)
35 Τέρτυλλος βουλ(ευτής) · Διογένης βουλ(ευτής)
Ὀνήσιμος βουλ(ευτής) · Ζήνων Λονγι(ανοῦ) βουλ(ευτής)
Ἀντιπέος βουλ(ευτής) · Ἀντίοχος βουλ(ευτής)
Ῥωμανὸς βουλ(ευτής) · Ἀπονήριος βουλ(ευτής)
Εὐπίθιος πορφυρ(ᾶς) · Στρατήγιος
40 Ξάνθος, · Ξάνθος Ξάνθου v.
Ἀπονήριος Ἀπον(ηρίου) · Ὑψικλῆς Μελ(?)
Πολυχρόνιος Ξάν(θου) · Ἀθηνίων Αἰ(λιανοῦ)
Καλλίμορφος Καλ(λιμόρφου)[40] · ΙΟΥΝΒΑΛΟΣ
Τυχικὸς Τυχι(κοῦ) · Γληγόριος Τυχι(κοῦ) v.
45 Πολυχρόνιος βελ(?) · Χρύσιππος
Γοργόνιος χαλ(κοτύπος) · Τατιανὸς Ὀξυ(χολίου)
Ἀπελλᾶς Ἡγε(μονέως) · Βαλεριανὸς πενα(κᾶς)
Εὐσαββάθιος Ἡδ(υχρόος) · Μανίκιος Ἀττᾶ[41] vacat
Ὀρτάσιος λατύ(πος) · Βραβεύς vacat
50 Κλαυδιανὸς Καλ(λιμόρφου)[42] · Ἀλέξανδρος πυ(?)
Ἀππιανὸς λευ(?) · Ἀδόλιος ἰσικιάριος
Ζωτικὸς ψελ(λός) · Ζωτικὸς γρύλλος
Εὐπίθιος Εὐπι(θίου) · Πατρίκιος χαλκο(τύπος)
Ἐλπιδιανὸς ἀθλη(τής) · Ἡδυχροῦς vacat
55 Εὐτρόπιος Ἡδυχ(ρόος) · Καλλίνικος vacat
Βαλεριανὸς ἀρχά(ριος) · Εὔρετος Ἀθηναγ(όρου)
Παράμονος ἰκονο(γράφος) · vacat
Εὐτυχιανὸς γναφ(εύς) · Προκόπιος τρα(πεζίτης)
Προυνίκιος γναφ(εύς) · Στρατόνικος γναφ(εύς)
60 Ἀθηναγόρας τέκτω(ν) vacat
Μελίτων Ἀμαζονίου. vacat
vacat

---

40 Die Ergänzung von *Reynolds/Tannenbaum* setzt *Ameling* nicht in seinen Text.
41 Statt des Ἀττᾶ, das *Ameling* vorschlägt, bieten *Reynolds/Tannenbaum* vielmehr Ἀττά(λου).
42 Die Ergänzung von *Reynolds/Tannenbaum* setzt *Ameling* nicht in seinen Text.

Seite B: Die Übersetzung, zweiter Teil

Und die folgenden Gottesfürchtigen: Zenon, der Ratsherr;
35 Tertyllos, der Ratsherr, Diogenes, der Ratsherr,
Onesimos, der Ratsherr; Zenon, der Sohn des Longianus, der Ratsherr;
Antipeos, der Ratsherr; Antiochos, der Ratsherr;
Romanus, der Ratsherr; Aponerios, der Ratsherr;
Eupithios, der Purpurfärber; Strategios;
40 Xanthos; Xanthos, der Sohn des Xanthos;
Aponerios, der Sohn des Aponerios; Hypsikles, der Sohn des Mel(?);
Polychronios, der Sohn des Xanthos; Athenion, der Sohn des Aelianus;
Kallimorphos, der Sohn des Kal(?); IOUNBALOS;
Tychikos, der Sohn des Tychikos; Glegorios, der Sohn des Tychikos;
45 Polychronios, der Geschoßmacher; Chrysippos;
Gorgonios, der Bronzeschmied; Tatianus, der Sohn des Oxycholios;
Apellas, der Sohn des Hegemoneus; Valerianus, der Tafelmacher;
Eusabbathios, der Sohn des Hedychrous; Manicius, der Sohn des Attas;
Hortasios, der Bildhauer; Brabeus;
50 Claudianus, der Sohn des Kal(?); Alexandros, der Sohn des Py(?);
Appianos, der Sohn des Leu(?); Adolios, der Wurstmacher;
Zotikos, der Armreifmacher; Zotikos, der Tänzer;
Eupithios, der Sohn des Eupithios; Patricius, der Bronzeschmied;
Elpidianos, der Athlet; Hedychrous;
55 Eutropios, der Sohn des Hedychrous; Kallinikos;
Valerianus, der Kassenwart; Heuretos, der Sohn des Athenagoras;
Paramonos, der Maler;
Eutychianos, der Gerber; Prokopios, der Geldwechsler;
Prounikios, der Gerber; Stratonikos, der Gerber;
60 Athenagoras, der Zimmermann;
Meliton, der Sohn des Amazonios.

Wir haben es hier mit einer jüdischen Inschrift zu tun, die drei verschiedene Klassen unterscheidet: Juden, Proselyten (προσήλυτοι *[prosēlytoi]*) und Gottesfürchtige (θεοσεβεῖς *[theosebeis]*), wie wir es von der Apostelgeschichte her gewohnt sind: Paulus wendet sich, wie wir gesehen haben, an die jeweilige Synagoge und findet in deren Dunstkreis nicht nur Juden, sondern v.a. auch Sympathisanten, die sogenannten Gottesfürchtigen (θεοσεβεῖς *[theosebeis]*), die in der Regel ein Interesse für die christliche Botschaft erkennen lassen. Diese bietet ihnen die Möglichkeit, die Beschneidung, die sie als Proselyten auf sich nehmen müßten, zu umgehen. Daher erscheint ihnen die Botschaft der christlichen Missionare von vornherein attraktiv.

Die uns interessierende Unterscheidung zwischen Juden, Proselyten und Sympathisanten ist ein Charakteristikum der Inschrift A. Hier werden die in den Zeilen 13; 17; 22 genannten Männer, also Samuel, Joses und Joseph, der Sohn des Eusebios, ausdrücklich als προσήλυτοι *(prosēlytoi)* gekennzeichnet.[43] Außerdem steht in den Zeilen 19 und 20 bei den Namen Emmonios und Antoninus jeweils das θεοσεβής *(theosebēs)*.[44] Daraus ergibt sich für die Inschrift A: Alle außer in den genannten Zeilen vorkommenden Männer sind »normale« Juden; die Proselyten und die Sympathisanten sind Minderheiten; die Zugehörigkeit zu einer von ihnen wird daher eigens erwähnt.

* * *

Etwas anders liegen die Dinge in Inschrift B: Hier ist von Proselyten überhaupt keine Rede; aber in Z. 34 haben wir die Zwischenüberschrift καὶ ὅσοι θεοσεβῖς *(kai hosoi theosebis)*, „und die folgenden Gottesfürchtigen". D.h. alle in den folgenden Zeilen 34 bis 61 aufgezählten Männer gehören zu der in der Überschrift genannten Gruppe der Gottesfürchtigen (eine andere Zwischenüberschrift folgt ja nicht mehr). Daraus ergibt sich, daß in dieser Liste ab Zeile 34 eine besondere Gruppe aufgezählt wird, die Sympathisanten, nachdem zuvor die »normalen« Juden genannt worden waren. Leider weiß man nicht, wie viele Namen schon davor standen, da der Anfang von B verloren ist. Daher kann man nicht angeben, wie groß die Zahl der Sympathisanten in Aphrodisias relativ zu der Gesamtzahl der Juden ist.

Interessant ist dann aber noch die erste Untergruppe dieser Sympathisanten: In den Zeilen 34 bis 38 werden offenbar die angesehensten unter den mit dem Judentum sympathisierenden Menschen genannt: Alle neun Männer schmücken sich mit einem βουλευτής *(bouleutēs)*; es handelt sich hier also um Ratsherren der Stadt

---

43 Proselyten begegnen im Neuen Testament bei Matthäus (Mt 23,15) und vor allem in der Apostelgeschichte (Apg 2,11; 6,5; 13,43).

44 Im Neuen Testament findet sich diese Bezeichnung nur in Joh 9,31; Lukas verwendet in seiner Apostelgeschichte für diese Gruppe, die mit dem Judentum sympathisiert, vor dem Übertritt einschließlich der Beschneidung aber zurückschreckt, den Ausdruck σεβόμενοι, vgl. Apg 13,43; 13,50; 16,14; 17,4; 17,17 und 18,7.

Aphrodisias: Neun Ratsherren waren Sympathisanten der jüdischen Gemeinde![45] Das spricht für einen erheblichen »kommunalen« Einfluß der jüdischen Gemeinde in Aphrodisias.

* * *

Nun stammen unsere Inschriften aus Aphrodisias nach dem gegenwärtigen Stand ihrer Erforschung erst aus dem vierten Jahrhundert n. Chr.[46] Sie sind also rund 300 Jahre später als die Zeit, die uns hier in diesem Buch vor allem interessiert, die Mitte des ersten Jahrhunderts n. Chr. Trotzdem kann man aus diesen Texten Rückschlüsse auf die jüdische Diaspora in der frühen Kaiserzeit ziehen:

1. Eine jüdische Gemeinde besteht nicht nur aus Menschen, die schon immer Juden gewesen sind. Vielmehr ist sie attraktiv auch für die heidnischen Mitbürgerinnen und Mitbürger.

2. Auch wenn diese in der Regel vor einem Übertritt zurückschrecken: Mit zum Judentum übergetretenen Menschen, sogenannten Proselyten, ist immer zu rechnen, mag ihre Zahl auch jeweils eher klein gewesen sein.

3. Wesentlich größer ist eine andere Gruppe, die sich um die Synagoge schart, die sogenannten »Gottesfürchtigen«, die wir in der Apostelgeschichte als σεβό-μενοι *(sebomenoi)*, in den Inschriften von Aphrodisias aber als θεοσεβεῖς *(theosebeis)* vorfinden.

4. Zu dieser Gruppe der Sympathisanten gehören häufig auch Mitglieder der lokalen Eliten – mag die Zahl der neun Ratsherren aus Aphrodisias auch unverhältnismäßig groß sein.

5. Die Berufsangaben in der Liste der Sympathisanten in Inschrift B aus Aphrodisias zeigen, daß das Judentum der Diaspora quer durch die Bevölkerung auf Interesse stieß.

6. Inschrift A lehrt, daß im Rahmen der Diaspora-Synagoge eine große Zahl von Posten und Pöstchen zu vergeben war …

---

45 Setzt man eine Zahl von 100 Ratsherren an, so wären 10 % des Rates Sympathisanten gewesen, eine erhebliche Zahl! Vgl. dazu *Walter Ameling* in seinem Kommentar zur Stelle, a. a. O., S. 106–107.

46 Zur Spätdatierung – die ursprünglichen Herausgeber hatten ein Datum von vor 212 n. Chr. vorgeschlagen – vgl. die eingehende Argumentation bei *Walter Ameling*, a. a. O., S. 78–82.

§ 14 Paulus in Antiochien

Während in Palästina in den dreißiger Jahren die Unsicherheit wuchs, entstand in der Hauptstadt des benachbarten Syrien die erste heidenchristlich geprägte christliche Gemeinde, die erste Gemeinde außerhalb Palästinas, von der wir wissen. Lukas verweist sogleich auf die Hellenisten, die aus Jerusalem vertrieben worden waren und nun in Antiochien eine neue Gemeinde gründeten (Apg 11,19–21[1]):

19 Die von der Verfolgung, die wegen des Stephanus eingetreten war, Zerstreuten nun durchzogen (das Land) bis nach Phoinikien und Zypern und Antiochien, ohne daß sie jemandem das Wort verkündigten, außer allein den Juden. 20 Einige unter ihnen waren aus Zypern und aus Kyrene, welche nach Antiochien kamen und den Herrn Jesus den Hellenisten[2] verkündigten. 21 Und die Hand des Herrn war mit ihnen, und eine große Zahl, die glaubte, wandte sich dem Herrn zu.

Im ersten Vers dieses Abschnitts spannt Lukas den Bogen von Stephanus – dem führenden Kopf der Sieben – über Phoinikien und Zypern bis nach Antiochien. Die Hellenisten also sind es, die, aus Jerusalem vertrieben, den weiteren Lauf des Evangeliums bestimmen.

Der Schritt von Jerusalem nach Antiochien, den die Hellenisten getan haben, ist von weltgeschichtlicher Bedeutung. Jerusalem war ein kleines Städtchen am Rande der Welt. Seine Einwohnerzahl schätzen moderne Gelehrte auf „rund 25000 bis 30000 Einwohner."[3] Antiochien dagegen war eine Weltstadt mit mehreren Hun-

---

1   Im griechischen Original: οἱ μὲν οὖν διασπαρέντες ἀπὸ τῆς θλίψεως τῆς γενομένης ἐπὶ Στεφάνῳ διῆλθον ἕως Φοινίκης καὶ Κύπρου καὶ Ἀντιοχείας, μηδενὶ λαλοῦντες τὸν λόγον εἰ μὴ μόνον Ἰουδαίοις. ἦσαν δέ τινες ἐξ αὐτῶν ἄνδρες Κύπριοι καὶ Κυρηναῖοι, οἵτινες ἐλθόντες εἰς Ἀντιόχειαν ἐλάλουν καὶ πρὸς τοὺς Ἑλληνιστὰς εὐαγγελιζόμενοι τὸν κύριον Ἰησοῦν. καὶ ἦν χεὶρ κυρίου μετ' αὐτῶν, πολύς τε ἀριθμὸς ὁ πιστεύσας ἐπέστρεψεν ἐπὶ τὸν κύριον.

2   Damit können nicht dieselben Leute gemeint sein, von denen in Apg 6 die Rede war. Der Gebrauch des griechischen Ἑλληνισταί in 6,1; 9,29 und 11,20 hat schon die antiken Schreiber verwirrt. Bereits in 9,29 hatten einige Handschriften – A, 424 und wenige andere – Ἑλληνιστάς durch Ἕλληνας ersetzt. An unserer Stelle ist die Bezeugung für Ἕλληνας freilich wesentlich stärker. Die Liste umfaßt Papyrus 74 א² A D*; in seiner ursprünglichen Fassung bietet א εὐαγγελιστάς. Zum textkritischen Problem vgl. die ausführliche Diskussion bei *Bruce M. Metzger:* A Textual Commentary on the Greek New Testament. A Companion Volume to the United Bible Societies' Greek New Testament (Fourth Revised Edition), Stuttgart ²1994, S. 340–342. Das Ergebnis ist klar: „Transcriptional probability is all in favor of Ἑλληνιστάς, for the temptation to editor or scribe was to substitute an easy and familiar word (Ἕλληνας) for one which was by no means familiar. There is no counter temptation to set against this, so that the argument drawn from it is a strong one" (S. 342).
Es müssen an unserer Stelle wegen des Gegensatzes zu den in v. 19 genannten Juden mit Ἑλληνισταί griechischsprechende Personen, die nicht Juden sind, gemeint sein.

3   *Joachim Jeremias:* Die Einwohnerzahl Jerusalems, in: *ders.:* Abba. Studien zur neutestamentlichen Theologie und Zeitgeschichte, Göttingen 1966, S. 335–341; Zitat S. 341.

derttausend Einwohnern.[4] Als christliches Zentrum ist Antiochien bald wesentlich bedeutender als Jerusalem. Von hier gehen die entscheidenden missionarischen Aktivitäten im Weltmaßstab aus.

Die Revolution freilich findet zuerst in Antiochien selbst statt: Die Hellenisten missionieren hier unter den Heiden. Anders kann man die Aussage in v. 20 gar nicht verstehen. Hier werden nicht mehr Juden geworben, sondern Griechen. Das ist etwas grundlegend Neues. Und es ist erfolgreich, wie Lukas in v. 21 berichtet. So ist es nicht verwunderlich, daß der neue Name für diese Bewegung, Χριστιανοί *(Christianoi)*, in dieser Gemeinde »erfunden« wurde. Die Christinnen und Christen in Jerusalem unterschieden sich nicht hinlänglich von ihren jüdischen Mitbürgerinnen und Mitbürgern, so daß kein neuer Name erforderlich war. Ganz anders lagen die Dinge in Antiochien: Die christliche Gemeinde hatte sich neben und außerhalb der Synagoge etabliert; sie war eine neue Bewegung neben dem Judentum und bedurfte daher auch eines eigenen Namens.[5]

Ist die heidenchristliche Gemeinde in Antiochien also schon als solche von großer Bedeutung, so kommt noch hinzu, daß Paulus dieser Gemeinde über Jahre angehörte. Er hat sie geprägt, und sie hat ihn geprägt. Die paulinische Theologie kann man nicht von Jerusalem herleiten, wohl aber von Antiochien. In den Auseinandersetzungen zwischen Jerusalem und Antiochien ist es Paulus, der die antiochenische Position formuliert und gegenüber Jerusalem vertritt (so in besonders eindrucksvoller Weise bei dem sogenannten Apostelkonvent, den Lukas in Apg 15 schildert, Paulus in Gal 2,1–10). Das Kernstück dieser antiochenischen Theologie ist die gesetzesfreie Heidenmission. Diese ist ein Erbe der Sieben, insbesondere des Stephanus. Sie ist Praxis der antiochenischen Gemeinde, und Paulus ist ihr hervorragendster Vertreter.

Die Urgemeinde in Jerusalem gerät dadurch immer mehr aufs Abstellgleis. Die großen Initiativen gehen nicht von Jerusalem aus, sondern von Antiochien. Hier ist vor allem die sogenannte erste Missionsreise zu nennen, die Lukas in Apg 13–14 schildert. Der Bericht des Lukas beginnt mit einer förmlichen Aussendung der Missionare in Apg 13,1–3[6]:

1 Es waren aber in Antiochien in der dort bestehenden Gemeinde Propheten und Lehrer: Barnabas und Symeon, der Niger genannt wurde, und Lukios der Kyrenaier, Manahen, der Sandkastenfreund des Tetrarchen Herodes, und Saulos.

---

4   In spätantiker Zeit ist Antiochien die drittgrößte Stadt der Welt. Zur Zeit des Johannes Chrysostomos rechnet man mit 800000 (!) Einwohnern – also auch nach unsern heutigen Begriffen eine Großstadt! Vgl. dazu *J. Kollwitz:* Art. Antiochia am Orontes, RAC I (1950), Sp. 461–469; hier Sp. 461.

5   Vgl. dazu oben Kapitel I, S. 15 mit Anm. 1.

6   Im griechischen Original lesen wir: ἦσαν δὲ ἐν Ἀντιοχείᾳ κατὰ τὴν οὖσαν ἐκκλησίαν προφῆται καὶ διδάσκαλοι ὅ τε Βαρναβᾶς καὶ Συμεὼν ὁ καλούμενος Νίγερ, καὶ Λούκιος ὁ Κυρηναῖος, Μαναήν τε Ἡρῴδου τοῦ τετράρχου σύντροφος καὶ Σαῦλος. λειτουργούντων δὲ αὐτῶν τῷ κυρίῳ καὶ νηστευόντων εἶπεν τὸ πνεῦμα τὸ ἅγιον· ἀφορίσατε δή μοι τὸν Βαρναβᾶν καὶ Σαῦλον εἰς τὸ ἔργον ὃ προσκέκλημαι αὐτούς. τότε νηστεύσαντες καὶ προσευξάμενοι καὶ ἐπιθέντες τὰς χεῖρας αὐτοῖς ἀπέλυσαν.

2 Während diese nun zum Herrn beteten und fasteten, sprach der heilige Geist: „Wählt mir den Barnabas und den Saulos aus zu dem Werk, zu dem ich sie berufen habe." 3 Da fasteten und beteten sie, legten ihnen die Hände auf und entließen sie.

Wer hätte erwartet, in der Hauptstadt Syriens noch einmal auf die Spuren des Antipas zu stoßen? Aber der in v. 1 unmittelbar vor dem krönenden Abschluß Paulus genannte Manahen ist ein Freund des Antipas von Kindesbeinen an. Auf Griechisch steht da σύντροφος *(syntrophos)* des Tetrarchen Herodes. Das Wort σύντροφος *(syntrophos)* begegnet im Neuen Testament nur an dieser Stelle. Das Adjektiv σύντροφος, -ον *(syntrophos, -on)* bedeutet: zusammen genährt, zusammen erzogen; im weiteren Sinn dann auch: vertraut, befreundet. Als Substantiv ὁ σύντροφος *(ho syntrophos)* wird das Wort bei Bauer/Aland als „Milchbruder", „Jugendgenosse" übersetzt.[7] Nachdem das Wort „Milchbruder" heute etwas außer Gebrauch gekommen ist, habe ich mich schweren Herzens zu der Übersetzung „Sandkastenfreund" durchgerungen.

Hier haben wir – eher zufällig erhalten – ein Verzeichnis (wäre es eine Inschrift, würde man sagen: Album) von wichtigen Gemeindegliedern der Gemeinde in Antiochien in den vierziger Jahren des ersten Jahrhunderts. Man muß sich klarmachen: Wir befinden uns nur rund 15 Jahre nach dem Geschehen von Tod und Auferstehung Jesu in der Weltstadt Antiochien. Hier gibt es nach so kurzer Zeit schon eine blühende christliche Gemeinde, deren führende Vertreter uns in dieser Liste erhalten sind. Ob Lukas die Liste einer (schriftlichen) Quelle verdankt oder einer (mündlichen) Tradition, ist nicht leicht zu entscheiden; näher liegt nach meinem Urteil die Annahme, daß es sich um eine Quelle handelt.

Interessant ist der Vergleich mit der Inschrift B aus Aphrodisias, die wir unlängst kennengelernt haben:[8] Auch die Inschrift B ist ein Album der Mitglieder, in diesem Fall der Mitglieder der jüdischen Gemeinde in Aphrodisias. Die Liste aus Aphrodisias zeigt den »normalen« Überlieferungsweg eines solchen Albums: Sie ist als Inschrift auf uns gekommen. Die Liste aus Antiochien war freilich nie in Stein gemeißelt; ihre Erhaltung verdanken wir dem Lukas.

Nachdem wir in 11,19–30 über die erste Phase der Gemeinde in Antiochien informiert worden sind, folgt nun gleich eine weitgespannte Aktivität dieser Gemeinde. Wie eine moderne Missionsgesellschaft ihre Missionare, so sendet Antiochien Barnabas und Paulus auf ein völlig neues Missionsfeld. Die Weltmission geht von Antiochien aus, nicht von Jerusalem.

Die Metzgersche Karte[9] zeigt die Stationen der Missionsreise: Ausgangs- wie Endpunkt ist Antiochien am Orontes. Von da geht es zunächst hinunter zum Hafen

---

7   *Bauer/Aland*, Sp. 1582.

8   Zur Aphrodisias-Inschrift vgl. oben, S. 102–111.

9   *Henri Metzger:* Les routes de saint Paul dans l'Orient grec, CAB 4, Neuchatel/Paris ²1956, S. 13, Fig. 1: „Carte de la première mission."

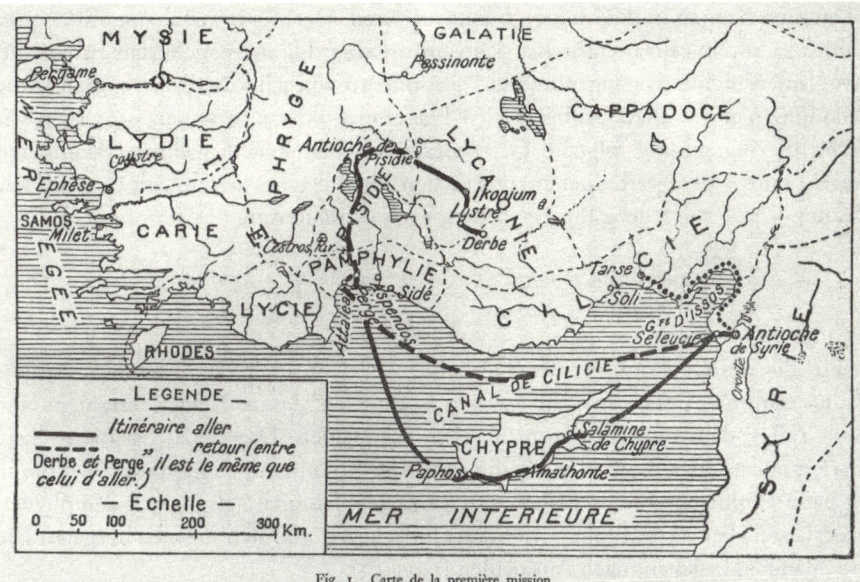

Fig. 1. Carte de la première mission.

Abbildung III.3: Die erste Missionsreise. Auf dieser Metzgerschen Karte ist der Weg von Perge nach Antiochien in Pisidien falsch dargestellt: Die Missionare waren auf der *Via Sebaste* unterwegs, die mehr als 100 km weiter westlich verläuft, dann einen Bogen Richtung Osten beschreibt und nördlich des großen Sees nach Antiochien führt.

Seleukia, dann weiter nach Zypern. Hier bestehen die Missionare ein spannendes Abenteuer mit einem jüdischen Zauberer und beeindrucken den römischen Statthalter Sergius Paulus zutiefst (13,4–12).

Mit dieser Station ist auch die »Umbenennung« des Saulos in Paulus verbunden. Diese erfolgt in v. 9: „Saulos aber, der auch Paulus [genannt wird], erfüllt vom heiligen Geist, blickte ihn an und sagte usw."[10] Hier wird zum ersten Mal in der Apostelgeschichte der Name Paulus genannt. Merkwürdig ist freilich die Art, wie dies geschieht. Bisher war dieser Mann den Lesern der Apostelgeschichte nur unter dem Namen Saulos bekannt. Daher stellt sich die Frage: Wieso heißt dieser Mann bis Kapitel 13 stets Saulos, ab Kapitel 14 aber ausschließlich Paulus? (Ausnahmen: 22,7 in der Version des Codex D [05] und 26,14 Codd.)

Conzelmann gibt in seinem Kommentar die folgende Antwort: „**9** bringt den berühmten, endgültigen Übergang von *Saulus* zu *Paulus*. Er ist nicht durch eine Quelle (das Itinerar, so Dibelius Aufs 13 A4) veranlaßt. Lk benützt vielmehr die Gelegenheit, den Namen des Erstbekehrten des »Paulus«, um diesen nun unter seinem allgemein

---

10   Im griechischen Original: Σαῦλος δέ, ὁ καὶ Παῦλος, πλησθεὶς πνεύματος ἁγίου ἀτενίσας εἰς αὐτὸν εἶπεν κτλ.

bekannten Namen in die Mission hineinzuführen. Der Zusammenhang mit Sergius Paulus ist so ein rein literarischer, kein historischer. Lk weiß auch, daß Paulus diesen Namen nicht etwa angenommen hat, sondern von jeher trug; das enthält ja die Wendung ὁ καί = alias.[11] Ob »Paulus« Praenomen oder Cognomen ist, wissen wir nicht; die Benennung folgt im Osten des römischen Reiches keinen erkennbaren Regeln (außer dem verbreiteten zusätzlichen Führen eines signum, in diesem Falle »Saulus«) .... .«[12] Ich gebe Ihnen ein Beispiel zur Erläuterung der Terminologie:

praenomen	nomen gentile	cognomen	signum
Marcus	Porcius	Cato	Uticensis

Für die weitere Route ist der Statthalter vielleicht auch verantwortlich. Sergius Paulus stammt nämlich aus dem zweiten Antiochien, das im Neuen Testament eine Rolle spielt, dem sogenannten pisidischen Antiochien. Diese Stadt ist die nächste Station auf unserer Reise. Sie ist eine römische Kolonie, und für römische Kolonien hatte Paulus ein Faible. Daher setzen unsere Missionare zwar nach Pamphylien über, lassen aber all die blühenden Städte links liegen, um sich sogleich ins galatische Hochland zu begeben, nach Antiochien (13,13–50).

Das Fernziel des Paulus war Spanien. Spanien war eine ganz besondere Herausforderung: In Spanien kommt man mit Griechisch nicht durch. In Spanien kann man nicht bei der jüdischen Synagoge anknüpfen. Denn Griechisch wird allenfalls in den Küstenstädten verstanden, aber nicht mehr im Landesinnern; Juden gab es vor 70 in Spanien so gut wie überhaupt nicht. Wer in Spanien erfolgreich tätig sein will, muß also erstens Latein lernen und zweitens die römische Mentalität verstehen. Das konnte Paulus weder in Jerusalem noch in Damaskus, und auch in dem syrischen Antiochien boten sich nicht viele Möglichkeiten. Wer momentan nicht nach Rom fahren kann, der kann doch in den römischen Kolonien einstweilen üben. Diese sind freilich im östlichen Mittelmeerraum nicht gerade häufig. Aber in Galatien gab es deren drei: das pisidische Antiochien, Iconium und Lystra – damit ist die weitere Route der Missionare vorgezeichnet.[13]

---

11 In den Inschriften von Aphrodisias ist uns dieses ὁ καί = *alias* verschiedentlich begegnet, vgl. dazu oben Seite 106, Inschrift B, Zeile 20: [Ἰ]α[κ]ωβ ὁ κὲ Ἀπελλί(ων) = „Jakob, auch Apellion genannt"; Inschrift B, Zeile 28: Ἰούδας ὁ κὲ Ζωσι(?) = „Judas, auch Zosi(?) genannt"; Inschrift B, Zeile 30: Αἰλιανὸς ὁ καὶ Σαμουηλ = „Aelianus, der auch Samuel genannt wird".
Interessant ist die Beobachtung, daß in der Inschrift von Aphrodisias diese Personen mit dem ὁ καί = *alias* vor Z. 36 zu finden sind, d.h. in dem Teil der Liste, der die »richtigen« Juden aufzählt: Bei diesen ist die Angewohnheit, ein *signum* zu führen, offenbar besonders häufig, was ja auch ein interessantes Licht auf den Fall unseres Paulus wirft.

12 *Hans Conzelmann:* Die Apostelgeschichte, HNT 7, Tübingen 1963 (²1972), S. 82 (das Kursive im Original gesperrt gedruckt).

13 Vgl. dazu *Peter Pilhofer:* Antiochien und Philippi. Zwei römische Kolonien auf dem Weg des Paulus nach Spanien, in: *Peter Pilhofer:* Die frühen Christen und ihre Welt. Greifswalder Aufsätze 1996–2001. Mit Beiträgen von Jens Börstinghaus und Eva Ebel, WUNT 145, Tübingen 2002, S. 154–165.

§ 15 Die Wege trennen sich

Die sogenannte erste Missionsreise, die Lukas in Apg 13–14 schildert, war offenbar ein sehr erfolgreiches Unternehmen. Im anatolischen Hochland wurden mehrere Gemeinden gegründet, die uns dann im Zusammenhang mit dem Galaterbrief noch einmal begegnen werden. Aber diese neuen Gemeinden warfen auch schwere Probleme auf – in Jerusalem. Nicht nur waren Heiden missioniert worden, sondern diese lebten nun mit jüdischen Gemeindegliedern zusammen in einer Gemeinde. Die Praxis dieses Zusammenlebens wirft für Juden mancherlei Fragen auf, die noch nicht geklärt waren.

Der Klärungsprozeß – soweit wir ihn mit unsern Quellen nachvollziehen können – erfolgte in zwei Schritten und führte zu seiner schmerzlichen Trennung zwischen Jerusalem und Antiochien, dann aber auch von Paulus und Antiochien. Die sogenannte zweite Missionsreise, die Lukas in Apg 15,36–18,22 beschreibt, unternimmt er nicht mehr als Abgesandter der Gemeinde in Antiochien, sondern auf eigene Verantwortung.

1. Der sogenannte Apostelkonvent

Beim Apostelkonvent in Jerusalem wurde das paulinische Evangelium geprüft (Paulus legt sein Evangelium vor, wie er selbst in Gal 2,2 formuliert).[1] Es geht um die zentrale theologische Frage, ob Mission unter Heiden legitim ist oder nicht. Die Heidenmission ist ja, wie wir gesehen haben, keine Erfindung des Paulus; in Antiochien wurde sie schon betrieben, bevor Paulus dort auftauchte. Aber nun war diese Mission nicht mehr auf Antiochien beschränkt, sondern sie breitete sich aus wie ein Lauffeuer – und das in so entlegenen Gegenden wie Galatien! Das bedurfte einer grundlegenden Besprechung; diese fand Mitte oder Ende der 40er Jahre in Jerusalem statt. Aus Antiochien waren neben Paulus auch Barnabas und Titus angereist; aus Jerusalem werden von Paulus die drei Säulen namentlich genannt: Petrus, der Herrenbruder Jakobus und der Zebedaide Johannes.

Folgende Vereinbarung steht am Ende der langen und schwierigen Verhandlungen über die Heidenmission (Gal 2,9–10[2]):

9 … und als sie die Gnade erkannten, die mir gegeben ist, gaben Jakobus und Kephas und Johannes, die als Säulen gelten, mir und Barnabas die rechte Hand der Gemeinschaft, damit wir zu den Heiden, sie aber zu den Beschnittenen gin-

---

1 Ich halte mich im folgenden an den Bericht des Paulus in Gal 2,1–10. Daneben gibt es die lukanische Darstellung in Apg 15, die von der paulinischen in nicht wenigen Punkten abweicht, was wir in diesem Rahmen jedoch nicht im einzelnen besprechen können.

2 Im griechischen Original: καὶ γνόντες τὴν χάριν τὴν δοθεῖσάν μοι, Ἰάκωβος καὶ Κηφᾶς καὶ Ἰωάννης, οἱ δοκοῦντες στῦλοι εἶναι, δεξιὰς ἔδωκαν ἐμοὶ καὶ Βαρναβᾷ κοινωνίας, ἵνα ἡμεῖς εἰς τὰ ἔθνη, αὐτοὶ δὲ εἰς τὴν περιτομήν· μόνον τῶν πτωχῶν ἵνα μνημονεύωμεν, ὃ καὶ ἐσπούδασα αὐτὸ τοῦτο ποιῆσαι.

gen. 10 Allein daß wir der Armen gedenken sollten, was ich mich auch bemüht habe zu tun.

Was soll das nun aber heißen, daß „wir zu den Heiden, sie aber zu den Beschnittenen gingen"? Heißt das, Jerusalem beschränkt sich auf Palästina, und Antiochien bekommt den Rest der Welt? So legen manche Ausleger diese Formulierung aus. Aber dagegen spricht, daß wir Petrus beispielsweise später in Korinth und in Rom finden, in Städten also, die weitab von Palästina liegen, in denen er nach dieser Auslegung der Vereinbarung ganz und gar nichts zu suchen gehabt hätte! Es wäre auch schwer verständlich, daß die Jerusalemer sich mit einem so winzigen Teil der Welt zufriedengegeben hätten!

Aber auch die andere Interpretation führt zu Schwierigkeiten: Wenn es sich nicht um eine geographische, sondern um eine sachliche Aufteilung handelt, wie hätte eine solche konkret funktionieren sollen in Städten, in denen Heiden und Juden beieinanderwohnen – und das ist, wie wir gesehen haben, in der Diaspora ja die Regel. Soll also beispielsweise in Thessaloniki Petrus eine judenchristliche Gemeinde neben der heidenchristlichen Gemeinde des Paulus gründen? Auch das erscheint nicht praktikabel, weil es an den Gegebenheiten aller Städte der Diaspora zum Scheitern verurteilt ist.

Und in der Tat scheint diese Formel nicht wirklich funktioniert zu haben; vielmehr ergab sich eine noch schwerere Auseinandersetzung, wie wir aus dem Galaterbrief erfahren.

2. Der antiochenische Zwischenfall

Der zweite Schritt des genannten Klärungsprozesses erfolgte in Antiochien selbst. Petrus war aus Jerusalem nach Antiochien gekommen und hatte sich den dortigen Gepflogenheiten angepaßt. D.h. er aß mit den Heidenchristen, obwohl er Jude war. Mit Jerusalemer Grundsätzen ist dies nicht zu vereinbaren. Deshalb gerät er in Verlegenheit, als aus Jerusalem Leute des Jakobus kommen. Paulus beschreibt die Ereignisse in Gal 2,11–14[3] wie folgt:

11 Als aber Kephas nach Antiochien kam, bin ich ihm Auge in Auge entgegengetreten, weil er verurteilt war. 12 Bevor nämlich einige von Jakobus gekommen waren, aß er mit den Heiden zusammen; als sie aber kamen, zog er sich zurück und sonderte sich ab, weil er die aus der Beschneidung fürchtete. 13 Und mit ihm heuchelten auch die übrigen Juden, so daß auch Barnabas sich mit ihnen

---

3   Im griechischen Original lesen wir: ὅτε δὲ ἦλθεν Κηφᾶς εἰς Ἀντιόχειαν, κατὰ πρόσωπον αὐτῷ ἀντέστην, ὅτι κατεγνωσμένος ἦν. πρὸ τοῦ γὰρ ἐλθεῖν τινας ἀπὸ Ἰακώβου μετὰ τῶν ἐθνῶν συνήσθιεν· ὅτε δὲ ἦλθον, ὑπέστελλεν καὶ ἀφώριζεν ἑαυτόν, φοβούμενος τοὺς ἐκ περιτομῆς. καὶ συνυπεκρίθησαν αὐτῷ [καὶ] οἱ λοιποὶ Ἰουδαῖοι, ὥστε καὶ Βαρναβᾶς συναπήχθη αὐτῶν τῇ ὑποκρίσει. ἀλλ' ὅτε εἶδον ὅτι οὐκ ὀρθοποδοῦσιν πρὸς τὴν ἀλήθειαν τοῦ εὐαγγελίου, εἶπον τῷ Κηφᾷ ἔμπροσθεν πάντων· εἰ σὺ Ἰουδαῖος ὑπάρχων ἐθνικῶς καὶ οὐχὶ Ἰουδαϊκῶς ζῇς, πῶς τὰ ἔθνη ἀναγκάζεις Ἰουδαΐζειν;

mitreißen ließ durch die Heuchelei. 14 Als ich aber sah, daß sie nicht recht wandelten nach der Wahrheit des Evangeliums, sagte ich dem Kephas vor allen: „Wenn du, der du Jude bist, heidnisch lebst und nicht jüdisch, mit welchem Recht zwingst du die Heiden, jüdisch zu leben?"

Die Frage des Zusammenlebens zwischen ehemaligen Heiden und ehemaligen Juden in der Gemeinde war also zur Zeit dieses Konflikts in Antiochien noch nicht geklärt. Paulus versucht, eine solche Klärung herbeizuführen, indem er den Petrus zur Rede stellt. Er wirft ihm Heuchelei vor.

Paulus stellt hier zwei Lebensweisen einander gegenüber, die jüdische und die heidnische. Die jüdische Lebensweise bezeichnet er mit Ἰουδαϊκῶς ζῆν *(Ioudaikōs zēn)* oder einfach mit Ἰουδαΐζειν *(Ioudaïzein)*. Die heidnische Lebensweise wird als ἐθνικῶς ζῆν *(ethnikōs zēn)* gekennzeichnet. Diese beiden Lebensweisen sind nicht nur in bezug auf Dinge des äußeren Lebens unterschieden: Man kann vielmehr von zwei Lebenshaltungen sprechen, die miteinander nicht vereinbar sind. Der konkrete Vorwurf an die Adresse des Petrus lautet: Wenn er, der doch Jude ist, die jüdische Lebenshaltung im Prinzip aufgegeben hat und nun heidnisch lebt – wie kann er dann die Heiden dazu veranlassen, jüdisch zu leben?

Dies nämlich wäre die Konsequenz gewesen, wenn der Standpunkt des Petrus sich durchgesetzt hätte: Auch die Christen heidnischer Herkunft wären über kurz oder lang beim Ἰουδαΐζειν *(Ioudaïzein)* gelandet, sie hätten sich der jüdischen Lebensweise anbequemt.

D.h., der Streit dreht sich um die Frage des Χριστιανίζειν *(Christianizein)*[4] – wie soll christliches Leben gestaltet werden? Diese Frage war damals kaum gestellt, geschweige denn entschieden. Ob sie heute entschieden ist, mag man fragen. Doch das gehört nicht hierher ...

§ 16 Paulus in Makedonien und Griechenland

Paulus hat sich in diesem Konflikt nicht durchsetzen können; er verläßt Antiochien und betreibt Mission auf eigene Faust.[1] Damit kommen wir zur sogenannten zweiten Missionsreise.

Was die zweite Missionsreise, die Lukas in der Apostelgeschichte in den Kapiteln 16 bis 18 schildert, von der ersten Missionsreise unterscheidet, ist die Tatsache, daß Paulus hier nicht im Auftrag der Gemeinde von Antiochien reist, sondern ohne Netz

---

4   Das ist kein von mir erfundenes Wort, wie das patristische Wörterbuch von Lampe zeigt. Lampe, S. 1529, *s. v.* Χριστιανίζω: 1. become a Christian, turn Christian: Σαββάτιος ἀπὸ Ἰουδαίων Χριστιανίσας Sokr. H.E. V 21,6 (auch andere Belege). Sodann – und das ist es! – 2. live as a Christian, behave as a Christian. Origenes redet Cels III 80 von οἱ Χριστιανίζοντες; vgl. auch VII 39 (ebenfalls eine Formulierung des Origenes). Lampe hat noch einige weitere Belege. Dem Wort muß man bei Gelegenheit einmal des genaueren nachgehen (Zusammenhang mit Ἰουδαΐζειν?)!

1   Zur Begründung verweise ich auf meine Vorlesung über den Galaterbrief, die unter www.neutestamentliches-repetitorium.de verfügbar ist; hier S. 91–103.

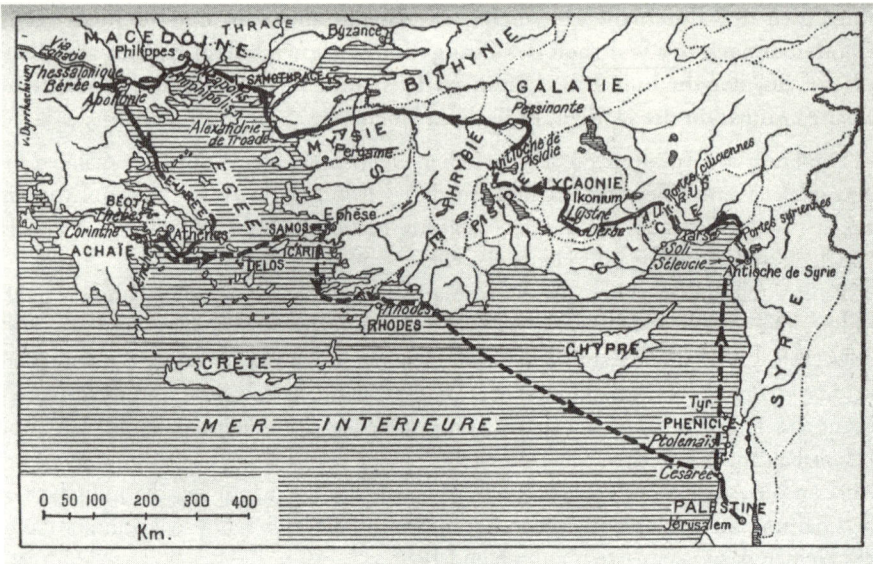

Fig. 2. Carte de la seconde mission.

Abbildung III.4: Die zweite Missionsreise

gleichsam, in eigener Verantwortung. Das Evangelium nimmt einen neuen Anlauf; der Radius vergrößert sich noch einmal beträchtlich. Im Philipperbrief spricht Paulus von einem Anfang des Evangeliums (4,15).

Den geographischen Rahmen können Sie der oben abgebildeten Karte entnehmen. Wir gehen im folgenden nicht chronologisch vor, sondern folgen der Reihenfolge der Briefe, wie Paulus sie nacheinander geschrieben hat, d.h. wir behandeln zuerst den 1. Thessalonicherbrief, weil er das erste Schreiben des Paulus überhaupt ist (mindestens von den uns erhaltenen Briefen), obwohl Paulus zuerst in Philippi wirkte, nicht in Thessaloniki.

§ 17   Der 1. Thessalonicherbrief[1]

Einführende Charakterisierung

Wir wissen nicht, wie viele Briefe Paulus in Damaskus oder in der Arabia (vgl. dazu Gal 1,17) geschrieben hat. Auch von Briefen aus Syrien und Kilikien (Gal 1,21) – falls

---

1   Dieser Paragraph ist meinen Texten aus dem Repetitorium 2005 entnommen. Wer mehr Informationen über den 1. Thessalonicherbrief im Netz sucht, sei auf meine Erlanger Vorlesung aus dem Sommersemester 2007 verwiesen, die unter `http://www.neutestamentliches-repetitorium.de/inhalt/vorlesungen.html` zugänglich ist. Hier findet sich auch auf den Seiten vii–x ein wesentlich ausführlicheres Literaturverzeichnis, als ich es im Rahmen dieses Einführungsbuches bieten kann.

es je welche gegeben hat – ist uns nichts erhalten. Erst aus der Phase der sogenannten zweiten Missionsreise haben wir in dem 1. Thessalonicherbrief einen Text des Paulus vor uns. Dieser Brief ist daher der älteste Paulusbrief, von dem wir wissen; er ist zugleich die älteste Schrift des Neuen Testaments überhaupt.[2] Darin liegt der besondere Charme unseres Briefes.

Paulus hat diesen Brief in Korinth geschrieben und zwar wahrscheinlich im Jahr 50. In diesem Jahr also beginnt die christliche Literatur. An Literatur freilich dachte Paulus nicht, als er zur Feder griff. Er schreibt nicht für die Nachwelt – schon gar nicht für uns –, sondern für die kleine Schar der Christinnen und Christen in der makedonischen Hauptstadt Thessaloniki.[3]

Diese christliche Gemeinde ist in tiefer Sorge um einige plötzlich verstorbene Mitchristen. Sie wird bewegt von der Frage: Was ist mit diesen Verstorbenen? Sie haben die Parusie versäumt; sind sic also umsonst Christen gewesen?

Die Sorge der Thessalonicher erlaubt uns einen interessanten Rückschluß auf die Missionspredigt des Paulus in Thessaloniki: Von der Auferstehung der Toten hat Paulus den Menschen in dieser Stadt nichts erzählt. Andernfalls könnte man nicht verstehen, warum der Tod einiger Gemeindeglieder eine solche Sorge hervorruft.

Dieser Sorge verdanken wir einen ganz besonderen Abschnitt im Rahmen des *corpus Paulinum*: 1Thess 4,13–18. An keiner anderen Stelle geht Paulus so detailliert auf die Ereignisse bei der Parusie ein wie hier. Und noch im Jahr 50, als er diese Zeilen schreibt, ist Paulus davon überzeugt: Die Parusie steht unmittelbar bevor; die Christinnen und Christen in Thessaloniki werden mit ihm zusammen die Parusie erleben.

Die Situation

Nach dem Bericht der Apostelgeschichte brach Paulus zusammen mit Silas aus Antiochien zur sogenannten zweiten Missionsreise auf (Apg 15,36–41). Die beiden gewinnen Timotheus als Mitarbeiter (Apg 16,1–5) und gelangen auf einem Zickzackkurs durch Kleinasien nach Alexandria Troas (16,6–10). Die erste eigentliche Station für die Missionare ist Philippi, wo eine christliche Gemeinde gegründet wird (Apg 16,11–40). Von den Behörden der Stadt Philippi gezwungen, reisen die Missionare über Amphipolis und Apollonia (Apg 17,1) nach Thessaloniki (Apg 17,1–9).

---

2   Es gibt eine sogenannte Frühdatierung des Galaterbriefs; wer sie annimmt, muß den Galaterbrief als älteste paulinische Schrift ansprechen, vgl. dazu die Ausführungen zum Galaterbrief in diesem Buch oder `http://www.neutestamentliches-repetitorium.de/uebersicht/galaterbrief/GalSit.pdf`, S. 5 mit Anm. 14.

Ausführlichere Informationen sind meiner Vorlesung über den Galaterbrief zu entnehmen, die ich im Sommersemester 2005 in Erlangen gehalten habe; auch diese Vorlesung ist unter `www.neutestamentliches-repetitorium.de/inhalt/vorlesungen.html` zugänglich.

3   Vgl. dazu oben im Kapitel I die Seiten 1–3.

Die Gründung der Gemeinde, an die unser Schreiben gerichtet ist, erfolgt also im Rahmen der zweiten Missionsreise, wahrscheinlich im Jahr 49.

Wie Philippi muß Paulus auch Thessaloniki fluchtartig verlassen, und so kommt er nach Beroia (Apg 17,10–14), die dritte Stadt in Makedonien, die Lukas ausdrücklich nennt. Aber auch hier wird Paulus von Juden bedrängt, und so reist er weiter nach Athen (Apg 17,15–34). Schließlich gelangt er nach Korinth, wo er 18 Monate verweilt (Apg 18,1–11).

Dieser Bericht der Apostelgeschichte wird durch das Selbstzeugnis des Paulus insofern bestätigt, als die Route ihn von Philippi nach Thessaloniki, und dann über Athen nach Korinth führte. Diese Stationen kann man unserem Brief selbst entnehmen. In 1Thess 2,1–2 kommt Paulus ausdrücklich darauf zu sprechen, daß er aus Philippi nach Thessaloniki gekommen war: „Aber als solche, die zuvor in Philippi gelitten hatten und mißhandelt worden waren, wie ihr wißt, faßten wir Mut in unserm Gott, bei euch zu predigen das Evangelium Gottes in heißem Bemühen."[4] Das καθὼς οἴδατε *(kathōs oidate)* erinnert die Thessalonicher daran, daß er ihnen bei seinem ersten Besuch in ihrer Stadt von seinem Schicksal in Philippi berichtet hatte. Damit ist die Reiseroute Philippi → Thessaloniki bestätigt.

Daß Paulus hernach in Athen weilte, geht aus 1Thess 3,1ff. hervor: Aus Athen hat er den Thessalonichern den Timotheus geschickt. Von daher legt sich die weitere Route Thessaloniki → Athen nahe.

Keiner besonderen Begründung bedarf der letzte Abschnitt der Reise von Athen nach Korinth. Die Korrespondenz mit den Korinthern legt beredtes Zeugnis von der Bedeutung der hier gegründeten Gemeinde ab.

Was die sogenannten Einleitungsfragen angeht, ergibt sich: Paulus hat den 1. Thessalonicherbrief vermutlich im Jahre 50 aus Korinth nach Thessaloniki geschickt.

Der Aufbau des 1. Thessalonicherbriefs

Der Aufbau des 1. Thessalonicherbriefs soll schrittweise erarbeitet werden; d.h. wir beginnen mit einer Gliederung in die großen Abschnitte und gliedern diese dann in einem zweiten Schritt noch im einzelnen. Die Grobgliederung läßt sich folgendermaßen angeben:[5]

---

4   ἀλλὰ προπαθόντες καὶ ὑβρισθέντες καθὼς οἴδατε ἐν Φιλίπποις ἐπαρρησιασάμεθα ἐν τῷ θεῷ ἡμῶν λαλῆσαι πρὸς ὑμᾶς τὸ εὐαγγέλιον τοῦ θεοῦ ἐν πολλῷ ἀγῶνι.

5   Man sollte sich den Aufbau gut einprägen: Die entscheidenden Bestandteile eines paulinischen Briefes kann man hier exemplarisch studieren: Präskript, Proömium, Briefcorpus, Eschatokoll kehren in allen paulinischen Briefen wieder.

Bleibt zu ergänzen, daß ein paulinisches Präskript seinerseits aus drei Teilen besteht:

1. die *superscriptio* im Nominativ – der Absender also: Παῦλος καὶ Σιλουανὸς καὶ Τιμόθεος;

2. die *adscriptio* im Dativ – die Anschrift gleichsam, in unserm Fall also τῇ ἐκκλησίᾳ Θεσσαλονικέων ἐν θεῷ πατρὶ καὶ κυρίῳ Ἰησοῦ Χριστῷ;

3. die *salutatio*, der Gruß: χάρις ὑμῖν καὶ εἰρήνη.

- Präskript (1,1)

- Proömium (1,2–10)

- Briefcorpus (2,1–5,25)

    I. Abschnitt: Die bisherige Geschichte des Paulus mit den Thessalonichern (2,1–3,13)
    II. Abschnitt: Paränese (4,1–5,25)

- Eschatokoll (5,26–28)

∗ ∗ ∗

Wenn man sich den Aufbau im groben eingeprägt hat, sollte man die beiden größeren Abschnitte noch unterteilen. Den ersten Abschnitt kann man wie folgt gliedern:

1. Teil: Die Predigt des Paulus in Thessaloniki (2,1–12)
2. Teil: Die Reaktion der Thessalonicher (2,13–16)
3. Teil: Des Paulus Wunsch, die Gemeinde wiederzusehen (2,17–20)
4. Teil: Die Sendung des Timotheus nach Thessaloniki (3,1–5)
5. Teil: Die Reaktion des Paulus auf die Nachrichten aus Thessaloniki (3,6–10)
6. Teil: Der abschließende Gebetswunsch (3,11–13)

Abschnitt II kann man wie folgt untergliedern:

1. Teil: Einleitung (4,1–2)
2. Teil: Der Wille Gottes (4,3–8)
3. Teil: Die Bruderliebe (4,9–12)
4. Teil: Das Schicksal der Entschlafenen (4,13–18)
5. Teil: Über Zeiten und Fristen … (5,1–11)
6. Teil: Abschließende Mahnungen (5,12–25)

Der Inhalt

Die folgende Übersicht orientiert sich an der Gliederung, die oben gegeben wurde. Es ist daher sinnvoll, sich zunächst mit dieser Gliederung vertraut zu machen, bevor man sich den Einzelheiten zuwendet, die hier diskutiert werden.

Das Präskript unseres Briefes ist sehr kurz gehalten, kürzer als das des Philipperbriefs und sehr viel kürzer als das des Galaterbriefs: Neben Paulus werden als Mitabsender Silvanus und Timotheus genannt. Die Adressaten werden als die Gemeinde der Thessalonicher bezeichnet.[6]

---

6   Im griechischen Original lautet 1,1: Παῦλος καὶ Σιλουανὸς καὶ Τιμόθεος τῇ ἐκκλησίᾳ Θεσσα-λονικέων ἐν θεῷ πατρὶ καὶ κυρίῳ Ἰησοῦ Χριστῷ· χάρις ὑμῖν καὶ εἰρήνη.

Bemerkenswert ist das Proömium, das von v. 2 bis v. 10 reicht. Paulus behauptet, daß die Gemeinde von Thessaloniki schon weltweit bekannt sei und begründet das folgendermaßen: „Sie nämlich berichten von uns, welche Aufnahme wir bei euch fanden, und wie ihr euch abgewandt habt hin zu Gott, weg von den Götzen, um dem lebendigen und wahren Gott zu dienen."[7]

Eine eindrucksvolle Parallele zu dieser paulinischen Aussage findet sich in der Apostelgeschichte. Im Rahmen der sogenannten ersten Missionsreise (Apg 13–14) gelangen Barnabas und Paulus auch nach Lystra (Apg 14,8–18). Dort heilt Paulus einen Lahmen (Apg 14,8–10). Dieses Wunder macht einen solchen Eindruck, daß die Lykaonier Paulus und Barnabas für auf die Erde gekommene Götter halten. Barnabas, meinen sie, sei Zeus, Paulus dagegen Hermes (Apg 14,12). Als sie nun gar Vorbereitungen zu einem Opfer treffen, ergreift Paulus das Wort, um sie von ihrem Vorhaben abzubringen (Apg 14,14ff.). Er sagt, auch Barnabas und er selbst seien Menschen, wie auch die Lykaonier, und sie seien gekommen, ihnen die frohe Botschaft zu bringen, „sich von diesen nichtigen [Göttern] abzuwenden hin zum lebendigen Gott" (Apg 14,15). Hier haben wir eine wörtliche Übereinstimmung mit unserer Stelle im 1. Thessalonicherbrief.

Die Frage ist, was man daraus für Schlüsse ziehen kann. Normalerweise liest man in diesem Zusammenhang, Paulus benutze in 1Thess 1,9b+10 eine traditionelle Formel, die dann auch der Stelle in Apg 14 zugrunde läge. Zum Vergleich zieht man dann außerdem noch Apg 17,22–31 und Hebr 6,1 heran. „Indessen gibt es zwischen den genannten Texten und 1,9b.10 so tiefgreifende Unterschiede, daß man keinesfalls von einem ihnen gemeinsam zugrunde liegenden Schema sprechen kann", meint dagegen Traugott Holtz.[8]

Die Frage bedürfte einer eingehenderen Untersuchung, die ich hier nicht durchführen will. Jedenfalls haben wir es in v. 9b mit einem Rückblick auf das Geschehen zu tun, das sich beim Gründungsaufenthalt des Paulus in Thessaloniki abspielte. Genauer gesagt, mit dem 1. Teil dieses Rückblicks, denn der spezifisch christliche 2. Teil folgt dann erst in v. 10. Die Ausdrucksweise in v. 9b nämlich könnte genauso gut einen Übertritt vom Heidentum zum Judentum charakterisieren wie einen vom Heidentum zum Christentum. Für die christliche Gemeinde in Thessaloniki ergibt sich aus v. 9b: Es handelt sich um Menschen, die zuvor Heiden, nicht Juden waren. Mag der eine oder die andere zu vor schon mit dem Judentum sympathisiert haben – Juden sind es jedenfalls nicht gewesen, die da von Paulus zum christlichen Glauben bekehrt worden sind, denn von einem Juden kann man auf gar keinen Fall sagen, er habe sich von den heidnischen Götzen abgewandt.

---

7   Im griechischen Original lautet 1,9 wie folgt: αὐτοὶ γὰρ περὶ ἡμῶν ἀπαγγέλλουσιν ὁποίαν εἴσοδον ἔσχομεν πρὸς ὑμᾶς, καὶ πῶς ἐπεστρέψατε πρὸς τὸν θεὸν ἀπὸ τῶν εἰδώλων δουλεύειν θεῷ ζῶντι καὶ ἀληθινῷ.

8   *Traugott Holtz*, S. 55 (zu den bibliographischen Angaben ist das Literaturverzeichnis auf S. 127 zu vergleichen).

Wir kommen daher zu einem sehr interessanten Zwischenergebnis: *Die neue Gemeinde in Thessaloniki war eine heidenchristliche Gemeinde.* Dies wird im übrigen auch durch die Beobachtung bestätigt, daß der gesamte Brief nicht ein einziges Zitat aus dem Alten Testament enthält (ganz anders als beispielsweise der Galaterbrief, in dem es vor alttestamentlichen Zitaten nur so wimmelt): Bei den Christinnen und Christen in Thessaloniki konnte Paulus offenbar nicht mit einer Kenntnis der hebräischen Bibel rechnen.

* * *

Wir übergehen den I. Abschnitt, der die Kapitel 2 und 3 umfaßt, und wenden uns sogleich dem II. Abschnitt zu, der den ersten Thessalonicherbrief berühmt gemacht hat. Hier äußert sich Paulus nämlich erstmals zur Frage des Verlaufs der Parusie. Wir kommen damit zu dem Teil unseres Briefes, der seit jeher die Aufmerksamkeit aller Leserinnen und Leser in ganz besonderer Weise auf sich gezogen hat. Führte der 1. Thessalonicherbrief als solcher jahrzehntelang ein Schattendasein, so ist 4,13ff. doch immer gelesen worden. Der Grund dafür liegt auf der Hand: Paulus behandelt hier das Parusiegeschehen in einer Ausführlichkeit wie nirgendwo sonst in seinen Briefen. Wer sich für die Parusie interessiert, sieht sich also zuerst und vor allem an den Abschnitt 4,13ff. gewiesen. Was die Abgrenzung angeht, so ist ohne Zweifel „4,13–18 ein in sich geschlossener Text. Die beiden Rahmenverse 13 und 18 sprechen die Gemeinde unmittelbar in ihrer Gegenwart an: Unterricht über die Entschlafenen, damit nicht hoffnungslose Trauer erstarren macht, gegenseitiger Zuspruch. Dazwischen steht ein Stück, das gleichsam dogmatische Belehrung enthält, Dogmatik als Paraklese."[9]

Die Predigt des Paulus in Thessaloniki muß die Parusie als unmittelbar bevorstehend dargestellt haben. Noch zur Zeit der Abfassung seines Briefes spricht Paulus ganz unbekümmert von sich und den Thessalonichern als solchen, die die Parusie erleben werden (v. 15: „wir, die Lebenden usw."). Diese Aussagen erscheinen als umso kühner, als einige Thessalonicher mittlerweile verstorben sind: Sie haben die Parusie nicht mehr erlebt! Dies hatte man in Thessaloniki nicht erwartet. Der Tod einiger Christinnen oder Christen war in dem »eschatologischen Fahrplan« nicht vorgesehen gewesen. Umso größer muß man sich das Entsetzen vorstellen, das in der Gemeinde von Thessaloniki nach diesen Todesfällen um sich gegriffen hat. Was ist mit den Entschlafenen bei der Parusie – das war die Frage, die die Thessalonicher dem Paulus gestellt hatten. Und auf diese Frage antwortet Paulus:

„**13** Wir wollen euch aber nicht im Ungewissen lassen, Brüder, über die Entschlafenen, damit ihr nicht betrübt seid wie die übrigen, die keine Hoffnung haben. **14** Wenn wir nämlich glauben, daß Jesus gestorben und auferstanden ist, so wird Gott auch die Entschlafenen durch Jesus mit ihm führen. **15** Denn dies sagen wir euch mit einem Wort des Herrn: Wir, die Lebenden, die Übriggebliebenen bis zur

---

9   *Traugott Holtz*, S. 183 (zu den bibliographischen Angaben ist das Literaturverzeichnis auf S. 127 zu vergleichen).

Ankunft des Herrn, werden den Entschlafenen nicht zuvorkommen; **16** denn der Herr selbst, wenn der Befehlsruf erschallt, bei der Stimme des Erzengels und bei der Posaune Gottes, wird herabsteigen vom Himmel, und die Toten in Christus werden zuerst auferstehen; **17** danach werden wir, die Lebenden, die Übriggebliebenen, zusammen mit ihnen fortgerissen werden in Wolken zur Begegnung mit dem Herrn in der Luft; und so werden wir immer mit dem Herrn sein. **18** So tröstet einander mit diesen Worten."[10]

In bezug auf diese »Entschlafenen« formuliert Paulus sein: „Wir wollen euch nicht im Ungewissen lassen, Brüder" (v. 13a). Das bedeutet doch: Momentan – d.h. *bevor* Paulus seinen Brief an die Thessalonicher schreibt – sind sie im Ungewissen. Daraus können wir einen konkreten Rückschluß auf die Missionspredigt des Paulus in Thessaloniki ziehen: Diese Missionspredigt enthielt *keinen Paragraphen über die Auferstehung der Toten!* „Wir können davon ausgehen, daß Paulus bei seiner Anwesenheit in Thessalonich über Auferstehung der Toten nichts gesagt hat. Anzunehmen, daß die Gemeinde das inzwischen »vergessen« hätte, mutet einigermaßen abenteuerlich an."[11]

Dies erscheint einigermaßen überraschend, umso mehr aus unserer heutigen Perspektive, wo doch nicht wenige – Christen wie auch Nichtchristen – die Auferstehung für ein oder sogar das zentrale christliche Thema halten. Diese Ansicht wird durch die Briefe des Paulus nicht ohne weiteres unterstützt: „Auffällig ist ..., wie selten Paulus in seinen Briefen von der Auferstehung der Toten spricht. Durchweg geschieht das ganz beiläufig und ohne besondere Betonung. Die Vorstellung fließt in andere Ausführungen mit ein, ohne doch ein Eigengewicht zu bekommen."[12] Was Paulus den Thessalonichern bei seinem Gründungsaufenthalt verkündigt hatte, war die Parusie, nicht aber die Auferstehung der Toten. „Die Vorstellung von der Auferstehung der Toten ist ... zwischeneingekommen. Damit soll nicht gesagt sein, daß sie (als jüdische, weltanschauliche Vorgegebenheit) nicht immer vorhanden war. Bei der Naherwartung der Parusie war sie aber als *christliche* Vorstellung unnötig; und als solche kommt sie erst später zwischenein."[13] Paulus bringt sie hier zur Geltung,

---

10 Im griechischen Original lauten die Verse 1Thess 4,13–18 folgendermaßen: **13** οὐ θέλομεν δὲ ὑμᾶς ἀγνοεῖν, ἀδελφοί, περὶ τῶν κοιμωμένων, ἵνα μὴ λυπῆσθε καθὼς καὶ οἱ λοιποὶ οἱ μὴ ἔχοντες ἐλπίδα. **14** εἰ γὰρ πιστεύομεν ὅτι Ἰησοῦς ἀπέθανεν καὶ ἀνέστη, οὕτως καὶ ὁ θεὸς τοὺς κοιμηθέντας διὰ τοῦ Ἰησοῦ ἄξει σὺν αὐτῷ. **15** τοῦτο γὰρ ὑμῖν λέγομεν ἐν λόγῳ κυρίου, ὅτι ἡμεῖς οἱ ζῶντες οἱ περιλειπόμενοι εἰς τὴν παρουσίαν τοῦ κυρίου οὐ μὴ φθάσωμεν τοὺς κοιμηθέντας· **16** ὅτι αὐτὸς ὁ κύριος ἐν κελεύσματι, ἐν φωνῇ ἀρχαγγέλου καὶ ἐν σάλπιγγι θεοῦ, καταβήσεται ἀπ' οὐρανοῦ, καὶ οἱ νεκροὶ ἐν Χριστῷ ἀναστήσονται πρῶτον, **17** ἔπειτα ἡμεῖς οἱ ζῶντες οἱ περιλειπόμενοι ἅμα σὺν αὐτοῖς ἁρπαγησόμεθα ἐν νεφέλαις εἰς ἀπάντησιν τοῦ κυρίου εἰς ἀέρα· καὶ οὕτως πάντοτε σὺν κυρίῳ ἐσόμεθα. **18** ὥστε παρακαλεῖτε ἀλλήλους ἐν τοῖς λόγοις τούτοις.

11 *Willi Marxsen*, S. 65 (zu den bibliographischen Angaben ist das Literaturverzeichnis auf S. 127 zu vergleichen).

12 *Willi Marxsen:* Auslegung von 1Thess 4,13–18, ZThK 66 (1969), S. 22–37; hier S. 28.

13 *Willi Marxsen*, a.a.O., S. 29.

um die Gemeinde in Thessaloniki zu trösten, „damit", wie er sagt, „ihr nicht betrübt seid wie die übrigen, die keine Hoffnung haben" (v. 13b).

Literatur

Einführungen zum 1. Thessalonicherbrief

Traugott Holtz: Art. Thessalonicherbriefe, TRE 33 (2002), S. 412–421.

Margaret M. Mitchell: Art. Thessalonicherbriefe, RGG[4] 8 (2005), Sp. 360–362.

Eva Ebel: 1.Thessalonicherbrief, in: Paulus. Leben – Umwelt – Werk – Briefe, UTB 2767, Tübingen/Basel 2006, S. 126–137.

Peter Pilhofer: 1. Thessalonicherbrief, http://www.neutestamentliches-repetitorium. de/1thessalonicherbrief/1thessalonicherbrief.html.

Die Inschriften von Thessaloniki

Charles Edson: Inscriptiones Thessalonicae et viciniae, IG X 2,1, Berlin 1972.[14]

Παντελής Μελ. Νίγδελης: Επιγραφικά Θεσσαλονίκεια. Συμβολή στην πολιτική και κοινωνική ιστορία της αρχαίας Θεσσαλονίκης, Thessaloniki 2006.[15]

Kommentare in chronologischer Folge

Ernst von Dobschütz: Die Thessalonicher-Briefe, KEK X, Göttingen [7]1909 (neu herausgegeben mit einem Literaturverzeichnis von Otto Merk 1974).

Martin Dibelius: An die Thessalonicher I/II; An die Philipper, HNT 11, Tübingen 1911 ([3]1937).

Willi Marxsen: Der erste Brief an die Thessalonicher, ZBK 11.1, Zürich 1979.

Ιωάννης Λ. Γαλάνης: Η πρώτη επιστολή του Αποστόλου Παύλου προς Θεσσαλονικείς, Ερμηνεία Καινής Διαθήκης 11α, Thessaloniki 1985.

Traugott Holtz: Der erste Brief an die Thessalonicher, EKK XIII, Zürich/Braunschweig/Neukirchen-Vluyn [2]1990.

Eckart Reinmuth: Der erste Brief an die Thessalonicher, in: Nikolaus Walter, Eckart Reinmuth und Peter Lampe: Die Briefe an die Philipper, Thessalonicher und an Philemon, NTD 8/2, Göttingen 1998.

Eduard Verhoef: De brieven aan de Tessalonicenzen, Kampen 1998.

---

14 Die seit dem Erscheinen von Edson neu publizierten griechischen Inschriften werden im *Supplementum Epigraphicum Graecum*, abgekürzt SEG, rubriziert, und man kann sie hier Jahr für Jahr nachlesen.

Lateinische Inschriften – in Thessaloniki extrem selten – bietet die Zeitschrift Année Épigraphique; besonders wichtig für den Apostel ist der Meilenstein von der *Via Egnatia* aus dem Museum in Thessaloniki, AÉ 1973, 492; AÉ 1976, 643; BÉ 1976, 456; publiziert von *C. Romiopoulou:* Un nouveau milliaire de la Via Egnatia, BCH 98 [1974], S. 813–816 mit Abb. 1–2; Museum Thessaloniki, Inventarisierungsnummer 6932.

15 Der Band bietet eine Fülle neuer Inschriften aus Thessaloniki, die sich bei Edson noch nicht finden.

Günter Haufe: Der erste Brief des Paulus an die Thessalonicher, ThHK 12/I, Leipzig 1999.

Abraham J. Malherbe: The Letters to the Thessalonians. A New Translation with Introduction and Commentary, AncB 32B, New York 2000.

Peter Pilhofer: Der 1. Thessalonicherbrief. Vorlesung in Erlangen. Sommersemester 2007, `http://www.neutestamentliches-repetitorium.de/inhalt/vorlesungen.html`.[16]

Sonstige Literatur

Ernst Bammel: Judenverfolgung und Naherwartung. Zur Eschatologie des Ersten Thessalonicherbriefes, ZThK 56 (1959), S. 294–315; nachgedruckt in: *Ernst Bammel:* Judaica et Paulina. Kleine Schriften II, WUNT 91, Tübingen 1997, S. 237–259.

Ernst Bammel: Preparation for the perils of the last days: 1 Thessalonians 3:3, in: *Ernst Bammel:* Judaica et Paulina. Kleine Schriften II, WUNT 91, Tübingen 1997, S. 227–236.

Christoph vom Brocke: Thessaloniki – Stadt des Kassander und Gemeinde des Paulus. Eine frühe christliche Gemeinde in ihrer heidnischen Umwelt, WUNT 2/125, Tübingen 2001.

Karl P. Donfried/Johannes Beutler [Hg.]: The Thessalonians Debate. Methodological Discord or Methodological Synthesis?, Grand Rapids/Cambridge 2000.[17]

Rudolf Hoppe: Parusieglaube zwischen dem ersten Thessalonicherbrief und dem zweiten Petrusbrief – ein unerledigtes Problem, in: The Catholic Epistles and the Tradition, hg.v. J.[acques] Schlosser, BEThL CLXXVI, Löwen 2004, S. 433–449.

Rudolf Hoppe: Tag des Herrn – Dieb in der Nacht. Zur paulinischen Metaphernverwendung in 1 Thess 5,1–11, in: Verantwortete Exegese. Hermeneutische Zugänge – Exegetische Studien – Systematische Reflexionen – Ökumenische Perspektiven – Praktische Konkretionen. Franz Georg Untergaßmaier zum 65. Geburtstag, Vechtaer Beiträge zur Theologie 13, Berlin 2006, S. 263–280.

Rudolf Hoppe: Verkündiger – Botschaft – Gemeinde. Überlegungen zu 1 Thess 2,1–12.13–16, in: Forschungen zum Neuen Testament und seiner Umwelt, Festschrift für Albert Fuchs, Frankfurt am Main usw. 2002, S. 325–345.

Otto Merk: Wissenschaftsgeschichte und Exegese. Gesammelte Aufsätze zum 65. Geburtstag, hg.v. Roland Gebauer, Martin Karrer und Martin Meiser, BZNW 95, Berlin/New York 1998.[18]

Peter Pilhofer: Περὶ δὲ τῆς φιλαδελφίας ... (1 Thess 4,9). Ekklesiologische Überlegungen zu einem Proprium früher christlicher Gemeinden, in: Peter Pilhofer: Die frühen Christen und ihre Welt. Greifswalder Aufsätze 1996–2001. Mit Beiträgen von Jens Börstinghaus und Eva Ebel, WUNT 145, Tübingen 2002, S. 139–153.

Alfred Suhl: Paulus und seine Briefe. Ein Beitrag zur paulinischen Chronologie, StNT 11, Gütersloh 1975.

---

16 Diese Vorlesung beansprucht nicht, einen wissenschaftlichen Kommentar zu ersetzen. Es handelt sich um eine *Vorlesung*, nicht um ein κτῆμα εἰς ἀεί! Aber ein Blick in diesen Text mag manchen Weg in eine größere Bibliothek ersparen ... Insofern ist sie wohl für diejenigen InteressentInnen, die `online` sind, trotzdem von einigem Wert.

17 Vgl. dazu meine Rezension ThLZ 126 (2001), Sp. 1145–1147. Ich empfehle Ihrer Aufmerksamkeit v.a. die einleitende Bemerkung auf Sp. 1145 mit Anm. 1 auf Sp. 1147.

18 Hier eine Sammlung von Aufsätzen zu den Thessalonicherbriefen auf den Seiten 350 bis 431.

§ 18 Die Schriften des Neuen Testaments im Überblick

Wir haben den 1. Thessalonicherbrief besprochen und damit die älteste Schrift aus dem Neuen Testament kennengelernt. Diese Gelegenheit wollen wir nutzen, uns schon einmal einen Überblick über die Schriften des Neuen Testaments zu verschaffen. Insgesamt besteht das Neue Testament aus 27 Schriften. Den Anfang machen vier Evangelien und die Apostelgeschichte:

1.	Matthäus-Evangelium	ungefähr 90 Seiten	Mt
2.	Markus-Evangelium	ungefähr 60 Seiten	Mk
3.	Lukas-Evangelium	ungefähr 100 Seiten	Luk
4.	Johannes-Evangelium	ungefähr 70 Seiten	Joh
5.	Apostelgeschichte	ungefähr 90 Seiten	Apg

Dies ist zwar eine zahlenmäßig kleine Gruppe von Schriften. Aber dadurch darf man sich nicht täuschen lassen: Vom Umfang her machen diese fünf Schriften weit mehr als die Hälfte des gesamten Neuen Testaments aus (über 400 von insgesamt 680 Seiten in der griechischen Standardausgabe *Novum Testamentum graece*[1]).

Es folgt die zahlenmäßig größte Schriftengruppe, nämlich 21 Briefe. Man unterscheidet hier die paulinischen Briefe von den übrigen. Die paulinischen Briefe nennt man auch das *corpus Paulinum*. Dieses umfaßt insgesamt 13 Briefe: Römer, 1. Korinther, 2. Korinther, Galater, Epheser, Philipper, Kolosser, 1. Thessalonicher, 2. Thessalonicher, 1. Timotheus, 2. Timotheus, Titus, Philemon. Die Reihenfolge im Neuen Testament folgt der Länge des jeweiligen Briefes: Der Römerbrief ist der längste, der Philemonbrief dagegen der kürzeste.

Das ist natürlich keine besonders sinnvolle Anordnung; um die Paulusbriefe der historischen Reihenfolge nach zu ordnen, muß man erst zwei Kategorien einführen: Man unterscheidet hier echte Briefe des Paulus und sogenannte Deuteropaulinen. Unter den deuteropaulinischen Briefen versteht man solche, die zwar unter seinem Namen abgefaßt sind, aber nicht wirklich von ihm stammen.

Die echten Briefe des Paulus sind (in der Reihenfolge, wie sie sich in unserm Neuen Testament finden[2]):

---

1   *Barbara Aland/Kurt Aland:* Novum Testamentum graece, post Eberhard et Erwin Nestle editione vixesima septima revisa communiter ediderunt Barbara et Kurt Aland, Johannes Karavidopoulos, Carlo M. Martini, Bruce M. Metzger, Stuttgart 1993.

Die einzelnen Seitenangaben in der obigen Tabelle sind dieser Ausgabe entnommen. Da der Apparat nicht auf jeder Seite gleich lang ist, vermitteln sie nur ein ungefähres Bild der Länge der einzelnen Schriften.

2   Die historische Reihenfolge findet sich auf dem auf Seite 132 folgenden Schaubild angegeben.

1.	Römerbrief	ungefähr 30 Seiten	Röm
2.	1. Korintherbrief	ungefähr 30 Seiten	1Kor
3.	2. Korintherbrief	ungefähr 20 Seiten	2Kor
4.	Galaterbrief	ungefähr 10 Seiten	Gal
5.	Philipperbrief	8 Seiten	Phil
6.	1. Thessalonicherbrief	7 Seiten	1Thess
7.	Philemonbrief	2 Seiten	Phlm

Aus dem *corpus Paulinum* verbleiben dann noch die deuteropaulinischen Briefe, also diejenigen, die unter seinem Namen verfaßt sind, aber nicht auf ihn zurückgehen. In der Reihenfolge des neutestamentlichen Kanons sind das die folgenden:[3]

1.	Epheserbrief	11 Seiten	Eph
2.	Kolosserbrief	8 Seiten	Kol
3.	2. Thessalonicherbrief	4 Seiten	2Thess
4.	1. Timotheusbrief	8 Seiten	1Tim
5.	2. Timotheusbrief	6 Seiten	2Tim
6.	Titusbrief	4 Seiten	Tit

Die drei zuletzt genannten deuteropaulinischen Briefe faßt man unter dem Begriff Pastoralbriefe zusammen: 1Tim, 2Tim und Tit. Sie bilden eine besondere Gruppe und sind die chronologisch letzten Briefe unter den Deuteropaulinen (vgl. wieder die genannte Übersicht unten auf Seite 132).

Eine Sonderstellung nimmt der Hebräerbrief ein. Hier handelt es sich gar nicht um einen Brief, wie man schon an Hebr 1,1–4 sehen kann: Es fehlt der briefliche Eingang, wie ihn die paulinischen Briefe aufweisen. Ein Brief beginnt mit einem Präskript – der Hebräerbrief beginnt mit einer Ouvertüre. Es handelt sich um einen theologischen Traktat, dessen Verfasser unbekannt ist.

Schließlich folgen die »katholischen« Briefe. Diese heißen »katholisch«, weil sie im Unterschied zu den Briefen des Paulus keinen konkreten Adressaten haben, sondern an die Allgemeinheit gerichtet sind (»katholisch« vom griechischen καθολικός [*katholikos*] = allgemein):

---

3   Die historische Reihenfolge findet sich auf dem auf Seite 132 folgenden Schaubild angegeben.

1.	Jakobusbrief	10 Seiten	Jak
2.	1. Petrusbrief	11 Seiten	1Petr
3.	2. Petrusbrief	7 Seiten	2Petr
4.	1. Johannesbrief	10 Seiten	1Joh
5.	2. Johannesbrief	1 Seite	2Joh
6.	3. Johannesbrief	1 Seite	3Joh
7.	Judasbrief	3 Seiten	Jud

Am Schluß steht die Offenbarung des Johannes, in der Fachsprache *Apokalypse* genannt. Diese 27. Schrift, die Apokalypse, wird auch als Offenbarung des Johannes bezeichnet, weil der Name des Verfassers schon in Offb 1,1 genannt wird; um welchen Johannes es sich handelt, geht aus der Schrift jedoch nicht hervor. Immerhin ist diese keine anonyme Schrift, da der Name des Verfassers verschiedentlich genannt wird.

Die Apokalypse ist – an neutestamentlichen Maßstäben gemessen – ein recht umfangreiches Buch (48 Seiten!). Sie gehört zu den späten Schriften des Neuen Testaments und wird zunehmend in das 2. Jahrhundert datiert. (Die traditionelle Datierung in die Zeit des Kaisers Domitian hat wenig für sich.)

Die Übersicht auf der folgenden Seite[4] bietet alle Schriften des Neuen Testaments in ihrer chronologischen Reihenfolge. Der Zahlenstrahl erlaubt eine ungefähre zeitliche Einordnung jeder Einzelschrift. Für Einzelheiten muß eine Einleitung herangezogen werden.

* * *

Was die Entstehungszeit der neutestamentlichen Schriften angeht, kann man sich grob das Jahrhundert von 50 n. Chr. bis 150 n. Chr. merken: Die älteste Schrift, der 1. Thessalonicherbrief, stammt aus dem Jahr 50 n. Chr. und eröffnet das *corpus Paulinum*. Die jüngste Schrift ist der 2. Petrusbrief, der aus der Mitte des 2. Jahrhunderts stammt; im Unterschied zum 1. Thessalonicherbrief ist eine genaue zeitliche Einordnung beim 2. Petrusbrief nicht möglich, auf unserer Übersicht ist er zwischen 130 und 140 n. Chr. angesetzt.[5]

---

4   Die Idee und die Vorlage dieser Übersicht verdanke ich meiner Kollegin Angelika Reichert in Münster. Die TEXnische Durchführung geht auf meine Mitarbeiterin Eva Schöniger zurück. Diese hat Dr. Jens Börstinghaus kurz vor Torschluß perfektioniert. Allen dreien gilt mein herzlicher Dank.

5   Vgl. *Ingo Broer* II 648: „Die Bestimmung der Abfassungszeit in der Literatur schwankt bei keiner neutestamentlichen Schrift so weit wie beim zweiten Petrusbrief. Auch in den letzten Jahren wurde gleichzeitig noch die Abfasssung um 60 und um 160 vertreten."

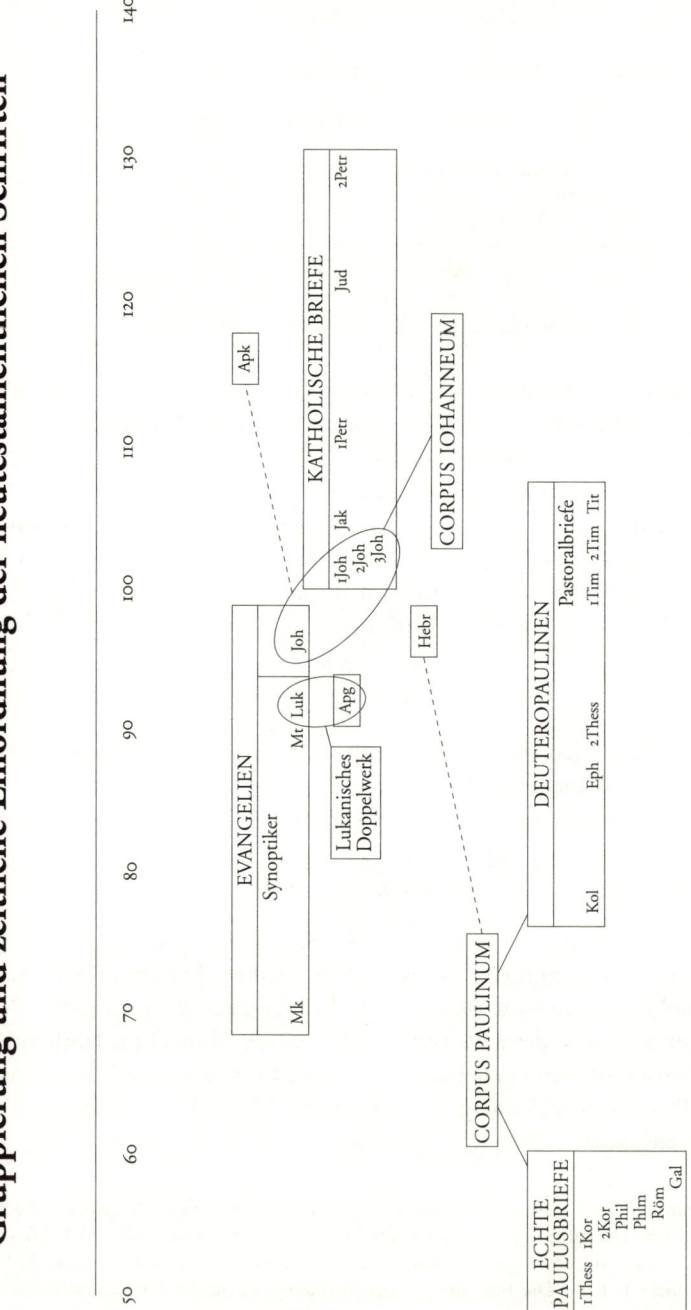

Abbildung III.5: Gruppierung und zeitliche Einordnung der neutestamentlichen Schriften

Das Neue Testament ist mithin eine Sammlung ganz unterschiedlicher Schriften, deren keine mit der Absicht verfaßt wurde, einmal Teil des Neuen Testaments zu werden. Unter den Evangelien etwa ist keines, das zur gleichzeitigen Nutzung neben drei anderen konzipiert ist. Jeder der Evangelienverfasser will *das* Evangelium bieten, nicht *eines von vieren*. Lukas beispielsweise äußert sich in seinem Proömium (Luk 1,1–4) recht kritisch über seine Vorgänger, die er selbstverständlich bei weitem übertreffen und dadurch überflüssig machen will. Sein zweites Buch, die Apostelgeschichte, ist durch die Anordnung der Schriften im Neuen Testament auf brutale Weise von Buch I (dem von uns so genannten Lukasevangelium) getrennt worden, indem das Johannesevangelium dazwischengeschoben wurde.

§ 19 Die Gallio-Inschrift

Bei der Diskussion des 1. Thessalonicherbriefes sind wir zu dem Ergebnis gekommen, daß er von Paulus wohl im Jahr 50 aus Korinth an die Gemeinde in Thessaloniki geschrieben worden ist. Die genauere Begründung für diese Datierung im Rahmen der paulinischen Mission in Korinth ergibt sich aus dem Text Apg 18,12–17, in dem der Name des Statthalters Gallio genannt wird, vor dem Paulus angeklagt wird. Dieses Ereignis im Leben des Paulus liefert uns das bisher einzige absolute Datum, an Hand dessen wir die Chronologie des Paulus vorwärts und rückwärts rekonstruieren können. (Eine weitere Möglichkeit böte der Statthalter Sergius Paulus auf Zypern aus Apg 13,6–12, wenn sich dessen Amtsjahr bestimmen ließe, was aufgrund fehlender Quellen leider bis heute unmöglich ist.) Weil dieses Zeugnis – die sogenannte Gallio-Inschrift – für die Chronologie des Paulus von so großer Bedeutung ist, wird ihm hier ein eigener Paragraph gewidmet.[1]

Wegen der Bedeutung dieser Möglichkeit der Datierung des Lebens des Paulus sei hier kurz der historische Hintergrund erklärt: In der uns interessierenden Zeit unterscheidet man senatorische und kaiserliche Provinzen. Die senatorischen Provinzen besetzt der Senat in Rom für jeweils ein Jahr; die kaiserlichen Provinzen besetzt der Kaiser für eine unbestimmte Zeit. Für uns sind hier die senatorischen Provinzen von Bedeutung: Achaia war, als Paulus in Korinth weilte (genau: seit 44 n.Chr.), wieder

---

1   Unsterbliche Verdienste um dieses Buch hat sich Frau stud. theol. Edna Ranninger erworben, indem sie mich kurz vor Torschluß darauf hinwies, daß der Paragraph 19 zur Gallio-Inschrift in der elektronischen Fassung der Vorlesung, auf der dieses Buch beruht, fehlt. Ihr danke ich daher auch an dieser Stelle herzlich.

Herr Dr. Jens Börstinghaus war so freundlich, mir die Benutzung seiner Darstellung der Gallio-Inschrift zu gestatten (vgl. dazu die unten folgende Anm. 4); ohne diese Vorlage wäre mir die Erstellung des vorliegenden Paragraphen in der kurzen zur Verfügung stehenden Zeit nicht möglich gewesen. Ihm verdanke ich die Abbildungen, den Text und die Übersetzung der Gallio-Inschrift. Aus seiner Diskussion übernommene Teile werden selbstverständlich als Zitate gekennzeichnet. Auch ihm gilt daher mein herzlicher Dank.

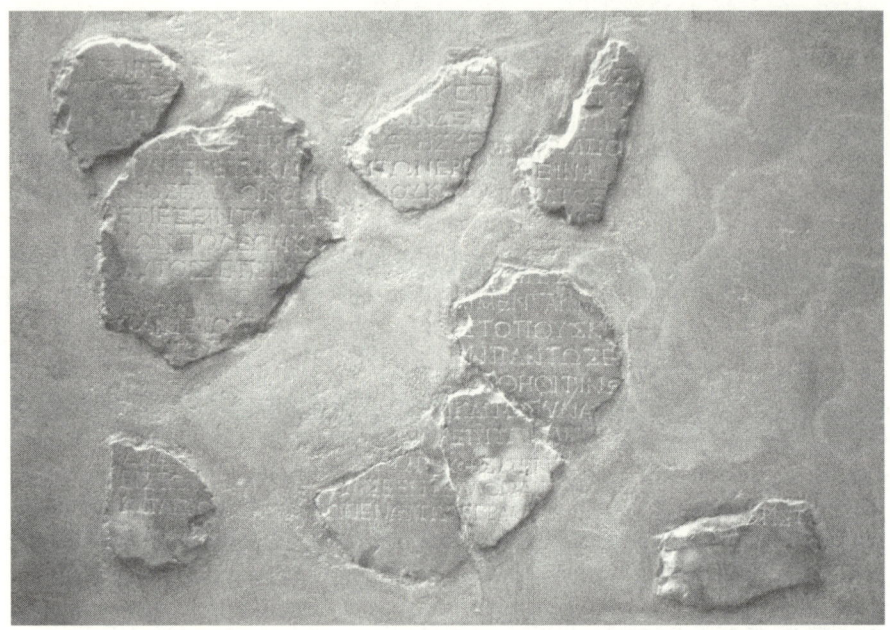

Abbildung III.6: Die Gallio-Inschrift aus Delphi

eine solche senatorische Provinz.[2] Der Statthalter Gallio, vor dem Paulus in Korinth erscheinen mußte, war daher höchstwahrscheinlich nur ein Jahr lang im Amt. Können wir die Amtszeit bestimmen, so wissen wir, in welchem Jahr Paulus mit ihm zusammengetroffen sein muß.

Nun sind wir in der glücklichen Lage, dieses Amtsjahr des Gallio in Achaia bestimmen zu können. Möglich ist dies aufgrund der sogenannten Gallio-Inschrift, die Ende des 19. Jahrhunderts in Delphi gefunden wurde und von Anfang an in den einschlägigen Paulus-Büchern behandelt worden ist, besonders eingehend von Adolf Deissmann.[3] Heute sind die insgesamt neun Fragmente dieses Textes im Foyer des Museums in Delphi ausgestellt (vgl. die Photographie von Jens Börstinghaus oben auf dieser Seite).

Den Text der Gallio-Inschrift, den ich hier abdrucke, verdanke ich Jens Börstinghaus. Allerdings ist es im Rahmen dieses Buches nicht möglich, auch den umfang-

---

2   Der Beleg findet sich bei Cassius Dio LX 24,1: Achaia, das seit Tiberius eine kaiserliche Provinz gewesen war, wurde von Claudius damals wieder dem Senat zugewiesen.

Auch Zypern war eine senatorische Provinz; daher wäre es für die Chronologie des Paulus sehr interessant, wenn wir das Amtsjahr des Sergius Paulus bestimmen könnten.

3   *Adolf Deissmann:* Paulus. Eine kultur- und religionsgeschichtliche Skizze, Tübingen 1911, wo ein Faksimile von vier Fragmenten unserer Inschrift noch vor dem Titelblatt abgebildet wird. Auf S. 159–177 bietet Deissmann eine eingehende Diskussion der Gallio-Inschrift.

reichen Börstinghausschen Apparat der Inschrift mit abzudrucken. InteressentInnen seien auf die im Netz verfügbare Darstellung von Jens Börstinghaus hingewiesen.[4]

Τιβέρ[ιος Κλαύδιος Καῖσ]αρ Σ[εβαστ]ὸς Γ[ερμανικός, δημαρχικῆς ἐξου-]
σίας [τὸ ιβ΄, αὐτοκράτωρ τ]ὸ κς΄, π[ατὴρ π]ατρί[δος, Δελφῶν τῆι πόλει χαί-
ρειν].
πάλ[αι μὲν τ]ῆι π[όλει τῇ] τῶν Δελφ[ῶν ἦν ο]ὐ μό[νον εὔνους ἀλλ᾽ ἐφρόντισα
τῆς τύ-]
χης, ἀεὶ [δ᾽] ἐτήρη[σα τὴ]ν θρησκεί[αν τ]οῦ Ἀπό[λλωνος τοῦ Πυθίου. ἐπεὶ
δὲ]
5   νῦν λέγεται καὶ [πολ]ειτῶν ἔρη[μο]ς εἶναι, ὥ[ς μοι ἄρτι ἀπήγγειλε Λ(ούκιος)
Ἰού-]
νιος Γαλλίων ὁ φ[ίλος] μου κα[ὶ ἀνθύ]πατος, [βουλόμενος τοὺς Δελφοὺς]
ἔτι ἕξειν τὸν πρ[ότερον κόσμον ἐντελ]ῆ, ἐ[ντέλλομαι ὑμεῖν καὶ ἐξ ἄλ-]
λων πόλεων καλ[εῖν εὖ γεγονότας εἰς Δελφοὺς ὡς νέους κατοίκους καὶ]
αὐτοῖς ἐπιτρέ[πειν ἐκγόνοις τε τὰ] πρεσ[βεῖα πάντα ἔχειν τὰ τῶν Δελ-]
10   φῶν ὡς πολε[ίταις ἐπ᾽ ἴσῃ καὶ ὁμοίᾳ· ε]ἰ μὲν γάρ τι[νες .... ὡς πολεί-]
ται μετῳκίσ[αντο εἰς τούτους τοὺ]ς τόπους, κρ[ίνω ....]
[τ]ούτου[ς ....]ν πάντως ε[...............................]
[...................]σθη· οἵτινε[ς δὲ ....]
[.....................]ι καὶ τὸ συναύ[ξειν ....]
15   [................... ὥσπε]ρ ἐπὶ τῶν ἀνα[............................]
ἀνα[................ φ]ημι ⸢ [τ]οῖς μέντ[οι ....]
εἰς τῶν[.............]ειασε ἐντέλλομαι, ἵν[α ....]
κατὰ προ[σῆκον πάντων τ]ῶν ἐν αὐτῷ γεγραμ[μένων μηδὲν] ἐριστὸ[ν ἦι].

Tiberius Claudius Caesar Augustus Germanicus, zum zwölften Mal ausgestattet mit der tribunizischen Gewalt, zum 26. Mal zum Imperator
proklamiert, Vater des Vaterlandes, grüßt die Stadt Delphi. Schon früher war ich der Stadt Delphi nicht nur wohlgesonnen, sondern habe
auch Sorge getragen für ihr gutes Geschick, immer habe ich das Heiligtum des pythischen Apollon beschützt. Da sie aber jetzt von Bürgern
verwaist sein soll, wie mir jüngst Lucius Iunius Gallio, mein Freund
und Proconsul, berichtet hat, so gebe ich als Ausdruck meines Willens,

---

4   Diese findet sich unter http://www.neutestamentliches-repetitorium.de/inhalt/
inhalt.html, wenn man unter „Sonstiges" die „Gallio-Inschrift" auswählt, als pdf-Datei.
    In Anmerkung 1 dieses Textes listet *Jens Börstinghaus* unter anderen die folgenden Quellen auf: SIG³
II 801D; *André Plassart:* Fouilles de Delphes. Tom. III: Épigraphie. Fasc. IV: Inscriptions de la terrasse
du temple et de la région nord du sanctuaire, III: Nᵒˢ 276 a 350. Les inscriptions du temple du IVᵉ siècle,
Paris 1970, Nr. 286 (S. 27–32); neue Ergänzungsvorschläge, die den Plassartschen zumeist überlegen
sind, finden sich bei *James H. Oliver:* The Epistle of Claudius which Mentions the Proconsul Junius
Gallio, Hesp. 40 (1971), S. 239–240.
    Hinzufügen sollte man dem noch: *Laura Boffo:* Iscrizioni greche e latine per lo studio della bibbia,
Biblioteca di storia e storiografia dei tempi biblici 9, Brescia 1994 (die Gallio-Inschrift hier als Nr. 29
auf S. 247–256).

Abbildung III.7: Die Gallio-Inschrift aus Delphi: Detail aus dem Präskript

daß Delphi den früheren Glanz vollkommen wiedererlange, euch Anweisung, daß ihr aus anderen Städten Freigeborene nach Delphi als
neue Siedler herbeiruft, und daß ihr ihnen und ihren Nachkommen
alle Rechte der delphischen Bürger zugesteht wie Bürgern von gleichem
und selbem Status. Denn wenn nun Leute als Bürger übergesiedelt sind
zu diesen Orten, so beschließe ich, daß ... diese ... gänzlich ...; welche aber ... und das Wachstum ... wie unter den ... sage ich. Jedoch
denen ... gebe ich Anweisung, daß ..., damit – wie es sich ziemt – das
in ihm Geschriebene ganz und gar unstrittig sei.[5]

Wie sich aus dem (teilweise ergänzten) Präskript ergibt (Z. 1–2), handelt es sich
hier um einen Brief des Kaisers Claudius an die Stadt Delphi.[6] Die Datierung dieses
Briefes läßt sich aus der Kaisertitulatur in Z. 1–2 bestimmen. Die Angaben in bezug
auf die zwölfte *tribunicia potestas* und auf die 26. Imperator-Akklamation verweisen
in das Jahr 52, wie man schon an der übersichtlichen Darstellung des alten Hand-
buchs von René Cagnat ablesen kann.[7] Man darf freilich nicht übersehen, daß die

---

5   Der hier gebotene Text der Gallio-Inschrift ist wie die Übersetzung der in der vorigen Anmerkung genannten Publikation von *Jens Börstinghaus* entnommen.
6   Zum Kaiser Claudius und seine sonstige Bedeutung für das Neue Testament vgl. oben S. 87 bis
S. 90. Für die Einzelheiten der Interpretation verweise ich auf den zitierten Text von *Jens Börstinghaus*.
7   *René Cagnat:* Cours d'épigraphie latine, Paris ⁴1914, S. 185.

Angabe der zwölften *tribunicia potestas* nicht auf dem Stein zu finden ist, sondern von den modernen Herausgebern ergänzt wurde. Auf dem Stein deutlich zu erkennen ist hingegen die 26. Akklamation zum Imperator, wo es heißt: [αὐτοκράτωρ τ]ὸ κϛ′ (*[autokratōr t]o KC]* – das KC = κϛ′ = 26 ist auf der Abbildung III.7 klar zu lesen).

Was nun die Datierung dieser 26. Akklamation des Kaisers Claudius angeht, so muß man zu deren Bestimmung einen Umweg über die 27. Akklamation machen: „Ungewöhnlich genau können wir nämlich die 27. Akklamation datieren; diese muß spätestens im Juli 52 vollzogen worden sein. Das ergibt sich aus der Kombination einer Angabe bei *Sextus Iulius Frontinus* mit dem Text einer lateinischen Inschrift aus Rom: Bei der Inschrift (CIL VI 1256) handelt es sich um die Bauinschrift zur Einweihung der *Aqua Claudia* und des *Anio Novus*, in der die 27. Akklamation zum Imperator mit der zwölften tribunizischen Gewalt des Claudius verbunden wird."[8] Da wir aus Frontin wissen, daß die Einweihung der beiden genannten Aquaedukte am 1. August des Jahres 52 n.Chr. erfolgte, haben wir damit einen *terminus ante quem* für die hier in Rede stehende 27. Akklamation: Diese muß spätestens im Juli 52 erfolgt sein. Daraus kann man dann schließen, daß die uns interessierende 26. Akklamation im April oder Mai desselben Jahres 52 stattgefunden hat.[9]

„Für die Amtszeit des Gallio als Prokonsul von Achaia folgt daraus, daß er höchstwahrscheinlich im Sommer 51 seine – wie bei Prokonsuln üblich – einjährige Amtszeit angetreten haben wird. Rein theoretisch bestehende andere Möglichkeiten sind eher auszuschließen, da man einerseits ausreichend Zeit für die Reaktion aus Rom auf den Bericht des Gallio über die delphischen Verhältnisse in Rechnung zu stellen hat (s. Z. 5f.), und andererseits Gallio im Brief noch als ἀνθύπατος (*[anthypatos]* lat. *proconsul*) bezeichnet wird (s. Z. 6 ...). Man wird aber vielleicht auch nicht allzu weit ans Ende der regulären Amtszeit hinabgehen dürfen, weil eine gewisse Wahrscheinlichkeit dafür besteht, daß Gallio seine Amtszeit gar nicht voll erfüllt haben könnte."[10]

Ist folglich das Amtsjahr des Gallio auf 51/52 bestimmt, so kann man damit nun die Nachrichten aus Apg 18 kombinieren: Wir haben schon gesehen, daß aus Apg 18,12–17 hervorgeht, daß Paulus sich vor dem Statthalter Gallio zu verantworten hatte. Diese Szene läßt sich damit auf das Jahr 51/52 datieren. Etwas weiter kommen wir noch, wenn wir auch die Notiz aus Apg 18,11, wonach Paulus 18 Monate in Korinth zugebracht hat, hinzuziehen; bemerkenswerterweise findet sich diese Nachricht unmittelbar *vor* unserer Gallio-Szene. Von Belang ist nun die Beobachtung, daß auch

---

8   *Jens Börstinghaus,* a.a.O., S. 7 (die im Zitat gebotenen Kursivierungen sind sämtlich aus dem Original übernommen).

9   Einzelheiten zu dieser Berechnung bietet *Jens Börstinghaus,* a.a.O., S. 8.

10   *Jens Börstinghaus,* a.a.O., S. 9. Zur Begründung der letzten Aussage fügt Börstinghaus in der zugehörigen Anmerkung hinzu: „Vgl. die Bemerkung Senecas, des Bruders unsres Gallio: *Illud mihi in*

unmittelbar *nach* unserer Gallio-Szene eine chronologische Bemerkung angeschlossen wird: ὁ δὲ Παῦλος ἔτι προσμείνας ἡμέρας ἱκανὰς τοῖς ἀδελφοῖς ἀποταξάμενος ἐξέπλει εἰς τὴν Συρίαν *(ho dẹ Paulos ẹti prosmeịnas hēmẹras hikanạs toịs adelphoịs apotaxạmenos exẹplei eis tẹn Syrịan)*, „Paulus blieb noch eine ganze Reihe von Tagen bei den Brüdern, verabschiedete sich dann und segelte nach Syrien ab" (Apg 18,18). Durch diese Rahmung unserer Gallio-Szene mit zwei chronologischen Bemerkungen wird der Eindruck erweckt, Paulus habe vor der Begegnung mit Gallio viele Monate in Korinth gewirkt, danach aber nur noch etliche Tage. Ist dies richtig[11], so muß die Begegnung des Paulus mit dem Statthalter Gallio an das Ende seines Aufenthalts in Korinth datiert werden. So kann man mit Jens Börstinghaus das folgende Ergebnis formulieren:

„Glaubt man nun, der Darstellung des Lukas in Apg 18 die Information entnehmen zu können, daß die Szene vor Gallio sich eher gegen Ende des paulinischen Aufenthalts in Korinth zugetragen hat, und hält man es weiterhin für plausibel, daß die Szene eher zu Beginn der Amtszeit des Gallio stattgefunden hat, weil die Juden des Ortes den Amtsantritt des neuen Prokonsuls als vielversprechende Möglichkeit gesehen haben könnten, jetzt gegen Paulus mit gerichtlichen Mitteln vorzugehen, so ergibt sich die m.E. wahrscheinlichste Ansetzung des paulinischen Erstaufenthalts in Korinth für die Zeit von Ende 49/Anfang 50 bis Sommer 51 ... "[12]

Auf diese Weise haben wir einen Fixpunkt für die Paulus-Chronologie gewonnen, von dem aus viele andere Daten davor und danach mit einer Unschärfe von ein oder zwei Jahren errechnet werden können. Dies ist aufgrund der Gallio-Inschrift möglich, die daher als wichtigstes Zeugnis für die absolute Chronologie des Paulus etwas genauer zu besprechen war.

---

ore erat domini mei Gallionis, qui cum in Achaia febrem habere coepisset, protinus navem escendit clamitans non corporis esse sed loci morbum (Sen.Ep. 104,1)."

11 Beachte jedoch die von *Jens Börstinghaus*, a.a.O., S. 9, in Anm. 26 aufgelisteten abweichenden Voten, auf die ich an dieser Stelle nicht eingehen kann.

12 *Jens Börstinghaus*, a.a.O., S. 9.

Kapitel IV: Paulus in der *Asia*

Wir haben im vorigen Kapitel den Weg des Paulus nach Griechenland verfolgt. Die sogenannte zweite Missionsreise – das erste selbständige Unternehmen des Paulus – war in Makedonien und Achaia von Erfolg gekrönt. So gelang die Gründung von Gemeinden in Philippi, in Thessaloniki und in Korinth. Korinth war das Zentrum der paulinischen Mission für nahezu zwei Jahre (vgl. die Angabe des Lukas in Apg 18,11, der für die Phase bis zu dem Zusammenstoß vor Gallio 18 Monate ansetzt). Daher werden wir uns zunächst noch der Stadt Korinth zuwenden, dem Abfassungsort des 1. Thessalonicherbriefs. Als erstes Beispiel für einen pseudonymen Paulusbrief werden wir sodann exemplarisch den 2. Thessalonicherbrief studieren, bevor wir zusammen mit Paulus von Korinth nach Ephesos übersiedeln, der Hauptstadt der *Asia*, die in der Überschrift dieses Kapitels erwähnt wird. Der Aufenthalt in der *Asia* ist für die Biographie des Paulus von nicht zu überschätzender Bedeutung, sind hier doch fast alle Briefe nach Korinth, der Philipperbrief und der Philemonbrief entstanden, also so viele paulinische Briefe wie nirgendwo sonst.[1] Daher benötigen wir für den Aufenthalt in der *Asia* zwei Kapitel, da wir sonst der Fülle des Stoffes nicht Herr werden könnten.

§ 20 Korinth: Die Metropole Achaias

Die Stadt Korinth[2] ist die Hauptstadt der römischen Provinz Achaia. Hier residiert der Statthalter Gallio,[3] der im Fall des Paulus von großer Bedeutung ist, da er eine Datierung seines Aufenthalts in dieser Stadt ermöglicht (Apg 18,12–17). Die Stadt Korinth ist für die Ausbreitung des Christentums von grundlegender Bedeutung.[4]

Paulus kam auf seiner zweiten Missionsreise nach Korinth.[5] Korinth bildet nach der Darstellung des Lukas den abschließenden Höhepunkt dieser Missionsreise (Apg 18,1–17).

Die Lage der Stadt Korinth ist dadurch gekennzeichnet, daß sie an zwei Meeren liegt (vgl. dazu die Karte Abb. IV.1). Daher hat sie auch zwei Häfen.

---

1   Manche lassen auch den Galaterbrief in Ephesos geschrieben sein – eine Auffassung, die ich nicht mehr teile, vgl. dazu im einzelnen die Diskussion in dem Kapitel VII über den Galaterbrief.

2   Dieser Abschnitt ist meinen Texten aus dem Repetitorium 2005 entnommen.

3   Wir haben im vorigen Paragraphen die Gallio-Inschrift, die eine Datierung des Aufenthalts des Paulus in Korinth ermöglicht, kennengelernt.

4   Vgl. dazu die einführende Charakterisierung zum 1. Korintherbrief in diesem Kapitel.

5   Zur zweiten Missionsreise vgl. oben im Kapitel III die Seite 119f.

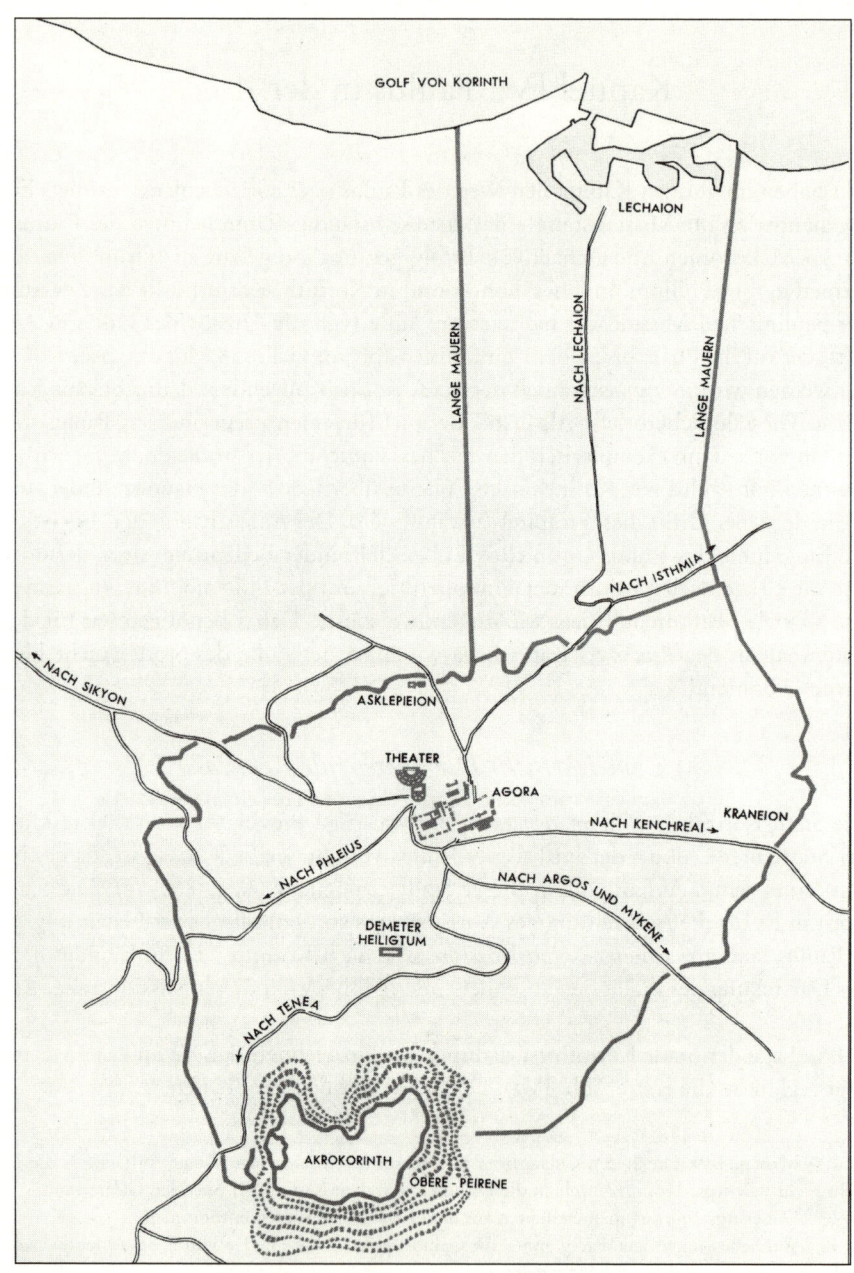

Abbildung IV.1: Korinth und Lechaion

Vom Osten – der Ägäis – her kommend fährt man in den Saronischen Golf und gelangt zum östlichen Hafen Korinths mit Namen Kenchreaï.[6] Dieser Hafen spielt im Neuen Testament eine Rolle, weil Paulus sich dem Lukas zufolge hier nach Ablegung eines Gelübdes Richtung Syrien einschiffte. Später gab es eine eigene Gemeinde in Kenchreaï, deren Diakonin Phoibe in Röm 16,1 empfohlen wird;[7] hier ist ausdrücklich von der ἐκκλησία ἐν Κεγχρεαῖς *(ekklēsia en Kengchreaïs)* die Rede.

Vom Westen – der Adria – her kommend gelangt man in den Golf von Korinth und landet im nördlichen Hafen mit Namen Lechaion. Schon lange vor der Zeit des Paulus ist der Golf von Korinth durch den sogenannten Diolkos mit dem Saronischen Golf verbunden worden, einem gepflasterten Weg, auf dem Schiffe von einem zum andern Golf geschleift werden konnten. Reste dieses seit 1956 teilweise freigelegten Weges kann man heute noch besichtigen. Schon in der Antike ist mehrfach der Durchstich des Isthmos von Korinth geplant worden – der Kaiser Nero hat ihn sogar in Angriff genommen. Der heutige IsthmosKanal von Korinth ist in den Jahren 1881 bis 1893 gebaut worden, für heutige Schiffe aber schon wieder zu schmal! Wenn Sie einmal mit dem Schiff von Venedig nach İzmir reisen, haben Sie vielleicht Glück und fahren durch diesen faszinierenden Kanal. Sie sollten dann nicht versäumen, sowohl für den Kaiser Nero als auch für Paulus eine Gedenkminute einzulegen ...

Schon in klassischer Zeit war Korinth eine bedeutende Stadt.[8] Die griechische Stadt wurde im Jahr 146 v.Chr. von den Römern zerstört. „Although the Romans had sacked the city, the destruction of its buildings was far from complete. While many had suffered from neglect, if not willful destruction, most still stood during this period. The city was largely deserted, although some descendants of the old Corinthians still lingered like ghosts among its ruins."[9]

* * *

6   Die Betonung des Namens des östlichen Hafens von Korinth bedarf besonderer Aufmerksamkeit: Der griechische Name ist auf der letzten Silbe betont: Κεγχρειαί, ῶν, im Deutschen dann also Kenchreaï. Das lateinische *Cenchreae* hingegen hat in der vorletzten Silbe ein kurzes e, also C̣enchrĕae und nicht Cenchrēae; nach den lateinischen Betonungsregeln ist also die erste Silbe zu betonen: C̣enchrĕae; die häufig zu hörende Betonung Kenchreạe ist also einfach falsch.

Zur griechischen Form vgl. Bauer/Aland, Sp. 867, zur lateinischen ThLL Supplementum: Nomina Propria Latina, Volumen II, Fasciculus II, Sp. 313, Z. 54–77.

7   Die Abfahrt nach Syrien wird in Apg 18,18 so geschildert: ὁ δὲ Παῦλος ἔτι προσμείνας ἡμέρας ἱκανὰς τοῖς ἀδελφοῖς ἀποταξάμενος ἐξέπλει εἰς τὴν Συρίαν, καὶ σὺν αὐτῷ Πρίσκιλλα καὶ Ἀκύλας, κειράμενος ἐν Κεγχρεαῖς τὴν κεφαλήν, εἶχεν γὰρ εὐχήν.

Der Bezug des Partizips κειράμενος ist nicht eindeutig: Das Haareschneiden und das Gelübde könnten auch von dem zuletzt genannten Aquila gesagt sein.

In Röm 16,1 finden wir die folgende Empfehlung der Diakonin Phoibe: συνίστημι δὲ ὑμῖν Φοίβην τὴν ἀδελφὴν ἡμῶν, οὖσαν [καὶ] διάκονον τῆς ἐκκλησίας τῆς ἐν Κεγχρεαῖς.

8   Grundlegend für das klassische Korinth ist die Darstellung von *J. B. Salmon*: Wealthy Corinth. A History of the City to 338 BC, Oxford 1984 (Nachdr. 1986 und 1997).

9   *Donald Engels:* Roman Corinth. An Alternative Model for the Classical City, Chicago und London 1990, S. 16.

Abbildung IV.2: Die Inschrift des Erastus aus Korinth

Für uns ist das römische Korinth von Interesse, das im Jahr 44 v. Chr. von Caesar als Kolonie neu begründet wurde: „Shortly before his death in March of 44 B.C., Julius Caesar ordered the colonization of Corinth and of Carthage, which had also been destroyed by Roman forces in 146 B.C. Both cities were destined to flourish once again as commercial centers, as they had in the past. Caesar probably had many reasons to refound Corinth. Most of Corinth's colonists were from Rome's freedman class, urban plebs, and Caesar's veterans. By removing part of these politically disaffected and volatile groups from Rome, he probably earned the gratitude of many in the capital."[10]

Nach dem Namen des Neugründers (genauer: nach dem *nomen gentile Iulius)* wurde die Stadt *Colonia Laus Iulia Corinthiensis* genannt. Die römische Stadt nahm einen schnellen Aufschwung und wurde in kürzester Zeit die bedeutendste und größte Stadt von ganz Griechenland. „After Rome itself, Athens, Jerusalem, and perhaps Antioch, we know more of human interest that occurred there than for almost any other Roman city. For this, we must thank our sources: Strabo, Plutarch, Pausanias, Apuleius, and, above all, Saint Paul. In criticizing, cajoling, exhorting, and in loving them, Paul's letters to his Corinthian congregation have left a vivid impression of an ancient urban population – its values, beliefs, fears, and hopes – that is unmatched for any other city except Rome."[11]

---

10   *Donald Engels*, a. a. O., S. 16f.
11   *Donald Engels*, a. a. O., S. 1.

Wieder finden wir also Paulus in einer römischen Kolonie – der ältesten, die er besucht hat. Denn während Philippi, Alexandria Troas und das pisidische Antiochien Gründungen des Augustus waren, handelt es sich bei Korinth um eine Gründung Caesars. Wie in den andern Kolonien auch, lag die Verwaltung der Stadt in den Händen von *duumviri iure dicundo*, den »Bürgermeistern«. Was die Finanzen angeht, so standen diesen »Bürgermeistern« zwei *aediles* zur Seite, die ebenfalls vielfach inschriftlich bezeugt sind. Einer dieser Aedilen wurde später Mitglied der von Paulus gegründeten christlichen Gemeinde.

Der Text der auf der gegenüberliegenden Seite abgebildeten Inschrift des Erastus lautet wie folgt:

> *[. . .] Erastus pro aedilit[at]e*
> vacat *s(ua) p(ecunia) stravit.*[12]

Die Inschrift befindet sich heute noch *in situ*, vor dem Theater. Es handelt sich um Vertiefungen in den Steinplatten, in denen einst bronzene Buchstaben eingelassen waren. Die bronzenen Buchstaben sind verschwunden – Bronze kann man leicht einschmelzen –, die Vertiefungen haben sich über 2000 Jahre erhalten. Sie informieren uns über die Wohltat des Erastus, der auf eigene Kosten *s(ua) p(ecunia)* den Platz hat pflastern lassen. Für uns besonders wertvoll ist die Information in Zeile 1 der Inschrift, wo es heißt, er habe dies *pro aedilit[at]e* getan, d.h. für die ihm verliehene Aedilenwürde. Unser Erastus ist also in Korinth zum Aedil gewählt worden, und er hat im Gegenzug diesen Platz auf eigene Kosten pflastern lassen.

Dieser Aedil ist für die Biographie des Paulus von Bedeutung, weil auch in der paulinischen Gemeinde von Korinth ein Mann namens Erastus Mitglied war, wie wir aus dem Römerbrief erfahren, wo es in 16,23 heißt: „Es grüßt euch Gaius, mein Gastgeber, der auch der Gastgeber der ganzen Gemeinde ist, es grüßt euch Erastus, der Oikonomos der Stadt, und der Bruder Quartus."[13] Viel spricht dafür, daß das griechische Wort Oikonomos, das Paulus hier verwendet, für die lateinische Bezeichnung *aedilis* steht. Aus Korinth läßt also der Aedil Erastus die Gemeinde in Rom grüßen. Recht wahrscheinlich ist dann die These, dieser Erastus aus Röm 16,23 sei mit dem unsrer Inschrift aus Korinth identisch.

* * *

---

12   Der Text ist publiziert bei *John Harvey Kent* [Hg.]: The Inscriptions 1926–1950, Corinth. Results of Excavations Conducted by the American School of Classical Studies at Athens, Volume VIII, Part III, Princeton 1966, Nr. 232 = S. 99f.

Die auf Seite 142 abgebildete Photographie ist von mir; der Ausschnitt ist leider nicht gut gewählt – der rechte Rand ist abgeschnitten; doch saß der Photograph auf eines andern Schultern, und da hat es mit dem genauen Zielen so seine Schwierigkeiten ...

13   Im griechischen Original: ἀσπάζεται ὑμᾶς Γάϊος ὁ ξένος μου καὶ ὅλης τῆς ἐκκλησίας. ἀσπάζεται ὑμᾶς Ἔραστος ὁ οἰκονόμος τῆς πόλεως καὶ Κούαρτος ὁ ἀδελφός.

Abbildung IV.3: Das Bema von Korinth (vgl. Apg 18,12)

Korinth erscheint in der Apostelgeschichte als Provinzhauptstadt der Provinz *Achaia*. Neben Thessaloniki ist es also die zweite Provinzhauptstadt, in der Paulus tätig wird. Im Unterschied zu Thessaloniki ist Korinth aber zugleich auch noch eine römische Kolonie – das verrät uns Lukas freilich hier wie anderwärts nicht.

Besonders wichtig ist in diesem Zusammenhang, daß der Statthalter Gallio seinen Amtssitz in Korinth hat. Dieser Statthalter lehnt es ab, einen Prozeß gegen Paulus zu eröffnen. In Apg 18,12 ist in diesem Zusammenhang von einem Bema (βῆμα *[bēma]*) die Rede. Ein solches (eine *rostra*) ist bei den amerikanischen Ausgrabungen zu Tage gefördert worden (vgl. Abbildung IV.3). Die Frage, ob man die Aussage aus Apg 18,12 im topographischen Sinne verstehen und dann auf das bei den Ausgrabungen zutage gekommene Gebäude beziehen kann[14], ist von Anfang an umstritten gewesen.[15]

Die Tatsache, daß Lukas den Namen des Statthalters, Gallio, nennt, ermöglicht die Berechnung der Zeit, in der Paulus sich in Korinth aufhielt (nach der wahrscheinlichsten Rechnung handelt es sich um die Zeit von Ende 49 bis Sommer 51, wie wir im vorigen Paragraphen gesehen haben).

* * *

---

14   Bei unserer Exkursion im Oktober 2005 in Korinth heiß diskutiert ...

15   Vgl. schon *Erich Dinkler:* Das Bema zu Korinth. Archäologische, lexikographische, rechtsgeschichtliche und ikonographische Bemerkungen zu Apostelgeschichte 18,12–17, ursprünglich publiziert im Jahr 1941, dann, durch einen Nachtrag ergänzt in: *ders.:* Signum Crucis. Aufsätze zum Neuen Testament und zur Christlichen Archäologie, Tübingen 1967, S. 118–133, der zu dem Ergebnis kommt: „Es ist hier [in Apg 18,12ff.] nicht von einer Rednertribüne im allgemeinen Sinne die Rede, sondern vom Platz des Richters" (S. 123) und: „Wir wissen nicht und können schlechterdings nicht herausfinden, wo der Bericht von Apg 18 lokalisierbar ist" (S. 129), denn: „Die Sprache macht deutlich, daß in der Aus-

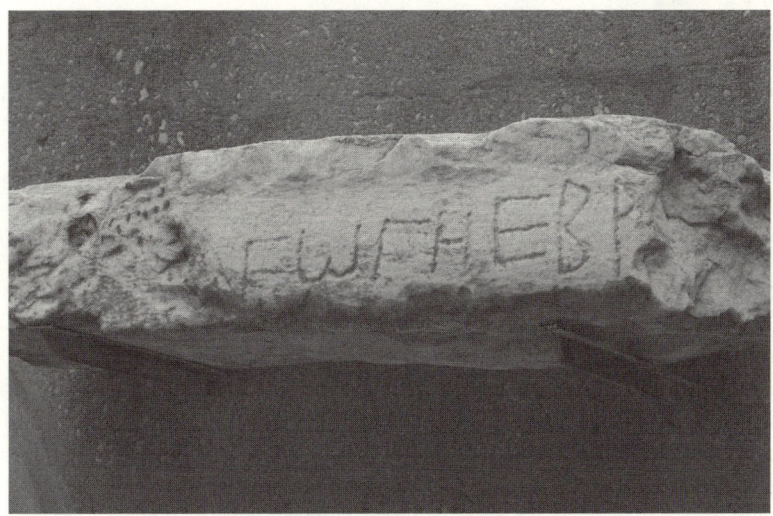

Abbildung IV.4: Die Synagogen-Inschrift aus Korinth
[συν]αγωγὴ Ἑβρ[αίων]

Auch in Korinth beginnt Paulus seine Verkündigung (vgl. Apg 18,4) in der Synagoge – wie wir es auf der zweiten Missionsreise von Philippi, Thessaloniki, Beroia und
Athen gewohnt sind.[16] Die Synagoge von Korinth ist epigraphisch und archäologisch
bezeugt, allerdings nur durch Einzelfunde (aber das Gebäude der Synagoge selbst ist
bisher noch nicht gefunden bzw. als solches identifiziert). Der wichtigste dieser Einzelfunde ist eine Inschrift, die heute im Museum in Korinth aufbewahrt wird.

Die grundlegende Publikation der Inschrift finden Sie in dem amerikanischen
Grabungsband.[17] Wenn man genau sein will, sollte man nicht mit »Synagoge der
Juden«, sondern mit »Synagoge der Hebräer« übersetzen. Die Datierungsvorschlä-
ge für den Stein differieren: Im (alten) CIJ wird unter Nummer 718 ist bc – ist ac
vorgeschlagen[18], was nach meinem Eindruck allzu früh ist (die Datierung erfolgt ausschließlich aufgrund der Buchstabenformen). Elliger dekretiert: „Die ungewöhnliche

---

sage der Apg 18,12 … ein prozeßrechtlicher Begriff aufgenommen ist, der nicht topographisch (sc. im
Sinne von »rostra«) zu verstehen ist" (ebd.).

16 Zum Institut der Synagoge vgl. oben im dritten Kapitel die Seiten 101–111.

17 *Benjamin Dean Meritt [Hg.]:* Greek Inscriptions 1896–1927, Corinth. Results of Excavations
Conducted by the American School of Classical Studies at Athens, Volume VIII, Part I, Cam-
bridge/Mass. 1931; hier die Nummer 111.

18 Vgl. außerdem noch SEG XVII (1960) 185 sowie die neue Ausgabe der jüdischen Inschriften
Griechenlands (*David Noy/Alexander Panayotov/Hanswulf Bloedhorn:* Inscriptiones Judaicae Orientis,
Band I: Eastern Europe, Texts and Studies in Ancient Judaism 101, Tübingen 2004, Ach 47 = S. 182–
184), die – was die Datierung angeht – ins andere Extrem verfällt: „Although it is extremely difficult to
date such a short and fragmentary inscription, it seems that the inscription could not be dated before
the 3rd century CE" (S. 184).

Bezeichnung für die Juden läßt auf ein relativ hohes Alter schließen, jedoch wäre das 2. Jh. n. Chr. die frühstmögliche Datierung"[19] – woher er diese Sicherheit nimmt, bleibt unerfindlich, insbesondere verzichtet er ja leider darauf, ein Argument dafür ins Feld zu führen. Sein Schluß: „Paulus hat diese Inschrift also nicht gesehen"[20] ist also vielleicht etwas übereilt.

§ 21 *Die unechten Paulinen am Beispiel des 2. Thessalonicherbriefs*

Wer sich vom 1. Thessalonicherbrief herkommend dem 2. Thessalonicherbrief nähert[1], stellt mit Verwunderung fest: Beide Briefe gleichen einander wie ein Ei dem andern. Diese Übereinstimmungen durchziehen jeweils den gesamten Brief, beginnend beim Präskript (auf der linken Seite 1Thess 1,1, auf der rechten Seite 2Thess 1,1–2):

Παῦλος καὶ Σιλουανὸς καὶ Τιμόθεος	Παῦλος καὶ Σιλουανὸς καὶ Τιμόθεος
τῇ ἐκκλησίᾳ Θεσσαλονικέων	τῇ ἐκκλησίᾳ Θεσσαλονικέων
ἐν θεῷ πατρὶ	ἐν θεῷ πατρὶ ἡμῶν
καὶ κυρίῳ Ἰησοῦ Χριστῷ,	καὶ κυρίῳ Ἰησοῦ Χριστῷ,
χάρις ὑμῖν καὶ εἰρήνη.	χάρις ὑμῖν καὶ εἰρήνη
	ἀπὸ θεοῦ πατρὸς
	καὶ κυρίου Ἰησοῦ Χριστοῦ.

und reichend bis zum Eschatokoll (wo der 2. Thessalonicherbrief in 3,17 eine zusätzliche Bemerkung aufweist: ὁ ἀσπασμὸς τῇ ἐμῇ χειρὶ Παύλου, ὅ ἐστιν σημεῖον ἐν πάσῃ ἐπιστολῇ· οὕτως γράφω). Man kann sich leicht eine Tabelle von übereinstimmenden Formulierungen zusammenstellen.[2]

Bei all diesen Übereinstimmungen – die in solcher Häufigkeit bei keinen zwei andern paulinischen Briefen vorliegen – ist nun aber ein grundlegender *theologischer Unterschied* nicht zu übersehen. Dieser betrifft die Eschatologie, näherhin den apokalyptischen Fahrplan und die Zeit der Parusie (vgl. 1Thess 4,13–18 und 5,1–11 mit 2Thess 2,1–12). War die Botschaft des 1. Thessalonicherbriefs: Die Parusie steht unmittelbar bevor, wir alle – d.h. Paulus und die Christinnen und Christen in Thessaloniki – werden diese Parusie erleben, so lesen wir im 2. Thessalonicherbrief: Das dauert noch . . .[3]

---

19 *Winfried Elliger:* Mit Paulus unterwegs in Griechenland. Philippi, Thessaloniki, Athen, Korinth; erschienen Stuttgart 1998, S. 93.

20 Ebd.

1 Der folgende Text zum 2. Thessalonicherbrief ist dem Erlanger Repetitorium von 2005 entnommen. Die genauen bibliographischen Angaben zu den einzelnen Arbeiten über den 2. Thessalonicherbrief finden sich im Literaturverzeichnis am Ende dieses Paragraphen, S. 149–150.

2 Vgl. etwa den Kommentar von *Marxsen*, S. 19–26, oder, besonders ausführlich und detailliert, Ἰωάννης Λ. Γαλάνης, S. 35–41.

3 2,1–2 lesen wir: ἐρωτῶμεν δὲ ὑμᾶς, ἀδελφοί, ὑπὲρ τῆς παρουσίας τοῦ κυρίου ἡμῶν Ἰησοῦ Χριστοῦ καὶ ἡμῶν ἐπισυναγωγῆς ἐπ᾽ αὐτόν, εἰς τὸ μὴ ταχέως σαλευθῆναι ὑμᾶς ἀπὸ τοῦ νοὸς μηδὲ

Damit läßt sich das Problem folgendermaßen formulieren: Wie ist es möglich, daß eine so grundsätzliche Differenz in zwei einander sonst so ähnlichen Briefen des Paulus auftreten kann?

Verschiedene Lösungen sind im Lauf der Zeit vorgeschlagen worden. Exemplarisch sei hier zunächst die Harnacksche These referiert.[4] Ziel der Harnackschen Untersuchung ist der Nachweis, daß das problematische Kapitel 2 nicht nur keine Schwierigkeit für die Annahme der paulinischen Verfasserschaft biete, sondern im Gegenteil „ein sehr starkes Argument *für* die Echtheit" des 2. Thessalonicherbriefes.[5] Die Harnacksche These lautet nun: „der 2. Thessalonicherbrief ist gleichzeitig mit dem 1. (d.h. unmittelbar nach demselben) an eine besondere Gruppe innerhalb der Christenheit Thessalonichs geschrieben, für die auch der 1. Brief in zweiter Linie mitbestimmt war, die aber um ihrer Sonderstellung in der Christenheit der Stadt und der ihr eigentümlichen Gefahren willen ein eigenes Schreiben bedurfte."[6]

Der erste Brief richtet sich Harnack zufolge an die heidenchristliche Gemeinde in Thessaloniki. Das war ja auch unser Ergebnis, daß diese Gemeinde aus ehemaligen Heiden, nicht ehemaligen Juden bestand. Aber: „Am Schluß des 1. Briefes (5,26.27) trägt Paulus in bemerkenswerter Weise Sorge, daß der Brief wirklich allen zur Kenntnis komme; nicht nur heißt es: »Grüßet alle die Brüder mit heiligem Kuß«, sondern auch: »Ἐνορκίζω ὑμᾶς τὸν κύριον ἀναγνωσθῆναι τὴν ἐπιστολὴν πᾶσιν τοῖς ἀδελφοῖς.« Wer so schreibt, hegt aus irgendwelchen Ursachen Besorgnis, daß einigen – und nicht aus Zufall – der Brief unbekannt bleiben könnte."[7]

Wer sind nun also die Adressaten dieses zweiten Schreibens? „Diese Gruppe war ein kleiner Kreis von geborenen Juden, der mit der Hauptgemeinde im sozial-kirchlichen Leben noch nicht vollkommen verschmolzen war, ohne eine ablehnende oder gar feindliche Stellung zu ihr einzunehmen. Paulus, der auch sie bekehrt hatte, stand ihr persönlich und herzlich nicht so nahe wie der heidenchristlichen Gemeinde, in der er sich heimisch gemacht hatte, hatte aber prinzipielle Bedenken ihr gegenüber nicht, da sie das Recht der Heidenmission voll anerkannte und auch sonst in ihrer religiösen Haltung und Entwicklung auf dem richtigen Wege war."[8]

θροεῖσθαι μήτε διὰ πνεύματος μήτε διὰ λόγου μήτε δι᾽ ἐπιστολῆς ὡς δι᾽ ἡμῶν, ὡς ὅτι ἐνέστηκεν ἡ ἡμέρα τοῦ κυρίου. „Wir bitten euch aber, Brüder, [im Blick auf das] was die Parusie unseres Herrn Jesus Christus und unsere Zusammenführung mit ihm betrifft: Laßt euch nicht schnell verwirren weg von [eurem] Verstand, aber auch nicht erschrecken, weder durch Geist[esaussprüche], noch durch Wort(e), noch durch (einen) Brief, angeblich von uns, die behaupten: Der Tag des Herrn ist da."

4   *Adolf Harnack:* Das Problem des zweiten Thessalonicherbriefs.

5   *Harnack,* a.a.O., S. 101; die Kursivierung ist von mir.

6   *Harnack,* a.a.O., S. 105.

7   *Harnack,* a.a.O., S. 103.

8   *Harnack,* a.a.O., S. 105. Er nimmt an, daß sich diese Gruppe auch im Präskript niedergeschlagen haben müsse; dies sei dann gestrichen worden und der Brief wurde dann einfach als zweiter Brief bezeichnet.

Im Unterschied zu den Ausführungen 1Thess 5,1–11, die sich an Heidenchristen richten, ist 2Thess 2 für Kenner der jüdischen Apokalyptik bestimmt. Besonders aufschlußreich ist in 2,13 der Terminus ἀπαρχή *(aparchē)*, zumal in der parallelen Passage in 1Thess 1,4 dieser Begriff fehlt. Harnack ist der Auffassung, daß der Begriff hier die Juden innerhalb der Gemeinde bezeichne; sie seien die ἀπαρχή *(aparchē)* in Thessaloniki: „Unser Brief sagt mithin selbst, daß er nicht an die ganze Christenheit in Thessalonich, sondern an die Erstbekehrten daselbst gerichtet sei, und daß das Judenchristen waren, ergibt sich sowohl aus dem Gang der Mission in der Stadt als auch aus der Klangfarbe des Briefes."[9]

* * *

Heute wird in Deutschland überwiegend die These vertreten, der 2. Thessalonicherbrief stamme nicht von Paulus.[10] Wer den Brief einem Späteren zuschreibt, muß sich fragen: Was wollte der Verfasser mit seinem Brief erreichen? Dafür gibt es verschiedene Lösungen; zwei davon stelle ich exemplarisch vor.

Andreas Lindemann ist der Meinung, der Verfasser möchte mit seinem Brief den 1. Thessalonicherbrief ersetzen.[11] Entscheidend für Lindemanns These ist die Beobachtung: „2 Thess erscheint für sich betrachtet nicht als zweiter, sondern als erster bzw. einziger Brief des Paulus an die Gemeinde von Thessalonich."[12] Daraus ergibt sich die Annahme, „der Vf des 2 Thess habe seinen Brief deshalb in dieser Weise konzipiert, um ihn als *den* Thessalonicherbrief des Paulus präsentieren zu können."[13]

Die Hinweise auf einen andern Brief in 2,2 und 2,15 versteht Lindemann im Fall von 2,2 im Sinn von „durch einen Brief, der angeblich von uns kommt"; mit dieser Bemerkung beziehe sich der Verfasser auf den 1. Thessalonicherbrief. In 2,15 sei dagegen auf seinen eigenen Brief Bezug genommen: „2 Thess ist also entgegen der üblichen Deutung kein »Kommentar« zum 1 Thess, sondern er ist geradezu als dessen Widerlegung bzw. »Rücknahme« konzipiert worden."[14]

Eckart Reinmuth hält diese Lindemannsche Lösung nicht für plausibel.[15] Ihm zufolge wollte der Verfasser des 2. Thessalonicherbriefes den ersten nicht verdrängen,

---

9   *Harnack*, a.a.O., S. 117.
   In modifizierter Form wird die Harnacksche These gegenwärtig von Abraham J. Malherbe in seinem Kommentar vertreten: „Paul wrote 2Thessalonians soon after 1Thessalonians, around A.D. 51, from Corinth, when Silas and Timothy were with him. He had heard of certain conditions in Thessalonicea .... . In response, he wrote a pastoral, horatory letter that was encouraging as well as admonishing" (*Abraham J. Malherbe:* The Letters to the Thessalonians. A New Translation with Introduction and Commentary, AncB 32B, New York 2000, S. 364).
10   Vgl. zuletzt *Christina M. Kreinecker:* 2. Thessaloniker, Papyrologische Kommentare zum Neuen Testament 3, Göttingen 2010, S. 96–99.
11   *Andreas Lindemann:* Zum Abfassungszweck des 2. Thessalonicherbriefes.
12   *Andreas Lindemann*, a.a.O., S. 36.
13   *Andreas Lindemann*, ebd.
14   *Andreas Lindemann*, a.a.O., S. 39.
15   Zur Begründung vgl. *Eckart Reinmuth* in seinem Kommentar, S. 163.

sondern er wollte zu einem neuen Verständnis dieses Schreibens anleiten. Reinmuth möchte 2 Thess 2,2 anders als Lindemann übersetzen: „noch durch einen Brief, wie er von uns geschrieben wurde".[16] Ihm zufolge bezieht sich der Verfasser des 2. Thessalonicherbriefs mit dieser Bemerkung auf den 1. Thessalonicherbrief. „Der Vers bringt zum Ausdruck, daß die eschatologisch irrige Haltung, die anschließend korrigiert wird, sich zu Unrecht auf einen Brief des Paulus berufen würde."[17] Im selben Sinn ist auch die Bezugnahme in 2,15 zu verstehen: Auch hier meint der Verfasser den 1. Thessalonicherbrief. „Pseudo-Paulus setzt in seinem eigenen Schreiben die Autorität des Paulus voraus, auch im Blick auf dessen 1. Thessalonicherbrief. Er will sie nicht untergraben, sondern in sie korrigierend eintreten und in dieser Hinsicht sein eigenes Schreiben als Leseanweisung für den ersten Brief verstanden wissen."[18]

„Pseudo-Paulus bearbeitet mit seinem Brief eine beunruhigende Haltung in der Kirche seiner Gegenwart, die aktuelle Verfolgungserfahrungen, eschatologische Ungeduld und eine Aufkündigung des bisherigen Sozialverhaltens miteinander verband. Er setzt die Kommunikation des Paulus mit der Gemeinde in Thessalonich fort, weil er den Zusammenhang dieser Probleme im ersten Brief repräsentiert fand und dessen eschatologische Abschnitte als Belegtexte einer korrekturbedürftigen Naherwartung verstehen konnte. Der Autor bediente sich bei seinem Vorgehen einer biblisch und frühjüdisch bezeugten Konvention, die darin bestand, autoritative Texte aktualisierend, modifizierend oder sogar korrigierend weiterzuschreiben."[19]

Literatur

Einführungen zum 2. Thessalonicherbrief

Traugott Holtz: Art. Thessalonicherbriefe, TRE 33 (2002), S. 412–421.

Peter Pilhofer: 2. Thessalonicherbrief, www.neutestamentliches-repetitorium.de.

Kommentare in chronologischer Folge

Ernst von Dobschütz: Die Thessalonicher-Briefe, KEK X, Göttingen [7]1909 (neu herausgegeben mit einem Literaturverzeichnis von Otto Merk 1974).

Martin Dibelius: An die Thessalonicher I/II; An die Philipper, HNT 11, Tübingen 1911 ([3]1937).

Willi Marxsen: Der zweite Brief an die Thessalonicher, ZBK 11.2, Zürich 1982.

Ἰωάννης Λ. Γαλάνης: Η δευτέρα επιστολή του Αποστόλου Παύλου προς Θεσσαλονικείς, Ερμηνεία Καινής Διαθήκης 11β, Thessaloniki 1989 (Nachdr. 1992).

Eckart Reinmuth: Der zweite Brief an die Thessalonicher, in: Nikolaus Walter, Eckart Reinmuth und Peter Lampe: Die Briefe an die Philipper, Thessalonicher und an Philemon, NTD 8/2, Göttingen 1998.

---

16 *Eckhart Reinmuth*, a.a.O., S. 162.
17 *Eckhart Reinmuth*, ebd.
18 *Eckhart Reinmuth*, a.a.O., S. 161.
19 *Eckhart Reinmuth*, a.a.O., S. 165.

Eduard Verhoef: De brieven aan de Tessalonicenzen, Kampen 1998.

Abraham J. Malherbe: The Letters to the Thessalonians. A New Translation with Introduction and Commentary, AncB 32B, New York 2000.

Christina M. Kreinecker: 2. Thessaloniker, Papyrologische Kommentare zum Neuen Testament 3, Göttingen 2010.

Sonstige Literatur

Herbert Braun: Zur nachpaulinischen Herkunft des zweiten Thessalonicherbriefes, in: *ders.:* Gesammelte Studien zum Neuen Testament und seiner Umwelt, Tübingen ³1971, S. 205–209.

Adolf Harnack: Das Problem des zweiten Thessalonicherbriefs, in: SPAW 1910, S. 560–578, Nachdr. in: *Adolf Harnack:* Kleine Schriften zur alten Kirche, Band II: Berliner Akademieschriften 1908–1930, Opuscula IX 1, Leipzig 1980, S. 101–119.

Andreas Lindemann: Zum Abfassungszweck des Zweiten Thessalonicherbriefes, ZNW 68 (1977), S. 35–47.

Otto Merk: Überlegungen zu 2.Thess 2,13–17, in: Nach den Anfängen fragen (FS Gerhard Dautzenberg), Gießen 1994, S. 405–414; wieder abgedruckt in: *ders.:* Wissenschaftsgeschichte und Exegese, BZNW 95, Berlin/New York 1998, S. 422–431.

William Wrede: Die Echtheit des zweiten Thessalonicherbriefes, TU 9,2, Leipzig 1903.

§ 22 Von Korinth nach Ephesos

Der Übergang von Korinth nach Ephesos ist verkehrstechnisch im Sommer gar kein Problem: Beide Provinzhauptstädte waren durch Inselhüpfen über die Ägäis gut miteinander verbunden, und an Schiffen, die einen Reisenden mitnahmen, kann es nicht gefehlt haben. Das Claudiusedikt hatte die auf den Westen gerichteten Pläne des Paulus[1] vorerst zunichte gemacht, und so ist es nicht verwunderlich, daß er nun die bisher übergangene Metropole der *Asia* ins Auge faßt.

So könnten wir mit Paulus aus Korinth hinüberwandern nach Kenchreaï und uns im Hafen nach einem passenden Schiff umsehen; ein solches würden wir ohne Mühe finden; wir würden es flugs besteigen und Kurs auf Ephesos nehmen. Dieser Paragraph 22 im vierten Kapitel wäre so überflüssig wie nur möglich.

Das Problem des Übergangs von Korinth nach Ephesos ist ein lukanisches. Lukas möchte die zweite Missionsreise nach dem Modell der ersten gestalten. Wir erinnern uns: Die erste Missionsreise war eine Unternehmung der Gemeinde in Antiochien am Orontes. Lukas hatte nicht nur einen förmlichen Anfang dieser Reise geboten (Apg 13,1–3), sondern auch einen ebenso förmlichen Schluß (Apg 14,26–28). Daher

---

1   Zu den Spanienplänen des Paulus vgl. die Bemerkungen schon im ersten Kapitel (S. 13); sodann zum Zusammenhang mit dem Edikt des Claudius im Kapitel III (S. 90); schließlich zu den römischen Kolonien in Anatolien, in denen Paulus für den Westen übte, im selben Kapitel S. 116.

kann er hier nun nicht die zweite einfach in die dritte Reise übergehen lassen, sondern er schickt den Paulus erst einmal über Ephesos nach Palästina und zurück nach Antiochien, von wo aus der Apostel freilich sogleich wieder nach Ephesos reist. Das hört sich dann so an (Apg 18,18–23):[2]

18 Paulus blieb dann noch eine ganze Reihe von Tagen bei den Brüdern [in Korinth], verabschiedete sich dann und segelte nach Syrien ab (und mit ihm Priscilla und Aquila), nicht ohne sich zuvor in Kenchreai den Kopf geschoren zu haben, denn er hatte ein Gelübde.[3]

19 Sie kamen nach Ephesos, und dort ließ er sie zurück, selbst aber ging er in die Synagoge hinein und unterredete sich mit den Juden. 20 Als sie ihn baten, längere Zeit zu bleiben, willigte er nicht ein, 21 sondern er verabschiedete sich und sagte: „Ich komme wieder zu euch zurück, so Gott will", und er stach von Ephesos aus in See.

22 Und er landete in Caesarea (am Meer), und er stieg hinauf [nach Caesarea oder nach Jerusalem?] und begrüßte die Gemeinde und stieg hinab nach Antiochien. 23 Und nachdem er dort eine gewisse Zeit verbracht hatte, ging er fort, wobei er der Reihe nach das galatische Land und Phrygien durchzog, um dort alle Jünger zu stärken.

Im folgenden Vers sind wir dann schon wieder in Ephesos, wo kurz darauf auch Paulus wieder eintrifft. Diese Verse erfüllen also zwei wichtige Funktionen in der Apostelgeschichte: Sie bieten einen ordentlichen Abschluß für die zweite Missionsreise und zugleich einen Anfang für die dritte. Wie sich das für eine neue Missionsreise gehört, bricht Paulus von Antiochien auf. Das war im Falle der ersten Reise so – wenngleich damals (13,1–3.4) alles sehr viel feierlicher vor sich ging – und auch bei

---

2   Die folgende Übersetzung nach den Ergebnissen meiner Apostelgeschichte-Lektüre im Sommersemester 2008; die Protokolle sind unter www.die-apostelgeschichte.de zugänglich. Mein Dank gilt allen KommilitonInnen, die an der Lektüre beteiligt sind, insbesondere aber dem Mitveranstalter, Herrn Kollegen Stephan Schröder.

Im griechischen Text lesen wir: ὁ δὲ Παῦλος ἔτι προσμείνας ἡμέρας ἱκανὰς τοῖς ἀδελφοῖς ἀποταξάμενος ἐξέπλει εἰς τὴν Συρίαν, καὶ σὺν αὐτῷ Πρίσκιλλα καὶ Ἀκύλας, κειράμενος ἐν Κεγχρεαῖς τὴν κεφαλήν, εἶχεν γὰρ εὐχήν. κατήντησαν δὲ εἰς Ἔφεσον, κἀκείνους κατέλιπεν αὐτοῦ, αὐτὸς δὲ εἰσελθὼν εἰς τὴν συναγωγὴν διελέξατο τοῖς Ἰουδαίοις. ἐρωτώντων δὲ αὐτῶν ἐπὶ πλείονα χρόνον μεῖναι οὐκ ἐπένευσεν, ἀλλὰ ἀποταξάμενος καὶ εἰπών· πάλιν ἀνακάμψω πρὸς ὑμᾶς τοῦ θεοῦ θέλοντος, ἀνήχθη ἀπὸ τῆς Ἐφέσου· καὶ κατελθὼν εἰς Καισάρειαν, ἀναβὰς καὶ ἀσπασάμενος τὴν ἐκκλησίαν, κατέβη εἰς Ἀντιόχειαν, καὶ ποιήσας χρόνον τινὰ ἐξῆλθεν, διερχόμενος καθεξῆς τὴν Γαλατικὴν χώραν καὶ Φρυγίαν, ἐπιστηρίζων πάντας τοὺς μαθητάς.

3   Der mit κειράμενος beginnende Schluß des Satzes: κειράμενος ἐν Κεγχρεαῖς τὴν κεφαλήν, εἶχεν γὰρ εὐχήν könnte sich auch auf den zuletzt genannten Aquila beziehen. Dies wird in einigen Kommentaren für die angemessene Lösung gehalten, so beispielsweise bei Zahn: „Auch die Nachstellung des Aquila hinter seine Frau gegen die natürliche umgekehrte Stellung (s. v. 2 u. 20) erklärt sich an dieser Stelle doch nur aus der Absicht, an den Namen des Aquila die folgende, nur auf ihn, schwerlich auch auf seine Gattin ... passende Aussage κειράμενος κτλ. anhängen zu können" (*Theodor Zahn: Die Apostelgeschichte des Lucas. Zweite Hälfte Kap. 13–28, KNT V 2, Leipzig* [3 und 4]1927, S. 661).

der zweiten (15,36–41). Auch dem flüchtigen Leser der Apostelgeschichte muß der Unterschied auffallen.[4]

Die Karte der dritten Missionsreise auf Seite 153 vermittelt einen Eindruck davon, welche gewaltigen Entfernungen hier überwunden werden müssen, nur um Paulus von Ephesos über Caesarea und Antiochien nach – Ephesos zu bringen. Wer diesen Weg zu Fuß oder per Schiff macht, wird sich das dreimal überlegen. Ich halte dies daher für eine Konstruktion des Lukas: Paulus ist in Wirklichkeit von Korinth nach Ephesos übergesiedelt, ohne noch einmal nach Antiochien zurückzukehren.[5]

§ 23   *Ephesos: Die Metropole der* Asia[1]

Ephesos[2] ist ausnahmsweise einmal keine Kolonie, wie zuletzt Korinth und Philippi, sondern eine Provinzhauptstadt, wie Thessaloniki und Korinth (Korinth ist sowohl

---

4   Falls die westliche Überlieferung in der Tat sekundär sein sollte – wie die heutigentags herrschende Lehre will –, wäre sie der erste Beleg für diese These. Die Vorbereitungen für eine Milderung des harten Übergangs beginnt schon in v. 21, wo Paulus im Unterschied vom Text von Nestle/Aland[27] eine Begründung für seine Abreise aus Ephesos gibt. *Albert C. Clark* liest mit der westlichen Überlieferung:

ἀλλὰ ἀπετάξατο αὐτοῖς εἰπών·
δεῖ με πάντως τὴν ἑορτὴν ἐρχομένην
ποιῆσαι εἰς Ἱεροσόλυμα· ἀνακάμψω πρὸς ὑμᾶς
τοῦ θεοῦ θέλοντος.

Das setzt sich im folgenden v. 22 fort:

τὸν δὲ Ἀκύλαν εἴασεν ἐν Ἐφέσῳ·
αὐτὸς δὲ ἀναχθεὶς ἦλθεν εἰς Καισάρειαν κτλ.

(*Albert C. Clark:* The Acts of the Apostles. A Critical Edition with Introduction and Notes on Selected Passages, Oxford 1933.)

Bruce M. Metzger – ein Verfechter der herrschenden Lehre – kommt zu dem salomonischen Ergebnis: „The interpolation (for thus it must be accounted, there being no reason why, if original, it should have been deleted in a wide variety of manuscripts and versions) may well give, as Bruce observes, »the true reason for Paul's hasty departure, the feast probably being passover«" (Textual Commentary, S. 412) – *beati possidentes,* kann man da nur sagen, wenn man von textkritischen Problemen so schnell bei der historischen Ebene landet. *Ich* gehe jede Wette ein, daß Paulus wegen des Passafestes in Jerusalem sich keine missionarische Chance in Ephesos hätte entgehen lassen …

5   Vgl. die Diskussion bei *Ingo Broer:* Einleitung in das Neue Testament, Band 2: Die Briefliteratur, die Offenbarung des Johannes und die Bildung des Kanons, Die Neue Echter Bibel. Ergänzungsband zum Neuen Testament 2,1 und 2,2, Würzburg 1998 und 2001, S. 329–330. Broer ist geneigt, an der Historizität der lukanischen Konstruktion festzuhalten. Vgl. zum Problem die neue Monographie von *Alexis Bunine:* Une légende tenace: Le retour de Paul à Antioche après sa mission en Macédoine et en Grèce (Actes 18,18–19,1), Cahiers de la Revue Biblique 52, Paris 2002.

1   Die Ausführungen zu Ephesos sind eine stark gekürzte Fassung des Exkurses zu Ephesos aus meiner Paulusvorlesung im Sommer 2006 in Erlangen, die unter www.neutestamentliches-repetitorium.de zugänglich ist. Die Langfassung des Ephesos-Abschnitts findet sich dort im Kapitel VII, Seite 131–136.

2   Einführende Literatur zu Ephesos:

Peter Scherrer/Eckhard Wirbelauer/Christoph Höcker: Art. Ephesos, DNP 3 (1997), Sp. 1078–1085.

Winfried Elliger: Ephesos – Geschichte einer antiken Weltstadt, UB 375, Stuttgart/Berlin/Köln/Mainz 1985.

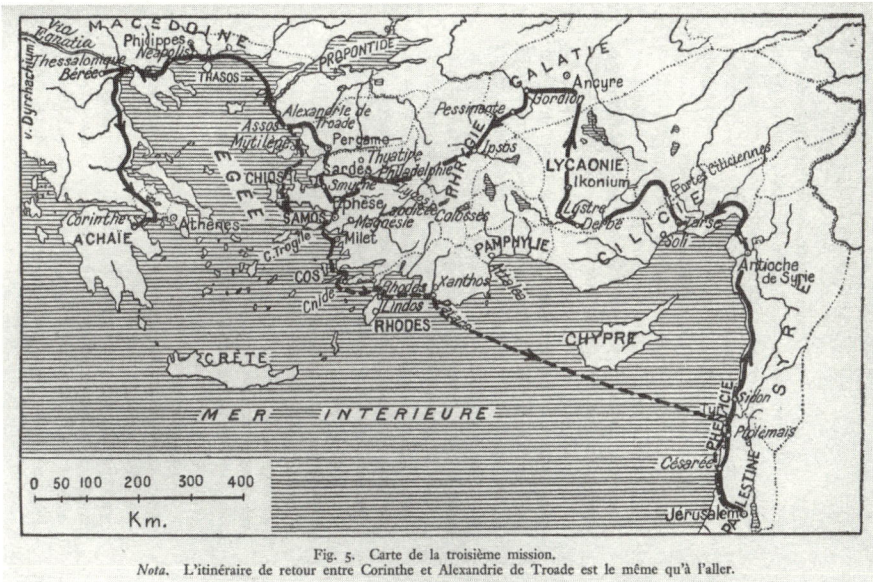

Fig. 5. Carte de la troisième mission.
Nota. L'itinéraire de retour entre Corinthe et Alexandrie de Troade est le même qu'à l'aller.

Abbildung IV.5: Die Route der sogenannten dritten Missionsreise

eine römische Kolonie als auch Hauptstadt der Provinz *Achaia,* wie wir gesehen haben). Wie Korinth ist auch Ephesos eine sehr alte Stadt, die schon lange vor Paulus

Die Inschriften von Ephesos:

Hermann Wankel: Die Inschriften von Ephesos, Teil Ia: Nr. 1–47 (Texte), IGSK 11.1, Bonn 1979.

Christoph Börker und Reinhold Merkelbach: Die Inschriften von Ephesos, Teil II: Nr. 101–599 (Repertorium), IGSK 12, Bonn 1979.

Helmut Engelmann, Dieter Knibbe, Reinhold Merkelbach: Die Inschriften von Ephesos, Teil III: Nr. 600–1000 (Repertorium), IGSK 13, Bonn 1980.

Helmut Engelmann, Dieter Knibbe, Reinhold Merkelbach: Die Inschriften von Ephesos, Teil IV: Nr. 1001–1445 (Repertorium), IGKS 14, Bonn 1980.

Christoph Börker und Reinhold Merkelbach: Die Inschriften von Ephesos, Teil V: Nr. 1446–2000 (Repertorium), IGKS 15, Bonn 1980.

Reinhold Merkelbach und Johannes Nollé: Die Inschriften von Ephesos, Teil VI: Nr. 2001–2958 (Repertorium), IGKS 16, Bonn 1980.

Recep Meriç, Reinhold Merkelbach, Johannes Nollé u. Sencer Şahin: Die Inschriften von Ephesos, Teil VII 1: Nr. 3001–3500 (Repertorium), IGKS 17,1, Bonn 1981.

Recep Meriç, Reinhold Merkelbach, Johannes Nollé u. Sencer Şahin: Die Inschriften von Ephesos, Teil VII 2: Nr. 3501–5115 (Repertorium), IGKS 17,2, Bonn 1981.

Reinhold Merkelbach und Johannes Nollé: Addenda und corrigenda zu den Inschriften von Ephesos I–VII 1, Bonn 1981.

Helmut Engelmann und Johannes Nollé: Die Inschriften von Ephesos, Teil VIII 1: Wortindex, Konkordanzen, IGKS 17,3, Bonn 1984.

Helmut Engelmann und Johannes Nollé: Die Inschriften von Ephesos, Teil VIII 2: Verzeichnis der Eigennamen, IGKS 17,4, Bonn 1984.

Abbildung IV.6: Der Tempel der Artemis von Ephesos heute

groß und bedeutend war. Ich erinnere Sie an den berühmten vorsokratischen Philosophen Heraklit von Ephesos, der um 600 v.Chr. hier seine die Jahrtausende überdauernde Philosophie vom Logos entwickelt hat. Die kontinuierliche Bedeutung der Stadt über die Jahrhunderte hängt nicht zuletzt an dem Tempel der Artemis, den Ephesos ihr eigen nennt, und der in dem Bericht des Lukas in Apg 19 eine zentrale Rolle spielt.[3]

Der Artemistempel – der übrigens schon für Heraklit von Bedeutung war: er hat sein Werk dort deponiert – ist eine rechte Enttäuschung für den heutigen Besucher, wie Abbildung IV.6 zeigt. In der Antike zählte dieser Tempel dagegen zu den sieben Weltwundern. Er wurde von allen Menschen bestaunt. Einen Eindruck davon können heute nur noch Rekonstruktionszeichnungen und Modelle vermitteln.

Dieser Artemistempel ist für die überaus spannende Geschichte in Apg 19,23–40 – die ich Ihrer privaten Lektüre dringend empfehle! – von zentraler Bedeutung. Er ist nämlich nicht nur eines der sieben Weltwunder, wie wir gehört haben, und ein Bankhaus von weltweiter Bedeutung, nein, er setzt auch ganze Zweige von Gewerbetreibenden in Lohn und Brot, so die Devotionalienhändler, die den Aufruhr in unserer Geschichte veranlassen: Sie fürchten um ihre Existenz, seit Paulus in Ephesos

---

3   Vgl. dazu meine Skizze: Die ökonomische Attraktivität christlicher Gemeinden der Frühzeit, in: *Peter Pilhofer:* Die frühen Christen und ihre Welt. Greifswalder Aufsätze 1996–2001. Mit Beiträgen von Jens Börstinghaus und Eva Ebel, WUNT 145, Tübingen 2002, S. 194–216; zum Artemision und der Geschichte aus Apg 19 hier S. 201–204.

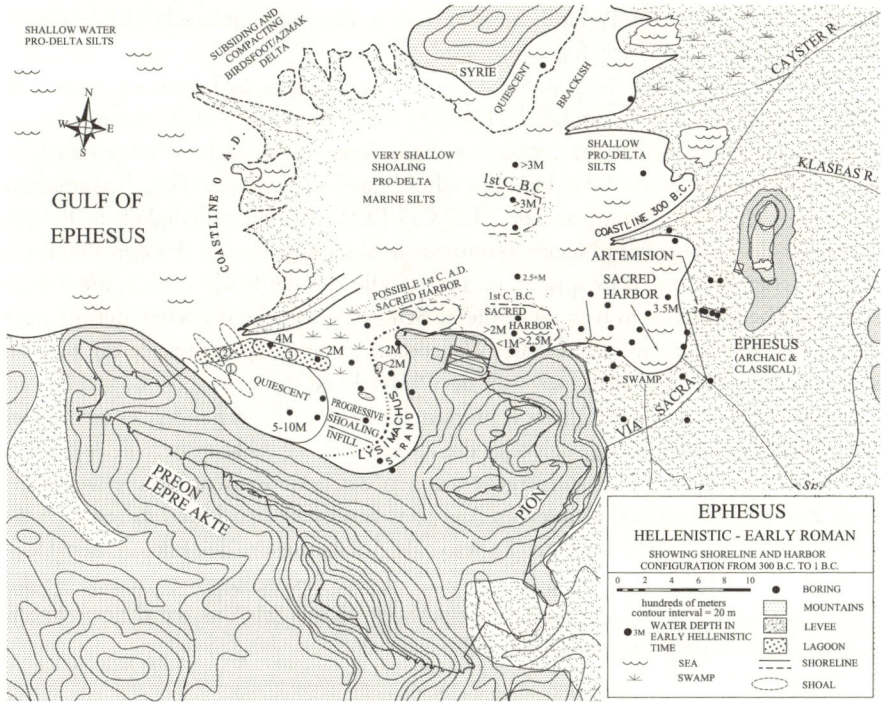

Abbildung IV.7: Karte von Ephesos und Umgebung

so erfolgreich tätig ist und die Menschen der Artemis abspenstig macht. Es kommt zu einer unangemeldeten Demonstration und einer Versammlung im Theater von Ephesos, wo der Kampfruf „Groß ist die Artemis der Ephesier!" (Apg 19,28)[4] ertönt. Von besonderem Interesse sind auch die hier erwähnten Behörden.

Dabei handelt es sich um die Asiarchen: „Einige aber von den Asiarchen, die mit ihm [dem Paulus] befreundet waren, schickten zu ihm und forderten ihn auf, sich nicht ins Theater zu begeben" (19,31).[5] Der flüchtige Leser gewinnt aus dieser Notiz den Eindruck, Lukas sei hier in Ephesos genauso gut informiert wie in Thessaloniki (wo als spezifische Behörden die Politarchen genannt werden, vgl. 17,6.8[6]) und in Philippi (wo, wie wir sehen werden, Lukas sich ganz besonders gut auskennt). Diese Notiz ist interessant im Zusammenhang mit der These, wonach Lukas in Ephesos

---

4   Im griechischen Text lautet Apg 19,28: μεγάλη ἡ Ἄρτεμις Ἐφεσίων.

5   Im griechischen Text lautet Apg 19,31: τινὲς δὲ καὶ τῶν Ἀσιαρχῶν, ὄντες αὐτῷ φίλοι, πέμ-ψαντες πρὸς αὐτὸν παρεκάλουν μὴ δοῦναι ἑαυτὸν εἰς τὸ θέατρον.

6   Zu den Politarchen in Thessaloniki und überhaupt in Makedonien vgl. die Studie von *Christoph vom Brocke:* Thessaloniki – Stadt des Kassander und Gemeinde des Paulus. Eine frühe christliche Gemeinde in ihrer heidnischen Umwelt, WUNT 2/125, Tübingen 2001, S. 259–265.

schreibe, wie sie z. B. von Peder Borgen[7] vertreten wird. Dazu habe ich mich in einem Anhang von Philippi II wie folgt geäußert:

„Die hier angeführte Borgensche These, wonach Lukas in Ephesos schreibt, ist schon wegen Apg 19,31 unmöglich: Die Ἀσιάρχαι treten hier als Gremium in Erscheinung; keinem Bewohner der Stadt Ephesos konnte es jedoch verborgen bleiben, daß es immer nur *einen* Asiarchen gibt (dies beweisen auch sämtliche literarischen und epigraphischen Zeugnisse: Die TLG-CD-ROM #D bietet lediglich 10 Belege; Strabo ist der einzige vom Neuen Testament unabhängige Autor, der den Plural bezeugt [Geogr. XIV 1,42]. Er spricht an dieser Stelle von der Stadt Tralleis, die immer Asiarchen hervorgebracht habe, d. h. dieser Beleg ist gerade kein solcher, der mehrere Asiarchen *gleichzeitig* auftreten ließe! Was sodann die epigraphischen Belege betrifft, so ergibt die Suche nach #ασιαρχ- auf der PHI-CD-ROM #7 insgesamt 220 Belege. Darunter sind nur ca. ein Dutzend pluralische Belege. Meist handelt es sich dabei um Ehreninschriften, in der der oder die zu Ehrende als Abkomme von Asiarchen erscheint, d. h. mehrere Vorgängergenerationen der betreffenden Familie weisen jeweils einen Asiarchen auf. D. h. einen Apg 19,31 vergleichbaren Plural *bieten auch die Inschriften nicht*). Damit scheidet Ephesos als Abfassungsort des lukanischen Doppelwerks nach meinem Urteil definitiv aus.“[8] Diese Feststellung ist wichtig für die Einleitungsfragen zum lukanischen Doppelwerk, denen wir uns dann im neunten Kapitel dieses Buches zuwenden werden.

✳ ✳ ✳

Leider fehlt uns in diesem Buch an dem nötigen Raum, um uns ausführlich mit Ephesos zu beschäftigen. Wir haben schon gesehen, daß Lukas den Paulus auf überaus verschlungenen Wegen in diese Stadt kommen läßt (Apg 18,18–21 und dann – zum zweiten Mal – in 18,23; 19,1–7).[9] Bei seinem ersten Besuch läßt er ihn sogleich bei der Synagoge anknüpfen (Apg 18,19), wie wir das nun schon gewohnt sind. In Korinth haben wir eine Reihe von archäologischen Zeugnissen[10] – darunter sogar eine Inschrift συναγωγὴ Ἑβραίων *(synagōgē Hebraiōn)* – angetroffen; in Ephesos sieht es bezüglich der Synagoge weniger gut aus. Trotz der großen Zahl von Inschriften, die aus Ephesos publiziert wurden[11] – es sind etliche Tausend! –, ist es noch nicht gelungen, die Synagoge dieser Stadt archäologisch oder auch nur epigraphisch nachzuweisen. In dem Corpus von Walter Ameling heißt es diesbezüglich: „... angesichts

---

7   *Peder Borgen:* Philo, Luke and Geography, in: *ders:* Philo, John and Paul. New Perspectives on Judaism and Early Chrisianity, BJSt 131, Atlanta 1987, S. 273–285.

8   *Peter Pilhofer:* Philippi. Band II: Katalog der Inschriften von Philippi, WUNT 119, Tübingen 2000; hier S. 836. In der zweiten Auflage des Buches (erschienen Tübingen 2009) findet sich die zitierte Passage S. 1195–1196.

9   Vgl. dazu den Paragraphen 22, *Von Korinth nach Ephesos,* oben Seite 150–152.

10   Zu den jüdischen Zeugnissen aus Korinth vgl. den Paragraphen 20, *Korinth: Die Metropole Achaias,* Seite 139–146.

11   Vgl. die oben Seite 153, Anm. 2, angeführten Inschriftenbände.

des enormen Umfangs an Fundmaterial aus Ephesos sind die archäologischen und epigraphischen Spuren jüdischer Existenz ... gering. Eine Synagoge wurde z. B. noch nicht identifiziert, auch wenn [die Nummern] 30 und 31 [in dem Amelingschen Corpus der Inschriften] durchaus von einem solchen Bau stammen können."[12]

Das ist überaus bedauerlich, daß wir uns kein rechtes Bild von der jüdischen Gemeinde in Ephesos machen können, spielt sie doch in Apg 18 und 19 eine wichtige Rolle.

∗ ∗ ∗

Schon zu Beginn dieses Kapitels haben wir die Bedeutung der Stadt Ephesos für Paulus und seine Mission besprochen.[13] Selbst unter den Städten des Paulus ist Ephesos – sieht man einmal von Antiochien am Orontes ab – mit Abstand die wichtigste. Im Unterschied zu andern Städten, in denen eine paulinische Gemeinde entstand, ist Ephesos aber auch für die weitere Entwicklung in neutestamentlicher Zeit von herausragender Bedeutung. Dies gilt insbesondere für die johanneische Literatur vom Evangelium bis zur Apokalypse. Ich wähle als Beispiel das Evangelium und knüpfe bei dem Thomasbekenntnis „Mein Herr und mein Gott" aus Joh 20,28 an.[14] Gerade in bezug auf dieses Bekenntnis des Thomas läßt sich ein Zusammenhang herstellen zu dem Kaiserkult in Ephesos zur Zeit der Abfassung des Johannes-Evangeliums. Ich kann die Entwicklung hier nicht im einzelnen darstellen, sondern beschränke mich auf das Ergebnis:

Man sagt nicht zuviel, wenn man zusammenfassend feststellt, daß der Kaiserkult zur Zeit des Domitian einen Höhepunkt erreichte. Von den Hofdichtern wird Domitian mit Iuppiter verglichen, Martial zufolge übertrifft er Iuppiter sogar. Als „erster römischer Kaiser" wird Domitian „mit dem Blitzbündel Iupiters in der Hand" auf Münzen dargestellt; dieser Kaiser beherrscht die Welt wie Iuppiter selbst.[15] Statius bezeichnet ihn als „Führer der Menschen und Vater der Götter"[16]; an anderer Stelle sagt derselbe Dichter: „Hell glänzt der Morgenstern, doch heller glänzt der Caesar"[17]. Kein Kaiser vor ihm hatte die Anrede mit *dominus et deus* gefordert und durchgesetzt.

---

12 *Walter Ameling:* Inscriptiones Judaicae Orientis. Band II: Kleinasien, TSAJ 99, Tübingen 2004, S. 151–152.

13 Vgl. oben Seite 139.

14 Ich benutze hier Überlegungen aus meiner Erlanger Antrittsvorlesung, ohne dies jeweils als Zitat zu kennzeichnen (*Peter Pilhofer:* Vom Sinn der neutestamentlichen Wissenschaft, in: Bekenntnis und Erinnerung. Festschrift zum 75. Geburtstag von Hans-Friedrich Weiß, hg. v. Klaus-Michael Bull und Eckart Reinmuth, Rostocker Theologische Studien 16, Münster 2004, S. 8–23; hier S. 17–23 zur Bedeutung des Domitian für die Auslegung von Joh 20,28).

15 *Manfred Clauss:* Kaiser und Gott. Herrscherkult im römischen Reich, Stuttgart 1999 (Nachdr. der Erstauflage Leipzig 2001), S. 125.

16 Statius: Silvae IV 3,139: *dux hominum et parens deorum* (Aldus Marastoni [Hg.]: P. Papini Stati Silvae, BiTeu, Leipzig ²1970, S. 87).

17 Statius: Silvae IV 1,3f.: *cum grandibus astris | clarius ipse nitens et primo maior Eoo* (a.a.O., S. 79).

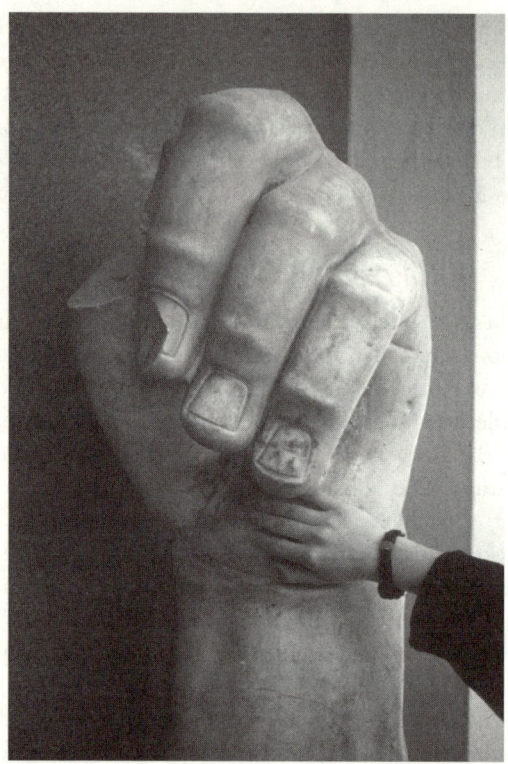

Abbildung IV.8: Hand der Kaiserstatue aus Ephesos. Es handelt sich um einen Fund von Josef Keil vom Österreichischen Archäologischen Institut aus dem Jahr 1930: Reste einer Statue, weit überlebensgroß, 5 bis 7 Meter hoch in ihrer ursprünglichen Form. Erhalten sind der Kopf und der linke Unterarm des Kaisers. Der Vergleich mit einer neuzeitlichen Hand zeigt die übermenschliche Größe …

Berücksichtigt man dazu nun die ganz besondere Beziehung der Stadt Ephesos und ihrer Menschen zu Domitian, so kann man sich nicht vorstellen, daß die Christinnen und Christen in Ephesos bei der Lektüre des Thomasbekenntnisses „Mein Herr und mein Gott" nicht sogleich eine Assoziation zum Gott-Kaiser Domitian hergestellt hätten.

Ist diese Interpretation zutreffend – und vieles spricht dafür –, dann erging es den johanneischen Christinnen und Christen mit dem Bekenntnis des Thomas „Mein Herr und mein Gott" in Joh 20,28 völlig anders als *uns* heutigen Leserinnen und Lesern des Johannesevangeliums. Was uns als ein überaus steiles, vielleicht sogar allzu steiles christologisches Bekenntnis erscheint, war der johanneischen Gemeinde fast eine Selbstverständlichkeit. Die Menschen waren in ihrem täglichen Leben mit solchen »Bekenntnissen« vertraut, war doch der Kaisertempel für Ephesos ganz be-

sonders wichtig und in den Tagen des Domitian der Kaiserkult so ausgeprägt wie
nie zuvor. Diese Selbstverständlichkeit war für sie allerdings nicht banal, weil sie sie
als eine Kampfansage an den regierenden Kaiser verstehen konnten, vielleicht sogar
verstehen mußten. Dadurch erhielt dieses Bekenntnis am Schluß des Johannesevangeliums für sie eine politische Brisanz, die heutigen Leserinnen und Lesern ganz fern
liegt.

§ 24 Der 1. Korintherbrief

Die korinthische Korrespondenz entwickelt sich von Ephesos aus. Paulus ist in Ephesos mehr als beschäftigt – gleichzeitig aber muß er sich mit Problemen in Korinth
herumschlagen. Da er nicht dorthin reisen kann, wendet er sich brieflich an die
Gemeinde in Korinth. Neben dem sogenannten Vorbrief, der nicht erhalten ist (vgl.
dazu 1Kor 5,9), handelt es sich um den 1. Korintherbrief sowie die verschiedenen Teilbriefe, aus denen der 2. Korintherbrief zusammengesetzt ist. Fast alle sind in Ephesos
geschrieben worden, wie wir im einzelnen sehen werden, wenn wir den 2. Korintherbrief und seine Teilung besprechen. Zunächst wenden wir uns aber zunächst dem
1. Korintherbrief zu.[1]

Einführende Charakterisierung

Unter allen Briefen des Apostels ist der 1. Korintherbrief der kurzweiligste. Er bietet
ein buntes Panorama aller möglichen (und mancher unmöglichen: 1Kor 5,1ff.) Themen, die die Christinnen und Christen in Korinth beschäftigten. Die Gemeinde in
Korinth ist aus mehreren Gründen von herausragender Bedeutung für Paulus. Man
sieht das schon an der Länge des Aufenthalts in dieser Stadt – Lukas beziffert die Dauer allein des Gründungsaufenthalts auf mehr als 18 Monate – und an der Intensität
der Beziehungen. Dafür spricht aber vor allem die Tatsache, daß von der Korrespondenz des Paulus mit dieser Gemeinde zwei lange Briefe mit insgesamt 29 Kapiteln
erhalten sind: Über keine Gemeinde des Paulus wissen wir auch nur annähernd so
gut Bescheid wie über die Gemeinde in Korinth.

   Die beiden Korintherbriefe sind nicht nur für Neutestamentler, sondern auch für
Althistoriker eine Quelle ersten Ranges für die Stadt Korinth im ersten Jahrhundert.
„After Rome itself, Athens, Jerusalem, and perhaps Antioch, we know more of human
interest that occurred there than for almost any other Roman city. For this, we must
thank our sources: Strabo, Plutarch, Pausanias, Apuleius, and, above all, Saint Paul.
In criticizing, cajoling, exhorting, and in loving them, Paul's letters to his Corinthian

---

1   Die folgenden Ausführungen sind wieder eine gekürzte Fassung der einschlägigen Texte aus
dem Repetitorium von 2005. Die genauen bibliographischen Angaben zu den einzelnen Arbeiten über
den 1. Korintherbrief finden sich im Literaturverzeichnis am Ende dieses Paragraphen.

congregation have left a vivid impression of an ancient urban population – its values, beliefs, fears, and hopes – that is unmatched for any other city except Rome."[2]

Der 1. Korintherbrief erlaubt Einblicke in das Leben einer frühen christlichen Gemeinde wie kein zweites Dokument innerhalb des Neuen Testaments.

Die Situation

Schon einige griechische Handschriften situieren unser Schreiben in Ephesos. So lesen wir in der *subscriptio* neben der Standardformulierung

πρὸς Κορινθίους Aʹ	*pros Korinthious A*	An die Korinther, (Brief) I

(die sich in den Handschriften ℵ, A, B*, C, D*, F, G, Ψ, 33, 81 und wenigen weiteren findet) in einigen Fällen interessanterweise auch

πρὸς Κορινθίους Aʹ	*pros Korinthious A*	An die Korinther, (Brief) I;
ἐγράφη ἀπὸ Ἐφέσου	*egraphē apo Ephesou*	geschrieben aus Ephesos

(so in B[1], P, 945 und wenigen weiteren Handschriften).[3]

∗ ∗ ∗

Diese Information entnahmen die Schreiber von B[1], P, 945 usw. dem Brief selbst, in dem Paulus seinen erneuten Besuch in Korinth ankündigt (16,5); in diesem Zusammenhang heißt es dann:

ἐπιμενῶ δὲ ἐν Ἐφέσῳ ἕως τῆς πεντηκοστῆς·
epimenō de en Ephesō heōs tēs pentēkostēs;
θύρα γάρ μοι ἀνέῳγεν μεγάλη καὶ ἐνεργής, καὶ ἀντικείμενοι πολλοί.
thyra gar moi aneōgen megalē kai energēs, kai antikeimenoi polloi.

„Ich werde aber in Ephesos bleiben bis Pfingsten; eine große und wirksame Tür nämlich hat sich mir aufgetan – und viele Gegner!" (16, 8–9). Daraus ergibt sich, daß Paulus sich zur Zeit der Abfassung des Briefes in Ephesos aufhält.[4]

---

2   *Donald Engels:* Roman Corinth. An Alternative Model for the Classical City, Chicago und London 1990, S. 1.

3   Die Mehrheit der Handschriften bietet eine Langfassung aus späterer Zeit: πρὸς Κορινθίους Aʹ ἐγράφη ἀπὸ Φιλίππων διὰ Στεφανᾶ καὶ Φορτουνάτου καὶ Ἀχαϊκοῦ καὶ Τιμοθέου, manche sogar noch mit dem Zusatz ὑπὸ Παύλου καὶ Σωσθένους, also: „An die Korinther, (Brief) I; geschrieben aus Philippi durch Stephanas und Fortunatus und Achaikos und Timotheus" (bei manchen erweitert um: „von Paulus und Sosthenes").

4   Die Annahme der in der vorherigen Anmerkung zitierten Handschriften, wonach unser Brief aus Philippi stamme, beruht wohl aus falschen Schlüssen aufgrund von 16,5, wo von einer Durchreise durch Makedonien die Rede ist.

Von Korinth aus ist Paulus auf der zweiten Missionsreise nach Ephesos weitergereist (Apg 18,18–22); ob die Stippvisite in Antiochien, die Lukas hier postuliert, historisch ist, kann in diesem Zusammenhang unerörtert bleiben, denn erstens haben wir darüber schon im Paragraphen 22 gehandelt[5] und zweitens finden wir Paulus auch nach der Apostelgeschichte im folgenden wieder in Ephesos (Apg 18,23; 19,1). Während dieses Aufenthaltes in Ephesos (Apg 19,1–20,1) hat Paulus unsern Brief verfaßt.

∗ ∗ ∗

Während der Sommermonate war die Verbindung zwischen Korinth und Ephesos auf dem Seeweg sehr leicht zu bewerkstelligen. Im östliche Hafen Korinths, Kenchreai[6], konnte man jederzeit ein Schiff finden, das nach Ephesos auslaufen wollte. So mußte die Kommunikation zwischen Paulus und seiner korinthischen Gemeinde nach dem achtzehnmonatigen Gründungsaufenthalt dort (vgl. Apg 18,11[7]) in den Jahren 50–52 nicht plötzlich abbrechen, als Paulus die Stadt verlassen hatte. Nachrichten gingen vielmehr hinüber und herüber.

Der Austausch war durchaus rege, wie wir einigen Notizen aus dem 1. Korintherbrief entnehmen können. Leute der Chloe beispielsweise haben den Paulus über die Streitigkeiten und Parteiungen in der Gemeinde unterrichtet, die im ersten Teil des Briefes ausführlich behandelt werden.[8]

Umgekehrt erfahren wir zufällig in 1Kor 5,9 von einem Brief, den Paulus in der Zeit seiner Abwesenheit den Korinthern geschrieben hatte (»Brief A«); in 1Kor 5,9 lesen wir: „Ich habe euch in meinem Brief geschrieben, daß ihr euch nicht mit männlichen Prostituierten abgeben sollt"[9]. Dieser Brief ist nicht erhalten. Man nennt ihn gewöhnlich den Vorbrief, weil er *vor* die erhaltenen Teile der korinthischen Korrespondenz fällt.

Auch die Korinther hatten sich schriftlich mit Anfragen an Paulus gewandt, wie wir in 1Kor 7,1 erfahren: „In bezug auf die Angelegenheiten aber, über die ihr mir geschrieben habt . . . "[10]. Briefe gingen also hinüber und herüber, schon bevor Paulus den uns erhaltenen 1. Korintherbrief zu Papier brachte. Das war im Sommer wegen der guten Verkehrsverbindungen quer über die Ägäis sehr leicht möglich.

---

5   Vgl. dazu oben die Seiten 150–152.

6   Zur christlichen Gemeinde in Kenchreai vgl. Röm 16,1–2.

7   Im griechischen Original lautet Apg 18,11: ἐκάθισεν δὲ ἐνιαυτὸν καὶ μῆνας ἓξ διδάσκων ἐν αὐτοῖς τὸν λόγον τοῦ θεοῦ.

8   1Kor 1,11: ἐδηλώθη γάρ μοι περὶ ὑμῶν, ἀδελφοί μου, ὑπὸ τῶν Χλόης ὅτι ἔριδες ἐν ὑμῖν εἰσιν. Der ganze Teil I des Briefes (zum Aufbau des 1. Korintherbriefes siehe S. 162) fußt also auf Nachrichten, die Paulus von diesen Leuten hat.

9   Im griechischen Original lautet 1Kor 5,9: ἔγραψα ὑμῖν ἐν τῇ ἐπιστολῇ μὴ συναναμίγνυσθαι πόρνοις.

10   περὶ δὲ ὧν ἐγράψατε . . . Die Ausführungen des Paulus in Teil III des Briefes antworten auf diese Anfragen aus Korinth.

Auf solche Anfragen antwortet Paulus im 1. Korintherbrief (»Brief B«), geschrieben im Frühjahr 54 aus Ephesos (und zwar vor Pfingsten dieses Jahres, siehe 1Kor 16,8: „Ich werde aber in Ephesos bleiben bis Pfingsten"[11]).

* * *

Eine solche Kommunikation zwischen Ephesos und Korinth wäre in unsern Tagen undenkbar. Eine direkte Verbindung zwischen einem Ort in der Türkei (in diesem Falle Selçuk bzw. dem zugehörigen Hafen Kuşadası) und einem Ort in Griechenland (in diesem Falle dem modernen Ort Κόρινθος *[Korinthos]*) ist unter den gegenwärtigen Bedingungen undenkbar. Wer das für unglaublich hält, versuche einmal, eine Grenze von Griechenland zur Türkei (oder umgekehrt) zu überschreiten.[12] Die Planung für die für das Jahr 2007 geplante Exkursion „Im Kielwasser des Apostels"[13] hatte mit Schwierigkeiten zu kämpfen, von denen der Apostel nicht einmal ahnen konnte! Noch hat die EU den Standard des *Imperium Romanum* auch in dieser Hinsicht lange nicht erreicht ...

Der Aufbau des 1. Korintherbriefs

	Präskript	1,1–3
	Proömium	1,4–9
	Briefcorpus	1,10–15,58
I. Teil	Die Spaltungen in der Gemeinde	1,10–4,21
II. Teil	Die Krisis des Bios	Kap. 5 und 6
III. Teil	Antworten auf Anfragen	Kap. 7–15
IV. Teil	Persönliche Nachrichten	Kap. 16
	Eschatokoll	16,21–24

---

11   Im griechischen Original lautet 1Kor 16,8: ἐπιμενῶ δὲ ἐν Ἐφέσῳ ἕως τῆς πεντηκοστῆς.

12   In der Woche, in der ich diesen Text erstmals für die Einführungsvorlesung des Sommersemesters 2006 im Mai dieses Jahres zu Papier brachte, kollidierten zwei Flugzeuge der NATO-»Partner« Griechenland und Türkei über der Ägäis. Immer wieder stürzen sie bei solchen Gelegenheiten auch ab, was den Medien bei uns in Deutschland in der Regel nur eine Kurzmeldung wert ist. Die von mir gelegentlich geschmähte *Pax Romana* bot im ersten Jahrhundert sehr viel sicherere Reisemöglichkeiten in der Ägäis, als wir sie im 20. und 21. Jahrhundert erleben. Doch das nur am Rande ...

13   Vgl. dazu im einzelnen die Informationen unter www.antike-exkursion.de. Die geplante Exkursion konnte allerdings nicht nur aus den oben im Text genannten Gründen nicht durchgeführt werden ...

Dieser Aufbau des 1. Korintherbriefs folgt dem bewährten Kommentar von Hans Conzelmann[14].

Eine detaillierte Gliederung des Briefes ist schwierig, da ein durchgehender »roter Faden« fehlt. Paulus geht auf Anfragen[15] aus Korinth ein, was eine eigene Gestaltung zwar nicht ausschließt, aber die Dispositionsmöglichkeiten doch einschränkt. Die Kommentare sprechen von einem „lockeren Aufbau"[16]; nichtsdestotrotz möchte Conzelmann – im Gefolge Karl Barths – „eine Linie aufweisen", die die disparaten Gegenstände „innerlich zu einem Ganzen verbindet"[17]. Demnach wären die letzten Dinge (Kapitel 15) das entscheidende Thema des Briefes.

So kann man beispielsweise den Teil II folgendermaßen untergliedern:

Kapitel 5	Der Fall des Blutschänders
6,1–11	Prozessieren vor heidnischen Gerichten
6,12–20	Unzucht usw.

Ähnlich kann man die Gegenstände aus Teil III auflisten:

Kap. 7	Ehefragen
Kap. 8–10	Götzenopferfleisch
Kap. 11–14	Mißstände in der Gemeindeversammlung
Kap. 15	Die Auferstehung der Toten

Der Inhalt des 1. Korintherbriefs

Das Präskript in 1,1–3 ist wesentlich ausführlicher gehalten als beim 1. Thessalonicherbrief. Schon die Absenderangabe weist die Erweiterung „berufener Apostel Christi Jesu durch den Willen Gottes" auf.[18] Als Mitabsender wird Sosthenes, „der Bruder", in der *superscriptio* genannt (v. 1). Ein Sosthenes begegnet auch Apg 18,17 in Korinth; ob es sich um ein und dieselbe Person handelt, ist fraglich.[19]

---

14 *Hans Conzelmann:* Der erste Brief an die Korinther, KEK V, Göttingen [11/1]1969, S. 6f.; zur Begründung vgl. seine Einleitung, S. 24f.

15 Dies gilt besonders für den III. Teil, wie die einleitende Formulierung περὶ δέ in 7,1; 7,25; 8,1; 12,1 zeigt.

16 Vgl. beispielsweise *Hans Conzelmann*, S. 24.

17 Ebd.

18 Im Griechischen heißt es κλητὸς ἀπόστολος Χριστοῦ Ἰησοῦ διὰ θελήματος θεοῦ; in 1Thess 1,1 waren in der *superscriptio* die Namen der Absender genannt worden ohne jeden weiteren Zusatz.

19 Der Name begegnet sonst im Neuen Testament nicht.

Noch auffälliger sind die Erweiterungen in der *adscriptio* in v. 2. War in dem Präskript des 1.Thessalonicherbriefs lediglich von „der Gemeinde der Thessalonicher in
Gott dem Vater" die Rede, so heißt es hier: „der Gemeinde Gottes, die in Korinth ist,
den Geheiligten in Chrisus Jesus, den berufenen Heiligen mit allen denen, die den
Namen unseres Herrn Jesus Christus anrufen an jedem Ort, ihrem und unserem."[20]

So überrascht es nicht, daß auch die *salutatio* des 1. Korintherbriefs eine Erweiterung erfahren hat im Vergleich zum 1. Thessalonicherbrief: Hatte es dort geheißen
χάρις ὑμῖν καὶ εἰρήνη *(charis hymin kai eirēnē)* (1Thess 1,1), so haben wir hier: χάρις
ὑμῖν καὶ εἰρήνη ἀπὸ θεοῦ πατρὸς ἡμῶν καὶ κυρίου Ἰησοῦ Χριστοῦ *(charis hymin
kai eirēnē apo theou patros hēmōn kai kyriou Iēsou Christou,* 1Kor 1,3).

Vergleichsweise kurz ist dagegen das Proömium, das wie schon im 1. Thessalonicherbrief als Danksagung gestaltet ist. Schon hier wird auf den Reichtum des korinthischen Gemeindelebens verwiesen (v. 5), der im folgenden Brief dann im einzelnen
zur Sprache kommen wird.

* * *

Das Briefcorpus wird Conzelmann folgend in vier Teile untergliedert.[21] Ich empfehle Ihnen, sich eine solche Gliederung des Aufbaus im groben für alle wichtigen
neutestamentlichen Schriften einzuprägen – das ist nicht nur für Examenszwecke
nützlich, da man sich einfach viel schneller zurechtfindet.

Ich will im folgenden versuchen, Ihnen aus jedem dieser Teile eine oder mehrere
charakteristische Passagen vorzuführen.

* * *

Teil I hatten wir mit „Die Spaltungen in der Gemeinde" überschrieben. Bereits in
v. 10 fällt das Stichwort σχίσματα *(s|chismata)*. Diese werden im folgenden als Grup-
pen dargestellt, die nach einem Oberhaupt benannt werden: Paulus, Apollos, Kephas,
Christus. Die einschlägigen Informationen verdankt Paulus den Leuten der Chloe.[22]
Der ganze Teil I des Briefes fußt offenbar auf Nachrichten, die Paulus von diesen
Leuten hat. „Wer die »Angehörigen der Chloe« sind (Kinder, Angehörige ihres Haus-
halts?), ist nicht festzustellen. Es ist auch nicht sicher, ob Chloe in Korinth wohnt
(was immerhin näherliegt) oder etwa in Ephesus."[23]

Paulus wendet gegen diese Parteibildung ein, daß Christus doch nicht »zerteilt« sei.
Alle Christinnen und Christen in Korinth sind auf den Namen Christi getauft, nicht
auf den des Paulus (v. 13). Dabei stellt sich heraus, daß Paulus seine Aufgabe nicht im
Taufen sieht. Nur ganz wenige Korinther hat er selbst getauft. Er ist nicht gesandt,

---

20 Im Original: τῇ ἐκκλησίᾳ τοῦ θεοῦ τῇ οὔσῃ ἐν Κορίνθῳ, ἡγιασμένοις ἐν Χριστῷ Ἰησοῦ,
κλητοῖς ἁγίοις, σὺν πᾶσιν τοῖς ἐπικαλουμένοις τὸ ὄνομα τοῦ κυρίου ἡμῶν Ἰησοῦ Χριστοῦ ἐν παντὶ
τόπῳ, αὐτῶν καὶ ἡμῶν.

21 Zum Aufbau des 1. Korintherbriefes siehe S. 162.

22 1Kor 1,11: ἐδηλώθη γάρ μοι περὶ ὑμῶν, ἀδελφοί μου, ὑπὸ τῶν Χλόης ὅτι ἔριδες ἐν ὑμῖν εἰσιν.

23 *Hans Conzelmann* in seinem Kommentar z.St. (S. 46).

um zu taufen, sondern um das Evangelium zu verkündigen (v. 14–17). Die Passage ist für die Wertigkeit der Funktionen aufschlußreich: Taufen, so scheint es, kann jeder; dazu bedarf es keiner besonderen Beauftragung. Evangelium verkündigen dagegen kann nicht jeder; Paulus ist von Christus eigens dazu gesandt. Dem entspricht nicht die heute weit verbreitete Vorstellung, wonach Predigen keiner besonderen Beauftragung (»Ordination«) bedarf, wohl aber die Verwaltung der Sakramente, also insbesondere das Taufen. Die heutige Praxis stimmt mit der paulinischen ersichtlich nicht überein.

Das Zentrum paulinischer Theologie ist das Wort vom Kreuz, welches das Thema des folgenden Abschnitts 1,18–25 bildet, den ich als relativ bekannt hier übergehe.[24]

Die Zusammensetzung der Gemeinde in Korinth wird aus 1,26–31 ersichtlich, wo es heißt: „Denn seht auf eure Berufung, Brüder: Nicht viele Weise nach dem Fleisch, nicht viele Mächtige, nicht viele Hochgeborene; sondern was töricht ist in der Welt, hat Gott auserwählt . . . "[25] Nicht viele, das heißt aber doch dann im Umkehrschluß: Immerhin den einen oder den anderen. Einen der δυνατοί *(dynatoi)* der Gemeinde in Korinth haben wir schon kennengelernt, als wir uns mit der Stadt Korinth und ihren Bauten und Inschriften befaßt haben.[26] Es handelt sich um Erastos, der zwar nicht im 1. Korintherbrief selbst, aber in der Grußliste am Ende des Römerbriefs namentlich genannt wird: Erastos, der οἰκονόμος *(oikonomos)* der Stadt Korinth (Röm 16,23).

* * *

Wir machen einen Sprung und kommen zu Teil II, den Kapiteln 5 und 6 unseres Briefes. Der zweite Teil beginnt mit einem Paukenschlag: „Überhaupt hört man bei euch von Hurerei, und sogar einer solchen Hurerei, wie es sie noch nicht einmal bei den Heiden gibt, daß nämlich einer die Frau seines Vaters hat."[27] Die Korinther und Paulus haben in bezug auf das Thema πορνεία *(porneia)* schon eine gemeinsame Vergangenheit: Bereits in dem sogenannten Vorbrief hatte Paulus das Thema behandeln müssen, wie es in v. 9 unsres Kapitels heißt: „Ich habe euch aber in meinem Brief geschrieben, daß ihr euch nicht mit männlichen Prostituierten abgeben sollt . . . "[28]

Was nun den in Kapitel 5 verhandelten Fall angeht, so ist Vieles unklar: Die vorausgesetzte Situation (worin genau besteht die Hurerei des Beschuldigten?), der bisherige Verlauf des »Verfahrens«, die Rolle des Paulus in diesem usw. Klar ist nur das

---

24 Wer regelmäßig den Gottesdienst besucht, dem ist diese Passage vertraut, handelt es sich doch um die Epistellesung des fünften Sonntags nach Trinitatis (jedenfalls wenn man einer Gemeinde angehört, die sich zwei Lesungen leistet . . .).

25 Im griechischen Original: βλέπετε γὰρ τὴν κλῆσιν ὑμῶν, ἀδελφοί, ὅτι οὐ πολλοὶ σοφοὶ κατὰ σάρκα, οὐ πολλοὶ δυνατοί, οὐ πολλοὶ εὐγενεῖς· ἀλλὰ τὰ μωρὰ τοῦ κόσμου ἐξελέξατο ὁ θεὸς κτλ.

26 Vgl. dazu oben den Paragraphen 20 (Seite 139–146); zur Inschrift des Erastos auf dem Platz vor dem Theater in Korinth dort S. 143.

27 1Kor 5,1 lautet im griechischen Original so: ὅλως ἀκούεται ἐν ὑμῖν πορνεία, καὶ τοιαύτη πορνεία ἥτις οὐδὲ ἐν τοῖς ἔθνεσιν, ὥστε γυναῖκά τινα τοῦ πατρὸς ἔχειν.

28 Im Original: ἔγραψα ὑμῖν ἐν τῇ ἐπιστολῇ μὴ συναναμίγνυσθαι πόρνοις κτλ.

Urteil, das Paulus in v. 5 fällt: „Das Verderben des Fleisches kann kaum etwas anderes meinen als den Tod", stellt Conzelmann trocken fest.[29]

Ethelbert Stauffer formuliert etwas schärfer: „Es handelt sich in 1K 5,3ff um einen christlichen Liquidationsfluch im Sinne des alttestamentlichen und im Stile des spätjüdischen Ausrottungsverfahrens. Zweck des Liquidationsfluchs ist die Ausrottung des Verfluchten durch die Hand Gottes. ... Man kann sich ausmalen, was Paulus wohl mit dem Korinther unternommen hätte, wenn die Reichsregierung dem Apostel und seinen Gemeindepresbyterien das *ius gladii* zugesprochen hätte. Aber das Imperium Romanum war immerhin so etwas wie ein Rechtsstaat. So mußte Paulus sich wohl oder übel mit dem Liquidationsfluch begnügen, den der Apostolos hier ohne Anzeige, Anklage, Beweisaufnahme, ohne Verhör des Denunzierten und ohne Beratung mit der Gemeinde *in absentia* dekretiert."[30] In jedem Fall handelt es sich um eine recht unappetitliche Angelegenheit, die im Neuen Testament nur in Apg 5 eine Parallele hat.[31]

* * *

Der dritte Teil ist, wie schon die Überschrift zeigt, ein *mixtum compositum:* Antworten auf Anfragen. Wir wissen nicht nur von einem früheren Brief des Paulus an die Korinther (siehe oben), sondern auch die Korinther hatten sich schriftlich mit Anfragen an Paulus gewandt, wie wir in 1Kor 7,1 erfahren: „In bezug auf die Angelegenheiten aber, über die ihr mir geschrieben habt ..."[32]. Briefe gingen also hinüber und herüber, schon bevor Paulus den uns erhaltenen 1. Korintherbrief zu Papier brachte. In dem siebten Kapitel geht es zunächst um Ehefragen. Das Interessante an diesen Ausführungen ist, daß Paulus hier auf Aussagen Jesu Bezug nimmt – was er sehr, sehr selten tut.[33] Die Grundregel wird schon in v. 1 formuliert: „Es ist für einen Mann gut, keine Frau anzurühren."[34] Hierauf paßt wohl das berühmte *dictum* des Kaisers Traian: *nec nostri saeculi est* – es paßt nicht in unsere Zeit ...[35] Ich empfehle den

---

29   *Hans Conzelmann* in seinem Kommentar z. St. (S. 118).
Zu den Einzelheiten und den ganz unterschiedlichen Urteilen der Forschung vgl. *Ernst Bammel:* Rechtsfindung in Korinth.

30   *Ethelbert Stauffer:* Jesus, Paulus und wir. Antwort auf einen Offenen Brief von Paul Althaus, Walter Künneth und Wilfried Joest, Hamburg 1961, S. 48–49; die Kursivierung der lateinischen Einsprengsel ist von mir.

31   Es ist gewiß kein Zufall, daß die Geschichte von Hananias und Sapphira aus Apg 5 in der Perikopenordnung überhaupt keinen Platz hat, unser Abschnitt 1Kor 5 lediglich in der mehr als skurrilen Abgrenzung 1Kor 5,7–8 (!) unter den Marginaltexten für den Ostersonntag.

32   περὶ δὲ ὧν ἐγράψατε ... Die Ausführungen des Paulus in Teil III (zum Aufbau des 1. Korintherbriefes siehe S. 162) des Briefes antworten auf diese Anfragen aus Korinth.

33   Vgl. dazu den Aufsatz von *Nikolaus Walter:* Paulus und die urchristliche Jesustradition, NTS 31 (1985), S. 498–518.

34   Im griechischen Original: καλὸν ἀνθρώπῳ γυναικὸς μὴ ἅπτεσθαι.

35   Zu dem Ausspruch des Kaisers Traian vgl. den berühmten Brief des Plinius, der unten in Kapitel XI abgedruckt, übersetzt und besprochen wird.

Abschnitt Ihrer Lektüre und weise nur darauf hin, daß Paulus sich in v. 10 auf ein Logion Jesu beruft (vgl. dazu Mk 10,1–12). Paulus weiß wenig von Jesus; so ist es nicht verwunderlich, daß seine Worte bei ihm kaum zur Sprache kommen. Hier haben wir eine seltene Ausnahme. „Die Anordnung des historischen Jesus ist auch die des Erhöhten, ist überzeitliches Gebot. Die Geschichtlichkeit des Gebots ist dadurch nicht aufgehoben: Es wird nicht zur kasuistischen Regel, wie die folgenden Anwendungen zeigen."[36]

In Kapitel 8–10 geht es um das Götzenopferfleisch. Der Neueinsatz ist in 8,1 klar markiert durch das περὶ δὲ τῶν εἰδωλοθύτων *(peri de tōn eidōlothytōn)*, d.h. „In bezug auf das Götzenopferfleisch aber". Wie schon in früheren Fällen lag dem Paulus hier offenbar eine Anfrage aus Korinth vor, die er im folgenden dann »abarbeitet«.

Das Problem der Korinther ist das Fleisch, das man auf dem Markt (μάκελλον *[makellon]*) kauft.[37] Man sieht es dem Fleisch als Käufer eben nicht an, ob es sich dabei nun um »normales« Fleisch handelt oder um solches, das einer kultischen Schlachtung entstammt. Dietrich-Alex Koch beschreibt die Lage, die sich für christliche Fleischkäufer ergibt, so: „Da die Situation also grundsätzlich offen ist, gibt es für Angehörige einer christlichen Gemeinde insgesamt drei verschiedene Möglichkeiten, mit dieser Situation umzugehen:

a) sich vorsichtshalber von jedem Fleischeinkauf im *macellum* fernzuhalten; in der Praxis müßte man dann entweder Vegetarier werden oder beim jüdischen Schlachter einkaufen;

b) beim Kauf jeweils sicherheitshalber nachzufragen;

c) beim Kauf bewußt nicht nachzufragen."[38]

Der Fall des Götzenopferfleischs zeigt, wie kompliziert die Fragen waren, die sich aus dem Zusammenleben von Juden und Heiden in einer christlichen Gemeinde ergaben; der breite Raum, den die Diskussion einnimmt (drei Kapitel), läßt erahnen, wie kompliziert die einzelnen Fälle gelagert sind, die Paulus bedenken muß. Was ist, wenn man in einen Tempel zu einem Essen eingeladen wird? Wie verhält es sich bei einer privaten Einladung? usw.

Paulus argumentiert durchweg theologisch und kommt dabei zu bemerkenswerten Aussagen, z.B. gleich zu Beginn in 8,4–6a:[39] „In bezug auf das Essen des Götzenopferfleisches wissen wir, daß es keinen Götzen auf der Welt gibt, und keinen Gott – außer dem einen! Obwohl freilich sogenannte Götter da sind, sei es im Himmel, sei es auf der Erde, wie es überhaupt viele Götter gibt und viele Herren – aber für uns existiert nur ein Gott, der Vater usw." Diese sogenannten Götter haben für Paulus eine sehr

---

36 *Hans Conzelmann* in seinem Kommentar z.St. (S. 144).

37 Vgl. dazu *Dietrich-Alex Koch:* „Alles, was ἐν μακέλλῳ verkauft wird, eßt ... ".

38 *Dietrich-Alex Koch:* „Alles, was ἐν μακέλλῳ verkauft wird, eßt ... ", S. 215.

39 Im griechischen Original: περὶ τῆς βρώσεως οὖν τῶν εἰδωλοθύτων οἴδαμεν ὅτι οὐδὲν εἴδωλον ἐν κόσμῳ, καὶ ὅτι οὐδεὶς θεὸς εἰ μὴ εἷς. καὶ γὰρ εἴπερ εἰσὶν λεγόμενοι θεοὶ εἴτε ἐν οὐρανῷ εἴτε ἐπὶ γῆς, ὥσπερ εἰσὶν θεοὶ πολλοὶ καὶ κύριοι πολλοί, ἀλλ᾽ ἡμῖν εἷς θεὸς ὁ πατήρ κτλ.

reale Existenz; es sind dämonische Mächte, wie er an anderer Stelle sagt (1Kor 10,19–22). Als Christ kann man diese Mächte nicht mehr verehren, so viel ist klar: „Ihr könnt nicht den Kelch des Herrn trinken und den Kelch der Dämonen. Ihr könnt nicht am Tisch des Herrn teilhaben und am Tisch der Dämonen" (10,21[40]). Wer am Herrenmahl Anteil hat, kann an heidnischen Mählern nicht mehr teilnehmen.

In diesem Zusammenhang in Kapitel 10 findet sich auch eine wichtige Behandlung der »Sakramente«, die im Neuen Testament keine Parallele hat, weil hier Taufe und Herrenmahl nebeneinandergestellt werden (10,1–13). Schon die Wüstengeneration, die unter der Wolke war und durch das Meer zog, war getauft und aß die pneumatische Speise, als Vorbild (τύπος *[typos]*) für die christliche Gemeinde.

Die Kapitelgruppe 11–14 wird etwas nichtssagend mit „Mißstände in der Gemeinde" überschrieben. Hier geht es zunächst um die Feier des Herrenmahls (die älteste Bezeugung der Einsetzungsworte findet man in 11,23–26!), sodann um die πνευματικά *(pneumatika)*, insbesondere das Zungenreden. Das hohe Lied der Liebe, Kapitel 13, ist jedem Gottesdienstbesucher vertraut.[41] Dieser Abschnitt ist für den Gottesdienst in Korinth von überragender Bedeutung. Nirgendwo sonst finden wir so viele Informationen über den Gemeindegottesdienst zur Zeit des Paulus wie hier. Den Mißständen verdanken wir es, daß wir Einblick erhalten in den täglichen Betrieb der Christinnen und Christen in Korinth. Daher ist dieser Abschnitt historisch betrachtet eine ganz besonders wertvolle Quelle.

* * *

Von besonderem Interesse ist schließlich das lange Kapitel 15, in dem es um die Auferstehung Jesu und die Auferstehung der Toten geht. Wir haben hier gleichsam eine Fortsetzung der Debatte aus 1Thess 4,13–18. Wir erinnern uns: Paulus war in Korinth, als er nach Thessaloniki schrieb. Hier beging er daher nicht denselben Fehler wie dort: Er nahm das Thema »Auferstehung« also schon in seine Missionspredigt in Korinth auf, was er – wie der 1. Thessalonicherbrief zeigt – in Thessaloniki versäumt hatte. Freilich war es damit nicht getan, wie wir nun aus 1Kor 15 entnehmen können. Zwar hatte Paulus den Korinthern die Auferstehung der Toten gepredigt, aber die Korinther (bzw. eine Gruppe in der Gemeinde) waren daran gar nicht interessiert, ja noch mehr: Sie bestritten rundheraus, daß es so etwas überhaupt geben könnte: ἀνάστασις νεκρῶν οὐκ ἔστιν *(anastasis nekrōn ouk estin)*, „Eine Auferstehung der Toten gibt es nicht" – so wird die Auffassung dieser Menschen von Paulus in 1Kor 15,12 zitiert.[42]

---

40 Im Griechischen: οὐ δύνασθε ποτήριον κυρίου πίνειν καὶ ποτήριον δαιμονίων οὐ δύνασθε τραπέζης κυρίου μετέχειν καὶ τραπέζης δαιμονίων.

41 Das Kapitel ist für den Sonntag Estomihi als Epistellesung vorgesehen.

42 Für die Interpretation des 15. Kapitels ist die Studie von *Gerhard Sellin:* Der Streit um die Auferstehung der Toten, von grundlegender Bedeutung.

Paulus verquickt in diesem Kapitel die beiden Themen »Auferstehung Jesu« und »Auferstehung der Toten« miteinander, wie derselbe Vers zeigt, in dem er die gegnerische These zitiert: „Wenn aber Christus verkündigt wird, daß er aus den Toten auferstanden ist, wie sagen dann einige unter euch: »Eine Auferstehung der Toten gibt es nicht«? Denn wenn es eine Auferstehung der Toten nicht gibt, dann ist auch Christus nicht auferstanden" (15,12–13[43]).

Daher sieht sich Paulus genötigt, den »Beweis« für die Auferstehung Jesu zu erbringen; das ist die Funktion der einleitenden Verse 15,1–11, die die berühmte Liste der Zeugen bieten – unser ältester Text zur Auferstehung Jesu überhaupt:

... καὶ ὅτι ὤφθη Κηφᾷ, εἶτα τοῖς δώδεκα·
ἔπειτα ὤφθη ἐπάνω πεντακοσίοις ἀδελφοῖς ἐφάπαξ,
ἐξ ὧν οἱ πλείονες μένουσιν ἕως ἄρτι, τινὲς δὲ ἐκοιμήθησαν·
ἔπειτα ὤφθη Ἰακώβῳ, εἶτα τοῖς ἀποστόλοις πᾶσιν·
ἔσχατον δὲ πάντων ὡσπερεὶ τῷ ἐκτρώματι ὤφθη κἀμοί.

„... 5 und daß er erschienen ist dem Kephas, danach den Zwölfen;
6 danach erschien er mehr als 500 Brüdern auf einmal,
von denen die meisten jetzt noch leben, einige aber sind entschlafen.
7 danach erschien er dem [Herrenbruder] Jakobus, danach allen Aposteln.
8 Zuletzt von allen wie einer Mißgeburt erschien er auch mir ... "

Wenigstens im Vorübergehen möchte ich Sie darauf aufmerksam machen, daß Paulus sich hier als Osterzeugen auflistet; er ist zwar der letzte, dem eine solche Erscheinung zuteil wird, aber eine solche Erscheinung *ist* ihm zuteil geworden. Anders verhält es sich bei Lukas, bei dem die Ostererscheinungen in der Himmelfahrt eine unüberwindliche Grenze haben. Die viel später erfolgende »Bekehrung« des Paulus (die Himmelfahrt wird in Apg 1 zum zweiten Mal erzählt; die »Bekehrung« des Paulus schildert Lukas erst viel später in Apg 9) hat aus lukanischer Sicht mit Ostern absolut nichts zu tun.

Im übrigen kann man hier sehr schön sehen, daß Paulus im Zuge der Debatte seine Vorstellungen weiterentwickelt. In 1Thess 4,13–18 war zwar von der Auferstehung der verstorbenen Gemeindeglieder in Thessaloniki die Rede, aber noch nicht von einer Verwandlung auch der bei der Parusie noch Lebenden. Diese wurden in 1Thess 4,17 wie sie waren in die Luft entrückt zur Begegnung mit dem Herrn. Daß das so einfach nicht funktionieren kann, hat Paulus in der Debatte mit den Korinthern hin-

---

43 Im griechischen Text: εἰ δὲ Χριστὸς κηρύσσεται
ὅτι ἐκ νεκρῶν ἐγήγερται,
πῶς λέγουσιν ἐν ὑμῖν τινες ὅτι
ἀνάστασις νεκρῶν οὐκ ἔστιν;
εἰ δὲ ἀνάστασις νεκρῶν οὐκ ἔστιν,
οὐδὲ Χριστὸς ἐγήγερται.

zugelernt. Nun lesen wir in 1Kor 15,50–51[44]: „Dieses aber sage ich euch, Brüder, daß Fleisch und Blut das Reich Gottes nicht erben können, und auch nicht die Vergänglichkeit die Unvergänglichkeit erben wird. Siehe, ich sage euch ein Geheimnis: Wir werden zwar nicht alle entschlafen, wir werden aber alle verwandelt werden."

Die Modifikation des apokalyptischen Fahrplans aus 1Thess 4,13–18 ist nicht zu übersehen: Paulus hält daran fest, daß er und etliche der Korinther die Parusie noch erleben werden. Aber mit dem Thessalonicherbrief – der erst ungefähr drei oder vier Jahre zurückliegt – ist die Erwartung nicht mehr zu vergleichen. Dort war immer von allen die Rede, die übrigbleiben bei der Parusie, d.h. Paulus plus alle Glieder der Gemeinde in Thessaloniki. Hier ist die Behauptung eine wesentlich schwächere: Er rechnet ohne weiteres damit, daß Glieder der Gemeinde von Korinth noch sterben, bevor die Parusie eintritt. Das ist im Vergleich zu 1Thess 4,13–18 ein Novum.

Die andere Änderung, die Paulus hier vornimmt, läßt sich mit dem Stichwort »Verwandlung« beschreiben: Auch diejenigen Korinther, die die Parusie noch erleben werden, bedürfen einer Verwandlung. Auch von einer solchen Verwandlung war im 1. Thessalonicherbrief noch mit keinem Wort die Rede.

Es wird Sie vielleicht nicht verwundern, daß die Korinther auch mit diesen breiten Ausführungen zum Thema noch nicht zufrieden waren. Auch Paulus selbst war noch nicht ganz zufrieden, und daher nimmt er die Debatte in 2Kor 5 noch einmal auf, wie wir sehen werden, wenn wir zum 2. Korintherbrief kommen.

✳ ✳ ✳

Verbleibt der kurze vierte Teil mit den persönlichen Nachrichten (16,1–20) und das noch kürzere Eschatokoll 1Kor 16,21–24. Die Überschrift „Persönliche Nachrichten" trifft die Sache nicht ganz, insofern die Kollekte, die Paulus zu Beginn des Kapitels bespricht, nun ja nicht seine Privatsache war. Die Verse 16,1–4 sind wichtig, weil dies die erste Passage ist, in der wir von der Kollekte Einzelheiten erfahren.

Die Kollekte ist eine Folge des Apostelkonvents (vgl. Gal 2,10). Ihre Anfänge liegen für uns völlig im Dunkeln:[45] Wie es mit der Kollekte gleich nach dem Jerusalemer Apostelkonvent begann, wissen wir nicht. Für diese Phase geben die Quellen so gut wie nichts her. Die weitausgreifende Mission des Paulus im Westen war damals ja noch gar nicht im Blick. Die Verpflichtung der Unterstützung der Gemeinde in Jerusalem betraf ja nicht Ephesos, Philippi, Thessaloniki, Korinth und Galatien, sondern zunächst einmal ausschließlich die Gemeinde von Antiochien am Orontes.

---

44 τοῦτο δέ φημι, ἀδελφοί, ὅτι σάρξ καὶ αἷμα βασιλείαν θεοῦ κληρονομῆσαι οὐ δύναται, οὐδὲ ἡ φθορὰ τὴν ἀφθαρσίαν κληρονομεῖ. ἰδοὺ μυστήριον ὑμῖν λέγω· πάντες οὐ κοιμηθησόμεθα, πάντες δὲ ἀλλαγησόμεθα.

45 Die folgenden Ausführungen habe ich aus meiner Paulus-Vorlesung herübergenommen, die unter www.neutestamentliches-repetitorium.de zugänglich ist. Es handelt sich um eine verkürzte Fassung der einschlägigen Ausführungen im Kapitel VIII, S. 153–155.

Erst der 1. Korintherbrief gibt uns Aufschluß über die weiteren Aktivitäten des Paulus. In 1Kor 16,1 heißt es: „Hinsichtlich der Kollekte für die Heiligen sollt auch ihr es so halten, wie ich es für die Gemeinden Galatiens angeordnet habe."[46]

Offenbar handelt es sich bei der Kollekte in dieser Phase um eine Angelegenheit, die alle paulinischen Gemeinden betrifft, von Galatien im Osten bis Achaia im Westen. Richtig sagt Conzelmann, daß „sich die Sammlung über das ganze Missionsgebiet des Paulus erstreckt."[47] Das läßt auf einen erheblichen Aufwand seitens des Paulus schließen, der sich in dieser Passage aus dem 1. Korintherbrief zum ersten Mal andeutet.

Damit haben wir hier etwas qualitativ Neues, was es außerhalb des jüdischen Bereiches so zuvor noch nicht gegeben hat: Die Kollekte des Paulus macht deutlich, daß die christlichen Gemeinden in Palästina, in Galatien, in der Asia, in Makedonien und in Achaia miteinander verbunden sind. Sie bilden ein Netz, das Ende der 50er Jahre des ersten Jahrhunderts bereits fast den gesamten östlichen Mittelmeerraum umfaßt. Aus behördlicher Sicht haben wir es bei den christlichen Gemeinden mit einer höchst gefährlichen Bewegung zu tun, die allein wegen ihres internationalen Zuschnitts Verdacht erregt.

Weitere Einzelheiten zur Kollekte erfahren wir aus den sogenannten Kollektenbriefen, 2Kor 8 und 2Kor 9, die wir im Rahmen der Diskussion des 2. Korintherbriefs behandeln werden. Hier fordert Paulus die Korinther zunächst einmal dazu auf, mit der Sammlung sogleich zu beginnen: Das Verfahren der Kollekte wird v. 2 so beschrieben: „An jedem ersten Wochentag möge ein jeder von euch für sich selbst zurücklegen, soviel ihm etwa gelingen mag, damit nicht (erst) dann Sammlungen stattfinden, wenn ich (zu euch) komme."[48] Daraus scheint hervorzugehen, daß zur Abfassungszeit des 1. Korintherbriefes die Sammeltätigkeit in Korinth noch gar nicht begonnen hatte. Damit sie nicht erst einsetzt, wenn Paulus in Korinth ist, fordert er die Christinnen und Christen auf, jede Woche, immer am Sonntag, etwas zurückzulegen.

---

46 Im griechischen Original lautet 1Kor 16,1: περὶ δὲ τῆς λογείας τῆς εἰς τοὺς ἁγίους, ὥσπερ διέταξα ταῖς ἐκκλησίαις τῆς Γαλατίας, οὕτως καὶ ὑμεῖς ποιήσατε.
Für »Kollekte« steht hier das griechische Wort λογεία, das »Geldsammlung« bedeutet (vgl. *Bauer/ Aland*, Sp. 965). „λογεία kann die Steuer bezeichnen, aber auch einfach die Geldsammlung, z.B. die sakrale Kollekte" (*Hans Conzelmann:* Der erste Brief an die Korinther, KEK V, Göttingen 11/11969, S. 353). Bemerkenswert ist in jedem Fall der Sachverhalt, daß das Wort λογεία nur hier und im folgenden Vers begegnet. In den eigentlichen Kollektenbriefen 2Kor 8 und 2Kor 9 fehlt es. „Die Ableitung ist ... jetzt sichergestellt: das Wort kommt von dem ebenfalls durch die Papyri, Ostraka und Inschriften in Ägypten und sonst neu aufgetauchten Zeitwort λογεύω *ich sammle* und steht meist von sakralen Geldsammlungen für eine Gottheit, einen Tempel usw." (*Adolf Deissmann:* Licht vom Osten. Das Neue Testament und die neuentdeckten Texte der hellenistisch-römischen Welt, Tübingen 41923, S. 83).
47 *Hans Conzelmann:* Der erste Brief an die Korinther, KEK V, Göttingen 11/11969, S. 353.
48 Im griechischen Original lautet 1Kor 16,2: κατὰ μίαν σαββάτου ἕκαστος ὑμῶν παρ' ἑαυτῷ τιθέτω θησαυρίζων ὅ τι ἐὰν εὐοδῶται, ἵνα μὴ ὅταν ἔλθω τότε λογεῖαι γίνωνται.

Literatur

Einführungen zum 1. Korintherbrief

Wolfgang Schenk: Art. Korintherbriefe, TRE 19 (1990), S. 620–640.

Peter Pilhofer: 1. Korintherbrief, `www.neutestamentliches-repetitorium.de`.

Die Inschriften von Korinth

Benjamin Dean Meritt [Hg.]: Greek Inscriptions 1896–1927, Corinth. Results of Excavations Conducted by the American School of Classical Studies at Athens, Volume VIII, Part 1, Cambridge/Mass. 1931.

John Harvey Kent [Hg.]: The Inscriptions 1926–1950, Corinth. Results of Excavations Conducted by the American School of Classical Studies at Athens, Volume VIII, Part III, Princeton 1966.

Kommentare in chronologischer Folge

Johannes Weiß: Der erste Korintherbrief, KEK 5, Göttingen 1910 (Nachdr. 1970 und 1977).

Hans Lietzmann: An die Korinther I/II, HNT 9, Tübingen [5]1969.

Hans Conzelmann: Der erste Brief an die Korinther, KEK 5, Göttingen [11/1]1969 ([12/2]1981).

Wolfgang Schrage: Der erste Brief an die Korinther. 1. Teilband: 1Kor 1,1–6,11, EKK VII/1, Zürich/Braunschweig/Neukirchen-Vluyn 1991.

Wolfgang Schrage: Der erste Brief an die Korinther. 2. Teilband: 1Kor 6,12–11,16, EKK VII/2, Solothurn/Düsseldorf/Neukirchen-Vluyn 1995.

Wolfgang Schrage: Der erste Brief an die Korinther. 3. Teilband: 1Kor 11,17–14,40, EKK VII/3, Zürich/Düsseldorf/Neukirchen-Vluyn 1999.

Wolfgang Schrage: Der erste Brief an die Korinther. 4. Teilband: 1Kor 15,1–16,24, EKK VII/4, Zürich/Düsseldorf/Neukirchen-Vluyn 2001.[49]

Sonstige Literatur

Ernst Bammel: Herkunft und Funktion der Traditionselemente in 1. Kor. 15,1–11, ThZ 11 (1955), S. 401–419; Nachdr. in: *Ernst Bammel:* Judaica et Paulina. Kleine Schriften II, WUNT 91, Tübingen 1997, S. 260–278.

Ernst Bammel: Rechtsfindung in Korinth, in: *ders.:* Judaica et Paulina. Kleine Schriften II, WUNT 91, Tübingen 1997, S. 279–285.

Karl Barth: Die Auferstehung der Toten. Eine akademische Vorlesung über I. Kor. 15, München 1924.[50]

Günter Bornkamm: Der köstlichere Weg, in: *ders.:* Das Ende des Gesetzes. Paulusstudien, Gesammelte Aufsätze I, BEvTh 16, München [5]1966, S. 93–112.

---

49   Die Länge des bibliographischen Eintrags dieses Kommentars kann nicht versuchen, proportional zu dessen eigener Länge zu sein.

50   Das Buch wurde von *Rudolf Bultmann* rezensiert; vgl. jetzt GuV I [= *Rudolf Bultmann:* Glauben und Verstehen. Gesammelte Aufsätze I, Tübingen [7]1972], S. 38–64.

Eva Ebel: Die Attraktivität früher christlicher Gemeinden. Die Gemeinde von Korinth im Spiegel griechisch-römischer Vereine, WUNT 2/178, Tübingen 2004.

Dietrich-Alex Koch: „Seid unanstößig für Juden und für Griechen und für die Gemeinde Gottes" (1Kor 10,32). Christliche Identität im μάχελλον in Korinth und bei Privateinladungen, in: Paulus, Apostel Jesu Christi. Festschrift für Günter Klein zum 70. Geburtstag, Tübingen 1998, S. 35–54.

Dietrich-Alex Koch: „Alles, was ἐν μαχέλλῳ verkauft wird, eßt ..." Die *macella* von Pompeji, Gerasa und Korinth und ihre Bedeutung für die Auslegung von 1Kor 10,25, ZNW 90 (1999), S. 194–219.

Peter Lampe: Das korinthische Herrenmahl im Schnittpunkt hellenistisch-römischer Mahlpraxis und paulinischer Theologia Crucis (1Kor 11,17–34), ZNW 82 (1991), S. 183–213.

Gerhard Sellin: Der Streit um die Auferstehung der Toten. Eine religionsgeschichtliche und exegetische Untersuchung von 1 Korinther 15, FRLANT 138, Göttingen 1986.

Gerd Theißen: Soziale Schichtung in der korinthischen Gemeinde. Ein Beitrag zur Soziologie des hellenistischen Urchristentums, ZNW 65 (1974), S. 232–272; wieder abgedruckt in *Gerd Theißen:* Studien zur Soziologie des Urchristentums, WUNT 19, Tübingen 1979 (³1989), S. 231–271.

Gerd Theißen: Soziale Integration und sakramentales Handeln. Eine Analyse von 1 Cor. XI 17–34, NT 16 (1974), S. 179–206; wieder abgedruckt in *Gerd Theißen:* Studien zur Soziologie des Urchristentums, WUNT 19, Tübingen 1979 (³1989), S. 290–317.

Gerd Theißen: Die Starken und die Schwachen in Korinth. Soziologische Analyse eines theologischen Streites, EvTh 35 (1975), S. 155–172; wieder abgedruckt in *Gerd Theißen:* Studien zur Soziologie des Urchristentums, WUNT 19, Tübingen 1979 (³1989), S. 272–289.

§ 25 *Das Gefängnis des Paulus*

Im Blick auf die Korrespondenz mit Korinth läge es nahe, in diesem Paragraphen die weiteren Briefe zu behandeln, die Paulus an diese Gemeinde geschrieben hat, nachdem wir in § 24 den 1. Korintherbrief besprochen haben. Doch war Paulus in seiner Zeit in Ephesos natürlich nicht nur mit Korinth beschäftigt, sondern hatte auch sonst mehr als genug zu tun. Daher lassen wir die Auseinandersetzung mit den Korinthern erst einmal ruhen, um uns den sogenannten »Gefangenschaftsbriefen« zuzuwenden. Unter dieser Rubrik faßt man den Philipperbrief, den Philemonbrief, den Kolosserbrief und den Epheserbrief zusammen. Die Kategorie ist heute nicht mehr allgemein in Gebrauch, weil hier paulinische und nachpaulinische Briefe zusammengefaßt werden. In dem Buch von Ingo Broer beispielsweise sucht man den Begriff »Gefangenschaftsbriefe« daher vergeblich.[1]

---

1 *Ingo Broer:* Einleitung in das Neue Testament, Band 1: Die synoptischen Evangelien, die Apostelgeschichte und die johanneische Literatur; Band 2: Die Briefliteratur, die Offenbarung des Johannes und die Bildung des Kanons, Die Neue Echter Bibel. Ergänzungsband zum Neuen Testament 2,1 und 2,2, Würzburg 1998 und 2001.

In der Einleitung von Kümmel wird der Begriff dagegen noch verwandt: „Unter den P[au]l[u]sbr.[iefen] bilden die sog.[enannten] Pastoralbriefe (1.2 Tim, Tit) eine besondere Gruppe; auch die nach ihren Angaben von Paulus in einer Gefangenschaft geschriebenen Briefe (Phil, Kol, Phlm, Eph) kann man als »Gefangenschaftsbriefe« zusammenordnen."[2] Ich halte an dem Begriff fest und behandle alle vier Briefe in diesem Kapitel, zunächst den Philipper- und den Philemonbrief, sodann den Kolosser- und den Epheserbrief. Im Zusammenhang mit dem ersten Briefpaar wird in einem eigenen Paragraphen die Frage erörtert, wo dieses Gefängnis des Paulus zu suchen ist; im Zusammenhang mit dem zweiten Briefpaar wird die sogenannte Paulusschule thematisiert.

∗ ∗ ∗

Paulus saß mehr als einmal im Gefängnis. In seinem berühmten Peristasenkatalog, den wir im ersten Kapitel dieses Buches besprochen haben[3], rühmt er sich dessen, daß er öfter im Gefängnis war als alle andern (2Kor 11,23b: ἐν φυλακαῖς περισσοτέρως *[en phylakais perissoterōs]*). Man kann den Paulus in dieser Hinsicht als einen echten Experten bezeichnen. Wäre ein Kaiser in Rom jemals auf die Idee gekommen, eine Erhebung über die Lage in seinen Gefängnissen durchzuführen, hätte Paulus dazu den Abschlußbericht schreiben können. Kaum einer seiner Zeitgenossen wird eine so ausgedehnte Erfahrung mit Gefängnissen gemacht haben.

Hinzu kommt die Tatsache, daß die einschlägigen paulinischen Studien auf einer geographisch weit ausgedehnten Basis beruhen, die ihresgleichen weithin sucht. Paulus hat Gefängnisse in *Iudaea* ebenso bewohnt wie in *Macedonia*, in der *Asia* ebenso wie in Italien. Wenn wir allein die im Neuen Testament genannten Gefängnisse aufzählen, erhalten wir eine eindrucksvolle Liste: die römische Kolonie Philippi (Apg 16,23–40; vgl. 1Thess 2,2) ist hier ebenso vertreten wie Jerusalem (Apg 22–23) und Caesarea am Meer (Apg 24–26); als Höhepunkt dann Rom (Apg 28). Dazu kommt – wie wir sogleich sehen werden – das besonders reizvoll gelegene Gefängnis in Ephesos; diesen Gefängnisaufenthalt berichtet Lukas in der Apostelgeschichte nicht.

In bezug auf die Gefangenschaftsbriefe ergibt sich daraus die Frage: Aus welchem der genannten Gefängnisse mögen sie geschrieben sein? Das Gefängnis in Philippi fällt für den Philipperbrief ersichtlich weg – aber ansonsten haben wir die freie Auswahl, wenn wir nach dem Abfassungsgefängnis des Philipperbriefs fragen. In der Geschichte der Paulusforschung sind besonders zwei Gefängnisse in Betracht gezogen worden, nämlich das in Rom und das in Caesarea. Rom wird schon in der *subscriptio*

Im Register in Band II 719 ist immerhin „Gefangenschaft" zu finden – womit die wechselnden Gefängnisaufenthalte des Paulus gemeint sind; soweit ich sehe, ist aber in keiner dieser Passagen der Terminus »Gefangenschaftsbriefe« zu finden.

2   *Werner Georg Kümmel:* Einleitung in das Neue Testament, Heidelberg [21]1983, S. 215.

3   Vgl. dazu oben im Kapitel I die Seiten 10–11.

des Briefes von den Handschriften B¹ und 6 vertreten.[4] Neuerdings ist diese Hypothese insbesondere durch die Einleitung von Schnelle wieder zu Ehren gebracht worden.[5] In den Jahrzehnten zuvor schien diese These freilich schon erledigt, wie man der Formulierung von Kümmel entnehmen kann: „Gibt es so keine eindeutigen Argumente für die Abfassung des Phil in Rom und spricht einiges dagegen, so ist verständlich, daß seit H.E.G. Paulus (1799) sich zahlreiche Forscher für die Abfassung des Briefes in der anderen aus Apg bekannten Gefangenschaft, der in Caesarea, ausgesprochen haben."[6] Dazu gehört etwa Ernst Lohmeyer, der in seinem Kommentar zum Philipperbrief diese Hypothese vertreten hat.[7] Diese Hypothese findet sich auch in neueren Arbeiten, so beispielsweise im Kommentar von Hawthorne.[8]

Ich möchte Ihnen im folgenden[9] eine dritte Hypothese ans Herz legen, die auf eine Arbeit von Adolf Deissmann zurückgeht. Er hat nämlich Ephesos als Ort der Gefangenschaft des Paulus vorgeschlagen und begründet. Diese These ist diejenige, für die seit der Mitte des vorigen Jahrhunderts die Mehrheit der Ausleger votiert. Selbst »konservative« Lehrbücher haben sich ihr über Jahrzehnte hin angeschlossen.[10]

Ich referiere im folgenden daher den klassischen Aufsatz aus der Feder von Adolf Deissmann relativ ausführlich, weil er die grundlegenden Argumente, die gegen eine Abfassung in Rom oder Caesarea sprechen, kurz und klar zusammenfaßt.[11] Auch

---

4 Vgl. dazu unten im Paragraphen 26 die Diskussion zur Situation des Philipperbriefes (S. 180–184).

5 *Udo Schnelle:* Einleitung in das Neue Testament, UTB 1830, Göttingen ⁵2005, S. 152–166.

6 *Werner Georg Kümmel,* a.a.O., S. 288.

7 *Ernst Lohmeyer:* Die Briefe an die Philipper, an die Kolosser und an Philemon, KEK IX, Göttingen ⁸1930 (bearbeitet von Werner Schmauch, ⁹1953, ¹³1964); hier S. 3: „Paulus ist Gefangener in Cäsarea; das läßt sich mit ziemlicher Bestimmtheit dem Briefe entnehmen, wenn man seine Andeutungen mit den Nachrichten der Apostelgeschichte verbindet."

8 *Gerald F. Hawthorne:* Philippians, Word Biblical Commentary 43, Waco 1983, S. xliii–xliv: „... the assumption made in this commentary is that Philippians was written by Paul from prison in Caesarea about A.D. 59–61."

9 Es handelt sich um Ausführungen, die aus dem Text Philipperbrief: Die Situation, publiziert unter www.neutestamentliches-repetitorium.de, entnommen sind.

10 Als Beispiel sei das Lehrbuch von Feine/Behm genannt, in dessen neunter Auflage von 1950 es heißt: „Eine bessere Antwort auf die Frage nach Ort u.[nd] Zeit der Entstehung des Phil.[ipperbriefs] gibt es bis jetzt nicht als diese: *der Brief wird in den drei Jahren der Wirksamkeit des P[au]l[u]s. in Ephesus ... geschrieben sein, u.[nd] zw.[ar] etwa 56.*" (Einleitung in das Neue Testament von *Paul Feine,* neunte Aufl. neubearbeitet von *Johannes Behm,* Leipzig 1950, S. 185 [das Kursive im Original gesperrt gedruckt]); dieser Satz faßt die eingehende Diskussion S. 180–185 abschließend zusammen. Werner Georg Kümmel allerdings, der nächste Bearbeiter dieses Einleitungswerkes, rudert wieder zurück: „So wird sich die Frage, wo der Phil[ipperbrief] geschrieben worden ist, kaum mit Sicherheit beantworten lassen. ... *Auf alle Fälle hat die römische Hypothese die geringste Wahrscheinlichkeit.*" (*Werner Georg Kümmel:* Einleitung in das Neue Testament, 18., durchgesehene und durch einen Literaturnachtrag ergänzte Auflage der völligen Neubearbeitung [sc. des Werks von Feine/Behm], Heidelberg o. Jahr [1976], S. 291; die Hervorhebung ist von mir.)

11 *Deissmann* umreißt die Bedeutung des Problems folgendermaßen: „Von der Datierung der Gefangenschaftsbriefe hängen sehr viele sehr wichtige Einzelentscheidungen ab: die Chronologie und Bio-

viele andere Gelehrte haben diese Auffassung seit der Zeit Deissmanns befürwortet, doch ich beschränke mich aus dem genannten Grund auf seinen Aufsatz.[12] Er kann als Klassiker gelten.

„Unter den vielen Einzelargumenten, die für eine ephesinische Haft des Paulus sprechen, muss meines Erachtens die Tatsache in den Vordergrund gerückt werden, dass die Gefangenschaftsbriefe eine grosse Anzahl von Reisen zwischen dem Ort ihrer Adressaten und dem Ort der Haft des Apostels als bereits vollzogen oder als beabsichtigt erwähnen oder andeuten."[13] Nehmen wir als Beispiel unseren Philipperbrief, so ergeben sich die folgenden Reisen zwischen dem Haftort – den ich im folgenden wie Deissmann als X bezeichne – und Philippi:

- Zunächst muß die Nachricht, daß Paulus im Gefängnis ist, die Christinnen und Christen in Philippi allererst erreichen. Das erfordert eine erste Reise: Ein Bote kommt aus X nach Philippi und berichtet dort, daß Paulus im Gefängnis sitzt.

- Darüber ist die Gemeinde in Philippi besorgt: Man schickt daher den Epaphroditos (Phil 2,25–30) als Abgesandten zu Paulus nach X, um ihm im Gefängnis beizustehen. Hier haben wir also die zweite Reise, diesmal in umgekehrter Richtung: Epaphroditos reist von Philippi zu Paulus nach X, um ihn im Gefängnis zu unterstützen.

- Nun erkrankt Epaphroditos unerwartet in X (Phil 2,26). Diese Nachricht gelangt aus X nach Philippi. Das wäre Reise Nummer 3. Die Philipper ihrerseits machen sich daraufhin Sorge um Epaphroditos, als sie erfahren, daß er erkrankt ist (Phil 2,26).

- Aus Philippi gelangt daraufhin die Nachricht nach X, daß die Philipper sich um ihren Abgesandten Epaphroditos Gedanken machen. Das ist dann schon die vierte Reise. Das versetzt nun umgekehrt den Epaphroditos in Unruhe (Phil 2,26[14]).

---

graphie des Paulus, die Geschichte der ältesten christlichen Propaganda, insbesondere die Geschichte der Gemeinden von Ephesus und von Rom und die Schicksale ihrer mit Namen bekannten Persönlichkeiten sehen, wenn man die Briefe sämtlich oder zum Teil aus Ephesus datiert, völlig anders aus, als wenn man sie in Rom entstanden denkt" (*Adolf Deissmann*: Zur ephesinischen Gefangenschaft des Apostels Paulus, in: Anatolian Studies Presented to Sir William Mitchell Ramsay, hg. v. W.H. Buckler & W.M. Calder, Manchester 1923, S. 121–127; hier S. 122, Anm. 1).

12   Vgl. *Adolf Deissmann*, S. 122 mit Anm. 4 und 5, was die anderen Stimmen aus der Generation Deissmanns angeht.

13   *Adolf Deissmann*, S. 123.

14   In Phil 2,26 wird über Epaphroditos gesagt: ἀδημονῶν διότι ἠκούσατε ὅτι ἠσθένησεν, d.h. Epaphroditos „ist in Unruhe, weil ihr (Philipper) gehört habt, daß er krank geworden ist". Weitere Einzelheiten zur Mission des Epaphroditos bringt Paulus Phil 4,18 zur Sprache.

- Um die Philipper zu beruhigen, schickt Paulus daraufhin den Epaphroditos (vielleicht zusammen mit seinem Brief) aus X nach Philippi: Das ist dann die Reise Nummer 5 (Phil 2,28[15]).

- Obwohl Paulus nun in X noch keine neue Nachricht hat, kündigt er doch schon an, in Kürze auch den Timotheus von dort nach Philippi zu entsenden, um Neues aus Philippi zu erfahren (möglicherweise ist er, nicht Epaphroditos, der Überbringer des Philipperbriefs) und sich daran zu erbauen (Phil 2,19[16]). Das erfordert dann eine sechste Reise des Timotheus von X nach Philippi und eine siebte Reise – die die Nachrichten des Timotheus dem Paulus übermittelt – zurück nach X.

- Die achte Reise – die dann auch die letzte ist – plant Paulus selbst: „Ich bin aber überzeugt im Herrn, daß ich auch selbst bald (zu euch) kommen werde" (Phil 2,24[17]).

„Wenn X Rom ist, so ist die Entfernung von X nach Philippi in der Luftlinie rund 1000 Kilometer; man muss also annehmen, dass die vor dem Philipperbrief liegenden Reisen einen Luftweg von mindestens 5000 Kilometern zu überwinden hatten [nach meinem Ansatz – eine Reise am Anfang weniger – immerhin noch 4000 Kilometer]; die nach dem Philipperbrief geplanten einen Luftweg von mindestens 4000 Kilometern. Dabei ist zu beachten, dass die Reise in beiden Serien aufeinanderfolgten, sodass also nicht etwa durch gleichzeitige Reisen Zeit gespart werden konnte."[18] Insgesamt ergeben sich nach Deissmann also 9000 Kilometer, nach meinem Ansatz mit einer Reise weniger immerhin noch 8000 Kilometer.

Dabei ist zu berücksichtigen, daß wir die Entfernung in Luftlinie zugrundegelegt haben. D.h. „für die zu Land und zu Wasser zurückzulegende Strecke" ist „in Wirklichkeit weit mehr" anzusetzen, „zumal für die schlichten Wandersleute, die hier inbetracht kommen."[19]

Auch ohne weitere Berechnungen anzustellen, komme ich daher mit Deissmann zu dem Schluß, daß X als Rom so wenig plausibel wie nur möglich ist.[20] Erschwerend kommt hinzu, daß Paulus in Phil 2,24 *seine eigene Ankunft in Philippi in Aussicht stellt.*

---

15   Im Original lautet Phil 2,28: σπουδαιοτέρως οὖν ἔπεμψα αὐτὸν ἵνα ἰδόντες αὐτὸν πάλιν χαρῆτε κἀγὼ ἀλυπότερος ὦ.

16   Im Original: ἐλπίζω δὲ ἐν κυρίῳ Ἰησοῦ Τιμόθεον ταχέως πέμψαι ὑμῖν, ἵνα κἀγὼ εὐψυχῶ γνοὺς τὰ περὶ ὑμῶν.

17   Im griechischen Original: πέποιθα δὲ ἐν κυρίῳ ὅτι καὶ αὐτὸς ταχέως ἐλεύσομαι. *Deissmann* hat insgesamt neun Reisen errechnet, weil er im Gegensatz zu mir auch die Reise des Paulus von Philippi nach X (die lange vor dem Gefängnisaufenthalt stattgefunden hat) mitzählt (*Adolf Deissmann*, S. 124f.).

18   *Adolf Deissmann*, S. 125.

19   Ebd.

20   *Adolf Deissmann*, S. 126, setzt 2 Jahre für Rom nach Apg 28,30 an – das ist nach meinem Urteil noch nicht einmal als Argument erforderlich.

Wir wissen aber, daß Paulus Rom als Zwischenstation auf dem Weg nach Spanien sah: Philippi liegt für einen, der in Rom weilt und nach Spanien will, aber nun ziemlich genau in der entgegengesetzten Richtung ...

Wir können daher das folgende *Ergebnis* formulieren: Die vielen Reisen, die gerade die Korrespondenz mit den Philippern voraussetzt, lassen einen Abfassungsort im Gefängnis von Caesarea oder gar von Rom als so gut wie unmöglich erscheinen. Näher liegt die Annahme, daß diese Reisen von Ephesos nach Philippi und zurück unternommen wurden. Diese sind auch im Winter – wenn die Schiffahrt ruht – ohne weiteres möglich.

§ 26 Der Philipperbrief

Nachdem nun die Frage, wo das Gefängnis des Paulus zu suchen ist, aus dem er die Gefangenschaftsbriefe geschrieben hat, geklärt ist, wenden wir uns zunächst dem Philipperbrief, danach dann dem Philemonbrief zu.[1] Beide Schreiben sind nach der Deissmannschen Hypothese in die Zeit des Aufenthalts in Ephesos zu datieren.

Einführende Charakterisierung

Im Rahmen der erhaltenen paulinischen Briefe stellt der Philipperbrief eine *Besonderheit* dar. Dies liegt vor allem daran, daß Paulus zu der Gemeinde in Philippi[2] ein ganz besonders herzliches Verhältnis hatte. Für Paulus hat es mit Philippi nämlich eine ganz eigene Bewandtnis, ist dies doch die erste Stadt, in der er nach dem Desaster des antiochenischen Zwischenfalls nicht nur Fuß faßt, sondern sogar eine neue Gemeinde gründet. Lydia (vgl. Apg 16,11–15) ist nicht nur die erste Christin Europas (was wir aus unserer europäischen Perspektive natürlich bemerkenswert finden), sie ist die erste Christin überhaupt, die Paulus nach der Apostelgeschichte in selbständiger Mission gewonnen hat.[3] Es ist daher verständlich, daß ihm diese Gemeinde

---

1   Die Ausführungen zum Philipperbrief sind eine gekürzte Fassung der einschlägigen Texte, die sich unter `www.neutestamentliches-repetitorium.de` finden. Eine Auslegung des Briefes bietet meine Vorlesung aus dem Wintersemester 2009/2010, im Netz zugänglich unter `http://www.`
`neutestamentliches-repetitorium.de/inhalt/vorlesungen.html`. Die genauen bibliographischen Angaben zu den einzelnen Arbeiten über den Philipperbrief finden sich im Literaturverzeichnis am Ende dieses Paragraphen.

2   Zur Stadt Philippi vgl. unter der einschlägigen Rubrik in `www.neutestamentliches-repe-`
`titorium.de`.

3   Zu Lydia vgl. die Greifswalder Dissertation von *Jean-Pierre Sterck-Degueldre:* Eine Frau namens Lydia. Die lukanische Komposition von Apg 16,11–15.40, theologische Dissertation Greifswald 2001 (gedruckt unter dem Titel: Eine Frau namens Lydia. Zu Geschichte und Komposition in Apostelgeschichte 16,11–15.40, WUNT 2/176, Tübingen 2004).

ganz besonders ans Herz gewachsen ist. Man hat ganz zutreffend von Philippi als der Lieblingsgemeinde des Paulus gesprochen.[4]

Wie der Philemonbrief gehört auch der Philipperbrief zu den sogenannten *Gefangenschaftsbriefen*; nirgendwo sonst in den paulinischen Texten wird die persönliche Situation des Apostels so eingehend thematisiert wie Phil 1,12–26. Entscheidend ist dabei die Tatsache, daß Paulus im Gefängnis sitzt und der Ausgang der Angelegenheit ungewiß ist: Eine Freilassung erscheint ebenso im Bereich des Möglichen zu liegen wie eine Hinrichtung.[5]

Auch der Aufbau und der Inhalt des Schreibens sind von der Tatsache geprägt, daß wir es hier mit der Lieblingsgemeinde des Paulus zu tun haben. In den ersten beiden Kapiteln findet sich nicht ein Hauch von Kritik an den Christinnen und Christen in Philippi. Und am Schluß des Briefes formuliert Paulus in 4,15–16 die Sonderstellung der Gemeinde auch ganz ausdrücklich, wenn er sagt:

οἴδατε δὲ καὶ ὑμεῖς, Φιλιππήσιοι,	**15** Ihr wißt aber auch, ihr Philipper[6],
ὅτι ἐν ἀρχῇ τοῦ εὐαγγελίου,	daß am Anfang des Evangeliums,
ὅτε ἐξῆλθον ἀπὸ Μακεδονίας,	als ich fortzog von Makedonien,
οὐδεμία μοι ἐκκλησία ἐκοινώνησεν	keine Gemeinde mit mir Gemeinschaft
εἰς λόγον δόσεως καὶ λήμψεως	hatte im Geben und Nehmen[7]
εἰ μὴ ὑμεῖς μόνοι·	außer allein ihr.
ὅτι καὶ ἐν Θεσσαλονίκῃ	**16** Denn auch in Thessaloniki
καὶ ἅπαξ καὶ δὶς	habt ihr mehr als einmal[8]
εἰς τὴν χρείαν μοι ἐπέμψατε.	für meinen Bedarf mir [Geld] geschickt.

Treffend formuliert Hawthorne, Paulus spreche hier „almost as though he viewed the entire matter as a strictly business affair"[9] – der geschäftliche Ton ist nicht zu übersehen. Aber die Fachausdrücke aus der Geschäftssprache bringen doch nur das zum Ausdruck, daß das Verhältnis des Paulus zu dieser Gemeinde ein *einmaliges* ist.

---

4   Die Formulierung geht auf *Rudolf Pesch* zurück (*Rudolf Pesch*: Paulus und seine Lieblingsgemeinde. Paulus – neu gesehen. Drei Briefe an die Heiligen in Philippi, HerBü 1208, Freiburg/Basel/Wien 1985).

5   Einzelheiten zur Situation siehe S. 180–184.

6   Paulus verwendet hier das im Griechischen völlig neue Wort Φιλιππήσιοι, das er vielleicht selbst nach dem lateinischen *Philippenses* geprägt hat, vgl. *Peter Pilhofer*: Philippi I 116–118. Wollte man das in der Übersetzung nachzuahmen versuchen, müßte man für Φιλιππήσιοι dann „ihr Bewohner der Kolonie Philippi" einsetzen.

7   Genauer: „in gegenseitiger Abrechnung" oder „in Abrechnung der Ausgaben und Einnahmen"; wie v. 17 zeigt, muß man hier für das griechische εἰς λόγον die Bedeutung „zur Abrechnung" bzw. „in Rechnung" annehmen, vgl. den Artikel im Wörterbuch von *Bauer/Aland* unter 2 (Sp. 971).

8   Wörtlich übersetzt: „sowohl einmal als auch zweimal".

9   *Gerald F. Hawthorne*, S. 204.
Zur Interpretation der Passage vgl. den Paragraphen Λόγος δόσεως καὶ λήμψεως in *Peter Pilhofer:* Philippi I 147–152.

Die Situation

Zwar ist in keinem Brief des Paulus ausführlicher von dessen Situation die Rede als in dem Abschnitt Phil 1,12–26; trotzdem ist, wie wir im vorhergehenden Abschnitt gesehen haben, die Frage bis heute umstritten, wo Paulus nun im Gefängnis ist, d.h. wo er den Brief an die Philipper verfaßt hat. Die Entscheidung für einen dieser Orte bedeutet zugleich auch eine chronologische Entscheidung: Wer – wie in diesem Buch vorgeschlagen – Ephesos als Abfassungsort annimmt, entscheidet sich chronologisch für Mitte der 50er Jahre. Wer Caesarea als Abfassungsort annimmt, entscheidet sich für Ende der 50er Jahre. Wer Rom als Abfassungsort annimmt, ist damit schon an den Anfang der 60er Jahre gerückt.

Mit unserer Entscheidung für Ephesos ergibt sich also die chronologische Festsetzung auf Mitte der 50er Jahre.

Damit ist dann zugleich die Entscheidung darüber verknüpft, ob der Philipperbrief vor oder nach dem Römerbrief anzusetzen ist. Das führt auch zu theologischen Konsequenzen etwa in bezug auf die Frage der persönlichen Eschatologie oder der eschatologischen Vorstellungen des Paulus überhaupt. Es macht einen erheblichen theologischen Unterschied, ob wir das letzte Wort des Paulus zu diesem Fragenkreis im Philipperbrief oder im Römerbrief vor uns haben. Ich vertrete die These, daß der Philipperbrief chronologisch vor dem Römerbrief einzuordnen ist.[10]

Schließlich würde die Rede vom Römerbrief als dem »Testament« des Paulus einigermaßen sinnlos, wenn unter anderem der Philemon- und der Philipperbrief noch aus Rom geschrieben wären – also etliche Jahre nach dem Römerbrief, der bekanntlich in Korinth verfaßt wurde.

Die Romthese kann sich auf die kirchliche Tradition stützen. Sie ist insofern die »konservative« Auffassung, kann sie sich doch auf eine lange Reihe von Gewährsmännern seit der Alten Kirche berufen. Schon in der *subscriptio* zum Philipperbrief bieten einige Handschriften statt des einfachen πρὸς Φιλιππησίους (*pros Philippēsious*) vielmehr πρὸς Φιλιππησίους ἐγράφη ἀπὸ Ῥώμης (*pros Philippēsious egraphē apo Rōmēs*)[11] oder sogar πρὸς Φιλιππησίους ἐγράφη ἀπὸ Ῥώμης διὰ Ἐπαφροδίτου (*pros Philippēsious egraphē apo Rōmēs dia Epaphroditou)*[12] – zu deutsch also „An die

---

10   So auch *Ingo Broer:* Einleitung in das Neue Testament, Band 2: Die Briefliteratur, die Offenbarung des Johannes und die Bildung des Kanons, Die Neue Echter Bibel. Ergänzungsband zum Neuen Testament 2,2, Würzburg 2001 in seinem § 17 Der Brief des Apostels Paulus an die Philipper (S. 375–395); anders etwa *Udo Schnelle:* Einleitung in das Neue Testament, UTB 1830, Göttingen ⁵2005, S. 153–156.

11   Diese Fassung der *subscriptio* bieten die Handschriften B¹ und 6.

12   Diese Fassung der *subscriptio* bieten die Handschriften 075 1739 1881 sowie 𝔐. Die Handschrift 945, die an sich auch diese längste Fassung vertritt, hat jedoch statt des ἀπὸ Ῥώμης vielmehr ἐξ Ἀθηνῶν – eine besonders aparte Hypothese zum Abfassungsort, die in diesem Zusammenhang freilich nicht diskutiert werden kann.

Philipper", „An die Philipper wurde er geschrieben von Rom" bzw. „An die Philipper wurde er geschrieben von Rom durch Epaphroditos."[13] Eine umfassende Darstellung und Begründung dieser Sicht der Dinge bietet Theodor Zahn in seiner berühmten Einleitung ins Neue Testament.[14] Zahn versucht insbesondere, die Angaben der Apostelgeschichte über die Haft des Paulus in Rom (Apg 28,16–31) mit den Nachrichten aus dem Philipperbrief zu verbinden.

✳ ✳ ✳

Wir haben im vorigen Paragraphen schon gesehen, daß Rom als Ort der Gefangenschaft des Paulus nicht in Frage kommt. Trotzdem wollen wir an dieser Stelle einen Blick auf die Argumente werfen, die von Theodor Zahn bis Udo Schnelle aus dem Philipperbrief für diese Hypothese angeführt wird. Schnelle schreibt: „Von den in der Forschung vorgeschlagenen Haftorten (Rom, Cäsarea, Ephesus) hat Rom die größte Wahrscheinlichkeit für sich. Die Schilderung der römischen Haft in Apg 28,30f läßt sich sehr gut mit der im Phil vorausgesetzten milden Haftsituation vereinbaren (vgl. Phil 1,13f; 2,25; 4,10ff). Zudem lassen sich die Erwähnung der Prätorianergarde (Phil 1,13) und der kaiserlichen Sklaven (Phil 4,22) am einfachsten aus einer Gefangenschaft in Rom verstehen."[15]

Was kann man dazu sagen? Die Haftbedingungen hatte schon Zahn als Argument ins Feld geführt. Aber gerade diese scheinen mir als Argument am wenigsten geeignet:

Weitere *variae lectiones* der *subscriptio* bietet *Bruce M. Metzger:* A Textual Commentary on the Greek New Testament, A Companion Volume to the United Bible Societies' Greek New Testament (Fourth Revised Edition), Stuttgart ²1994, S. 551.

13   Zur Übersetzung des spezifisch paulinischen Φιλιππήσιοι, das, wie diese *subscriptio* zeigt, sich im kirchlichen Sprachgebrauch durchsetzt, vgl. oben S. 179, Anm. 6.

14   *Theodor Zahn:* Einleitung in das Neue Testament, dritte, vielfach berichtigte und vervollständigte Auflage, Band I, Leipzig 1906, S. 384–396.

15   *Udo Schnelle:* Einleitung in das Neue Testament, UTB 1830, Göttingen ⁵2005, S. 153–154. Im folgenden nennt Schnelle noch fünf weitere Gründe, nämlich (1) Das Fehlen von Kollektennotizen; (2) die lange Haftdauer; (3) die Gemeinde am Abfassungsort sei nicht von Paulus gegründet; (4) der singuläre Titel ἐπίσκοποι in Phil 1,1 weise auf eine späte Abfassungszeit; (5) sprachliche Eigentümlichkeiten verwiesen auf die Zeit nach dem Römerbrief.
Hierzu ist zu sagen, daß (1) das Fehlen von Kollektennotizen nichts beweist, wie wir sehen werden, wenn wir zur Diskussion der Kollekte kommen; daß (2) die lange Haftdauer nicht für Rom spezifisch ist – auch in Caesarea war Paulus über Jahre in Haft, vielleicht länger noch als in Rom. (3) Die nichtpaulinische Gründung der Gemeinde am Abfassungsort ist nun überhaupt kein Argument, da dies auf alle drei in Frage kommenden Gemeinden zutrifft: Paulus hat nicht nur die Gemeinde in Rom nicht gegründet, sondern auch die in Caesarea nicht und auch die in Ephesos nicht; inwiefern das ein Argument *für* Rom sein soll, ist nicht ersichtlich! (4) Der singuläre Titel ἐπίσκοποι in Phil 1,1 hat mit dem gleichlautenden Titel in den Pastoralbriefen überhaupt nichts zu tun, was man schon daran sehen kann, daß diese Amtsträger im Philipperbrief im Plural auftauchen – nicht aber diejenigen in der späteren kirchlichen Tradition! Der Titel ist daher kein Argument für eine späte Entstehung; ich verweise hierfür wie für einige der unter (5) von Schnelle aufgeführten Details auf meine Monographie Philippi. Band I: Die erste Gemeinde Europas, WUNT 87, Tübingen 1995; hier S. 140–147 zu den ἐπίσκοποι als *spe-*

Lukas berichtet aus Rom, daß Paulus sich in einer eigenen Mietwohnung aufgehalten habe, vgl. Apg 28,16 und 28,30; in v. 30 heißt es ausdrücklich: ἐνέμεινεν δὲ διετίαν ὅλην ἐν ἰδίῳ μισθώματι *(enemeinen de dietian holēn en idiō misthōmati)*, „er blieb aber volle zwei Jahre lang in seiner eigenen Mietwohnung." Wie das zu Stellen wie Phil 1,7 passen soll, wo Paulus von seinen Fesseln spricht, bleibt unerfindlich: Er hat doch in seiner Mietwohnung, wenn er jüdische und andere Delegationen empfing, schwerlich Fesseln getragen! Auch in v. 13 – wo das πραιτώριον *(praitōrion)* genannt wird, auf das wir sogleich noch zu sprechen kommen – erwähnt Paulus seine Fesseln (ebenso auch noch in v. 14 und v. 17).

Was nun die von Schnelle angeführte »Prätorianergarde« angeht, so wird diese in Phil 1,13 nicht erwähnt. Paulus spricht hier von dem πραιτώριον *(praitōrion)*, das heißt nicht »Prätorianergarde« und hat mit Rom gar nichts zu tun. Dies kann man im übrigen schon den neutestamentlichen Belegen entnehmen, wo von dem πραιτώριον *(praitōrion)* in Jerusalem die Rede ist (im Zusammenhang mit der Passionsgeschichte, Mk 15,16; Mt 27,27; Joh 18,28 [zweimal]; 18,33; 19,9) und von dem πραιτώριον *(praitōrion)* in Caesarea am Meer (im Zusammenhang mit der Gefangenschaft des Paulus). Das griechische πραιτώριον *(praitōrion)* ist nichts anderes als das lateinische *praetorium*; das Wort bezeichnet den Amtssitz eines römischen Statthalters; daher gibt es ein solches nicht nur in Jerusalem und in Caesarea – wie die neutestamentlichen Belege zeigen –, sondern selbstverständlich überall, wo es solche römischen Statthalter gibt, also insbesondere auch in Ephesos, der Hauptstadt der Provinz *Asia*. Damit scheidet Phil 1,13 als Argument für Rom eindeutig aus.[16]

Verbleibt das dritte Argument Schnelles, die *familia Caesaris* in Phil 4,22. Hier lesen wir: ἀσπάζονται ὑμᾶς πάντες οἱ ἅγιοι, μάλιστα δὲ οἱ ἐκ τῆς Καίσαρος οἰκίας „Es grüßen euch alle Heiligen, besonders aber die aus der *familia Caesaris*." Solche Mitglieder der *familia Caesaris* gibt es nun aber in einer jeden größeren Stadt des Römischen Reiches, insbesondere auch in Philippi selbst – sie sind also ganz und gar kein Hinweis für Rom als Abfassungsort![17]

---

zifisch philippischen Amtsträgern; S. 122–134 zu den Begriffen Βενιαμίν, Ἑβραῖος und φυλή, die sich – wie ich meine gezeigt zu haben – aus der spezifischen Situation der Philipper sehr gut erklären lassen.

16 Weiterführende Literatur zum *praetorium*:
Rudolf Egger: Das Praetorium als Amtssitz und Quartier römischer Spitzenfunktionäre, SÖAW.PH 250/4, Wien 1966.
Rudolf Haensch: Capita provinciarum: Statthaltersitze und Provinzialverwaltung in der römischen Kaiserzeit, Kölner Forschungen 7, Mainz 1997.

17 Der Beleg aus Philippi ist die Inschrift 282/L370, die schon Bormann für die Interpretation der Stelle Phil 4,22 herangezogen hat. Vgl. dazu *Peter Pilhofer:* Philippi. Band II: Katalog der Inschriften von Philippi, WUNT 119, Tübingen ²2009 (hier S. 342–344 die Ehreninschrift für Tiberius und Drusus, die die kaiserlichen Freigelassenen in den 30er Jahren haben errichten lassen), sowie: *Lukas Bormann:* Philippi. Stadt und Christengemeinde zur Zeit des Paulus, NT.S 78, Leiden/New York/Köln 1995, S. 198f. (zum Zusammenhang mit Phil 4,22).

Abbildung IV.9: Die *familia Caesaris* in Philippi. (Es handelt sich um die in der Anmerkung 17 schon genannte Inschrift 282/L370 aus Philippi, vgl. dazu Philippi II² 342–344. Der linke Rand des unten abgedruckten Textes steht auf einem anderen Stein.)

A[. . .]
Ti(berius) C[aesa]r divi Augusti f(ilius)
divi [Iuli] n(epos), trib(uniciae) potes[t(atis)] $\overline{\text{XXXIIX}}$,
Dru[sus] Caesar Ti(beri) Aug(usti) f(ilius),
5   divi [Aug(usti) n(epos)], divi Iuli pro[n(epos)], tr(ibuniciae) pot(estatis) II
Cad[m]us, Atimetus, Marti[alis],
C(ai) Iuli [A]ugusti liberti, mo(numentum) d̦(e) [s(uo)]
[f(aciendum) c(uraverunt)].

. . . Tiberius Caesar, der Sohn des vergöttlichten Augustus, der Enkel des vergöttlichten Iulius, zum achtunddreißigsten Male Inhaber der tribunizischen Gewalt, Drusus Caesar, der Sohn des Tiberius Augustus, der Enkel des vergöttlichten Augustus, der Urenkel des vergöttlichten Iulius, zum zweiten Male Inhaber der tribunizischen Gewalt.
Cadmus, Atimetus und Martialis, die Freigelassenen des Caius Iulius Augustus, haben das Monument auf ihre eigenen Kosten anfertigen lassen.[18]

Bormann weist in seinem Buch über Philippi[19] darauf hin, daß diese Inschrift für die Interpretation von Phil 4,22 (οἱ ἐκ τῆς Καίσαρος οἰκίας *[hoi ek tēs Kaisaros oikias]*) von Interesse ist: „Hier sind drei Kaisersklaven, also Mitglieder der *familia Caesaris*, erwähnt, die nun als Freigelassene des Augustus zu dessen Klientel zählen.

---

18   Die Übersetzung ist aus Philippi II² 343 entnommen.
19   Vgl. dazu oben Anm. 17; das Zitat findet sich bei *Lukas Bormann* auf S. 198f.

Diese lassen gemeinschaftlich eine Inschrift herstellen, bzw. treten gemeinsam unter dem Sammelnamen der *Augusti liberti* auf, hier in der ausführlichen Form *C(ai) Iuli Augusti liberti*". „Wir haben also im Abstand von etwa zwei Jahrzehnten zum Wirken des Paulus in Philippi den Beleg für eine Gruppe aus drei kaiserlichen Freigelassenen, die sich zur Erstellung einer Inschrift zusammenschließen".[20]

Diese Inschrift stammt aus dem Jahr 36/37 n.Chr., wurde also nur gut ein Jahrzehnt vor der Ankunft des Paulus in Philippi gesetzt; Paulus hat das Monument in der Stadt sehen können, daran gibt es keinen Zweifel. Grüße von Kaisersklaven, wie sie in Phil 4,22 überbracht werden, sind also aus vielen Städten des Römischen Reiches möglich und in gar keiner Weise für Rom spezifisch. Insbesondere aus Ephesos, dem Sitz des Statthalters der Provinz *Asia*, sind sie in gar keiner Weise verwunderlich.

Damit kommen wir also zu folgendem Ergebnis: Auch die von den Vertretern der Romhypothese vorgebrachten positiven Argumente vermögen nicht zu überzeugen. Sie vermögen insbesondere nicht das entscheidende Argument aus der Welt zu schaffen, daß Rom einfach zu weit von Philippi entfernt ist. Wir bleiben demnach bei unserer These: Der Philipperbrief ist in Ephesos geschrieben. Für die *Datierung* des Schreibens ergibt sich: Die Entstehung des Philipperbriefs ist in die Mitte der 50er Jahre zu setzen.

* * *

Der Aufbau

Nach dieser etwas ausführlicher gehaltenen Argumentation zum Abfassungsort und zur Situation des Briefes kommen wir nun zu seinem Aufbau. Der Aufbau des Philipperbriefs läßt sich folgendermaßen angeben:

- Präskript (1,1–2)

- Proömium (1,3–11)

- Briefcorpus

    I. Abschnitt: Die Lage des Paulus im Gefängnis (1,12–26)

    II. Abschnitt: Christliche Politik (1,27–2,18)

    III. Abschnitt: Reisepläne (2,19–30)

    IV. Abschnitt: Warnung vor den Hunden (3,1–21)

    V. Abschnitt: Schlußparänese (4,1–9)

    VI. Abschnitt: Dank für die empfangene Gabe (4,10–20)

- Eschatokoll (4,21–23)

---

20 Ebd.

Der Inhalt

Die folgende Übersicht orientiert sich an der Gliederung, die oben gegeben wurde. Es ist daher sinnvoll, sich zunächst mit dieser Gliederung vertraut zu machen, bevor man sich den Einzelheiten zuwendet, die hier diskutiert werden.

Wir werfen als erstes einen raschen Blick auf das Präskript (Phil 1,1–2); wenn wir mit dem 1. Thessalonicherbrief oder mit dem 1. Korintherbrief vergleichen, sind deutliche Unterschiede festzustellen. Was die Länge angeht, so ist das Präskript des Philipperbriefs zwischen dem des 1. Thessalonicherbrief und dem des 1. Korintherbriefs anzusiedeln. Als Absender wird neben Paulus auch sein Mitarbeiter Timotheus genannt. Ungewöhnlich ist die Formulierung in v. 1b, wo die Adressaten bezeichnet werden: „allen Heiligen in Christus Jesus, die in Philippi sind, mit ihren Episkopen und Diakonen."[21]

Es fehlt hier am Raum, uns eingehender mit den Episkopen der Gemeinde von Philippi zu befassen. Daher will ich nur in aller Kürze darauf hinweisen, daß offenbar zuerst in der christlichen Gemeinde in Philippi solche vornehm klingende Titel für christliche Funktionäre eingeführt – um nicht zu sagen: erfunden – worden sind. Ich habe in meinem Buch über Philippi nachzuweisen versucht, daß dies an dem spezifisch römischen Charakter nicht nur der Stadt, sondern auch der christlichen Gemeinde Philippi liegt.[22]

Die zweite Bezeichnung, διάκονος *(diakonos)*, begegnet auch in andern paulinischen Briefen, so im Römerbrief (in bezug auf Phoibe, die διάκονος *(diakonos)* der Gemeinde in Kenchreai genannt wird: Röm 16,1) und im 1. Thessalonicherbrief (als *varia lectio* in bezug auf Timotheus: 1Thess 3,2), jedoch nirgendwo in einem Präskript.

Schon das Proömium (Phil 1,3–11) schlägt einen besonders herzlichen Ton an, der das ungetrübte Verhältnis des Paulus zu seiner Lieblingsgemeinde kennzeichnet. Paulus rühmt die Gemeinschaft von allem Anfang an bis zu dem heutigen Tag, indem er Gott dafür dankt.[23]

Angesichts dieses herzlichen Verhältnisses erscheint es als selbstverständlich, daß Paulus die Christinnen und Christen in Philippi in jeder Lebenslage – in seinem Gefängnis, bei seiner Verteidigung und bei der Verstärkung des Evangeliums – in

---

21 Im griechischen Original lautet Vers 1: Παῦλος καὶ Τιμόθεος δοῦλοι Χριστοῦ Ἰησοῦ πᾶσιν τοῖς ἁγίοις ἐν Χριστῷ Ἰησοῦ τοῖς οὖσιν ἐν Φιλίπποις σὺν ἐπισκόποις καὶ διακόνοις – ungewöhnlich sind die Begriffe ἐπίσκοπος und διάκονος; sie begegnen sonst in paulinischen Präskripten nicht; der Begriff ἐπίσκοπος fehlt in den echten Briefen des Paulus sonst überhaupt: Er kommt nur an dieser Stelle vor.

Ganz normal dagegen ist der anschließende Gruß in v. 2: „Gnade sei mit euch und Friede von Gott unserm Vater und unserm Herrn Jesus Christus" (χάρις ὑμῖν καὶ εἰρήνη ἀπὸ θεοῦ πατρὸς ἡμῶν καὶ κυρίου Ἰησοῦ Χριστοῦ).

22 *Peter Pilhofer:* Philippi I 140–147.

23 Zum Anfang des Evangeliums in Philippi vgl. auch 4,15 und die einführende Charakterisierung in diesem Buch oben S. 178–179.

seinem Herzen trägt: „Es ist ja auch nur recht und billig, daß ich so über euch alle denke, da ich euch doch in meinem Herzen trage; sowohl in meinen Fesseln [d.h. im Gefängnis] als auch bei meiner Verteidigung und Verstärkung des Evangeliums habe ich euch alle zu Teilhabern der Gnade."[24]

* * *

Wir wenden uns dem ersten Abschnitt (1,12–26) zu. Wir haben eingangs schon gesehen, daß eine Besonderheit des Philipperbriefs darin besteht, daß er aus dem Gefängnis geschrieben worden ist. Nirgendwo sonst spricht Paulus so ausführlich von seiner eigenen Situation wie in diesem Abschnitt. Er ist auch für die Frage nach dem Abfassungsort des Philipperbriefs wichtig. Zu Beginn schreibt Paulus: „**12** Ich will euch aber wissen lassen, Brüder, daß meine Angelegenheit eher zum Fortschritt des Evangeliums ausgegangen ist. **13** Meine Fesseln haben sich in dem ganzen *praetorium* und vor allen übrigen als solche erwiesen, die ich um Christi willen trage."

Nun muß man sich fragen: Wo ist dieses *praetorium*, aus welchem Paulus dies schreibt? Als Argument für Rom ist dieser Begriff nicht ohne weiteres verwendbar.[25] Denn für Rom haben wir nun den ausführlichen Bericht der Apostelgeschichte (28,16–31), der von einem Prätorium gerade nichts weiß: Paulus schmachtet in Rom eben nicht im Gefängnis, sondern wohnt zwei Jahre lang (Apg 28,30) in seiner eigenen Mietwohnung und kann dort beispielsweise ganze Delegationen von Besuchern empfangen.[26] Dagegen ist ein Prätorium in Ephesos als Sitz des Statthalters kein Problem. Hier ist Paulus in Haft; von der Reaktion der Menschen, die in diesem Prätorium ein- und ausgehen, berichtet er der Gemeinde in Philippi.[27]

* * *

Der zweite Abschnitt (1,27–2,18) ist es, der das Interesse der Ausleger seit jeher gefesselt und eine wahre Flut von Literatur hervorgebracht hat. Bevor wir zu diesem Stück, dem sogenannten Philipperhymnus in 2,6–11, kommen, ist ein Blick auf den ersten Teil, 1,27–30, angebracht, da dieser unser Bild von der Situation der Philipper abrundet: Diese ist – wie wir v. 30 entnehmen – dadurch gekennzeichnet, daß auch Glieder der christlichen Gemeinde in Philippi im Gefängnis sitzen. Unser Brief geht

---

24 Im griechischen Original: καθώς ἐστιν δίκαιον ἐμοὶ τοῦτο φρονεῖν ὑπὲρ πάντων ὑμῶν, διὰ τὸ ἔχειν με ἐν τῇ καρδίᾳ ὑμᾶς, ἔν τε τοῖς δεσμοῖς μου καὶ ἐν τῇ ἀπολογίᾳ καὶ βεβαιώσει τοῦ εὐαγγελίου συγκοινωνούς μου τῆς χάριτος πάντας ὑμᾶς ὄντας.

25 Zu den Gründen, die für eine Abfassung des Philipperbriefs in Rom angeführt werden, vgl. die Diskussion zur Situation in diesem Buch oben S. 180–184.

26 Die abweichende Tradition, die die westliche Rezension für die Ankunft in Rom in 28,16 bietet, schließt einen Aufenthalt im Praetorium geradezu aus, vgl. dazu *Th.[eodor] Mommsen* und *Ad.[olf] Harnack*: Zu Apostelgesch. 28,16 (Στρατοπεδάρχης = Princeps peregrinorum), SPAW 1895, S. 491–503, Nachdr. in: *Adolf Harnack*: Kleine Schriften zur alten Kirche, Band I: Berliner Akademieschriften 1890–1907, Opuscula IX 1, Leipzig 1980, S. 234–246.

27 Zur Abfassung des Philipperbriefs in Ephesos vgl. die ausführliche Begründung oben im Paragraphen 25, S. 173–178.

also gleichsam von Gefängniszelle zu Gefängniszelle. „Wir wissen aus der Apostelgeschichte, daß Paulus in Philippi selbst ins Gefängnis kam, und die Historizität dieses Ereignisses wird gesichert, wenn Paulus den Philippern schreibt, ihr Christsein erweise sich unter anderem darin, daß sie solche wären, die τὸν αὐτὸν ἀγῶνα ἔχοντες, οἷον εἴδετε ἐν ἐμοὶ καὶ νῦν ἀκούετε ἐν ἐμοί [ton auton agōna echontes, hoion eidete en emoi kai nyn akouete en emoi] (1,30): Was sie nun von ihm hören, ist in erster Linie dies, daß er im Gefängnis ist; darüber sind sie besorgt (vgl. 1,12). Was sie damals an ihm sahen, als er in Philippi war, war eben dieses: Er saß im Gefängnis. Und jetzt ist es so weit, daß auch Glieder der Gemeinde von Philippi im Gefängnis sind, nicht aus diesem oder jenem Grund wohlgemerkt, sondern als solche, die für Christus leiden (… Phil 1,29).“[28]

Der Philipperhymnus (2,6–11) ist wohl einer der berühmtesten Texte im Neuen Testament überhaupt. Wir können daher nicht den Philipperbrief besprechen, ohne darauf nicht wenigstens kurz einzugehen. Dieser Text ist für die Christologie des Paulus wie der vorpaulinischen Gemeinde von grundlegender Bedeutung:[29]

> „6 Der in der Gestalt Gottes war
> und es nicht für seinen Besitzstand hielt,
> Gott gleich zu sein,
> 7 sondern sich selbst entäußerte,
> die Gestalt eines Sklaven annahm,
> einem Menschen gleich wurde
> und der Gestalt nach als Mensch erfunden wurde.
> 8 Er erniedrigte sich selbst
> und wurde gehorsam bis zum Tod,
> ja bis zum Tod am Kreuz.
> 9 Daher hat auch Gott ihn erhöht
> und ihm einen Namen geschenkt,
> der über alle Namen ist,
> 10 daß im Namen Jesu
> alle Knie sich beugen
> – die der himmlischen und der irdischen und der unterirdischen (Wesen);
> 11 und alle Zungen sollen bekennen:
> »Herr ist Jesus Christus«
> – zur Ehre Gottes, des Vaters.“

28 *Peter Pilhofer:* Philippi I 135.

29 In der Forschung ist bis heute umstritten, ob wir es hier mit einem vorpaulinischen Text zu tun haben, den der Apostel gleichsam »zitiert«, oder mit einem paulinischen Text, der eigens für die Philipper formuliert wurde; die letztere These hat mit guten Gründen *Joseph H. Hellerman:* Reconstructing Honor in Roman Philippi. Carmen Christi as Cursus Pudorum, MSSNTS 132, Cambridge 2005, verfochten, vgl. dazu meine im Netz verfügbare Vorlesung zum Philipper-

Abbildung IV.10: Der unterirdische Gott in Philippi (Inschrift 092/G497)

Wichtig – und für gegenwärtige Diskussionen vielleicht nicht ganz uninteressant – ist die Aussage, daß Jesus es nicht für seinen Besitzstand hielt, Gott gleich zu sein (v. 6: οὐχ ἁρπαγμὸν ἡγήσατο τὸ εἶναι ἴσα θεῷ *[ouch harpagmon hēgēsato to einai isa theō]*). Wenn das himmlische Wesen im Himmel bliebe, würde sich für uns Menschen überhaupt nichts ändern. Doch dieses himmlische Wesen gibt seine himmlischen Privilegien auf und begibt sich auf die Erde (v. 7). Der Philipperhymnus beschreibt einen Weg vom Himmel auf die Erde und wieder in den Himmel zurück.

Paulus unterstreicht nun in der irdischen Phase nicht die Lehre Jesu – von ihr ist mit keinem Wort die Rede –, sondern er unterstreicht den Tod, ja den Tod am Kreuz Erde (v. 8).[30] Das ist es, was die Christinnen und Christen in den paulinischen Gemeinden interessiert; die Lehre Jesu muß da zurückstehen. Es geht um die Erlö-

---

brief (http://www.neutestamentliches-repetitorium.de/inhalt/vorlesungen.html), wo ich Hellerman ausführlich referiere.

30 Wer den Philipperhymnus für vorpaulinische Tradition hält, rechnet am Ende von v. 8 in der Regel mit einem paulinischen Zusatz, der in dem θανάτου δὲ σταυροῦ besteht, das für die Christologie des Paulus spezifisch ist.

sung der Menschen. Diese wird ermöglicht durch den Kreuzestod Jesu. Man spricht technisch von der Soteriologie. Darin steckt das Wort σωτήρ *(sōtḗr)*, Erlöser, Heiland (bei Paulus nur in Phil 3,20[31]). Was die Menschen damals interessierte, war die Erlösung. Damit macht der Philipperhymnus ernst. Schließlich werden alle Menschen bekennen, daß Jesus Christus der Herr ist.

Zu den unterirdischen Göttern, von denen in v. 10 die Rede ist, gibt es eine interessante Inschrift aus Philippi. Die Weihinschrift bietet den Text Θεῷ Ὑπογαίῳ *(Theō Hypogaiō)*, „Dem unterirdischen Gott (ist es geweiht)".[32] Diese in den 70er Jahren des vorigen Jahrhunderts in Philippi zufällig gefundene Inschrift stellt eine Besonderheit dar, weil es einen solchen Gott sonst nirgendwo auf der Welt gibt: Für die Verbindung von θεός *(theos)* und ὑπόγαιος *(hypogaios)* gibt es weder eine literarische noch eine epigraphische Parallele!

Für den Philipperhymnus ist diese Inschrift von Interesse, weil es dort in v. 10 heißt, daß sich alle Knie beugen, auch die der Unterirdischen: καὶ καταχθονίων *(kaì katachthoniōn)*. Bei den καταχθόνιοι *(katachthonioi)* ist natürlich an Götter gedacht, einen von ihnen haben wir in unserm θεὸς ὑπόγαιος *(theos hypogaioi)* vor uns, denn καταχθόνιος *(katachthonios)* = ὑπόγαιος *(hypogaios)*.

Interessant ist die Beobachtung, daß Paulus in seiner Auslegung des Philipperhymnus in v. 12ff. ausgerechnet auf die σωτηρία *(sōtēria)* abhebt. Das Thema dieses Hymnus ist die Erlösung. Diese wird beschafft durch das vom Himmel gekommene Wesen, das den Kreuzestod freiwillig auf sich nimmt.

* * *

Der Abschnitt III (2,19–30) zerfällt seinerseits in zwei Teile, nämlich 2,19–24, wo von der Sendung des Timotheus die Rede ist, und 2,25–30, wo die Mission des Epaphroditos besprochen wird. Die Sendung des Timotheus wird als unmittelbar bevorstehend angekündigt (ist er der Überbringer des Briefs?). Im selben Zusammenhang weist Paulus dann abschließend darauf hin, daß er überzeugt ist, auch selbst ταχέως *(tacheōs)* – bald – nach Philippi zu kommen. Diese Ankündigung ist eine schwere Bürde für alle, die Rom als Abfassungsort für den Philipperbrief annehmen wollen. Denn von Rom – so plante Paulus seit Jahren – will er weiter nach Spanien reisen, nicht aber zurück nach Makedonien!

Der zweite Teil des Abschnitts über Epaphroditos bezeichnet diesen als ἀπόστολος *(apostolos)* der Philipper, woraus man entnehmen kann, daß Paulus den Begriff auch im umgangssprachlichen Sinn verwenden kann. Über das Schicksal des Epaphroditos in Ephesos, das sich aus diesem Teil erschließt, war schon die Rede[33], und so mag es hier mit diesem Rückverweis sein Bewenden haben.

* * *

---

31 Zur Interpretation von 3,20 vgl. *Peter Pilhofer:* Philippi I 127–134.
32 Zu dieser Inschrift 092/G497 vgl. Philippi II² 100–101.
33 Vgl. dazu oben S. 176–177.

An dieser Stelle sollten Sie sich darüber wundern, daß es nach dem Thema „Reise-pläne" überhaupt noch weitergeht. Normalerweise stehen solche Pläne unmittelbar vor dem Briefschluß. Anders ist es hier im Philipperbrief, wo sich nun noch die Ab-schnitte IV, V und VI anschließen, so daß die Reisepläne eher in der Mitte als am Ende des Schreibens plaziert sind.

Der Übergang von Abschnitt III zu Abschnitt IV (3,1–21) ist hart und völlig un-vorbereitet. War der Ton bisher herzlich, so wird die Stimmung nun eisig, der Ton scharf. Man hat daher diesen Umschwung als Signal dafür interpretiert, daß hier ein eigenständiger neuer Brief einsetzt. Das würde bedeuten, daß der uns vorliegende Brief an die Philipper aus mehreren ursprünglich separaten Briefen sekundär zusam-mengearbeitet wurde.[34]

Der Inhalt dieses Abschnitts ist nicht nur für die vielverhandelte Frage nach den Gegnern im Philipperbrief, sondern insbesondere auch für die jüdische wie christli-che Biographie des Paulus von zentraler Bedeutung.[35]

In 3,4b–6 heißt es: „In bezug auf die Beschneidung ein Achttägiger, aus dem Volk Israel, aus dem Stamm Benjamin, Hebräer von Hebräern, nach dem Gesetz ein Pha-risäer, nach dem Eifer ein Verfolger der Gemeinde, nach der Gerechtigkeit, die nach dem Gesetz gilt, tadellos."[36]

Statt »Achttägiger« übersetzt man meist gleich: „… am achten Tage beschnitten". Damit ist gesagt: Dieses Kind wird in eine jüdische Familie hineingeboren. Die Be-schneidung erfolgte – wie im Gesetz vorgeschrieben – am achten Tag.[37]

Die nächste Feststellung ist „… aus dem Volk Israel". Das muß insofern gesagt werden, als dieser Jude ein gebürtiger Jude ist. Das wird bekräftigt durch die nächste Feststellung: „… aus dem Stamm Benjamin". Wie im Fall des römischen Bürger-rechts der Eintrag in die Bürgerliste *Voltinia* den römischen Bürgern der Kolonie Philippi das römische Bürgerrecht sichert, so – das legt die Argumentation des Pau-lus in unserm Philipperbrief nahe[38] – sichert sich Paulus seine Zugehörigkeit zum

---

34   Ich kann diese Teilungshypothesen im Rahmen dieses Buches nicht behandeln; wer sich dafür interessiert, möge zu dem einschlägigen Text unter der Rubrik Teilungshypothesen des Philipperbrie-fes auf der Seite www.neutestamentliches-repetitorium.de/uebersicht/philipperbrief/philipperbrief.html greifen.

35   Was die Frage nach den Gegnern im Philipperbrief angeht, so bietet der Aufsatz von *Günter Klein* einen guten Ausgangspunkt für diejenigen, die sich damit etwas genauer beschäftigen wollen.

36   Im griechischen Original: περιτομῇ ὀκταήμερος, ἐκ γένους Ἰσραήλ, φυλῆς Βενιαμίν, Ἑβραῖος ἐξ Ἑβραίων, κατὰ νόμον Φαρισαῖος, κατὰ ζῆλος διώκων τὴν ἐκκλησίαν, κατὰ δικαιοσύνην τὴν ἐν νόμῳ γενόμενος ἄμεμπτος.
Zur Interpretation der Passage vgl. *Peter Pilhofer:* Philippi I, S. 123–127.

37   Die analoge Feststellung in bezug auf Jesus bietet Luk 1,59 (καὶ ἐγένετο ἐν τῇ ἡμέρᾳ τῇ ὀγδόῃ ἦλθον περιτεμεῖν τὸ παιδίον …). Was den alttestamentlichen Hintergrund angeht, sind die Stellen Gen 17,12 und Lev 12,3 heranzuziehen.

38   Vgl. die eingehende Argumentation in Philippi I, S. 123–127.
Es handelt sich um die Inschrift 418/L266 aus Philippi (Philippi II² 500–501). Sie stammt aus der Zeit der Gründung der Kolonie unter Augustus.

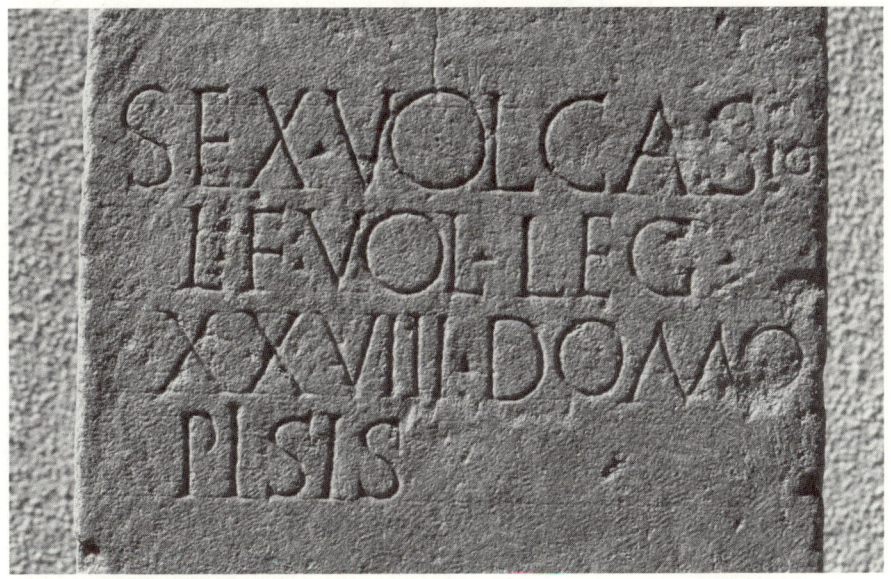

Abbildung IV.11: Die römische Tribus *Voltinia* in der Inschrift für Volcasius

Volk Israel durch die Angabe: „. . . aus dem Stamm Benjamin". Das schließt andere Assoziationen nicht aus, zumal wenn man in Rechnung stellt, daß Paulus auch im Römerbrief auf seine Zugehörigkeit zum Stamm Benjamin zu sprechen kommt. In In Röm 11,1 heißt es: „Denn auch ich bin ein Israelit, aus dem Samen Abrahams, aus dem Stamm Benjamin".[39]

Damit kommen wir zu der letzten Feststellung: „nach dem Gesetz ein Pharisäer". Die Pharisäer sind uns vor allem aus den synoptischen Evangelien, weniger gut auch aus andern (aus jüdischen) Quellen bekannt als eine Gruppe in Palästina.[40] Worüber wir gar nichts wissen, sind die Pharisäer außerhalb Palästinas.[41] Hier liegt ein Pro-

---

Der Text lautet: *Sex(to) Volcasio L(uci) f(ilio) Vol(tinia) leg(ionis) XXVIII domo Pisis.*

Übersetzung: „Dem Sextus Volcasius, dem Sohn des Lucius, aus der Tribus Voltinia, von der achtundzwanzigsten Legion, aus Pisa."

Interessant ist, daß Pisa nicht zur Tribus *Voltinia*, sondern zur Tribus *Galeria* gehört. Der gute Volcasius hat sich sozusagen umgemeldet, als er in Philippi ansässig wurde. Sein römisches Bürgerrecht ist durch die Zugehörigkeit zu dieser Tribus gesichert.

39 Im griechischen Original heißt es: καὶ γὰρ ἐγὼ Ἰσραηλίτης εἰμί, ἐκ σπέρματος Ἀβραάμ, φυλῆς Βενιαμίν.

40 Wir haben uns zu Beginn dieses Buches ausführlicher mit den Pharisäern beschäftigt, vgl. oben im Kapitel II den Paragraphen 6, hier der Abschnitt S. 41–45. Dort wird zu Beginn auch unsere Passage aus dem Philipperbrief kurz diskutiert, vgl. S. 41f.

41 Umso bemerkenswerter ist der Sachverhalt, daß das griechischen Wort Φαρισαῖος hier im Philipperbrief zum einzigen Mal von einem der Gruppe angehörigen Menschen als Parteiname belegt ist, wie wir bei unserer Diskussion der Pharisäer schon konstatiert haben (vgl. S. 44).

blem. Paulus beschließt die Reihe mit der Bemerkung: „... nach der Gerechtigkeit, die nach dem Gesetz gilt, tadellos" und bescheinigt sich damit, ein Jude erster Klasse gewesen zu sein. Sein Motto könnte lauten:

Immer der erste zu sein und vorzustreben den andern ... [42]

„Der Apostel Paulus hatte viele Charakterzüge mit dem Pharisäer Paulus gemein. Einer der wichtigsten: er war ein »Zelot«, ein Eiferer, der sich dem Lebensweg, zu dem er sich von Gott berufen fühlte, voll und ganz verschrieb. Auch war er in beiden Laufbahnen, die er einschlug, nach seinem eigenen bescheidenen Urteil der beste, den es gab", sagt Sanders[43] zutreffend.

Literatur

Einführungen zum Philipperbrief

Peter Pilhofer: Philipperbrief, `http://www.neutestamentliches-repetitorium.de/inhalt/vorlesungen.html`.

John Reumann: Art. Philipperbrief, RGG⁴ 6 (2003), Sp. 1271–1274.

Die Inschriften von Philippi

Peter Pilhofer: Philippi. Band II: Katalog der Inschriften von Philippi, WUNT 119, Tübingen 2000 (die zweite Auflage des Buches erschienen Tübingen 2009).

Kommentare in chronologischer Folge

Martin Dibelius: An die Thessalonicher I/II; An die Philipper, HNT 11, Tübingen 1911 (³1937).

Paul Ewald: Der Brief des Paulus an die Philipper, KNT XI, 3., durchgesehene und vermehrte Aufl. von Gustav Wohlenberg, Leipzig 1917.

Karl Barth: Erklärung des Philipperbriefes, München 1928.

Ernst Lohmeyer: Die Briefe an die Philipper, an die Kolosser und an Philemon, KEK IX, Göttingen ⁸1930 (bearbeitet von Werner Schmauch, ⁹1953, ¹³1964).

Joachim Gnilka: Der Philipperbrief, HThK X 3, Freiburg/Basel/Wien 1968 (4. Aufl. 1987).

Jean-François Collange: L'épître de saint Paul aux Philippiens, CNT(N) Xa, Neuchâtel 1973.

Gerhard Barth: Der Brief an die Philipper, ZBK.NT 9, Zürich 1979.

Gerald F. Hawthorne: Philippians, Word Biblical Commentary 43, Waco 1983.

Wolfgang Schenk: Die Philipperbriefe des Paulus. Kommentar, Stuttgart/Berlin/Köln/Mainz 1984.

---

42 Homer: Ilias VI 208. Im griechischen Original:

αἰὲν ἀριστεύειν καὶ ὑπείροχον ἔμμεναι ἄλλων.

Der Vers findet sich gleichlautend auch Ilias XI 784.

43 *E. P. Sanders:* Paulus. Eine Einführung. Aus dem Englischen übersetzt von Ekkehard Schöller, Stuttgart 1995, S. 20.

Peter T. O'Brien: The Epistle to the Philippians. A Commentary on the Greek Text, NIGTC o. Nr., Grand Rapids 1991.

Ulrich B. Müller: Der Brief des Paulus an die Philipper, ThHK 11/1, Leipzig 1993.

Nikolaus Walter: Der Brief an die Philipper, NTD 8/2, Göttingen 1998, S. 9–101.

Peter Pilhofer: Der Philipperbrief. Vorlesung in Erlangen, Wintersemester 2009/2010, http://
www.neutestamentliches-repetitorium.de/inhalt/vorlesungen.html.[44]

Sonstige Literatur (alphabetisch)

Horst Balz: Art. Philipperbrief, TRE XXVI (1996), S. 504–513.

Lukas Bormann: Philippi. Stadt und Christengemeinde zur Zeit des Paulus, NT.S 78, Leiden/New York/Köln 1995.

Günther Bornkamm: Der Philipperbrief als paulinische Briefsammlung, in: Neotestamentica et Patristica (FS Oscar Cullmann), Leiden 1962, S. 192–202; wieder abgedruckt in: *ders.:* Geschichte und Glaube II. Gesammelte Aufsätze IV, BEvTh 53, München 1971, S. 195–205.

Adolf Deissmann: Zur ephesinischen Gefangenschaft des Apostels Paulus, in: Anatolian Studies Presented to Sir William Mitchell Ramsay, hg. v. W.H. Buckler & W.M. Calder, Manchester 1923, S. 121–127.

Joseph H. Hellerman: Reconstructing Honor in Roman Philippi. Carmen Christi as Cursus Pudorum, MSSNTS 132, Cambridge 2005.

Ernst Käsemann: Kritische Analyse von Phil. 2,5–11, ZThK 47 (1950), S. 313–360; wieder abgedruckt in: *ders.:* Exegetische Versuche und Besinnungen I, Göttingen ⁶1970, S. 51–95.

Günter Klein: Antipaulinismus in Philippi. Eine Problemskizze, in: Jesu Rede von Gott und ihre Nachgeschichte im frühen Christentum. Beiträge zur Verkündigung Jesu und zum Kerygma der Kirche (FS Willi Marxsen), Gütersloh 1989, S. 297–313.

Ernst Lohmeyer: Kyrios Jesus. Eine Untersuchung zu Phil. 2, 5–11, SHAW 1927/28, 2. Aufl. Heidelberg 1961.

Th.[eodor] Mommsen und Ad.[olf] Harnack: Zu Apostelgesch. 28,16 (Στρατοπεδάρχης = Princeps peregrinorum), SPAW 1895, S. 491–503, Nachdr. in: *Adolf Harnack:* Kleine Schriften zur alten Kirche, Band I: Berliner Akademieschriften 1890–1907, Opuscula IX 1, Leipzig 1980, S. 234–246.

Rudolf Pesch: Paulus und seine Lieblingsgemeinde. Paulus – neu gesehen. Drei Briefe an die Heiligen in Philippi, HerBü 1208, Freiburg/Basel/Wien 1985.

Peter Pilhofer: Antiochien und Philippi: Zwei römische Kolonien auf dem Weg des Paulus nach Spanien, in: Die frühen Christen und ihre Welt. Greifswalder Aufsätze 1996–2001. Mit Beiträgen von Jens Börstinghaus und Eva Ebel, WUNT 145, Tübingen 2002, S. 154–165.

---

44 Diese Vorlesung beansprucht nicht, einen wissenschaftlichen Kommentar zu ersetzen. Es handelt sich um eine *Vorlesung*, nicht um ein κτῆμα εἰς ἀεί! Aber ein Blick in diesen Text mag manchen Weg in eine größere Bibliothek ersparen … Insofern ist sie wohl für diejenigen InteressentInnen, die online sind, trotzdem von einigem Wert.

Peter Pilhofer: Ο Λουκάς ως »ανὴρ Μακεδών«. Η καταγωγή του ευαγγελιστή από τη Μακεδονία [neugriechisch], in: Αρχαία Μακεδονία VI – Ancient Macedonia VI, Band 2, Thessaloniki 1999, S. 903–909.[45]

Peter Pilhofer: Philippi, Band I: Die erste christliche Gemeinde Europas, WUNT 87, Tübingen 1995.

Peter Pilhofer: Philippi. Band II: Katalog der Inschriften von Philippi, WUNT 119, Tübingen 2000.[46]

Peter Pilhofer: Art. Philippi, RGG⁴ 6 (2003), Sp. 1274–1275.

Lilian Portefaix: Sisters Rejoice. Paul's Letter to the Philippians and Luke-Acts as Seen by First-century Philippian Women, CB.NT 20, Uppsala 1988.

Eduard Verhoef: Filippi: Hoe het Christendom in Europa begon. Een gids door de opgravingen, Almere 2009.

Eduard Verhoef: Σύζυγος in Phil 4:3 and the Author of the »We-sections« in Acts, Journal of Higher Criticism 5 (1998), S. 209–219.

Eduard Verhoef: Syncretism in the church of Philippi, HTS 64 (2008), S. 697–714.

Eduard Verhoef: The church of Philippi in the first six centuries of our era, HTS 61 (2005), S. 565–592.

§ 27 Der Philemonbrief

Der Brief an Philemon ist der kürzeste unter den erhaltenen Paulusbriefen. Da im griechischen Neuen Testament die Briefe des Paulus ihrer Länge nach geordnet sind – beginnend mit dem Römerbrief –, schließt unser Brief diese Reihe ab. Doch wäre es verkehrt, von der Kürze des Schreibens auf seine Bedeutung zu schließen: Bei all seiner Kürze[1] hat es doch einen eigenen Reiz, der sich bei genauerer Lektüre erschließt.[2]

Wie der Philipperbrief gehört auch der Philemonbrief zu den sogenannten *Gefangenschaftsbriefen*[3]; Paulus stellt sich gleich im Präskript als „Gefangener Christi Jesu"

---

45   Deutsche Fassung unter dem Titel *Lukas als ἀνὴρ Μακεδών. Zur Herkunft des Evangelisten aus Makedonien,* in: Die frühen Christen und ihre Welt (dazu siehe oben im Text den vorigen Eintrag), S. 106–112.

46   Die Photographien der publizierten Inschriften finden sich im Netz unter `http://www.philippoi.de`.

1   „Der Philemonbrief wirkt nämlich nur auf den ersten Blick unscheinbar ... . Tatsächlich ist er ein literarisches Meisterwerk ..." (*Alfred Suhl,* S. 7). Die genauen bibliographischen Angaben zu den einzelnen Arbeiten über den Philemonbrief finden sich im Literaturverzeichnis am Ende dieses Paragraphen.

2   Wegen seiner Kürze ist der Philemonbrief nicht in Kapitel, sondern nur in Verse unterteilt (darin dem 2. und dem 3. Johannesbrief und dem Judasbrief vergleichbar); er umfaßt 25 Verse, das sind nicht einmal zwei Druckseiten in der Ausgabe von Nestle/Aland.

3   Über die Gruppe der Gefangenschaftsbriefe haben wir im vorigen Paragraphen im Zusammenhang mit dem Gefängnis des Paulus und dem Philipperbrief gesprochen, vgl. dazu oben Paragraph 26, S. 173.

vor (v. 1), und dieser »Status« des Apostels bildet die Folie für das Dokument als Ganzes (vgl. noch v. 9.10.13.22b.23). Bemerkenswert ist der Sachverhalt, daß Paulus sich im Präskript nur als „Gefangener" bezeichnet – der Titel „Apostel" dagegen fehlt. Dies ist ein erster Hinweis auf die Form des Schreibens; man spricht am besten von einer Bittschrift.[4] Aus v. 19 können wir entnehmen, daß Paulus diesen Brief – im Unterschied etwa zum Römerbrief (vgl. Röm 16,22) – eigenhändig geschrieben hat.[5]

Adressat des Schreibens ist Philemon, der v. 1b als „der Geliebte" und als „Mitarbeiter" bezeichnet wird, sowie Apphia, die „Schwester", und Archippos, der „Mitsoldat" des Paulus, und die „Hausgemeinde" (ἡ κατ' οἶκόν σου ἐκκλησία [hē kat' oikon sou ekklēsia], v. 2).[6] Der Philemonbrief unterscheidet sich darin von den andern Briefen des Paulus, daß er sich nicht an die Gemeinde einer Stadt oder sogar (wie der Galaterbrief) mehrerer Städte wendet, sondern an eine Hausgemeinde.[7]

Dies muß man freilich sogleich noch präzisieren: Nur Präskript und Eschatokoll (v. 23) wenden sich an einen größeren Kreis, der Hauptteil und das Proömium dagegen nur an Philemon. Eingangs- und Schlußteil bilden so einen Rahmen, in dem „eine Öffentlichkeit für das eigentliche Anliegen des Briefes hergestellt ist. Dies gilt es bei der Interpretation zu beachten."[8]

Der Aufbau

Wegen der Kürze des Schreibens treten die konstituierenden Bestandteile eines Briefes beim Philemonbrief deutlicher hervor als bei andern paulinischen Briefen. Man kann daher leicht den folgenden Aufbau feststellen:

---

4   Vgl. dazu *Horst Balz*, S. 487f. und die dort angegebene Literatur.

5   Zur Formulierung ἔγραψα τῇ ἐμῇ χειρί und ihren juristischen Implikationen vgl. den Kommentar von *Arzt-Grabner*, S. 240–243. Anders aber beispielsweise *Suhl*: „Aber auch dieser Brief scheint diktiert worden zu sein" (*Alfred Suhl*, S. 10).

6   Zu möglichen verwandtschaftlichen Beziehungen zwischen Philemon, Apphia und Archippos vgl. *Arzt-Grabner*, S. 82f. und die dort zitierte ältere Literatur.

7   In welcher Stadt die Hausgemeinde zu suchen ist, verrät uns der Philemonbrief nicht! Man muß die Angaben des deuteropaulinischen Kolosserbriefs heranziehen, wenn man Näheres über den Ort herausfinden will, in dem diese Hausgemeinde zu suchen ist: Kol 4,17 erwähnt einen Archippos, der möglicherweise mit unserm Archippos aus v. 2 identisch ist; Kol 4,9 ist von der Ankunft des Onesimos die Rede, und auch die aus Philemon 23f. bekannten Namen Epaphras, Markus, Aristarchus, Demas und Lukas kehren in Kol 4,10ff. wieder (vgl. die Diskussion und die tabellarische Übersicht bei *Suhl*, S. 18f.). Das legt die Vermutung nahe, daß die Hausgemeinde des Philemon in der Tat in Kolossai zu suchen ist.

Diese historische Auswertung der Angaben aus dem Kolosserbrief ist allerdings nicht unumstritten, vgl. etwa *Arzt-Grabner*, S. 80f., der den genannten Angaben nur entnehmen will, „dass der Verfasser des Kolosserbriefes den Philemonbrief gekannt haben wird und von einer geografischen Nähe zwischen Kolossae und der Gemeinde des Philemon ausgegangen ist" (S. 80). *Arzt-Grabner* möchte die Hausgemeinde des Philemon in der Nähe von Ephesos suchen, „am ehesten in einem Ort »auf der Reiseroute von Ephesus nach Philippi«" (ebd.).

8   *Alfred Suhl*, S. 12.

v. 1–3   Präskript
v. 4–7   Proömium
v. 8–20   Briefcorpus
v. 21–25   Eschatokoll

Die Gliederung des Briefcorpus kann in drei oder in zwei Teile erfolgen. Eine Dreiteilung schlägt etwa Lohmeyer vor, der in drei Stücke zu jeweils vier Doppelzeilen unterteilt (1. Stück: v. 8–12; 2. Stück: v. 13–16; 3. Stück: v. 17–20).[9] Daneben steht die Gliederung in zwei Teile, v. 8–14 und v. 15–20, wie sie etwa in der Ausgabe von Nestle/Aland vorgeschlagen wird.[10]

Die Situation

Worum es eigentlich geht, verrät der Verfasser erst in v. 10ff.: Onesimos, ein Sklave des Philemon, ist der Grund, der das Schreiben veranlaßt. Er hat seinen Herrn verlassen und sich in die Illegalität verabschiedet. Ob es sich dabei um einen endgültigen oder um einen zeitweiligen Rechtsbruch handelt, mag hier dahingestellt bleiben.[11] Der entscheidende Punkt ist: Onesimos hat sich gegenüber seinem Herrn Philemon ins Unrecht gesetzt, und Paulus tritt nun für ihn ein.[12]

Alle diskutierten Möglichkeiten lassen Rom als Abfassungsort des Schreibens so unwahrscheinlich wie nur möglich erscheinen. Ein flüchtiger Sklave wird sich schwerlich ausgerechnet nach Rom begeben, sei es, daß er seinem Herrn für immer den Laufpaß geben will, sei es, daß er – wie *Arzt-Grabner* formuliert – ein Herumtreiber ist. Hinzu kommt als entscheidendes Argument die Aufforderung des Paulus in v. 22, wonach Philemon schon einmal sein Gästezimmer fertig machen soll, da Paulus in Kürze einzuziehen hofft: Aus Rom ein ziemlich abwegiger Wunsch, vor allem

---

9   *Ernst Lohmeyer*, S. 181f.; diese Unterteilung in drei Abschnitte beispielsweise auch bei *Peter Stuhlmacher*, S. 36.

10   Vgl. Nestle/Aland[27], S. 561.
Eine völlig andere Gliederung bietet *Arzt-Grabner*, der das Briefcorpus von v. 7 bis v. 22 reichen läßt und in v. 7; v. 8–17; v. 18–22 untergliedert (vgl. S. 187–192).

11   Eine »Sklavenflucht« des Onesimos wird neuerdings beispielsweise von *Arzt-Grabner* bestritten: „Ich plädiere daher dafür, auch Phlm 15 aktiv aufzufassen: es geht um das »Weggehen« des Onesimos von Philemon, um sein Herumstreunen. Der verwendete Begriff passt tatsächlich gut zur Annahme, Onesimos sei nicht ein flüchtiger Sklave, sondern ein Herumtreiber gewesen, denn im Zusammenhang mit einer Sklavenflucht nur von einem »Weggehen« zu sprechen, wäre verharmlosend (beachte auch das einleitende τάχα!)“ (*Arzt-Grabner*, S. 105).

12   Dies trifft auch dann zu, wenn man mit *Peter Lampe* annimmt, daß Onesimos weder ein flüchtiger Sklave noch ein Herumtreiber gewesen sei: „Der Hausherr *Philemon* hatte in seinem Haushalt einen materiellen Schaden erlitten . . . . Seinen Sklaven Onesimus machte er für den Verlust verantwortlich. Ob er ihn zu Recht oder zu Unrecht beschuldigte, wissen wir nicht. Jedenfalls suchte Philemon, seinen Ärger an dem Sklaven auszulassen; heftig trug er seinen Schuldvorwurf vor. Denn nur so erklärt sich, daß *Onesimus* das Haus seines Herrn verließ und einen Fürsprecher, den Apostel Paulus, aufsuchte, der den Philemon besänftigen sollte. Onesimus versuchte also nicht zu fliehen, sondern daheim friedliche Verhältnisse wiederherzustellen“ (*Peter Lampe*, S. 206).

wenn man bedenkt, daß der Apostel von dort nach Spanien weiterzureisen beabsichtigte ...

Wir können hier also in derselben Weise argumentieren wie beim Philipperbrief: Eine Abfassung des Schreibens in Rom kommt für den Philemonbrief genauso wenig in Frage wie für den Philipperbrief. Beide Gefangenschaftsbriefe gehören definitiv nicht nach Rom, schon weil beide den Plan einer Reise nach Osten statt nach Westen erwähnen (Phil 2,24 und Phlm 22): Man müßte daher annehmen, daß Paulus seine Pläne völlig geändert hätte und nicht mehr auf Spanien zielte, eine Hypothese, die durch nichts zu begründen ist. Man müßte dafür daher eine weitere Hypothese einführen und so Hypothese auf Hypothese türmen. Das ist ersichtlich kein angemessenes Verfahren.

Situiert man das Schreiben in Ephesos, sind alle Schwierigkeiten beseitigt: Onesimos hatte es nicht weit dorthin; selbst wenn er nicht vor seinem Herrn floh, sondern sich nur »herumtrieb«, ist Ephesos durchaus in Reichweite. Und die Hoffnung des Paulus, den Philemon nach seiner Freilassung zu besuchen, ist – aus Ephesos betrachtet – durchaus realistisch. Das Fremdenzimmer braucht nicht zu verstauben, wenn er aus Ephesos anreist.[13]

Daraus ergibt sich, daß Paulus zur Zeit der Abfassung des Philemonbriefs in Ephesos in Gefangenschaft ist. Aus dem Gefängnis von Ephesos schickt er den Onesimos samt dem Brief an Philemon, um bei diesem sein Anliegen zu erreichen.

Das Anliegen

Das Anliegen des Paulus besteht zunächst in der Rücksendung und Wiederaufnahme des Onesimos bei seinem Herrn Philemon. Dieses Anliegen begründet er mit dem neuen Stand des Onesimos: Er ist nun Christ, von Paulus selbst im Gefängnis gezeugtes „Kind" (v. 10) und damit für Philemon zum „geliebten Bruder" geworden (v. 16). Dieser neue Sachverhalt ändert zwar grundsätzlich nichts an dem bestehenden Verhältnis von Herr und Sklave; aber dieses Verhältnis erscheint in einem völlig andern Licht und kann so nicht ohne Modifikation bestehenbleiben. Die im brieflichen Rahmen angesprochene Hausgemeinde des Philemon wird nun um Onesimos bereichert und verändert sich dadurch: „die volle Anerkennung von glaubenden Sklaven in urchristlichen (Haus-)Gemeinden als gleichgestellter ἀδελφοί [(adelphoi) bildet] den eigentlichen Sachzusammenhang der paulinischen Fürsprache ... "[14]

Als „geliebter Bruder" und damit neues Glied der Gemeinde des Philemon ist Onesimos für seinen Herrn nicht länger „unnütz" (ἄχρηστος [achrēstos]), sondern

---

13 Die Gefangenschaft des Paulus in Ephesos wird in der Apostelgeschichte nicht berichtet. Die These, daß der Philipper- und der Philemonbrief im Gefängnis in Ephesos geschrieben worden sind, geht auf *Adolf Deissmann* zurück. Wir haben die Deissmannsche These in Paragraph 25 besprochen, vgl. dazu oben S. 173–178.

14 *Horst Balz*, S. 490.

vielmehr „nützlich" (εὔχρηστος *[euchrēstos]*) sowohl für Philemon selbst als auch für den gefangenen Paulus (v. 11).

Damit verbindet sich dann auch das weitere Anliegen, das Paulus mit diesem Schreiben verfolgt: Er möchte Onesimos als Helfer in Ephesos bei sich haben, eine Rolle, der der Abgesandte der Gemeinde in Philippi, Epaphroditos, offenbar nicht recht gewachsen war.[15]

Paulus verlangt nicht die Freilassung des Onesimos – das rechtliche Verhältnis vom Sklaven zu seinem Herrn wird in unserm Text nicht in Frage gestellt. „Philemon könnte dem Wunsch des Paulus auch dadurch entsprechen, daß er ihm den Onesimus auf Zeit und als Sklaven zur Verfügung stellt."[16] „Als Sklave, als Freigelassener oder Freier und als Herr ist man dem Christus gleich nah, gleich verpflichtet und dementsprechend gleich frei, der Liebe zu folgen."[17]

Das ist für heutige Leserinnen und Leser nicht ohne weiteres einsichtig, wird aber verständlich, wenn man die Situation der frühen Christen in die Überlegung einbezieht: Wir haben gesehen, daß Paulus die παρουσία *(parousia)* des Herrn Jesus für unmittelbar bevorstehend hält.[18] Wer diese Auffassung teilt, wird keinen Plan für die Reform des Sklavenrechts entwerfen, um ihm dem Kaiser in Rom vorzuschlagen. Dafür fehlt schlicht die Zeit, da diese Welt ihrem Ende entgegeneilt. Bei der παρουσία *(parousia)* aber ist es vollkommen gleich, ob man sie als Freier oder als Sklave erlebt.

Literatur

Kommentare in chronologischer Folge

Ernst Lohmeyer: Die Briefe an die Philipper, an die Kolosser und an Philemon, KEK IX, Göttingen [7]1930 (bearbeitet von Werner Schmauch, [9]1953, [13]1964).

Martin Dibelius: An die Kolosser, Epheser; An Philemon, HNT 12, Tübingen [2]1927 (bearbeitet von Heinrich Greeven, [3]1953).

Peter Stuhlmacher: Der Brief an Philemon, EKK 18, Zürich/Einsiedeln/Köln/Neukirchen-Vluyn 1975, [2]1981, [3]1989.

Alfred Suhl: Der Brief an Philemon, ZBK.NT 13, Zürich 1981.

Peter Lampe: Der Brief an Philemon, NTD 8/2, Göttingen 1998, S. 203–232.

Peter Arzt-Grabner: Philemon, PKNT 1, Göttingen 2003.

---

15   Zu Epaphroditos als „Apostel" der Philipper (Phil 2,25) vgl. oben im Paragraphen über den Philipperbrief die S. 189.

16   *Peter Stuhlmacher*, S. 41.

17   *Peter Stuhlmacher*, S. 48.

18   Dies geht insbesondere aus dem Abschnitt 1Thess 4,13–18 hervor, den wir im Paragraphen über den 1. Thessalonicherbrief diskutiert haben, vgl. dazu oben S. 125–127.

Sonstige Literatur (alphabetisch)

Horst Balz: Art. Philemonbrief, TRE XXVI (1996), S. 487–492.

John M.G. Barclay: Art. Philemonbrief, RGG⁴ 6 (2003), Sp. 1267–1268.

Allen D. Callahan: Embassy of Onesimus. The Letter of Paul to Philemon, New Testament in Context, Valley Forge 1997.

Adolf Deissmann: Zur ephesinischen Gefangenschaft des Apostels Paulus, in: Anatolian Studies Presented to Sir William Mitchell Ramsay, hg. v. W.H. Buckler & W.M. Calder, Manchester 1923, S. 121–127.

Marlis Gielen: Zur Interpretation der paulinischen Formel ἡ κατ᾽ οἶκον ἐκκλησία, ZNW 77 (1986), S. 109–125.

Jens-Uwe Krause: Gefängnisse im Römischen Reich, Heidelberger althistorische Beiträge und epigraphische Studien 23, Stuttgart 1996.

Peter Arzt-Grabner: Die Paulusbriefe im Lichte der Alltagspapyri, ZNT 14 (2004), S. 22–30.

Peter Arzt-Grabner: Onesimus erro. Zur Vorgeschichte des Philemonbriefes, ZNW 95 (2004), S. 131–143.

§ 28 Nero (54 n. Chr. – 68 n. Chr.)

Der Kaiser von Röm 13 heißt Nero[1] – das macht man sich normalerweise leider nicht so recht klar. Nero war auch derjenige Kaiser, zu dem Paulus als Angeklagter nach Rom gebracht wurde. Nero war schließlich der Kaiser, der den Brand Roms zu einer Verfolgung der Christinnen und Christen nutzte, dem möglicherweise *beide* Apostelfürsten, Petrus wie Paulus, zum Opfer gefallen sind. Unter Nero begann im Jahr 66 n.Chr. der jüdische Aufstand, der dann in der Zerstörung Jerusalems gipfelte.

Die Bedeutung dieses Kaisers Nero für das Neue Testament liegt daher auf der Hand.

Nero wurde am 15. Dezember 37 n.Chr. als Lucius Domitius Ahenobarbus geboren. Alle Ahenobarbi[2] hießen entweder Lucius oder Gnaeus. Durch seine Mutter, Iulia Agrippina (Agrippina die Jüngere), war Nero Ururenkel des Caius Iulius Caesar. Als Kaiser hieß er dann Nero Claudius Caesar Augustus Germanicus. Mit ihm endet 68 n.Chr. die iulisch-claudische Dynastie, die auf Caius Iulius Caesar zurückgeht.

Nero wurde schon zu Lebzeiten seines Vorgängers Claudius als Gott verehrt; ein Zentrum ist Ägypten, wo in einem Papyrustext Nero als „die Erwartung und Hoff-

---

1 Dies ist eine erweiterte und verbesserte Fassung meines Texts über Nero, die in dieser Form jetzt auch unter den Texten für das Neutestamentliche Repetitorium eingestellt ist (www.neutestamentliches-repetitorium.de).

Grundlegende Informationen zu Nero bieten *Werner Eck/Walter Eder:* Art. Nero [1], DNP 8 (2000), Sp. 851–855. Eine Biographie: *Gerhard H. Waldherr:* Nero. Eine Biografie, Regensburg 2005.

Epigraphische Quellen zu Nero bietet *E. Mary Smallwood:* Documents illustrating the Principates of Gaius, Claudius, and Nero, Cambridge 1967.

2 Zu dieser Familie vgl. *Jesper Carlsen:* The Rise and Fall of a Roman Noble Family. The Domitii Ahenobarbi 196 BC–AD 68, Odense 2006 (Rez. von *Robin Seager*, BMCR 2006.05.34).

Abbildung IV.12: Der Kaiser Nero. Es handelt sich bei der Münze um einen Sesterz, der zwischen 64 und 68 in Rom geprägt wurde. Die Aufschrift lautet: *Nero Claud(ius) Caesar Aug(ustus) Ger(manicus), p(ontifex) m(aximus), tr(ibunicia) p(otestate), imp(erator), p(ater) p(atriae).*

nung der Welt, als der gute Gott der Welt und Anfang aller guten Dinge" (ὁ δὲ τῆς οἰκουμένης καὶ προσδοκηθεὶς καὶ ἐλπισθείς ... ἀγαθὸς δαίμων δὲ τῆς οὐκουμένης, [ἀρ]χὴ ὤν τε πάντων ἀγαθῶν Νέρων Καῖσαρ)[3] adressiert wird. Seneca, sein Mentor, schreckte nicht davor zurück, die Thronbesteigung seines Schützlings als „Anfang des glücklichsten Zeitalters"[4] zu preisen und Nero mit Apollon zu vergleichen.

Auch ein Monat wurde nach dem neuen Kaiser benannt; diesmal war es der April, der in *Neroneus* umbenannt wurde;[5] damit nicht genug: Auch die Folgemonate Mai und Juni wurden umbenannt in *Claudius* und in *Germanicus*. „Manches spricht dafür, daß somit drei aufeinanderfolgende Monate nach der Gottheit Nero, der auch Claudius und Germanicus hieß, benannt worden sind."[6]

---

3   POxy VII 1021, vgl. *Manfred Clauss:* Kaiser und Gott. Herrscherkult im römischen Reich, Stuttgart 1999 (Nachdr. der Erstauflage Leipzig 2001), S. 98 (Übersetzung) mit Anm. 110 (Text).

4   Apokolokyntosis 4,1–2.

5   Sueton: Nero 55; epigraphisch bezeugt durch Graffiti in Pompeji: *Nonis Neronis* (AÉ 1930, 124; vgl. *Manfred Clauss*, a.a.O., S. 101 mit Anm. 128).

6   *Manfred Clauss*, a.a.O., S. 102.

„Gleichsam den sichtbaren Höhepunkt der Verehrung der Gottheit Nero bildete jene Kolossalstatue, die in der Vorhalle des »Goldenen Hauses« Aufstellung fand. Sie zeigte Nero, vermutlich mit der Strahlenkrone, als Gottheit; ihre Höhe betrug 36 Meter. Die Statue wetteiferte mit jener von Rhodos, ja übertraf sie sogar und war damit die größte Statue des römischen Reiches ... "[7]

Nero und der Brand Roms

Für die Geschichte des frühen Christentums ist der Kaiser Nero, der von 54 bis 68 regierte, vor allem wegen des Brandes in Rom von herausragendem Interesse. Dieser fällt ins Jahr 64 n. Chr., und sowohl der Tod des Paulus als auch der Tod des Petrus wird immer wieder mit diesem Ereignis in Zusammenhang gebracht.

Der römische Geschichtsschreiber Tacitus berichtet im fünfzehnten Buch seiner Annalen von diesem Brand. Der Beginn des Berichts in Annalen XV 38 lautet folgendermaßen: „Es folgte nun ein Unglück, ungewiß, ob durch Zufall entstanden oder durch des Kaisers Tücke (denn beides berichten die Quellen), jedoch schwerer und schrecklicher als alle, die unserer Stadt durch die Gewalt des Feuers zustießen."[8]

Dieses schlimmste Feuer, das die Stadt Rom je verwüstet hat, wird also von Anfang an mit Nero in Verbindung gebracht. Der Blick in andere Quellen zeigt, daß Tacitus in dieser Hinsicht eher noch zurückhaltend ist. Andere Autoren machen Nero ohne zu zögern für den Brand verantwortlich.[9] Besonders deutlich ist die Aussage des Sueton, der Nero 38,1 sagt: „Aber selbst das Volk und die Mauern der Vaterstadt verschonte er nicht. Als einmal jemand bei einem allgemeinen Gespräch den griechischen Vers zitierte: »Bin ich erst tot, so mische Erd' und Feuer sich!«, sagte er: »Nein! Noch während ich lebe!« Und vollkommen also tat er. Denn unter dem Vorwand, daß ihm die Häßlichkeit der alten Gebäude und die engen und krummen Straßen zuwider seien, zündete er die Stadt an, und zwar so offenbar, daß viele Konsularen seine Kammerdiener, welche sie mit Pechkränzen und Fackeln in ihren Häusern ertappten, nicht anzurühren wagten und daß einige Fruchtspeicher in der Gegend seines Goldenen Hauses, nach deren Grund und Boden er hauptsächlich

---

7 *Manfred Clauss*, a. a. O., S. 107.

8 Übersetzung nach Tacitus: Annalen. Deutsch von August Horneffer, KTA 238, Stuttgart 1964, S. 523f.
Im lateinischen Original heißt es 38,1: *sequitur clades, forte an dolo principis incertum (nam utrumque auctores prodidere), sed omnibus quae huic urbi per violentiam ignium acciderunt gravior atque atrocior.* (Cornelii Taciti annalium ab excessu divi Augusti libri/The Annals of Tacitus, edited with Introduction and Notes by Henry Furneaux; 2. Aufl. von H. F. Pelham und C. D. Fisher, Band II, Oxford 1907, S. 363.)

9 „We owe it to Tacitus that any doubt is left on the subject. Suet. (Ner. 38) and Dio (62. 16, 1) follow unhesitatingly those authors who charged Nero with the crime; the former supposing that he desired the glory of rebuilding Rome with grandeur, the latter, that he desired to realize the spectacle which Priam had witnessed. Pliny also (N. H. 17. 1, 1, 5) speaks of »*Neronis principis incendia quibus cremavit urbem*« ... " (Furneaux/Pelham/Fisher, a. a. O., S. 363, zu Z. 3; meine Kursivierung).

Verlangen trug, durch Kriegsmaschinen eingerissen und angezündet wurden, weil sie aus Quadersteinen gemauert waren."[10] Noch viel klarer als bei Tacitus wird hier bei Sueton die Verantwortung für den Brand Roms dem Nero zugeschoben. Dies ist für die Rolle der Christen in diesem Drama nicht ohne Bedeutung. Wir kommen darauf zurück.

Tacitus berichtet, daß das Feuer auf dem Palatin begann (38,2) und sich rasend schnell ausbreitete: „Und niemand wagte, dem Feuer zu wehren, weil viele mit drohenden Worten das Löschen verhinderten und weil andere offen brennende Fackeln schleuderten und behaupteten, im Auftrag zu handeln. Dadurch wollten sie entweder größere Freiheit zum Plündern gewinnen, oder sie handelten wirklich auf Befehl."[11] Tacitus berichtet im folgenden, daß Nero Maßnahmen ergriff, die Not zu lindern, fügt dem aber gleich hinzu: „Diese volksfreundlichen Maßnahmen blieben aber wirkungslos, weil das Gerücht sich verbreitet hatte, er habe genau im Zeitpunkt des Stadtbrandes seine Hausbühne betreten, und den Untergang Trojas besungen, indem er die gegenwärtige Not dem alten Unglück verglich."[12]

Nach sechs Tagen gelang es, den Brand einzudämmen; doch auch danach brach das Feuer noch einmal aus. Tacitus zieht eine Bilanz: „Rom ist bekanntlich in vierzehn Regionen eingeteilt, davon blieben vier unversehrt, drei wurden dem Erdboden gleichgemacht, in den übrigen sieben waren einige wenige zerfetzte und halbverbrannte Häuserreste erhalten."[13] Und so geht die Bilanz des Tacitus weiter: „Die

---

10 Übersetzung nach Sueton: Kaiserbiographien. De vita Caesarum. Zweiter Band. Übersetzt und mit Erläuterungen versehen von Adolf Stahr. Bearbeitet von Martin Vossler, München 1961, S. 66.

Im lateinischen Original lautet die Stelle: *sed nec populo aut moenibus patriae pepercit. dicente quodam in sermone communi:*

ἐμοῦ θανόντος γαῖα μειχθήτω πυρί,

immo, inquit, ἐμοῦ ζῶντος, planeque ita fecit. nam quasi offensus deformitate veterum aedificiorum et angustiis flexurisque vicorum, incendit urbem tam palam, ut plerique consulares cubicularios eius cum stuppa taedaque in praediis suis deprehensos non attigerint, et quaedam horrea circa domum Auream, quorum spatium maxime desiderabat, ut bellicis machinis labefacta atque inflammata sint, quod saxeo muro constructa erant. (C. Suetoni Tranquilli opera, vol. I: De vita Caesarum libri VIII, recensuit Maxmilianus Ihm, Stuttgart 1958, Nachdr. 1978, S. 247f.)

11 Annalen XV 38,8 (Übersetzung a.a.O., S. 524).

Im Original: *nec quisquam defendere audebat, crebris multorum minis restinguere prohibentium, et quia alii palam faces iaciebant atque esse sibi auctorem vociferabantur, sive ut raptus licentius exercerent seu iussu* (a.a.O., S. 365).

12 Annalen XV 39,3 (Übersetzung a.a.O., S. 525).

Im Original: *quae quamquam popularia in inritum cadebant, quia pervaserat rumor ipso tempore flagrantis urbis inisse eum domesticam scaenam et cecinisse Troianum excidium, praesentia mala vetustis cladibus adsimulantem* (a.a.O., S. 366).

Vgl. auch den Kommentar zur Stelle: „Suet. (Ner. 38) and Dio (62. 18, 1), who affirm as a fact what Tacitus here gives as a rumour, describe him as declaiming from the top of his palace, or from the tower of Maecenas on the Esquiline."

13 Annalen XV 40,4 (Übersetzung a.a.O., S. 525f.).

Im Original: *quippe in regiones quattuordecim Roma dividitur, quarum quattuor integrae manebant, tres solo tenus deiectae: septem reliquis pauca tectorum vestigia superarent, lacera et semusta* (a.a.O., S. 367).

Zahl der vernichteten Einzelhäuser, Wohnblocks und Tempel zu berechnen, würde nicht leicht sein."[14] Er nennt dann einige besonders berühmte und alte Gebäude, die das Feuer zerstört hat, und fährt fort: Verbrannt seien auch „der Tempel der Vesta mitsamt den Hausgöttern des römischen Volkes, dazu die in so vielen siegreichen Kriegen gewonnenen Schätze und Schmuckstücke griechischer Kunst, dann die uralten und unverfälschten Denkmale großer Männer, so daß trotz der Schönheit der wiederaufgebauten Stadt die älteren Leute sich vieler Dinge erinnerten, die nicht wiederhergestellt werden konnten."[15]

Wir übergehen nun die Aufbaumaßnahmen des Nero, die Tacitus in den Kapiteln 42 und 43 schildert, und kommen sogleich zu den Folgen für die christlichen Bewohnerinnen und Bewohner der Stadt Rom: „[2] Aber das entsetzliche Gerücht, Nero selber habe den Brand anlegen lassen, wollte sich durch keine teilnahmsvolle Unterstützung, durch keine Schenkungen und Sühnezeremonien aus der Welt schaffen lassen. [3] Um ihm ein Ende zu machen, schob er daher die Schuld auf andere[16] und strafte mit ausgesuchten Martern die wegen ihrer Verbrechen[17] verhaßten Leute, die das Volk Christen nennt. [4] Der Stifter dieser Sekte, Christus, ist unter der Regierung des Tiberius durch den Prokurator[18] Pontius Pilatus hingerichtet worden. Der unheilvolle Aberglaube wurde dadurch für den Augenblick unterdrückt, trat später aber wieder hervor und verbreitete sich nicht bloß in Judäa, wo er entstanden war, sondern auch in Rom, wo alle furchtbaren und verabscheuungswürdigen religiösen Gebräuche, die es in der Welt gibt, sich zusammenfinden und geübt werden. [5] Man faßte also zuerst Leute, die sich offen als Christen bekannten, und auf ihre Anzeige hin dann eine riesige Menge Menschen. Sie wurden nicht gerade der Brandstiftung,

---

14   Annalen XV 41,1 (Übersetzung a.a.O., S. 526).
   Im Original: *domuum et insularum et templorum quae amissa sunt numerum inire haud promptum fuerit* (a.a.O., S. 367f.).

15   Annalen XV 41,1–2 (Übersetzung a.a.O., S. 526).
   Im Original: *...delubrum Vestae cum Penatibus populi Romani exusta; iam opes tot victoriis quaesitae et Graecarum artium decora, exim monumenta ingeniorum antiqua et incorrupta, ut quamvis in tanta resurgentis urbis pulchritudine multa seniores meminerint quae reparari nequibant* (a.a.O., S. 368f.).

16   Zu dem *subdidit reos* vgl. die Anm. zur Stelle (S. 374, Z. 1): „so used of fraudulent substitution in 1. 6, 6 ...: cp. »subdidit testamentum« (14, 40, 2), &c. That Tacitus did not consider the Christians really guilty, is shown by the expression here and by the suggestion in c. 38, 1 of only two alternative causes for the fire (»*forte an dolo principis*«) ..." (meine Kursivierungen).

17   Zu *per flagitia* bemerkt der Kommentar zur Stelle (S. 374, Z. 2): „It is evident from this passage and from the mention of »*flagitia cohaerentia nomini*« in Pliny's letter (§ 2), that in the time of these writers, and even, if Tacitus is to be believed ..., in the Neronian period, such imputations as those designated by Θυέστεια δεῖπνα and Οἰδιπόδειοι μίξεις ..., i.e. those of infanticide, cannibalism, and incest, otherwise known to us through the apologists of the second century ..., were already current against Christians. Tacitus entirely believes the charge, and repeats it under other expressions (§ 4); but Pliny frankly owns that such evidence as he could get, even under torture, went to show a very different rule of life."

18   Tacitus schreibt in der Tat: *per procuratorem Pontium Pilatum* – durch die berühmte Inschrift aus Caesarea Maritima wissen wir jedoch, daß der korrekte Titel des Pilatus *praefectus* lautete.

aber doch des Hasses gegen das menschliche Geschlecht überführt. [6] Man machte aus ihrer Hinrichtung ein lustiges Fest: in Tierhäuten steckend, wurden sie entweder von Hunden zerfleischt oder ans Kreuz geschlagen oder angezündet, um nach Eintritt der Dunkelheit als Fackeln zu dienen. [7] Nero hatte seine eigenen Parkanlagen für dies Schauspiel hergegeben und verband es mit einer Zirkusaufführung; in der Tracht der Wagenlenker trieb er sich unter dem Volke umher oder fuhr auf dem Rennwagen. [8] So regte sich das Mitleid mit jenen Menschen. Obwohl sie schuldig waren und die härtesten Strafen verdient hatten, fielen sie ja doch nicht dem Allgemeinwohl, sondern der Grausamkeit eines einzigen zum Opfer."[19]

Wenn wir auf Tacitus und die anderen Quellen zurückschauen, so ergibt sich, daß der Brand Roms eine Privatsache des Nero war. Er selbst hat ganz offen Rom angezündet, wie Sueton sagt (Nero 38,1: *incendit urbem . . . palam*). Daraus sind ihm ganz persönlich Probleme erwachsen, wie Tacitus sagt. Die „volksfreundlichen Maßnahmen blieben . . . wirkungslos" – Nero mußte sich etwas Neues ausdenken.

„Aber das entsetzliche Gerücht, Nero selber habe den Brand anlegen lassen, wollte sich durch keine teilnahmsvolle Unterstützung, durch keine Schenkungen und Sühnezeremonien aus der Welt schaffen lassen. Um ihm ein Ende zu machen, schob er daher die Schuld auf andere . . . "

Nero löst sein persönliches Problem, indem er den Christen die Schuld in die Schuhe schiebt. Das kann man dann schon als *institutum Neronianum* bezeichnen, aber eben nicht im Sinn einer grundlegenden Rechtsvorschrift, sondern im Sinn einer Vorgehensweise.[20]

* * *

Das Merkwürdige ist: Dieses schauerliche Geschehen hat im Neuen Testament anscheinend keinerlei Spuren hinterlassen. Hat Paulus den Brand Roms im Jahr 64 noch erlebt? Ist Petrus in der Folge den Märtyrertod gestorben? Die Schriften des Neuen Testaments geben uns hier keine Auskunft. Und Tacitus selbst – wir haben

---

19 Annalen XV 44,2–8 (Übersetzung a.a.O., S. 528f.).

Im Original: *[2] sed non ope humana, non largitionibus principis aut deum placamentis decedebat infamia quin iussum incendium crederetur. [3] ergo abolendo rumori Nero subdidit reos et quaesitissimis poenis adfecit quos per flagitia invisos vulgus Christianos appellabat. [4] auctor nominis eius Christus Tiberio imperitante per procuratorem Pontium Pilatum supplicio adfectus erat; repressaque in praesens exitiabilis superstitio rursum erumpebat, non modo per Iudaeam, originem eius mali, sed per urbem etiam quo cuncta undique atrocia aut pudenda confluunt celebranturque. [5] igitur primum correpti qui fatebantur, deinde indicio eorum multitudo ingens haud proinde in crimine incendii quam odio humani generis convicti sunt. [6] et pereuntibus addita ludibria, ut ferarum tergis contecti laniatu canum interirent, aut crucibus adfixi aut flammandi, atque ubi defecisset dies in usum nocturni luminis urerentur. [7] hortos suos ei spectaculo Nero obtulerat et circense ludicrum edebat, habitu aurigae permixtus plebi vel curriculo insistens. [8] unde quamquam adversus sontis et novissima exempla meritos miseratio oriebatur, tamquam non utilitate publica sed in saevitiam unius absumerentur* (a.a.O., S. 373–377).

20 Vgl. dazu meine Vorlesung zur Geschichte des frühen Christentums, die unter http://www.neutestamentliches-repetitorium.de/inhalt/vorlesungen.html zugänglich ist, im Paragraphen 10 die Seiten 161–164.

es gesehen – nennt keinen der vielen hingerichteten Christen mit Namen. Ein ganz ähnliches Phänomen wird uns zwei Generationen später um 110 n. Chr. erneut begegnen: Plinius, der Statthalter der Provinz Bithynien und Pontus, berichtet seinem Kaiser Trajan von seinen Maßnahmen gegen die Christen in seiner Provinz. Alle diejenigen, die bekannten, Christen zu sein, ließ Plinius hinrichten, es sei denn, sie hätten das römische Bürgerrecht. Auch davon finden wir in christlichen Quellen keine Spur: Weder im Neuen Testament selbst noch in den übrigen frühchristlichen Schriften ist eine diesbezügliche Nachricht überliefert. Wir kennen noch nicht einmal die Namen der Gemeinden, die von den Maßnahmen des Plinius betroffen waren.

Nero in Achaia

Wichtig ist schließlich noch die Reise nach Achaia, die Nero mit riesigem Gefolge in den Jahren 66 bis 68 unternahm, um bei allen möglichen Wettkämpfen zu siegen. Zur gleichen Zeit begann in *Iudaea* der jüdische Krieg, der mit der Zerstörung Jerusalems im Jahr 70 endete.

Um dem Kaiser die Teilnahme zu ermöglichen, waren eigens die „Olympischen Spiele, die eigentlich ihrem Rhythmus nach im Spätsommer des Jahres 65 hätten abgehalten werden müssen, auf das nächste Jahr verlegt worden . . . . Außerdem hatte Nero verlangt, die Spiele im Alpheiostal um einen musikalischen Wettbewerb zu ergänzen. Auch bei den isthmischen Spielen in Korinth war das traditionelle Repertoire (gymnische, hippische und musische Wettkämpfe) erweitert worden und zwar um einen Schauspielerwettbewerb."[21]

Nero nahm an allen möglichen Spielen in mehreren Disziplinen teil und ging selbstverständlich stets als Sieger daraus hervor. „Insgesamt soll er nicht weniger als 1808 Siegespreise zuerkannt bekommen haben."[22] Doch damit gab er sich noch lange nicht zufrieden. Er wollte Spektakuläres vollbringen. Er verkündigte mit großem Aplomb die Freiheit Griechenlands. Zu diesem Zweck rief er die Griechen in Korinth zusammen – Ende November 67 –, um ihnen seine Wohltaten zu verkünden. Höchstselbst (d. h. ohne Herold[23]) ließ er die Griechen wissen, daß ganz Achaia nunmehr frei sein solle.

---

21 *Gerhard H. Waldherr*, a. (Anm. 1) a. O., S. 234.

22 *Gerhard H. Waldherr*, a. (Anm. 1) a. O., S. 237.

23 Plutarch hebt den Unterschied hervor: Flamininus hatte einst (im Jahr 196 v. Chr.) am selben Ort die Freiheit für die Griechen durch einen Herold verkünden lassen, der Epigone Νέρων δ᾽ αὐτὸς ἐπὶ τῆς ἀγορᾶς ἀπὸ βήματος ἐν τῷ πλήθει δημηγορήσας – ἀλλὰ ταῦτα μὲν ὕστερον. Plutarch: Titus [Flamininus] 12,13.

Sueton stimmt mit Plutarch darin überein, daß Nero selbst (ohne Herold) dies verkündigte, gibt aber als Ort das Stadion von Isthmia an. (Sueton: Nero 24,2 heißt es: *quae beneficia e medio stadio Isthmiorum die sua ipse uoce pronuntiauit.* Zur benutzten Sueton-Ausgabe vgl. oben Anm. 10.)

Auf die Erklärung des Nero bezieht sich auch Pausanias in seinem Abschnitt über Achaia (VII 17,3–5), jedoch ohne den Ort der Proklamation zu spezifizieren.

Das Edikt des Kaisers ist uns in Form einer Inschrift erhalten; der Text gipfelt in dem Satz: „Städte haben nämlich auch andere Herrscher befreit, allein Nero aber hat eine ganze Provinz mit der Freiheit beschenkt."[24]

Interessant ist eine Formulierung zu Beginn des Edikts, wo es heißt, daß alle Griechen, die Achaia und die bis jetzt Peloponnes (genannte [Halb-]Insel) bewohnen, die Freiheit bekommen sollen.[25] Der Name Peloponnes ist offenbar nicht mehr im Gebrauch. Die Region ist mittlerweile anscheinend in Neronesos umbenannt. Das paßt sehr gut zu der Nachricht des Sueton, wonach Nero alles mögliche umbenannt hat, um seinem Namen Geltung zu verschaffen, so den April in *Neroneus* – wie wir gesehen haben –; die Peloponncs in Neronesos, wie aus unserer Inschrift hervorgeht; Rom selbst, so fährt Sueton fort, wollte er in Neropolis umbenennen.[26]

Mit unserer Inschrift hat sich unlängst Marianne Bergmann in einem einschlägigen Aufsatz[27] beschäftigt. Sie formuliert das folgende Ergebnis: „Für Neros Verhältnis zu Griechenland scheint mir die in der Inschrift von Akraiphia aufgezeichnete Rede aufschlußreich. Wenn der Kaiser bei dieser Gelegenheit zwar den reinen Geschäftston verläßt, aber kein positives Wort für Griechenland findet, sondern nur Selbstlob auf Kosten der Beteiligten äußert, dann erweist er sich als der naive Megalomane, als den ihn die antike Literatur schildert."[28]

Den Aufenthalt in Korinth im Winter 67/68 nutzte Nero zu einer letzten spektakulären Aktion: Er begann mit dem Durchstich des Isthmos, um einen Kanal zu bauen. „Nero selbst scheint aber im November 67 völlig im Rausch seiner Erfolge gelebt zu haben. Die Freiheitserklärung blieb nicht der einzige Versuch, in die Fußstapfen

---

24   Der Text der Inschrift findet sich in der Sammlung von *Smallwood* (vgl. oben Anm. 1) unter Nummer 64.

Die ursprüngliche Publikation – *editio princeps* im Fachjargon – ist: *Maurice Holleaux:* Discours de Néron prononcé à Corinthe pour rendre aux Grecs la liberté, BCH 12 (1888), S. 510–528.

Danach dann *Dessau*, ILS 8794 (Inscriptiones Latinae Selectae, hg. v. Hermann Dessau, Vol. I–III 2, Berlin 1892–1916, 5. Aufl. [unveränderter Nachdruck] Zürich 1997; hier Band II 2, S. 1014–1015) und *Dittenberger*, SIG 814 (Sylloge inscriptionum graecarum, hg. v. Wilhelm Dittenberger, Leipzig, 3. Aufl. 1915.1917.1920.1921–1924 [Nachdr. Hildesheim/Zürich/New York 1982]; hier Band II, S. 505–508).

Zu dieser Rede vgl. auch *Gerhard H. Waldherr*, a.(Anm. 1)a.O., S. 239 (ihm ist die Übersetzung entnommen); der Satz lautet im Original: πόλεις μὲν γὰρ καὶ ἄλλοι ἠλευθέρωσαν ἡγεμόνες, Νέρων δὲ μόνος καὶ ἐπαρχείαν.

25   Im Original: πάντες οἱ τὴν Ἀχαΐαν καὶ τὴν ἕως νῦν Πελοπόννησον κατοικοῦντες Ἕλληνες λάβετε ἐλευθερίαν.

26   Sueton: Nero 55 lesen wir: *ideoque multis rebus ac locis, vetere appellatione detracta, novam indixit ex suo nomine, mensem quoque Aprilem Neroneum appellavit; destinaverat et Romam Neropolim nuncupare.* (Zur benutzen Sueton-Ausgabe vgl. oben Anm. 11.)

27   *Marianne Bergmann:* Hatte Nero ein politisches und/oder kulturelles Programm? Zur Inschrift von Akraiphia, in: Neronia VI. Rome à l'époque néronienne: Institutions et vie politique, économie et société, vie intellectuelle, artistique et spirituelle. Actes du VIe Colloque international de la SIEN (Rome, 19–23 mai 1999), hg.v. Jean-Michel Croisille und Yves Perrin, CollLat 268, Brüssel 2002, S. 273–284.

28   *Marianne Bergmann*, a.a.O., S. 283.

berühmter Ahnen zu treten. Noch großartiger war es sicherlich, eine Baumaßnahme in Angriff zu nehmen, die man mit gutem Gewissen als epochal bezeichnen kann. Wiederum war das Ereignis in der Nähe von Korinth platziert. Es ging um nichts Geringeres als den Durchstich des Isthmus von Korinth. Mit diesem ca. 6 km langen Kanal wäre ein Verkehrshindernis beseitigt worden, das die Schifffahrt der Griechen und damit vor allem auch den Handel seit Jahrhunderten erschwerte und behinderte. Um von der Ägäis ins Ionische Meer, dem Tor nach Westen, zu kommen, hätte man nicht länger die langwierige und gefahrvolle Passage um die Peloponnes zu nehmen brauchen, sondern den wesentlich kürzeren Weg direkt vom Saronischen Golf in den Golf von Korinth wählen können."[29]

Abschließend sei erwähnt, daß der frisch installierte Feldherr in *Iudaea*, Vespasian – wir werden noch von ihm hören –, seinem Kaiser sogleich einige Tausend kriegsgefangene Juden nach Korinth schickte, um den Bau der Kanals zu fördern ...

Einige Jahreszahlen

Tod des Caius Iulius Caesar	44 v. Chr.
Regierungszeit des Kaisers Augustus	27 v. Chr. – 14 n. Chr.
Regierungszeit des Kaisers Tiberius	14 n. Chr. – 37 n. Chr.
Regierungszeit des Caius/Caligula	37 n. Chr. – 41 n. Chr.
Geburt des Nero	37 n. Chr.
(Herodes) Agrippa I.	37, 40, 41 – 44 n. Chr.
Regierungszeit des Claudius	41 n. Chr. – 54 n. Chr.
Regierungszeit des Nero	54 n. Chr. – 68 n. Chr.
Brand Roms	64 n. Chr.
Nero in Griechenland	66 n. Chr. – 68 n. Chr.
Beginn des Kanaldurchstichs	67 n. Chr.
Beginn des Aufstandes der Juden	66 n. Chr.
Vespasian wird mit dem Kommando betraut	67 n. Chr.

---

29 *Gerhard H. Waldherr*, a. (Anm. 1) a. O., S. 239–240. Besonders gefürchtet ist das Kap Malea, das in vielen einschlägigen Texten genannt wird. Besonderes Interesse verdient die Inschrift des Zeuxis aus Hierapolis, der sich dessen rühmt, das Kap Malea 72mal umrundet zu haben (vgl. dazu *Peter Pilhofer*: Die ökonomische Attraktivität christlicher Gemeinden der Frühzeit, in: *ders.*: Die frühen Christen und ihre Welt. Greifswalder Aufsätze 1996–2001. Mit Beiträgen von Jens Börstinghaus und Eva Ebel, WUNT 145, Tübingen 2002, S. 194–216; zu Zeuxis aus Hierapolis und seiner Inschrift hier S. 209–210).

Kapitel V: Die Paulusschule in Ephesos

Der zuletzt behandelte Philemonbrief veranlaßt uns, an dieser Stelle einen Ausflug in die nachpaulinische Phase des *corpus Paulinum* zu unternehmen. Die Formulierung deutet an, daß auch nach dem Tod des Paulus weiter »paulinische« Briefe verfaßt und in Umlauf gebracht worden sind. Wir haben das am Beispiel des 2. Thessalonicherbriefs schon studieren können.[1]

Vom Philemonbrief aus legt sich nun ein Abstecher zum Kolosserbrief hin nahe, da das Personal des Philemonbriefs im Kolosserbrief erneut figuriert. Vom Kolosserbrief aus muß man einen Blick auf den Epheserbrief werfen, der eine gewisse Abhängigkeit von diesem erkennen läßt. Damit sind wir bei der Frage nach der Paulusschule, für die es heutzutage sogar Professuren gibt[2], ohne daß man in der Lage wäre, zu sagen, was dies nun genau sein soll. Daher werden wir uns dieser Entität, die manche als Pseudokennzeichnung zu betrachten geneigt sind, in einem eigenen Abschnitt zuwenden.[3] Um das Kapitel abzuschließen, werden wir uns noch mit den Pastoralbriefen befassen, die das Ende der nachpaulinischen Phase des *corpus Paulinum* darstellen.

§ 29 Die Schule des Paulus

Hans Conzelmann hat in einem Aufsatz die Schule des Paulus in einem weiten Sinn gefaßt und sie mit Ephesos in Zusammenhang gebracht: „Im folgenden wird angenommen, daß Kol, Eph, 2Thess, Past nicht von Paulus selbst verfaßt sind. Unter dieser Voraussetzung besitzen wir den Nachlaß (bzw. Teile daraus) von fünf Schü-

---

1 Zum 2. Thessalonicherbrief vgl. oben in Kapitel IV die Seiten 146–150.

2 Der Dekan der Evangelisch-theologischen Fakultät der Eberhard Karls Universität Tübingen hat unter dem Datum des 27. Juni 2005 eine Ausschreibung für eine Professur für Neues Testament publiziert, in der von dem Bewerber / der Bewerberin erwartet wird, „das Fach Neues Testament in Forschung und Lehre" zu vertreten. „Erforderliche Forschungsschwerpunkte sind: Paulus und die Paulusschule sowie Theologie und Hermeneutik des Neuen Testaments."

3 Ich mache Sie für alle Fälle schon an dieser Stelle darauf aufmerksam, daß dies auch für die Überschrift dieses Kapitels gelten könnte: Ist »Paulusschule« eine Pseudokennzeichnung, dann wird das nicht dadurch heilbar, daß man »in Ephesos« hinzufügt; vielmehr könnte sich die Überschrift dieses Kapitels als Ganze als Pseudokennzeichnung erweisen – doch ich will dem Ergebnis hier nicht vorgreifen …

Zur Geschichte der Paulusschule ist grundlegend: *Helmut Merkel:* Der Lehrer Paulus und seine Schüler. Forschungsgeschichtliche Schlaglichter, in: Religiöses Lernen in der biblischen, frühjüdischen und frühchristlichen Überlieferung, hg. v. Beate Ego und Helmut Merkel, WUNT 180, Tübingen 2005, S. 235–252.

lern. Denn zu den Genannten kommt noch »Lukas« hinzu, ob er nun Schüler erster oder zweiter Hand ist. Wenn zweiter, wird er sogar noch interessanter, weil dann der Traditionsprozeß noch länger zu verfolgen ist. Lukas kennt auch (noch) den Sitz der (eigenen) Schule des Paulus, zu dessen Lebzeiten, in Ephesus (Apg 19,9), und offenbar auch nach dem Tod des Paulus, zu seiner eigenen Zeit, ebenda. Den Ältesten dieser Gemeinde übergibt ja Paulus sein Vermächtnis (Apg 20).«[4]

Nach dieser Definition umfaßt die Paulusschule also die Verfasser der folgenden neutestamentlichen Schriften:[5]

- 2. Thessalonicherbrief

- Kolosserbrief

- Epheserbrief

- Pastoralbriefe

- Lukasevangelium & Apostelgeschichte

Nur am Rande sei vermerkt, daß Conzelmann den Begriff »Nachlaß« hier in einem sehr merkwürdigen Sinn verwendet. Wenn wir den 2. Thessalonicherbrief – mit dem wir uns schon einigermaßen vertraut gemacht haben – und seinen anonymen Verfasser als Beispiel nehmen, so sehen wir ohne weiteres, daß man dieses Schreiben schwerlich als »Nachlaß« seines anonymen Verfassers wird bezeichnen können. Denn er hat es ja wohl nicht wie Reimarus sein berühmtes Manuskript 𝔙𝔬𝔫 𝔡𝔢𝔪 𝔷𝔴𝔢𝔠𝔨𝔢 𝔍𝔢𝔰𝔲 𝔲𝔫𝔡 𝔰𝔢𝔦𝔫𝔢𝔯 𝔍ü𝔫𝔤𝔢𝔯 unter Verschluß gehalten, um durch die Publikation nicht seiner Stellung verlustig zu gehen.[6] Sondern er hat es ganz im Gegenteil

---

4   *Hans Conzelmann:* Die Schule des Paulus, in: Theologia Crucis – Signum Crucis. Festschrift für Erich Dinkler zum 70. Geburtstag, Tübingen 1979, S. 85–96; Zitat S. 88. Vgl. dazu auch die frühere Studie Conzelmanns: Paulus und die Weisheit, NTS 12 (1965), S. 231–244.

5   Ob der Dekan der Evangelisch-theologischen Fakultät in Tübingen bei seiner Ausschreibung (vgl. oben Anm. 2) den Begriff »Paulusschule« auch in diesem weiten Sinn verstanden wissen wollte? Es wäre sicher nicht verkehrt gewesen, eine Definition beizulegen ...

Wichtig ist die Schule des Paulus bei *Udo Schnelle,* der ihr einen eigenen Abschnitt gewidmet hat: „Die Schule des Paulus" (*Udo Schnelle:* Einleitung in das Neue Testament, UTB 1830, Göttingen ⁵2005, S. 45–50). Im Unterschied zu Conzelmann zählt er aber Lukas und seine Werke nicht in diesem Rahmen auf; sein Begriff der Paulusschule ist also enger als der Conzelmannsche.

Ganz ohne den Begriff der Paulusschule kommt die Einleitung von *Ingo Broer* aus; er würdigt beispielsweise die Verfasser des 2. Thessalonicherbriefes, des Kolosserbriefes und des Epheserbriefes ganz individuell, ohne eine Paulusschule zu postulieren (vgl. *Ingo Broer:* Einleitung in das Neue Testament, Band 2: Die Briefliteratur, die Offenbarung des Johannes und die Bildung des Kanons, Die Neue Echter Bibel. Ergänzungsband zum Neuen Testament 2,2, Würzburg 2001, S. 475–480 [zum Verfasser des 2. Thessalonicherbriefs]; S. 493–496 [zum Verfasser des Kolosserbriefs]; S. 515–518 [zum Verfasser des Epheserbriefs]). Bei Ingo Broer begegnet der Begriff »Paulusschule« selbst in dem Paragraphen über die echten und unechten Paulusbriefe – soweit ich sehe – nur im Literaturverzeichnis (§ 13 Echte und unechte Paulusbriefe, a.a.O., S. 316–319; im Literaturverzeichnis auf S. 319 unter H.-M. Schenke).

6   [*Herrmann Samuel Reimarus:*] Von dem Zwecke Jesu und seiner Jünger. Noch ein Fragment des Wolfenbüttelschen Ungenannten. Hg. von Gotthold Ephraim Lessing, Braunschweig 1778.

als Brief des Paulus sogleich in Umlauf gebracht, weil er damit einen ganz bestimmten Zweck verfolgt hat. Ob und gegebenenfalls was dieser Anonymos sonst noch geschrieben bzw. hinterlassen hat, können wir nicht wissen. Noch einmal anders liegt der Fall bei Lukas, der aber jedenfalls seine Werke ebenfalls zu Lebzeiten publiziert hat.

Wir kommen daher zu dem Ergebnis, daß der von Conzelmann in seinem Aufsatz gebrauchte Begriff »Nachlaß« unglücklich gewählt, wenn nicht sogar irreführend ist.

Paulus als Lehrer?

Conzelmann bezieht sich für die Paulusschule in Ephesos auf die Aussage des Lukas in Apg 19,9, wo es heißt:

ὡς δέ τινες ἐσκληρύνοντο	Als sich aber einige verhärteten
καὶ ἠπείθουν	und ungehorsam waren,
κακολογοῦντες τὴν ὁδὸν ἐνώπιον τοῦ πλήθους,	machten sie den »Weg« bei der Menge schlecht;
ἀποστὰς ἀπ' αὐτῶν	da entfernte er sich von ihnen
ἀφώρισεν τοὺς μαθητάς,	und sonderte die Jünger ab,
καθ' ἡμέραν διαλεγόμενος	und unterredete sich täglich
ἐν τῇ σχολῇ Τυράννου.	in der Schule des Tyrannos.

„Hier finden wir Paulus ἐν τῇ σχολῇ Τυράννου *(en tẹ s\|cholẹ Tyrạnnou)* in Ephesos. Das Wort σχολή *(s\|cholẹ)* ist im Neuen Testament ein Hapaxlegomenon. Es bedeutet zunächst »Muße« im Gegensatz zu ἀσχολία *(as\|cholịa*, »Beschäftigung«), dann speziell das, womit man seine Muße verbringt, die Diskussion, das gelehrte Gespräch. Schließlich kann σχολή *(s\|cholẹ)* geradezu »Schule« bedeuten.[7] Diese Lehrtätigkeit des Paulus „in der Schule des Tyrannos" in Ephesos erstreckt sich dem Lukas zufolge über zwei Jahre, so daß alle Bewohner der Provinz Asia das Wort des Herrn vernahmen (ὥστε πάντας τοὺς κατοικοῦντας τὴν Ἀσίαν ἀκοῦσαι τὸν λόγον τοῦ κυρίου, 19,10). Das ist nach meinem Urteil dann durchaus eine Schule als institutionalisierte Einrichtung, die Lukas hier schon für die erste christliche Generation postuliert.[8]“[9]

Freilich sollte man die Frage stellen: Was tut Paulus in der σχολὴ Τυράννου *(s\|cholẹ Tyrạnnou)*? Lukas verwendet hier das Partizip διαλεγόμενος *(dialegọmenos)*[10] – διαλέ-

---

7   Vgl. im einzelnen den Artikel σχολή bei LSJ, S. 1747.

8   Zur (kontroversen) Diskussion der lukanischen Notiz vgl. *Thomas Schmeller:* Schulen im Neuen Testament? Zur Stellung des Urchristentums in der Bildungswelt seiner Zeit. Mit einem Beitrag von Christian Cebulj zur johanneischen Schule, Herders biblische Studien 30, Freiburg etc. 2001, S. 95–97. Daß die σχολὴ Τυράννου „ganz auf das Konto des L[u]k[as]" geht – was *Schmeller*, S. 96 offenbar für möglich hält –, halte ich allerdings für einigermaßen abwegig. Wo hätte Lukas einen solchen Namen erfunden?

9   *Peter Pilhofer:* Von Jakobus zu Justin. Lernen in den Spätschriften des Neuen Testaments und bei den Apologeten, in: Religiöses Lernen in der biblischen, frühjüdischen und frühchristlichen Überlieferung, hg. v. Beate Ego und Helmut Merkel, WUNT 180, Tübingen 2005, S. 253–269; Zitat S. 259.

10 Zum Verbum διαλέγομαι vgl. Bauer/Aland, Sp. 371, wo die Grundbedeutung „sich unterreden" gegeben wird; für die Stelle Hebr 12,5 wird die Bedeutung »predigen« postuliert, die auch an manchen der zur Bedeutung »sich unterreden« aufgeführten Stellen „möglich" sei, wie es hier heißt.

γομαι (*dialẹgomai*, sich unterreden) ist nun aber nicht einfach dasselbe wie διδάσκω (*didạskō*, lehren). Ich hätte also in dem oben zitierten Vortrag besser einfach von „Tätigkeit des Paulus »in der Schule des Tyrannos« in Ephesos" sprechen sollen statt von „*Lehr*tätigkeit des Paulus »in der Schule des Tyrannos« in Ephesos". Grundsätzlich jedenfalls sollte gelten: Man sollte von dem Lehr*saal*, in dem Paulus wirkt, nicht ohne weiteres auf die Lehr*tätigkeit* des Paulus schließen.

Davor hätte schon die Tatsache warnen können, daß Lukas bereits im vorhergehenden Vers (Apg 19,8) dasselbe Verbum διαλέγομαι *(dialẹgomai)* verwendet:

εἰσελθὼν δὲ εἰς τὴν συναγωγὴν	Er ging aber in die Synagoge
ἐπαρρησιάζετο ἐπὶ μῆνας τρεῖς	und redete unerschrocken drei Monate lang
διαλεγόμενος καὶ πείθων	disputierend und überzeugend
περὶ τῆς βασιλείας τοῦ θεοῦ.	über das Reich Gottes.

Daraus erhellt, daß das διαλέγομαι *(dialẹgomai)* jedenfalls nicht auf eine Tätigkeit beschränkt ist, die eine σχολή *(s|cholẹ)* kennzeichnet; vielmehr beschreibt es eine Tätigkeit, der Paulus schon zuvor drei Monate lang in der Synagoge in Ephesos nachgegangen ist.

Ein Blick in die Konkordanz zeigt, daß das Verbum διαλέγομαι *(dialẹgomai)* ein spezifisch lukanisches Wort ist, das Lukas trotz der Vorlage in Mk 9,34 aber ausschließlich in der Apostelgeschichte verwendet.[11] Überraschend ist dann die Verteilung in der Apostelgeschichte selbst: Der erste Beleg findet sich in 17,2, der letzte in 24,25 (vgl. Anm. 11). Das heißt: Lukas verwendet dieses Verbum διαλέγομαι *(dialẹgomai)* ausschließlich im Zusammenhang mit Paulus! An diesem Beispiel mögen Sie sehen, wie interessant ein Blick in die Konkordanz sein kann, und welche weitreichenden Folgerungen sich aus einem solchen Blick in die Konkordanz ergeben können.

Wenn wir uns diese lukanischen Belege für διαλέγομαι *(dialẹgomai)* ansehen, so ergibt sich folgendes Bild:[12] Alle die genannten Belege in der Apostelgeschichte (vgl. Anm. 11) kennzeichnen die »Lehrtätigkeit« des Paulus. Das Wort taucht zum ersten Mal in Thessaloniki auf, wo die Tätigkeit des Paulus in der dortigen Synagoge Apg 17,2 folgendermaßen beschrieben wird:

---

11   Im Neuen Testament begegnet das Verbum sonst nur noch Hebr 12,5 und Judas 9. Die lukanischen Belege sind Apg 17,2; 17,17; 18,4; 18,19; 19,8; 19,9; 20,7; 20,9; 24,12; 24,25.

12   Zu dem Wort διαλέγομαι vgl. zunächst die Skizze von *G.D. Kilpatrick:* διαλέγεσθαι and διαλογίζεσθαι in the New Testament, JThS 11 (1960), S. 338–340 und dann die Bemerkungen zu dieser bei *C.K. Barrett:* A Critical and Exegetical Commentary on the Acts of the Apostles. Vol. II: Introduction and Commentary on Acts XV–XXVII, ICC, Edinburgh 1998, S. 810. Barrett kommt zu dem Schluß: „He is right in refusing to see here evidence for different authorship, perhaps right in noting in Acts a change in style in the direction of Attic Greek of a more literary *Koine*."

Was Kilpatrick nicht festgestellt hat: Das Wort wird von Lukas in der Apostelgeschichte ausschließlich für Paulus gebraucht, wie wir sogleich sehen werden.

κατὰ δὲ τὸ εἰωθὸς τῷ Παύλῳ	Nach seiner Gewohnheit
εἰσῆλθεν πρὸς αὐτοὺς	ging Paulus zu ihnen [in die Synagoge] hinein,
καὶ ἐπὶ σάββατα τρία	und drei Sabbate lang
διελέξατο αὐτοῖς	disputierte er mit ihnen
ἀπὸ τῶν γραφῶν κτλ.	auf der Grundlage der Schrift usw.

Es handelt sich also um eine Argumentation, die Paulus auf der Grundlage der Schrift führt. Daß diese Tätigkeit jedoch nicht auf die Synagoge beschränkt ist, haben wir an den beiden Belegen aus Ephesos, Apg 19,8 und 19,9 schon gesehen; dies wird bestätigt durch Apg 17,17, wo wir Paulus in Athen finden:

διελέγετο μὲν οὖν	Er disputierte
ἐν τῇ συναγωγῇ	in der Synagoge
τοῖς Ἰουδαίοις καὶ τοῖς σεβομένοις	mit Juden und Gottesfürchtigen
καὶ ἐν τῇ ἀγορᾷ κατὰ πᾶσαν ἡμέραν	und auf dem Marktplatz jeden Tag
πρὸς τοὺς παρατυγχάνοντας.	mit denen, die gerade vorbeikamen.

Das Verbum wird von Lukas also ganz unabhängig vom jeweiligen Publikum verwendet, wie die Belege aus Athen und aus Ephesos zeigen: Ob Synagoge oder Marktplatz, ob Juden oder Heiden, die Tätigkeit des Paulus wird in jedem Fall mit dem Verbum διαλέγομαι *(dialegomai)* gekennzeichnet.[13]

Ein analoger Befund ergibt sich aus Kapitel 18, wo das Verbum in v. 4 die Tätigkeit des Paulus in der Synagoge von Korinth, in v. 19 in der Synagoge von Ephesos bezeichnet. Die beiden weiteren Stellen in Ephesos, Apg 19,8 und 19,9, haben wir bereits besprochen.

Damit verbleiben noch die jeweils zwei Belege in Kapitel 20 und Kapitel 24. In 20,7 und 20,9 geht es um die Reden des Paulus auf der Durchreise durch Alexandria Troas; hier haben wir insofern eine neue Situation, als es sich nun erstmals um ein christliches Publikum handelt, während wir es bisher mit Juden, Sympathisanten und Heiden zu tun hatten.[14]

In Kapitel 24 schließlich ist Paulus bereits Gefangener in Caesarea am Meer. Hier blickt er in v. 12 auf seinen Aufenthalt in Jerusalem zurück, wo er in den 12 Tagen seiner Anwesenheit dort weder im Tempel noch in den Synagogen noch sonstwo eine Tätigkeit ausgeübt hat, die Anlaß zu Beschwerden geben könnte; in diesem Zusammenhang fällt das Verbum διαλέγομαι *(dialegomai)*. Der letzte Beleg in 24,25 schließlich zeigt Paulus in der Unterredung mit dem Statthalter Felix.

Der Durchgang der Belege zeigt: Lukas verwendet das Wort nur in der Apostelgeschichte zwischen den Kapiteln 17 und 24. Er benutzt es ausschließlich für die Tätigkeit des Paulus. Da es sich um insgesamt 10 Stellen handelt, kann hier kein Zufall vorliegen. Lukas setzt das Verbum διαλέγομαι *(dialegomai)* bewußt ein, um die »Lehrtätigkeit« des Paulus zu charakterisieren und von der Tätigkeit anderer zu unterscheiden.

＊＊＊

---

13 Für beide Sorten von Adressaten wird in 17,17 dasselbe Verbum διαλέγομαι verwendet. „Conzelmann ... takes διελέγετο (17.2; 18.4, 19; 19.8f.; 20.7, 9) to mean *preached*; it is more likely (especially in view of the fact that the one verb controls the whole verse and both scenes of Paul's activity) that it means that in the synagogue Paul discussed and argued with the Jews, also with the σεβόμενοι, who presumably were not Jews either by birth or by proselytization" (*C. K. Barrett*, a.a.O., S. 828).

14 Wenn irgendwo, so könnte man in Kapitel 20 daran denken, mit »predigen« zu übersetzen. Siehe dazu die folgende Argumentation oben im Text.

Lukas versucht also in der Apostelgeschichte, das Spezifische der Tätigkeit des Paulus mit dem Verbum διαλέγομαι *(dialegomai)* zu bezeichnen. Daher empfiehlt es sich nicht, für das Verbum διαλέγομαι *(dialegomai)* im Deutschen die – an sich durchaus mögliche[15] – Übersetzung »predigen« zu wählen, da auf diese Weise dieses Spezifikum der paulinischen Lehre gerade eingeebnet würde. Die Tätigkeit des Paulus ist dann von der anderer eben nicht mehr unterscheidbar.

Aber auch »lehren« sollte man nicht als Übersetzung wählen; Lukas unterscheidet in bezug auf Paulus durchaus zwischen διαλέγομαι *(dialegomai)* und διδάσκω *(didaskō)*[16].

So habe ich einstweilen »disputieren« gewählt, um den Unterschied auch in der Übersetzung zu markieren. Es ist also weniger an eine Predigt oder eine Vorlesung zu denken, die Paulus in Thessaloniki, in Athen, in Korinth und in Ephesos hält, sondern an ein Gespräch, eine Unterredung, eine Disputation.

∗ ∗ ∗

Lukas zeichnet den Paulus also trotz der singulären Stelle 19,9 nicht als Lehrer und er bezeichnet ihn auch nicht als einen solchen. Er verwendet das Wort Lehrer zwar im Evangelium durchweg für Jesus (vor allem in der Anrede διδάσκαλε *[didaskale]*), aber in der gesamten Apostelgeschichte kommt es nur an einer einzigen Stelle vor, wo es eine Gruppe führender Mitglieder der Gemeinde in Antiochien am Orontes bezeichnet.[17]

Damit befindet sich Lukas in der allerschönsten Übereinstimmung mit Paulus selbst, der sich ebenfalls keineswegs als Lehrer sieht. „Nach Ausweis der Konkordanz hat Paulus sich nie als Lehrer bezeichnet. Als ihm vor Damaskus eine »Offenbarung Jesu Christi« zuteil geworden war (Gal 1,15f.), da verstand er dieses Ereignis sogleich als missionarischen Sendungsauftrag durch diesen Jesus Christus, und so war er fortan »Apostel Jesu Christi«. Sein Auftrag war es, Jesus Christus als Evange-

---

15 Vgl. den Artikel im Wörterbuch von *Bauer/Aland* (oben Anm. 10) und die von Barrett kritisierte Conzelmannsche Übersetzung (oben Anm. 13).

16 Die eindrucksvollste Stelle ist Apg 28,31. Aber auch sonst wird διδάσκω gelegentlich für Paulus benutzt, vgl. Apg 11,26 (zusammen mit Barnabas ἐν τῇ ἐκκλησίᾳ in Antiochien am Orontes); 15,35 (ebenfalls zusammen mit Barnabas in Antiochien); 18,11; 20,20; 21,21; 21,28.

17 Apg 13,1: ἦσαν δὲ ἐν Ἀντιοχείᾳ κατὰ τὴν οὖσαν ἐκκλησίαν προφῆται καὶ διδάσκαλοι ὅ τε Βαρναβᾶς καὶ Συμεὼν ὁ καλούμενος Νίγερ, καὶ Λούκιος ὁ Κυρηναῖος, Μαναήν τε Ἡρῴδου τοῦ τετραάρχου σύντροφος καὶ Σαῦλος.

Vgl. dazu meinen in Anm. 9 zitierten Aufsatz, S. 258–259. Ich formuliere dort S. 259 das Ergebnis: „Hier kommt nun der erwähnte Konkordanzbefund zum Tragen: διδάσκαλος begegnet in der Apostelgeschichte nur an dieser einen Stelle. Alles spricht demnach dafür, daß διδάσκαλοι in Apg 13,1 nicht lukanisch, sondern traditionell ist. Das *album* der Very Important Persons der christlichen Gemeinde in Antiochien bestand mithin nicht nur aus einer Liste von fünf Namen, sondern es enthielt auch schon die Funktionsbezeichnung διδάσκαλος.“

lium zu verkündigen: In Bezug auf das Evangelium von »Lehre« zu sprechen, wäre unangemessen.“[18]

Nun könnte Paulus freilich trotzdem ein Lehrer und Schulgründer gewesen sein, auch wenn er sich selbst nicht als solchen bezeichnet. Dagegen sprechen jedoch die historischen Gegebenheiten, wie Wolf-Henning Ollrog aufgewiesen hat: „Wer Schulen gründet, will Bewährtes festhalten und einüben für fernere Gelegenheiten. Er sieht sich in einer Überlieferungskette stehen. Für Paulus hingegen besitzt Tradition eine andere Funktion. Sie steht im Dienste aktueller Problematik, Polemik, Paränese ... Wer noch zu seinen Lebzeiten die Parusie erwartet, ... richtet keine Schule für angehende Missionare und Gemeindeprediger ein.“[19] Dazu reicht einfach die Zeit nicht.

Wir können also als vorläufiges Ergebnis formulieren: *Paulus war weder Lehrer und Schulgründer, noch hat er sich als solchen bezeichnet; auch Lukas sieht ihn nicht in diesem Licht.*

Der Begriff »Schule«

Wenn von einer Paulusschule die Rede ist, sollte man sich vor allem auch klarmachen, in welchem Sinn hier der Begriff »Schule« verwendet wird. Zunächst bezeichnet das Wort ja ein Gebäude, in dem sich Lehrer und Schüler zu Unterrichtszwecken treffen. Ganz so wird ja – wie wir gesehen haben – das griechische Pendant σχολή (s|cholē) bei Lukas in Apg 19,9 verwendet, wo übrigens keine Umbenennung des Gebäudes in σχολὴ Παύλου (s|cholē Paulou) ins Auge gefaßt wird; wenigstens *honoris causa* hätte man sich das schon einmal überlegen sollen ... Diese Überlegung zeigt: Im Sinn eines Gebäudes ist das Wort »Schule« in der Zusammensetzung »Paulusschule« nicht verwendet.

Es geht hier also nicht um ein Gebäude, sondern um eine Gruppe von Schülern, die ihrerseits eine Schule bilden sollen. Eine moderne Analogie wäre etwa die Bultmannschule. Auch hier denkt man an eine Gruppe von Männern, die Bultmann als ihren Lehrer betrachten, und miteinander seine Schule bilden. Allen Schülern ist gemeinsam die persönliche Beziehung zu dem Schulhaupt. Eine antike Analogie wäre die Schule des Aristoteles.

Aber kann man dergleichen Analogien sinnvollerweise auf Paulus übertragen? Haben etwa der Verfasser des 2. Thessalonicherbriefs und der Verfasser des Epheserbriefs dies miteinander gemeinsam, daß sie bei Paulus in die Schule gegangen sind und nunmehr Mitglieder der Paulusschule sind? Kann man für den Verfasser des 2. Thessalonicherbriefs sinnvollerweise behaupten, er sei ein persönlicher Schüler des Paulus

---

18 *Helmut Merkel*, a.(Anm. 3)a.O., S. 235–236.

19 *Wolf-Henning Ollrog*: Paulus und seine Mitarbeiter. Untersuchungen zu Theorie und Praxis der paulinischen Mission, WMANT 50, Neunkirchen 1979, S. 118; vgl. auch *Helmut Merkel*, a.a.O., S. 248–249.

gewesen? Reicht nicht vielmehr die Annahme, daß er den 1. Thessalonicherbrief gekannt hat und ihn in einem entscheidenden Punkt hat »korrigieren« wollen?[20] Welche Textbeobachtung nötigt dazu, eine persönliche Lehrer-Schüler-Beziehung zwischen dem Paulus und dem Verfasser des Schreibens zu postulieren?

Wenn man den Ausdruck »Schule« nicht in einem ganz weiten und damit schon
so gut wie nichtssagenden Sinn (auch Markion und Luther waren in einem gewissen Sinn Schüler des Paulus ...) fassen will, muß man eine persönliche Beziehung
zwischen dem Lehrer Paulus und seinen Schülern fordern. D.h. konkret: Der Verfasser des 2. Thessalonicherbriefs oder des Epheserbriefs waren in dem Sinn Schüler
des Paulus, daß sie ihn persönlich gekannt haben und von ihm persönlich belehrt
worden sind. Genau daran dachten die Erfinder der Paulusschule im 19. Jahrhundert.
Die Paulusschule ist – historisch betrachtet – eine apologetische Konzeption.

✳ ✳ ✳

Ein Blick in die Forschungsgeschichte

Friedrich Daniel Ernst Schleiermacher hat 1807 als erster die These vertreten, daß
der 1. Timotheusbrief nicht von Paulus stammen könne. „Der unbekannte Verfasser,
der vielleicht gegen Ende des 1. Jahrhunderts ein Gemeindevorsteher war, wollte mit
seinem »frommen Betrug« sowohl einerseits »die sehr zweckmäßige Gesezgebung
über den Wittwenstand« als auch »die wenn gleich nicht genau paulinisch geführte
doch sehr wohlgemeinte und heilsame Polemik gegen die ... Überschätzung der
Jungfrauschaft und des ehelosen Standes überhaupt« zur Geltung bringen."[21]

Im Jahr 1812 hat Johann Gottfried Eichhorn diesen Ansatz auf alle drei Pastoralbriefe ausgedehnt und einen Schüler des Apostels als Autor postuliert. „Dies ist die
Geburtsstunde der »Paulusschüler«! Weil Paulus keine zusammenfassende Darstellung der Gemeindeordnung gegeben hatte, durften seine diesbezüglichen mündlichen Anordnungen vor dem Vergessen und vor Verfälschung bewahrt werden. »Was
war unter diesen Umständen natürlicher, als daß[22] irgend ein Schüler des Apostels,
noch vor Ablauf der Generation, die ihn zum Lehrer gehabt hatte, auf den Gedanken gerieth, was Paulus den Gemeinen über ihre Einrichtung, und den verschiedenen
Ständen ..., über ihre Pflichten vorzuschreiben pflegte, schriftlich zu machen; und

---

20 Vgl. dazu die verschiedenen Lösungsmöglichkeiten, die in Kapitel IV, S. 146–149 vorgestellt
worden sind.

21 *Helmut Merkel*, a.a.O., S. 238. Die zitierte Schrift Schleiermachers: Über den sogenannten ersten Brief des Paulos an Timotheos, Berlin 1807.

22 Der Merkelsche Aufsatz ist ein Opfer der fälschlich so genannten neuen Rechtschreibung, die
in der Anwendung dazu neigt, alle Unterschiede zu nivellieren: So ist aus dem *daß* Eichhorns stillschweigend ein modernes *dass* geworden ...

Auch die eine oder andere Ungenauigkeit bei der Zitation Eichhorns habe ich im Merkelschen Text
stillschweigend berichtigt. Das oben in spitzen Klammern stehende Zitat beansprucht daher, den Text
Eichhorns korrekt wiederzugeben, nicht das Zitat Merkels.

die Vorschriften dem, von welchem er sie hatte, in den Mund zu legen?« Damit war dem Problem der Pseudepigraphie der Stachel genommen: »Es war eine unschuldige Dichtung der Art, wie wir bey den Alten sehr viele finden, um dem Ideal einer wohlgeordneten Gemeine die Sanction des Apostels, aus dessen Mund und Beyspiel man sie genommen hatte, zu geben. Müssen nicht viele Dialoge der Sokratiker, und viele Briefe der griechischen Briefsteller aus eben dem Gesichtspunkte angesehen werden?«"[23]

Die apologetische Absicht ist mit Händen zu greifen: Ist Paulus als Verfasser nicht zu halten, so muß eben ein Schüler des Apostels bemüht werden, der in gutem Glauben in dessen Sinne tätig wird. Dieses Argumentationsmuster hat sich 200 Jahre gehalten und wird auch künftig nicht aussterben. An Pfingsten[24] konnte man von bayerischen Kanzeln Predigten über Eph 4,11–15 hören. In der Predigt, die ich hörte, war dabei immer wieder von dem Apostel Paulus die Rede, der an die Epheser dies und das schreibe. Ich unterstelle einmal, daß jeder bayerische Pfarrer weiß, daß der Brief an die Epheser nicht von dem Apostel stammt; mein Prediger jedenfalls wußte es. In einem Gespräch nach dem Gottesdienst meinte er, es sei doch egal, ob der Brief von Paulus oder einem Schüler stamme. Das ist das Argument von 1812, das in den 200 Jahren seither nicht besser geworden ist. Und übrigens: Wenn es wirklich egal ist, ob der Epheserbrief von Paulus oder einem Schüler stammt, was hindert den Prediger, einen Schüler als Verfasser namhaft zu machen? Warum muß dann doch wider besseres Wissen der Apostel höchstselbst bemüht werden?

*** *** ***

Es ist eben nicht egal, ob Paulus selbst schreibt, oder einer seiner Schüler. Als Lehrer mit über 30jähriger Erfahrung sage ich Ihnen: Ich möchte nicht mit dem identifiziert werden, was irgendwelche Schüler sagen oder schreiben! Ich lehne jegliche Verantwortung dafür ab! Auch wohlmeinende Schüler äußern gelegentlich den allergrößten Blödsinn. Wenn Paulus für jeden Schüler verantwortlich wäre, wäre er der bedauernswerteste unter allen Menschen.[25]

Hinzu kommt die ernüchternde Feststellung: Die Rede von den Schülern als Verfassern ist durch nichts gedeckt (außer durch apologetische Konstruktionen seit 1812 . . .). Wir können weder bei den Pastoralbriefen noch sonst bei einem unter dem Namen des Paulus publizierten Schreiben wirklich wissen, daß ein Schüler der Verfasser ist. Dies müßte in jedem einzelnen Fall erst einmal wahrscheinlich gemacht werden. Die bloße Möglichkeit jedenfalls ist noch kein hinreichendes Argument.

---

23 *Helmut Merkel*, a.a.O., S. 238–239. Die zitierte Schrift Eichhorns: *D. Johann Gottfried Eichhorn: Einleitung in das Neue Testament, Dritter Band. Erste Hälfte*, Leipzig 1812.

24 Die Bemerkung ist aus der 1. Auflage der Vorlesung, aus der dieses Buch entstanden ist, im Sommer 2006 herübergenommen; es handelt sich mithin um das Pfingstfest des Jahres 2006.

25 1Kor 15,19b. Paulus hätte gewiß – hätte er geahnt, was ihm an Schülern zugemutet wird – in seinen Peristasenkatalogen als ganz besondere Not die Briefe seiner Schüler nicht zu erwähnen vergessen . . .

Ich schließe mit dem Merkelschen Resümee: „Die Vorstellung von Paulusschülern, die im Namen des Lehrers Briefe verfassten, stammt aus den Anfängen der historisch-kritischen Erforschung des Neuen Testaments. Sie diente zunächst der Erklärung, wieso offenbar nicht von Paulus selbst geschriebene Briefe mit seinem Namen im Kanon stehen. Je nach Geschmack konnte dabei der Schülerbegriff mehr die Nähe zum Lehrer (»zwar nicht von Paulus selbst, aber doch immerhin von einem seiner Schüler«) oder eher die Entfernung (»bloß von einem Schüler und deshalb nicht auf derselben Höhe«) signalisieren. Je stärker die Exegese zu differenzieren lernte, desto unbrauchbarer erwies sich der Schülerbegriff."[26]

Die Paulusschule in Ephesos gleicht also dem in den Logiklehrbüchern so beliebten „gegenwärtigen König von Frankreich"; sie ist nicht mehr als eine Pseudokennzeichnung.

§ 30 Der Kolosserbrief

Der Kolosserbrief[1] beansprucht, ein Brief des Apostels Paulus an die Gemeinde in Kolossai zu sein, wie aus dem Präskript (Kol 1,1–2) hervorgeht:

Παῦλος ἀπόστολος Χριστοῦ Ἰησοῦ	Paulus, Apostel Christi Jesu
διὰ θελήματος θεοῦ	durch den Willen Gottes,
καὶ Τιμόθεος ὁ ἀδελφὸς	und Timotheus, der Bruder,
τοῖς ἐν Κολοσσαῖς	an die heiligen und gläubigen
ἁγίοις καὶ πιστοῖς	Brüder in Christus in Kolossai:
ἀδελφοῖς ἐν Χριστῷ·	
χάρις ὑμῖν καὶ εἰρήνη	Gnade sei mit euch und Friede
ἀπὸ θεοῦ πατρὸς ἡμῶν.	von Gott, unserm Vater.

Die Stadt Kolossai liegt im oberen Lykostal und beherbergt wohl auch die Adressaten des Philemonbriefes.[2] Die benachbarten Städte Laodikeia und Hierapolis werden

---

26 *Helmut Merkel*, a.a.O., S. 250.

1   Die folgenden Ausführungen zum Kolosserbrief sind eine erweiterte und verbesserte Fassung meines einschlägigen Textes, die in dieser Form jetzt auch unter den Texten für das Neutestamentliche Repetitorium eingestellt ist (`www.neutestamentliches-repetitorium.de`). Die genauen bibliographischen Angaben zu den einzelnen Arbeiten über den Kolosserbrief finden sich im Literaturverzeichnis am Ende dieses Paragraphen.

2   Vgl. dazu die Ausführungen zum Philemonbrief, oben im Kapitel IV, Paragraph 27, hier S. 194–199 mit Anm. 7.

Basisinformationen zur Stadt Kolossai bietet *Thomas Drew-Bear*: Art. Kolossai (Κολοσσαί), DNP 6 (1999), Sp. 667–668.

Kolossai wird erstmals bei Herodot VII 30 genannt; schon zur Zeit des Xenophon ist die Stadt von Bedeutung (Anabasis I 2,6); wegen ihrer guten Einkünfte aus der Schafwolle werden die Κολοσσηνοί von Strabon gemeinsam mit den Einwohnern von Laodikeia erwähnt (XII 8,16); lediglich aufgezählt als Stadt Phrygiens wird Kolossai bei Plinius: NH V 145.

Die archäologische Erforschung der Ruinen von Kolossai liegt im Argen: Grabungen haben noch nicht stattgefunden, und so sind lediglich Zufallsfunde bekanntgeworden, darunter auch eine kleine

in 4,13 gemeinsam genannt. Für Laodikeia ist eine christliche Gemeinde auch eine Generation nach Paulus (oder, wenn man die Apokalypse spät, d.h. ins zweite Jahrhundert datiert: *zwei Generationen nach Paulus*) in Apk 3,14–22 bezeugt.

Die alte Stadt (Xenophon: Anabasis I 2,6) „hatte in neutestamentlicher Zeit ihre Geschichte hinter sich."[3] Zur Zeit des Kaisers Nero ist die Stadt durch ein Erdbeben vernichtet worden, wie verschiedene antike Autoren berichten.[4] Dieses Erdbeben fällt in das Jahr 60, also in eine Zeit, als Paulus bereits als Gefangener in Rom war. Es könnte das Ende der Gemeinde in Kolossai bedeutet haben. Anscheinend wurde die Stadt – im Gegensatz zu Laodikeia – nicht wieder aufgebaut.[5]

Die Lage der antiken Stadt ist bekannt, Ausgrabungen haben dort jedoch bisher nicht stattgefunden; lediglich das Rund eines Theaters ist für den Laien heute erkennbar. Indizien für eine spätere Besiedelung sind vorhanden: „Allerdings gibt es zwei Inschriften aus den ersten Jahrzehnten des zweiten Jahrhunderts und einige wenige Münzen aus dem zweiten und dritten Jahrhundert. Von daher wird man nicht mehr so leicht wie früher behaupten können, der Kolosserbrief könne nicht an die dortige Gemeinde gesandt worden sein, weil dort im ausgehenden ersten Jahrhundert außer Ruinen nichts mehr vorhanden gewesen sei. Es ist durchaus möglich, daß Kolossä erst durch ein späteres Erdbeben endgültig zerstört und erst dann aufgegeben worden ist. Jedenfalls haben wir Zeugnisse aus dem fünften Jahrhundert, wonach die südlich von Kolossä gelegene Stadt Chonä an die Stelle von Kolossä getreten ist."[6]

* * *

Der Aufbau des Kolosserbriefs folgt ganz dem Schema der genuin paulinischen Briefe: Auf das Präskript folgt ein Proömium, das Briefcorpus zerfällt in einen lehrhaften und einen paränetischen Teil, das Eschatokoll schließt das Schreiben ab:

Zahl von Inschriften. Zu diesen vgl. den soeben erschienenen Aufsatz von *A. H. Cadwallader:* A New Inscription, a Correction and a Confirmed Sighting from Colossae, EA 40 (2007) [2008], S. 109–118; in diesem Aufsatz stellt A. H. Cadwallader die erste Inschrift aus der Stadt selbst vor, die den Namen der Einwohner – Κολοσσηνοί im Genitiv Plural – enthält und damit die Identifizierung des Ortes sicherstellt.

3   *Josef Ernst:* Art. Kolosserbrief, S. 370.

4   Tacitus nennt Ann XIV 27 nur das benachbarte Laodikeia: *eodem anno ex inlustribus Asiae urbibus Laodicea tremore terrae prolapsa nullo a nobis remedio propriis operibus revaluit.* („In demselben Jahre wurde eine bedeutende Stadt Kleinasiens, Laodicea, durch ein Erdbeben zerstört. Doch half sie sich ohne irgendwelche Beihilfe unsererseits nur durch eigene Kraft wieder auf." Die Übersetzung nach Tacitus: Annalen. Deutsch von August Horneffer, KTA 238, Stuttgart 1964, S. 465.)

5   Anders jedoch *Ulrich Luz* in seinem Kommentar: „Die Stadt hat aber damit nicht aufgehört zu existieren, auch wenn sie in späterer Zeit nicht mehr literarisch bezeugt ist und auch wenn aus der Zeit nach 61 nur noch verhältnismäßig wenige Münzen und Inschriften gefunden worden sind. Es lassen sich also aus diesem Erdbeben keine zwingenden Folgerungen für die Frage der Echtheit des Briefs ziehen" (S. 184).

6   *Ingo Broer:* Einleitung in das Neue Testament, Band 2: Die Briefliteratur, die Offenbarung des Johannes und die Bildung des Kanons, Die Neue Echter Bibel. Ergänzungsband zum Neuen Testament

Abbildung V.1: Die verlassenen Ruinen von Kolossai

1,1–2	Präskript	
1,3–8	Proömium	
1,9–4,6	Briefcorpus	
	1,9–2,23	Teil I: Die Herrschaft Christi über die Welt
	3,1–4,6	Teil II: Paränese
4,7–18	Eschatokoll	

Für den Teil I sollte man sich als besonders charakteristisch den sogenannten Kolosserhymnus merken (Kol 1,15–20), für Teil II die sogenannten Haustafeln (Kol
3,18–4,1).

Der Kolosserhymnus ist für die Christologie wichtig: Christus erscheint hier als
Schöpfungsmittler, was etwa im Philipperhymnus durchaus noch nicht der Fall war.[7]
Erst im Prolog des Johannesevangelium finden wir dann vergleichbare Aussagen:

2,2, Würzburg 2001, S. 492; zum gegenwärtigen Stand der Erforschung der Stadt und neuen Inschriften
vgl. die oben in Anm. 2 genannte Arbeit von *A. H. Cadwallader.*

7   Zum Kolosserhymnus vgl. die Studie von *Harald Hegermann* und den Aufsatz von *Ernst Käsemann.*

ὅς ἐστιν εἰκὼν τοῦ θεοῦ τοῦ ἀοράτου,	Er ist das Bild des unsichtbaren Gottes,
πρωτότοκος πάσης κτίσεως,	Erstgeborener vor aller Schöpfung.
ὅτι ἐν αὐτῷ ἐκτίσθη τὰ πάντα	Denn in ihm ist alles geschaffen
ἐν τοῖς οὐρανοῖς καὶ ἐπὶ τῆς γῆς,	in den Himmeln und auf der Erde,
τὰ ὁρατὰ καὶ τὰ ἀόρατα,	das Sichtbare und das Unsichtbare,
εἴτε θρόνοι εἴτε κυριότητες	seien es Throne oder Herrschaften,
εἴτε ἀρχαὶ εἴτε ἐξουσίαι·	Mächte oder Gewalten –
τὰ πάντα δι᾽ αὐτοῦ καὶ εἰς αὐτὸν ἔκτισται,	alles ist durch ihn und auf ihn hin geschaffen.
καὶ αὐτός ἐστιν πρὸ πάντων	Und er ist vor allen Dingen
καὶ τὰ πάντα ἐν αὐτῷ συνέστηκεν.	und alles hat in ihm Bestand.

* * *

Die Echtheit des Kolosserbriefs ist umstritten. „Die Eigenart des Kol[osserbriefs] hat schon im frühen 19. Jh. die Vermutung geweckt, Paulus sei nicht sein Verfasser; andererseits war sein »paulinischer« Charakter auch nicht ganz zu leugnen. Ein Dokument dieser Verlegenheit stellt der Versuch H.J. Holtzmanns (1872) dar, den kanonischen Kol[osserbrief] als Überarbeitung eines echten Paulusbriefs durch den Autor des Eph[eserbriefs] zu erweisen und den echten Kol[osserbrief] wiederzugewinnen …“[8]

Vergleicht man den Kolosserbrief mit den unbestritten echten paulinischen Briefen, so fallen eine Reihe von Besonderheiten ins Auge:

- Sprachliche Besonderheiten: Diese umfassen einerseits den Wortschatz (Hapaxlegomena innerhalb des Neuen Testaments und viele Wörter, die sonst bei Paulus nicht verwendet werden), andrerseits den Stil des Briefes (schwerfällig und überladen).[9]

- Eine auffällige »kommunikative« Besonderheit: Der Kolosserbrief wäre im Fall der Echtheit das einzige Schreiben des Paulus, in dem dieser die Adressaten *kein einziges Mal* mit ἀδελφοί *(adelphoi)* anredet.

- Theologische Besonderheiten: Christus wird sonst bei Paulus nirgendwo als »Haupt« (κεφαλή *[kephalē]*) der Gemeinde bezeichnet wie Kol 1,18; die kos-

---

8 *Philipp Vielhauer:* Geschichte der urchristlichen Literatur. Einleitung in das Neue Testament, die Apokryphen und die Apostolischen Väter, Berlin/New York 1975, S. 196.

9 „Als Altersstil sollte man den Stil des Kol nicht entschuldigen. Liest man den Phlm, mit dem der Kol bei Voraussetzung der Echtheit gleichzeitig abgefaßt wäre, dann sieht man, wie der alte Paulus schreibt und merkt den Unterschied; dieses fällt umso mehr auf, als Phlm trotz seines eher privaten Charakters glänzend stilisiert ist und nichts von stilistischer Nachlässigkeit oder gar Unfähigkeit verrät“ (*Philipp Vielhauer*, a.a.O., S. 197).

Dieses Argument ist aber nur für den überzeugend, der den Philemonbrief aus Rom geschrieben sein läßt, was wir in diesem Buch jedoch dezidiert nicht getan haben, vgl. oben § 27, S. 196–197.

mologische Ausrichtung der Christologie findet sich bei Paulus ebensowenig wie die theologische Qualifikation seiner eigenen Leiden (Kol 1,24–29).

„Die Theologie des Kol[osserbriefs] steht zwar in der paulinischen Tradition, ist aber – und zwar nicht nur wegen seiner Ketzerpolemik – anders orientiert als die des Paulus und weicht in wichtigen Gedanken unvereinbar von ihr ab. Man wird also vom Inhalt her schließen müssen, daß der Kol[osserbrief] nicht von Paulus verfaßt ist."[10]

Wie der uns schon bekannte 2. Thessalonicherbrief gehört der Kolosserbrief also zu den sogenannten Deuteropaulinen. Damit ist zugleich die Frage des Epheserbriefs entschieden: Da dieser vom Kolosserbrief literarisch abhängig ist, kann auch er nicht auf Paulus selbst zurückgehen.

Literatur

Einführungen zum Kolosserbrief

Josef Ernst: Kolosserbrief, TRE 19 (1990), S. 370–376.
Peter Pilhofer: Kolosserbrief, http://www.neutestamentliches-repetitorium.de.

Kommentare in chronologischer Folge

Ernst Lohmeyer: Die Briefe an die Philipper, an die Kolosser und an Philemon, KEK IX, Göttingen [8]1930 (bearbeitet von Werner Schmauch, [9]1953, [13]1964).
Martin Dibelius: An die Kolosser, Epheser; An Philemon, HNT 12, Tübingen [2]1927 (bearbeitet von Heinrich Greeven, [3]1953).
Eduard Lohse: Die Briefe an die Kolosser und an Philemon, KEK 9/2, Göttingen [14]1968.
Joachim Gnilka: Der Kolosserbrief, HThK 10/1, Freiburg/Basel/Wien 1980.
Petr Pokorný: Der Brief des Paulus an die Kolosser, ThHK 10/1, Leipzig [2]1990.
Hans Hübner: An Philemon. An die Kolosser. An die Epheser, HNT 12, Tübingen 1997.
Ulrich Luz: Der Brief an die Kolosser, NTD 8/1, Göttingen 1998.

Sonstige Literatur

Günther Bornkamm: Die Häresie des Kolosserbriefes, in: *ders.:* Das Ende des Gesetzes. Paulusstudien, Gesammelte Aufsätze I, BEvTh 16, München [5]1966, S. 139–156.
Günther Bornkamm: Die Hoffnung im Kolosserbrief, in: *ders.:* Geschichte und Glaube II, Gesammelte Aufsätze IV, BEvTh 53, München 1971, S. 206–213.
A. H. Cadwallader: A New Inscription, a Correction and a Confirmed Sighting from Colossae, EA 40 (2007) [2008], S. 109–118.
Harald Hegermann: Die Vorstellung vom Schöpfungsmittler im hellenistischen Judentum und Urchristentum, TU 82, Berlin 1961.

---

10 *Philipp Vielhauer,* a.a.O., S. 199f.

Rudolf Hoppe: Der Triumph des Kreuzes. Studien zum Verhältnis des Kolosserbriefs zur paulinischen Kreuzestheologie, SBB 28, Stuttgart 1994.

Ernst Käsemann: Eine urchristliche Taufliturgie, in: *ders.:* Exegetische Versuche und Besinnungen, Erster Band, Göttingen ⁶1970, S. 34–51.

Johannes Lähnemann: Der Kolosserbrief. Komposition, Situation und Argumentation, StNT 3, Gütersloh 1971.

Angela Standhartinger: Studien zur Entstehungsgeschichte und Intention des Kolosserbriefes, NT.S 94, Leiden 1999.

Thomas Witulski: Gegenwart und Zukunft in den eschatologischen Konzeptionen des Kolosser- und des Epheserbriefes, ZNW 96 (2005), S. 211–242.

§ 31 Der Epheserbrief

Wie der Kolosserbrief beansprucht auch der Epheserbrief[1], ein Brief des Apostels Paulus zu sein, wobei hier allerdings die Frage der Adressaten nicht so einfach zu beantworten ist wie beim Kolosserbrief. In Eph 1,1 heißt es:

Παῦλος ἀπόστολος Χριστοῦ Ἰησοῦ	Paulus, Apostel Christi Jesu
διὰ θελήματος θεοῦ	durch den Willen Gottes,
τοῖς ἁγίοις τοῖς οὖσιν [ἐν Ἐφέσῳ]	an die Heiligen, die in Ephesos sind,
καὶ πιστοῖς ἐν Χριστῷ Ἰησοῦ·	und die Gläubigen in Christus Jesu:
χάρις ὑμῖν καὶ εἰρήνη	Gnade sei mit euch und Friede
ἀπὸ θεοῦ πατρὸς ἡμῶν	von Gott, unserm Vater,
καὶ κυρίου Ἰησοῦ Χριστοῦ.	und dem Herrn Jesus Christus.

Die eckigen Klammern um das ἐν Ἐφέσῳ *(en Ephesō)* weisen auf ein textkritisches Problem hin: Die Überlieferung ist hier gespalten; ein Teil der Handschriften, so beispielsweise

ℵ² A B² D F G Ψ

lesen in der Tat das ἐν Ἐφέσῳ *(en Ephesō)* im Präskript unseres Briefes; ein nicht unerheblicher anderer Teil jedoch:

𝔓⁴⁶ ℵ* B* 6 1739 sowie Markion

bietet das ἐν Ἐφέσῳ *(en Ephesō)* nicht; diesen Handschriften zufolge richtet sich unser Schreiben also nicht an die Christinnen und Christen in Ephesos, sondern ganz allgemein an die Heiligen und Gläubigen in Jesus Christus.[2]

Und diese LA wird in nicht wenigen Kommentaren als die ursprüngliche angesehen. So übersetzt etwa Dibelius dann entsprechend: „Paulus, Apostel Christi Jesu

---

1   Die folgenden Ausführungen zum Epheserbrief stehen auch unter den Papieren zum Repetitorium (www.neutestamentliches-repetitorium.de) unter der 10. Sitzung. Die genauen bibliographischen Angaben zu den einzelnen Arbeiten über den Epheserbrief finden sich im Literaturverzeichnis am Ende dieses Paragraphen.

2   Vgl. im einzelnen die Diskussion bei *Bruce M. Metzger:* A Textual Commentary on the Greek New Testament. A Companion Volume to the United Bible Societies' Greek New Testament (Fourth Revised Edition), Stuttgart ²1994, S. 532.

durch den Willen Gottes, den Heiligen und Gläubigen in Christus Jesus: Gnade mit euch und Friede von Gott unserm Vater und dem Herrn Jesus Christus" und begründet seine Entscheidung folgendermaßen: „ἐν Ἐφέσῳ *[en Ephesō]* in diesem Brief hat, wenn er echt ist, als unmöglich, wenn er unecht ist, als unwahrscheinlich zu gelten. P[au]l[u]s kann in einem mit Col gleichzeitigen Brief ... an die ihm aus langem Aufenthalt bekannten Epheser ... nicht so unpersönlich, kann ihnen nicht Sätze wie I₁₅ 3₂ geschrieben haben, und ein Fälscher, der ihn nach Ephesus so schreiben ließe, würde sehr ungeschickt handeln."[3]

„Schon Theodor von Mopsuestia hatte bemerkt, daß Paulus einen so unpersönlich gehaltenen Brief (1,15!) kaum an die ihm so gut bekannte Gemeinde zu Ephesus hätte schreiben können; er schloß daraus, daß Paulus den Brief vor seinem Wirken in Ephesus geschrieben habe. Diesen Anstoß suchte man seit dem 17. Jahrhundert (J. Ussher) durch die Hypothese zu beseitigen, Eph sei ein Rundschreiben an mehrere kleinasiatische Gemeinden gewesen; noch die Einleitung von J. G. Eichhorn bedient sich ihrer, zumal ja die ältesten Handschriften keine Ortsangabe in Eph 1,1 enthalten. Doch hatte bereits 20 Jahre vorher der englische Geistliche Edward Evanson eben diesen Sachverhalt erstmals als Argument gegen die paulinische Herkunft des Eph gewendet. Damit war ein zweites wichtiges Problem in die Diskussion eingebracht."[4]

Gegen Paulus als den Verfasser des Epheserbriefes sprechen unter anderem die folgenden Gründe:

1. Die Sprache ist nicht die paulinische (zu dem monströsen Satz in 1,3–14[5] beispielsweise gibt es in den echten Paulusbriefen keine Parallele).

2. Der Epheserbrief ist von dem deuteropaulinischen Kolosserbrief literarisch abhängig.

3. Die Ekklesiologie ist nachpaulinisch (Christus als das Haupt des Leibes der Kirche!).

4. Die Ämter in 4,11 sind nachpaulinisch.[6]

---

3 *Martin Dibelius*, S. 56.

4 *Helmut Merkel*, S. 3161.

5 Auch solche merkwürdigen Passagen sind zu Predigttexten geworden, dieser beispielsweise in der Reihe IV für den Sonntag nach Trinitatis. Meine Predigerin am 11. Juni 2006 – als ich diesen Paragraphen zum ersten Mal vortrug – hat diesen Text nicht verschmäht, sich wacker geschlagen und vor allem nicht den Apostel als Verfasser bemüht, sondern konsequent von dem „Verfasser des Epheserbriefs" gesprochen. Übrigens ist der Epheserbrief in der Perikopenordnung mit 20 Predigttexten vertreten, der ungleich wichtigere Galaterbrief bringt es auf kümmerliche acht! (Die einzelnen Angaben stammen aus *Herwarth von Schade* und *Frieder Schulz [Hg.]:* Perikopen. Gestalt und Wandel des gottesdienstlichen Bibelgebrauchs, reihe gottesdienst 11, Hamburg 1978.)

6 „Gleichzeitig ist der Hinweis in 4,11 auf die von Christus eingesetzten Apostel, Propheten, Evangelisten, Hirten und Lehrer ... Indiz dafür, daß wir uns mit diesem Brief frühestens in der Zeit

Was die Verfasserfrage angeht, können wir also konstatieren: Paulinisch ist der Epheserbrief nicht. „In der Verfasserfrage gibt es schon länger einen breiten, internationalen und überkonfessionellen Konsens, daß dieser Brief nicht von Paulus stammt."[7] Das heißt dann aber zugleich: Über den Verfasser des Epheserbriefes wissen wir nichts. Über Schüler des Paulus zu spekulieren, die hier zur Feder gegriffen haben sollen, halte ich für reine Zeitverschwendung.[8]

Bei einem fingierten Brief von Adressaten zu sprechen, ist schon an sich mißlich. Adressaten im eigentlichen Sinn gibt es hier ja nicht.[9] Dennoch fehlt es auch in bezug auf die Adressaten nicht an Spekulationen, so beispielsweise: „Ist die ... vorgetragene Hypothese richtig, so waren die Adressaten alte Paulusgemeinden, die durch den Brief mit ekklesialem »Zusammengehörigkeitsbewußtsein« erfüllt werden sollten."[10]

In bezug auf die Abfassungszeit gehen die Ansichten heute kaum mehr auseinander: Mußner beispielsweise plädiert für die Zeit „zwischen 80–90 n. Chr." – da „der Brief literarisch vom Kol (ca. 70 n. Chr.) abhängig und der Apostel Paulus deutlich eine Gestalt der Vergangenheit und doch noch spürbare Gegenwart ist"[11]. Für eine etwas spätere Zeit spricht sich Broer aus: „Jedoch weist die Benutzung zumindest zahlreicher, wenn nicht aller Paulusbriefe durch den Autor des Epheserbriefes wegen der relativ späten Sammlung der Paulusbriefe auf die Wende vom ersten zum zweiten Jahrhundert hin. Die Abfassung des Briefes in den 90er Jahren ist deswegen eine probable Annahme."[12]

∗ ∗ ∗

---

des Übergangs von der paulinisch verfaßten Kirchenstruktur zu einer stärker auf Ämter abstellenden Kirchen-»Verfassung« befinden" (*Ingo Broer*, S. 514).

7 *Ingo Broer*, S. 515.

8 „Der Brief stammt so von einem Theologen, der nach Ausweis auch vorhandener Anklänge an echte Paulusbriefe die Briefe des Apostels gut kennt und offensichtlich sowohl in der hellenistischen als auch in der jüdischen Welt zu Hause ist. ... Für die vorgeschlagenen Identifikationen des Verfassers mit Onesimus, Tychikus, Lukas oder Silas gibt es keine hinreichenden Gründe" (*Ingo Broer*, a.a.O., S. 518). Vgl. oben den Paragraphen 29 zur Schule des Paulus, S. 209–218.

9 Die bündige Feststellung von Werner Georg Kümmel wird viel zu wenig beachtet: „Kann also das Präskript des Eph über den literarischen Charakter des Schreibens keine sichere Auskunft geben, so zeigen die ... besprochenen Tatbestände, daß es sich im Eph *nicht um einen Brief an eine bestimmte Gemeinde, aber ebensowenig um einen Rundbrief für mehrere bestimmte Gemeinden handeln kann*." (*Werner Georg Kümmel*: Einleitung in das Neue Testament, Heidelberg [21]1983, S. 313; die Kursivierung ist von mir.)

10 *Franz Mußner* in seinem TRE-Artikel, S. 750, Z. 1–4.

11 *Franz Mußner* in seinem TRE-Artikel, S. 750, Z. 16–18. Für diesen Zeitraum plädiert auch *Udo Schnelle*: Einleitung in das Neue Testament, UTB 1830, Göttingen [5]2005, S. 351–352.

12 *Ingo Broer*, S. 519.

Für 70–90 plädiert Luz in seinem Kommentar: „Da der Brief weder eine Verfolgungssituation noch eine Auseinandersetzung mit einer christlichen Gnosis voraussetzt, ist er wohl eher zwischen 70 und 90 als später anzusetzen" (*Ulrich Luz*, S. 113.)

Der Aufbau des Epheserbriefs folgt nicht ganz dem Schema der genuin paulinischen Briefe: Auf das Präskript folgt kein Proömium im paulinischen Sinne, sondern einerseits eine Eulogie (Lobpreis Gottes), andrerseits Danksagung und Fürbitte. Das Briefcorpus selbst aber zerfällt wie in mehreren paulinischen Briefen in einen lehrhaften und einen paränetischen Teil; das Eschatokoll schließt das Schreiben ab:[13]

- 1,1–2 Präskript
- 1,3–14 Lobpreis Gottes (Eulogie)
- 1,15–23 Danksagung und Fürbitte
- Teil I: Lehre (Kapitel 2 und 3)
    1. 2,1–10 Einst tot – jetzt mit Christus lebendig gemacht
    2. 2,11–22 Die Heilstat Christi hat *eine* Kirche aus Juden und Heiden geschaffen
    3. 3,1–13 Der Dienst des Apostels an den Heidenchristen
    4. 3,14–21 Fürbitte um Vollendung der Kirche und Doxologie
- Teil II: Paränese (Kapitel 4 bis 6)
    1. 4,1–6 Mahnung an die Gemeinde, die Einheit des Geistes zu bewahren
    2. 4,7–16 Die Ämter als Gaben Christi zum Aufbau der Gemeinde
    3. 4,17–32 Warnung vor dem früheren heidnischen Wandel
    4. 5,1–20 Wandelt in der Liebe Christi und als Kinder des Lichts
    5. 5,21–6,9 Haustafel: Ordnet euch einander unter in der Furcht Christi
    6. 6,10–17 Die Waffenrüstung Gottes gegen die Weltherrscher der Finsternis
    7. 6,18–20 Mahnung zum Gebet für alle Heiligen und den gefangenen Apostel
- 6,21–24 Eschatokoll[14]

Was nun den Inhalt des Epheserbriefes im einzelnen angeht, so war von dem Präskript schon ausführlich die Rede[15], so daß wir hier nicht noch einmal darauf einzugehen brauchen.

* * *

Das nach dem paulinischen Schema als nächstes zu erwartende Proömium folgt nicht in der gewohnten Weise. Stattdessen bietet der Verfasser des Epheserbriefes

---

13 Die Feingliederung gebe ich in Anlehnung an *Helmut Merkel:* Bibelkunde des Neuen Testaments. Ein Arbeitsbuch, Gütersloh ³1988, S. 197.

14 Hier haben wir einen der seltenen konkreten Hinweise auf eine Situation in der Sendung des Tychikos 6,22 – doch die ist wörtlich aus Kol 4,8 herübergenommen ...

15 Vgl. dazu oben S. 223–225.

hier zunächst einen monströsen Satz, der von 1,3 bis 1,14 reicht und meist als Eulogie bezeichnet wird. „Paulus schreibt auch manchmal ungelenke und überladene, aber nie so schleppend schwerfällige Sätze; auch er zitiert und glossiert häufig Traditionsstücke, aber er setzt seine Texte nicht aus solchen zusammen und verschwindet nie »hinter einer Wolke liturgischer Prosa« (Chadwick, 146)."[16] So ist für den erfahrenen Leser schon diese Eulogie ein erster Hinweis darauf, daß wir es hier nicht mit einem paulinischen Brief zu tun haben.

* * *

Erst nach dieser Eulogie folgt in 1,15–23 eine Passage, die mit einem paulinischen Proömium vergleichbar wäre. Freilich sind auch hier die Unterschiede mit Händen zu greifen: Gleich im ersten Vers (v. 15) wird deutlich, daß »Paulus« von den Adressaten und ihrem Glaubensstand nur vom Hörensagen Kenntnis hat – dafür gibt es in keinem paulinischen Brief (auch nicht im Römerbrief!) eine Parallele:

διὰ τοῦτο κἀγώ,	Daher habe auch ich,
ἀκούσας τὴν καθ' ὑμᾶς πίστιν	der ich von eurem Glauben gehört habe
ἐν τῷ κυρίῳ Ἰησοῦ	an den Herrn Jesus
καὶ τὴν ἀγάπην	und von der Liebe,
τὴν εἰς πάντας τοὺς ἁγίους, κτλ.	die ihr zu allen Heiligen habt, usw.

Wenn man bedenkt, daß Paulus ungefähr drei Jahre lang in Ephesos gewirkt hat (vgl. Apg 18–19), so wird man es nicht für möglich halten, daß er in bezug auf Glauben und Leben der dortigen Christinnen und Christen auf Hörensagen angewiesen ist. Der Eindruck des Unpaulinischen verstärkt sich bis hin zum Ende der Passage in v. 22–23, wo Christus als das Haupt (κεφαλή *[kephalē]*) des Leibes bezeichnet wird, d.h. der ἐκκλησία *[ekklēsịa]* (vgl. auch 4,15; 5,23).

* * *

Der lehrhafte Teil (2,1–3,21) richtet sich an Heidenchristen; die Menschen, die der Verfasser im Blick hat, werden in 2,2 als solche gekennzeichnet, die damals in ihren Übertretungen gemäß dem Aion dieser Welt wandelten, gemäß dem Archonten der Herrschaft in der Luft, des Geistes, der jetzt wirksam ist in den Kindern des Ungehorsam.[17] Diese Formulierungen illustrieren nicht nur die sprachliche Eigenart des Epheserbriefs sehr schön, sondern werfen auch ein bezeichnendes Licht auf seine weltanschaulichen Voraussetzungen: Zwischen Gott im Himmel und den Menschen hier existiert ein dämonischer Bereich, das Luftreich, das von allerlei unerfreulichen

---

16 *Philipp Vielhauer:* Geschichte der urchristlichen Literatur. Einleitung in das Neue Testament, die Apokryphen und die Apostolischen Väter, Berlin/New York 1975; durchgesehener Nachdr. 1978, S. 209.

17 Im griechischen Original lautet 2,2 so: ἐν αἷς ποτε περιεπατήσατε κατὰ τὸν αἰῶνα τοῦ κόσμου τούτου, κατὰ τὸν ἄρχοντα τῆς ἐξουσίας τοῦ ἀέρος, τοῦ πνεύματος τοῦ νῦν ἐνεργοῦντος ἐν τοῖς υἱοῖς τῆς ἀπειθείας.

Wesen bevölkert wird.[18] Dies hat Christus geändert. Die Heilstat Christi hat *eine* Kirche aus Juden und Heiden geschaffen (2,11–22). Hier fällt 2,18 der Satz, den Mußner als den „zentrale[n] Satz des Briefes"[19] bezeichnet:

ὅτι δι᾽ αὐτοῦ ἔχομεν τὴν προσαγωγὴν	Denn in ihm haben wir den Zugang
οἱ ἀμφότεροι ἐν ἑνὶ πνεύματι	wir beide [Juden wie Heiden] in einem Geist
πρὸς τὸν πατέρα.	zu dem Vater.

Der Abschnitt ist für die Ekklesiologie des Epheserbriefs von grundlegender Bedeutung. Die früheren Heiden sind nunmehr nicht mehr Fremde und Beisassen, sondern Mitbürger der Heiligen und Hausgenossen Gottes, auferbaut auf dem Fundament der Apostel und Propheten, wobei Christus sein Eckstein ist – das Bild gerät ein wenig aus den Fugen –, in dem das ganze Gebäude zusammengehalten wird und wächst zu einem heiligen Tempel im Herrn (2,19–21[20]).

Zu Beginn des dritten Kapitels erfahren wir, daß wie Paulus von den Adressaten so auch diese von Paulus und seinem Werk »gehört« haben – für Adressaten des historischen Paulus in Ephesos eine völlig unmögliche Vorstellung.

* * *

Der Teil II ist wesentlich ausführlicher gehalten als Teil I; er umfaßt nahezu doppelt so viele Seiten. Daran kann man die Bedeutung der Ethik für den Epheserbrief schon rein äußerlich erkennen. Ich greife zunächst die Passage über die Ämter (4,7–16) heraus: In v. 11 werden fünf verschiedene kirchliche Ämter aufgezählt, Apostel, Propheten, Evangelisten, Hirten und Lehrer. Das spiegelt die nachpaulinische Situation wider. Die beiden zuerst genannten, Apostel und Propheten, sind Größen der Vergangenheit. „Für die Gegenwart bedeutsam sind außer dem Schreiber selbst (vgl. 3,3) offensichtlich die Ämter der Evangelisten, Hirten und Lehrer (4,11), denen die Aufgaben der Verkündigung, Leitung und Lehre übertragen sind."[21]

Charakteristisch für die Paränese des Epheserbriefs sind die Haustafeln in 5,21–6,9. Zur Interpretation sind die einschlägigen Parallelen im Kolosserbrief (Kol 3,18–4,1) – von dem der Verfasser literarisch abhängig ist – und im 1. Petrusbrief (1Petr 2,18–3,7) heranzuziehen. Die Mahnungen sind paarweise angeordnet, erst Frauen/Männer, dann Kinder/Väter, schließlich Sklaven/Herren. Die schwächere Gruppe, die der andern untergeordnet ist, wird immer zuerst genannt. Dasselbe Schema finden wir auch im Kolosserbrief:

---

18 Zum Weltbild des Epheserbriefes vgl. etwa *Franz Mußner* in seinem TRE-Artikel, S. 744f.

19 *Franz Mußner*, a.a.O., S. 743, Z. 9–10.

20 ἄρα οὖν οὐκέτι ἐστὲ ξένοι καὶ πάροικοι, ἀλλὰ ἐστὲ συμπολῖται τῶν ἁγίων καὶ οἰκεῖοι τοῦ θεοῦ, ἐποικοδομηθέντες ἐπὶ τῷ θεμελίῳ τῶν ἀποστόλων καὶ προφητῶν, ὄντος ἀκρογωνιαίου αὐτοῦ Χριστοῦ Ἰησοῦ, ἐν ᾧ πᾶσα οἰκοδομὴ συναρμολογουμένη αὔξει εἰς ναὸν ἅγιον ἐν κυρίῳ.

21 *Ingo Broer*, S. 524.

Frauen/Männer	Kol 3,18–19	Eph 5,22–33
Kinder/Väter	Kol 3,20–21	Eph 6,1–4
Sklaven/Herren	Kol 3,22–4,1	Eph 6,5–9

Schon diese tabellarische Übersicht zeigt, wie sehr viel ausführlicher der Epheserbrief in diesen Haustafeln im Vergleich mit dem Kolosserbrief ist. Besonders kraß ist der Unterschied im ersten Stück, wo die Fassung des Epheserbriefs auch theologisch deutlich über seine Vorlage im Kolosserbrief hinausführt.

Wie hat sich die Auffassung der Ehe seit des Paulus Zeiten gewandelt! Für Paulus war die Ehe angesichts der Parusie so etwas wie ein notwendiges Übel (vgl. 1Kor 7), für den Verfasser des Epheserbriefs dagegen ist sie ein Abbild des himmlischen Verhältnisses des Herrn zu seiner Kirche: „Denn der Mann ist das Haupt der Frau, wie Christus das Haupt der Gemeinde, er der Retter seines Leibes", im Original: ὅτι ἀνήρ ἐστιν κεφαλὴ τῆς γυναικὸς ὡς καὶ ὁ Χριστὸς κεφαλὴ τῆς ἐκκλησίας, αὐτὸς σωτὴρ τοῦ σώματος (5,22b).

Literatur

Einführungen zum Epheserbrief

Franz Mußner: Epheserbrief, TRE 9 (1982), S. 743–753.

Ingo Broer: § 24 Der Brief an die Epheser, in: Einleitung in das Neue Testament, Band 2: Die Briefliteratur, die Offenbarung des Johannes und die Bildung des Kanons, Die Neue Echter Bibel. Ergänzungsband zum Neuen Testament 2,2, Würzburg 2001, S. 511–528.

Peter Pilhofer: Epheserbrief, http://www.neutestamentliches-repetitorium.de.

Kommentare in chronologischer Folge

Martin Dibelius: An die Kolosser, Epheser; An Philemon, HNT 12, Tübingen ²1927 (bearbeitet von Heinrich Greeven, ³1953).

Heinrich Schlier: Der Brief an die Epheser. Ein Kommentar, Düsseldorf 1957; ⁷1971.

Joachim Gnilka: Der Epheserbrief, HThK 10/2, Freiburg/Basel/Wien ²1977; ³1982; ⁴1990.

Franz Mußner: Der Brief an die Epheser, ÖTK 10, Gütersloh 1982.

Petr Pokorný: Der Brief des Paulus an die Epheser, ThHK 10/2, Leipzig 1992.

Hans Hübner: An Philemon. An die Kolosser. An die Epheser, HNT 12, Tübingen 1997.

Ulrich Luz: Der Brief an die Epheser, NTD 8/1, Göttingen 1998.

Gerhard Sellin: Der Brief an die Epheser, KEK 8, Göttingen 2008.

Sonstige Literatur

Harald Hegermann: Die Vorstellung vom Schöpfungsmittler im hellenistischen Judentum und Urchristentum, TU 82, Berlin 1961.

Ernst Käsemann: Das Interpretationsproblem des Epheserbriefes, in: *ders.:* Exegetische Versuche und Besinnungen, Zweiter Band, Göttingen ³1970, S. 253–261.

Ernst Käsemann: Leib und Leib Christ. Eine Untersuchung zur paulinischen Begrifflichkeit, BHT 9, Tübingen 1933.

Andreas Lindemann: Die Aufhebung der Zeit. Geschichtsverständnis und Eschatologie im Epheserbrief, StNT 12, Gütersloh 1975.

Helmut Merkel: Der Epheserbrief in der neueren exegetischen Diskussion, ANRW 25.4, Berlin/New York 1987, S. 3156–3246.

Franz Mußner: Christus, das All und die Kirche. Studien zur Theologie des Epheserbriefes, TThSt 5, Trier 1955; ²1968.

Gerhard Sellin: Adresse und Intention des Epheserbriefes, in: Paulus, Apostel Jesu Christi. Festschrift für Günter Klein, Tübingen 1998, S. 171–186.

Gerhard Sellin: Die Paränese des Epheserbriefes, in: Gemeinschaft am Evangelium, Festschrift Wiard Popkes, Leipzig 1996, S. 281–300.

Thomas Witulski: Gegenwart und Zukunft in den eschatologischen Konzeptionen des Kolosser- und des Epheserbriefes, ZNW 96 (2005), S. 211–242.

§ 32 Die Pastoralbriefe

Wir schließen den Durchgang durch die deuteropaulinische Briefgruppe ab, indem wir hier anhangsweise noch kurz auf die Pastoralbriefe eingehen.[1] Diese haben mit Ephesos nichts zu tun[2] und stehen auch sonst für sich; wie der Kolosserbrief zusammen mit dem Epheserbrief eine Untergruppe bilden, so auch der 1. Timotheusbrief,

---

1   Die genauen bibliographischen Angaben zu den einzelnen Arbeiten über die Pastoralbriefe finden sich im Literaturverzeichnis am Ende dieses Paragraphen.

2   Anders Schnelle, der einen engen Zusammenhang der Timotheusbriefe zu Ephesos herstellt: „Die Timotheusbriefe beziehen sich auf die Gemeindesituation in *Ephesus* und dürften auch dort entstanden sein. So erscheint Timotheus als Sachverwalter [was ist das denn?] der paulinischen Theologie in Ephesus (vgl. 1Tim 1,1–3), und selbst der seinem Selbstanspruch nach in Rom geschriebene 2Tim (vgl. 1,17; 1,8; 2,9) setzt die Tätigkeit des Timotheus in Ephesus voraus (vgl. 1,18; 4,19). Offb 2,1–6 bezeugt für das ausgehende 1. Jh. n.Chr. die Existenz einer großen christlichen Gemeinde in der Stadt, und als Sitz der Paulusschule besaß Ephesus eine hervorragende Bedeutung" (*Udo Schnelle:* Einleitung in das Neue Testament, UTB 1830, Göttingen ⁵2005, S. 380).

In Anlehnung an die Redeweise vom »gegenwärtigen König von Frankreich« kann man formulieren: Als Sitz des gegenwärtigen Königs von Frankreich hat Paris heute eine hervorragende Bedeutung (vgl. zur Paulusschule und zum »gegenwärtigen König von Frankreich« oben den Paragraphen 29 die Seiten 209–218). So ist es auch hier: Ephesos war ein hervorragendes christliches Zentrum, aber nicht wegen der vermeintlichen Paulusschule. Auch die Offenbarung gehört vermutlich in eine spätere Zeit, wie wir noch sehen werden.

der 2. Timotheusbrief und der Titusbrief. Diese Untergruppe hat einen eigenen Namen erhalten und heißt Pastoralbriefe.[3]

Wird die Bezeichnung »Pastoralbriefe« ganz allgemein auf die Studie von Anton aus dem 18. Jahrhundert zurückgeführt (vgl. Anm. 3), so macht Broer darauf aufmerksam, „daß schon Thomas von Aquin (1225–1274) in seiner Auslegung der Paulusbriefe den ersten Timotheusbrief als »quasi regula pastoris« (gleichsam eine Hirtenregel) bezeichnet hat. Zwar kann man zu Recht gegen diese Benennung einwenden, daß das Bild vom Hirten in den drei Briefen überhaupt nicht vorkommt. Aber daß die rechte Ausübung des Leitungsamtes, für das in der Kirche nun einmal das Bild des Hirten steht, in diesen Briefen eine ganz herausgehobene Rolle spielt, wird man doch nicht gut bestreiten können. Insofern ist die Bezeichnung Pastoralbriefe durchaus angemessen und zudem neutraler als die Bezeichnung »Tritopaulinen«, die bereits das Ergebnis der Analyse vorwegnimmt.“[4]

* * *

Der Aufbau der Pastoralbriefe wird hier nach der Broerschen Einleitung gegeben.[5] Zunächst der Aufbau des 1. Timotheusbriefes:

- 1,1–2 Präskript

- 1,3–20 Die Aufgabe des Timotheus

  1. 1,3–7 Erinnerung an den Auftrag zur Abwehr der Irrlehrer

  2. 1,8–11 Die Rolle des Gesetzes

  3. 1,12–17 Dank für die Berufung

  4. 1,18–20 Aufforderung zum guten Kampf

- Teil I: Anweisungen für das Gemeindeleben (Kapitel 2 und 3)

  1. 2,1–7 Die universale Heilsabsicht der göttlichen Heilsinitiative in Jesus Christus

  2. 2,8–15 Männer und Frauen im Gottesdienst

  3. 3,1–7 Anforderungen an die Gemeindeleiter

  4. 3,8–13 Anforderungen an die Diakone

  5. 3,14–16 Die Kirche als Fundament der Wahrheit

---

3   „Die Bezeichnung »Pastoralbriefe« für die beiden Briefe an Timotheus und den Brief an Titus wurde im 18. Jh. geprägt (B.D.P. Anton, Exegetische Abhandlung der Pastoralbriefe Pauli, Halle 1753) und setzte sich seither allgemein durch“ (*Jürgen Roloff*, S. 50, Z. 36–38).

4   *Ingo Broer:* Einleitung in das Neue Testament, Band 2: Die Briefliteratur, die Offenbarung des Johannes und die Bildung des Kanons, Die Neue Echter Bibel. Ergänzungsband zum Neuen Testament 2,2, Würzburg 2001, S. 531. Zu Thomas von Aquin vgl. das schöne Büchlein von *Maximilian Forschner:* Thomas von Aquin, München 2006.

5   Vgl. *Ingo Broer*, a.a.O., S. 529–530.

- Teil II: Anweisungen an den Gemeindeleiter (Kapitel 4,1 bis 6,2)

    1. 4,1–11 Die Irrlehrer und der rechte Umgang mit ihnen
    2. 4,12–16 Mahnungen an den Vorsteher
    3. 5,1–2 Ältere Männer
    4. 5,3–16 Der Witwenstand
    5. 5,17–22 Die Presbyter[6]
    6. 5,23–24 Persönliche Zwischenbemerkung und Hinweis auf das Gericht
    7. 6,1–2 Die Sklaven

- Teil III: Mahnungen zur Bewahrung des Glaubens (6,3–21)

    1. 6,3–10 Warnung vor Irrlehrern und Habsucht
    2. 6,11–16 Aufforderung zur Treue gegenüber dem Auftrag
    3. 6,17–19 Ermahnung der Reichen zur Wohltätigkeit
    4. 6,20–21 Überwindung der Irrlehre durch Bewahrung des Anvertrauten und Schlußgruß

$$* \ * \ *$$

Der Aufbau des 2. Timotheusbriefes:

- 1,1–2 Präskript

- 1,3–5 Dankgebet

- 1,6–4,8 Ermahnungen an Timotheus

    1. 1,6–14 Aufforderung zur Treue im Glauben
    2. 1,15–18 Leidvolle und tröstliche Erfahrungen des Autors
    3. 2,1–7 Mahnung zu unerschrockener Weitergabe des Glaubens
    4. 2,8–13 Der zuverlässige Glaube
    5. 2,14–26 Die Tugend des Lehrers im Blick auf die Irrlehrer
    6. 3,1–9 Die Irrlehrer als Sünder der Endzeit
    7. 3,10–4,8 Erneute Aufforderung zur Treue im Glauben und zu unermüdlicher Belehrung

- 4,9–18 Persönliche Mitteilungen

- 4,19–22 Schlußgrüße und Segenswunsch

Wir unterbrechen die Darstellung des Aufbaus der Pastoralbriefe für einen Augenblick, um uns kurz mit dem vorletzten Stück dieses 2. Timotheusbriefes vertraut zu machen, näherhin mit der Passage 4,9–15:[7]

---

6 Zu dem rätselhaften v. 17 vgl. die Studie von *Georg Schöllgen*.
7 Übersetzung nach *Helmut Merkel*, S. 82.

σπούδασον ἐλθεῖν πρός με ταχέως· | Bemühe dich, schnell zu mir zu kommen;

Δημᾶς γάρ με ἐγκατέλιπεν ἀγαπήσας τὸν νῦν αἰῶνα, καὶ ἐπορεύθη εἰς Θεσσαλονίκην, Κρήσκης εἰς Γαλατίαν, Τίτος εἰς Δαλματίαν· Λουκᾶς ἐστιν μόνος μετ' ἐμοῦ. Μᾶρκον ἀναλαβὼν ἄγε μετὰ σεαυτοῦ, ἔστιν γάρ μοι εὔχρηστος εἰς διακονίαν. Τυχικὸν δὲ ἀπέστειλα εἰς Ἔφεσον. | denn Demas hat mich aus Liebe zur jetzigen Welt im Stich gelassen und ist nach Thessaloniki gereist, Crescens nach Galatien, Titus nach Dalmatien; nur Lukas ist bei mir. Nimm Markus und bring ihn mit; denn er ist mir nützlich zum Dienst. Tychikos habe ich nach Ephesos geschickt.

τὸν φαιλόνην ὃν ἀπέλιπον ἐν Τρῳάδι παρὰ Κάρπῳ ἐρχόμενος φέρε, καὶ τὰ βιβλία, μάλιστα τὰς μεμβράνας. Ἀλέξανδρος ὁ χαλκεὺς πολλά μοι κακὰ ἐνεδείξατο· ἀποδώσει αὐτῷ ὁ κύριος κατὰ τὰ ἔργα αὐτοῦ· ὃν καὶ σὺ φυλάσσου, | Wenn du kommst, bring mir den Mantel mit, den ich in Troas bei Karpus gelassen habe, und die Bücher, vor allem die Pergamentrollen. Alexander, der Schmied, hat mir viel Böses angetan; der Herr wird ihm entsprechend seinen Werken vergelten; vor dem hüte auch du dich!

λίαν γὰρ ἀντέστη τοῖς ἡμετέροις λόγοις. | Er ist nämlich unseren Lehren heftig entgegengetreten.

Hieran kann man sehen, welche Mittel der Verfasser einsetzt, um als Paulus gelten zu können. „Gerade dieser Briefschluß hat immer wieder die Verteidiger der Echtheit auf den Plan gerufen; sie hielten diese Angaben für lebensnah, spontan, herzlich und unerfindlich."[8]

∗ ∗ ∗

Schließlich der Aufbau des Titusbriefes:

- 1,1–4 Präskript
- 1,5–3,11 Anweisungen für ein geordnetes Leben der Gemeinde
  1. 1,5–9 Aufforderung zur Einsetzung von Ältesten in Kreta
  2. 1,10–16 Aufforderung zur Strenge gegenüber den Abweichlern
  3. 2,1–10 Anweisungen für die Gruppen in der Gemeinde
  4. 2,11–15 Begründung dieser Anweisungen aus der Heilsgeschichte
  5. 3,1–8 Weitere Mahnungen mit erneuter Begründung aus der Heilsgeschichte

---

8 *Helmut Merkel*, a.a.O., S. 83.

6. 3,9–11　Keine nutzlose Auseinandersetzung mit den Irrlehren

* 3,12–15　Aufträge, Grüße, Schlußgruß

Literatur

Einführungen zu den Pastoralbriefen

Jürgen Roloff: Art. Pastoralbriefe, TRE 26 (1996), S. 50–68.

Ingo Broer: § 25 Die Pastoralbriefe, in: Einleitung in das Neue Testament, Band 2: Die Briefliteratur, die Offenbarung des Johannes und die Bildung des Kanons, Die Neue Echter
Bibel. Ergänzungsband zum Neuen Testament 2,2, Würzburg 2001, S. 529–568.

Kommentare in chronologischer Folge

Martin Dibelius/Hans Conzelmann: Die Pastoralbriefe, HNT 13, Tübingen ⁴1966.

Jürgen Roloff: Der erste Brief an Timotheus, EKK 15, Zürich/Neukirchen-Vluyn 1988.

Helmut Merkel: Die Pastoralbriefe, NTD 9/1, Göttingen 1991.

Alfons Weiser: Der zweite Brief an Timotheus, EKK 16/1, Zürich/Neukirchen-Vluyn 2003.

Sonstige Literatur

Hans von Campenhausen: Polykarp von Smyrna und die Pastoralbriefe, in: *ders.:* Aus der Frühzeit des Christentums, Tübingen ²1963, S. 197–252.

P.N. Harrison: The Problem of the Pastoral Epistles, 1921.

Hermann von Lips: Glaube – Gemeinde – Amt. Zum Verständnis der Ordination in den Pastoralbriefen, FRLANT 122, Göttingen 1979.

Ulrich Luz: Rechtfertigung bei den Paulusschülern, in: Rechtfertigung. Festschrift für Ernst
Käsemann, Tübingen/Göttingen 1976, S. 365–383.

Otto Merk: Glaube und Tat in den Pastoralbriefen, in: *ders.:* Wissenschaftsgeschichte und Exegese. Gesammelte Aufsätze zum 65. Geburtstag, BZNW 95, Berlin/New York 1998, S. 260–
271.

Georg Schöllgen: Die διπλῆ τιμή von 1Tim 5,17, ZNW 80 (1989), S. 232–239.

August Strobel: Schreiben des Lukas? Zum sprachlichen Problem der Pastoralbriefe, NTS 15
(1968/69), S. 191–210.

Hans Windisch: Zur Christologie der Pastoralbriefe, ZNW 34 (1935), S. 213–238.

Kapitel VI: Die letzte Reise durch Griechenland

Wir hatten Paulus in Ephesos zurückgelassen und uns im vorigen Kapitel erst einmal mit den deuteropaulinischen Briefen befaßt, dem Kolosserbrief, dem Epheserbrief und den Pastoralbriefen. Nun wollen wir den chronologischen Faden wieder aufnehmen und den Paulus bei seinem Abschied aus Ephesos begleiten. Paulus bricht ein letztes Mal nach Griechenland auf. Es ist seine Abschiedsreise durch die von ihm gegründeten Gemeinden in Philippi, in Thessaloniki und in Korinth. Diese Reise hängt eng mit dem Kollektenprojekt des Paulus zusammen, mit dem wir uns in einem eigenen Paragraphen beschäftigen werden. Zuvor ist der 2. Korintherbrief zu besprechen, dessen Teilbriefe die korinthische Korrespondenz zum Abschluß bringen.[1] Abschließend werden wir uns dem Römerbrief zuwenden, den Paulus bei seinem letzten Besuch in Korinth verfaßt hat.

§ 33 Abschied aus Ephesos

Daß der Abschied aus Ephesos ein endgültiger werden würde, konnte Paulus nicht ahnen, als er die Stadt verließ, um nach Korinth aufzubrechen. Aus uns nicht bekannten Gründen machte aber das Schiff, das Paulus auf der Reise nach Jerusalem von Assos aus benutzte (Apg 20,14), nicht in Ephesos Station, sondern erst in Milet (Apg 20,15–16). Dem Lukas zufolge war die Eile des Paulus der Grund dafür, nicht in Ephesos anzulegen. Jedenfalls sollte Paulus nicht mehr nach Ephesos gelangen; es war also ein Abschied für immer.

Welches waren die Pläne, die Paulus beim Aufbruch in Ephesos hatte? Ein Aspekt, das Kollektenwerk, wurde soeben schon genannt; ein zweiter Aspekt war die Lage in Korinth, mit der wir uns im nächsten Paragraphen ausführlicher auseinandersetzen werden. Ein dritter Aspekt war der Plan, über Rom nach Spanien zu reisen, um das Evangelium auch im Westen zu verkündigen.

Lukas kommt erstmals in seinem Ephesos-Kapitel Apg 19 auf Rom zu sprechen. Vorher hatte er keinerlei Hinweis auf die weiteren Pläne des Paulus gegeben. In Apg 19,21 aber lesen wir:

ὡς δὲ ἐπληρώθη ταῦτα,	Als das aber geschehen war,
ἔθετο ὁ Παῦλος ἐν τῷ πνεύματι	nahm sich Paulus vor,
διελθὼν τὴν Μακεδονίαν καὶ Ἀχαΐαν	durch Makedonien und Achaia zu zie-
πορεύεσθαι εἰς Ἱεροσόλυμα,	hen, um nach Jerusalem zu reisen.

---

1   Zum Anfang dieser Korrespondenz vgl. oben im Kapitel IV, Paragraph 24, S. 159–173.

εἰπὼν ὅτι | Er sagte:
μετὰ τὸ γενέσθαι με ἐκεῖ | „Wenn ich dort gewesen bin,
δεῖ με καὶ Ῥώμην ἰδεῖν. | muß ich auch Rom sehen."

Demnach hätte Paulus in Ephesos seine weiteren Pläne bis nach Rom konkretisiert. Nach Lukas hat er hier den Entschluß gefaßt, zuerst nach Griechenland zu reisen, dann zurück nach Jerusalem, schließlich weiter nach Rom. Ein Blick in die Konkordanz zeigt, daß Ῥώμη *(Rōmē)* in der Apostelgeschichte erstmals in 18,2 begegnet (in 1,8 ist Rom zwar gemeint, aber nicht genannt!). In 18,2 steht Rom jedoch nicht in direktem Zusammenhang mit den paulinischen Plänen. Daß Paulus den Wunsch hat, nach Rom zu reisen, wird hier in 19,21 erstmals erwähnt. (Ansonsten wird Rom in der Apostelgeschichte noch in 23,11 und in 28,14.16 genannt.) Sollte Paulus wirklich erst in Ephesos – Mitte der fünfziger Jahre – auf den Gedanken gekommen zu sein, Rom und den Westen zu besuchen?

Nach meiner Ansicht ist dieser Plan des Paulus schon sehr viel älter: Wie wir gesehen haben, hat Paulus schon in den vierziger Jahren bei der ersten Missionsreise von Antiochien am Orontes aus darauf geachtet, möglichst viele römische Kolonien zu besuchen.[2] Er hat bei dieser Gelegenheit die weit im Innern Anatoliens gelegenen Kolonien Antiochien, Ikonien und Lystra besucht, um die römische Mentalität kennenzulernen. Auch auf der zweiten Missionsreise war er wieder in römischen Kolonien, zuerst in Alexandria Troas – das uns sogleich auf der Reise nach Jerusalem erneut begegnen wird –, dann in Philippi.

Daß Paulus von Philippi aus über Thessaloniki weiter nach Rom wollte, verrät uns der Verfasser der Apostelgeschichte allerdings nicht. In der Apostelgeschichte wird folgendes Bild gezeichnet:[3]

In bezug auf den Weg von Thessaloniki nach Korinth haben wir in dem Bericht der Apostelgeschichte zwei Zwischenstationen, die die Route festlegen. Nach Lukas gelangt Paulus von Thessaloniki aus erst nach Beroia und von dort auf dem Landweg nach Athen und weiter nach Korinth. Athen ist in Apg 17 eine wichtige Zwischenstation, wo zwar keine neue Gemeinde gegründet, aber auf dem Areopag die gleichnamige Rede gehalten wird, ein Höhepunkt des gesamten Buches.

Sie können diesen Weg auf einer Griechenland-Karte verfolgen: Paulus würde von Thessaloniki sich nach Westen gewandt haben (auf der uns schon bekannten *Via Egnatia*); vor Pella, der alten Hauptstadt Makedoniens, hätte er die *Via Egnatia* verlassen, um nach Südwesten abzubiegen. Auf diese Weise wäre er nach Beroia gelangt, dem Sitz des Provinziallandtags. Im ersten Jahrhundert war Beroia die wichtigste Stadt Makedoniens nach der Hauptstadt Thessaloniki. Nachdem auch dort Proble-

---

2   Zur ersten Missionsreise und dem Faible des Paulus für römische Kolonien vgl. oben das Kapitel III, S. 113–116.

3   Die folgende Passage ist aus meiner Paulusvorlesung herübergenommen. Diese ist im Netz unter www.neutestamentliches-repetitorium.de zu finden; hier Kapitel VI: Mission in Griechenland, S. 109–110.

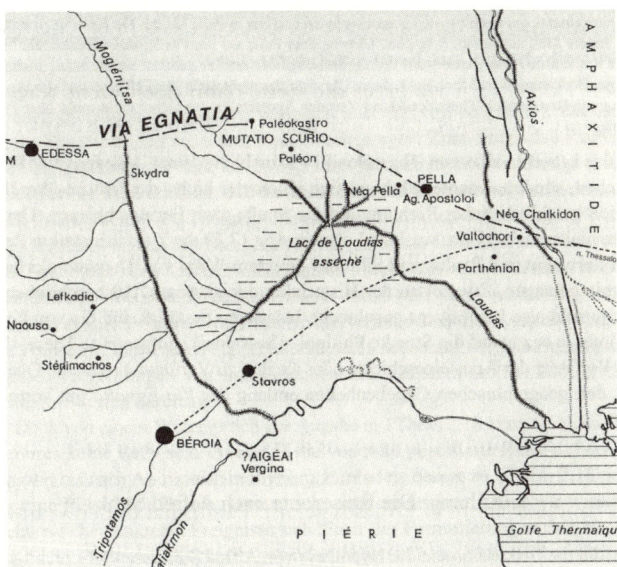

Abbildung VI.1: Der Weg von Thessaloniki nach Beroia. (Der Verlauf der Straße von Thessaloniki nach Beroia ist durch zwei Meilensteine gesichert, deren einer bei dem Ort Stavros gefunden wurde und die korrekte Entfernung nach Beroia mit 9 Meilen angibt, vgl. *Christoph vom Brocke:* Thessaloniki – Stadt des Kassander und Gemeinde des Paulus. Eine frühe christliche Gemeinde in ihrer heidnischen Umwelt, WUNT 2/125, Tübingen 2001, S. 202 mit Anm. 68.)

me aufgetreten waren, ist Paulus nach Lukas dann von dort nach Athen weitergereist (Apg 17,10–15).

Diese Route hat Alfred Suhl in seinem Paulusbuch in Frage gestellt.[4] Suhl zufolge ist Paulus nicht in Pella von der Trasse der *Via Egnatia* abgewichen, sondern ihr weiter gefolgt, bis er ihren Endpunkt an der Adria erreicht hatte: „Tatsächlich dürfte Paulus aber von Thessalonich aus auf der *Via Egnatia* weiter nach Westen gereist sein. Dyrrhachium und Aulona, die beiden Endpunkte dieser Straße, die – über die *Via Appia* mit dem Endpunkt Brundisium – Rom mit dem Osten verband, sind die bedeutendsten Städte der Landschaft Illyris Graeca!"[5]

Die Suhlsche These paßt sehr gut zu dem von mir in diesem Buch behaupteten Drang des Paulus nach Westen, d.h. nach Rom und weiter nach Spanien. Trifft die Suhlsche These zu, so hatte sich Paulus schon im Jahr 50 von Thessaloniki nach

---

4   *Alfred Suhl:* Paulus und seine Briefe. Ein Beitrag zur paulinischen Chronologie, StNT 11, Gütersloh 1975.

5   *Alfred Suhl,* S. 94; Suhl bezieht sich bei seiner Argumentation auf die Stelle Röm 15,19, wonach Paulus den Osten völlig abgegrast hat und zwar im Kreis von Jerusalem bis nach Illyrikon (ὥστε με ἀπὸ Ἰερουσαλὴμ καὶ κύκλῳ μέχρι τοῦ Ἰλλυρικοῦ πεπληρωκέναι τὸ εὐαγγέλιον τοῦ Χριστοῦ).

Rom auf den Weg gemacht. Da wurde er von der Nachricht überrascht, daß der Kaiser Claudius alle Juden aus Rom vertrieben habe.[6]

Unter diesen Umständen wollte er die Reise dann doch nicht wagen: Er bog an der Westküste Griechenlands nach Süden ab und kam nach Korinth. Diese Route paßt sehr gut zu einer ansonsten recht rätselhaften Stelle im 1. Thessalonicherbrief, mit der wir uns bisher noch nicht befaßt haben. In 1Thess 2,18 ist nämlich davon die Rede, daß Paulus ein- oder zweimal versucht habe, nach Thessaloniki zurückzukehren.[7] Dies ist recht sinnlos, wenn man den Verlauf der Reise nach Apg 17 annimmt: Paulus hätte in diesem Fall umkehren müssen. Ganz anders verhält es sich jedoch, wenn Paulus an der Westküste Griechenlands entlang nach Süden reiste: Da bot sich mehrfach die Möglichkeit, nach Osten abzubiegen, um Thessaloniki zu erreichen.

* * *

Von Ephesos aus unternimmt Paulus nun den letzten Anlauf, nach Rom zu gelangen. Der Plan ist – wir haben es gesehen – nicht neu und wird gegen Apg 19,21 keineswegs erst Mitte der fünfziger Jahre in Ephesos gefaßt. Paulus hat diesen Plan vielmehr über viele Jahre zäh verfolgt. Jetzt unternimmt er einen neuen Anlauf ...

§ 34 *Der Fortgang der korinthischen Auseinandersetzung*

Wir haben bisher gesehen, daß die Auseinandersetzung des Paulus mit seiner Gemeinde in Korinth einen wichtigen Teil seiner Arbeit in Ephesos ausmachte und dabei den sogenannten Vorbrief (= Brief A) und den 1. Korintherbrief (= Brief B) kennengelernt.[1] In diesem Paragraphen wenden wir uns nun dem 2. Korintherbrief zu, der, wie sich zeigen wird, aus mehreren einzelnen Teilbriefen zusammengesetzt ist.

Einführende Charakterisierung[2]

Wer die Briefe des Paulus in ihrer chronologischen Reihenfolge liest, findet im 2. Korintherbrief manche Fortsetzung und Vertiefung bekannter Themen. So beispielsweise auf dem Gebiet der Eschatologie: Hatten wir mit dem Thema erstmals in 1Thess 4,13–18 und 1Thess 5,1–11 Bekanntschaft gemacht, so hatte uns der deuteropaulini-

---

6   Zum Claudiusedikt vgl. oben im Kapitel III, Paragraph 12, S. 90.

7   In 1Thess 2,18 heißt es: διότι ἠθελήσαμεν ἐλθεῖν πρὸς ὑμᾶς, ἐγὼ μὲν Παῦλος καὶ ἅπαξ καὶ δίς, καὶ ἐνέκοψεν ἡμᾶς ὁ Σατανᾶς.

1   Zum Anfang der Auseinandersetzung des Paulus mit der Gemeinde in Korinth vgl. oben in Kapitel IV den Paragraphen 24 über den 1. Korintherbrief (= Seite 159–173). Zum Vorbrief vgl. in diesem Zusammenhang speziell S. 161. Die genauen bibliographischen Angaben zu den einzelnen Arbeiten über den 2. Korintherbrief finden sich im Literaturverzeichnis am Ende dieses Paragraphen.

2   Die folgenden Ausführungen zum 2. Korintherbrief sind im wesentlichen von meinen Texten zum Repetitorium herübergenommen, die unter www.neutestamentliches-repetitorium.de zugänglich sind.

sche 2. Thessalonicherbrief schon gelehrt, daß das Thema damit noch lange nicht erledigt war. Bereits im 1. Korintherbrief war Paulus in Kapitel 15 sehr ausführlich darauf zurückgekommen.[3] Ausgeschöpft war es damit allerdings noch nicht, wie der 2. Korintherbrief zeigt, der diesen Faden in 2Kor 5 erneut aufnimmt und weiterspinnt. Dabei nimmt Paulus Ergänzungen vor, die weder in 1Thess 4 und 5 noch in 1Kor 15 im Blick waren, vgl. nur 2Kor 5,10:

τοὺς γὰρ πάντας ἡμᾶς φανερωθῆναι δεῖ	Denn wir alle müssen vor dem Richter-
ἔμπροσθεν τοῦ βήματος τοῦ Χριστοῦ,	stuhl Christi offenbar werden,
ἵνα κομίσηται ἕκαστος τὰ διὰ τοῦ σώ-	damit ein jeder seinen Lohn bekommt
ματος πρὸς ἃ ἔπραξεν,	für das, was er (im Leben) getan hat,
εἴτε ἀγαθὸν εἴτε φαῦλον.	sei es gut oder böse.

Daneben finden wir in diesem Brief aber auch völlig neue Themen von höchster theologischer Brisanz, so etwa den Abschnitt über den neuen Bund, der dem alten gegenübergestellt wird (Kapitel 3: Die καινὴ διαθήκη *[kainē diathēkē]* und die παλαιὰ διαθήκη *[palaia diathēkē]*). Zwar wird Paulus später im Galaterbrief die Konzeption der διαθήκη *(diathēkē)* benutzen (Gal 3 und Gal 4), aber das hier Gesagte führt doch weit über die Aussagen im Galaterbrief hinaus. Man hat sogar gemeint, Paulus sehe sich in diesem Abschnitt als Mose des neuen Bundes.[4] Die hermeneutische Bedeutung dieses Kapitels kann man kaum überschätzen, vgl. beispielsweise Sätze wie 2Kor 3,14:

ἄχρι γὰρ τῆς σήμερον ἡμέρας	Denn bis zum heutigen Tag
τὸ αὐτὸ κάλυμμα ἐπὶ τῇ ἀναγνώσει	bleibt dieselbe Decke über der Verlesung
τῆς παλαιᾶς διαθήκης μένει	des Alten Testaments
μὴ ἀνακαλυπτόμενον,	– sie wird nicht weggenommen –,
ὅτι ἐν Χριστῷ καταργεῖται.	weil es [gemeint ist: das Alte Testament] in Christus erledigt ist.

Daneben ist der 2. Korintherbrief durch sehr unterschiedliche Stimmungen und Tonlagen charakterisiert. Besonders der sogenannte Vierkapitelbrief, 2Kor 10–13[5], unterscheidet sich deutlich von dem Rest des Briefes. Der Ton der Auseinandersetzung ist von unvergleichlicher Schärfe. „Satansdiener nennt Paulus seine Widersacher eben nur hier. Damit mißt er ihnen eine Bedeutung bei, der er weder den Nomisten Galatiens noch den pneumatischen Schwärmern aus I Cor zugestand.“[6]

Dies ist einer der Gründe dafür, diesen Brief zu teilen.[7] Was bei den bisher behandelten Briefen des Paulus entbehrlich schien, ist hier m. E. nun wirklich angebracht: Die Teilung in mehrere einzelne Schreiben.

---

3   Zu der ältesten Stelle in 1Thess 4,13–18 vgl. die Bemerkungen oben im Kapitel III, Seite 125–127; zu der zweiten Passage, 1Kor 15, vgl. oben im Kapitel IV die Seiten 168–170.

4   *Ernst Bammel:* Paulus, der Moses des Neuen Bundes.

5   Vgl. dazu das im Text zu den Teilungshypothesen (S. 240–243) Gesagte.

6   *Ernst Käsemann:* Die Legitimität des Apostels, S. 20.

7   Vgl. dazu im einzelnen S. 240–243.

Die Teilungshypothese(n)

Unter den paulinischen Briefen ist der 2. Korintherbrief derjenige, der eine Teilung am ehesten als erforderlich erscheinen läßt. Die aufmerksame Lektüre des Briefes fördert eine Reihe von Argumenten für eine Teilung des Briefes zutage. Ich nenne die wichtigsten:

Die unklare Situation

Aus der Lektüre des 2. Korintherbriefs ergibt sich keine klare Situation, weder in bezug auf den Absender Paulus, noch in bezug auf die Gemeinde in Korinth, an die er schreibt.

- Paulus hatte ursprünglich von Ephesos aus über Makedonien erneut nach Korinth reisen wollen (1Kor 16,3–8). Da sein Brief nach Korinth (der kanonische 1. Korintherbrief = »Brief B«) aber seinen Zweck anscheinend nicht erfüllt hatte, wurde dieser Plan nicht ausgeführt.

- In 2Kor 1,15–16 skizziert Paulus seinen geänderten Plan dahingehend, daß er „nicht über Mazedonien nach Korinth (vgl. I [= 1. Korintherbrief] 16,5f.), sondern umgekehrt über Korinth nach Mazedonien reisen wollte, um von dort wieder nach Korinth zurückzukehren, von wo er (offensichtlich zu Schiff) nach Judäa aufbrechen wollte.“[8]

- Wenige Verse später erklärt er, er wolle nicht »wieder« in Traurigkeit nach Korinth kommen.[9] Damit kann nicht der Gründungsaufenthalt gemeint sein[10]: Paulus blickt schon auf einen zweiten Besuch in Korinth zurück (den sogenannten »Zwischenbesuch«).

- Nun hat Paulus aber faktisch seinen Plan erneut geändert und sich auf dem Landweg nach Korinth aufgemacht und Troas (2Kor 2,12f.) und Makedonien (2Kor 7,5) durchzogen, um zum dritten Mal nach Korinth zu kommen (2Kor 12,14; 13,1).

Das unklare Thema

Wovon redet Paulus eigentlich im 2. Korintherbrief? Worum geht es in diesem Schreiben? „Der kanonische 2Kor ist ein literarisches Gebilde, dessen Disposition einerseits höchst einfach ist, dessen kohärenzielle Qualität andererseits jedoch so sehr zu wünschen übrig lässt, dass literarkritische Operationen kaum zu vermeiden sind. Zur höchst einfachen Disposition: Es lassen sich drei Hauptteile unterscheiden: (1) c. 1–8

---

8   *Alfred Suhl:* Paulus und seine Briefe. Ein Beitrag zur paulinischen Chronologie, StNT 11, Gütersloh 1975, S. 224.

9   2Kor 2,1: ἔκρινα γὰρ ἐμαυτῷ τοῦτο, τὸ μὴ πάλιν ἐν λύπῃ πρὸς ὑμᾶς ἐλθεῖν.

10 Vgl. *Alfred Suhl,* a.a.O., S. 224.

handelt vom Apostelamt im Verhältnis zur korinthischen Gemeinde und ist in c. 1–7 der Sache nach »eigentlich nur die Danksagung anderer Briefe« (*Jülicher*, Einleitung 57 mit Verweis auf 2 Thess 1,3–12), »jedoch im großen Stil und in anderen Farben ausgeführt« (ebd.); (2) c. 9 ist ein freundlich gehaltenes Kollektenschreiben an die Korinther … bzw. das »Fragment eines Verwaltungsschreibens an die Achaier« (*Betz* 256); (3) c. 10–13 ist eine schroffe Selbstverteidigung des Paulus gegen gewisse Leute, bei der die Knappheit der Schlussverse (13,11–13) auffällt (*Jülicher*, Einleitung 57).“[11]

Ein einheitlicher und in sich geschlossener Brief ist es also ersichtlich nicht. Dies werden wir sogleich noch im einzelnen sehen.

Die harten Übergänge

Dem aufmerksamen Leser des 2. Korintherbriefs bleiben gewisse harte Übergänge nicht verborgen. Hier sind zu nennen:

- Der Übergang von 2,13 nach 2,14: Paulus beschreibt in 2,12–13 seinen Aufenthalt in Alexandria Troas, wo sich ihm eine missionarische Chance eröffnete, die er nicht nutzen konnte, weil ihn die Unruhe wegen der Lage in Korinth in einer solchen Weise erfaßt hatte, daß er es vorzog, nach Makedonien überzusetzen, um eher Kunde aus Korinth zu erhalten. Diese Unruhe ist in 2,14 völlig vergessen: τῷ δὲ θεῷ χάρις τῷ πάντοτε θριαμβεύοντι ἡμᾶς ἐν τῷ Χριστῷ καὶ τὴν ὀσμὴν τῆς γνώσεως αὐτοῦ φανεροῦντι δι' ἡμῶν ἐν παντὶ τόπῳ.

- Der Übergang von 7,4 nach 7,5 ist vielleicht noch überraschender: War bis 7,4 in herzlichem Ton um die Anerkennung der Christinnen und Christen in Korinth geworben worden, so ist ab 7,5 die Fortsetzung des Reiseberichts aus 2,13 erhalten. Wer den Brief vom Anfang an bis 2,13 liest und dann die Lektüre in 7,5 fortsetzt, bekommt eine klare und nachvollziehbare Abfolge. Das legt die Annahme nahe, daß wir es in 2,14–7,4 mit einem Einschub zu tun haben.[12]

- Schließlich der Übergang von Kapitel 9 zu Kapitel 10: „Auch der literarkritisch nicht geschulte Leser spürt beim Übergang von c. 9 zu c. 10–13, dass er ein völlig anderes Briefterrain betritt, auf dem mit harschen Worten und wuchtiger Polemik gekämpft wird. … Die Heftigkeit und Schärfe, mit der Paulus dabei seine Gegner angreift, sind beispiellos in der paulinischen Korrespondenz. Und keineswegs beschränkt sich der Apostel auf deren Abfertigung;

---

11 *Erich Gräßer* I 27.

12 Ich behandle hier nicht die Einzelheiten; zur Frage, ob in 6,14–7,1 eine Interpolation vorliegt, vgl. etwa *Erich Gräßer* I 255–265.

Im Unterschied zu Gräßer plädiert *Gerhard Saß*: Noch einmal: 2 Kor 6,14–7,1. Literarkritische Waffen gegen einen »unpaulinischen« Paulus?, ZNW 84 (1993), S. 36–64 für die Ursprünglichkeit der Passage: „So läßt sich dieser Text sinnvoll als ein wichtiges Beispiel paulinischer Paränese und paulinischen Schriftgebrauchs verstehen, und es ist m. E. methodisch und auch sachlich nicht zu rechtfertigen, ihn

ihn scheint auch der Ungehorsam der Gemeinde zu entrüsten, die er unter Aufbietung aller ihm zur Verfügung stehenden rhetorischen Mittel unbedingt aus den Händen der Widersacher zurückzugewinnen versucht."[13]

Die Bornkammsche Teilungshypothese[14]

Exemplarisch stelle ich zur Lösung der genannten Schwierigkeiten die Teilungshypothese von Günther Bornkamm vor. Dabei wird der sogenannte Vorbrief mit **A**, der (ungeteilte) 1. Korintherbrief mit **B** bezeichnet.

Nach der Abfassung von **B** hatte Paulus „bald ... eine neue, noch viel schärfere Phase des Kampfes mit Gegnern, die die Gemeinde verführten und zum Aufruhr gegen den Apostel selbst trieben, zu bestehen"[15]. Diese Phase der Auseinandersetzung kann man aus dem nächsten Schreiben nach Korinth, der sogenannten »Apologie« (»Brief **C**« = 2Kor 2,14–7,4) rekonstruieren.

Dieser Brief kreist um das Thema des Apostelamtes und seine Legitimation. Empfehlungsbriefe hat Paulus nicht nötig (2Kor 3,1ff.) Er verkündigt nicht sich selbst (2Kor 4,5). Trotzdem ist der Brief eine Verteidigung seines Amtes und seines Wirkens in Korinth (daher der Name Apologie).

Die auf Brief **C** hin sich weiter zuspitzende Lage bewog den Paulus zu einem Zwischenbesuch (2Kor 2,1; 13,2).[16]

Nach dem Zwischenbesuch kehrt er unverrichteter Dinge wieder nach Ephesos zurück und schreibt den sogenannten »Tränenbrief« (»Brief **D**« = 2Kor 10–13). Hier ist der Ton außerordentlich scharf. Die Gegner werden als Überapostel (οἱ ὑπερλίαν ἀπόστολοι *[hoi hyperlian apostoloi]*) bezeichnet (2Kor 11,5; 12,11), ja sogar als Falschapostel (ψευδαπόστολοι *[pseudapostoloi]*, 2Kor 11,13) und Satansdiener (2Kor 11,15). Sie pflegen sich darauf zu berufen, daß sie „Hebräer, Israeliten, Same Abrahams

---

weiterhin bei der Untersuchung paulinischer Theologie in Monographien, Aufsätzen und Lehrbüchern weitgehend zu ignorieren."

13 *Erich Gräßer* II 72.

14 Wir haben bisher in diesem Buch Teilungshypothesen sowohl beim 1. Thessalonicherbrief als auch beim Philipperbrief und beim 1. Korintherbrief ignoriert (obgleich solche auch für diese drei Briefe reichlich vorgeschlagen worden sind), weil ich sie nicht für notwendig für das Verständnis des jeweiligen Briefes halte. Wer sich dennoch für dergleichen Teilungshypothesen interessiert, mag die einschlägigen Texte aus dem Repetitorium unter http://www.neutestamentliches-repetitorium.de heranziehen. Der Text zum 1. Korintherbrief findet sich etwa in der 6. Sitzung unter der Überschrift 1. Korintherbrief: Teilungshypothesen; die analogen Texte zu den andern genannten Briefen lassen sich unschwer finden.

15 *Günther Bornkamm:* Paulus, UTB 119, Stuttgart/Berlin/Köln/Mainz ³1977, S. 91. Umfassendere Informationen bietet: *Günther Bornkamm:* Die Vorgeschichte des sogenannten Zweiten Korintherbriefes, S. 162ff.

16 „Aber dieser ist erschütternd verlaufen. Er hat die Gemeinde in hellem Aufstand gegen sich angetroffen, und ein Verhetzer aus ihrer Mitte hat ihm ein solches Unrecht angetan (2 Kor 2,5; 7,12) ..., daß er nicht länger bleiben konnte" (*Günther Bornkamm*, a.a.O., S. 93).

sind"[17]. Paulus sieht sich sogar veranlaßt, auf Erscheinungen und Offenbarungen des Herrn[18] zu sprechen zu kommen (2Kor 12,1ff.), um sich zu legitimieren.

Dieser Brief hat seine Wirkung nicht verfehlt. Paulus kann daher den Versöhnungsbrief aus Makedonien, wohin er „Titus mit banger Erwartung ... entgegengereist"[19] war, nach Korinth schicken (»Brief **E**« = 2Kor 1,1–2,13 + 7,5–16).

Außerdem enthält der 2. Korintherbrief zwei weitere Schreiben, nämlich »Brief **F**« (= 2Kor 8) und »Brief **G**« (= 2Kor 9), in denen es um die Kollekte geht.

Eine Zusammenstellung der Bornkammschen Ergebnisse findet sich zu Beginn des Abschnitts über den Aufbau in Form einer Tabelle.

Die Situation(en)

Die Situation(en) des 2. Korintherbriefs stellen sich unterschiedlich dar, je nachdem, ob man dieses Schreiben für einheitlich hält oder nicht. Ich halte an der in Deutschland seit Günther Bornkamm verbreiteten Auffassung fest, wonach der 2. Korintherbrief geteilt werden muß und will diese These im folgenden im einzelnen begründen.

Wer den 2. Korintherbrief für einheitlich hält[20], kann sich der Meinung der antiken Abschreiber anschließen, wie sie sich in den verschiedenen Formen der *subscriptio* niedergeschlagen hat; über die spartanische Version[21] πρὸς Κορινθίους Βʹ *(pros Korinthious Bʹ)* hinaus findet sich hier einerseits die Angabe

πρὸς Κορινθίους Βʹ	An die Korinther, (Brief) II;
ἐγράφη ἀπὸ Φιλίππων	er wurde geschrieben aus Philippi

(so in den Handschriften B[1] und P), zum andern aber auch

πρὸς Κορινθίους Βʹ	An die Korinther, (Brief) II;
ἐγράφη ἀπὸ Φιλίππων	er wurde geschrieben aus Philippi
τῆς Μακεδονίας	in Makedonien,
διὰ Τίτου καὶ Λουκᾶ	(überbracht) durch Titus und Lukas

wobei die Zusätze in Z. 3 und 4 durch unterschiedliche Handschriften bezeugt sind; vor allem die vierte Zeile wird durch die Mehrheit der byzantinischen Handschriften (im Apparat von Nestle/Aland 𝔐) bezeugt.

---

17 Im griechischen Original: Ἑβραῖοι, Ἰσραηλῖται, σπέρμα Ἀβραάμ (2Kor 11,22).

18 εἰς ὀπτασίας καὶ ἀποκαλύψεις κυρίου, 2Kor 12,1 am Ende.

19 *Günther Bornkamm*, S. 94.

20 So beispielsweise *Udo Schnelle:* Einleitung in das Neue Testament, UTB 1830, Göttingen ⁵2005, S. 97–106. Für ihn ist dann die Situation leicht zu bestimmen: „der 2Kor wurde somit wahrscheinlich im Spätherbst ... des Jahres 55 n.Chr. in *Makedonien* ... geschrieben" (S. 95).
Übrigens spricht sich auch Broer gegen eine Teilung des 2. Korintherbriefs aus: „Mit diesen Hinweisen soll im übrigen nicht gesagt sein, daß die Aufteilung des zweiten Korintherbriefes in verschiedene ursprüngliche selbständige Briefe eindeutig widerlegt ist, aber aufgrund der aufgezeigten Schwierigkeiten ist ein solcher Vorgang vorläufig doch eher als unwahrscheinlich anzusehen." (*Ingo Broer:* Einleitung in das Neue Testament, Band 2: Die Briefliteratur, die Offenbarung des Johannes und die Bildung des Kanons, Die Neue Echter Bibel. Ergänzungsband zum Neuen Testament 2,2, Würzburg 2001, S. 418.)

21 Diese wird von den folgenden Handschriften geboten: 𝔓⁴⁶; א; A; B*; D; F; G; Ψ; 33 und wenigen weiteren.

Die Handschriften-Schreiber haben diese Information vermutlich dem Brief selbst entnommen, aus dem ja ohne Zweifel hervorgeht, daß Paulus in Makedonien angelangt ist (vgl. 2Kor 2,13 ἐξῆλθον εἰς Μακεδονίαν; 7,5 καὶ γὰρ ἐλθόντων ἡμῶν εἰς Μακεδονίαν; 8,1; 9,2 und besonders 9,4 ἐὰν ἔλθωσιν σὺν ἐμοὶ Μακεδόνες καὶ εὕρωσιν ὑμᾶς ἀπαρασκευάστους) – Philippi allerdings wird im 2. Korintherbrief an keiner Stelle erwähnt.

Für diejenigen, die keine Briefteilung annehmen, ist die Situation also klar: Der Brief wurde auf der letzten Reise des Paulus von Ephesos nach Korinth unterwegs in Makedonien verfaßt.

* * *

Anders steht es allerdings, wenn man den Brief teilt, wie zuletzt Gräßer in seinem im Jahr 2005 vollendeten Kommentar.[22] In diesem Fall ist die Situation für jeden Teilbrief gesondert zu bestimmen; dies soll im folgenden in aller Kürze versucht werden.

Den 1. Korintherbrief hatte Paulus in Ephesos verfaßt – das ist nicht strittig. Ephesos ist mithin der Ausgangspunkt für die weitere Entwicklung. Zwar spielt diese Stadt in der Apostelgeschichte des Lukas eine wichtige Rolle – keine andere Station des Paulus wird so ausführlich beschrieben wie Ephesos (Apg 18,24–20,1, das sind über vier Seiten in der Ausgabe von Nestle/Aland) –, aber von der umfangreichen Korrespondenz, die Paulus von Ephesos aus führte, weiß Lukas nichts.[23] Wir haben schon gesehen, daß Paulus hier neben dem 1. Korintherbrief den Philemonbrief und den Philipperbrief verfaßt hat und, wie sich im folgenden ergeben wird, darüber hinaus dann eben auch große Teile des kanonischen 2. Korintherbriefs. (Nach der überwiegend vertretenen Ansicht stammt auch der Galaterbrief aus Ephesos; ich teile diese Ansicht, wie Sie wissen[24], nicht mehr.)

Damit ist zuerst die Situation der Apologie (Brief C = 2Kor 2,14–7,4) zu diskutieren. Ausgangspunkt dafür ist der von Paulus 1Kor 16,5f. ins Auge gefaßte Plan, einen längeren Besuch in Korinth abzustatten. Dieser Plan wurde nicht ausgeführt. Der Grund dafür ist wohl in der Situation in Korinth zu suchen: Die Position des Paulus wird in Korinth in Zweifel gezogen. Er sieht sich daher zu einer Apologie veranlaßt. „Das mit der Apologie angestrebte Ziel – Wiederherstellung der ramponierten apostolischen Autorität und Versöhnung mit der Gemeinde – hat Paulus freilich nicht erreicht. Es hat im Gegenteil den Anschein, als hätten die Gegner sie gegen den Apostel verwendet (vgl. 10,10).“[25]

* * *

---

22 *Erich Gräßer* I 29–35.

23 Das ist nun nicht ein Phänomen, das für Ephesos spezifisch wäre: Lukas verrät an keiner Stelle, daß er von der Korrespondenz des Paulus mit seinen Gemeinden etwas wüßte. Dies ist ein nicht nur auf den ersten Blick rätselhafter Befund.

24 Zur Abfassung des Galaterbriefes auf der Reise nach Rom vgl. einstweilen oben in Kapitel I die Seiten 11–14. Genauer werden wir diese Frage in Kapitel VII über den Galaterbrief besprechen.

25 *Erich Gräßer* I 269.

Noch weitaus drastischer stellt sich die daraus entstandene Lage für Günther Bornkamm dar: „*Neue* Geister und Gegner sind inzwischen in Korinth aufgetaucht und haben in der Gemeinde mit ihrer Verkündigung und ihrem Auftreten Eindruck gemacht und sie zur Rebellion gegen den Apostel bewogen. So hat Paulus sich entgegen seinem früheren Plan zu einem schnellen Zwischenbesuch entschließen müssen."[26] Der ursprüngliche Plan (1Kor 16,5) sah ja eine Reise auf dem Landweg über Makedonien nach Korinth vor. Der Zwischenbesuch erfolgte jedoch auf dem Seeweg, ohne den zeitraubenden Umweg über Makedonien.

Dieser Zwischenbesuch aber „ist erschütternd verlaufen. Er hat die Gemeinde in völligem Aufruhr gegen ihn vorgefunden. Einer aus ihrer Mitte hat ihm schweres Unrecht zugefügt, und der Apostel hat Korinth wieder verlassen müssen, ohne die Gemeinde zurückgewonnen und zur Ordnung gebracht zu haben."[27] In dieser Situation greift Paulus – nach Ephesos zurückgekehrt – zur Feder und bringt den Tränenbrief – früher Vierkapitelbrief genannt –, also Brief D = 2Kor 10–13 zu Papier.[28]

✳ ✳ ✳

Den Tränenbrief hat Titus von Ephesos nach Korinth überbracht. Paulus wartet gespannt auf die Reaktion aus Korinth und reist Titus auf dem Landweg entgegen. Das ist die Situation, in der wir uns in diesem Kapitel befinden: Paulus hat Ephesos verlassen, um nach Makedonien und Achaia zu reisen. Es ist seine letzte Rundreise durch die auf der zweiten Missionsreise gegründeten Gemeinden in Philippi, in Thessaloniki und in Korinth. Von hier aus wird Paulus dann nach Jerusalem aufbrechen.

Paulus reist auf dem Landwege: Anders könnte er nicht sicher sein, den sehnlichst erwarteten Titus nicht zu verfehlen; hätte er den viel schnelleren Seeweg gewählt, hätte sein Schiff leicht an dem entgegenkommenden des Titus vorbeifahren können. Auf dem Landweg besteht die Gefahr nicht: Auf der *Via Egnatia* kann man sich ebensowenig verfehlen wie auf der Straße, die von Alexandria Troas nach Ephesos führt.

So ist Paulus mittlerweile also aus Ephesos bis Alexandria Troas gereist. Obwohl sich ihm in Alexandria Troas eine missionarische Chance eröffnet hat, setzt er nach Makedonien über, um Titus schneller zu treffen (2Kor 2,13; 7,6.13f.).

„Titus bringt schließlich die gute Nachricht (7,5–12), dass die Gemeinde eingelenkt und den Schuldigen bestraft hat (2,5–11). In seiner Freude über diese Wendung der Dinge schreibt Paulus vermutlich einen erneuten Brief, den sog.[enannten] »Versöhnungsbrief« (vgl. 7,13–16)."[29] Dies ist dann nach unserer Notation Brief E = 2Kor 1,1–2,13 + 7,5–16.

---

26 *Günther Bornkamm:* Die Vorgeschichte des sogenannten Zweiten Korintherbriefes, S. 164.

27 *Günther Bornkamm,* ebd.

28 Speziell zu diesem Schreiben ist die klassische Studie von *Ernst Käsemann:* Die Legitimität des Apostels heranzuziehen.

29 *Erich Gräßer* I 29.

In Makedonien konnte Paulus dann länger verweilen, nachdem der Konflikt mit der Gemeinde in Korinth in seinem Sinn beigelegt worden war. Diese Zeit nützte er zur Förderung seines Kollektenprojekts in den Gemeinden Makedoniens. Aus diesem Zusammenhang stammen die beiden letzten Schreiben nach Korinth, Brief F = 2Kor 8 und Brief G = 2Kor 9.

Der Aufbau

Wenn man eine Teilung des Briefes für sinnvoll hält, sollte man sich den Aufbau an den rekonstruierten Teilbriefen klarmachen.[30] Damit sind dann auch zugleich die großen Briefblöcke schon gegeneinander abgegrenzt. Ich stelle daher die Einteilung in Einzelbriefe nach der Bornkammschen Teilungshypothese voran:

Apologie	Brief C	2Kor 2,14–7,4
Tränenbrief	Brief D	2Kor 10–13
Versöhnungsbrief	Brief E	2Kor 1,1–2,13 + 2Kor 7,5–16
Erster Kollektenbrief	Brief F	2Kor 8
Zweiter Kollektenbrief	Brief G	2Kor 9

Eine eingehendere Gliederung empfiehlt es sich für die Briefe C, D und E vorzunehmen. Für die Apologie schlägt Gräßer[31] die folgende Gliederung vor:

1.	Themenangabe: Der legitimierte Apostel	2,14–17
2.	Der Diener des neuen Bundes	3,1–6
3.	Die Gegenüberstellung von altem und neuem Bund	3,7–18
4.	Das Kriterium des treuen Apostels	4,1–6
5.	Der Schatz in irdenen Gefäßen	4,7–15
6.	Gegenwärtige Niedrigkeit, zukünftige Herrlichkeit	4,16–5,10
7.	Der Dienst der Versöhnung	5,11–6,10
8.	Der affektive Schluß der Apologie	6,11–7,1
9.	Der versöhnliche Abschluß	7,2–4

---

30 Dazu im einzelnen S. 240–243.
31 *Erich Gräßer* im ersten Band seines Kommentars, S. 10.

Auch für den Tränenbrief, den man früher häufig »Vierkapitelbrief« nannte, folge ich dem Gräßerschen Gliederungsvorschlag:[32]

1.	Der Konflikt und die Konfliktstrategie	10,1–18
2.	Der Selbstruhm des Paulus als »Narrenrede«	11,1–12,18
3.	Der Abschluß des Tränenbriefes	12,19–13,13

Hier sind die Blöcke recht groß gewählt, was für das Einprägen natürlich angenehm ist; vor allem den Teil 2 sollte man dann noch untergliedern.

Schließlich die Feingliederung des Versöhnungsbriefes, erneut nach Gräßers Vorschlag:[33]

1.	Das Proömium	1,1–11
2.	Die Aufrichtigkeit des Apostels	1,12–17
3.	Das Ja-Wort Gottes	1,18–22
4.	Der Besuchsverzicht	1,23–2,4
5.	Das Ende des Streitfalles	2,5–13
6.	Das Wiedersehen mit Titus	7,5–7
7.	Die Wirkung des Tränenbriefes	7,8–13a
8.	Die Freude über die Konfliktbewältigung	7,13b–16

Wer noch mehr tun will, kann schließlich auch noch die beiden Kollektenbriefe F und G untergliedern. Dies will ich hier aber nicht im einzelnen vorführen.

Literatur

Einführungen zum 2. Korintherbrief

Wolfgang Schenk: Art. Korintherbriefe, TRE 19 (1990), S. 620–640.

Peter Pilhofer: 2. Korintherbrief, `http://www.neutestamentliches-repetitorium.de`.

Die Inschriften von Korinth

Benjamin Dean Meritt [Hg.]: Greek Inscriptions 1896–1927, Corinth. Results of Excavations Conducted by the American School of Classical Studies at Athens, Volume VIII, Part 1, Cambridge/Mass. 1931.

---

32 *Erich Gräßer* II 7–8.
33 *Erich Gräßer* I 9f.

John Harvey Kent [Hg.]: The Inscriptions 1926–1950, Corinth. Results of Excavations Conducted by the American School of Classical Studies at Athens, Volume VIII, Part III, Princeton 1966.

Kommentare in chronologischer Folge

Hans Lietzmann: An die Korinther I/II, HNT 9, Tübingen ⁵1969.

Rudolf Bultmann: Der zweite Brief an die Korinther, hg. v. Erich Dinkler, KEK Sonderband, Göttingen 1976.

Victor Paul Furnish: II Corinthians. Translated with Introduction, Notes, and Commentary, AncB 32A, Garden City, New York 1984.

Hans Dieter Betz: 2. Korinther 8 und 9. Ein Kommentar zu zwei Verwaltungsbriefen des Apostels Paulus, München 1992.[34]

Erich Gräßer: Der zweite Brief an die Korinther. Kapitel 1,1–7,16, ÖTK 8/1, Gütersloh/Würzburg 2002.

Erich Gräßer: Der zweite Brief an die Korinther. Kapitel 8,1–13,13, ÖTK 8/2, Gütersloh 2005.

Sonstige Literatur

Ernst Bammel: Paulus, der Moses des Neuen Bundes, in: *ders.:* Judaica et Paulina. Kleine Schriften II, WUNT 91, Tübingen 1997, S. 205–214.

Günther Bornkamm: Die Vorgeschichte des sogenannten Zweiten Korintherbriefes, in: *ders.:* Geschichte und Glaube II. Gesammelte Aufsätze IV, BEvTh 53, München 1971, S. 162–194.

Rudolf Bultmann: Exegetische Probleme des zweiten Korintherbriefes, in: *ders.:* Exegetica. Aufsätze zur Erforschung des Neuen Testaments, hg. v. Erich Dinkler, Tübingen 1967, S. 298–322.

Adolf Deissmann: Zur ephesinischen Gefangenschaft des Apostels Paulus, in: Anatolian Studies Presented to Sir William Mitchell Ramsay, hg. v. W.H. Buckler & W.M. Calder, Manchester 1923, S. 121–127.

Eva Ebel: Die Attraktivität früher christlicher Gemeinden. Die Gemeinde von Korinth im Spiegel griechisch-römischer Vereine, WUNT 2/178, Tübingen 2004.

Dieter Georgi: Die Geschichte der Kollekte des Paulus für Jerusalem, ThF 38, Hamburg 1965 (Nachdruck Neukirchen-Vluyn 1994).

Bernhard Heininger: Paulus als Visionär. Eine religionsgeschichtliche Studie, HBS 9, Freiburg usw. 1996.

Ernst Käsemann: Leib und Leib Christi. Eine Untersuchung zur paulinischen Begrifflichkeit, BHTh 9, Tübingen 1933.

Ernst Käsemann: Die Legitimität des Apostels. Eine Untersuchung zu II Korinther 10–13, ZNW 41 (1942), S. 33–71; Sonderausgabe als Libelli 33, Darmstadt 1956.

Dietrich-Alex Koch: Abraham und Mose im Streit der Meinungen. Beobachtungen und Hypothesen zur Debatte zwischen Paulus und seinen Gegnern in 2 Kor 11,22–23 und 3,7–18, in: The Corinthian Correspondence, BEThL 125, Löwen 1996, S. 305–324.

---

34 Ursprüngliche Fassung in englischer Sprache: 2 Corinthians 8 and 9. A Commentary on Two Administrative Letters of the Apostle Paul (Hermeneia), Philadelphia 1985.

Dietrich-Alex Koch: Die Schrift als Zeuge des Evangeliums. Untersuchungen zur Verwendung und zum Verständnis der Schrift bei Paulus, BHTh 69, Tübingen 1986.

Gerhard Saß: Noch einmal: 2Kor 6,14–7,1. Literarkritische Waffen gegen einen »unpaulinischen« Paulus?, ZNW 84 (1993), S. 36–64.

Gerhard Saß: Leben aus den Verheißungen. Traditionsgeschichtliche und biblisch-theologische Untersuchungen zur Rede von Gottes Verheißungen im Frühjudentum und beim Apostel Paulus, FRLANT 164, Göttingen 1995.

Alfred Suhl: Paulus und seine Briefe. Ein Beitrag zur paulinischen Chronologie, StNT 11, Gütersloh 1975.

Gerd Theißen: Soziale Schichtung in der korinthischen Gemeinde. Ein Beitrag zur Soziologie des hellenistischen Urchristentums, ZNW 65 (1974), S. 232–272; wieder abgedruckt in *Gerd Theißen:* Studien zur Soziologie des Urchristentums, WUNT 19, Tübingen 1979 (³1989), S. 231–271.

§ 35 Das Kollektenprojekt des Paulus

Die Entscheidung des Paulus, von Ephesos aus noch einmal zurück nach Makedonien und Achaia zu reisen, ist aus der Sicht der korinthischen Probleme nachvollziehbar. Wenn man das Projekt der Kollekte hinzunimmt, ist sie sogar notwendig. Freilich muß aus diesen Gründen der lange gehegte Plan, nach Rom und in den Westen zu reisen, ein weiteres Mal zurückstehen. Denn wenn man einmal nach Makedonien und Achaia gelangt ist, liegt Jerusalem genau in der falschen Richtung, wenn man eigentlich nach Rom und nach Spanien reisen will.

Die Kollekte für Jerusalem kommt in der Apostelgeschichte so recht gar nicht vor.[1] Das ist ein weiterer Beweis dafür, daß Lukas entweder nicht über alle wesentlichen Sachverhalte informiert ist oder uns diese gelegentlich einfach vorenthält. Denn das Kollektenwerk hat den Paulus in dieser Phase seiner Wirksamkeit viel Zeit und Mühe gekostet.

Die grundlegende Darstellung dieses Kollektenwerks stammt von Dieter Georgi. Sein Buch trägt den Titel: Die Geschichte der Kollekte des Paulus für Jerusalem.[2] Dieses Buch nimmt seinen Ausgangspunkt bei dem uns hinlänglich bekannten Apostelkonvent, den Paulus in Gal 2,1–10 beschreibt.[3] In Gal 2,10 hält Paulus eine wich-

---

1   Die folgenden Ausführungen zur Kollekte des Paulus sind eine stark gekürzte Fassung des entsprechenden Kapitels VIII meiner Paulusvorlesung, die im Netz unter `www.neutestamentliches-repetitorium.de` zugänglich ist.

2   *Dieter Georgi:* Die Geschichte der Kollekte des Paulus für Jerusalem, ThF 38, Hamburg 1965. Ein Nachdruck des Buches erschien im Jahr 1994 unter dem neuen Titel: „Der Armen zu gedenken" in Neukirchen-Vluyn; der alte Titel ist hier als Untertitel erhalten. Die Seiten bis 102 sind identisch mit der Ausgabe von 1965; auf S. 103–107 folgt ein neues »Vorwort« (das *rebus sic stantibus* wohl besser »Nachwort« hieße …).

Bei diesem Werk handelt es sich um die Habilitationsschrift von Dieter Georgi, der übrigens ein Schüler von Günther Bornkamm ist.

3   Zum Apostelkonvent vgl. oben im Kapitel III die Seiten 117–118.

tige Vereinbarung fest: „Nur daß wir der Armen gedenken sollten, was ich mich auch bemüht habe zu tun."[4] Die »Armen«, von denen hier die Rede ist, das sind die Christinnen und Christen in Jerusalem. „»Die Armen« zu sein, zeichnete in besonderer Weise die Jerusalemer Christen aus. Der absolute Gebrauch des Begriffes in Gal. 2,10 und die Tatsache, daß er keiner Erläuterung bedarf, sprechen dafür, daß es sich hier um einen bekannten Titel der Jerusalemer Christen handelte."[5]

Daß es sich um einen Titel der Gemeinde in Jerusalem handelt, schließt freilich nicht aus, daß diese Menschen auch faktisch arm waren. Die urchristliche Gütergemeinschaft, die Lukas mit einigem Behagen schildert, scheint ökonomisch zu einer ziemlichen Katastrophe geführt zu haben. Die Christinnen und Christen in Jerusalem waren daher auf Unterstützung von außen angewiesen. Um diese Unterstützung geht es in Gal 2,10: „der Armen zu gedenken" bedeutet also, die Gemeinde in Jerusalem finanziell zu unterstützen.

1. Die Nachrichten aus dem 1. Korintherbrief[6]

Wie es mit der Kollekte gleich nach dem Jerusalemer Apostelkonvent begann, wissen wir nicht. Für diese Phase geben die Quellen so gut wie nichts her. Die weitausgreifende Mission des Paulus im Westen war damals ja noch gar nicht im Blick. Die Verpflichtung der Unterstützung der Gemeinde in Jerusalem betraf ja nicht Ephesos, Philippi, Thessaloniki, Korinth und Galatien, sondern zunächst einmal ausschließlich die Gemeinde von Antiochien am Orontes. Ich stimme Jürgen Becker zu: „Die geschichtliche Situation und der Rahmen des Konvents lassen keineswegs den Schluß zu, damit sei das Heidenchristentum überhaupt zu diesem Dienst verpflichtet worden."[7]

Erst der 1. Korintherbrief gibt uns Aufschluß über die weiteren Aktivitäten des Paulus. In 1Kor 16,1 heißt es: „Hinsichtlich der Kollekte für die Heiligen sollt auch ihr es so halten, wie ich es für die Gemeinden Galatiens angeordnet habe."[8]

---

4   Im griechischen Original lautet Gal 2,10: μόνον τῶν πτωχῶν ἵνα μνημονεύωμεν, ὃ καὶ ἐσπούδασα αὐτὸ τοῦτο ποιῆσαι.

5   *Dieter Georgi*, a.a.O., S. 23.

6   Vgl. dazu die Bemerkungen oben in Kapitel IV, S. 170–171.

7   *Jürgen Becker*: Paulus. Der Apostel der Völker, Tübingen 1989, S. 272f.

8   Im griechischen Original lautet 1Kor 16,1: περὶ δὲ τῆς λογείας τῆς εἰς τοὺς ἁγίους, ὥσπερ διέταξα ταῖς ἐκκλησίαις τῆς Γαλατίας, οὕτως καὶ ὑμεῖς ποιήσατε.
Für »Kollekte« steht hier das griechische Wort λογεία, das »Geldsammlung« bedeutet (vgl. *Bauer/Aland*, Sp. 965). „λογεία kann die Steuer bezeichnen, aber auch einfach die Geldsammlung, z.B. die sakrale Kollekte" (*Hans Conzelmann*: Der erste Brief an die Korinther, KEK V, Göttingen [11/1]1969, S. 353). Bemerkenswert ist in jedem Fall der Sachverhalt, daß das Wort λογεία nur hier und im folgenden Vers begegnet. In den eigentlichen Kollektenbriefen 2Kor 8 und 2Kor 9 fehlt es. „Die Ableitung ist … jetzt sichergestellt: das Wort kommt von dem ebenfalls durch die Papyri, Ostraka und Inschriften in Ägypten und sonst neu aufgetauchten Zeitwort λογεύω *ich sammle* und steht meist von sakralen Geldsamm-

Wir haben bei der Behandlung dieser Passage im Zusammenhang mit dem 1. Korintherbrief schon gesehen, daß diese Kollekte aus römischer Sicht so etwas wie eine Revolution war; ich verweise daher hier lediglich auf das dort Gesagte.[9]

* * *

Das Verfahren der Kollekte wird im folgenden Vers 2 so beschrieben: „An jedem ersten Wochentag möge ein jeder von euch für sich selbst zurücklegen, soviel ihm etwa gelingen mag, damit nicht (erst) dann Sammlungen stattfinden, wenn ich (zu euch) komme."[10] Daraus scheint hervorzugehen, daß zur Abfassungszeit des 1. Korintherbriefes die Sammeltätigkeit in Korinth noch gar nicht begonnen hatte. Damit sie nicht erst einsetzt, wenn Paulus in Korinth ist, fordert er die Christinnen und Christen auf, jede Woche, immer am Sonntag, etwas zurückzulegen.[11]

„Die Anordnung des Paulus ist aufschlußreich für den damaligen Zustand der Organisation bzw. Nicht-Organisation seiner Gemeinden: Es besteht offensichtlich noch kein organisiertes Finanzwesen. Auch eine Kollekte beim Gottesdienst ist nicht vorgesehen, wenn jeder das Seine bei sich selbst »deponieren« soll."[12]

Der folgende Vers 3 gibt uns nun Aufschluß darüber, wie Paulus mit dem gesammelten Geld dann weiter verfahren will: „Wenn ich aber komme, will ich die, die ihr auswählen werdet, mit Briefen versehen nach Jerusalem schicken, damit sie eure Gabe überbringen."[13] Zum Zeitpunkt der Abfassung des 1. Korintherbriefes plante Paulus offenbar noch keine eigene Reise nach Jerusalem. Diese wird dann erst einige Jahre später im Römerbrief ins Auge gefaßt. Wir kommen darauf dann gleich noch im einzelnen zu sprechen, wenn wir den Römerbrief behandeln. Hier im 1. Korin-

---

lungen für eine Gottheit, einen Tempel usw." (*Adolf Deissmann:* Licht vom Osten. Das Neue Testament und die neuentdeckten Texte der hellenistisch-römischen Welt, Tübingen ⁴1923, S. 83).

Da sich eine entsprechende Anordnung in unserm Galaterbrief nicht findet, kann man vielleicht mit Georgi schließen, daß diese erst zwischen dem Galaterbrief und dem 1. Korintherbrief erfolgte (vgl. *Dieter Georgi,* a.a.O., S. 30). Dieser Schluß ist jedoch keineswegs notwendig: Man kann auch annehmen, daß der Galaterbrief nach dem 1. Korintherbrief geschrieben worden ist, wie dies beispielsweise *Jürgen Becker* in seinem Paulusbuch tut (S. 25).

9 Vgl. oben S. 170–171.

10 Im griechischen Original lautet 1Kor 16,2: κατὰ μίαν σαββάτου ἕκαστος ὑμῶν παρ' ἑαυτῷ τιθέτω θησαυρίζων ὅ τι ἐὰν εὐοδῶται, ἵνα μὴ ὅταν ἔλθω τότε λογεῖαι γίνωνται.

11 Vgl. dazu *Dieter Georgi,* ebd.: „Auch in Korinth scheint zur Zeit der Abfassung von 1. Kor. 16 noch nichts weiter für die Jerusalemer gesammelt zu sein, sondern die ganze Sache in den Anfängen zu stecken."

12 *Hans Conzelmann,* a.a.O., S. 354.

13 Im griechischen Original lautet 1Kor 16,3: ὅταν δὲ παραγένωμαι, οὓς ἐὰν δοκιμάσητε, δι' ἐπιστολῶν τούτους πέμψω ἀπενεγκεῖν τὴν χάριν ὑμῶν εἰς Ἰερουσαλήμ. Man beachte den Wechsel in der Terminologie: Statt λογεία steht hier χάρις. Interessant ist in diesem Zusammenhang die Übersicht, die *Conzelmann* S. 354 gibt: „Kittel weist mit Recht darauf hin, daß Paulus als Synonyma für λογεία nicht steuertechnische, sondern erbauliche Wörter verwendet: χάρις V. 3; 2Kor 8 4ff.; κοινωνία Röm 15 26; 2Kor 8 4; διακονία Röm 15 31; 2Kor 8 4. 9 1; εὐλογία 2Kor 9 5; vgl. auch den Plural in V. 2. Damit

therbrief sieht der Plan noch so aus, daß die Gemeindedelegation aus Korinth sich ohne Paulus nach Jerusalem auf den Weg machen soll, um das Geld dort »den Armen« zu überbringen.

Irreführend ist die Formulierung bei Hans Conzelmann: „Der Plan, sie [die Kollekte] durch Abgeordnete der Gemeinde zu überbringen, wurde ausgeführt: Act 20ff."[14] Denn die in Apg 20 geschilderte Reise spricht zwar von einer Delegation; aber erstens ist dies eine Delegation, die von Paulus selbst geführt wird; zweitens handelt es sich um eine Delegation mehrerer Gemeinden (genannt werden Beroia, Thessaloniki, Derbe und Gemeinden der *Asia* – Korinth aber fehlt[15]) und drittens ist in Apg 20 nicht von einer Überbringung der Kollekte die Rede. Angemessener ist also die Formulierung, daß die in 1Kor 16,3 ins Auge gefaßte Reise *in dieser Form* nicht stattgefunden hat. Der Form der wirklich durchgeführten Reise kommt der erst in Vers 4 ins Auge gefaßte Plan näher, wo es heißt: „Wenn es der Mühe wert ist, daß auch ich reise, dann sollen sie mit mir zusammen reisen."[16] Paulus arbeitet hier also mit zwei verschiedenen Szenarien: Entweder wird eine Gemeindedelegation nach Jerusalem reisen, um die Kollekte zu überbringen; oder er selbst wird sich zusammen mit einer Delegation auf den Weg nach Jerusalem machen. In beiden Fällen gilt: Es handelt sich um eine beträchtliche Summe, wenn es sich lohnt, eine Delegation damit auf den Weg zu schicken. Ist die Reise nach Jerusalem schon an sich nicht ganz billig, so erhöhen sich die Kosten natürlich, wenn gleich mehrere Menschen sich auf den Weg machen. Das erlaubt gewisse Rückschlüsse auf die Höhe der Summe, um die es geht.

In jedem Fall will Paulus von Ephesos aus über Makedonien nach Korinth kommen« (1Kor 16,5); das soll nach Pfingsten geschehen (1Kor 16,8). Möglicherweise will er unterwegs auch die Kollekte in Makedonien organisieren.[17]

2. Der Fortgang des Projekts: 2Kor 8 & 2Kor 9

Vom Fortgang des Kollektenwerkes erfahren wir in den beiden Briefen 2Kor 8 und 2Kor 9. Wir haben gesehen, daß es sich nach der Bornkammschen Teilungshypo-

---

wird die Darstellung von Gal 2 bestätigt: Es handelt sich um eine freie Vereinbarung. Ihr Sinn ist die Dokumentation der Einheit der Kirche."

14 *Hans Conzelmann*, a.a.O., S. 355.

15 Im griechischen Original lautet Apg 20,4: συνείπετο δὲ αὐτῷ Σώπατρος Πύρρου Βεροιαῖος, Θεσσαλονικέων δὲ Ἀρίσταρχος καὶ Σεκοῦνδος, καὶ Γάϊος Δερβαῖος καὶ Τιμόθεος, Ἀσιανοὶ δὲ Τυχικὸς καὶ Τρόφιμος.

16 Im griechischen Original lautet 1Kor 16,4: ἐὰν δὲ ἄξιον ᾖ τοῦ κἀμὲ πορεύεσθαι, σὺν ἐμοὶ πορεύσονται. Die Übersetzung des ersten Stücks ist umstritten. Statt des von mir gewählten „Wenn es der Mühe wert ist" bietet *Hans Conzelmann*, a.a.O., S. 352 vielmehr: „Wenn es eurer Meinung entspricht"; zur Diskussion vgl. seine Anm. 5 z.St.

17 Vgl. dazu *Dieter Georgi*, a.a.O., S. 42: „Wir wissen nicht, ob Paulus bereits zu dieser Zeit plant, eine Kollekte auch der mazedonischen Gemeinden zu organisieren. Nach 2. Kor 8 und 9 zu urteilen, ist dann jedenfalls erst bei dem Besuch des Paulus in Mazedonien mit einer Sammlung der dortigen Gemeinden begonnen worden, und zwar auf Grund deren eigener Initiative."

these hier um zwei verschiedene Schreiben handelt, die Briefe F und G nach dieser Sprachregelung.[18] Für die Frage nach der Kollekte ist es jedoch unerheblich, ob man hier einen oder zwei Briefe annimmt. Die „oft erwogene literarkritische Trennung beider Kapitel [kann] hier auf sich beruhen …, da die Situation zur Kollekte in beiden Kapiteln dieselbe ist."[19]

Die Situation der Abfassung ist in der Tat für beide Kapitel dieselbe: Beide Kapitel sind aus Makedonien nach Korinth geschrieben und beide berichten von dem Erfolg der Kollekte in den Gemeinden Makedoniens. In 2Kor 8,1–6 lesen wir: „1 Wir geben euch aber Kunde, ihr Brüder, von der Gnade Gottes, die den Gemeinden Mazedoniens gegeben ist, 2 daß (nämlich) bei reicher Bewährung in Trübsal der Überschwang ihrer Freude und ihre tiefgründige Armut sich in eine Fülle von Reichtum schlichter Güte ergossen hat. 3 Denn nach Vermögen, ich bezeuge es, und über Vermögen haben sie unaufgefordert 4 und vielfältig zugeredet und sich die Gnade erbeten und die Teilnahme an dem Dienst für die Heiligen, 5 und nicht (nur gehandelt) wie wir gehofft hatten, sondern sich selbst gegeben (in) erst(er Linie) dem Herrn und (dann) uns durch Gottes Willen, 6 so daß wir dem Titus zuredeten, er möge, wie er vorher angefangen habe, so auch (jetzt) zu Ende bringen bei euch auch diese Gnade."[20]

Paulus befindet sich also nicht mehr in Ephesos. Er hat Ephesos verlassen und ist auf dem Landweg nach Makedonien gereist, wie wir aus 2Kor 2,12 wissen, dem Titus entgegen, der ihm die ersehnte Nachricht aus Korinth bringen sollte, die dann den Versöhnungsbrief (Brief E[21]) zur Folge hatte. In Alexandria Troas eröffnete sich ihm eine gute missionarische Gelegenheit, doch er reiste weiter nach Makedonien (wie früher schon bei der zweiten Missionsreise, vgl. Apg 16,11).

In Makedonien hat er sich nach dem Treffen mit Titus offenbar eine Weile aufgehalten. Wir kennen zwei dieser makedonischen Gemeinden, die Paulus auf der zweiten Missionsreise gegründet hat, Philippi und Thessaloniki.[22] Mittlerweile sind

---

18   Zur Teilung des 2. Korintherbriefes vgl. die Ausführungen in diesem Kapitel; einen Überblick über die Teilbriefe bietet die Tabelle auf S. 246.

19   *Jürgen Becker*, a.a.O., S. 23.

20   Im griechischen Original lauten die Verse 2Kor 8,1–6 wie folgt: **1** γνωρίζομεν δὲ ὑμῖν, ἀδελφοί, τὴν χάριν τοῦ θεοῦ τὴν δεδομένην ἐν ταῖς ἐκκλησίαις τῆς Μακεδονίας, **2** ὅτι ἐν πολλῇ δοκιμῇ θλίψεως ἡ περισσεία τῆς χαρᾶς αὐτῶν καὶ ἡ κατὰ βάθους πτωχεία αὐτῶν ἐπερίσσευσεν εἰς τὸ πλοῦτος τῆς ἁπλότητος αὐτῶν· **3** ὅτι κατὰ δύναμιν, μαρτυρῶ, καὶ παρὰ δύναμιν, αὐθαίρετοι **4** μετὰ πολλῆς παρακλήσεως δεόμενοι ἡμῶν τὴν χάριν καὶ τὴν κοινωνίαν τῆς διακονίας τῆς εἰς τοὺς ἁγίους, **5** καὶ οὐ καθὼς ἠλπίσαμεν ἀλλ' ἑαυτοὺς ἔδωκαν πρῶτον τῷ κυρίῳ καὶ ἡμῖν διὰ θελήματος θεοῦ, **6** εἰς τὸ παρακαλέσαι ἡμᾶς Τίτον ἵνα καθὼς προενήρξατο οὕτως καὶ ἐπιτελέσῃ εἰς ὑμᾶς καὶ τὴν χάριν ταύτην.
Die oben gegebene Übersetzung stammt von *Hans Lietzmann:* An die Korinther I/II, HNT 9, Tübingen ⁵1969, S. 134.136.

21   Vgl. dazu oben S. 245.

22   Zur Gründung der Gemeinde in Philippi sowie zur Gründung der Gemeinde in Thessaloniki vgl. oben den Paragraphen 16, S. 119–120.

gewiß weitere Gemeinden hinzugekommen, von denen wir jedenfalls eine auch namentlich nennen können, nämlich Beroia.[23]

Der Aufenthalt in Makedonien hat zur Folge, daß auch die dortigen Gemeinden – wir denken in erster Linie an Philippi und Thessaloniki, die oben erwähnte Liste der Gemeindedelegation in Apg 20,4[24] läßt aber noch andere Gemeinden als möglich erscheinen – sich für das Kollektenwerk interessieren und sich dieses Projekt zu eigen machen. Voller Überschwang berichtet Paulus von seinem Erfolg. Trotz der bitteren Armut der makedonischen Gemeinden (v. 2) haben diese sich der Kollekte angeschlossen.

Mit der Kollekte der makedonischen Gemeinden im Rücken reist Paulus ein letztes Mal nach Korinth. Wir befinden uns mittlerweile wahrscheinlich im Jahr 56. „Paulus nimmt hier anläßlich des Kollektenbesuchs, wenn man der Ap[ostel]g[eschichte] trauen darf, für rund 3 Monate Quartier (Apg 20,2f.) und schreibt von Korinth – nach erfolgreicher Beendigung der Kollekte auch in Achaja – den Röm[erbrief] (Röm 15,25–32; 16,21–23). Der Röm[erbrief] wird zum letzten Lebenszeichen aus der Hand des Paulus und nicht nur darum sein Testament. Dies gilt nämlich insbesondere auch deshalb, weil er in ihm seine Theologie in einer einzigartigen Weise in systematischer Reife darstellt . . . . Nach dem Röm[erbrief] ist Paulus unmittelbar im Aufbruch nach Jerusalem. Die Ap[ostel]g[eschichte] bestätigt, daß dieses Reiseziel auch erreicht wurde (Apg 21). Damit aber beginnt ein neuer Lebensabschnitt für Paulus, für den keine paulinischen Nachrichten mehr zur Verfügung stehen."[25]

Ich habe dieses Zitat aus dem Beckerschen Paulusbuch hier stehengelassen, obgleich ich den Römerbrief nicht mehr ohne Einschränkung als das »Testament« des Paulus ansprechen kann. Wir kommen darauf gleich im nächsten Paragraphen zurück! Ich bin vielmehr der Auffassung, daß wir im Galaterbrief das letzte Schreiben des Paulus vor uns haben. Wir werden uns im Kapitel VII sowohl mit der Vollendung des Kollektenwerks beschäftigen, wenn wir die letzte Reise des Paulus nach Jerusalem besprechen, als auch mit dem Galaterbrief als Abschluß und Höhepunkt der paulinischen Korrespondenz.

§ 36 Der Römerbrief

Paulus war in Korinth bei seinem letzten Besuch vollauf beschäftigt: Wir haben gesehen, daß es in dieser Gemeinde unüberwindlich scheinende Probleme gab. Dazu

---

23 Nach Apg 17 wurde die Gemeinde in Beroia schon auf der zweiten Missionsreise von Paulus selbst gegründet. Als Anhänger der *Suhl*schen These halte ich das nicht für historisch (zur *Suhl*schen Hypothese vgl. oben S. 235–238). Die Liste in Apg 20,4 ist jedoch ein Argument dafür, daß jedenfalls zur Zeit der endgültigen Abreise des Paulus aus Makedonien auch in Beroia eine Gemeinde existiert hat. Diese muß ja nicht von Paulus selbst gegründet sein, wie die Analogie von Kolossai zeigt: Während Paulus in Ephesos wirkte, können seine Mitarbeiter auch im Umland missioniert haben; und in Makedonien wird das Evangelium von Philippi und von Thessaloniki aus auch ohne Paulus weiter verbreitet worden sein.

24 Vgl. dazu oben die Bemerkungen zu dieser Liste auf S. 4.

25 *Jürgen Becker*, a.a.O., S. 275.

kam die Organisation der Kollekte, die dem Paulus so sehr am Herzen lag. Daß er daneben auch noch die Zeit fand, den Brief an die Römer zu schreiben, grenzt an ein Wunder.[1]

Einführende Charakterisierung

„Der Römerbrief ist der umfangreichste ..., theologisch gewichtigste und zugleich letzte ... Brief des Apostels Paulus."[2] Günther Bornkamm hat den Brief als »Testament des Paulus« bezeichnet.[3] „Aufs Ganze gesehen ist das Schreiben eine große, wohl disponierte Darlegung der paulinischen Heilsbotschaft, die im ganzen Corpus der Paulinen nicht ihresgleichen hat. Als solcher ist der Brief auch aufs stärkste geschichtlich wirksam geworden und hat nicht zufällig als eine Summa paulinischer Theologie, mit Melanchthon gesprochen, als *doctrinae christianae compendium*, gegolten."[4]

Aus anderen Briefen bekannte Themen werden im Römerbrief ebenfalls bzw. erneut behandelt und oft vertieft. Ich nenne als Beispiel den Schriftbeweis mit Abraham in Kapitel 4 (eine andere – und m.E. spätere – Version findet sich in Gal 3) oder die Diskussion der Charismata in Röm 12 (eine andere Version bietet 1Kor 12). Daneben stehen freilich auch völlig neue Themen, die in keinem der früheren Briefe eine Rolle gespielt hatten, so etwa die Gegenüberstellung von Adam und Christus in Kapitel 5 und die Darlegungen zur Taufe in Kapitel 6, die eingehende Besprechung des Israelproblems in Kapitel 9–11 oder die berühmten Verse (unter einem Kaiser namens Nero!) zur »Obrigkeit« in 13,1–7, deren Wirkung man schwerlich überschätzen kann.[5]

Das »Testament« des Paulus dient nach Bornkamm auch dessen Vorbereitung auf die Auseinandersetzung in Jerusalem; insbesondere die Kapitel 9–11 sind auf diesem Hintergrund zu verstehen: „Für die Paulus in Jerusalem bevorstehende Auseinandersetzung über diese im Urchristentum fundamentalen Fragen, mit denen auch die weitere Mission des Apostels im Westen stand und fiel, ist der Brief die Zurüstung. Paulus mußte sich ihnen stellen, weil auch ihm alles an der geschichtlich-

---

1   Die folgenden Ausführungen zum Römerbrief sind eine gekürzte Fassung der Texte aus meinem Repetitorium, die unter `www.neutestamentliches-repetitorium` zur Verfügung stehen. Die genauen bibliographischen Angaben zu den einzelnen Arbeiten über den Römerbrief finden sich im Literaturverzeichnis am Ende dieses Paragraphen.

2   *Horst Balz*, S. 291.

Ich stimme Balz im letzten Punkt nicht mehr zu, da ich den Galaterbrief für den letzten Brief des Paulus halte, vgl. dazu einstweilen Kapitel I, S. 11–14.

3   *Günther Bornkamm*: Der Römerbrief als Testament des Paulus.

4   *Günther Bornkamm*, a.a.O., S. 122; die Kursivierung ist von mir.

5   Noch in den achtziger Jahren des vergangenen Jahrhunderts konnte die Passage einem Kriegsdienstverweigerer in diesem Land seitens des vom Bundesministerium für Verteidigung eingesetzten Ausschusses vorgehalten werden.

Zum Kaiser Nero vgl. oben in Kapitel IV, Paragraph 28 (S. 199–208).

heilsgeschichtlich begründeten Einheit der Kirche aus Juden und Heiden gelegen war ... "[6]

Die Rede vom »Testament« des Paulus hat Angelika Reichert unlängst präzisiert.[7] Ihr zufolge ist der Schlüssel für den Römerbrief nicht in der Reise nach Jerusalem und den dortigen Auseinandersetzungen zu suchen, sondern in derem Ausgang und den Folgen für den Plan der Spanienmission.[8]

Der Aufbau

Präskript	Röm 1,1–7
Proömium	Röm 1,8–15
These	Röm 1,16–17
Teil I	Röm 1,18–8,39
Teil II	Röm 9,1–11,36
Teil III	Röm 12,1–15,14
Eschatokoll	Röm 15,14–33
Grußliste	Röm 16,1–23

Der Römerbrief ist der umfangreichste paulinische Brief[9] und steht daher seit alters am Beginn des *corpus Paulinum*.[10] Wegen seiner Länge empfiehlt es sich, zunächst eine grobe Gliederung vorzunehmen (vgl. die Übersicht oben).

Schon diese grobe Gliederung weist auf Besonderheiten des Römerbriefs hin: Zu Beginn des Schreibens ist eine solche Besonderheit die These, die auf das Proömium folgt:

16 οὐ γὰρ ἐπαισχύνομαι τὸ εὐαγγέλιον,	**16** Denn ich schäme mich des Evangeliums nicht,
δύναμις γὰρ θεοῦ ἐστιν	denn es ist eine Kraft Gottes
εἰς σωτηρίαν παντὶ τῷ πιστεύοντι,	zur Rettung für jeden, der glaubt,

---

6　*Günther Bornkamm*, a.a.O., S. 137.

7　*Angelika Reichert*: Der Römerbrief als Gratwanderung. Eine Untersuchung zur Abfassungsproblematik, FRLANT 194, Göttingen 2001.

8　Zur Situation vgl. im einzelnen S. 259–266.

9　Vgl. die Angaben von *Horst Balz*, S. 291, wo es heißt: „Der Römerbrief ist der umfangreichste (etwa 7.100 Wörter), theologisch gewichtigste und zugleich letzte ... Brief des Apostels Paulus."

10　Vgl. erneut die Angaben bei *Horst Balz*, ebd.: „In der seit Pap. 46 (um 200 n. Chr.) greifbaren handschriftlichen Überlieferung der Paulusbriefe steht er – wohl wegen seiner Bedeutung und seines Umfangs, der allerdings den des 1. Korintherbriefes nur wenig übertrifft (um knapp 300 Wörter) – am Beginn des Corpus Paulinum, fast durchgehend gefolgt von den beiden Korintherbriefen ... "

Ἰουδαίῳ τε πρῶτον καὶ Ἕλληνι·	dem Juden zuerst, sodann dem Griechen;
17 δικαιοσύνη γὰρ θεοῦ ἐν αὐτῷ ἀποκαλύπτεται	**17** denn die Gerechtigkeit Gottes ist in ihm offenbart
ἐκ πίστεως εἰς πίστιν,	aus Glauben zum Glauben,
καθὼς γέγραπται·	wie geschrieben steht:
ὁ δὲ δίκαιος ἐκ πίστεως ζήσεται.	„Der Gerechte wird aus Glauben leben."

Die Themenangabe in 1,16–17 ist eine Besonderheit im Aufbau, die den Römerbrief von allen andern Briefen des Paulus unterscheidet.

Eine zweite Besonderheit ist die Grußliste am Schluß des Schreibens, die hinsichtlich ihres Umfangs keine Parallele in den andern Briefen hat. Das ist vor allem angesichts der Tatsache erstaunlich, daß Paulus hier einer nicht von ihm selbst gegründeten Gemeinde schreibt, die er zuvor noch nie besucht hat.[11] Die Grußliste kann man folgendermaßen gliedern:

16,1–2	Empfehlung der Phoebe
16,3–16	Grüße an römische Christen
16,17–20	Warnung vor Irrlehrern
16,21–23	Grüße von Mitarbeitern des Paulus[12]

Damit verbleibt noch die Aufgabe, die drei Teile des Römerbriefs, 1–8; 9–11 und 12–15 zu gliedern. Der erste Hauptteil, der die theologische Darlegung zur Gottesgerechtigkeit (δικαιοσύνη θεοῦ *[dikaiosyne theou]*) enthält, kann wie folgt gegliedert werden[13]:

---

11 Einzelheiten zu dieser Frage kann man im Netz leicht unter den Texten zum Römerbrief unter der Rubrik Teilungshypothesen finden (`http://www.neutestamentliches-repetitorium.de/uebersicht/roemerbrief/roemerbrief.html`). Dieser Text ist für dieses Buch aus Platzgründen nicht übernommen worden.

12 Neben bekannten Namen wie Timotheus werden hier andere Mitarbeiter genannt, darunter auch der Schreiber des Briefes, Tertius, sowie Ἔραστος, ὁ οἰκονόμος τῆς πόλεως, Erastus, der Aedil der Stadt Korinth. Zu diesem vgl. oben den Paragraphen 20 über Korinth und hier speziell zu Erastos S. 143–143, wo sich auch eine Abbildung der Erastos-Inschrift vom Theatervorplatz findet.

13 Die hier und im folgenden gegebene Gliederung des Römerbriefs ist in Anlehnung an den Kommentar von *Ernst Käsemann* entworfen; hier S. V–VI.

1. Abschnitt	1,18–3,20	Die Notwendigkeit der Offenbarung der Gerechtigkeit Gottes
a)	1,18–32	Gottes Zornoffenbarung über den Heiden
b)	2,1–3,20	Gericht über die Juden
2. Abschnitt	3,21–4,25	Die Gottesgerechtigkeit als Glaubensgerechtigkeit
a)	3,21–26	Die These
b)	3,27–31	Polemische Zuspitzung
c)	4,1–25	Der Schriftbeweis aus der Geschichte des Abraham
3. Abschnitt	5,1–8,39	Die Glaubensgerechtigkeit als Wirklichkeit eschatologischer Freiheit
a)	5,1–21	Freiheit von der Todesmacht
b)	6,1–23	Adam und Christus
c)	7,1–8,39	Das Ende des Gesetzes in der Macht des Geistes

Den zweiten Teil kann man Ernst Käsemann folgend »Die Gottesgerechtigkeit und das Problem Israels« überschreiben und folgendermaßen gliedern:

a)	9,1–5	Die Klage des Apostels
b)	9,6–29	Das Recht und vorläufiges Ziel der göttlichen Erwählung
c)	9,30–10,21	Israels Schuld und Fall
c)	11,1–36	Das Geheimnis der Heilsgeschichte

Den dritten Teil kann man überschreiben: »Gottesgerechtigkeit im christlichen Alltag« und in zwei Stücke unterteilen:

a)	12,1–13,14	Allgemeine Paränese: christlicher Alltag in verschiedenen Dimensionen
b)	14,1–15,13	Spezielle Paränese: die Starken und Schwachen in der Gemeinde

Die Situation

1. Die Pläne des Paulus

Paulus gibt uns im Römerbrief genauere Informationen über seine weiteren Pläne, insbesondere im Hinblick auf die Überbringung der Kollekte nach Jerusalem.[14] Bereits im Proömium (1,8–15) kommt Paulus auf seinen Plan zu sprechen, nach Rom zu reisen. Wir lesen in Vers 13: „Ich will euch nämlich nicht im Ungewissen darüber lassen, Brüder, daß ich mir schon oft vorgenommen habe, zu euch zu kommen . . . "[15] Das »schon oft« deutet darauf hin, daß Paulus diesen Plan nicht erst vor kurzem gefaßt hat. Es paßt sehr gut zu der These von Alfred Suhl, derzufolge Paulus schon etliche Jahre vorher – im Jahr 49 – den Plan hatte, von Thessaloniki aus nach Rom zu reisen.[16] Es paßt auch sehr gut zu meiner eigenen These, wonach Paulus schon lange vorher auf Rom (und auf Spanien) zielte, wahrscheinlich schon vor dem Zeitpunkt, als er Antiochien am Orontes endgültig verließ.[17] Wie dem auch sei: Paulus teilt den Christinnen und Christen in Rom mit, daß er schon oft den Plan gefaßt hatte, zu ihnen zu kommen.

Genaueres erfahren wir darüber am Schluß des Briefes, im Eschatokoll (15,14–33). Paulus beginnt die uns hier interessierenden Informationen mit der stolzen Feststellung, daß im Osten des Reiches für ihn nichts mehr zu tun sei: „. . . so habe ich vollkommen ausgerichtet das Evangelium Christi von Jerusalem im Kreis herum bis Illyrikon" (Röm 15,19[18]). Von Jerusalem aus bis Illyrikon ist das Evangelium verkündet. Paulus braucht ein neues Betätigungsfeld; dieses liegt im Westen. (Den Osten hat Paulus seit Damaskus nicht mehr im Blick.)

Daß im Osten kein Platz mehr für ihn ist, formuliert Paulus auch ausdrücklich: „**22** Daher bin ich auch oft gehindert worden, zu euch zu kommen. **23** Jetzt habe ich aber keinen Platz mehr in diesen Gegenden, habe aber seit vielen Jahren[19] die Sehnsucht, zu euch zu kommen. **24** Damit ich auch nach Spanien komme; ich hoffe

---

14 Zur Kollekte vgl. die Ausführungen oben in Paragraph 35 (S. 249–254).

15 Im griechischen Original lautet Röm 1,13: οὐ θέλω δὲ ὑμᾶς ἀγνοεῖν, ἀδελφοί, ὅτι πολλάκις προεθέμην ἐλθεῖν πρὸς ὑμᾶς, καὶ ἐκωλύθην ἄχρι τοῦ δεῦρο, ἵνα τινὰ καρπὸν σχῶ καὶ ἐν ὑμῖν καθὼς καὶ ἐν τοῖς λοιποῖς ἔθνεσιν.

16 Zur These von *Alfred Suhl* vgl. oben S. 235–238.

17 Vgl. dazu *Peter Pilhofer*: Antiochien und Philippi. Zwei römische Kolonien auf dem Weg des Paulus nach Spanien, in: *Peter Pilhofer*: Die frühen Christen und ihre Welt. Greifswalder Aufsätze 1996–2001. Mit Beiträgen von Jens Börstinghaus und Eva Ebel, WUNT 145, Tübingen 2002, S. 154–165.

18 Im griechischen Original lautet Röm 15,19: ἐν δυνάμει σημείων καὶ τεράτων, ἐν δυνάμει πνεύματος· ὥστε με ἀπὸ Ἰερουσαλὴμ καὶ κύκλῳ μέχρι τοῦ Ἰλλυρικοῦ πεπληρωκέναι τὸ εὐαγγέλιον τοῦ Χριστοῦ.

19 Die Formulierung »seit vielen Jahren« stützt sowohl die oben genannte These von *Alfred Suhl* als auch meine eigene These.

nämlich, auf der Durchreise euch zu sehen und von euch dorthin Geleit zu erhalten, wenn ich zuvor einigermaßen (meine Erwartung) von euch gestillt bekam."[20]

Die Lektüre des Proömiums und des Eschatokolls führt also zu dem folgenden *Zwischenergebnis: Die Lage stellt sich dem Paulus so dar, daß er sein Missionswerk im Osten vollendet hat. Er will nach Spanien reisen, um sich dort ein neues Tätigkeitsfeld zu erschließen, und auf dem Weg dorthin die Gemeinde in Rom besuchen. Diese soll seine Mission in Spanien unterstützen.*

* * *

Das ist ein einfacher Plan, den jedes Kind versteht. Gleich der folgende Abschnitt 15,25–33 macht jedoch deutlich, daß die Dinge in Wirklichkeit doch etwas komplizierter liegen: „**25** Jetzt aber reise ich nach Jerusalem, um den Heiligen zu dienen. . . . **30** Ich bitte euch aber, Brüder, im Namen unsres Herrn Jesus Christus und durch die Liebe des Geistes, in den Gebeten für mich mit mir vor Gott zu kämpfen (Käsemann übersetzt: »mir Kampfeshilfe zu leisten«), **31** daß ich vor den Ungläubigen in Judäa gerettet werde und mein für Jerusalem bestimmter Dienst den Heiligen wohlgefällig sei. **32** Dann erst kann ich fröhlich zu euch kommen und nach Gottes Willen mit euch ausruhen. **33** Der Gott aber des Friedens sei mit euch allen! Amen."[21]

Nach allem, was wir bisher aus dem Römerbrief gelesen haben, ist dies eine überraschende Wendung. Paulus hatte die Christinnen und Christen in Rom über seine Spanien-Pläne informiert. Kurz vor Schluß nun – buchstäblich auf der letzten Seite des Briefes (in Kapitel 16 folgt nur noch die Grußliste) – rückt er damit heraus, daß er im Moment *gar nicht in der Lage ist*, in den Westen aufzubrechen, führt ihn sein Weg doch zunächst in die umgekehrte Richtung, nach Jerusalem.

Das wäre vielleicht noch nicht so schlimm. Aber Paulus macht hier ganz deutlich, daß er sich nicht sicher ist, ob er überhaupt lebendig aus Jerusalem herauskommt. Selbst in bezug auf die Heiligen, d.h. die von uns so genannte Urgemeinde, ist sich Paulus seiner Sache nicht sicher. Er weiß noch nicht einmal, ob man seine Kollekte in Jerusalem akzeptieren wird.

Ich zitiere in diesem Zusammenhang aus dem Buch von Jacob Taubes: „Meine Frage lautet: Wenn man der Gemeinde in Jerusalem . . . eine tüchtige Summe Geld

---

20 Im griechischen Original: **22** διὸ καὶ ἐνεκοπτόμην τὰ πολλὰ τοῦ ἐλθεῖν πρὸς ὑμᾶς· **23** νυνὶ δὲ μηκέτι τόπον ἔχων ἐν τοῖς κλίμασι τούτοις, ἐπιποθίαν δὲ ἔχων τοῦ ἐλθεῖν πρὸς ὑμᾶς ἀπὸ πολλῶν ἐτῶν, **24** ὡς ἂν πορεύωμαι εἰς τὴν Σπανίαν· ἐλπίζω γὰρ διαπορευόμενος θεάσασθαι ὑμᾶς καὶ ὑφ' ὑμῶν προπεμφθῆναι ἐκεῖ ἐὰν ὑμῶν πρῶτον ἀπὸ μέρους ἐμπλησθῶ.
Die deutsche Übersetzung in Anlehnung an den Kommentar von *Ernst Käsemann*, S. 381–382.
21 Im griechischen Original: **25** νυνὶ δὲ πορεύομαι εἰς Ἰερουσαλὴμ διακονῶν τοῖς ἁγίοις. **30** παρακαλῶ δὲ ὑμᾶς[, ἀδελφοί,] διὰ τοῦ κυρίου ἡμῶν Ἰησοῦ Χριστοῦ καὶ διὰ τῆς ἀγάπης τοῦ πνεύματος, συναγωνίσασθαί μοι ἐν ταῖς προσευχαῖς ὑπὲρ ἐμοῦ πρὸς τὸν θεόν, **31** ἵνα ῥυσθῶ ἀπὸ τῶν ἀπειθούντων ἐν τῇ Ἰουδαίᾳ καὶ ἡ διακονία μου ἡ εἰς Ἰερουσαλὴμ εὐπρόσδεκτος τοῖς ἁγίοις γένηται, **32** ἵνα ἐν χαρᾷ ἐλθὼν πρὸς ὑμᾶς διὰ θελήματος θεοῦ συναναπαύσωμαι ὑμῖν. **33** ὁ δὲ θεὸς τῆς εἰρήνης μετὰ πάντων ὑμῶν· ἀμήν.

bringt, was soll sie hindern, das Geld anzunehmen? Verzeihen Sie, wenn ich so irdisch über die Sache denke. Was kann da los sein? Warum soll das Geld nicht angenommen werden?"[22]

Taubes fährt fort: „Meine Antwort ist eine sehr fundamentale, aber einfache. Das ist ein vergiftetes Geschäft. Wenn bekannt wird, daß sie [d.h. die Christinnen und Christen der Urgemeinde] von Paulus empfangen haben, ist es erstens eine Legitimierung der Position des Paulus, und die judenchristlichen Gruppen drehen dann den Hahn ab, die ja die konstante Unterstützung der Jerusalemer Gemeinden bilden.

Wer *das* Geld annimmt, nimmt das Geld an von Heidenchristen. Für die judenchristlichen Gemeinden der Diaspora waren die Paulus-Gruppe, die Paulus-Gemeinden, der leibhaftige Teufel! Für die Judenchristen, nicht für die Juden. (Für die Juden war er ein *trouble-maker*. Er hat den Frieden der Gemeinden und den Frieden in der Stadt gestört. Er hat die prekäre Balance von Juden gestört, die den Kaiserkult umgehen konnten, ohne daß ihnen dadurch Revolution nachgesagt wurde. Sie waren eine *religio licita*, und wollten jetzt nicht noch irgendeine Gruppe als Juden gelten lassen, die sich einen König, genannt Chrestus oder Christus zulegt. Sie wollten keinen *trouble*. Das versteht sich, ist notabel, so wie heute. Nichts hat sich geändert. Der Zentralrat genauso. Nur Ruhe, nicht auffallen und so weiter, das ist Diasporamentalität.)"[23]

Im folgenden schildert Taubes die von ihm anvisierte Mentalität jüdischer Diasporagruppen, die seines Erachtens heute noch dieselbe ist wie zur Zeit des Paulus in der Mitte der fünfziger Jahre des ersten Jahrhunderts. Auch heutzutage wäre die Annahme einer wie auch immer gearteten Spende alles andere als selbstverständlich.

„Das gilt noch bis heute: wenn Geld aus falscher Quelle kam, so war das vergiftet. Ich kann Ihnen dazu einen Fall erzählen. Der Baron Rothschild schickt dem großen Historiker Heinrich Grätz eine Summe, um eine Schule einzurichten in Jerusalem, damit die nicht in dem Schmutz verkommen und da vor der Klagemauer beten. Und was für ein Aufstand! Um Gottes willen! Oder der Baron Rothschild aus Paris, glaub' ich, schickte einen gewissen Jehiel Michael Pines, einen frommen Juden, er wollte eine Schule gründen, in der man irgendwas lernt und in der man nicht Jiddisch spricht. Na, der war *out*, der wurde aus der Stadt getrieben! Und das Geld, das dann kommen sollte, und das er hatte, und das er verwaltete, hatte er ja aus den Kolonien. Nichts wollte man davon wissen, denn man war viel mehr daran interessiert, den *status quo*, wie er existierte, zu halten und nicht brechen zu lassen."[24]

Paulus fürchtet also nicht nur, daß er in die Hände der Ungläubigen fallen könnte, sondern er ist darüber hinaus besorgt, daß auch sein Kollektenwerk scheitern könnte,

---

Die deutsche Übersetzung zum Teil in Anlehnung an *Ernst Käsemann*, S. 391.

22 *Jacob Taubes*, S. 28.

23 *Jacob Taubes*, a.a.O., S. 28–29.

24 *Jacob Taubes*, a.a.O., S. 30.

in dem Fall nämlich, daß die Urgemeinde die Annahme der Kollekte verweigern würde.

Wir kommen daher zu dem Ergebnis, *daß die Pläne des Paulus in bezug auf Rom und auf Spanien mehr als gefährdet sind. Paulus ist sich keineswegs sicher, daß er heil aus Jerusalem herauskommt. Ob er je Rom – geschweige denn Spanien – erreichen wird, erscheint zweifelhaft.*

2. Der Zweck des Römerbriefs

Was ergibt sich daraus aber nun für den Römerbrief? Was will Paulus in einer so ungewissen Situation mit diesem Brief bezwecken? Diese Frage nach dem Zweck des Römerbriefs wird seit langem sehr kontrovers diskutiert. In dieser Diskussion ist es meist nicht recht gelungen, *alle* Teile des Römerbriefs auf einen einheitlichen Zweck zurückzuführen. Wozu soll der lange Teil I mit seiner eingehenden theologischen Darlegung gut sein? Wie steht es mit Teil II, der die Frage nach der Ablehnung der christlichen Botschaft seitens der Juden ausführlich erörtert? Wie schließlich sieht es mit Teil III aus? Greift Paulus da konkrete und aktuelle Probleme der römischen Christinnen und Christen auf?

In ihrem Buch »Der Römerbrief als Gratwanderung. Eine Untersuchung zur Abfassungsproblematik« hat Angelika Reichert versucht, den Zweck des Römerbriefs angesichts der konkreten Situation des Paulus im Korinth des Jahres 56 einheitlich zu bestimmen.[25] Die Reichertsche These leuchtet mir ein. Ich möchte sie Ihnen daher im folgenden kurz vorstellen.

Angelika Reichert nimmt ihren Ausgangspunkt bei dem Eschatokoll, Röm 15,23–33, bei dem Text also, den wir soeben diskutiert haben. Sie stellt fest: „Die Selbstverständlichkeit, mit der Paulus in Röm 15,23–33 auf die Abfolge von Kollektenübergabe in Jerusalem, Rombesuch und Spanienmission ausblickt, verdeckt die Nicht-Selbstverständlichkeit einer vorausliegenden Entscheidung. Aus dieser Entscheidung bzw. aus der Auseinandersetzung mit deren wahrscheinlichen Konsequenzen läßt sich der Röm[erbrief] in der Absicht des Autors erklären.“[26]

Angelika Reichert prägt in diesem Zusammenhang die Formel »Erstkommunikation und potentielle Letztkommunikation.«[27] Daß wir es beim Römerbrief mit einer Erstkommunikation zu tun haben, liegt auf der Hand: Paulus ist selbst nie in Rom gewesen, kennt die römische Gemeinde nicht und hat sie vor allem auch nicht gegründet. Der Römerbrief ist die erste Kontaktaufnahme seitens des Paulus. Es handelt sich – in der Terminologie von Angelika Reichert – um eine *Erstkommunikation.*

Die Aussage des Paulus in 15,31 begründet, warum wir es mit einer »potentiellen Letztkommunikation« zu tun haben: „Wenn den Jerusalemern die Kollekte nicht

---

25 *Angelika Reichert:* Der Römerbrief als Gratwanderung. Eine Untersuchung zur Abfassungsproblematik, FRLANT 194, Göttingen 2001.

26 *Angelika Reichert,* a.a.O., S. 77.

27 *Angelika Reichert,* ebd.

»wohlgefällig« ist, dann hat der Initiator und Überbringer auch keinen Schutz vor möglichen Anschlägen der nichtchristlichen Juden Judäas zu erwarten. Daraus folgt: Das Scheitern des zeitlich nächstliegenden Projekts in persönlicher und sachlicher Hinsicht ist eine Möglichkeit, die von Paulus zur Zeit der Abfassung des Briefs auf jeden Fall mitbedacht wurde. Das gilt, obwohl der Text in der Form einer Bitte um Fürbitte die Aufmerksamkeit der Leser nicht auf diese Möglichkeit, sondern auf einen ebenfalls möglichen glücklichen Ausgang des Jerusalem-Projekts lenkt, der dann seinerseits die Verwirklichung des Rom-Besuchs zur Folge hätte (15,32).«[28]

Angelika Reichert ist der Auffassung, daß Paulus selbst eher mit einem Scheitern seines Jerusalembesuchs rechnet. Sie trägt die folgenden Indizien zusammen: „1. Allein schon die Tatsache einer an die ins Kollektenwerk nicht einbezogenen Römer gerichteten dringlichen Bitte um Fürbitte … läßt darauf schließen, daß Paulus das Gefahrenpotential seines nächsten Vorhabens keineswegs gering eingeschätzt hat. … 2. Die Bitte um Fürbitte für »Errettung von den Ungehorsamen Judäas« nimmt die Gefahren- bzw. Notsituation des Paulus in der Formulierung schon vorweg; Inhalt der erbetenen Fürbitte ist nicht die Abwendung möglicher Gefährdung, sondern die Errettung daraus. 3. Indirekt wird das Vorhaben des Paulus mit Kampfmetaphorik belegt. Bei einer tendenziell optimistischen Einschätzung müßte das als völlig unmotivierte Dramatisierung erscheinen. 4. Zu einer pessimistischen Einschätzung des Ausgangs der Jerusalem-Reise fügt sich schließlich auch eine Auffälligkeit im ersten Anlauf zur Darstellung dieses bevorstehenden Projekts (Röm 15,25–29): Da dieser Passus die erneute Verzögerung des Rom-Besuchs begründet, sich also auf einen durchaus heiklen Punkt in der Kommunikation zwischen Adressant und Adressaten bezieht, wäre eigentlich eine Darstellung zu erwarten, in der Paulus den außenstehenden Römern das Kollektenwerk in der ganzen Bedeutsamkeit erläutert, die diesem seiner eigenen Auffassung nach zukommt. Statt dessen wird sein offizieller Charakter und vor allem der paulinische Einsatz für das Zustandekommen der Kollekte heruntergespielt und deren karitativer Sinn betont. Diese Akzentsetzung wird dann begreiflich, wenn im Kalkül des Verfassers der Gedanke an ein mögliches Scheitern dominiert …"[29]

Das bedeutet: Paulus hält es für möglich, ja vielleicht sogar: für wahrscheinlich, daß er Rom nie erreichen wird. In diesem Falle wäre der Römerbrief die letzte Kommunikation mit der römischen Gemeinde. So erklärt sich die Reichertsche Formulierung von der *potentiellen Letztkommunikation*. Diese Möglichkeit konnte Paulus aus ersichtlichen Gründen nicht offen ansprechen. Auch die heutigen Leserinnen und Leser sind in diesem Fall daher darauf angewiesen, *zwischen den Zeilen* zu lesen.

„Der Verzicht auf eine wirkliche Ankündigung des Rom-Besuchs fügt sich also zusammen mit der eher skeptischen Beurteilung des Erfolgs des Jerusalem-Vorhabens durch den Verfasser. Beides tritt freilich nur dann zutage, wenn man die einschlä-

---

28 *Angelika Reichert*, a.a.O., S. 78.
29 *Angelika Reichert*, a.a.O., S. 78–79.

gigen Passagen des Röm[erbriefs] bewußt gegen die in ihnen leitende Textstrategie und statt dessen als Quelle liest, die Aufschluß geben kann über einen extratextuellen Sachverhalt, nämlich über den historischen Autor z. Zt. der Abfassung des Schreibens. Die Strategie des Textes zielt in die gegenläufige Richtung, wie besonders die beiden Passagen zur Jerusalemreise in 15,25–29 und 15,30–32 zeigen: Beide Abschnitte münden in einen Ausblick auf die erhoffte Ankunft des Apostels in Rom, die »in der Fülle des Segens Christi« (15,29), »nach dem Willen Gottes in Freude« (15,33) geschieht; sie wollen die Aufmerksamkeit der Adressaten also gerade nicht in die Befürchtungen verwickeln, die dem historischen Autor präsent gewesen sein müssen, sondern in deren positives Gegenstück.“[30]

Die Raffinesse der Reichertschen These besteht nun darin, daß die beiden Möglichkeiten des Ausgangs des Besuchs in Jerusalem berücksichtigt werden. Der Römerbrief – so Angelika Reichert – sieht beide Möglichkeiten vor: „Paulus mußte sein Schreiben für zwei Lesarten unter unterschiedlichen Rezeptionsbedingungen öffnen, die eine für den Fall seines Scheiterns in Jerusalem und den Ausfall des Rom-Besuchs, die andere für den unwahrscheinlicheren, aber erhofften Fall, auf den der Text von Röm 15,25ff. die Aufmerksamkeit der Leser lenkt. ... Ein spezifisches Problem des Röm[erbriefs] liegt im Zusammentreffen von Erstkommunikation und potentieller Letztkommunikation. Um seine erste kommunikative Handlung an den römischen Christen nicht von vornherein um den Erfolg zu bringen, hat es Paulus vermieden, deren Charakter als einer potentiell letzten Kommunikationshandlung offenzulegen, und entsprechend die Nicht-Selbstverständlichkeit seines Entschlusses zur persönlichen Kollektenübergabe kaschiert.“[31]

Zusammenfassend ergibt sich daraus: „Zur Zeit der Abfassung des Röm[erbriefs] stand Paulus vor zwei, sich gegenseitig ausschließenden Möglichkeiten. Entweder: Engagement für die Verbindung der paulinischen Gemeinden mit Jerusalem durch persönliche Beteiligung an der Kollektenübergabe – mit dem Risiko des Scheiterns und, dadurch bedingt, mit dem Risiko, das Missionswerk nicht in geplanter Weise, nämlich unter eigener Regie, nach Westen hin fortsetzen zu können. Oder: Fortsetzung des Missionswerks einschließlich des Rom-Besuchs ohne weiteres persönliches Engagement für das Kollektenwerk – mit dem Risiko eines Bruches zwischen paulinischen Gemeinden und Jerusalem. Paulus hat sich für die erste und gegen die zweite Möglichkeit entschieden. Dabei war ihm das Risiko der getroffenen Entscheidung bewußt, seine persönliche Gefährdung in Jerusalem, die zugleich die geplante Ausdehnung des Missionswerks nach Westen in Frage stellt. Der Röm[erbrief] ist der Versuch, dieser möglichen Konsequenz aus der getroffenen Entscheidung entgegenzuwirken: Es geht Paulus um die Konstitution einer paulinischen Gemeinde in Rom und um deren Befähigung zu selbständiger Weiterverbreitung des Evangeli-

---

30 *Angelika Reichert*, a.a.O., S. 81.
31 *Angelika Reichert*, a.a.O., S. 82.

ums. In diesem Sinn stellt der Röm[erbrief] eine dreifache Gratwanderung dar: Er ist Beginn und zugleich möglicher Abschluß des Kommunikationsgeschehens zwischen Paulus und seiner Adressatenschaft. Er ist Durchführung des paulinischen εὐαγγε-λίσασθαι *[euangelisasthai]* für die römischen Christen und hat doch zugleich dessen Weiterverbreitung über eine kulturelle Grenzlinie hinaus im Blick. Er wendet sich an Adressaten, die zu einer Gemeinde zusammengefaßt werden sollen und doch schon als potentiell selbständige Verkündigungsträger anvisiert werden.“[32]

***

Aufgrund der entwickelten Reichertschen These ergeben sich die folgenden Antworten auf die eingangs gestellten Fragen. Der Teil I unseres Briefes, die Kapitel 1–8 mit der Darstellung der Rechtfertigungslehre des Paulus, soll die Gemeinde als paulinische konstituieren. Im Falle des Scheiterns des Rombesuches soll dieser Briefteil die römische Gemeinde dazu befähigen, die »paulinische« Mission in Spanien selbständig ins Werk zu setzen.

Auch der Teil II mit den Israelkapiteln 9–11 läßt sich diesem einheitlichen Abfassungszweck zuordnen. „Röm 9–11 zielt auf die Identität des Gottes, der sich in der Vergangenheit für Israel präsent gemacht hat und sich von dieser Vergangenheit nicht lossagt, mit dem Gott, der als eigentliches Subjekt hinter dem rechtfertigungstheologisch ausgelegten, im Röm[erbrief] enthaltenen Christusevangelium steht. In der Darlegung dieses im engeren Sinn theologischen Gedankens besteht die Funktion der Israel-Kapitel im Röm[erbrief]. Aus der Hypothese zum Abfassungszweck läßt sich erklären, warum dem Autor Paulus an der ausführlichen Explikation dieses Gedankens in seinem Schreiben an die römischen Heidenchristen lag: Er hatte die Weiterverbreitung seiner im Brief enthaltenen Evangeliumsverkündigung im Blick, bei der er selbst, der israelitische Heidenapostel, gegebenenfalls nicht mehr Verkündigungsträger würde sein können und bei der doch um der »neuen«, außerhalb der jüdischen Diaspora lebenden Adressatenschaft willen der Gedanke des mit seiner eigenen Vergangenheit übereinstimmenden Gottes in besonderer Weise entfaltet und in diesem Zusammenhang die Schrift als Zeuge geltend gemacht werden mußte.“[33]

Schließlich läßt sich auch Teil III, die paränetischen Kapitel 12–15, in diese Sichtweise integrieren: „Die Wirkabsicht des Textes [12,1–15,13] richtet sich auf die Prägung der Adressatenschaft zu einer unabhängig urteilsfähigen Gemeinde, die sich als charismatisch geordnet begreift, die sich ihrer Wirkung auf Nicht-Christen bewußt ist, die sich selbst in Übereinstimmung mit der geltenden politischen Norm weiß, die andere, von ihrer Vergangenheit her an bestimmte Restriktionen der Lebensweise gebundene Christen zu integrieren vermag und die ihre eigene Rolle im Zusammenhang der auf alle Heiden ausgreifenden δόξα τοῦ θεοῦ *[doxa tou theou]* realisiert. Dazu verhält sich die hypothetisch angenommene Intention des Autors,

---

32 *Angelika Reichert*, a.a.O., S. 99.
33 *Angelika Reichert*, a.a.O., S. 220–221.

der mit dem Röm[erbrief] die römischen Christen zu einer gegebenenfalls an seiner Stelle missionierenden Gemeinde machen wollte, kompatibel. Im Zusammenhang der Autorintention wird der Entwurf des Schwachen begreiflich als Bearbeitung einer Problemsituation in der den Adressaten potentiell zufallenden Missionsarbeit."[34]

Literatur

Einführungen zum Römerbrief

Horst Balz: Art. Römerbrief, TRE 29 (1998), S. 291–311.

Peter Pilhofer: Römerbrief, http://www.neutestamentliches-repetitorium.de.

Die Inschriften von Rom

Im Unterschied etwa zu Korinth kann man die Inschriftenbände, die zu Rom erschienen sind, nicht einfach mit einer kurzen Liste erledigen.[35] Dazu sind es zu viele, und die Liste würde sehr unübersichtlich. Ich verweise daher hier summarisch auf: *François Bérard/Denis Feissel/Pierre Petitmengin/Denis Rousset/Michel Sève:* Guide de l'épigraphiste. Bibliographie choisie des épigraphies antiques et médiévales, Paris ³2000, S. 111–117, wo sich eine ausführliche Liste der einschlägigen Corpora – angefangen bei CIL VI – findet.

Kommentare in chronologischer Folge

Theodor Zahn: Der Brief des Paulus an die Römer, KNT 6, Leipzig/Erlangen ³1925.

Hans Lietzmann: An die Römer, HNT 8, Tübingen ³1928.

Karl Barth: Der Römerbrief, erste Bearbeitung 1919; zweite Bearbeitung 1922; zwölfter Abdruck der neuen Bearbeitung von 1922: Zürich 1978.

Ernst Käsemann: An die Römer, HNT 8a, Tübingen ³1974.

Heinrich Schlier: Der Römerbrief, HThK 6, Freiburg/Basel/Wien 1977.

Otto Michel: Der Brief an die Römer, KEK 4, Göttingen ⁵/¹⁴1978.

Ulrich Wilckens: Der Brief an die Römer, 1. Teilband: Röm 1–5, EKK VI 1, Zürich/Einsiedeln/Köln/Neukirchen-Vluyn 1978.

Ulrich Wilckens: Der Brief an die Römer, 2. Teilband: Röm 6–11, EKK VI 2, Zürich/Einsiedeln/Köln/Neukirchen-Vluyn 1980.

Ulrich Wilckens: Der Brief an die Römer, 3. Teilband: Röm 12–16, EKK VI 3, Zürich/Einsiedeln/Köln/Neukirchen-Vluyn 1982.

Walter Schmithals: Der Römerbrief. Ein Kommentar, Gütersloh 1988.

Peter Stuhlmacher: Der Brief an die Römer, NTD 6, Göttingen 1989.

---

34 *Angelika Reichert*, a.a.O., S. 333.

35 Selbst mit einer etwas umfangreicheren Liste, wie etwa im Fall von Ephesos (vgl. dazu oben Seite 153, Anm. 2), wäre es im Fall von Rom nicht getan.

Joseph A. Fitzmyer: Romans. A New Translation with Introduction and Commentary, AncB 33, New York usw. 1993.

Klaus Haacker: Der Brief des Paulus an die Römer, ThHK 6, Leipzig 1999.

Eduard Lohse: Der Brief an die Römer, KEK IV$^{15/1}$, Göttingen 2003.

Robert Jewett: Romans. A Commentary, Hermeneia o. Nr., Minneapolis 2006 bzw. 2007.[36]

Sonstige Literatur

Ernst Bammel: Romans 13, in: *ders.:* Judaica et Paulina. Kleine Schriften II, WUNT 91, Tübingen 1997, S. 286–304.

Günther Bornkamm: Der Römerbrief als Testament des Paulus, in: *ders.:* Geschichte und Glaube II, Gesammelte Aufsätze IV, BEvTh 53, München 1971, S. 120–139.

Klaus-Michael Bull: „Den Schwachen im Glauben nehmt an!" Zur paulinischen Argumentation in Röm 14,1–15,6(13), in: Bekenntnis und Erinnerung. Festschrift zum 75. Geburtstag von Hans-Friedrich Weiß, hg. v. Klaus-Michael Bull und Eckart Reinmuth, Rostocker Theologische Studien 16, Münster 2004, S. 215–234.

Rudolf Bultmann: Glossen im Römerbrief, in: *ders.:* Exegetica. Aufsätze zur Erforschung des Neuen Testaments, hg. v. Erich Dinkler, Tübingen 1967, S. 278–284.

Ernst Käsemann: Gottesdienst im Alltag der Welt. Zu Römer 12, in: *ders.:* Exegetische Versuche und Besinnungen II, Göttingen ³1970, S. 198–204.

Ernst Käsemann: Gottesgerechtigkeit bei Paulus, in: *ders.:* Exegetische Versuche und Besinnungen II, Göttingen ³1970, S. 181–193.

Dietrich-Alex Koch: Die Schrift als Zeuge des Evangeliums. Untersuchungen zur Verwendung und zum Verständnis der Schrift bei Paulus, BHTh 69, Tübingen 1986.

Peter Lampe: Die stadtrömischen Christen in den ersten beiden Jahrhunderten. Untersuchungen zur Sozialgeschichte, WUNT 2/18, Tübingen 1987 (2. Aufl. 1989).

Otto Merk: Handeln aus Glauben. Die Motivierungen der paulinischen Ethik, MThSt 5, Marburg 1968.

Angelika Reichert: Gottes universaler Heilswille und der kommunikative Gottesdienst. Exegetische Anmerkungen zu Röm 12,1–2, in: Paulus, Apostel Jesu Christi (FS Günter Klein), Tübingen 1998, S. 79–95.

Angelika Reichert: Der Römerbrief als Gratwanderung. Eine Untersuchung zur Abfassungsproblematik, FRLANT 194, Göttingen 2001.

Martin Rese: Der eine und einzige Gott Israels bei Paulus, in: Und dennoch ist von Gott zu reden. Festschrift für Herbert Vorgrimler, hg. v. Matthias Lutz-Bachmann, Freiburg u.a. 1994, S. 85–106.

Martin Rese: Israels Unwissen und Ungehorsam und die Verkündigung des Glaubens durch Paulus in Röm 10, in: Jesu Rede von Gott und ihre Nachgeschichte im frühen Christentum. Beiträge zur Verkündigung Jesu und zum Kerygma der Kirche (FS Willi Marxsen), Gütersloh 1989, S. 252–266.

---

36 Auf der Rückseite der Titelseite finden sich verwirrenderweise beide Jahreszahlen angegeben. *sic transit gloria mundi …*

Gerhard Saß: Leben aus den Verheißungen. Traditionsgeschichtliche und biblisch-theologische Untersuchungen zur Rede von Gottes Verheißungen im Frühjudentum und beim Apostel Paulus, FRLANT 164, Göttingen 1995.

Walter Schmithals: Der Römerbrief als historisches Problem, StNT 9, Gütersloh 1975.

Alfred Suhl: Paulus und seine Briefe. Ein Beitrag zur paulinischen Chronologie, StNT 11, Gütersloh 1975.

Jacob Taubes: Die politische Theologie des Paulus. Vorträge, gehalten an der Forschungsstätte der evangelischen Studiengemeinschaft in Heidelberg, 23.–27. Februar 1987, München 1993.

Klaus Wengst: „Freut euch, ihr Völker, mit Gottes Volk!" Israel und die Völker als Thema des Paulus – ein Gang durch den Römerbrief, Stuttgart 2008.[37]

---

37 Vgl. dazu die Rezension von *Angelika Reichert*, ThLZ 135 (2010), Sp. 436–438.

Kapitel VII: Der Galaterbrief

Wir haben Paulus im letzten Kapitel in Korinth zurückgelassen und seine weiteren Pläne anhand des Römerbriefs diskutiert. Diese gingen dahin, die Kollekte in Jerusalem zu übergeben, um danach – wenn dies glücklich überstanden wäre – nach dem Westen aufzubrechen. Das sind dann auch die letzten Nachrichten, die wir aus seiner eigenen Feder besitzen; was wir im Galaterbrief[1] noch lesen werden, betrifft die Mission im Westen nicht. Für alles weitere sind wir also auf die Apostelgeschichte des Lukas angewiesen, die uns die letzte Reise des Paulus von Korinth nach Jerusalem schildert, seine Gefangennahme in Jerusalem, seinen Prozeß samt seiner Überstellung nach Rom – aber nicht sein Ende.

Bevor wir Paulus auf seinen letzten beiden Reisen begleiten, werfen wir hier erst noch einen Blick zurück. Wir haben die Frage der Paulus-Chronologie in diesem Buch im einzelnen nicht behandeln können. Immerhin ist uns die Bedeutung der Datierung des Amtsjahrs des Gallio als Statthalter von Achaia deutlich geworden: Dieses Amtsjahr bietet bisher das einzige absolute Datum, von dem aus die andern Daten des Lebens des Paulus vorwärts und rückwärts errechnet werden können.[2]

Ich drucke Ihnen als Übersicht im folgenden eine Möglichkeit ab, eine Paulus-Chronologie zu konstruieren. Sie sollten zum Vergleich etwa die von Becker vorgeschlagene Chronologie heranziehen, die mit der in diesem Buch vorgeschlagenen Rekonstruktion freilich nicht in allen Einzelheiten übereinstimmt.[3]

---

1   Die genauen bibliographischen Angaben zu den einzelnen Arbeiten über den Galaterbrief finden sich im Literaturverzeichnis am Ende dieses Kapitels.

2   Vgl. dazu oben in Kapitel III den Paragraphen 19 zur Gallio-Inschrift, S. 133–138.
Wer sich für die Chronologie des Paulus näherhin interessiert, sei auf den Forschungsbericht von *Alfred Suhl* verwiesen: Paulinische Chronologie im Streit der Meinungen, ANRW 26.2, Berlin/New York 1995, S. 940–1188. Suhl geht aus von der Feststellung: „Die Chronologie des Paulus ist umstritten. Das gilt nicht nur für die grundsätzliche Relevanz, die man ihr beimißt, sondern auch für fast alle Einzelfragen. In jedem Fall verbirgt sich sowohl hinter den grundsätzlichen Einschätzung der Relevanz der Chronologie als auch hinter den verschiedenen Entwürfen jeweils ein ganz bestimmtes Paulusbild. Wer sich mit paulinischen Gedanken unabhängig von ihrer Einbindung in eine konkrete Geschichte beschäftigt, muß zwangsläufig zu anderen Ergebnissen kommen als derjenige, der Paulus eng eingebunden sieht in ganz bestimmte Auseinandersetzungen." (*Alfred Suhl,* a.a.O., S. 940.)
Am Schluß seiner Studie (S. 1176–1178) bietet Suhl eine Übersicht über verschiedene konkurrierende Ansätze der paulinischen Chronologie.
Seine eigene Sicht der Dinge hat Suhl in seiner Habilitationsschrift erstmals ausführlich dargestellt: *Alfred Suhl:* Paulus und seine Briefe. Ein Beitrag zur paulinischen Chronologie, StNT 11, Gütersloh 1975.

3   *Jürgen Becker:* Paulus. Der Apostel der Völker, Tübingen 1989, S. 32.

Wann?	Geburt des Paulus in Tarsos
32	Paulus in Damaskus als Christenverfolger
32	Berufung; Mission in der Arabia
34/35	Erster Besuch in Jerusalem bei Petrus
34/35	Beginn der Wirksamkeit in Kilikien und Syrien
36/37	Beginn der Wirksamkeit in Antiochien am Orontes
48/49	Zweiter Besuch in Jerusalem: Apostelkonvent[4]
49	Der sogenannte Antiochenische Zwischenfall
49/50	Selbständige Mission im Ägäischen Raum
49/50	Philippi und Thessaloniki
50–52	Korinth
52–55/56	Ephesos und die Asia
55/56	Reise über Troas und Makedonien nach Korinth
56/57	Reise von Korinth nach Jerusalem
57	Festnahme in Jerusalem
60	Paulus als Gefangener in Rom

Eine solche Chronologie sollte man sich auf jeden Fall einprägen; dabei kommt es nicht darauf an, welche. Jürgen Becker etwa (vgl. Anm. 3) bietet andere Daten, weitere Autoren kann man mit der in Anm. 2 genannten Studie von Alfred Suhl ermitteln.

---

4   Die erste Missionsreise ist entweder unmittelbar vor oder unmittelbar nach dem Apostelkonvent einzuordnen, vgl. die Diskussion in meiner Paulusvorlesung aus dem Sommersemester 2006, die unter www.neutestamentliches-repetitorium.de zugänglich ist, S. 78–79.

§ 37 Die Vorgeschichte des Galaterbriefs

Im Rahmen dieses Buches können wir die letzten Schicksale des Paulus nicht im einzelnen verfolgen. Wer sich dafür interessiert, mag einen Blick in die letzten Kapitel der Paulusvorlesung werfen, die ich im Sommersemester 2006 gehalten habe.[1] So müssen wir beispielsweise den Prozeß des Paulus in diesem Zusammenhang völlig ausklammern, da man dessen Probleme nicht so nebenbei besprechen kann. Wir konzentrieren uns im folgenden daher auf die beiden letzten Reisen des Paulus, die von Korinth nach Jerusalem und die von Caesarea nach Rom; letztere interessiert uns hier freilich nur bis Myra, da Paulus dort – wie wir gesehen haben – den Galaterbrief zur Post gebracht hat.[2]

Die letzte Reise nach Jerusalem

Die Pläne, nach Westen zu reisen, waren von dem wichtigeren Vorhaben, selbst die Kollekte in Jerusalem zu überbringen, ein weiteres Mal durchkreuzt worden, wie wir gesehen haben. So bricht Paulus von Korinth aus nicht nach Westen, sondern nach Osten auf. Wir können diese Reise in Apg 20 im einzelnen verfolgen. Lukas bietet einen sehr detaillierten Bericht, der die einzelnen Stationen der Reise minutiös aufzählt.

Vermutlich hatte er für diese letzte Reise eine besondere Quelle. Darauf weist die umständliche Schilderung der Reise von Alexandria Troas nach Assos hin, die Paulus zu Fuß, seine Gefährten aber zu Schiff zurücklegten.[3] So etwas kann man nicht erfinden. Lukas war es recht gleichgültig, ob Paulus von Alexandria Troas mit dem Schiff oder zu Fuß nach Assos gelangte. Wenn er diese Nachricht trotzdem überliefert, so ist dies ein Indiz dafür, daß er hier eine Quelle benutzt, die auf einen Augenzeugen zurückgeht. Ein solcher Augenzeuge mag ein Mitglied der Delegation gewesen sein; nach Hause zurückgekehrt, hat er seiner Gemeinde Bericht erstattet. Einen solchen Bericht mag Lukas im Archiv der Gemeinde von Philippi vorgefunden haben.[4]

Auch die im folgenden bei Lukas gebotene Reiseroute mag wohl authentisch sein. Möglicherweise geht die gesamte Liste der Stationen auf die oben genannte Quelle

---

1   Vgl. die vorige Anmerkung; die einschlägigen Kapitel sind mittlerweile alle *online* verfügbar.

2   Vgl. dazu in diesem Buch das Kapitel I, S. 9–14.

3   Die folgenden Bemerkungen sind meiner genannten Paulusvorlesung, S. 185–186, entnommen.

4   Nach meiner Auffassung stammt Lukas aus Philippi; vgl. dazu meinen Aufsatz: Lukas als ἀνὴρ Μακεδών. Zur Herkunft des Evangelisten aus Makedonien, in: *Peter Pilhofer*: Die frühen Christen und ihre Welt. Greifswalder Aufsätze 1996–2001. Mit Beiträgen von Jens Börstinghaus und Eva Ebel, WUNT 145, Tübingen 2002, S. 106–112, sowie *Peter Pilhofer*: Philippi I. Die erste christliche Gemeinde Europas, WUNT 87, Tübingen 1995, S. 153–159.204–205.

Zu den sogenannten »Wir-Berichten« in der Apostelgeschichte vgl. die Studie von *Jens Börstinghaus*: Sturmfahrt und Schiffbruch. Zur lukanischen Verwendung eines literarischen Topos in Apostelgeschichte 27,1–28,6, WUNT II 274, Tübingen 2010, S. 281–335.

zurück. Eingelegt hat Lukas nur die berühmte Abschiedsrede des Paulus in Milet, zu der eigens die Hörerinnen und Hörer aus Ephesos herübergekarrt werden müssen. Ich kann Sie in diesem Zusammenhang nur auf die Bedeutung dieser Rede hinweisen und sie Ihrer privaten Lektüre empfehlen.

Wir kommen daher zu dem folgenden Ergebnis: *Die detaillierten Angaben des Lukas über die Reiseroute nach Jerusalem gehen wahrscheinlich auf ein Mitglied der in Apg 20,4 genannten Delegation zurück.* Man kann sich gut vorstellen, daß von einer Gemeinde entsandte Delegierte dieser später einen – möglicherweise sogar schriftlichen – Bericht erstatteten. Ein solcher Bericht kann Lukas vorgelegen haben. Ihm folgt er bei der Beschreibung der letzten Reise des Paulus nach Jerusalem.[5]

Die Reise nach Rom, die die letzte Reise des Paulus werden wird, besprechen wir dann im Zusammenhang mit den Einleitungsfragen zum Galaterbrief.

§ 38 Einführende Charakterisierung des Galaterbriefs

Der Galaterbrief[1] zeigt uns Paulus in einer bedrängten Situation. Seine Person wie seine Verkündigung werden bei den Gemeinden, an die der Galaterbrief sich richtet, angegriffen. Diese Situation wird schon im Präskript und im Proömium des Briefes deutlich. Ein anderes Evangelium ist den Galatern verkündigt worden, und sie stehen im Begriff, vom paulinischen Evangelium abzufallen.

Sowohl aus historischer als auch aus theologischer Perspektive kann man den Galaterbrief als den wichtigsten Brief des Paulus bezeichnen. Die historische Bedeutung des Briefs besteht darin, daß Paulus hier so ausführlich wie nirgendwo sonst auf seine »Biographie« zu sprechen kommt. Was die Theologie angeht, so sind hier (fast) alle Aspekte der paulinischen Lehre vertreten.

Die Angriffe auf seine Person in den Gemeinden Galatiens machen nämlich einen ausführlichen biographischen Rückblick des Paulus erforderlich (Gal 1,10–2,21[2]). Paulus versucht hier nachzuweisen, daß Gott ihn schon im Mutterleib ausgesondert hat; sein Evangelium beruht auf einer Offenbarung (ἀποκάλυψις *[apokalypsis]*) und ist nicht von menschlichen Autoritäten, insbesondere nicht von der Jerusalemer Gemeinde abhängig.

Dieser Argumentation verdanken wir die einzige zusammenhängende Darstellung des Lebens des Paulus aus seiner eigenen Feder. Andere Zeugnisse – beispielsweise

---

5   Diskussion im einzelnen bei *Friedrich Wilhelm Horn:* Die letzte Jerusalemreise des Paulus, in: *ders. [Hg.]:* Das Ende des Paulus. Historische, theologische und literaturgeschichtliche Aspekte, BZNW 106, Berlin/New York 2001, S. 15–35 und bei *Dietrich-Alex Koch:* Kollekten-Bericht, »Wir«-Bericht und Itinerar. Neue (?) Überlegungen zu einem alten Problem, NTS 45 (1999), S. 367–390. Eine umfassende Diskussion findet sich in der Studie von *Jens Börstinghaus* (vgl. die vorherige Anmerkung).

1   Die folgenden Seiten zum Galaterbrief sind aus den Blättern meines Repetitoriums herübergenommen, die ich zu diesem Zweck im Juni 2006 korrigiert und ergänzt habe.

2   Vgl. dazu im einzelnen den folgenden Paragraphen 39 zum Aufbau des Galaterbriefs.

Phil 3,4b–11 – kann man zwar ergänzend hinzuziehen, aber für den Gang der Dinge ist die Schilderung in Gal 1–2 von grundlegender Bedeutung.

Fast nebenbei ergibt sich: Die Vorwürfe gegen die Person des Paulus entstammen einem Milieu, dem die Kenntnis aus erster Hand fehlt (Gal 1,23[3]): Nicht nur hat Paulus Jerusalem Zeit seines Lebens gemieden, sondern auch die Kontakte mit der Gemeinde dort und den Gemeinden Judäas beschränkten sich seit jeher auf ein Minimum. Zum Beweis führt Paulus einen Ausspruch der Judäer im Wortlaut an:

ὁ διώκων ἡμᾶς ποτε	Der uns einst verfolgt hat,
νῦν εὐαγγελίζεται τὴν πίστιν,	verkündigt nun den Glauben,
ἥν ποτε ἐπόρθει.	den er einst auszurotten versuchte.

Diese Gewährsleute, auf die sich die galatischen Opponenten offenbar berufen, geben in diesem Ausspruch, den Paulus aus ihrem Mund zitiert, zu, Paulus persönlich gar nicht zu kennen. Damit ist ihr Anspruch bestritten, den Paulus zu kritisieren, sei es seine Tätigkeit als Verfolger der Gemeinde, sei es seine Verkündigung in Galatien und anderswo.[4]

Der theologische Teil des Briefes (Gal 3,1–5,12[5]) ist durch seine scharfe Kritik am Gesetz bestimmt. Nirgendwo sonst finden sich bei Paulus Formulierungen wie: Das Gesetz ist durch Engel mit Hilfe eines Vermittlers gegeben (3,19: διαταγεὶς δι' ἀγγέλων ἐν χειρὶ μεσίτου *[diatageis di' angelōn en cheiri mesitou]*) – das läßt erhebliche Zweifel an der Dignität des Gesetzes aufkommen! Oder, einige Verse weiter: Das Gesetz ist ein παιδαγωγός *(paidagōgos)*, auch dies alles andere als ein Kompliment, denn ein Sklave, der zu nichts anderem zu gebrauchen war, konnte immer noch παιδαγωγός *(paidagōgos)* werden … (3,24).[6]

Im Gegensatz dazu steht die Rechtfertigung der Gottlosen; nachdem die πίστις *(pistis)* gekommen ist, hat der παιδαγωγός *(paidagōgos)* ausgespielt (3,25): Alle Getauften sind Kinder Gottes. „Da ist nicht Jude noch Grieche, da ist nicht Sklave noch Freier, da ist nicht Mann und Frau, denn ihr seid alle eins in Christus Jesus."[7]

Wenn irgendein paulinischer Brief die Lektüre lohnt, dann ist es der Galaterbrief; dies gilt auch ganz unabhängig von Examenszwecken …

---

3   Vgl. dazu *Ernst Bammel:* Galater 1 23, ZNW 59 (1968), S. 108–112; jetzt in *Ernst Bammel:* Judaica et Paulina. Kleine Schriften II, WUNT 91, Tübingen 1997, S. 222–226.

4   Eine ausführlichere Darstellung findet sich in meiner Erlanger Vorlesung über den Galaterbrief aus dem Sommersemester 2005; diese ist im Netz zugänglich unter `www.neutestamentliches-repetitorium.de`, 4. Sitzung, Galaterbrief; hier S. 58–61.

5   Vgl. im einzelnen den folgenden Paragraphen 39 zum Aufbau des Galaterbriefs.

6   Die moderne Assoziation »Pädagoge« ist in diesem Zusammenhang daher unbedingt fernzuhalten!

7   Gal 3,28; im griechischen Original: οὐκ ἔνι Ἰουδαῖος οὐδὲ Ἕλλην, οὐκ ἔνι δοῦλος οὐδὲ ἐλεύθερος, οὐκ ἔνι ἄρσεν καὶ θῆλυ· πάντες γὰρ ὑμεῖς εἷς ἐστε ἐν Χριστῷ Ἰησοῦ.

§ 39 Der Aufbau

Der Aufbau des Galaterbriefs läßt sich – wenn man vorerst auf eine detaillierte Darstellung verzichtet – folgendermaßen angeben:

- Präskript (1,1–5)

- Proömium (1,6–9)

- Briefcorpus (1,10–6,10)

     I. Abschnitt: Der biographische Rückblick: 1,10–2,21

    II. Abschnitt: Die theologischen Darlegungen: 3,1–5,12

   III. Abschnitt: Die Paränese: 5,13–6,10[1]

- Eschatokoll (6,11–6,18)

Für die genauere Gliederung kann man die beiden umfangreichen Abschnitte I und II in einem zweiten Lernschritt dann noch in einzelne Teile untergliedern. Abschnitt I kann man sich am einfachsten folgendermaßen einprägen:

    1. Teil: Paulus als Verfolger der Gemeinde: 1,10–14
    2. Teil: Berufung und erste Wirksamkeit: 1,15–24
    3. Teil: Der sogenannte Apostelkonvent in Jerusalem: 2,1–10
    4. Teil: Der Antiochenische Zwischenfall: 2,11–21

Abschnitt II kann man wie folgt untergliedern:

    1. Teil: Die Erfahrung der Galater: 3,1–5
    2. Teil: Der Schriftbeweis: 3,6–14
    3. Teil: Gottes διαθήκη *(diathēkē)*: 3,15–18
    4. Teil: Ein Exkurs über die Thora: 3,19–25
    5. Teil: Erinnerung an die Taufe: 3,26–29
    6. Teil: Freiheit von den στοιχεῖα *(stoicheia)*: 4,1–7
    7. Teil: Ein Fremdkörper, der zur Teilung des Briefes Anlaß gibt[2]: 4,8–20
    8. Teil: Zwei Frauen des Abraham und zwei διαθῆκαι *(diathēkai)*: 4,21–31
    9. Teil: Zur Freiheit hat uns Christus befreit: 5,1–12

---

[1]   Zum Beginn der Paränese vgl. die Studie von *Otto Merk:* Der Beginn der Paränese im Galaterbrief.

[2]   Eine Teilung des Galaterbriefs hat *Thomas Witulski* in seiner Greifswalder Dissertation vorgeschlagen, vgl. dazu die bibliographischen Angaben im Literaturverzeichnis am Ende des Kapitels.

§ 40 *Die Situation des Galaterbriefs*

Der Galaterbrief hat seinen Namen von den Galatern, die schon in der (allerdings erst wesentlich späteren) Briefüberschrift als Adressaten genannt sind:

Πρὸς Γαλάτας *(Pros Galatas)*

„An die Galater" also ist das Schreiben gerichtet.[1] Diese Überschrift wird bestätigt, wenn wir sogleich im Präskript die *adscriptio*

ταῖς ἐκκλησίαις τῆς Γαλατίας *(tais ekklēsiais tēs Galatias)*

„an die Gemeinden Galatiens" lesen. Und schließlich findet sich auch im Briefcorpus selbst, in 3,1, am Übergang von Abschnitt I zu Abschnitt II (vgl. dazu im einzelnen den Paragraphen zum Aufbau[2]) die direkte Anrede

ὦ ἀνόητοι Γαλάται *(ō anoētoi Galatai)*

„O ihr verrückten Galater!" – wer diese verrückten Galater nun eigentlich sind, darum dreht sich der Streit, der seit mehr als hundert Jahren geführt wird.

Klar ist zunächst so viel: »Galatien« ist eine Gegend in der heutigen Türkei, näherhin im zentralen anatolischen Hochland, die ihren Namen von den Bewohnern hat, die sie lange vor Paulus in Besitz genommen hatten: die »Galater«. Diese wiederum sind Verwandte von Asterix und Obelix, die im dritten vorchristlichen Jahrhundert in Kleinasien eindrangen, an der Ägäisküste reiche Beute machten – Theodor Mommsen spricht von einer „regulierten Räuberwirtschaft"[3] – und sich schließlich in Anatolien ansiedelten.

Zur Zeit des Paulus freilich bezeichnete »Galatien« vor allem die römische Provinz gleichen Namens, die im Jahr 25 v.Chr. von dem Kaiser Augustus nach dem Tod des letzten galatischen Herrschers mit Namen Amyntas gegründet worden war. In der Mitte des ersten Jahrhunderts ist dies eine etablierte Größe für die davon betroffenen Menschen: Schon die Eltern und die Großeltern haben in dieser Provinz gelebt.

Dem entsprechend kann mit der Bezeichnung »Galater« entweder ein dem keltischen Volk zugehöriger Mensch bezeichnet werden oder aber ein Bewohner der Gegend »Galatien« oder auch ein Bewohner der römischen Provinz gleichen Namens. In den Einleitungen zum Neuen Testament, die in Deutschland gebräuchlich sind, wird nun gebetsmühlenartig die Behauptung wiederholt, »Galater« könne in unserm Brief nur Menschen keltischer Herkunft bezeichnen.

Ich will Ihnen das an einigen etablierten Handbüchern illustrieren. Als ich vor 35 Jahren mein Studium der Theologie und des Neuen Testaments aufnahm, gab es drei verschiedene

---

1   Diese Überschrift geht jedoch nicht auf den Verfasser des Briefes zurück; sie wurde vielmehr erst zu dem Zeitpunkt erforderlich, als mehrere Schreiben des Paulus in einem Buch vereinigt wurden.
     Zu den sogenannten Einleitungsfragen vgl. ausführlicher meine Erlanger Vorlesung über den Galaterbrief aus dem Sommersemester 2005, die im Netz unter `www.neutestamentliches-repetitorium.de` zugänglich ist.

2   Oben Paragraph 39, S. 274.

3   Für Einzelnachweise und einschlägige Karten verweise ich auf meine in Anmerkung 1 zitierte Vorlesung.

Abbildung VII.1: Galatien als römische Provinz

Einleitungen in das Neue Testament, die in vielen Punkten völlig konträre Positionen vertraten, in dieser Hinsicht aber übereinstimmten. So liest man in dem Buch von Willi Marxsen: „Es muß als undenkbar gelten, daß Paulus die Bewohner Pisidiens und Lykaoniens als »Galater« anredet (3,1: »O ihr unvernünftigen Galater!«). Das kann nur eine Stammesbezeichnung sein, nicht aber Einwohner eines römischen Verwaltungsbezirks meinen."[4] Woher weiß Marxsen das, was er da mit so großer Sicherheit behauptet? Mit Platon zu reden, ist er offenbar weder in der Lage, seinen Lehrer in diesen Dingen zu benennen, noch auch die Zeit seines Lebens, in der er solches gelernt hat.[5]

Der Antipode zu Marxsen war seinerzeit Werner Georg Kümmel, dessen Einleitung bis in die 70er Jahre des vorigen Jahrhunderts das höchste Renommee genoß. In diesem Buch lesen wir: „Unmöglich konnte Paulus Lykaonier oder Pisidier *»o ihr Galater«* Gal 3,1 anreden, zumal dieser Sprachgebrauch überhaupt nicht belegt ist. Der Sprachgebrauch in der Apg und bei zeitgenössischen Schriftstellern, die die Galater deutlich von ihren Nachbarstämmen unterscheiden, muß auch bei dem Kleinasiaten Paulus vorausgesetzt werden."[6]

Ich erspare Ihnen das dritte Buch von Philipp Vielhauer und begnüge mich hier mit der Feststellung, daß diese Lehre (jedenfalls in Deutschland) auch heute noch die herrschende Lehre ist.[7]

∗ ∗ ∗

4   *Willi Marxsen:* Einleitung in das Neue Testament. Eine Einführung in ihre Probleme, 4. völlig neu bearbeitete Auflage, Gütersloh 1978, S. 58.

Ernst Käsemann hat einst die Einleitungen ins Neue Testament als Märchenbücher gescholten. Und märchenhaft ist es in der Tat, was man in diesen Büchern zu unserem Problem lesen kann.

5   Vgl. dazu das sogenannte Schiffsherrengleichnis bei Platon: Politeia VI 488–489.

6   *Werner Georg Kümmel:* Einleitung in das Neue Testament, Heidelberg ²¹1983, S. 259.

7   Diese Position vertritt beispielsweise auch *Udo Schnelle:* Einleitung in das Neue Testament, UTB 1830, Göttingen ⁵2005, S. 114–116.

Die in Deutschland herrschende Lehre vertritt also die sogenannte *nordgalatische Hypothese*, die behauptet, der Brief richte sich an Menschen keltischer Herkunft, wie sie in der Landschaft Galatien, dem Norden der gleichnamigen Provinz Galatien zu vermuten sind.[8] Diese Vermutung trifft so aber nicht zu: Es ist richtig, daß die Menschen keltischer Herkunft im Norden der Provinz zahlreicher vorhanden sind als im Süden. Auch dort jedoch bilden sie nur eine Minderheit der Bevölkerung, wie sich gerade in den »keltischen« Hochburgen wie Ankara nachweisen läßt. Für einen solchen Nachweis eignen sich besonders Listen mit vielen Namen. Eine solche Liste aus der Zeit des Paulus ist uns aus Ankara erhalten. Es handelt sich dabei um eine Inschrift aus dem Kaisertempel der Provinzhauptstadt. Sie bietet, nach Statthaltern geordnet, die Namen der (jährlich wechselnden) Kaiserpriester und zählt kurz ihre Leistungen für die Gemeinschaft auf.[9]

Was ergibt sich daraus nun für unsere Fragestellung? Zunächst ist noch einmal daran zu erinnern, daß diese Liste von Kaiserpriestern genau aus der uns interessierenden Zeit kurz vor der Missionierung des Paulus in Galatien stammt. Niemand kann bestreiten, daß sie für unsere Fragestellung von herausragender Bedeutung ist.

Die Namen, die auf dieser Liste verzeichnet sind, sind nun nicht so durchweg galatischer Herkunft, wie man es mancherorts für selbstverständlich hält. D.h. selbst im Zentrum Galatiens kann keineswegs von einer rein keltischen Bevölkerung die Rede sein. Es ist in dieser Inschrift von 30 Personen die Rede, „die insgesamt 17 Familien repräsentieren. Von diesen sind 8 galatischer Nationalität . . . "[10]

Obgleich diese Kaiserpriester einer Gesellschaftsschicht zugehören, die mehr als jede andere dazu prädestiniert ist, aus Kelten zu bestehen, findet sich hier keine überwältigende Mehrheit keltischer Menschen. Selbst unter den führenden Familien Ankaras in der ersten Hälfte des ersten Jahrhunderts bilden Menschen keltischer Herkunft nur eine Minderheit. Legt man die Kriterien aus den neutestamentlichen Kommentaren zum Galaterbrief zugrunde, dürfte man noch nicht einmal an diese die Anrede Γαλάται *(Galatai)* gebrauchen, da sie eben nicht mehrheitlich keltisch sind. Nirgendwo in Galatien gibt es eine Gemeinschaft, eine Stadt oder gar eine Gegend, die diesen Anspruch erfüllen. Er ist also eindeutig der Sache nicht angemessen.

∗ ∗ ∗

---

8   Man spricht daher auch von der sogenannten »Landschaftshypothese«. Sie sollten sich daher merken:

nordgalatische Hypothese = Landschaftshypothese
südgalatische Hypothese = Provinzhypothese

Ich empfehle Ihnen jedoch, lieber die weniger mißverständliche Terminologie mit »nordgalatisch« und »südgalatisch« zu verwenden.

9   Den Text sowie eine Übersetzung und einen kurzen Kommentar kann man im Einleitungsteil meiner Vorlesung bequem nachlesen, vgl. a.(Anm. 1)a.O., S. 17–23. Es handelt sich um die Inschrift Nr. 51: „Verzeichnis der Augustus-Priester", a.a.O., S. 35–49.

10   *E. Bosch*, S. 49.

Daher ziehe ich die *südgalatische Hypothese* vor, die in den letzten Jahren auch in Deutschland an Boden gewonnen hat und im angelsächsischen Bereich seit den Tagen Ramsays von der großen Mehrheit der Sachkenner vertreten wird.[11]

Für die Adressaten des Briefes ergibt sich daraus: Es handelt sich keineswegs um Galater im eigentlichen Sinn, nicht also um Kelten, die hauptsächlich im Norden der Provinz Galatien zu finden sind. Vielmehr ist an Bewohner des Südens der Provinz zu denken, unter denen sich der eine oder andere Mensch keltischer Herkunft gefunden haben mag – mehr aber nicht. Die Anrede ὦ ἀνόητοι Γαλάται *(ō anoētoi Galatai)* richtet sich also an Bewohner des Südens der Provinz Galatien.

Diese Gegend ist dem Leser der Apostelgeschichte von der ersten Missionsreise her wohlvertraut. Sie wird im Rahmen der ersten Missionsreise (Apg 13–14) ausgiebig geschildert. Die Missionierung gerade Lykaoniens bildet den Höhepunkt der ersten Missionsreise. Hier sind Paulus und Barnabas in Iconium (14,1–7), in Lystra (14,8–20a) und in Derbe (14,20b–21), drei lykaonischen Städten im Süden der Provinz Galatien. Hinzunehmen könnte man auch das pisidische Antiochien. In diesen Städten hätte man also dieser südgalatischen Hypothese zufolge die Adressaten des Galaterbriefes zu finden.[12] Wenn man sich diese Gruppe von Städten vor Augen stellt, kann man nach einer Alternative für die Anrede ὦ ἀνόητοι Γαλάται *(ō anoētoi Galatai)* suchen. Man erkennt: Wollte Paulus nicht die Städte einzeln aufzählen, hatte er zu dieser Anrede gar keine rechte Alternative! Hätte er schreiben sollen: „Ihr Bewohner von Antiochia! Ihr Bewohner von Iconium! Ihr Bewohner von Lystra! Ihr Bewohner von Derbe! Ihr alle seid unverständig! Wer hat euch behext?"

Hinsichtlich der Adressatenfrage ergibt sich also: Der Galaterbrief richtet sich an die Gemeinden im Süden der Provinz, die Paulus bei der ersten Missionsreise gegründet hat; d.h. die südgalatische Hypothese ist der nordgalatischen vorzuziehen.

* * *

---

11 In Deutschland nenne ich beispielsweise die Monographien von *Cilliers Breytenbach* und von *Thomas Witulski*. Ein schönes Zitat aus der Studie von Breytenbach soll hier wenigstens anmerkungsweise angeführt werden:

„Die Landschaftshypothese wird häufig als unbezweifelbares Faktum hingestellt. Die jeweilige wissenschaftliche Exegese ist sich ihrer je unterschiedlichen Ergebnisse so sicher, daß sie diese der Öffentlichkeit mittlerweile mit großer Selbstverständlichkeit präsentiert. Wehe der deutschen Theologiestudentin, die englisch lesen kann, oder dem Manchester Pregraduate, dem ein deutscher Kommentar in die Hände fällt. Ein ganzes Dogma kann dabei ins Wanken geraten. Nur noch große wissenschaftliche Kommentare ... beschäftigen sich – wie früher Ramsay, Theodor Zahn, Schlier und Lietzmann – mit dem Adressatenproblem. Die Ergebnisse stehen jedoch schon von vornherein fest, man wiegt lediglich die alten Argumente ab." (*Cilliers Breytenbach*, S. 103f.)

12 *Thomas Witulski* sucht die Adressaten eines Teils des Briefes ausdrücklich im pisidischen Antiochien, wie schon aus dem Titel seines Buches hervorgeht: Die Adressaten des Galaterbriefes. Untersuchungen zur Gemeinde von Antiochia ad Pisidiam.

Daß der Galaterbrief zu den genuin paulinischen Briefen gehört, wird heute nicht bestritten und bedarf daher keiner langen Begründung.[13] Weniger klar dagegen ist, in welcher Situation und von wo aus Paulus den Galaterbrief schreibt. Der Text des Briefes selbst gibt uns hierfür keinerlei Anhaltspunkte, und so kann man über diese Frage nur spekulieren.

Einige dieser Spekulationen will ich Ihnen an dieser Stelle exemplarisch vorführen. Der erste Spekulant, den ich Ihnen hier vorstellen will – Alfred Suhl –, tippt (mit vielen anderen) auf Ephesos als den Abfassungsort des Galaterbriefes. Er repräsentiert sozusagen den Mainstream der Forschung: „Den Gal[aterbrief] schrieb Paulus von Ephesus aus 1 1/2 Jahre nach seinem letzten Besuch bei den Galatern. Zu diesem Zeitpunkt war er bereits aus der ephesinischen Gefangenschaft freigekommen, brauchte Ephesus aber nicht fluchtartig vor seinen Gegnern verlassen, sondern war in seinen Entscheidungen frei."[14] Damit fiele der Galaterbrief in die vorletzte Phase der Mission des Paulus im ägäischen Raum – bevor er nämlich zu seiner letzten Rundreise zu den Gemeinden in Korinth und Makedonien auf dem Weg nach Jerusalem aufbricht.

Daneben gibt es – vor allem im angelsächsischen Bereich – aber auch eine frühe Datierung des Galaterbriefs, vertreten beispielsweise von Colin J. Hemer.[15] Ihm zufolge wäre der Galaterbrief der älteste paulinische Brief überhaupt, noch vor dem 1. Thessalonicherbrief im Jahr 48 anzusetzen. Diese Lösung erscheint mir jedoch weniger plausibel. Die Frage, die diese Lösung nur schwer beantworten kann, lautet: Was hat Paulus in dieser Phase seines Wirkens denn davon abgehalten, selbst nach Galatien zu reisen, um die Probleme vor Ort zu klären?

* * *

---

13 Vgl. *Hans Dieter Betz*, S. 33: „Die Frage nach dem Verfasser des Galaterbriefs wirft keine großen Probleme auf. Das Briefpräskript (1,1) nennt den Apostel Paulus als Verfasser. In der Antike war die Verfasserschaft des Paulus unumstritten. ... Aus diesen Gründen wird die Verfasserschaft des Paulus von Neutestamentlern heute nicht bezweifelt."

14 *Alfred Suhl:* Die Galater und der Geist. Kritische Erwägungen zur Situation in Galatien, in: Jesu Rede von Gott und ihre Nachgeschichte im frühen Christentum. Beiträge zur Verkündigung Jesu und zum Kerygma der Kirche (FS Willi Marxsen), hg. v. Dietrich-Alex Koch, Gerhard Sellin und Andreas Lindemann, Gütersloh 1989, S. 267–296; hier S. 272. Vgl. auch *ders.:* Der Galaterbrief. Situation und Argumentation, ANRW II 25,4, Berlin/New York 1987, S. 3067–3134.

15 *Colin J. Hemer:* The Book of Acts in the Setting of Hellenistic History, edited by Conrad H. Gempf, WUNT 49, Tübingen 1989, S. 270: „*Galatians* is placed as the earliest epistle, c. late 48."

Schon Ramsay hat eine Abfassung des Galaterbriefs aus Antiochien am Orontes vertreten, allerdings nicht in Form der Frühdatierung, die sich bei Hemer findet, vgl. dazu den Kommentar von *William M. Ramsay.*

Damit komme ich zur dritten Lösung, der Spätdatierung. Diese wird nur von wenigen Autoren vertreten, so etwa von Foerster oder von Vouga.[16] Ihnen schließe ich mich in meiner zitierten Vorlesung zum Galaterbrief an.

Eine umfassende Begründung kann ich an dieser Stelle nicht liefern.[17] Ich nenne zunächst nur ein Indiz, das Präskript des Galaterbriefs. Wie auch das Proömium weist das Präskript mehrere Besonderheiten auf, wenn man mit den andern paulinischen Briefen vergleicht. Mir geht es speziell um die *superscriptio,* in der Paulus „alle Brüder, die mit mir sind" (οἱ σὺν ἐμοὶ πάντες ἀδελφοί, *hoi syn emoi pantes adelphoi*) als Mitabsender nennt. Das ist ungewöhnlich, weil Paulus vom sonstigen Verfahren abweicht. Sieht man vom Römerbrief ab – im Römerbrief gibt es überhaupt keine Mitabsender –, so nennt Paulus immer einzelne Namen: im Philemonbrief ist es Timotheos (Phlm 1), im 1. Thessalonicherbrief Silvanus und Timotheos (1Thess 1,1), im Philipperbrief erneut Timotheos (Phil 1,1), Sosthenes im 1. Korintherbrief (1Kor 1,1) und schließlich dann noch einmal Timotheos im 2. Korintherbrief (2Kor 1,1). Hier im Galaterbrief taucht keiner dieser Namen auf; stattdessen formuliert Paulus: „alle Brüder, die mit mir sind".[18]

Was soll man daraus entnehmen? Ramsay hat dafür argumentiert, daß man sich eine Gemeinde bezeichnet denken soll, und zwar näherhin die antiochenische Gemeinde. Das scheint mir nicht nahe zu liegen. Viel plausibler scheint mir, „alle Brüder, die mit mir sind" überhaupt nicht in einer paulinischen Gemeinde zu suchen, sondern an Begleiter des Paulus auf einer Reise zu denken. Paulus ist aufgrund der Situation gar nicht in der Lage, einen den galatischen Gemeinden bekannten Mitarbeiter als Mitabsender zu nennen. Seine Mitarbeiter hat er eben auf dieser letzten Reise nach Rom nicht bei sich. So spricht er von „alle[n] Brüder[n], die mit mir sind" und meint damit die Männer, die ihn begleiten.[19]

---

16 *Werner Foerster:* Abfassungszeit und Ziel des Galaterbriefes, in: Apophoreta. FS für Ernst Haenchen zu seinem siebzigsten Geburtstag am 10. Dezember 1964, BZNW 30, Berlin 1964, S. 135–141; *François Vouga:* An die Galater, HNT 10, Tübingen 1998.

17 Ich habe die These in einem Vortrag vor den Bayerischen Neutestamentlern am 19. November 2005 in Erlangen vertreten; dieser Vortrag ist bisher noch nicht veröffentlicht.
Im folgenden biete ich eine verkürzte Fassung aus meiner Paulusvorlesung, die ich im Sommer 2006 in Erlangen gehalten habe. Diese ist zugänglich unter http://www.neutestamentliches-repetitorium.de/inhalt/vorlesungen.html.

18 Schon *W.M. Ramsay* hat in seinem Kommentar zum Galaterbrief diesen Punkt unterstrichen: „He [Paulus] often quotes one or two individuals as joint-senders of a letter. Here, and here alone, he states that all the brethren who are with him are sending the letter to the Churches of Galatia. This important point calls for special consideration ..." (*W.M. Ramsay:* A Historical Commentary on St. Paul's Epistle to the Galatians, London 1899, ²1900 [Nachdr. Grand Rapids 1965], S. 238.)

19 Der entscheidende Vorschlag, in „allen Brüdern" Reisebegleiter des Paulus zu sehen, wurde schon vor 45 Jahren von Werner Foerster gemacht, vgl. dazu oben Anm. 16. Foerster weist besonders auf die Stellung des πάντες in dem οἱ σὺν ἐμοὶ πάντες ἀδελφοί hin: „Das zwischen Artikel und Substantiv gestellte πᾶς betont das Ganze des Nomens im Gegensatz zu seinen einzelnen Teilen" (a.a.O., S. 135). Genau muß man daher übersetzen: „die Gesamtheit der Brüder bei mir". Zu Recht zieht Foerster daraus

Abbildung VII.2: Der Weg nach Rom: Ost-Abschnitt

Situiert man den Galaterbrief auf dieser Reise nach Rom, so käme als Abfassungsort etwa das in Apg 27,5 genannte Myra in Lykien in Frage. Genauer müßte man in diesem Fall wohl sagen: als Ab*sende*ort, denn wir können ja nicht wissen, ob der Aufenthalt in Myra lang genug war, um den Galaterbrief zu schreiben.

Ist dies richtig, so müssen wir den Galaterbrief noch einmal neu lesen: Vieles erscheint aus dieser Perspektive in einem andern Licht. Paulus ist als Gefangener auf dem Weg nach Rom. Er hat nicht die Möglichkeit, die galatischen Gemeinden noch einmal zu besuchen. Der Brief ist seine letzte Chance, sie vor dem Abfall zu bewahren. Das »umsonst«, das immer wieder anklingt, gewinnt eine ganz besondere Dringlichkeit.[20]

Auch theologisch wäre der Galaterbrief noch einmal anders zu bedenken. Nicht der Römerbrief wäre nach dieser Rekonstruktion ja das letzte Wort des Paulus zur Rechtfertigung, sondern der Galaterbrief. Nicht der Römerbrief böte das letzte Wort

---

den Schluß, daß damit keine Gemeinde gemeint sein kann: „Es kann schwerlich eine ganze Gemeinde sein, die mit den galatischen Gemeinden konfrontiert worden wäre ..." (ebd.)

Foerster ordnet daher den Galaterbrief ebenfalls einer Reise zu, im Unterschied zu mir aber der Reise von Korinth nach Jerusalem.

20 Zum »umsonst« bzw. »vergeblich« vgl. Gal 2,21 (Ist Christus umsonst gestorben?), Gal 2,1–2 (Ist Paulus vergeblich gelaufen?), Gal 3,1–4 (Haben die Galater so gewaltige Erfahrungen vergeblich gemacht?) und Gal 4,11 (Hat Paulus vergeblich an den Galatern gearbeitet?).

des Paulus zum Gesetz, sondern der Galaterbrief. Nicht der Römerbrief böte die letzte Paränese des Paulus, sondern der Galaterbrief.

All diese Fragen können hier nur angedeutet werden. Vielleicht hören bzw. lesen Sie sie als Aufforderung, sich ein weiteres Mal mit dem Galaterbrief auseinanderzusetzen.

§ 41 Der Inhalt des Galaterbriefs

Die folgende Darstellung des Inhalts orientiert sich am Aufbau des Briefes und setzt insofern die Lektüre des einschlägigen Textes und die dort gegebene Gliederung voraus.[1]

Schon das Präskript läßt auf einen besonderen Brief schließen. Es ist in verschiedener Hinsicht ungewöhnlich, wenn man es mit den Präskripten der andern paulinischen Briefe vergleicht.

Παῦλος ἀπόστολος	**1** Paulus, Apostel nicht von Menschen
οὐκ ἀπ' ἀνθρώπων οὐδὲ δι' ἀνθρώπου,	und nicht durch einen Menschen, son-
ἀλλὰ διὰ Ἰησοῦ Χριστοῦ	dern durch Jesus Christus
καὶ θεοῦ πατρὸς[2]	und Gott, den Vater,
τοῦ ἐγείραντος αὐτὸν ἐκ νεκρῶν,	der ihn auferweckt hat von den Toten,
καὶ οἱ σὺν ἐμοὶ πάντες ἀδελφοί,	**2** und alle Brüder, die mit mir sind,
ταῖς ἐκκλησίαις τῆς Γαλατίας·	an die Gemeinden Galatiens:
χάρις ὑμῖν καὶ εἰρήνη ἀπὸ θεοῦ πατρὸς	**3** Gnade sei mit euch und Friede von
ἡμῶν καὶ κυρίου Ἰησοῦ Χριστοῦ,	Gott, unserem Vater, und dem Herrn Jesus Christus,
τοῦ δόντος ἑαυτὸν ὑπὲρ τῶν ἁμαρτι-	**4** der sich selbst gegeben hat für unsere
ῶν ἡμῶν ὅπως ἐξέληται ἡμᾶς ἐκ τοῦ	Sünden, um uns aus der gegenwärtigen
αἰῶνος τοῦ ἐνεστῶτος πονηροῦ κατὰ	bösen Welt zu retten gemäß dem Willen
τὸ θέλημα τοῦ θεοῦ καὶ πατρὸς ἡμῶν,	Gottes, unseres Vaters,
ᾧ ἡ δόξα εἰς τοὺς αἰῶνας τῶν αἰώνων·	**5** welchem die Ehre sei in alle Ewigkei-
ἀμήν.	ten. Amen.

Schon zu Beginn der *superscriptio* fällt auf, wie ausführlich Paulus seinen Titel »Apostel« begründet, d.h. ihn auf Gott selbst zurückführt, um sogleich alle menschliche Vermittlung zu bestreiten. Dazu gibt es in den Präskripten der andern paulinischen Briefe keine Parallele.

Im weiteren Verlauf der *superscriptio* sind die Mitabsender merkwürdig; ich verweise in bezug auf die in v. 2 gebrauchte Formulierung καὶ οἱ σὺν ἐμοὶ πάντες ἀδελφοί

---

1   Vgl. dazu oben auf der Seite 274 den Paragraphen 39 zum Aufbau des Galaterbriefs.

2   Das καὶ θεοῦ πατρός fehlt bei Markion nach dem Zeugnis des Hieronymus. Es ist jedoch ganz unverdächtig und sollte daher im Text verbleiben.

(kai̯ hoi̯ syn emoi̯ pantes adelphoi̯) auf die Ausführungen zur Situation des Briefes.[3]
Auch sie ist ohne Parallele in den paulinischen Briefen.

In v. 2 haben wir in der *adscriptio* sogleich eine weitere Besonderheit unseres Präskripts: Paulus schreibt nicht an einen einzelnen (wie im Philemonbrief) und auch
nicht an eine Gemeinde (wie im Thessalonicherbrief; im 1. Korintherbrief; im Philipperbrief; im 2. Korintherbrief und im Römerbrief), sondern an eine Gruppe von
Gemeinden.[4]

* * *

Ist schon das Präskript merkwürdig, so ist das Proömium geradezu atemberaubend.
Normalerweise nämlich (d.h. bei *allen* andern paulinischen Briefen) ist das Proömium als Danksagung gestaltet und beginnt mit „Ich danke meinem Gott". So
ist es im Fall des Römerbriefes (Röm 1,8): „Zuerst danke ich meinem Gott ... für
euch alle, daß von euerem Glauben in der ganzen Welt gesprochen wird." So ist es
im Fall des ersten Korintherbriefs (1Kor 1,4f.): „Ich danke meinem Gott immer für
euch ..., daß ihr in jeder Beziehung reich seid ... ". So ist es im Fall des zweiten Korintherbriefs (2Kor 1,3): „Gelobt sei der Gott und Vater unseres Herrn Jesus Christus,
der Vater der Barmherzigkeit und Gott allen Trostes ... ". So ist es im Philipperbrief
(Phil 1,3): „Ich danke meinem Gott ... für eure Gemeinschaft an dem Evangelium
vom ersten Tag an bis heute ... ". So ist es im ersten Thessalonicherbrief (1Thess
1,2f.): „Wir danken immer Gott, für euch alle Fürbitte tuend in unseren Gebeten,
ohne Unterlaß, in der Erinnerung an das Werk eures Glaubens ... ". Und so ist es
schließlich auch im letzten unbestritten echten Brief des Paulus, dem kurzen Philemonbrief (v. 4f.): „Ich danke immer meinem Gott, wenn ich deiner in meinen
Gebeten gedenke, wenn ich von deiner Liebe höre, die du zu dem Herrn Jesus hast,
und zu all den Heiligen [d.h. Christen] ... ".

Bei all den andern paulinischen Briefen also ist das Proömium als Danksagung
gestaltet. Hier im Galaterbrief lesen wir (Gal 1,6): „Ich wundere mich, daß ihr euch
so schnell abwendet von dem, der euch durch die Gnadentat Christi berufen hat,
[abwendet hin] zu einem andern Evangelium usw."[5]

Dieses Proömium ist *keine Danksagung*: Es beginnt mit „Ich wundere mich" und
gipfelt in dem zweifachen „Er sei verflucht!" Paulus beginnt seinen Brief mit einem
Paukenschlag; jeder Leser, der sich mit Paulusbriefen auch nur ein wenig auskennt,
ist bei der Lektüre des Proömiums des Galaterbriefes aufs höchste alarmiert. Aufs
höchste alarmiert waren gewiß auch die ersten Leserinnen und Leser dieses Briefes.

Schon im Proömium kommt die Propaganda der Gegner in den Blick, die in Galatien ihr Unwesen treiben. Was diese Gegner predigen, ist der Auffassung des Pau-

---

3   Vgl. dazu oben den Paragraphen 40 zur Situation des Galaterbriefs, hier die Seiten 279–281.

4   Zu den Empfängern des Galaterbriefes vgl. die Ausführungen in dem soeben genannten Paragraphen 40, S. 275–278.

5   Im griechischen Original: θαυμάζω ὅτι οὕτως ταχέως μετατίθεσθε ἀπὸ τοῦ καλέσαντος
ὑμᾶς ἐν χάριτι [Χριστοῦ] εἰς ἕτερον εὐαγγέλιον κτλ.

lus zufolge nicht ein anderes, sondern ein falsches, im Grunde also *gar kein* Evangelium. Ein Nicht-Evangelium geradezu. Denn das Wesen der Gegner besteht ja gerade darin, daß sie das Evangelium verdrehen, verkehren, verfälschen (μεταστρέφω
[metastrephō]): „Der Ausdruck μεταστρέφω *[metastrephō]* (»von oben nach unten
kehren«) kommt ursprünglich auch aus dem politischen Sprachgebrauch und impli-
ziert revolutionäre Aktivitäten. Soweit wir wissen, tritt Paulus hier zum ersten Mal
als Vertreter christlicher Orthodoxie, d. h. des »Evangeliums von Christus« auf. Wenn
daher die Galater vollständig zu den Gegnern überwechseln sollten, würden sie im
paulinischen Sinne zu Abtrünnigen", zu μετατιθέμενοι *(metatithemenoi).*[6]

Sowohl das Präskript als auch das Proömium des Galaterbriefes weisen also darauf
hin, daß wir es hier mit einem ganz besonderen Schreiben des Paulus zu tun haben,
zu dem es im *corpus Paulinum* keine Parallele gibt.

✳ ✳ ✳

Dies gilt in ganz besonderer Weise für Abschnitt I (Gal 1,10–2,21), den biographischen Rückblick, zu dem es überhaupt keine Parallele in den paulinischen Briefen
gibt. Für die »Biographie« des Paulus ist dieser Abschnitt daher von grundlegender
Bedeutung. Ich versuche im folgenden zunächst, die wichtigsten Punkte aus Gal
1,10–24 zusammenzufassen:[7]

1. Der biographische Rückblick ist wegen der gegen Paulus in Galatien erho-
   benen Vorwürfe erforderlich. Diese betreffen die Legitimität seiner Verkündigung, insbesondere die Herkunft seines Evangeliums; das Verhältnis des Paulus
   zu Jerusalem und seine Tätigkeit als Verfolger der Gemeinde.

2. Die beiden Abschnitte 10–14.15–24 gehören enger zusammen, als es auf den
   ersten Blick den Anschein hat: Ausgangspunkt ist die Tätigkeit des Paulus als
   Verfolger der Gemeinde; zu diesem Ausgangspunkt kehrt Paulus am Schluß
   in v. 23–24 wieder zurück. Allein daraus ergibt sich schon, wie wichtig dieses
   Thema in der Debatte in den Gemeinden Galatiens war.

3. Ziel der paulinischen Argumentation ist, seine Unabhängigkeit von den Autoritäten in Jerusalem zu erweisen. Sein Evangelium geht auf Offenbarung
   zurück, nicht auf Jerusalemer Tradition.

4. Erst nach drei Jahren ist Paulus für lediglich 14 Tage in Jerusalem gewesen
   und hat dort nur zu Petrus und zu Jakobus Kontakt gehabt. Vermutlich ist
   auch die Verfolgertätigkeit (im Gegensatz zur Darstellung des Lukas in der
   Apostelgeschichte) nicht in Jerusalem zu lokalisieren.

---

6 *Hans Dieter Betz* in seinem Kommentar, S. 108.
7 Diese Zusammenfassung ist aus meiner Vorlesung über den Galaterbrief übernommen. Diese
ist unter www.neutestamentliches-repetitorium.de verfügbar; hier S. 60f.

5. Eine besondere Nuance fügt das abschließende Zitat 1,23 hinzu:[8] Diese Gewährsleute, auf die sich die galatischen Opponenten offenbar berufen, geben in diesem Ausspruch, den Paulus aus ihrem Mund zitiert, zu, Paulus persönlich gar nicht zu kennen. Damit ist ihr Anspruch bestritten, den Paulus zu kritisieren, sei es seine Tätigkeit als Verfolger der Gemeinde, sei es seine Verkündigung in Galatien und anderswo.

6. Die Passage überschneidet sich vielfach mit dem lukanischen Bericht aus der Apostelgeschichte. Dort nimmt Lukas auf das, was Paulus hier so wichtig ist, keine Rücksicht; insbesondere läßt er ihn sogleich nach seiner »Bekehrung« von Damaskus nach Jerusalem reisen, um Anschluß an die Apostel zu suchen.

7. Inwiefern die Darstellung des Ereignisses der Bekehrung in Apg 9 sich mit dem vereinbaren läßt, was Paulus hier kurz und knapp berichtet, mag hier auf sich beruhen.[9]

Der erste Teil des biographischen Abschnitts in Kapitel 1 unseres Briefes hatte sich mit den dunklen Jahren des Paulus befaßt, seiner jüdischen Phase, seiner Zeit als Christenverfolger, seiner »Bekehrung« und seiner Tätigkeit in der Arabia, in Kilikien und in Syrien. Mit dem Kapitel 2 kommen wir zu den Jahren, die seiner unabhängigen Tätigkeit als Missionar im ägäischen Raum unmittelbar vorausgehen. Dabei handelt es sich um den sogenannten Apostelkonvent (2,1–10) und den sogenannten antiochenischen Zwischenfall (2,11–21), zwei Ereignisse, die als Wendepunkte für die Geschichte des frühen Christentums von ganz herausragender Bedeutung sind.

Für den Apostelkonvent haben wir die konkurrierende Darstellung des Lukas in Apg 15,1–35.[10] Es empfiehlt sich, sich einen Überblick über die beiden konkurrierenden Darstellungen zu verschaffen. Wir beginnen bei der Exposition:

---

8   Zu diesem Vers vgl. den Paragraphen 38 zur einführenden Charakterisierung des Galaterbriefs, S. 272–273 sowie den Aufsatz von *Ernst Bammel:* Galater 1 23.

9   Wer sich dafür speziell interessiert, mag zur Darstellung von *Bernhard Heininger:* Paulus als Visionär. Eine religionsgeschichtliche Studie, HBS 9, Freiburg usw. 1996, S. 196–201 (zum Galaterbrief) und S. 211–234 (zur Darstellung der Apostelgeschichte) greifen. Heininger kommt zu folgendem Ergebnis: „Paulus charakterisiert ... Gal 1,15f. jenes Erlebnis bei Damaskus als einen inneren Vorgang, bei dem ihm Gott seinen »Sohn« enthüllte, um ihn unter den Heiden zu verkündigen“ (S. 200). Dem steht die Darstellung des Lukas entgegen: „Gemeinsam hat die Apg 9 vorausliegende Tradition mit der paulinischen Selbstaussage ..., daß sie die Lebenswende Pauli als transzendentes Geschehen begreift.... Sie verortet dieses Geschehen im Gegensatz zu Paulus aber nicht im Inneren, sondern macht es an äußeren Momenten fest“ (S. 233).

10   Ich gehe davon aus, daß die beiden genannten Texte ein und dasselbe Ereignis beschreiben wollen, was – wie ein Blick in die einschlägigen Kommentare zeigt – nicht von allen Auslegern angenommen wird.

	Apostelgeschichte 15	*Galater 2*
Begründung der Reise	Entsendung durch die antiochenische Gemeinde	Aufgrund einer Offenbarung
Mitglieder der Delegation	Paulus, Barnabas, einige andere	Paulus, Barnabas, Titus[11]

Beide Berichte stimmen also weitgehend überein, was den Anlaß der Reise und die Zusammensetzung der Delegation aus Antiochien nach Jerusalem angeht. Anders steht es freilich in bezug auf den Verlauf und das Ergebnis des Treffens; von dem bei Lukas so betont herausgestellten Aposteldekret weiß Paulus nichts, der ganz im Gegenteil betont, daß ihm in Jerusalem nichts auferlegt worden sei:

	Apostelgeschichte 15	*Galater 2*
Jerusalemer Beteiligte	Apostel, Älteste; namentlich: Petrus, Jakobus	Jakobus[12], Kephas[13], Johannes
Rolle des Petrus	Heidenmissionar	Judenmissionar
Rolle des Paulus und Barnabas	nur geschickt von Gemeinde, danach zurückgeschickt; nicht aktiv beteiligt; Entscheidungsempfänger	Paulus: Verhandlungspartner (im kleinen Kreis mit den 3 Säulen) Barnabas: ungewiß
Verhandlungsgegenstand	Beschneidung; Frage der Heidenmission	Anerkennung des paulinischen Evangeliums[14]
Ergebnis der Konferenz	Anerkennung der Heidenmission; Aposteldekret (keine Beschneidung!)	Anerkennung des paulinischen Evangeliums; Teilung der Missionsgebiete; *keine weiter Auflagen!*

---

11   „... als lebender Beweis nach Jerusalem mitgenommen worden" (*Hans Dieter Betz* in seinem Kommentar, S. 171); Vouga spricht von einem Präzedenzfall (*François Vouga*: Art. Urchristentum, TRE 34 (2002), S. 411–436; Zitat S. 425, Z. 48–50).
    Wegen der großen Bedeutung, die Paulus der Teilnahme gerade des Titus beimißt, ist das Fehlen dieses Namens in dem Bericht von Lukas von Bedeutung.
12   Der Herrenbruder Jakobus wird als erster genannt, da er die hervorgehobene Rolle spielt.
13   Warum Kephas hier nicht als Petrus bezeichnet wird, ist in der Forschung umstritten.
14   In diesem Zusammenhang ist gerade Titus für Paulus und seine Argumentation im Galaterbrief besonders wichtig, weil er als Heidenchrist an der Delegation beteiligt ist und trotzdem in Jerusalem nicht zur Beschneidung gezwungen wird, vgl. dazu auch oben, Anm. 10.

Was den Verlauf und das Ergebnis der Konferenz angeht, sind die Unterschiede der beiden Darstellungen also nicht zu übersehen. Wer nach den historischen Vorgängen fragt, ist an die Fassung des Paulus gewiesen. Im Gegensatz zu Lukas – der eine Generation später schreibt – war Paulus als Teilnehmer in Jerusalem dabei. Auch hätte er sich in der überaus heiklen Situation des Galaterbriefes gar keine falsche Darstellung der Vorgänge leisten können, da dies von den Gegnern in Galatien sofort aufgegriffen worden wäre. Daher können wir Gal 2,1–10 als im wesentlichen zutreffenden Bericht der Vorgänge betrachten.

Im Fall des antiochenischen Zwischenfalls läßt uns die lukanische Überlieferung im Stich. Er bietet im Anschluß an die Darstellung des Apostelkonvents zwar auch einen »Zwischenfall« in Apg 15,36–41, doch geht es hier um die vergleichsweise triviale Frage, ob Johannes Markus bei der nächsten Missionsreise mit von der Partie sein soll – dies ist die Auffassung des Barnabas – oder nicht; so trennen sich die Wege auch nach Apg 15, und Paulus macht sich ohne Barnabas und Johannes Markus auf den Weg, aber von einer echten Parallele zu dem theologischen Konflikt, den Paulus in Gal 2,11–21 schildert, kann dennoch keine Rede sein.

Die Passage zerfällt in zwei Stücke, die Darstellung des Konflikts in Antiochien in v. 11–14 und die sich daran anschließenden grundsätzlichen theologischen Erwägungen in v. 15–21, die schon einen Übergang zu den theologischen Darlegungen in Abschnitt II des Briefes bilden, der in 3,1 mit einer Anrede an die Adressaten einsetzt.

Der Konflikt, den Paulus in v. 11–14 schildert, zeigt, daß die Einigung beim Apostelkonvent in Jerusalem keine tragfähige Basis für die weitere Entwicklung bot. Denn die Frage, wie das Zusammenleben in einer Gemeinde geregelt werden soll, die aus Juden- und Heidenchristen besteht, war ungeklärt. Eine solche Gemeinde war Antiochia am Orontes. Petrus war zu Besuch gekommen und hatte sich den örtlichen Gegebenheiten angepaßt, d.h. er aß mit den Heidenchristen zusammen. Nun waren aber Leute aus Jerusalem gekommen; Petrus revidierte seine Praxis und sonderte sich hinfort von den Heidenchristen ab; ihm folgten Barnabas und andere; die Einheit der Gemeinde war damit zerbrochen. Dem tritt Paulus entgegen.

Paulus[15] stellt hier zwei Lebensweisen einander gegenüber, die jüdische und die heidnische. Die jüdische Lebensweise bezeichnet er mit Ἰουδαϊκῶς ζῆν *(Ioudaïkōs zēn)* oder einfach mit Ἰουδαΐζειν *(Ioudaïzein)*. Die heidnische Lebensweise wird als ἐθνικῶς ζῆν *(ethnikōs zēn)* gekennzeichnet. Diese beiden Lebensweisen sind nicht nur in bezug auf Dinge des äußeren Lebens unterschieden: Man kann vielmehr von zwei Lebenshaltungen sprechen, die miteinander nicht vereinbar sind. Der konkrete Vorwurf an die Adresse des Petrus lautet: Wenn er, der doch Jude ist, die jüdische Lebenshaltung im Prinzip aufgegeben hat und nun heidnisch lebt – wie kann er dann die Heiden dazu veranlassen, jüdisch zu leben?

---

15 Die folgenden Ausführungen sind aus meiner mehrfach zitierten Vorlesung über den Galaterbrief herübergenommen; hier S. 96–97.

Dies nämlich wäre die Konsequenz gewesen, wenn der Standpunkt des Petrus sich durchgesetzt hätte: Auch die Christen heidnischer Herkunft wären über kurz oder lang beim Ἰουδαΐζειν *(Ioudaḯzein)* gelandet, sie hätten sich der jüdischen Lebensweise anbequemt.

D.h., der Streit dreht sich um die Frage des Χριστιανίζειν *(Christianizein)*[16] – wie soll christliches Leben gestaltet werden? Diese Frage war damals kaum gestellt, geschweige denn entschieden. Ob sie heute entschieden ist, mag man fragen. Doch das gehört nicht hierher ...

Die Frage der christlichen Lebensführung wurde zur Zeit des Paulus in beide Richtungen hin diskutiert: Zum einen im Blick auf die jüdische Lebensweise – wie hier im Galaterbrief –, zum andern im Blick auf die heidnische Lebensweise (z.B. im 1. Korintherbrief oder im Philipperbrief, Phil 1,27 μόνον ἀξίως τοῦ εὐαγγελίου τοῦ Χριστοῦ πολιτεύεσθε ... *[monon axiōs tou euaggeliou tou Christou politeuesthe ...]*). Die Frage ist überaus spannend und bietet Raum für so manche Dissertation; in unserm Zusammenhang können wir darauf aber nicht näher eingehen.

∗ ∗ ∗

Die theologischen Darlegungen in Abschnitt II (3,1–5,12) sind, wenn man den Brief spät datiert, die letzte Äußerung des Paulus zum Thema Gesetz und zur Rechtfertigung.

Der neue Einsatz wird in 3,1 durch die direkte Anrede ὦ ἀνόητοι Γαλάται *(ō anoētoi Galatai)* markiert, die in der Debatte um die Frage, wo diese Adressaten nun zu suchen seien, eine wichtige Rolle spielt.[17] Paulus erinnert die Galater in 3,1–5 an ihre Geisterfahrung. Theologisch geht es im folgenden um das Gesetz; aber die Debatte um das Gesetz wird vom Geist her geführt: Die Geisterfahrung der Galater ist das erste entscheidende Argument, das gegen die Übernahme des Gesetzes geltend gemacht wird.

Als zweites Argument folgt in 3,6–14 ein Schriftbeweis, der mit Gen 12,3b, Gen 15,6 und weiteren Stellen operiert. In v. 14 kehrt Paulus mit dem Stichwort Geist wieder zu dem Ausgangspunkt der Argumentation in 3,1–5 zurück.

Die Abgrenzung des dritten Argumentationsgangs ist in der Forschung umstritten. Ich wähle 3,15–18 und überschreibe die Passage mit »Gottes Testament«. Paulus operiert hier mit dem Begriff διαθήκη *(diathēkē)* und bezieht sich damit auf die alltägli-

---

16   Das ist kein von mir erfundenes Wort, wie das patristische Wörterbuch von *Lampe* zeigt. *Lampe*, S. 1529 s.v. Χριστιανίζω: 1. become a Christian, turn Christian: Σαββάτιος ἀπὸ Ἰουδαίων Χριστιανίσας Sokr. H.E. V 21,6 (auch andere Belege). Sodann – und das ist es! – 2. live as a Christian, behave as a Christian. Origenes redet Cels III 80 von οἱ Χριστιανίζοντες; vgl. auch VII 39 (ebenfalls eine Formulierung des Origenes). Lampe hat noch einige weitere Belege. Dem Wort muß man bei Gelegenheit einmal des genaueren nachgehen (Zusammenhang mit Ἰουδαΐζειν?)!

17   Vgl. dazu oben den Paragraphen 40 zur Situation, S. 275–278.

che Praxis.[18] Der rechtliche Hintergrund geht von einer Verfügung aus, die – einmal getroffen – nicht mehr modifiziert werden kann. Wie bei einer solchen menschlichen Verfügung eine spätere Außerkraftsetzung genauso unmöglich ist wie ein späterer Zusatz, so gilt *a minori ad maius* erst recht in bezug auf Gott: Die frühere Verheißung an Abraham wird durch das Gesetz in keiner Weise tangiert, d.h. das spätere Gesetz kann die Verheißung nicht ungültig machen; ja, noch mehr: Das spätere Gesetz kann noch nicht einmal als rechtsverbindlicher Zusatz zu dieser Verheißung gewertet werden, da ein Zusatz zum Testament nicht erlaubt ist. Von der Verheißung her gesehen fehlt dem Gesetz demnach jegliche Verbindlichkeit.

Dieses Argument veranlaßt Paulus zu einem Exkurs über die Thora (3,19–25), in dem die Kritik am Gesetz noch verschärft wird. Dieses vierte Stück der Argumentation geht der Frage nach (v. 19): Was soll nun das Gesetz? (τί οὖν ὁ νόμος; *[ti oun ho nomos?]*) Wenn wir von dieser Passage Rückschau halten auf das, was zur Rolle des Gesetzes gesagt wird, können wir folgende Zusammenfassung versuchen:[19]

Wir fragen nach der Rolle des Gesetzes im Galaterbrief. Diese Frage ist eine historische und eine philologische. Damit will ich sagen: Wir reden hier darüber, was Paulus seinen HörerInnen in Galatien über das Gesetz hat sagen wollen. D.h. zugleich: Wir reden hier *nicht* darüber, was heute als politisch korrekt erscheint. Wir reden hier *nicht* darüber, was der Kirche heute nützen könnte. Wir reden hier *nicht* darüber, was eine »predigtrelevante« Exegese an Ergebnissen zu erzielen hätte, soll sie nicht als irrelevant von vornherein durch den Rost fallen. All das sind – um den Sprachgebrauch des Paulus aufzugreifen – neue παιδαγωγοί *(paidagōgoi)*, die uns heutigen Christinnen und Christen wie eine Monstranz vorgehalten werden.

Das Gesetz ist eine jüdische Angelegenheit. (Schon das zu sagen ist heute nicht ohne weiteres erlaubt ...) Es ist so etwas wie ein Betriebsunfall. Paulus findet nicht eine einzige positive Formulierung in den von uns besprochenen Kapiteln: Das Gesetz geht nicht auf Gott zurück, sondern auf Engel, die noch dazu eines Mittlers bedurften. Es ist 430 Jahre zu spät gekommen – denn was wirklich zählt, ist nicht das Gesetz, sondern die ein halbes Jahrtausend zuvor an Abraham ergangene Verheißung.

Die Funktion des Gesetzes wird von Paulus dahingehend beschrieben, daß es die Übertretungen der Menschen allererst hervorruft. Wenn es kein Gesetz gäbe, dann gäbe es demzufolge auch keine Übertretungen. Schuld sind demnach nicht wir Menschen, schuld ist das Gesetz, das unsere Übertretungen bewirkt.

Das Gesetz ist ein παιδαγωγός *(paidagōgos)*, eine Figur, die der nicht mehr nötig hat, der aus diesem Alter heraus ist. Wir sind alle nicht mehr in diesem Alter und haben den παιδαγωγός *(paidagōgos)* daher nicht mehr nötig.

---

18 Zu den juristischen Grundlagen der Argumentation vgl. den Aufsatz von *Ernst Bammel:* Gottes διαθήκη.
19 Ich übernehme wieder ein Stück aus der zitierten Vorlesung zum Galaterbrief; hier S. 136–137.

Noch weniger schmeichelhaft ist der Vergleich mit dem Gefängniswärter: Das Wesen des Gesetzes besteht darin, die Menschen gefangenzuhalten, ja, sie zu versklaven. Christus hat uns diesem Skalvenhalter abgekauft, und so kommt nun alles darauf an, die von Christus geschenkte Freiheit nicht wieder preiszugeben. Darum geht es im Galaterbrief, das ist das Thema, das Paulus in diesen Kapiteln bearbeitet.

Die schärfste Kritik am Gesetz in diesen beiden Kapiteln findet sich wohl in 3,21. Dort heißt es, daß das Gesetz nicht in der Lage ist, Leben zu spenden. Daraus ergibt sich: Das Gesetz führt nicht zum Leben, es führt zum Tod.

Im fünften Stück, 3,26–29, geht es um die Erinnerung an die Taufe. Die Passage ist für die paulinische Ekklesiologie von Bedeutung; daher setze ich sie im Wortlaut hierher:

πάντες γὰρ υἱοὶ θεοῦ ἐστε διὰ τῆς πίστεως ἐν Χριστῷ Ἰησοῦ.	**26** Denn ihr seid alle Söhne Gottes durch den Glauben in Christus Jesus.
ὅσοι γὰρ εἰς Χριστὸν ἐβαπτίσθητε, Χριστὸν ἐνεδύσασθε·	**27** Denn ihr, die ihr auf Christus getauft seid, habt Christus angezogen.
οὐκ ἔνι[20] Ἰουδαῖος οὐδὲ Ἕλλην,	**28** Da ist nicht Jude noch Grieche,
οὐκ ἔνι[20] δοῦλος οὐδὲ ἐλεύθερος,	da ist nicht Sklave noch Freier,
οὐκ ἔνι[20] ἄρσεν καὶ θῆλυ·	da ist nicht Mann und Frau,
πάντες γὰρ ὑμεῖς εἷς ἐστε ἐν Χριστῷ Ἰησοῦ.	denn ihr alle seid einer in Christus Jesus.
εἰ δὲ ὑμεῖς Χριστοῦ,	**29** Wenn ihr aber Christi seid,
ἄρα τοῦ Ἀβραὰμ σπέρμα ἐστέ,	seid ihr also Abrahams Nachkomme,
κατ’ ἐπαγγελίαν κληρονόμοι.	Erben gemäß der Verheißung.

Paulus nimmt hier Bezug auf die Taufe der Galater. Dazu benutzt er eine vorpaulinische Taufformel, deren Inhalt über das für seine Beweiszwecke Notwendige hinausgeht. Für den Kontext der paulinischen Argumentation erforderlich ist nämlich lediglich v. 28a, nicht aber beispielsweise v. 28c, denn das Problem Mann/Frau spielt in unserem Zusammenhang sonst ja gar keine Rolle!

Wir können in diesem Zusammenhang nicht die Tauftradition rekonstruieren, die Paulus hier aufnimmt. Dazu müßte man die parallelen Stellen 1Kor 12,13 und Kol 3,11 mit heranziehen. An dieser Stelle wollen wir es bei der Feststellung belassen, daß Paulus hier auf eine urchristliche Taufformel zurückgreift.

„Es ist bezeichnend, daß Paulus nicht von utopischen Idealen oder ethischen Forderungen spricht, sondern von vollendeten Tatsachen."[21] Im Unterschied zu den meisten anderen Kommentaren, die politische Aussagen gern leugnen und betonen,

---

20 Das ἔνι ist soviel wie ἔνεστιν, vgl. *Bauer/Aland*, Sp. 537, *s. v.*; οὐκ ἔνι heißt daher „es gibt nicht".
21 *Hans Dieter Betz*, S. 333.

Paulus rede hier „rein religiös"[22], betont Betz zu Recht: „Es kann keinen Zweifel darüber geben, daß die Aussagen des Paulus soziale und politische Implikationen von geradezu revolutionärer Tragweite haben. Es wird behauptet, daß sehr alte, ausgeprägte Ideale und Hoffnungen der Antike sich in der christlichen Gemeinschaft erfüllt haben. Zu diesen Idealen gehört die Abschaffung religiöser und sozialer Schranken zwischen Juden und Griechen, Sklaven und Freien, Männern und Frauen. Diese sozialen Veränderungen werden als Teil des Erlösungsprozesses und Folge der ekstatischen Erfahrungen der Galater und anderer Christen betrachtet."[23]

Das sechste Stück, 4,1–7, handelt von den Mündigen und den Unmündigen und vertieft das 3,23–29 Gesagte. Bemerkenswert sind hier die στοιχεῖα τοῦ κόσμου *(stoicheia tou kosmou)* in v. 3 (vgl. dazu auch 4,8–9 sowie Kol 2,8.20). In 4,8–9 werden diese στοιχεῖα *(stoicheia)* als Götzen charakterisiert, die φύσει *(physei)* »von Natur aus« gar keine Götter sind. Solche Götzen haben die Galater verehrt, bevor sie Christen wurden; jetzt stehen sie in Gefahr, sich wiederum in den Machtbereich dieser Götzen zu begeben. Das jüdische Gesetz samt der Beschneidung, die die Galater auf sich nehmen wollen, gerät hier in eine sehr eigentümliche Gesellschaft.

Wenn dies richtig ist, ergibt sich daraus freilich ein anderes schweres Problem: Wie kann der jüdische Gott, wie können jüdische Gesetze und Bräuche in die Nähe von „schwachen und armen Elementen" (ἀσθενῆ καὶ πτωχὴ στοιχεῖα *[asthenē kai ptōchē stoicheia]*) gerückt werden (4,9)? Denn bisher sind wir doch bei unserer Auslegung davon ausgegangen, daß es jüdische bzw. judenchristliche Eindringlinge sind, die die Galater dazu bewegen wollen, sich beschneiden zu lassen und das Gesetz auf sich zu nehmen. Gerade das Kapitel 3 hatte doch diese Annahme auf Schritt und Tritt bestätigt! Wie kann Paulus aber dann in Kapitel 4 von einem Rückfall der Galater in ihre heidnische Vergangenheit reden, wenn sie doch in der Gefahr stehen, dem Judentum zuzufallen? Thomas Witulski hat dieses Problem zu lösen versucht, indem er eine Teilungshypothese für den Galaterbrief vorschlug.[24]

Wer sich für dieses sechste Stück sowie das siebte 4,8–20 näher interessiert, möge daher den folgenden Paragraphen 42 zu den Teilungshypothesen zu Rate ziehen.

Nur noch summarisch will ich das achte Stück mit der Allegorese – die bei Paulus sonst eher selten vorkommt – 4,21–31 und das abschließende Stück 5,1–12 nennen, das dann zur Paränese in Abschnitt III überleitet.

---

22 *Albrecht Oepke*, S. 126: „Aber Paulus redet rein religiös. Es geht ihm weder um ein soziales noch um ein nationale Schranken negierendes Programm, sondern lediglich um das Recht des Heidenchristentums, um die Einheit der Gemeinde."

23 *Hans Dieter Betz*, a.a.O. S. 334f.

24 Zur Witulskischen Teilungshypothese vgl. den folgenden Paragraphen 42.

§ 42 Teilungshypothesen zum Galaterbrief

Die Überschrift ist übertrieben: Es gibt nach meiner Kenntnis erst eine einzige Teilungshypothese zum Galaterbrief. Diese geht auf Thomas Witulski zurück.[1] Witulski möchte die Passage 4,8–20 aus dem Galaterbrief herauslösen und als eigenständiges Schreiben an die Gemeinde im pisidischen Antiochien verstehen.[2] Nach Witulski ist der neutestamentliche Galaterbrief „das Ergebnis der Arbeit eines nachpaulinischen Redaktors …, der die beiden paulinischen Briefe oder Briefabschnitte Gal 4,8–20 und Gal »A« [= der verbleibende Rest] zu einem einzigen Brief komponierte. Diese These wird insbesondere untermauert durch die Tatsache, daß Gal 4,8–20 einerseits und Gal »A« andererseits deutlich unterschiedliche Zielsetzungen verfolgen. Während Paulus nämlich mit Gal »A« zu verhindern sucht, daß die von ihm zu Christus bekehrten Galater sich von seinem gesetzesfreien Evangelium ab- und einem judaistischen nomistischen Evangelium zuwenden, warnt er in Gal 4,8–20 die Adressaten davor, wieder in ihre vorchristliche heidnische Religiosität zu verfallen. Die plausibelste Erklärung für diesen Tatbestand bietet m. E. die Annahme, daß es sich bei diesen beiden Teilen des Gal um ursprünglich nicht zusammengehörende und voneinander zu unterscheidende Briefe bzw. Briefabschnitte handelt, die von einem nachpaulinischen Redaktor nachträglich zum neutestamentlichen Gal verbunden worden sind. Das theologische Motiv dieser Komposition bestand darin, im Namen des Paulus die jüdische Religion und den Kaiserkult – als Paradigma für sämtliche heidnische Kulte – gleichzusetzen hinsichtlich der Unmöglichkeit, durch sie das Heil zu erlangen."[3]

Witulski fährt fort: „Die von Gal »A« losgelöste Analyse des Abschnitts Gal 4,8–20 führt zu dem Ergebnis, daß der Apostel mit diesen Versen verhindern will, daß deren Adressaten anstatt bzw. wohl eher neben der Verehrung des κύριος Χριστός *[kyrios Christos]* im Rahmen des Kaiserkults auch noch die göttliche Verehrung der römischen Kaiser betreiben. Sowohl die Interpretation der Begriffe στοιχεῖα τοῦ κόσμου *[stoicheia tou kosmou]* und οἱ φύσει μὴ ὄντες θεοί *[hoi physei mē ontes theoi]* (Gal 4,8f.) als auch die Analyse der Aufzählung ἡμέραι καὶ μῆνες καὶ καιροὶ καὶ ἐνιαυτοί *[hēmerai kai mēnes kai kairoi kai eniautoi]* (Gal 4,10) und die Deutung von Gal 4,17 führen zu dem Schluß, daß hinter Gal 4,8–20 der römische Kaiserkult steht, welchen die christlichen Galater zumindest ergänzend zu ihrer Verehrung des κύριος Χριστός *[kyrios Christos]* praktizieren wollen. Diese Absicht bekämpft Paulus in diesen Versen mit theologischen und persönlich-emotionalen Argumenten."[4]

---

1   *Thomas Witulski:* Die Adressaten des Galaterbriefes. Untersuchungen zur Gemeinde von Antiochia ad Pisidiam.

2   Zum pisidischen Antiochien vgl. den Bericht über die erste Missionsreise Apg 13,14–52. Bilder und historische Informationen zu dieser römischen Kolonie finden sich im Text zu Galatien, der am Anfang der 4. Sitzung des Repetitoriums steht (vgl. `http://www.neutestamentliches-repetitorium.de/uebersicht/uebersicht.html`).

3   So *Thomas Witulski* in seiner Zusammenfassung, a.a.O., S. 222–223.

4   *Thomas Witulski,* a.a.O., S. 223.

Ausgangspunkt für die Witulskische Teilungshypothese ist die Passage 4,8–11, die
wir uns daher etwas näher ansehen müssen:

ἀλλὰ τότε μὲν οὐκ εἰδότες θεὸν	**8** Aber damals kanntet ihr Gott nicht;
ἐδουλεύσατε	ihr wart Sklaven der Götter,
τοῖς φύσει μὴ οὖσιν θεοῖς·	die von Natur keine sind.
νῦν δὲ γνόντες θεόν,	**9** Jetzt aber, da ihr Gott kennt,
μᾶλλον δὲ γνωσθέντες ὑπὸ θεοῦ,	vielmehr von Gott erkannt seid,
πῶς ἐπιστρέφετε πάλιν	wieso kehrt ihr wieder zu den schwachen
ἐπὶ τὰ ἀσθενῆ καὶ πτωχὰ στοιχεῖα,	und armen στοιχεῖα zurück,
οἷς πάλιν ἄνωθεν δουλεύειν θέλετε;	denen ihr wieder von vorn dienen wollt?
ἡμέρας παρατηρεῖσθε καὶ μῆνας	**10** Tage beobachtet ihr und Monate
καὶ καιροὺς καὶ ἐνιαυτούς.	und Zeiten und Jahre.
φοβοῦμαι ὑμᾶς	**11** Ich fürchte in bezug auf euch,
μή πως εἰκῇ κεκοπίακα εἰς ὑμᾶς.	daß ich am Ende vergeblich an euch ge-arbeitet habe.

Wer den Galaterbrief als einheitliches Schreiben interpretieren will, steht hier vor
einer nicht zu unterschätzenden theologischen Schwierigkeit: Gesetz und Beschneidung, welche die Galater auf sich zu nehmen im Begriff sind, werden hier paralleli-
siert mit Göttern, die von Natur keine sind; sie werden bezeichnet als schwache und
arme στοιχεῖα (stoicheia). Schon vor einer Generation formulierte Philipp Vielhauer:
„die Übernahme des jüdischen Gesetzes durch die Christen kommt einem Rückfall
ins Heidentum gleich. Judentum und Heidentum rücken denkbar nahe zusammen,
sie sind als Knechtschaft unter den »Elementen der Welt« identisch. Eine für Juden
blasphemische Aussage, eine auch im Munde des Paulus befremdliche Behauptung,
die den Auslegern Unbehagen bereitet.“[5]

Wer den Brief als einheitliches Dokument interpretiert, hat hier die schärfste Kritik am Gesetz: Das Judentum und alles, worauf ein Jude stolz ist, wird hier mit heidnischen Kulten praktisch gleichgesetzt. Wer das jüdische Gesetz auf sich nehmen will,
handelt wie einer, der den Kaiser kultisch verehrt. Die Übernahme der Beschneidung
steht auf einer Stufe mit der Verehrung des Dionysos. Das jüdische Gesetz erscheint
als widergöttlich.

Ich[6] wiederhole mich: Eine schärfere Kritik am Gesetz, am Judentum findet sich
an keiner Stelle in unserm Brief – von andern Texten des Paulus ganz zu schweigen.
Wer also die Teilungshypothese Witulskis ablehnt, landet bei einer Einschätzung des
Judentums, die im Neuen Testament selbst im Hebräerbrief nicht ihresgleichen hat.

---

5 *Philipp Vielhauer:* Gesetzesdienst und Stoicheiadienst im Galaterbrief, in: Rechtfertigung. Festschrift für Ernst Käsemann, Tübingen 1976, S. 543–555; hier zitiert nach *ders.:* Oikodome. Aufsätze zum
Neuen Testament, Band 2, ThB 65, München 1979, S. 183–195; hier S. 183.

6 Die folgenden Ausführungen sind von meiner Vorlesung über den Galaterbrief herübergenommen, die unter www.neutestamentliches-repetitorium zugänglich ist; hier ausführlicher zu der
Teilungshypothese Witulskis auf den Seiten 142–151.

Diesen theologischen Konsequenzen kann man entgehen, wenn man den Brief teilt und mit Witulski für 4,8–20 einen eigenen Brief postuliert. Dann ist hier nicht mehr vom Gesetz die Rede, sondern von heidnischen Kulten, Witulski zufolge speziell vom Kaiserkult. Die Folgerungen für Gesetz und Beschneidung sind damit hinfällig.

Witulski hat sich eingehend mit der Archäologie, der Religionsgeschichte und der allgemeinen Geschichte Galatiens befaßt und ist zu dem Ergebnis gekommen, daß 4,8–20 auf die spezifische Situation im pisidischen Antiochien reagiert. Hier ist zur Zeit des Kaisers Claudius – der 41 bis 54 regierte – ein Höhepunkt des Kaiserkultes zu konstatieren. In diese Zeit fällt die Einweihung des Kaisertempels in Antiochien. Danach wurde auch der Tatenbericht des Augustus, die *Res gestae divi Augusti* in diesem Tempel aufgestellt.

Im Zusammenhang mit den einschlägigen Feierlichkeiten sieht Witulski die Gefahr des Rückfalls der Galater zu den φύσει μὴ οὖσιν θεοῖς *(physei mē ousin theois)*, zu denjenigen Göttern, die der Natur nach keine sind. Auf welche Art von Göttern könnte dies genauer passen als auf die vergöttlichten Kaiser, die φύσει *(physei)* eben Menschen und nicht Götter sind?

Wenn diese Witulskische Rekonstruktion zuträfe, so könnten wir die Akten der Einleitungsfragen mindestens im Hinblick auf Gal 4,8–20 schließen: Bei diesem Briefstück handelte es sich um ein Schreiben des Paulus an die Gemeinde in dem pisidischen Antiochien am Anfang der 50er Jahre. Mindestens für 4,8–20 träfe demnach die südgalatische These zu (also die sog. Provinzhypothese).[7]

Um die Kombination des Restgalaterbriefes mit dem neu hinzuzufügenden Brief 4,8–20 zu erleichtern, hat der Redaktor nach Witulski die στοιχεῖα *(stoicheia)* schon in der Passage davor, in 4,3 eingefügt, so daß sich dieser Vers wie ein Vorverweis auf v. 8 ausnimmt. Für v. 3 müßten wir in diesem Fall die ursprüngliche paulinische Formulierung rekonstruieren. Witulski zufolge müßte man ja zunächst das ὑπὸ τὰ στοιχεῖα τοῦ κόσμου *(hypo ta stoicheia tou kosmou)* eliminieren. Was könnte Paulus an Stelle dieser Formulierung geschrieben haben? Man könnte analog zu 3,24 an den παιδαγωγός *(paidagōgos)* denken und mit v. 25 formulieren:

ὑπὸ παιδαγωγὸν ἦμεν *(hypo paidagōgon ēmen)*

(„wir waren unter dem Erzieher")

oder auch:

ὑπὸ νόμον ἦμεν *(hypo nomon ēmen)*

(„wir waren unter dem Gesetz").

Gerade die letztgenannte Formulierung würde gut zu 4,5 passen, wo es heißt: ἵνα τοὺς ὑπὸ νόμον ἐξαγοράσῃ *(hina tous hypo nomon exagorasē)*.

Wenn man diese redaktionelle Verklammerung wieder rückgängig macht, hat man den ursprünglichen paulinischen Text des Galaterbriefes, wie er vor der Kombination

---

7 Die von mir in diesem Buch vertretene Spätdatierung des Galaterbriefs könnte man für den größeren Restbrief (Witulskis Brief »A«) ohne weiteres beibehalten.

mit 4,8–20 aussah. Wer dem ursprünglichen Text folgt, hat also nach 4,1–7 gleich 4,21–31. Der Anschluß ist gut, und niemand, der den Gedankengang von 4,1–7 + 4,21–31 nachvollzieht, wird etwas vermissen. D.h. man kann auch literarkritisch 4,8–20 aus diesem Kapitel entfernen, ohne daß dabei Schwierigkeiten entstehen.

* * *

Was ist nun von der Teilungshypothese Witulskis zu halten? Die Teilungshypothese hat den Vorteil, die ausgeschiedene Passage 4,8–20 aus sich heraus erklären zu können, ohne die für 1,1–4,7 anzunehmende Frontstellung damit in Einklang bringen zu müssen. Sie tut dies allerdings auf Kosten der literarischen Einheitlichkeit. Dafür entgeht man aber den theologischen Konsequenzen, die man für das Postulat der Einheitlichkeit auf sich nehmen muß …

Literatur zum Galaterbrief

Einführungen zum Galaterbrief

Dieter Lührmann: Art. Galaterbrief, RGG[4] 3 (2000), Sp. 451–453.

Peter Pilhofer: Galaterbrief, `http://www.neutestamentliches-repetitorium.de`.

Kommentare in chronologischer Folge

William M. Ramsay: A Historical Commentary on St. Paul's Epistle to the Galatians, London 1899, [2]1900 (Nachdr. Grand Rapids 1965).

Theodor Zahn: Der Brief des Paulus an die Galater, KNT 9, Leipzig 1905.

Theodor Zahn: Der Brief des Paulus an die Galater, 3. Aufl. durchg. von Friedrich Hauck, KNT 9, Leipzig/Erlangen 1922.

Heinrich Schlier: Der Brief an die Galater, KEK VII, Göttingen [12]1962.[8]

Franz Mußner: Der Galaterbrief, HThK 9, Freiburg/Basel/Wien 1974.

Dieter Lührmann: Der Brief an die Galater, ZBK 7, Zürich 1978.

Albrecht Oepke: Der Brief des Paulus an die Galater, bearbeitet von Joachim Rohde, ThHNT 9, Berlin [4]1979.

Hans Dieter Betz: Galatians. A Commentary on Paul's letter to the Churches in Galatia, Hermeneia [o. Nr.], Philadelphia 1979.

Hans Dieter Betz: Der Galaterbrief. Ein Kommentar zum Brief des Apostels Paulus an die Gemeinden in Galatien. Aus dem Amerikanischen übersetzt und für die deutsche Ausgabe redaktionell bearbeitet von Sibylle Ann, München 1988.

Joachim Rohde: Der Brief des Paulus an die Galater, ThHNT 9, Berlin 1989.

James D.G. Dunn: A Commentary on the Epistle to the Galatians, Black's New Testament Commentaries, London 1993.

---

8 Eine ausführliche Besprechung dieses Kommentars bietet *Erich Dinkler:* Der Brief an die Galater. Zum Kommentar von Heinrich Schlier, VF 1953/55, S. 175–183; wieder abgedr. in: *ders.:* Signum crucis. Aufsätze zum Neuen Testament und zur Christlichen Archäologie, Tübingen 1967, S. 270–282.

Jürgen Becker: Der Brief an die Galater, NTD 8/1, Göttingen [18]1998.

François Vouga: An die Galater, HNT 10, Tübingen 1998.

Peter Pilhofer: Der Galaterbrief, Vorlesung in Erlangen im Sommersemester 2005, `http://www.neutestamentliches-repetitorium.de`.[9]

Sonstige Literatur[10]

Ernst Bammel: Galater 1,23, ZNW 59 (1968), S. 108–112; jetzt in: *ders.:* Judaica et Paulina. Kleine Schriften II, WUNT 91, Tübingen 1997, S. 222–226.

Ernst Bammel: Gottes διαθήκη (Gal. III. 15–17.) und das jüdische Rechtsdenken, NTS 6 (1959/60), S. 313–319; jetzt in: *ders.:* Judaica et Paulina. Kleine Schriften II, WUNT 91, Tübingen 1997, S. 313–319.

E. Bosch: Quellen zur Geschichte der Stadt Ankara im Altertum, Türk Tarih Kurumu Yayinlarindan VII 46, Ankara 1967.

Cilliers Breytenbach: Paulus und Barnabas in der Provinz Galatien. Studien zu Apostelgeschichte 13f.; 16,6; 18,23 und den Adressaten des Galaterbriefes, AGJU 38, Leiden/New York/Köln 1996.

Werner Foerster: Abfassungszeit und Ziel des Galaterbriefes, in: Apophoreta. Festschrift für Ernst Haenchen zu seinem siebzigsten Geburtstag am 10. Dezember 1964, BZNW 30, Berlin 1964, S. 135–141.

Bernhard Heininger: Paulus als Visionär. Eine religionsgeschichtliche Studie, HBS 9, Freiburg usw. 1996.

Paul-Gerhard Klumbies: Zwischen Pneuma und Nomos. Neuorientierung in den galatischen Gemeinden, WuD 19 (1987), S. 109–135.

Dietrich-Alex Koch: Die Schrift als Zeuge des Evangeliums. Untersuchungen zur Verwendung und zum Verständnis der Schrift bei Paulus, BHTh 69, Tübingen 1986.

Otto Merk: Der Beginn der Paränese im Galaterbrief, in: *ders.:* Wissenschaftsgeschichte und Exegese. Gesammelte Aufsätze zum 65. Geburtstag, BZNW 95, Berlin/New York 1998, S. 238–259.

Stephen Mitchell: Anatolia. Land, Men, and Gods in Asia Minor, Volume I: The Celts in Anatolia and the Impact of Roman Rule, Oxford 1993 (Nachdr. 1995).

Stephen Mitchell: Anatolia. Land, Men, and Gods in Asia Minor. Volume II: The Rise of the Church, Oxford 1993.

Susanne Schewe: Die Galater zurückgewinnen. Paulinische Strategien in Galater 5 und 6, FRLANT 208, Göttingen 2005.

Alfred Suhl: Der Galaterbrief – Situation und Argumentation, ANRW II 25.4, Berlin/New York 1987, S. 3067–3134.

---

9 Diese Vorlesung beansprucht nicht, einen wissenschaftlichen Kommentar zu ersetzen. Es handelt sich um eine *Vorlesung*, nicht um ein κτῆμα εἰς ἀεί! Aber ein Blick in diesen Text mag manchen Weg in eine größere Bibliothek ersparen ... Insofern ist sie wohl für diejenigen InteressentInnen, die `online` sind, trotzdem von einigem Wert.

10 Wer mehr Literatur sucht, kann die umfangreichere Liste aus der Erlanger Vorlesung zum Galaterbrief von 2005 heranziehen, die unter `http://www.neutestamentliches-repetitorium.de` zur Verfügung steht (hier in der Titelei die Seiten x–xix).

Alfred Suhl: Die Galater und der Geist. Kritische Erwägungen zur Situation in Galatien, in: Jesu Rede von Gott und ihre Nachgeschichte im frühen Christentum. Beiträge zur Verkündigung Jesu und zum Kerygma der Kirche (FS Willi Marxsen), Gütersloh 1989, S. 267–296.

Thomas Witulski: Die Adressaten des Galaterbriefes. Untersuchungen zur Gemeinde von Antiochia ad Pisidiam, FRLANT 193, Göttingen 2000.

Kapitel VIII: Die Anfänge der Jesusüberlieferung

Mit dem Galaterbrief haben wir die Besprechung des *corpus Paulinum* im letzten Kapitel abgeschlossen. Damit haben wir alle 13 Schriften im Kanon des Neuen Testaments kennengelernt, die unter dem Namen des Paulus verfaßt sind (ganz unabhängig davon, ob sie nun von Paulus stammen oder nicht). Mit dem Tod des Paulus und des Petrus in Rom – möglicherweise 64 n.Chr. im Zusammenhang mit dem Brand Roms[1] – endet das sogenannte »apostolische Zeitalter«, und es beginnt das »nachapostolische Zeitalter«. Damit ändern sich für die christlichen Gemeinden die Rahmenbedingungen: Mit dem Aussterben der Apostel und insbesondere der Jünger Jesu fehlen nun solche Personen, die selbst noch Kontakt zu Jesus gehabt hatten, mehr und mehr. Mögen einige dieser Jünger auch ein hohes Alter erreicht und über die sechziger Jahre hinaus gelebt haben, das betraf nur noch eine verschwindende Minderheit der Gemeinden. In allen andern machte sich nun ein Bedürfnis fühlbar, das es so bisher nicht gegeben hatte: Man wollte Informationen über Jesus in schriftlicher Form.

Hinzu kommt ein zweites Ereignis, das einen entscheidenden Wendepunkt für die jüdische Geschichte, aber auch ein wichtiges Datum für die Geschichte des frühen Christentums darstellt: Die Eroberung und Zerstörung Jerusalems im Jahr 70. Die Bedeutung für die jüdische Geschichte ist hier nicht unser Thema. Für die christlichen Gemeinden bedeutet das Datum das faktische Aus für die Urgemeinde in Jerusalem[2] und damit eine völlig neue Situation: Das Verbindungsglied nach Palästina fehlte auch in dieser Hinsicht, und damit auch das Verbindungsglied zu Jesus und seiner Welt. Umso dringender mußte in dieser Zeit die schriftliche Fixierung der bis dahin mündlich tradierten Nachrichten von Jesus erscheinen.

Damit kommen wir zu einem dritten Phänomen, der sogenannten *Parusieverzögerung*: „Jesus hatte mit seiner Predigt vom nahen Ende die eschatologischen Erwartungen seiner Anhänger aufs äußerste gesteigert. Es ist klar, daß in dem Augenblick, in dem die Erfüllung dieser Erwartungen nach Jesu Tod mehr und mehr verzog, der Gemeinde daraus ein drückendes Problem erwachsen mußte, das um so beunruhigender war, als ja Jesu Predigt in erster Linie und mit ungeheurer Intensität[3] mit dem

---

1   Zum Brand Roms vgl. oben im Kapitel IV in dem Paragraphen 28 über den Kaiser Nero (54–68), S. 201–205.

2   Zur Auswanderung der Urgemeinde nach dem Tod des Herrenbruders Jakobus und noch vor dem Beginn der Belagerung Jerusalems im Jahr 68 vgl. oben in Kapitel III, Paragraph 11 die Seite 84. Eine Darstellung des jüdischen Krieges mit reichen Quellenbelegen bietet *Schürer* I in § 20: „The Great War with Rome" auf den Seiten 484–513.

3   Im Original steht irrtümlich *Intens tät*.

nahen Weltende konfrontiert hatte. Die Ereignisse von Ostern und Pfingsten mögen die eschatologisch-apokalyptischen Erwartungen noch um einiges gesteigert haben. In dieser eschatologischen Hochstimmung lebte die älteste Gemeinde eine Weile fort. Das Ende aber blieb aus! Dann meldete sich die aus solcher fehlgeschlagenen Erwartung erwachsende Problematik zu Wort, erst zögernd, dann immer deutlicher."[4]

Wir werden in diesem Kapitel daher in Paragraph 43 die Zerstörung Jerusalems behandeln, sodann in dem Paragraphen 44 unsere Kaiser auf den aktuellen Stand bringen, indem wir uns mit Vespasian befassen, bevor wir uns dann kurz in Paragraph 45 der Geschichte der Erforschung des synoptischen Problems zuwenden, um schließlich die Spruchquelle Q (§ 46) und das Markusevangelium (§ 47) zu behandeln.

§ 43 Die Zerstörung Jerusalems

Die Zerstörung Jerusalems im Jahr 70 ist eine Folge des Kriegs, der unter dem Kaiser Nero im Jahr 66 begann.[1] Dieser Krieg gegen die Römer wiederum war eine späte Folge des berühmten *census* des Quirinius, den Lukas in seinem Evangelium mit der Geburt Jesu in Bethlehem in Zusammenhang bringt.[2] Bei diesem *census* formierte sich der Widerstand gegen Rom in Form der von Josephus beschönigend so genannten *vierten Philosophie*, der radikalen Partei der Zeloten, die im Jahr 66 mit dem Beginn des Krieges gegen die Römer endlich ihr Ziel erreichen.[3]

Die Zeloten waren der Auffassung, daß man Steuern an den Kaiser nicht zahlen dürfe. Schon der Gründer der Zeloten hielt den *census* für Knechtschaft und meinte, „es [sei] eine Schande ... für den Juden, einen anderen Herrn über sich zu erkennen als den Herrn Zebaoth; dieser aber helfe nur denen, die sich selber hülfen. Wenn nicht viele seinem Ruf zu den Waffen folgten, und er nach wenigen Monaten auf dem Blutgerüst endigte, so war der heilige Tote den unheiligen Siegern gefährlicher als der Lebende. Er und die Seinigen gelten den späteren Juden ... als die vierte »Schule«; damals hießen sie die Eiferer, später nennen sie sich die Sicarier, die Messermänner. Ihre Lehre ist einfach: Gott allein ist Herr, der Tod gleichgültig, die Freiheit eines

---

4   *Erich Gräßer:* Das Problem der Parusieverzögerung in den synoptischen Evangelien und in der Apostelgeschichte, BZNW 22, Berlin/New York [3]1977 (erste Auflage 1956), S. 216.

1   Nero war damals in Griechenland auf seiner berühmten Reise unterwegs, vgl. oben in Kapitel IV den Paragraphen 28 über Nero, hier die Seiten 205–207.

2   Zu den lukanischen Synchronismen und zu dem *census* des Quirinius vgl. oben im Kapitel II, Paragraph 5, besonders die Seiten 28–29.

3   Wir haben uns mit dieser Gruppe schon in Kapitel II über Jesus genauer befaßt, vgl. den Paragraphen 6 über die jüdischen Gruppen in Palästina, Seite 46–48.

und alles. Diese Lehre blieb, und des Judas Kinder und Enkel wurden die Führer der späteren Insurrektionen.[4]

Wir können in diesem Rahmen die geschichtliche Entwicklung nicht im einzelnen verfolgen, die schließlich in dem Krieg mündete, der im Jahr 66 begann, sondern müssen uns auf die Zerstörung Jerusalems beschränken.[5]

Den Anlaß des Krieges bot Gessius Florus, ein Nachfolger des Pontius Pilatus, der letzte der Procuratoren in Judäa (64–66).[6] Wäre er ein Braunbär gewesen, hätte der Ministerpräsident dieses schönen Landes ihn wohl als »Problembären« eingestuft;[7] man tritt ihm jedenfalls nicht zu nahe, wenn man ihn als Problemstatthalter bezeichnet. Er hatte nach all seinen Räubereien zuletzt auch den Tempelschatz um die beträchtliche Summe von 17 Talenten erleichtert und damit eine Reaktion der Jerusalemer Bevölkerung herausgefordert: „Sofort ergriff tiefe Bestürzung das Volk. Es lief im Tempel zusammen, rief mit durchdringendem Geschrei den Namen des Kaisers an und bat inständig um Befreiung von der Gewaltherrschaft des Florus. Einige aber von den aufrührerisch Gesinnten brachen in schlimmste Beschimpfungen gegen Florus aus, sie reichten einen Korb herum und bettelten damit um milde Gaben für den »ach, so armen und elenden Florus«."[8]

Der Statthalter reagierte wie die amerikanischen Truppen im Irak: Er ließ Teile von Jerusalem vernichten, setzte zufällig ausgewählte Bewohner gefangen und ließ sie am Kreuz hinrichten, um ein abschreckendes Exempel zu statuieren. Wir kennen das aus den täglichen Nachrichten aus dem Irak zur Genüge: „Die Gesamtzahl derer, die an jenem Tag ums Leben kamen, betrug einschließlich Frauen und Kinder – denn auch vor dem Kindesalter machte man nicht Halt – ungefähr 630. Was das Unglück erschwerte, war die bis dahin unbekannte Grausamkeit der Römer; denn

---

4 *Theodor Mommsen:* Römische Geschichte V 515 (*Theodor Mommsen:* Römische Geschichte. Vollständige Ausgabe in acht Bänden. Achtes Buch: Länder und Leute von Caesar bis Diocletian. Zweiter Teil. Boden- und Geldwirtschaft der römischen Kaiserzeit, Band 7, Darmstadt ³1984, S. 215).

5 Eine immer noch lesenswerte Darstellung bietet Mommsen im zitierten Band V seiner römischen Geschichte: 11. Kapitel: Judäa und die Juden (a.a.O., S. 188–250).

6 Zu Gessius Florus vgl. *Schürer* I 470: „The last of the procurators, Gessius Florus (A.D. 64–66) was also the worst. … Josephus is at a loss for words to describe the baseness which characterized his administration."

7 Die Anspielungen stammen aus der ersten Auflage der Vorlesung, aus der dieses Buch entstanden ist, aus dem Jahr 2006; der im Text erwähnte Ministerpräsident dieses schönen Landes ist mithin nicht mit dem gegenwärtigen Ministerpräsidenten identisch, wie sich dem Kenner der bayerischen Geschichte leicht erschließt …

8 Josephus: Bellum Iudaicum II 294–295. Im griechischen Original: σύγχυσις δ' εὐθέως εἶχεν τὸν δῆμον, καὶ συνδραμόντες εἰς τὸ ἱερὸν βοαῖς διαπρυσίοις τὸ Καίσαρος ἀνεκάλουν ὄνομα καὶ τῆς Φλώρου τυραννίδος ἐλευθεροῦν σφᾶς ἱκέτευον. ἔνιοι δὲ τῶν στασιαστῶν λοιδορίας αἰσχίστους εἰς τὸν Φλῶρον ἐξεκράγεσαν καὶ κανοῦν περιφέροντες ἀπῄτουν αὐτῷ κέρματα καθάπερ ἀκλήρῳ καὶ ταλαιπώρῳ. (Text und Übersetzung nach folgender Ausgabe: Flavius Josephus: De Bello Judaico. Der Jüdische Krieg, Griechisch und Deutsch, Band I: Buch I–III, herausgegeben und mit einer Einleitung sowie mit Anmerkungen versehen von Otto Michel und Otto Bauernfeind, Darmstadt ³1977, S. 240–241.)

Florus vollbrachte damals, was vor ihm keiner gewagt hatte: er ließ Männer von ritterlichem Stand vor seinem Richterstuhl geißeln und ans Kreuz nageln, die zwar ihrer Abstammung nach Juden waren, aber eine römische Würde bekleideten."[9]

Dies geschah am 16. Artemisius (entspricht unserem April/Mai) des Jahres 66. Dies also ist das Datum des Beginns des Jüdischen Krieges.[10]

Die »Aufständischen« eroberten die Festung Masada, und in Jerusalem wurde das tägliche Opfer für den Kaiser eingestellt: „The suspension of the sacrifice for the emperor was tantamount to an open declaration of revolt against the Romans."[11] In Jerusalem begann die Auseinandersetzung zwischen den »Friedensfreunden« – König Agrippa II.[12], seine Schwester Berenike, die Hohenpriester und Teile der Pharisäer – und den »Aufständischen«; die »Friedensfreunde« aber waren nicht in der Lage, den Gang der Dinge zu ändern. Schließlich gelangte ganz Jerusalem in die Hand der »Aufständischen« und auch die römische Besatzung wurde vertrieben bzw. ermordet.

Das rief den Statthalter von Syrien, Gaius Cestius Gallus, auf den Plan. Er marschierte mit der zwölften Legion und befreundeten Hilfstruppen – insgesamt mehreren Zehntausend Soldaten – im Herbst gegen Jerusalem und bezog Lager auf dem Berg Skopus gegenüber der Stadt. Er konnte die Stadt jedoch nicht einnehmen und zog sich zurück. Auf dem Rückweg geriet er in arge Bedrängnis: Er mußte Teile seiner Ausrüstung zurücklassen, um sein Leben und das Leben seiner Soldaten zu retten.

„Die Regierung in Rom nahm die Dinge ernst, wie sie es waren. Anstatt des Prokurators wurde ein kaiserlicher Legat nach Palästina gesandt, Titus Flavius Vespasianus, ein besonnener Mann und ein erprobter Soldat. Er erhielt für die Kriegführung zwei Legionen des Westens, welche infolge des Parthischen Krieges sich zufällig noch in Asien befanden, und diejenige syrische, die bei der unglücklichen Expedition des Cestius am wenigsten gelitten hatte, während die syrische Armee unter dem neuen Statthalter Gaius Licinius Mucianus – Gallus war rechtzeitig gestorben – durch Zuteilung einer anderen Legion auf dem Stand blieb, den sie vorher hatte. Zu diesen Bürgertruppen und deren Auxilien kam die bisherige Besatzung von Palästina, endlich die Mannschaften der vier Klientelkönige der Kommagener, der Hemesener, der Juden und der Nabatäer, zusammen etwa 50000 Mann, darunter 15000 Königssol-

---

9   Josephus: Bellum II 307–308. Der griechische Text lautet: ὁ δὲ σύμπας τῶν ἐκείνης ἀπολομένων τῆς ἡμέρας ἀριθμὸς σὺν γυναιξὶν καὶ τέκνοις, οὐδὲ γὰρ νηπίων ἀπέσχοντο, περὶ τριάκοντα καὶ ἑξακοσίους συνήχθη. βαρυτέραν τε ἐποίει τὴν συμφορὰν τὸ καινὸν τῆς Ῥωμαίων ὠμότητος· ὃ γὰρ μηδεὶς πρότερον τότε Φλῶρος ἐτόλμησε, ἄνδρας ἱππικοῦ τάγματος μαστιγῶσαί τε πρὸ τοῦ βήματος καὶ σταυρῷ προσηλῶσαι, ὧν εἰ καὶ τὸ γένος Ἰουδαίων ἀλλὰ γοῦν τὸ ἀξίωμα Ῥωμαϊκὸν ἦν. (*Michel/Bauernfeind*, a.a.O., S. 242–243.)

10   Vgl. *Schürer* I 485.

11   *Schürer* I 486.

12   Zu Agrippa II., dem Sohn des uns aus Kapitel III (vgl. oben S. 86 mit Anm. 5 sowie S. 92) bekannten Agrippa I., vgl. *Schürer* I 471–483. Er hieß mit vollem Namen Marcus Iulius Agrippa und regierte von 50 n.Chr. bis in die 90er Jahre des Jahrhunderts über Gebiete im Norden von Galiläa und Teile Galiläas.

daten. Im Frühling des Jahres 67 wurde dieses Heer bei Ptolemais zusammengezogen und rückte in Palästina ein."[13]

Die Kriegsführung des Vespasian war eher zögerlich: Im ersten Kriegsjahr 67 beschränkte er sich ganz auf Operationen in Galiläa. Dort war er mit dem Kommandeur der gegenerischen Truppen namens Josephus konfrontiert – den Namen Flavius bekam dieser erst infolge der zu schildernden Ereignisse –, der ihm die Kaiserwürde prophezeite.[14] Mommsen charakterisiert die römische Kriegsführung als „weder glänzend noch rasch. Vespasian verwendete den ganzen ersten Feldzug (67) darauf, die Festungen der kleinen Landschaft Galiläa und die Küste bis nach Askalon in seine Gewalt zu bringen; allein vor dem Städtchen Jotapata[15] lagerten die drei Legionen fünfundvierzig Tage. Den Winter 67/68 lag eine Legion in Skythopolis an der Südgrenze von Galiläa, die beiden anderen in Caesarea."[16]

Die folgenden Maßnahmen gingen noch langsamer vonstatten, da die Aktivitäten des Vespasian immer wieder durch Nachrichten aus Rom zum Erliegen kamen. Zuerst starb im Jahr 68 Nero, dann folgten mehrere Kaiser kurz hintereinander, am Schluß wurde Vespasian selbst zum Kaiser ausgerufen. So kam es, daß die Revolutionäre in Jerusalem von außen ungestört von 66 bis 70 die Stadt beherrschten. Doch schon im Winter 67/68 brach in der Stadt ein furchtbarer Bürgerkrieg aus. „It may have been at this time, if not earlier, that the Christian community fled from Jerusalem. They left the city »as a result of divine guidance« and travelled to the Gentile, and therefore undisturbed, city of Pella in Peraea."[17] Damit endet die Geschichte der Urgemeinde im Zusammenhang mit dem Jüdischen Krieg spätestens im Jahr 68.

Als Vespasian im Sommer 68 die umliegenden Gebiete unter seine Kontrolle gebracht hatte und die Belagerung Jerusalems beginnen wollte, traf die Nachricht vom Tod Neros in Palästina ein. „Damit war von Rechts wegen das dem Legaten [Vespasian] erteilte Mandat erloschen und Verspasian stellte in der Tat, politisch nicht minder vorsichtig wie militärisch, bis auf neue Verhaltungsbefehle die Operationen ein."[18] So blieb Jerusalem auch im Jahr 68 unbehelligt, denn bis von dem neuen Kaiser Galba Instruktionen eintrafen, war der Sommer vorbei.

Im Sommer 69 wurde Vespasian selbst zum Kaiser ausgerufen und damit von dem Kriegsschauplatz abgezogen. Er hinterließ die Aufgabe der Eroberung Jerusalems seinem Sohn Titus. „Zu bloßer Blockade konnte der junge Feldherr sich nicht entschließen; eine mit vier Legionen in dieser Weise zu Ende geführte Belagerung

---

13 *Theodor Mommsen*, a.(Anm. 4)a.O., S. 231–233 (d.i. Römische Geschichte V 532–534).

14 Zum Verhältnis des Vespasian zu Josephus vgl. den folgenden Paragraphen 44.

15 Die Verteidigung dieser Stadt wurde von Josephus persönlich geleitet; er beschreibt die Belagerung ausführlich in Bellum III 145–339. Damals – Sommer 67 – geriet Josesphus dann in römische Gefangenschaft, die er sich durch seinen prophetischen Ausspruch zu erleichtern wußte.

16 *Theodor Mommsen*, a.a.O., S. 233 (d.i. Römische Geschichte V 534).

17 *Schürer* I 498; die Quelle ist Euseb: Kirchengeschichte III 5,2–3; die Datierung auf den Winter 67/68 bleibt eine plausible Hypothese.

18 *Theodor Mommsen*, a.a.O., S. 234 (d.i. Römische Geschichte V 535).

Abbildung VIII.1: Iudaea capta. Die Aufschrift lautet: *Iud(aea) cap(ta) s(enatus) c(onsulto)*.

brachte ihm persönlich keinen Ruhm, und auch das neue Regiment brauchte eine glänzende Waffentat. Die Stadt, sonst überall durch unzugängliche Felsenhänge verteidigt, war allein an der Nordseite angreifbar; auch hier war es keine leichte Arbeit, die dreifache, aus den reichen Tempelschätzen ohne Rücksicht auf die Kosten hergestellte Wallmauer zu bezwingen und weiter innerhalb der Stadt die Burg, den Tempel und die gewaltigen drei Herodestürme einer starken, fanatisierten und verzweifelten Besatzung abzuringen. ... Aber die Überzahl und die Kriegskunst entscheiden für die Römer. Die Mauern wurden erstürmt, darauf die Burg Antonia; sodann gingen nach langem Widerstand erst die Tempelhallen in Flammen auf und weiter am 10. Ab (August) der Tempel selbst mit allen darin seit sechs Jahrhunderten aufgehäuften Schätzen. Endlich wurde nach monatelangem Straßenkampf am 8. Elul (September) auch in der Stadt der letzte Widerstand gebrochen und das heilige Salem geschleift."[19]

Damit war zwar der Jüdische Krieg noch lange nicht zu Ende – Festungen wie Masada wurden erst Jahre später erobert –, aber in Rom begannen schon die Feierlichkeiten. Im Jahr 71 feierten Vespasian und Titus gemeinsam den Triumph in Rom. (Der heute noch zu besichtigende Bogen des Titus wurde allerdings erst später errich-

---

19 *Theodor Mommsen*, a.a.O., S. 235–236 (d.i. Römische Geschichte V 536–537).

tet.) Josephus hat die römischen Feierlichkeiten im Buch VII des *Bellum Iudaicum* ausführlich geschildert.[20]

Insbesondere auf Münzen wurde der Sieg verewigt. Eine solche Münze ist hier abgebildet. Auf diesem Münzbild sieht man „links unter einem Palmbaum mit Früchten [sitzend] trauernd eine verschleierte Jüdin, den Kopf in die Rechte gestützt. Rechts steht ein zurückblickender Jude, die Hände auf den Rücken gebunden. Vor ihm ein Joch."[21] Das abgebildete Exemplar ist erst zur Regierungszeit des Kaisers Titus im Jahr 80/81 geprägt. Doch vergleichbare Motive mit der Aufschrift *Iudaea capta* finden sich schon ab dem Jahr 71 auch auf Münzen des Kaisers Vespasian.[22]

§ 44   Vespasian (69 n. Chr. – 79 n. Chr.)

Titus Flavius Vespasianus[1] wurde am 17. November 9 n. Chr. in Falacrinae bei Reate geboren. Sein Vater Flavius Sabinus war Zollpächter, seine Mutter Vespasia Polla die Tochter eines Offiziers ritterlichen Standes. Vespasian selbst heiratete Flavia Domitilla und hatte zwei Söhne, die beide seine Nachfolger werden sollten: Titus, geboren 39, Kaiser 79–81, und Domitian, geboren 51, Kaiser 81–96.

Bevor wir uns etwas eingehender mit Vespasian als Kaiser beschäftigen, müssen wir noch kurz auf die Phase zwischen dem Tod des Nero und dem Regierungsantritt des Vespasian eingehen, das sogenannte Vierkaiserjahr.

Das Vierkaiserjahr 68/69 n. Chr.

Der Begriff »Vierkaiserjahr«[2] bezeichnet „das Jahr 69 n. Chr., in dem vier Kaiser z. T. gleichzeitig, z. T. in schneller Abfolge, das röm.[ische] Reich regierten (Galba; Otho; Vitellius; Vespasianus) . . . ."[3]

„Servius Sulpicius G.[alba], aus altpatrizischem Geschlecht, 5 v. Chr. geb.[oren], war seit Tiberius als Legat in Aquitanien, Germanien und Spanien tätig. Bei der gro-

---

20   Josphus: Bellum VII 123–162.

21   *Otto Paul Wenger*, a.a.O., S. 34.

22   Vgl. etwa *M. McCrum & A. G. Woodhead: Select Documents of the Principates of the Flavian Emperors including the Year of Revolution*, Cambridge 1961, Nr. 44 aus dem Jahr 71.

1   Information zu Vespasian bietet *Werner Eck:* Art. Vespasianus, DNP 12/2 (2003), Sp. 125–130. Vgl. auch *Egon Flaig:* Den Kaiser herausfordern. Die Usurpation im römischen Reich, Historische Studien 7, Frankfurt 1992, S. 356–416. Eine Biographie des Kaisers: *Barbara Levick:* Vespasian, London/New York 1999. Epigraphische und numismatische Quellen zu Vespasian findet man in dem oben in Anmerkung 22 zitierten Band.

2   Vgl. *Walter Eder:* Art. Vierkaiserjahr, DNP 12/2 (2003), Sp. 204–205. Zu dieser Phase der römischen Geschichte ist vor allem heranzuziehen *Egon Flaig:* Den Kaiser herausfordern: Die Usurpation im römischen Reich, Historische Studien 7, Frankfurt 1992, S. 210–410.

Die folgenden Ausführungen sind aus meinem einschlägigen Text aus dem Erlanger Repetitorium vom Sommersemester 2005 herübergenommen, der unter `www.neutestamentliches-repetitorium.de` zugänglich ist.

3   *Walter Eder*, a.a.O., Sp. 204.

ßen Unzufriedenheit, die im Reiche gegen Neros Regierung herrschte, riefen ihn die spanischen Legionen 68 als Kaiser aus. Die Prätorianer erkannten ihn an. Er war aber der Lage nicht gewachsen. Als die untergermanischen Legionen Vitellius erhoben und die über seine Sparsamkeit empörten Prätorianer ihn fallen ließen, wurde er Anfang 69 ermordet.["4] Diese wenigen Zeilen genügen in einem kleinen Wörterbuch der Antike, den ersten der hier zu behandelnden Kaiser darzustellen. Man kann daraus hochrechnen, wieviele Zeilen dereinst der gegenwärtigen Bundeskanzlerin gewidmet sein werden ... Dies jedoch ist im Moment unsere Sorge nicht.

„Marcus Salvius O.[tho], aus einem röm.[ischen] Geschlecht, das erst seit dem Ende der republikanischen Zeit bekannt ist, 32 n.Chr. geb.[oren], Freund Neros. Nach dessen Tod stürzte er, gestützt auf die Garde, den 1. Thronprätendenten Galba. Von Vitellius, dem Prätendenten der rheinischen Legionen, bei Cremona besiegt, tötete er sich 69. Biographie bei Plutarch und Sueton."[5]

„Aulus V.[itellius], 15 n.Chr. geb.[oren], lebte in seiner Jugend bei Tiberius auf Capri und war dann Legat in Afrika, 68 schloß er sich an Galba an, der ihn zum Legaten Germaniens ernannte. Von den rheinischen Legionen wurde er Jan.[uar] 69 in Köln als Kaiser ausgerufen. Er besiegte den von den Prätorianern zum Kaiser ernannten Otho, wurde vom Senat anerkannt, vermochte aber die Mißstände im Reich nicht zu beseitigen. Vielmehr verpraßte er in kurzer Zeit ungeheure Summen und suchte sie durch gewaltsame Erpressungen wieder einzubringen. Die syrischen und ägyptischen Legionen riefen deswegen Vespasian zum Kaiser aus. V.[itellius] wurde 69 bei Bedriacum (in Oberitalien) geschlagen. Seine Anhänger wurden niedergemacht, er selbst wurde unter Qualen getötet (Tacit. *hist.* II, 3)."[6]

Die Karriere des Vespasian

Vespasians Karriere ist durch militärische Kommandos bestimmt. So nahm er schon unter Kaiser Claudius am Britannienfeldzug teil. „Narcissus verschaffte ihm von Kaiser Claudius das Kommando über die *legio II Augusta*, die V.[espasian] von Obergermanien nach Britannien führte, wo er an der Eroberung teilnahm .... Seine Erfolge brachten ihm, obwohl nur Praetorier, die Thriumphalornamente ... und zwei Priesterämter."[7]

Den »Durchbruch« brachte freilich erst sein Kommando im Jüdischen Krieg, das ihm Nero in Achaia im Winter 66/67 übertragen hatte. Wir haben uns im vorigen

---

4   *Hans Lamer/Paul Kroh:* Wörterbuch der Antike, KTA 96, Stuttgart 7. Aufl. 1966, S. 174, *s.v.* Galba. Genauere Informationen sowie Literatur zu Galba bietet *Werner Eck:* Art. Galba, DNP 4 (1998), Sp. 746–747.

5   *Lamer/Kroh,* a.a.O., S. 410. Genauere Informationen sowie Literatur zu Otho bietet *Werner Eck:* Art. Otho, DNP 9 (2000), Sp. 107–108.

6   *Lamer/Kroh,* a.a.O., S. 624. Einzelheiten bietet *Werner Eck:* Art. Vitellius II 2, DNP 12/2 (2003), Sp. 260–261.

7   *Werner Eck,* a.a.O., Sp. 125–126.

Abbildung VIII.2: Der Kaiser Vespasian. (Es handelt sich bei der Münze um einen Sesterz, der 71 in Rom geprägt wurde. Die Aufschrift lautet: *Imp(erator) Caes(ar) Vespasian(us) Aug(ustus), p(ontifex) m(aximus), tr(ibunicia) p(otestate), p(ater) p(atriae), co(n)s(ul) III.*)

Abschnitt schon genauer mit seiner bedächtigen, aber überaus erfolgreichen Kriegführung in Palästina beschäftigt.

Wir greifen daher hier nur einen Zug aus dieser Phase seiner Karriere heraus, seine Begegnung mit Josephus, dem für die Zeitgeschichte des Neuen Testaments so unschätzbar wichtigen jüdischen Historiker. Josephus berichtet darüber in seinem Werk über den Jüdischen Krieg.[8] Seine weitschweifige Erzählung können wir hier nicht besprechen. Aber auch römische Historiker nehmen auf dieses Ereignis Bezug. Ich zitiere den Bericht des Sueton:[9]

et unus ex nobilibus captivis Iosephus,	Und einer seiner adeligen Kriegsgefangenen, Josephus,
cum coiceretur in vincula,	versicherte, als man ihn in Ketten legte,
constantissime asseveravit	mit Entschiedenheit,
fore ut ab eodem brevi solveretur,	daß er bald von ihm freigelassen würde,
verum iam imperatore.	allerdings von ihm als Kaiser.

---

8   Josephus: Bellum III 393ff.

9   Sueton: Divus Vespasianus 5,6 (Cai Suetoni Tranquilli opera, Band I: De vita Caesarum libri VIII, hg. v. Maximilian Ihm, BibTeu, Stuttgart 1978 [Nachdr. der Ausgabe von 1908], S. 298, Z. 16–19).

Josephus erwies sich als wahrer Prophet, als Vespasian in der Tat Kaiser wurde. Damit hatte er sein Glück gemacht: Er wurde freigelassen und bekam als Freigelassener das *nomen gentile* des neuen Kaisers, der mit vollem Namen *Titus Flavius Vespasianus* hieß. Daher kennen wir ihn unter dem Namen *Flavius* Josephus.[10]

Vespasian als Wundertäter

Aus neutestamentlicher Sicht ist von besonderem Interesse, daß Vespasian als Wundertäter hervorgetreten ist. „Heilungswunder, die er dort [in Ägypten, näherhin in Alexandrien] vollbracht haben soll ..., wurden zur Legitimation seiner Herrschaft überall verbreitet."[11]

Auch über diese Wundertätigkeit des Vespasian bietet der oben zitierte Sueton eine kurze Notiz[12]:

auctoritas et quasi maiestas quaedem ut scilicet inopinato et adhuc novo principi deerat;	Noch fehlte ihm, als einem wider alles Erwarten auf den Thron gekommenen und zur Stunde noch neuen Fürsten, die Majestät, welche durch göttliches Zeugnis verliehen wird;
haec quoque accessit.	auch diese ward ihm zuteil.
e plebe quidam luminibus orbatus, item alius debili crure sedentem pro tribunali pariter adierunt	Zwei Menschen aus dem geringen Volk, ein Blinder und ein an Lahmheit Leidender, traten an ihn heran, als er auf dem Tribunal saß,
orantes opem valitudini demonstratam a Serapide per quietem:	und flehten ihn um Heilung an, die ihnen von Serapis in einem Traumgesicht mit den Worten verheißen worden sei,
restituturum oculos, si inspuisset;	er, Vespasian, werde dem Blinden das Augenlicht wiedergeben, wenn er die Augen mit seinem Speichel benetzen, und dem Lahmen das Bein heilen, wenn er so gnädig sein wolle, es mit seiner Ferse zu berühren.
confirmaturum crus, si dignaretur calce contingere.	
cum vix fides esset ullo modo rem successuram	Obwohl er nun kaum daran glaubte, daß die Sache irgendeinen Erfolg haben werde, und deshalb sich nicht entschließen

---

10   Das *praenomen* des Josephus ist nicht überliefert. Nach einer ansprechenden Vermutung von *Heinz Schreckenberg* hieß er mit Vornamen Titus; der volle Name wäre daher Titus Flavius Josephus. (*Heinz Schreckenberg:* Art. Josephus (Flavius Josephus) RAC XVIII (1998), Sp. 761–801; hier Sp. 766.)

11   *Werner Eck,* a.a.O., Sp. 126.

12   Sueton: Divus Vespasianus 7,2–3 (in der zitierten Ausgabe von Ihm S. 300, Z. 12–22). Die Übersetzung von *Adolf Stahr:* Sueton: Kaiserbiographien, Bd. II, München 1961, bearbeitet von Martin Vosseler, S. 123.

ideoque ne experiri quidem auderet, extremo hortantibus amicis palam pro contione utrumque temptavit,	konnte, auch nur den Versuch zu wagen, so ließ er sich doch endlich von seinen Freunden erbitten und versuchte beides inmitten der öffentlichen Versammlung,
nec eventus defuit.	und siehe, der Erfolg fehlte nicht.

„Derartige Erzählungen verstärkten die göttliche Aura des Kaisers und steigerten zugleich die Erwartungen, er sei der prophetisch angekündigte Weltherrscher aus dem Osten."[13]

Zu diesen beiden Heilungsgeschichten lassen sich leicht Parallelen aus den synoptischen Evangelien anführen, vgl. etwa zur Heilung eines Blinden die Stelle Mk 8,22–26, wo es ganz entsprechend von Jesus heißt: πτύσας εἰς τὰ ὄμματα αὐτοῦ *(ptysas eis tạ ọmmata autoụ)*. Zur Heilung eines Lahmen finden sich auch Beispiele in der Apostelgeschichte (Apg 3,1–10 und 14,8–13).

Vespasian als Begründer einer neuen Dynastie

„Vespasian ging aus den Auseinandersetzungen nach dem Tod Neros, des letzten Vertreters der iulisch-claudischen Dynastie, als Sieger hervor. Da er zwei Söhne besaß, lag es für ihn nahe, an die Begründung einer neuen Dynastie zu denken."[14] Diese flavische Dynastie beherrscht das letzte Drittel des ersten Jahrhunderts:

- Vespasian 69–79 n. Chr.

- Seine erster Sohn Titus 79–81 n. Chr.

- Sein zweiter Sohn Domitian 81–96 n. Chr.

Titus ist uns bereits als Feldherr begegnet: Er übernahm die Leitung des Jüdischen Krieges von seinem Vater Vespasian, als dieser nach Rom reiste, um Kaiser zu werden; Domitian wird uns noch im Zusammenhang mit dem Johannesevangelium und andern späten Schriften des Neuen Testaments beschäftigen.

---

13 *Manfred Clauss:* Kaiser und Gott. Herrscherkult im römischen Reich, Stuttgart 1999 (Nachdr. der Erstauflage Leipzig 2001), S. 115.
14 *Manfred Clauss,* a. a. O., S. 113.

Einige Jahreszahlen

Tod des Caius Iulius Caesar	44 v. Chr.
Regierungszeit des Kaisers Augustus	27 v. Chr. – 14 n. Chr.
Geburt des Vespasian	9 n. Chr.
Regierungszeit des Kaisers Tiberius	14 n. Chr. – 37 n. Chr.
Regierungszeit des Caius/Caligula	37 n. Chr. – 41 n. Chr.
(Herodes) Agrippa I.	37, 40, 41 – 44 n. Chr.
Regierungszeit des Claudius	41 n. Chr. – 54 n. Chr.
Regierungszeit des Nero	54 n. Chr. – 68 n. Chr.
Brand Roms	64 n. Chr.
Beginn des Aufstandes der Juden	66 n. Chr.
Vespasian wird mit dem Kommando betraut	Winter 66/67 n. Chr.
Regierungszeit des Vespasian	69 n. Chr. – 79 n. Chr.
Zerstörung Jerusalems	70 n. Chr.
Triumph über *Iudaea*	71 n. Chr.
Eroberung von Masada	73 n. Chr.

§ 45   *Die Erforschung des synoptischen Problems*

Nach diesem Ausflug in die Geschichte Palästinas und des *Imperium Romanum* überhaupt kehren wir nun wieder zu unseren christlichen Texten zurück. Eine Generation
lang hatten die Gemeinden kein einziges Evangelium gehabt – eine weitere Generation später, am Ende des ersten Jahrhunderts, gab es deren vier. Schon im zweiten
Jahrhundert stellt sich daher das Problem der Pluralität der Evangelien:[1] „Denn es ist
ja nicht ohne weiteres einzusehen, warum das Leben und die Lehre Jesu in vier unterschiedlichen Darstellungen vorliegt. Ursprünglich waren die Evangelien sicher nicht
zum parallelen Gebrauch bestimmt. Wenn Matthäus fast den ganzen Markusstoff in
mehr oder weniger überarbeiteter Form in sein Evangelium aufnahm, so wollte er

---

1   *Helmut Merkel:* Die Pluralität der Evangelien als theologisches und exegetisches Problem in der
Alten Kirche, Traditio Christiana III, Bern/Frankfurt am Main/Las Vegas 1978, S. VIII.

ihn dadurch überflüssig machen. Ebenso wollte Lukas seine Vorgänger verbessern, wie er im Prolog seines Evangeliums ausdrücklich sagt."

„Wenn Origenes und andere Kirchenväter diese Kritik des Lukas auf die Apokryphen ablenken wollten, so waren sie historisch sicher im Unrecht. Im Fall der Logienquelle hat die interpretierende Aufnahme des Stoffes sogar dazu geführt, daß die Vorlage in Vergessenheit geriet."[2]

Man kann die Pluralität der Evangelien natürlich als einen Reichtum empfinden; man kann sie aber auch als Belastung sehen. Dies war schon im zweiten Jahrhundert der Fall, wie Tatian der Syrer zeigt, der das durch die Pluralität der Evangelien gegebene Problem löste, indem er eine Evangelienharmonie – das Diatessaron – schuf. „Welch großem Bedürfnis diese Vereinheitlichung entgegenkam, zeigt die fast weltweite Verbreitung des Diatessaron. Syrische, griechische, arabische, mittelpersische, lateinische, mittelniederländische, mittelenglische, ober- und mitteldeutsche und altitalienische Versionen bekunden den immensen Leserkreis und geben der Forschung eine Fülle von Einzelfragen auf."[3]

Eine ganz andere Lösung des Problems bietet – fast gleichzeitig mit Tatian – der Kanon Muratori, der das Problem der Pluralität der Evangelien in einem Exkurs behandelt, der die Darstellung des Johannesevangeliums unterbricht (Zeile 17–25).[4] Sie sollten die Passage einmal genauer ansehen. Ich stelle nur die deutsche Übersetzung hierher: „Johannes solle alles in eigenem Namen niederschreiben, und danach sollten es alle überprüfen. Mögen daher in den einzelnen Evangelien auch verschiedene Tendenzen gelehrt werden, so macht das für den Glauben der Gläubigen doch keinen Unterschied, da durch den einen und führenden Geist **20** in allen alles erklärt ist: die Geburt, das Leiden, die Auferstehung, der Verkehr mit seinen Jüngern und seine doppelte Ankunft, erst verachtet in Niedrigkeit, was geschehen ist, **25** dann glänzend in königlicher Macht, was noch geschehen wird."

Hier wird das „Johannesevangelium … als »das eigentliche, vom Apostelkollegium revidierte« Evangelium vorgestellt, und es wird ohne jeden Skrupel erklärt, alle Heilsereignisse seien in den vier Evangelien gleichermaßen dargestellt. Diese energisch vorgebrachten Behauptungen lassen erkennen, daß es noch Zweifel am Vierevangelienkanon gab."[5]

Vgl. auch die Untersuchung Merkels: Die Widersprüche zwischen den Evangelien. Ihre polemische und apologetische Behandlung in der Alten Kirche bis zu Augustin, WUNT 13, Tübingen 1971.

2   *Helmut Merkel*, ebd.

3   *Helmut Merkel*, a.a.O., S. XII.

4   Text und Übersetzung des muratorischen Fragments finden sich bequem zugänglich in der Netzfassung dieser Vorlesung unter dem Titel „Einführung in das Neue Testament" aus dem Sommersemester 2008 unter `http://www.neutestamentliches-repetitorium.de/inhalt/vorlesungen.html` im Anhang: Der Kanon des Neuen Testaments; hier § 66 Der Kanon Muratori, S. 513–529.

5   *Helmut Merkel*, a.a.O., S. XIV. Die als Zitat gekennzeichnete Passage geht auf Hans Lietzmann zurück.

Wir können nun nicht alle Stadien der Diskussion in der Alten Kirche verfolgen und machen daher einen Sprung zu Augustin, der unser Problem in einer eigenen Schrift mit dem Titel *De consensu evangelistarum* behandelt hat. Augustin leugnet „das Vorhandensein von Widersprüchen; er gibt höchstens Verschiedenheiten im Ausdruck und in der Darstellungsweise zu, wie sie aus der unterschiedlichen Erinnerung begründbar ist."[6]

Zu unserer modernen Fragestellung leiten die Erwägungen des Augustin zur Reihenfolge der Evangelien über. Augustin ist nämlich der Auffassung, die Evangelien seien in genau der Reihenfolge verfaßt worden, in der sie sich im Neuen Testament finden: „Sie sollen in folgender Reihenfolge geschrieben haben: als erster Matthäus, dann Markus, an dritter Stelle Lukas, zuletzt Johannes. Daraus folgt, daß die Reihenfolge in der Erkenntnis und Verkündigung nicht mit der Reihenfolge des Schreibens übereinstimmt. ... Von diesen Vieren soll nur Matthäus in hebräischer Sprache geschrieben haben, die übrigen in griechischer. Und wenn auch jeder von ihnen seine eigene Anordnung der Erzählungen einzuhalten scheint, so findet man doch, daß keiner von ihnen in Unkenntnis des Vorgängers hat schreiben oder unbeachtet übergehen wollen, was sich bei dem anderen geschrieben findet, sondern wie es einem jeden (von Gott) eingegeben wurde, so hat er die nicht überflüssige eigene Mitarbeit noch hinzugefügt. Matthäus nämlich hat die Inkarnation des Herrn nach der königlichen Abstammung dargestellt und die meisten seiner Taten und Worte nach seinem Leben unter den Menschen. Markus folgte ihm gewissermaßen wie ein Gefolgsmann und scheint sein Epitomator zu sein. Mit Johannes allein hat er nämlich nichts gemeinsam, Sondergut bietet er nur sehr wenig, mit Lukas allein nur wenig, aber mit Matthäus hat er außerordentlich vieles gemeinsam und bietet vieles fast mit genau denselben Worten, wobei er entweder mit Matthäus allein oder mit allen anderen übereinstimmt. Lukas aber erscheint mehr befaßt mit der priesterlichen Abstammung und dem priesterlichen Wesen des Herrn."[7]

∗ ∗ ∗

Wir haben die Behandlung des Problems der Pluralität der Evangelien in der Alten Kirche an einigen ausgewählten Beispielen studiert; wer sich näher dafür interessiert, sei auf die Textsammlung von Merkel verwiesen, die in Anmerkung 1 genannt ist. In der Moderne wurde das Problem ganz neu angegangen, und es wurden völlig neue Lösungen erarbeitet. Wir wollen im folgenden nur die drei Synoptiker betrachten; ihr Verhältnis zum Johannesevangelium werden wir dann in Kapitel XI näher beleuchten.

---

6 *Helmut Merkel*, a.a.O., S. XXVI.

7 Augustin: De consensu evangelistarum I 1,3 und I 2,4 nach der Merkelschen Übersetzung, a.a.O., S. 39 und S. 41.

Im Fachjargon der Neutestamentler formuliert: Wir wenden uns nun der »synoptischen Frage« zu, die in allen Einleitungen ausgiebig – für meinen Geschmack manchmal *zu* ausgiebig – diskutiert wird.[8]

Wer die drei synoptischen Evangelien *synoptisch* liest, stößt auf zwei bemerkenswerte Sachverhalte: Es gibt in diesen Synoptikern Material, in dem alle drei zusammentreffen; und es gibt Material, das bei Markus völlig fehlt, aber bei Lukas und Matthäus häufig wörtlich übereinstimmt. Ein Beispiel für das erste Phänomen ist die Sabbatheilung des Mannes mit dem verdorrten Arm, die in allen drei Evangelien sehr ähnlich erzählt wird (Mt 12,9–14//Mk 3,1–6//Luk 6,6–11). Ein Beispiel für das zweite Phänomen ist die Predigt des Täufers, die fast gleichlautend bei Lukas und Matthäus referiert wird (Luk 3,7–9//Mt 3,7–10).

„Der Tatbestand, dessen Entstehung jede Erklärung der sog. synoptischen Frage zum Verständnis bringen muß, ist also ein doppelter: einmal die Ähnlichkeit zwischen allen drei Synoptikern, zum anderen die engen Übereinstimmungen zwischen dem Matthäus- und dem Lukasevangelium.“[9]

Zur Erklärung dieser Beobachtungen kann man grundsätzlich zwei verschiedene Hypothesen bilden, nämlich solche, „die die Ähnlichkeiten zwischen den synoptischen Evangelien auf eine gemeinsame Quelle zurückführen“ oder solche, „die die Ähnlichkeiten zwischen den synoptischen Evangelien auf eine gegenseitige Kenntnis zurückführen“.[10] Für die erste Gruppe kann man als Beispiele die Traditionshypothese (alle drei Synoptiker sind von einer mündlichen Evangelien-Vorlage abhängig), die Fragmentenhypothese (die Synoptiker sind von verschiedenen Quellen abhängig) oder die Urevangelienhypothese (die Synoptiker bearbeiten ein schriftliches Evangelium, das allen vorlag) nennen.[11]

Für die zweite Gruppe kann man die sogenannte Griesbach-Hypothese oder die Zweiquellentheorie nennen. Die Griesbach-Hypothese nimmt an, die Evangelien seien „in der Reihenfolge Matthäus-, Lukas- und Markusevangelium abgefaßt und der

---

8   Vgl. etwa die Einleitung von Kümmel, § 5. Die synoptische Frage (*Werner Georg Kümmel:* Einleitung in das Neue Testament, Heidelberg ²¹1983, S. 13–53, d.h. Kümmel verwendet darauf sage und schreibe 40 Seiten!); die Einleitung von Vielhauer, § 19. Das synoptische Problem und die älteren Lösungsversuche sowie § 20. Die Zwei-Quellen-Theorie (*Philipp Vielhauer:* Geschichte der urchristlichen Literatur. Einleitung in das Neue Testament, die Apokryphen und die Apostolischen Väter, Berlin/New York 1975; durchgesehener Nachdr. 1978, S. 263–268 und S. 268–280, macht also nur insgesamt 18 Seiten!); die Einleitung von Broer, § 3 Die synoptische Frage, oder: Die literarischen Beziehungen zwischen den ersten drei Evangelien (*Ingo Broer:* Einleitung in das Neue Testament, Band 1: Die synoptischen Evangelien, die Apostelgeschichte und die johanneische Literatur, Die Neue Echter Bibel. Ergänzungsband zum Neuen Testament 2,1, Würzburg 2001, S. 39–53 – mit 15 Seiten geradezu vorbildlich kurz!).

9   *Ingo Broer,* a.a.O., S. 41.

10   *Ingo Broer,* S. 43.

11   Einzelheiten zu diesen Hypothesen kann man in den in Anm. 8 genannten Einleitungen nachlesen.

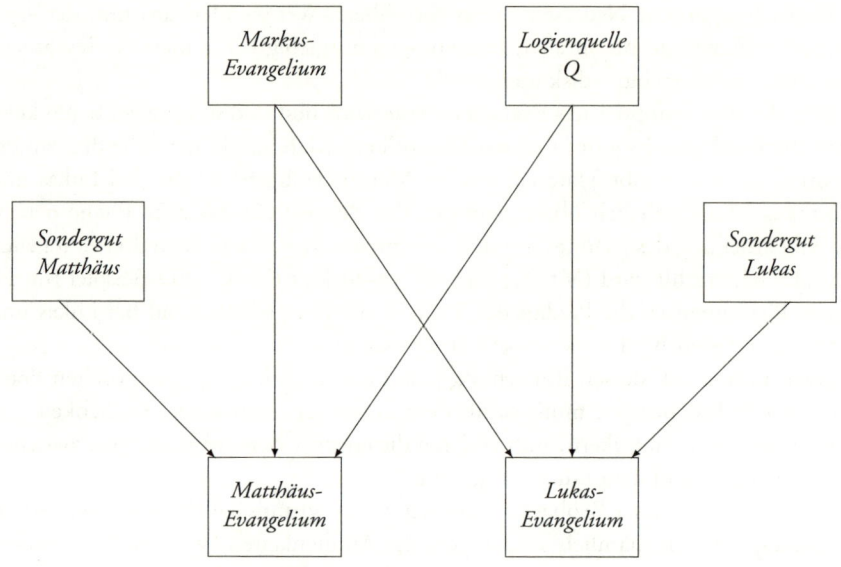

Abbildung VIII.3: Zweiquellentheorie: Schema

jeweils spätere Autor kannte die Werke der Vorgänger, d.h. das Matthäusevangelium ist das älteste, Lukas kannte dieses und Markus kannte beide Evangelien."[12]

Durchgesetzt hat sich heute die andere Variante, die als Zweiquellentheorie bezeichnet wird. Diese kann man kurz und übersichtlich in dem oben abgedruckten Schema darstellen.[13]

§ 46 Die Spruchquelle Q

1. Die Rekonstruktion von Q

Wenige Probleme der neutestamentlichen Wissenschaft sind in so überzeugender Weise gelöst worden wie die synoptische Frage. „Das synoptische Problem besteht in dem eigentümlichen Nebeneinander von enger Verwandtschaft und starker Verschiedenheit der drei ersten Evangelien."[1] Nach vielen Irrungen und Wirrungen[2] hat sich die sogenannte Zweiquellentheorie heute so gut wie vollständig durchgesetzt.

---

12   *Ingo Broer*, ebd.

13   Ich danke meinem Mitarbeiter Jörg Herrmann für die Erstellung dieser Vorlage. Die TEXnische Durchführung und Perfektionierung hat Julia Hager ins Werk gesetzt, der unser aller Dank gewiß ist.

1   *Philipp Vielhauer:* Geschichte der urchristlichen Literatur. Einleitung in das Neue Testament, die Apokryphen und die Apostolischen Väter, Berlin/New York 1975 (Nachdr. 1978), S. 263.

2   Über die älteren Lösungsversuche informiert knapp *Philipp Vielhauer*, a.a.O., S. 265–268.

Die Zweiquellentheorie geht davon aus, daß das Markusevangelium das älteste Evangelium ist. Die beiden anderen Synoptiker haben das Markusevangelium als Quelle benutzt. Nimmt man nun die beiden andern Synoptiker und entfernt aus ihnen den Markusstoff, so bleiben viele Perikopen übrig, die wörtlich miteinander übereinstimmen. Man kann sich dies exemplarisch an der Predigt des Täufers klarmachen:

Mt 3,7–10:	**Luk 3,7–9:**
ἰδὼν δὲ πολλοὺς	ἔλεγεν οὖν
τῶν Φαρισαίων καὶ Σαδδουκαίων	τοῖς ἐκπορευομένοις ὄχλοις
ἐρχομένους	
ἐπὶ τὸ βάπτισμα αὐτοῦ	βαπτισθῆναι ὑπ᾽ αὐτοῦ·
εἶπεν αὐτοῖς·	
γεννήματα ἐχιδνῶν,	γεννήματα ἐχιδνῶν,
τίς ὑπέδειξεν ὑμῖν	τίς ὑπέδειξεν ὑμῖν
φυγεῖν ἀπὸ τῆς μελλούσης ὀργῆς;	φυγεῖν ἀπὸ τῆς μελλούσης ὀργῆς;
ποιήσατε οὖν καρπὸν	ποιήσατε οὖν καρποὺς
ἄξιον τῆς μετανοίας·	ἀξίους τῆς μετανοίας·
καὶ μὴ δόξητε λέγειν ἐν ἑαυτοῖς·	καὶ μὴ ἄρξησθε λέγειν ἐν ἑαυτοῖς·
πατέρα ἔχομεν τὸν Ἀβραάμ,	πατέρα ἔχομεν τὸν Ἀβραάμ,
λέγω γὰρ ὑμῖν	λέγω γὰρ ὑμῖν
ὅτι δύναται ὁ θεὸς	ὅτι δύναται ὁ θεὸς
ἐκ τῶν λίθων τούτων	ἐκ τῶν λίθων τούτων
ἐγεῖραι τέκνα τῷ Ἀβραάμ.	ἐγεῖραι τέκνα τῷ Ἀβραάμ.
ἤδη δὲ ἡ ἀξίνη πρὸς τὴν ῥίζαν τῶν δένδρων κεῖται·	ἤδη δὲ καὶ ἡ ἀξίνη πρὸς τὴν ῥίζαν τῶν δένδρων κεῖται·
πᾶν οὖν δένδρον μὴ ποιοῦν καρπὸν καλὸν	πᾶν οὖν δένδρον μὴ ποιοῦν καρπὸν καλὸν
ἐκκόπτεται καὶ εἰς πῦρ βάλλεται.	ἐκκόπτεται καὶ εἰς πῦρ βάλλεται.

Hier haben wir ersichtlich ein Stück aus einer zweiten Quelle, die beide großen Evangelien neben Markus benutzen. Diese zweite Quelle nennt man Logienquelle oder Spruchquelle. Sie lautete für das uns interessierende Stück nach der Ausgabe von Hoffmann und Heil:[3]

---

3 *Paul Hoffmann und Christoph Heil:* Die Spruchquelle Q. Griechisch und Deutsch, Darmstadt/Leuven 2002, S. 32. Man beachte: „Entsprechend der Konvention des internationalen Q-Projekts wird ein bestimmter Q-Text durch das Sigel »Q« mit der entsprechenden Lukas-Stelle bezeichnet" (a.a.O., S. 29). Außerdem sollte man wissen, daß die doppelten Klammern ⟦...⟧ weniger sichere Rekonstruktionen einer bestimmten Kategorie kennzeichnen, vgl. ebd.

Q 3,7–9:

⟦εἶπεν⟧ τοῖς ⟦ἐρχ⟧ομένο⟨ι⟩ς ⟦ὄχλοις⟧ βαπτισθῆναι·
γεννήματα ἐχιδνῶν,
τίς ὑπέδειξεν ὑμῖν
φυγεῖν ἀπὸ τῆς μελλούσης ὀργῆς;
ποιήσατε οὖν καρπὸν
ἄξιον τῆς μετανοίας
καὶ μὴ δόξητε λέγειν ἐν ἑαυτοῖς·
πατέρα ἔχομεν τὸν Ἀβραάμ.
λέγω γὰρ ὑμῖν
ὅτι δύναται ὁ θεὸς
ἐκ τῶν λίθων τούτων
ἐγεῖραι τέκνα τῷ Ἀβραάμ.
ἤδη δὲ καὶ ἡ ἀξίνη πρὸς τὴν ῥίζαν τῶν δένδρων κεῖται·
πᾶν οὖν δένδρον μὴ ποιοῦν καρπὸν καλὸν
ἐκκόπτεται καὶ εἰς πῦρ βάλλεται.

In der genannten Ausgabe findet sich die folgende Übersetzung für Q 3,7–9: „Er sagte zu der ⟦Volksmenge⟧, die ⟦kam, um sich⟧ taufe⟦n zu lassen⟧: Schlangenbrut! Wer hat euch in Aussicht gestellt, dass ihr dem bevorstehenden Zorn«gericht» entkommt? Bringt darum Frucht, die der Umkehr entspricht, und bildet euch nicht ein, bei euch sagen «zu können»: Wir haben Abraham zum Vater. Denn ich sage euch: Gott kann aus diesen Steinen dem Abraham Kinder erwecken. Aber schon ist die Axt an die Wurzel der Bäume gelegt; jeder Baum, der nicht gute Frucht bringt, wird daher herausgehauen und ins Feuer geworfen."[4]

* * *

Die Logienquelle ist also gleichsam ein Kind der Zweiquellentheorie. Sie ist die eigentliche Lösung des synoptischen Problems. Seit der bahnbrechenden Studie Adolf Harnacks sind immer neue Versuche gemacht worden, den griechischen Wortlaut von Q zu rekonstruieren.[5] „Einen weiteren Aufschwung verzeichnete die Q-Forschung zwischen den Weltkriegen: Vor allem die deutsche und die britische Exegese

---

4 *Paul Hoffmann und Christoph Heil*, a.a.O., S. 33. In der deutschen Übersetzung markieren die falsch herum verwendeten «französischen» Anführungszeichen „die von Q wahrscheinlich intendierte Aussage" (a.a.O., S. 30).

Am Perikopenanfang finden sich die deutlichsten Unterschiede zwischen Lukas und Matthäus: Statt der nicht näher spezifizierten Mengen (ὄχλοι *[ochloi]*) führt Matthäus hier mechanisch „Pharisäer und Sadduzäer" ein. Von diesem Phänomen war bereits in Kapitel II die Rede, als wir uns mit den jüdischen Gruppen in Palästina beschäftigt haben (vgl. oben S. 36 mit Anm. 9). Damals sahen wir, daß es sich hier um eine Eigenheit des Matthäus handelt. Die beiden Gruppen standen nicht ursprünglich in Q, sondern werden von Matthäus an dieser wie an andern Stellen eingebracht.

5 *Adolf Harnack:* Sprüche und Reden Jesu. Die zweite Quelle des Matthäus und Lukas, Beiträge zur Einleitung in das Neue Testament 2, Leipzig 1907.

produzierte bis heute maßgebliche, wichtige Beiträge. Hier wurde Q zumeist jedoch als eine die Christus-Verkündigung bloß ergänzende Sammlung von Jesusworten angesehen. Das in den Paulusbriefen enthaltene Kerygma wurde als zentral erachtet, zu dem Q nicht mehr als einige Punkte für die ethische Ermahnung in Predigt und Katechese beitrug."[6]

Heute wird Q als auch theologisch eigenständige Schrift gewürdigt; die Literatur zu Q ist in einer Weise angeschwollen, daß sie für den Außenstehenden – für einen solchen hält sich Schreiber dieser Zeilen – nicht mehr überschaubar ist.

2. Der Aufbau von Q

Die Gliederung von Q, die man sich mindestens in den groben Zügen einprägen sollte, gebe ich im Anschluß an die Ausgabe von Hoffmann und Heil folgendermaßen:[7]

I		Johannes der Täufer und Jesus	Q 3,2–7,35
	1.	Die Botschaft des Johannes	Q 3,2b–17
	2.	Taufe und Bewährung Jesu	Q 3,21f.; 4,1–13
	3.	Jesu programmatische Rede	Q 4,16; 6,20–49
	4.	Der Glaube eines Heiden an Jesu Wort	Q 7,1–10
	5.	Johannes, Jesus, und die Kinder der Weisheit	Q 7,18–35
II		Die Boten des Menschensohns	Q 9,57–11,13
	1.	Radikale Nachfolge	Q 9,57–60
	2.	Missionsinstruktion	Q 10,2–16
	3.	Das Geheimnis des Sohnes	Q 10,21–24
	4.	Das Gebet der Jünger	Q 11,2b–4.9–13
III		Jesus im Konflikt mit dieser Generation	Q 11,14–52
	1.	Zurückweisung des Beelzebulvorwurfs	Q 11,14–26
	2.	Die Ablehnung der Zeichenforderung	Q 11,16.29–35
	3.	Androhung des Gerichts	Q 11,39–52
IV		Die Jünger in Erwartung des Menschensohns	Q 12,2–13,21
	1.	Bekenntnis zu Jesus ohne Furcht	Q 12,2–12
	2.	Sucht die Königsherrschaft Gottes	Q 12,33f.22b–31
	3.	Das unerwartete Kommen des Menschensohns	Q 12,39.46.49–59
	4.	Zwei Gleichnisse von der Königsherrschaft Gottes	Q 13,18–21
V		Die Krisis Israels	Q 13,24–14,23

VI		Die Jünger in der Nachfolge Jesu	Q 14,26–17,21
VII		Das Ende	Q 17,23–22,30
	1.	Der Tag des Menschensohns	Q 17,23–37
	2.	Das Gleichnis vom anvertrauten Geld	Q 19,12–26
	3.	Ihr werdet die zwölf Stämme Israels richten	Q 22,28.30

3. Die Christologie der Logienquelle

Theologisch ist die Christologie der Logienquelle von besonderem Interesse. Bisher waren wir durch Paulus vor allem mit der sogenannten Präexistenzchristologie konfrontiert worden. Wir fanden diese beispielsweise im Philipperhymnus (Phil 2,6). Sie erschien aus paulinischer Sicht als *die* Christologie schlechthin. Daher fällt auf, daß von einer Präexistenzchristologie in Q deutliche Spuren nicht vorhanden sind. Aber auch sonst ist die Christologie in Q durchaus eigenständig, fehlt hier doch nicht nur die Passion, sondern auch die Auferstehung. Damit unterscheidet sich diese Christologie nicht nur von der paulinischen, sondern ebenso deutlich auch von der markinischen.

Im Vergleich zu Markus tritt in Q vor allem der Wundertäter Jesus ganz in den Hintergrund (wobei Q 7,22 dann „zu einer faszinierenden Ausnahme in Q" wird[8]). Charakteristisch ist die Wortverkündigung.

4. Datierung und Lokalisierung der Logienquelle

„Q enthält zwar alte Traditionen der Jesusanhänger, wurde aber wahrscheinlich erst während des Jüdischen Krieges zusammengestellt. Q 13,35 fügt sich nämlich in die durch Josephus (Bell. 2,539; 5,412; 6,299), Tacitus (Hist. V 13,1) und der [*sic!*] syrischen Baruchapokalypse (8,1f.) bezeugte Tradition ein, dass bei der Zerstörung des Tempels Gott sein Haus verlassen hat. Q 13,35 ist also eine echte Prophetie kurz vor 70 n.Chr., oder das Logion blickt wie Josephus, Tacitus und der Autor der syrischen Baruchapokalypse auf dieses Ereignis zurück. Da Q 13,34f der redaktionellen Schicht von Q zugerechnet werden muss, die das Scheitern der Mission der Q-Gruppe in Israel und die Ausbildung einer eigenen Gemeinde voraussetzt, ergibt sich für die Datierung der Endredaktion von Q die Zeit um 70 n.Chr. Nun – etwa 40 Jahre

---

6   *Paul Hoffmann und Christoph Heil*, a.a.O., S. 13.
7   *Paul Hoffmann und Christoph Heil*, a.a.O., S. 14f.
8   *Paul Hoffmann und Christoph Heil*, a.a.O., S. 24.

nach dem Tod Jesu – starben die Augenzeugen aus, und die mündlichen Überliefe-
rungswege waren gefährdet."[9]

Was den Ort der Entstehung angeht, so stammen die in Q aufgenommenen Traditionen ohne Zweifel aus Galiläa. Das bedeutet freilich nicht, daß auch die Redaktion
des Stoffes in Galiläa anzusiedeln ist. Vielmehr ist anzunehmen, daß „die Endredaktion von Q wohl im südlichen syrischen Raum" stattfand.[10]

5. Literatur

Einführungen zur Logienquelle

Jens Schröter: Art. Logienquelle, RGG⁴ 5 (2002), Sp. 484–486.

Peter Pilhofer: Die Logienquelle, http://www.neutestamentliches-repetitorium.de.

Textausgaben und Übersetzungen in chronologischer Folge

Adolf Harnack: Sprüche und Reden Jesu. Die zweite Quelle des Matthäus und Lukas, Beiträge
   zur Einleitung in das Neue Testament 2, Leipzig 1907.

Athanasius Polag: Fragmenta Q. Textheft zur Logienquelle, Neukirchen-Vluyn 1979.

James M. Robinson/Paul Hoffmann/John S. Kloppenborg: The Critical Edition of Q. Synopsis
   including the Gospels of Matthew and Luke, Mark and Thomas with English, German
   and French Translations of Q and Thomas, Leuven/Minneapolis 2000.

Paul Hoffmann und Christoph Heil: Die Spruchquelle Q. Griechisch und Deutsch, Darmstadt/
   Leuven 2002.

Kommentare

Dieter Zeller: Kommentar zur Logienquelle, SKK.NT 21, Stuttgart 1984.

Sonstige Literatur

Rudolf Bultmann: Die Geschichte der synoptischen Tradition, FRLANT 29, Göttingen ⁸1970.

Martin Dibelius: Die Formgeschichte des Evangeliums, Tübingen ⁶1971.

Claudio Ettl: Der „Anfang der … Evangelien". Die Kalenderinschrift von Priene und ihre
   Relevanz für die Geschichte des Begriffs εὐαγγέλιον. Mit einer Anmerkung zur Frage nach
   der Gattung der Logienquelle, in: Wenn drei das gleiche sagen – Studien zu den ersten drei
   Evangelien. Mit einer Werkstattübersetzung des Q-Textes, Münster 1998, S. 121–151.

Paul Hoffmann: Studien zur Theologie der Logienquelle, NTA NF 8, München ³1982.

Paul Hoffmann: Tradition und Situation. Studien zur Jesusüberlieferung in der Logienquelle
   und den synoptischen Evangelien, NTA NF 28, München 1995.

Dieter Lührmann: Die Redaktion der Logienquelle, WMANT 33, Neukirchen-Vluyn 1969.

---

9   *Paul Hoffmann und Christoph Heil,* a.a.O., S. 21.
10 *Paul Hoffmann und Christoph Heil,* a.a.O., S. 22.

Athanasius Polag: Die Christologie der Logienquelle, WMANT 45, Neukirchen-Vluyn 1977.

Siegfried Schulz: Q – Die Spruchquelle der Evangelisten, Zürich 1972.

Julius Wellhausen: Einleitung in die drei ersten Evangelien, Berlin 1905 (^{2}1911).

§ 47 Das Markusevangelium

Mit dem Markusevangelium betreten wir Neuland. Bisher haben wir vor allem Briefe kennengelernt, solche aus der Hand des Paulus und andere, die unter seinem Namen geschrieben worden sind. Aber auch die Spruchquelle Q, mit der wir uns im vorherigen Paragraphen befaßt haben, ist keine wirkliche Parallele zu Markus. Hier haben es mit dem ersten Evangelium überhaupt zu tun. Daher gilt es, sich zunächst einmal mit dieser neuen Gattung thematisch auseinanderzusetzen.[1]

1. Die Gattung Evangelium

Das Markusevangelium beginnt mit der Überschrift: ἀρχὴ τοῦ εὐαγγελίου Ἰησοῦ Χριστοῦ υἱοῦ θεοῦ *(archē tou euangeliou Iēsou Christou hyiou theou).* Wir gehen hier nicht auf die Frage ein, ob es sich hierbei um die Überschrift des ganzen Buches oder nur um die Überschrift des ersten Abschnitts Mk 1,1–1,13 handelt.[2] Entscheidend ist für unsern Zusammenhang: Hier begegnet das Wort εὐαγγέλιον *(euangelion)* zum ersten Mal als Bezeichnung für einen literarischen Text. Dies ist ein Novum nicht nur im Neuen Testament, sondern in der Literaturgeschichte überhaupt.

Das Wort εὐαγγέλιον *(euangelion)* war schon in vorchristlicher Zeit gebräuchlich. Einen »Sitz im Leben« hat der Begriff »Evangelium« insbesondere im Kaiserkult, wie die berühmte Inschrift aus Priene zeigt.[3] Diese Inschrift ist viel zu lang und vor allem zu schwierig, um sie hier zu zitieren oder gar zu behandeln.[4] Daher beschränke

---

1   Die Ausführungen zum Markusevangelium in diesem Paragraphen 47 sind ebenso wie die zur Logienquelle im Paragraphen 46 meinem Repetitorium aus dem Jahr 2005 entlehnt (zugänglich unter www.neutestamentliches-repetitorium.de). Für die zweite Auflage dieser Vorlesung im Sommersemester 2008 wurde der Text zum Markusevangelium um einen Exkurs erweitert. Die genauen bibliographischen Angaben zu den einzelnen Arbeiten über das Markusevangelium finden sich im Literaturverzeichnis am Ende dieses Paragraphen.

2   Noch einmal anders *Dieter Lührmann* in seinem Kommentar: „1 ist daher als zusammenfassende Überschrift zu 1–15 anzusehen" (S. 33). Nach meinem Urteil gehört v. 14–15 jedoch bereits zum 1. Teil des Markusevangeliums, der von 1,13 bis 8,26 reicht; zur Gliederung des Evangeliums vgl. *Dietrich-Alex Koch:* Inhaltliche Gliederung und geographischer Aufriß im Markusevangelium, NTS 29 (1983), S. 145–166.

3   *Claudio Ettl:* Der „Anfang der … Evangelien". Die Kalenderinschrift von Priene und ihre Relevanz für die Geschichte des Begriffs εὐαγγέλιον. Mit einer Anmerkung zur Frage nach der Gattung der Logienquelle, in: Wenn drei das gleiche sagen – Studien zu den ersten drei Evangelien. Mit einer Werkstattübersetzung des Q-Textes, Münster 1998, S. 121–151.

4   Es handelt sich dabei um einen Brief des Statthalters der Asia (Paulus Fabius Maximus, *proconsul* der *Asia),* in dem es um die Verlegung des Jahresanfangs auf den Geburtstag des Augustus geht.

ich mich darauf, die entscheidenden Stellen nach der Harnackschen Übersetzung zu zitieren. Er[5] übersetzt die Kernstellen dieser Inschrift folgendermaßen:

„Dieser Tag hat der ganzen Welt ein andres Aussehen gegeben; sie wäre dem Untergang verfallen, wenn nicht in dem nun Gebornen für alle Menschen ein gemeinsames Glück aufgestrahlt wäre.

Richtig urteilt, wer in diesem Geburtstag den Anfang des Lebens und aller Lebenskräfte für sich erkennt; nun endlich ist die Zeit vorbei, da man es bereuen mußte, geboren zu sein.

Von keinem andern Tage empfängt der einzelne und die Gesamtheit soviel Gutes als von diesem allen gleich glücklichen Geburtstage.

Die Vorsehung, die über allem im Leben waltet, hat diesen Mann zum Heile der Menschen mit solchen Gaben erfüllt, daß sie ihn uns und den kommenden Geschlechtern als Heiland gesandt hat; aller Fehde wird er ein Ende machen und alles herrlich ausgestalten.

In seiner Erscheinung sind die Hoffnungen der Vorfahren erfüllt; er hat nicht nur die frühern Wohltäter der Menschheit sämtlich übertroffen, sondern es ist auch unmöglich, daß je ein Größerer käme.

Der Geburtstag des Gottes hat für die Welt die an ihn sich knüpfenden Freudenbotschaften [Evangelien] heraufgeführt.

Von seiner Geburt muß eine neue Zeitrechnung beginnen."

Texte dieser Art muß man sich vor Augen halten, wenn man verstehen will, wie ein antiker Leser die Überschrift des Markusevangeliums verstanden hat. Der von ihm benutzte Begriff »Evangelium« war insbesondere durch seine Verwendung im Kaiserkult geprägt.

Davon zu unterscheiden ist allerdings die Frage nach der Gattung »Evangelium«. Rudolf Bultmann hat bestritten, daß wir es hier in der Tat mit einer Gattung zu tun haben könnten. Zwar ist das Evangelium Bultmann zufolge *„eine original christliche Schöpfung."* Aber die Frage, ob „man es als eigentlich *literarische Gattung* bezeichnen" könne, verneint Bultmann: „Von dem Evangelium als einer literarischen Gattung zu sprechen, ist also kaum möglich; das Evangelium ist eine Größe der Dogmen- und Kultusgeschichte."[6]

Vgl. dazu auch den Text zu Augustus auf S. 22–23. Die Inschrift wird im allgemeinen auf das Jahr 9 v. Chr. datiert – sie ist also in der Tat vorchristlich! Da das wichtigste Exemplar dieser Inschrift in Priene gefunden wurde und es sich um Kalenderfragen handelt, hat man sie kurz als »Kalenderinschrift von Priene« bezeichnet. Eine umfassende Literaturliste bietet *Claudio Ettl:* Der „Anfang der … Evangelien". Die Kalenderinschrift von Priene und ihre Relevanz für die Geschichte des Begriffs εὐαγγέλιον, a.a.O., S. 147–151.

Die Inschrift ist heute im Pergamonmueseum in Berlin zu bewundern.

5 *Adolf Harnack:* Als die Zeit erfüllet war, in: *ders.:* Reden und Aufsätze. Erster Band, Gießen ²1906, S. 301–306.

6 *Rudolf Bultmann:* Die Geschichte der synoptischen Tradition, FRLANT 29, Göttingen ⁸1970, S. 399f.

Diese Einschätzung Bultmanns wird heute in der Regel nicht mehr geteilt, wie etwa der Beitrag von Hubert Cancik zu unserer Frage zeigt.[7] Er geht zwar von der Bultmannschen These aus[8], kommt aber zu dem gegenteiligen Ergebnis: „Die antike Jesusliteratur [= die Gattung Evangelium] bildet eine Familie verwandter Texte, die einander zitieren, imitieren, kompilieren, interpretieren. Diese Familie läßt sich mit genügender Genauigkeit von der Apostelliteratur und der übrigen frühchristlichen und kirchlichen Literatur sondern."[9]

Es ergibt sich also: Das Evangelium ist eine genuin christliche Gattung. Der erste Erfinder des Evangeliums ist Markus. Mit seinem Werk nimmt diese Gattung ihren Anfang. Schon aus diesem Grund ist das Markusevangelium von besonderer Bedeutung.

2. Der Aufbau

Den Aufbau[10] des Evangeliums kann man sich leicht einprägen. Man sollte sich dazu zunächst eine Einteilung in zwei Abschnitte[11] mit einer vorangestellten Einleitung vor Augen stellen:

Einleitung	Der Anfang	1,1–13
Teil A	Jesu Wirken in Galiläa	1,14–8,26
Teil B	Jesus in Jerusalem[12]	8,27–16,8

Im folgenden geht es dann um eine Untergliederung der beiden Teile. Diese kann man folgendermaßen vornehmen (zunächst für Teil A):

I	Die ἐξουσία *(exousia)* Jesu in Wunder und Lehre	1,14–3,6
II	Unverständnis/Unglaube angesichts Jesu Wunder und Lehre	3,7–6,6a
III	Weitere Taten und Worte Jesu	6,6b–8,26

---

7   *Hubert Cancik:* Die Gattung Evangelium. Das Evangelium des Markus im Rahmen der antiken Historiographie, in: *Hubert Cancik* [Hg.]: Markus-Philologie, S. 85–113.

8   *Cancik*, a.a.O., S. 87f.

9   *Cancik*, a.a.O., S. 110.

10   Ich stütze mich im folgenden auf den Vorschlag von *Dietrich-Alex Koch:* Inhaltliche Gliederung und geographischer Aufriß im Markusevangelium, NTS 29 (1983), S. 145–166.

11   In dieser Gliederung wird Mk 16,8 als letzter Vers des Evangeliums betrachtet, d.h. der sogenannte sekundäre Markusschluß in 16,9–20 wird hier nicht berücksichtigt. Dieser später hinzugefügte Zusatz stellt ein Potpourri aus Ostergeschichten anderer Evangelien dar und wurde später hinzugefügt, weil man mit dem ursprünglichen Schluß in 16,8 nicht zufrieden war.

12   Genauer müßte man formulieren: „Jesus auf dem Weg nach und in Jerusalem" – das würde aber die Tabelle sprengen. Denn in Jerusalem hält sich Jesus ja erst ab 11,1 auf (s.u.).

Für Teil B ergibt sich die folgende Feingliederung:

I	Der Weg Jesu nach Jerusalem	8,27–10,52
II	Auseinandersetzungen in Jerusalem	11,1–12,44
III	Die eschatologische Schlußrede »gegenüber dem Tempel«	13,1–37
IV	Passionsgeschichte	14,1–15,47
V	Ostern	16,1–8

Wenn man darauf verzichtet, die Abschnitte des ersten Teils noch einmal zu untergliedern, ergibt sich insgesamt der folgende Aufbau für das Markusevangelium:

		Der Anfang		1,1–13
Teil A	Jesus in Galiläa			1,14–8,26
	I	Jesu ἐξουσία in Wunder und Lehre		1,14–3,6
	II	Unverständnis und Unglaube		3,7–6,6a
	III	Weitere Taten und Worte Jesu		6,6b–8,26
Teil B	Jesus in Jerusalem			8,27–16,8
	I	Der Weg Jesu nach Jerusalem		8,27–10,52
	II	Auseinandersetzungen in Jerusalem		11,1–12,44
	III	Die eschatologische Schlußrede		13,1–37
	IV	Passionsgeschichte		14,1–15,47
	V	Ostern		16,1–8

3. Die kirchliche Tradition

Da das Evangelium selbst uns über seinen Verfasser keine Auskunft gibt[13], war man seit jeher an die kirchliche Tradition gewiesen. Deren ältester Repräsentant ist Papias, der Bischof von Hierapolis, dessen Werk uns in Fragmenten in der Kirchengeschichte des Euseb erhalten ist. Über Markus findet sich bei Papias (Euseb: Kirchengeschichte III 39,15) die folgende Notiz:

---

13 Vgl. dazu den folgenden 4. Abschnitt über Verfasser, Zeit und Ort der Abfassung.

Μάρκος μὲν ἑρμηνευτὴς Πέτρου γενό-μενος,	Als Markus Dolmetscher des Petrus geworden war,
ὅσα ἐμνημόνευσεν, ἀκριβῶς ἔγραψεν,	schrieb er alle Dinge, an die er sich erinnerte, genau auf,
οὐ μέντοι τάξει,	allerdings nicht in der [richtigen] Reihenfolge,
τὰ ὑπὸ τοῦ κυρίου ἢ λεχθέντα ἢ πραχθέντα·	die der Herr gesagt oder getan hatte.
οὔτε γὰρ ἤκουσεν τοῦ κυρίου οὔτε παρηκολούθησεν αὐτῷ,	Denn er hatte den Herrn [selbst] nicht gehört und war ihm auch nicht gefolgt,
ὕστερον δέ, ὡς ἔφην, Πέτρῳ,	sondern später erst, wie gesagt, dem Petrus.
ὃς πρὸς τὰς χρείας ἐποιεῖτο τὰς διδασκαλίας,	Dieser hatte seine Lehrvorträge nach den [jeweiligen] Gegebenheiten eingerichtet,
ἀλλ' οὐχ ὥσπερ σύνταξιν τῶν κυριακῶν ποιούμενος λογίων,	und nicht als ob er eine Darstellung der Herrenworte geben wollte.
ὥστε οὐδὲν ἥμαρτεν Μάρκος,	Deshalb hat Markus keinerlei Fehler gemacht,
οὕτως ἔνια γράψας ὡς ἀπεμνημόνευσεν·	als er auf diese Weise die einzelnen Punkte niederschrieb, wie er sich erinnerte.
ἑνὸς γὰρ ἐποιήσατο πρόνοιαν,	Eines nämlich lag ihm am Herzen,
τοῦ μηδὲν ὧν ἤκουσεν παραλιπεῖν	nichts auszulassen von dem, was er [bei Petrus] gehört hatte,
ἢ ψεύσασθαί τι ἐν αὐτοῖς.[14]	und nichts davon falsch darzustellen.

* * *

In der modernen Version – die freilich schon recht romanhafte Züge trägt – liest sich das dann folgendermaßen: „Als die Glieder der römischen Gemeinde, die der Hölle der Christenverfolgung im Herbst 64 entronnen waren, sich wieder zusammenfanden, da vermißten sie neben so vielen anderen vor allem den Apostel Petrus, der in den Vatikanischen Gärten ans Kreuz geschlagen worden war. Sie gedachten der unvergeßlichen Stunden, in denen Petrus ihnen aus eigenem Erleben von den Erdentagen Jesu erzählt hatte: von seiner Berufung in die Nachfolge, von der Stunde des Bekenntnisses bei Cäsarea Philippi, von Gethsemane, von der Verleugnung in der Karfreitagsnacht. Da kamen sie auf den Gedanken, den Mitarbeiter des Petrus, Jochanan aus Jerusalem mit dem Beinamen Markus, der die Verfolgung überlebt hatte, zu bitten, daß er ihnen all das aufschreiben möchte, wessen er sich von den Lehrvorträgen des Apostels entsänne. Markus erfüllte die Bitte. Seine schlichten Auf-

---

14　Papias bei Euseb: Kichengeschichte III 39,15.

zeichnungen sind die ersten schriftlichen Überlieferungen über das Leben Jesu, von denen wir sicher wissen."[15]

Das ist moderne Belletristik und geht noch weit über die karge Notiz bei Papias hinaus. Im einzelnen: Daß Petrus im Zusammenhang mit dem Brand Roms[16] zum Märtyrer wurde, ist durchaus möglich. Alles weitere aber entspringt der Jeremias-schen Phantasie, die lediglich an Papias einen gewissen quellenmäßigen Anhalt hat. Daß Petrus den Gliedern der römischen Gemeinde(n) Einzelheiten aus seinem Leben erzählt hat, ist gewiß möglich – die Details aber verdanken wir ausschließlich der Phantasie des Autors Jeremias. Daß die Abfassung des Markusevangeliums auf einen Wunsch der römischen Gemeinde zurückgehe, läßt sich nicht einmal aus Papias in irgendeiner nachvollziehbaren Weise herleiten. Es ist gewiß denkbar, daß das Evangelium aus Rom stammt, aber mehr als eine Möglichkeit ist dies nicht. Von der Gattung her ist das keine wissenschaftliche Darstellung, sondern ein Roman mit gelegentlichen Bezügen auf historisch nachweisbare Ereignisse. Daß der in Apg 12,12 genannte Johannes mit dem Beinamen Markus nach Rom gekommen und mit Petrus eine persönliche Beziehung aufgenommen haben soll, gar sein Mitarbeiter geworden wäre, ist reine Spekulation.

Wir kommen daher zu dem Ergebnis, daß weder die kirchliche Tradition über das Markusevangelium noch deren moderne Ausmalung uns eine verläßliche Basis in bezug auf die Einleitungsfragen bieten kann.

4. Der Verfasser; Zeit und Ort der Abfassung

Wie das Matthäusevangelium gehört auch das Markusevangelium zu denjenigen Schriften, die uns über ihren Verfasser nichts verraten. Das ist beim Lukasevangelium anders, welches mit einem regelrechten Proömium beginnt, das sogar eine Widmung an Theophilos enthält, aber auch beim Johannesevangelium, welches an mehreren Stellen für sich beansprucht, von einem Augenzeugen geschrieben zu sein (1,14; 19,35; 21,24).[17] Dergleichen finden wir im Markusevangelium nicht; es sagt nichts über seinen Verfasser und ist mithin eine anonyme Schrift.

Darüber kann auch die Überschrift am Anfang unsres Werkes nicht hinwegtäuschen: Κατὰ Μᾶρκον *(Kata Markon)* bzw. (vgl. den textkritischen Apparat z.St.) Εὐαγγέλιον κατὰ Μᾶρκον *(Euangelion kata Markon)* bzw. Τὸ κατὰ Μᾶρκον ἅγιον εὐαγγέλιον *(To kata Markon hagion euangelion)*. Dies ist – wie schon die gleichförmige Parallele bei Matthäus, Lukas und Johannes zeigt – nicht Bestandteil des Textes unsres Evangelims, sondern erst hinzugekommen, als unser Evangelium neben an-

---

15 *Joachim Jeremias:* Unbekannte Jesusworte, Gütersloh ³1963 (als Taschenbuch nachgedruckt 1980), S. 10.

16 Vgl. dazu oben in Kapitel IV den Paragraphen 28 zu Nero, S. 199–208; speziell zum Brand Roms hier S. 201–205.

17 Vgl. dazu *Martin Rese:* Das Selbstzeugnis des Johannesevangeliums über seinen Verfasser, EThL 72 (1996), S. 75–111.

dere gestellt wurde. Daran ändert auch die Möglichkeit nichts, daß dies vielleicht schon in sehr alter Zeit geschehen sein könnte, wie Martin Hengel zeigen möchte.[18] Die einzige Überschrift, die unser Buch sonst bietet: ἀρχὴ τοῦ εὐαγγελίου Ἰησοῦ Χριστοῦ υἱοῦ θεοῦ *(archē tou euangeliou Iēsou Christou hyiou theou)*, verrät uns wiederum nichts über ihren Verfasser (Mk 1,1).[19]

Nun hat vor einiger Zeit Martin Hengel den Versuch gemacht, „Entstehungszeit und Situation des Markusevangeliums" zu erhellen.[20] Weiß man über den Verfasser überhaupt nichts Sicheres zu sagen, so ist insbesondere die Abfassungszeit strittig; aber auch hinsichtlich des Abfassungsortes kommt man über Spekulationen kaum hinaus. Ich illustriere die Vielfalt der Möglichkeiten an dem Punkt Abfassungszeit: In den Einleitungen zum Neuen Testament – die freilich einem berühmten Diktum Ernst Käsemanns zufolge „auf weite Strecken in die Gattung der Märchenbücher einzureihen [sind], mag ihr trockener Ton und Inhalt noch so sehr Tatsachenreportagen vortäuschen"[21] – lesen Sie häufig „nach 70". In dem schon erwähnten Sammelband versucht dagegen Günther Zuntz eine Datierung in das Jahr 40 zu begründen, also 30 Jahre vor dem genannten Ansatz „nach 70".[22] Damit wäre unser Evangelium nicht nur älter als alle uns erhaltenen Paulusbriefe, sondern die älteste Schrift im Neuen Testament überhaupt, woraus sich weitreichende Folgen ergäben.

Ich will Ihnen daher die These von Günther Zuntz kurz referieren: „Diese Datierung ist basiert [so wörtlich] auf die Deutung von Mk 13,14 als ein verhüllter, aber unzweifelhafter Hinweis auf Caligulas Absicht, sein Standbild im Tempel zu Jerusalem aufstellen zu lassen – für gläubige Juden ein Sakrileg von unüberbietbarer Abscheulichkeit. Der Tod Caligulas im Januar 41 bedeutete das Ende dieser Drohung und ist mithin *terminus ante quem* für Mk 13,14."[23] Wir sind über dieses Vorhaben des Caligula aus zeitgenössischen Quellen unterrichtet, insbesondere durch Josephus und durch die Schrift des Philon mit dem Titel *Legatio ad Caium*.[24] Demnach hatte Caius-Caligula den Plan gefaßt, seine Statue im Jerusalemer Tempel aufstellen zu lassen. Petronius, der Statthalter von Syrien, erhält den Auftrag, dieses Vorhaben in die Tat umzusetzen. In diesem Zusammenhang schreibt der König Agrippa I. einen Brief an den Kaiser, den Philon in voller Länge in seine Schrift aufnimmt (§ 276–329). Dies, so meint Zuntz, sei der Hintergrund der Aussage Mk 13,14 ὅταν δὲ ἴδητε

---

18   *Martin Hengel:* Die Evangelienüberschriften, SHAW.PH 1984, 3.

19   Zur Frage, wofür dieser Vers die Überschrift ist, vgl. oben S. 320 mit Anm. 2.

20   *Martin Hengel:* Entstehungszeit und Situation des Markusevangeliums, in: *Hubert Cancik [Hg.]:* Markus-Philologie, S. 1–45.

21   *Ernst Käsemann:* Jesu letzter Wille nach Johannes 17, Tübingen ³1971, S. 12.

22   *Günther Zuntz:* Wann wurde das Evangelium Marci geschrieben? In: Markus-Philologie, S. 47–71. Die These hatte schon zuvor C.C. Torrey vertreten, vgl. S. 47 mit Anm. 1.

23   *Günther Zuntz,* a.a.O., S. 47.

24   Mit dieser Schrift des Philon und dem Plan des Caligula, seine Statue im Tempel in Jerusalem aufstellen zu lassen, haben wir uns schon in einem ganz anderen Zusammenhang beschäftigt, als wir das Diaspora-Judentum diskutierten, vgl. dazu oben im dritten Kapitel, Paragraph 13, S. 96–98.

τὸ βδέλυγμα τῆς ἐρημώσεως ἑστηκότα ὅπου οὐ δεῖ *(hotan de idēte to bdelygma tēs erēmōseōs hestēkota hopou ou dei)*.

Man muß – damit diese These überhaupt eine Chance hat – dazu freilich eine weitreichende Voraussetzung machen. Zuntz formuliert sie wie folgt: „Wem ... dies Evangelium – trotz einiger Interpolationen – als ein grandios-einheitliches Werk gilt, und das 13. Kapitel – unmittelbar vor der Leidensgeschichte – als Kern und Gipfel seiner Lehre; wie kann er die Folgerung vermeiden, daß dieser Vers das ganze Werk auf das Jahr 40 datiert?"[25]

Obwohl ich diese Voraussetzung nicht teile, wollen wir noch kurz einen Blick auf die Begründung von Zuntz werfen. Er sagt: In Mk 13,14 „wird ein konkretes und ganz spezifisches Ereignis angekündigt; den Wissenden unzweideutig, den Nichteingeweihten unverständlich und unverdächtig."[26] Seines Erachtens haben wir es hier mit einer „verschwörerhafte[n] Geheimsprache" zu tun: „nur wer in der prophetisch-nationalen Tradition lebte, konnte – und mußte – in dem abstrusen Kennwort τὸ βδέλυγμα τῆς ἐρημώσεως *(to bdelygma tēs erēmōseōs)* das Zitat aus Daniel (und 1.Macc 1,54) erkennen; mithin die Bedrohung des Allerheiligsten durch Caligula, wie einst durch Antiochus IV. Der Hinweis wird, für Gesinnungsgenossen, vollends gesichert durch den grammatischen Fehler, gleich danach, in dem Partizip ἑστηκότα *[hestēkota]*: das Maskulinum statt des grammatisch erforderten Neutrums indiziert τ ὸ ν   ἀνδριάντα   τ ο ῦ   β α σ ι λ έ ω ς   *[ton andrianta tou basileōs]*[27]. Mit gutem Grund wird also der Leser eben hier zu besonderer Aufmerksamkeit aufgefordert: ὁ ἀναγιγνώσκων νοείτω *[ho anagignōskōn noeitō]*: was einem römischen Zensor oder Spion als sinnloses Fanatiker-Gefasel erscheinen mußte (»*das* Scheusal der Wüstung, *der* steht wo *er* nicht soll«), eben darin erkennt der Gläubige das Signal für die Wiederkehr seines Heilands."[28]

Zuntz ist daher der Ansicht, daß diese Formulierung unbedingt zur Zeit des Kaisers Caligula niedergeschrieben worden sein müsse. Später – nach Januar 41 – hatte dieser Vers keinerlei Aktualität mehr. Dies zeigen auch die synoptischen Parallelen. Was Markus „verschleiert und durch einen Geheimcode andeutet, wird [bei Matthäus bzw. bei Lukas] entweder derb beim Namen genannt oder gestrichen. Mt 24,15 liefert die eindeutige Quellenangabe für ›das Greuel der Wüstenei‹ (»wie statuiert durch den Propheten Daniel«) und eindeutige Ortsangabe statt verhüllender Andeu-

---

25 *Günther Zuntz*, a.a.O., S. 47f. Die Alternative dazu sieht Zuntz zufolge so aus: „Wer nun das Mk-Evangelium als ein zufälliges Sammelsurium verschiedenster Überlieferungen ansieht, für den involviert diese Deutung keine erheblichen Konsequenzen. Ihm gilt das 13. Kapitel – die fälschlich sogenannte »Kleine oder Synoptische Apokalypse« – als ein loses Blatt, vielleicht ein Flugblatt aus dem Jahre 40, welches irgendwie, viel später, in diesen Sammelkasten, genannt »Evangelium«, hineingeraten ist."

26 *Günther Zuntz*, a.a.O., S. 48.

27 In der von mir hinzugefügten Transkription des griechischen Einsprengsels ahme ich die Zuntzschen Sperrungen nicht nach.

28 *Günther Zuntz*, ebd.

tung (»am heiligen Ort«, d.h. ›Tempel‹ statt »wo er nicht soll«). Den Appell an den
Leser läßt Matthäus stehn; aber welcher verborgene Hintersinn bleibt ihm jetzt noch
zu ergründen? Lukas andrerseits läßt eben alles Spezifische fort und ersetzt es durch
die Erfahrungen des Jahres 70.“[29] So kommt Zuntz zu dem Ergebnis: „Der Vergleich
mit den Synoptikern, scheint mir, verdeutlicht und verstärkt den Eindruck realisti-
scher Zeitbezogenheit in Mk 13,14; Bezogenheit auf das Jahr 40.“[30]

∗ ∗ ∗

Exkurs: Die These von Tomasz Jasiński

Unabhängig von Zuntz ist der polnische Mediävist Tomasz Jasiński zu einem ganz ähnlichen
Ergebnis gekommen: Auch er will das Markusevangelium mit Hinweis auf die von Zuntz
genannte Stelle 13,14 auf das Jahr 40 datieren.[31] Im Unterschied zu Zuntz beschränkt er sich
jedoch nicht auf die Argumentation mit 13,14, sondern bettet seine Hypothese in eine originelle
Rekonstruktion der frühchristlichen Geschichte v.a. der dreißiger Jahre ein. Daher will ich
seine These an dieser Stelle kurz referieren.

Der Ausgangspunkt der Überlegungen Jasińskis ist der Weg des Petrus nach der Kreuzigung.
Petrus habe Jerusalem zusammen mit den Zebedaiden Johannes und Jakobus verlassen und sei
in seine Heimat Galiläa zurückgekehrt. Dort wurde ihnen eine Erscheinung des Auferstandenen zuteil (vgl. Mk 14,28 und 16,7), woraufhin Petrus und seine Genossen dort ihre Mission
ausübten.[32] Dies war aber nach Jasiński nicht eine vorübergehende Phase von einigen Wochen
oder Monaten – wie auch sonst in der Forschung angenommen wird –, sondern diese Phase dauerte bis Ende der dreißiger Jahre, genauer bis ins Jahr 39/40. Wir haben gesehen, daß
der Kaiser Caligula im Jahr 39 den Herodes Antipas absetzte und nach Lugdunum verbann-
te.[33] Galiläa ging in die Herrschaft des Agrippa I. über, der sogleich Maßnahmen gegen die
christliche Mission dort einleitete: Er beachtete „demonstrativ das jüdische Gesetz . . . , um die
gesellschaftlichen Eliten des jüdischen Volkes für sich zu gewinnen. Im Rahmen dieser Politik
setzte sich Agrippa I. mit der Wanderpredigt in Galiläa auseinander. Jakobus, der möglicherweise an der Spitze dieser Bewegung stand (Mk 10,35–37), wurde vermutlich noch in Galiläa
enthauptet, während sich Petrus und Johannes durch Flucht nach Jerusalem retten konnten.
Diese Stadt lag außerhalb des Machtbereiches von Agrippa, denn das ganze Gebiet von Judäa
und Samaria stand seit 6 n.Chr. unter der direkten Herrschaft der römischen Prokuratoren.“[34]

Die Übersiedlung des Petrus und des verbliebenen Zebedaiden Johannes nach Jerusalem ist
demnach in das Jahr 39/40 zu datieren, d.h. vor der Reise des Agrippa I. nach Rom im Herbst
des Jahres 40.[35] Im Jahr 41 wurde Agrippa I. „von Kaiser Claudius auch die Macht über Judäa

---

29   *Günther Zuntz*, a.a.O., S. 48f.

30   *Günther Zuntz*, ebd.

31   *Tomasz Jasiński:* Βδέλυγμα τῆς ἐρημώσεως. Über die Anfänge des Neuen Testaments, Instytut
Historii UAM Wykłady III, Poznań 1998. Herr Kollege Jasiński war so freundlich, mir seine Schrift
über das Markusevangelium zuzusenden; dafür danke ich ihm auch an dieser Stelle.

32   *Tomasz Jasiński*, a.a.O., S. 17–18.

33   Vgl. dazu oben in Paragraph 12 die Seite 86 mit Anm. 5 sowie in demselben Paragraphen die
Seite 92.

34   *Tomasz Jasiński*, a.a.O., S. 19–20.

35   *Tomasz Jasiński*, a.a.O., S. 20.

und Samaria übertragen. Von diesem Moment an mußte Petrus mit dem Schlimmsten rechen; schließlich in den Tagen der Ungesäuerten Brote im Jahre 44 wurde er gefangengenommen. Nach seiner Befreiung verließ er Jerusalem. Hier bricht die Jerusalemer Quelle ab."[36]

Die Wirksamkeit des Petrus in Jerusalem im Zeitraum von 39/40 bis 44 ist Thema der Jerusalemer Quelle, die dem Lukas als Vorlage für den ersten Teil der Apostelgeschichte (nach der Abgrenzung Jasińskis ist das Apg 1–12) diente. Dies paßt sehr gut zu der zeitlichen Einordnung, da die Wirksamkeit des Petrus nach dieser Quelle strikt in den Grenzen des römischen Statthalters verläuft, finden wir ihn doch in Jerusalem selbst, in Judäa und Samarien und schließlich in den Küstenstädten – alles Gebiete, die dem römischen Präfekten unterstanden, bis auch dieses Gebiet dem Reich des Agrippa I. zugeschlagen wurde.

Wie die genannte Jerusalemer Quelle ist nun auch das Markus-Evangelium in der Umgebung des Petrus entstanden.[37] „Dieses Evangelium ist eigentlich das Petrusevangelium."[38] Petrus steht an vielen Stellen im Mittelpunkt (Jasiński nennt S. 7–8: 1,16–18; 1,29–31; 1,35–39; 3,16; 5,37; 8,29; 8,32b; 9,2–8; 10,28; 14,29; 14,66). Was die Zeit seiner Entstehung angeht, so verweist Jasiński wie auch Zuntz auf 13,14. Wie dieser ist auch er der Meinung, daß wir damit auf das Jahr 40 verwiesen sind: „Der Rückgriff auf Daniels Prophezeiung spiegelte die Ängste der Juden im Jahr 40 wider. In diesem Jahr lagen vor den Grenzen von Palästina über ein Jahr lang zwei römische Legionen, die auf Befehl Caligulas seine Statue im Tempel von Jerusalem aufstellen sollten. Alles deutete daraufhin, daß weder die verzweifelten Proteste der Juden noch die Vernunft des Petronius, des Befehlshaber dieser Legionen, das Unglück vermeiden konnten. Caligula war unversöhnlich. Ist es da nicht verständlich, daß die Jünger des Herrn sich die Frage stellten, was wohl weiter geschehen werde?"[39]

Unser Vers verweist auf Daniel 9,26–27. Er wurde „noch während der Krisenzeit 40/41 geschrieben, denn er [der Evangelist] wußte nicht wie die Ereignisse ausgingen. Sonst hätte er nicht geschrieben: *Betet darum, daß dies alles nicht im Winter eintritt.* Wie man weiß, war die Phase der Verhandlungen zwischen Petronius und den Juden in Tiberias im Spätherbst, also fast am Anfang des Winters, die schwierigste in dieser Krise. Hätte Markus die kleine Apokalypse nach dieser Krise geschrieben, also nach 41 oder 70, dann hätte er genau wie Lukas die Bemerkung über den Winter ... streichen müssen, denn aus einer späteren Perspektive waren diese Sätze sinnlos."[40]

Deshalb müsse man annehmen, daß das Evangelium gleich nach der Flucht des Petrus von Galiläa nach Jerusalem im Jahr 40/41 geschrieben worden sei.

Wie soll man die These nun beurteilen? Die Annahme Jasińskis, wonach Petrus und die Zebedaiden nach der Kreuzigung Jesu Jerusalem verlassen haben, um nach Galiläa zu ziehen, erscheint mir durchaus wahrscheinlich. Auch daß ihnen dort eine Erscheinung des Auferstandenen zuteil wurde, ist aus der Überlieferung zu belegen: Sowohl Markus (14,28 in Verbindung mit 16,7) als auch Matthäus (Mt 28,16–20 ist auf einem Berg in Galiläa lokalisiert) rechnen – im Gegensatz zu Lukas – mit Erscheinungen in Galiläa. Auch die dritte Annahme schließlich, wonach Petrus und die Zebedaiden im Anschluß an diese Erscheinungen zunächst in Galiläa missionierten, halte ich für erwägenswert.

---

36 *Tomasz Jasiński,* a.a.O., S. 22.
37 *Tomasz Jasiński,* a.a.O., S. 24.
38 *Tomasz Jasiński,* a.a.O., S. 7.
39 *Tomasz Jasiński,* a.a.O., S. 27.
40 *Tomasz Jasiński,* a.a.O., S. 28.

Schwierig wird es allerdings, wenn Jasiński diese Phase bis ins Jahr 39 ausdehnt. Ihm zufolge hat Agrippa I. ja zuerst in Galiläa Maßnahmen gegen die neue Bewegung ergriffen und den Jakobus hingerichtet (vgl. Apg 12,1–2, wo allerdings von Galiläa gar keine Rede ist!), woraufhin Petrus aus dem Hoheitsgebiet Agrippas I. nach Jerusalem geflohen sei, das damals im Jahr 39/40 noch den römischen Statthaltern unterstand, was dem Petrus Schutz vor Nachstellungen Agrippas I. gewährte. Dies ist deswegen eine problematische Hypothese, weil Jasiński gleichzeitig annimmt, die Informationen über Petrus in Apg 1–12 entstammten einer Jerusalemer Quelle, die Lukas für den ersten Teil seines Buches als Grundlage benutzte. Hier ergibt sich ein Widerspruch zwischen dem von Jasiński rekonstruierten Wirken des Petrus in Galiläa in den dreißiger Jahren bis ins Jahr 39 und den Angaben der Jerusalemer Quelle, die den Petrus doch von Anfang an in Jerusalem wirksam sein läßt, angefangen bei der Himmelfahrt und der Nachwahl des Matthias in Kapitel 1 über die Predigt an Pfingsten in Kapitel 2, den Konflikten mit den jüdischen Behörden in Jerusalem in Kapitel 3 und 4 usw. Dieses Material führt Jasiński selbst in noch viel größerem Umfang an![41] Es ist jedoch schlechterdings unmöglich, all diese Ereignisse erst in den Zeitraum von 39/40–44 zu datieren; zuvor aber war Petrus nach Jasiński doch ausschließlich in Galiläa tätig und nicht in Jerusalem.

Ich komme daher zu dem Ergebnis, daß die von Jasiński angenommene Wirksamkeit des Petrus in Galiläa bis ins Jahr 39 mit der Annahme einer Jerusalemer Quelle für Apg 1–12 unvereinbar ist.

* * *

Das widerlegt freilich noch nicht die Hypothese, wonach das Evangelium des Markus ins Jahr 40 zu datieren ist; in diesem Punkt stimmt Jasiński ja mit Zuntz überein. Daher behandle ich ihn hier abschließend für beide Autoren gemeinsam. Dies erscheint umso notwendiger, als in der ursprünglichen Fassung meines Textes hier mehrfach eine Inkonzinnität bemängelt worden ist, zuletzt in einer Diskussion im Internet, wo in einem Forum beklagt wurde, daß ich zwar in meinem Text die These von Zuntz darstelle, sodann aber mit einer Entstehungszeit des Evangeliums um 70 rechne, ohne die Gründe zu nennen, die gegen die These von Zuntz sprechen. Diesem Mangel möchte ich daher in der hier vorliegenden Fassung abhelfen. Welches also sind die Gründe, die gegen eine Frühdatierung des Evangeliums sprechen, wie sie von Zuntz und Jasiński vorgeschlagen wird?

Das Problem der Datierung aufgrund von 13,14 liegt darin, daß sie schon in diesem dreizehnten Kapitel in seiner vorliegenden Form nicht funktioniert. Wie Jasiński ausdrücklich einräumt, muß man spätere Hinzufügungen in diesem Kapitel annehmen, damit man mit der Argumentation durchkommt. Es ist unbestritten, daß wir in diesem Kapitel mehrere Schichten zu unterscheiden haben. Wenn das erwartete Ereignis nicht so eingetreten ist, wie man es erwartet hatte, muß man eine Modifikation anfügen. Klassisch ist dieses Verfahren bei Wellhausen charakterisiert: „Dergleichen Prolongationen des Wechsels sind charakteristisch für die Apokalyptik."[42]

---

41   *Tomasz Jasiński*, a.a.O., S. 15–16.

42   *Julius Wellhausen:* Das Evangelium Marci, übersetzt und erklärt von J.W., Berlin ²1909, wieder abgedruckt in: *ders.:* Evangelienkommentare. Mit einer Einleitung von Martin Hengel, Berlin/New York 1987, S. 106 = S. 426.

In bezug auf die Datierung bedeutet das: Nicht das ganze Kapitel 13 – geschweige denn das ganze Markus-Evangelium – kann man sinnvollerweise mit Hilfe des Hinweises in 13,14 datieren, sondern lediglich eine postulierte Vorstufe des heute vorliegenden Kapitels.

Da liegt es nach meinem Urteil näher, den umgekehrten Weg zu wählen: Markus hat hier einen Text aufgegriffen und bearbeitet, der möglicherweise in der Krise des Jahres 40 entstanden ist. So sagt beispielsweise Lohmeyer in bezug auf 13,14: „Der erste Spruch ist ein apokalyptisches Geheimwort, nur den Wissenden verständlich: Wer liest, merke auf. Hat Mk es schon übernommen, so zeigt es, daß er einer literarischen Vorlage folgt; und dafür spricht, daß es den in 13₃ bezeichneten Rahmen einer Rede Jesu auf dem Ölberg sprengt. Was er hier bringt, ist also eine Art apokalyptischen Flugblattes, von dem man freilich nicht weiß, wie weit es reicht."[43] Aufgrund von 13,14 kann man möglicherweise die Entstehungszeit der markinischen Vorlage, nicht aber die des ganzen Evangeliums datieren. Aus den genannten Gründen scheint es mir näher zu liegen, bei der herkömmlichen Datierung „um 70" zu bleiben.

∗ ∗ ∗

Wir kommen daher zu dem folgenden Ergebnis:

- Über die Identität des Verfassers des Markusevangeliums wissen wir nichts.

- Die Abfassungszeit ist mit »um 70« anzugeben.

- Über den Abfassungsort sind nur Spekulationen möglich.

5. Literatur

Einführungen zum Markusevangelium[44]

Adela Yarbro Collins: Markusevangelium, RGG⁴ 5 (2002), Sp. 842–846.
Peter Pilhofer: Markusevangelium, `http://www.neutestamentliches-repetitorium.de`.

Kommentare in chronologischer Folge

Julius Wellhausen: Das Evangelium Marci, übersetzt und erklärt von J.W., Berlin ²1909, wieder abgedruckt in: *ders.:* Evangelienkommentare. Mit einer Einleitung von Martin Hengel, Berlin/New York 1987.
Ernst Lohmeyer: Das Evangelium des Markus, KEK I 2, Göttingen 1937.
C.F.D. Moule: The Gospel according to Mark, CNEB o. Nr., Cambridge u.a. 1965 (korrigierter Nachdr. 1978).

---

43 *Ernst Lohmeyer:* Das Evangelium des Markus, KEK I 2, Göttingen 1937, S. 275.
44 Besonders zu beachten ist der Artikel Markusevangelium, TRE 22 (1992), S. 169, Z. 42.

Eduard Schweizer: Das Evangelium nach Markus, NTD 1, Göttingen [4]1975.

Joachim Gnilka: Das Evangelium nach Markus. 1. Teilband: Mk 1–8,26, EKK II/1, Zürich/ Einsiedeln/Köln/Neukirchen-Vluyn 1978.

Joachim Gnilka: Das Evangelium nach Markus. 2. Teilband: Mk 8,27–16,20, EKK II/2, Zürich/ Einsiedeln/Köln/Neukirchen-Vluyn 1979.

Walter Schmithals: Das Evangelium nach Markus. Kapitel 1–9,1, ÖTK 2/1, Gütersloh und Würzburg 1979.

Walter Schmithals: Das Evangelium nach Markus. Kapitel 9,2–16, ÖTK 2/2, Gütersloh und Würzburg 1979.

Dieter Lührmann: Das Markusevangelium, HNT 3, Tübingen 1987.

Bas van Iersel: Markus: Kommentar, Übersetzung aus dem Niederländischen von Alfred Suhl, Düsseldorf 1993.

Craig A. Evans: Mark 8:27–16:20, WBC 34B, Nashville 2001.

Adela Yarbro Collins: Mark. A Commentary, Hermeneia, Minneapolis 2007.[45]

Joel Marcus: Mark 1–8. A New Translation with Introduction and Commentary, AncB 27, New York/London u.a. 2000.

Joel Marcus: Mark 9–16. A New Translation with Introduction and Commentary, AncB 27A, New York/London u.a. 2009.

Sonstige Literatur

Rudolf Bultmann: Die Geschichte der synoptischen Tradition, FRLANT 29, Göttingen [8]1970.

Hubert Cancik [Hg.]: Markus-Philologie. Historische, literargeschichtliche und stilistische Untersuchungen zum zweiten Evangelium, WUNT 33, Tübingen 1984.

Hubert Cancik: Die Gattung Evangelium. Das Evangelium des Markus im Rahmen der antiken Historiographie, in: *Hubert Cancik* [Hg.]: Markus-Philologie, S. 85–113.

Martin Dibelius: Die Formgeschichte des Evangeliums, Tübingen [6]1971.

David S. du Toit: Der abwesende Herr. Strategien im Markusevangelium zur Bewältigung der Abwesenheit des Auferstandenen, WMANT 111, Neukirchen-Vluyn 2006.

Hans Jürgen Ebeling: Das Messiasgeheimnis und die Botschaft des Marcus-Evangelisten, BZNW 19, Berlin 1939.

Claudio Ettl: Der „Anfang der … Evangelien". Die Kalenderinschrift von Priene und ihre Relevanz für die Geschichte des Begriffs εὐαγγέλιον. Mit einer Anmerkung zur Frage nach der Gattung der Logienquelle, in: Wenn drei das gleiche sagen – Studien zu den ersten drei Evangelien. Mit einer Werkstattübersetzung des Q-Textes, Münster 1998, S. 121–151.

Martin Hengel: Die Evangelienüberschriften, SHAW.PH 1984, 3.

Tomasz Jasiński: Βδέλυγμα τῆς ἐρημώσεως. Über die Anfänge des Neuen Testaments, Instytut Historii UAM Wykłady III, Poznań 1998.

Karl Kertelge: Die Wunder Jesu im Markusevangelium. Eine redaktionsgeschichtliche Untersuchung, München 1970.

---

45 Die erste Hälfte dieses Markuskommentars über Mk 1,1–8,26 wurde von *Robert A. Guelich* bearbeitet und ist 1989 erschienen.

Dietrich-Alex Koch: Die Bedeutung der Wundererzählungen für die Christologie des Markusevangeliums, BZNW 42, Berlin/New York 1975.

Dietrich-Alex Koch: Inhaltliche Gliederung und geographischer Aufriß im Markusevangelium, NTS 29 (1983), S. 145–166.

Willi Marxsen: Der Evangelist Markus. Studien zur Redaktionsgeschichte des Evangeliums, FRLANT 67, Göttingen ²1959.

Angelika Reichert: Zwischen Exegese und Didaktik. Die markinische Erzählung von der Sturmstillung (Mk 4,35–41), ZThK 101 (2004), S. 489–505.

Karl Ludwig Schmidt: Der Rahmen der Geschichte Jesu. Literarkritische Untersuchungen zur ältesten Jesusüberlieferung, Berlin 1919 (Nachdr. Darmstadt 1964).

Alfred Suhl: Die Funktion der alttestamentlichen Zitate und Anspielungen im Markusevangelium, Gütersloh 1965.

William Wrede: Das Messiasgeheimnis in den Evangelien. Zugleich ein Beitrag zum Verständnis des Markusevangeliums, Göttingen ⁴1969.

Kapitel IX: Das Werk des Lukas

Im letzten Kapitel haben wir uns einleitend mit dem Übergang von der apostolischen zur nachapostolischen Zeit befaßt.[1] Wir haben gesehen, daß sich in den sechziger Jahren des ersten Jahrhunderts das Bedürfnis fühlbar machte, schriftliche Aufzeichnungen über Jesus zu besitzen. Die ersten beiden Versuche dieser Art, die Spruchquelle Q und das Evangelium des Markus, haben wir bereits kennengelernt. Der Mann, dem dieses neunte Kapitel gewidmet ist, war mit diesen beiden Versuchen ganz und gar nicht einverstanden. Daher hat er sich an die Arbeit gemacht und selbst zur Feder gegriffen – mit dem Ziel, die seines Erachtens mangelhaften Versuche der Spruchquelle und des Markus zu überbieten und dadurch überflüssig zu machen. Zusätzlich zu seinem Evangelium hat er auch noch ein zweites Buch verfaßt, die Apostelgeschichte, die ohne Vorbild war und ein *novum* in der christlichen Literatur darstellt.

Dieses Werk des Lukas ist unser Thema in diesem Kapitel. Wir werden es in den Paragraphen 50 und 51 im einzelnen studieren. Zuvor aber müssen wir uns mit zwei neuen Figuren auf dem Kaiserthron vertraut machen, dem Titus (Paragraph 48) und seinem Bruder Domitian (Paragraph 49).

§ 48 Titus (79 n. Chr. – 81 n. Chr.)

Titus[2] ist aus jüdischer wie christlicher Sicht schon deswegen von herausragender Bedeutung, weil sein Name mit der Zerstörung Jerusalems im Jahr 70 n. Chr. verbunden ist. Dieses Jahr ist für die jüdische Geschichte von epochaler Bedeutung, weil das Erliegen des Tempelkults eine völlige Neuorientierung nach sich zieht.[3] Diese »Leistung« des Titus ist für uns daher wesentlich wichtiger als alles, was er während seiner kurzen Regierung getan hat.

---

1   Vgl. oben S. 299–300.

2   Ausführlichere Informationen bietet *Werner Eck:* Art. Imperator Caesar T.[itus] Vespasianus Augustus, DNP 12/1 (2002), Sp. 633–634. Eine Biographie des Titus: *Brian W. Jones:* The Emperor Titus, 1984; vgl. auch *ders.:* Titus in Judaea, A.D. 67, Latomus 48 (1989), S. 127–134.

Epigraphische und numismatische Quellen zu Titus bieten *M. McCrum & A.G. Woodhead:* Select Documents of the Principates of the Flavian Emperors including the Year of Revolution, Cambridge 1961.

Der Abschnitt über Titus ist meinem Erlanger Repetitorium aus dem Sommersemester 2005 entnommen (vgl. www.neutestamentliches-repetitorium.de).

3   Vgl. dazu im einzelnen den von mir gemeinsam mit *Beate Ego* und *Armin Lange* herausgegebenen Band: Gemeinde ohne Tempel – Community without Temple. Zur Substituierung und Transformation des Jerusalemer Tempels und seines Kults im Alten Testament, antiken Judentum und frühen Christentum, WUNT 118, Tübingen 1999.

Abbildung IX.1: Münzbild des Kaisers Titus. (Die Aufschrift lautet: *T(itus) Caes(ar) Vesp(asia-nus), imp(erator), pon(tifex), tr(ibunicia) pot(estate), co(n)s(ul) II, cens(or).* Der Sesterz wurde im Jahr 73 in Rom geprägt.)

Die entscheidende Wende im Leben des Titus beginnt im Jahr 67, in dem sein Vater Vespasian von Nero zur Niederschlagung des jüdischen Aufstands nach Palä-stina geschickt wird. Titus begleitet seinen Vater dorthin und tritt dann in seine Fußstapfen, als Vespasian im Jahr 69 Kaiser wird. Sein „Kommando über die *legio XV Apollinaris* ist wegen seines nur quaestorischen Ranges [Titus war im Jahr 65 Quaestor gewesen] und zudem unter dem Befehl seines Vater[s] überraschend – viel-leicht war dies nur ein informeller Auftrag seines Vaters. Von seinen mil.[itärischen] Erfolgen berichtet Iosephus (Ios. bell. Iud. B. 3 und 4), der als Kriegsgefangener in T.' Hände fiel. Die Reise zu Galba ..., dem er die Loyalitätserklärung der in Iudaea kämpfenden Truppen überbringen sollte, brach er ab, als er von dessen Ermordung erfuhr; er kehrte zurück ... "[4]

Am 1. Juli 69 wird sein Vater Vespasian zum Imperator proklamiert; Titus erhält den Namen Titus Caesar Vespasianus; nach seiner eigenen Akklamation zum Impe-rator heißt Titus dann Imperator Titus Caesar Vespasianus. Titus erhält selbst den Oberbefehl über die Tuppen in Iudaea[5] und erobert im September 70 Jerusalem,

---

4   *Werner Eck,* a.a.O., Sp. 633. Die *legio XV Apollinaris* war vor ihrem Einsatz in Palästina in Carnuntum stationiert, wurde 63 in den Osten verlegt und kehrte 71 nach Carnuntum zurück.

5   Vgl. Tacitus: Hist V 1,1: *Caesar Titus, perdomandae Iudaeae delectus a patre et privatis utriusque rebus militia clarus, maiore tum vi famaque agebat* ...

Abbildung IX.2: Der Titusbogen in Rom

„wobei er angeblich die Zerstörung des Tempels … zu verhindern suchte (Ios. bell. Iud. 6,236), was histor.[isch] ganz unwahrscheinlich ist."[6]

Bereits im Juni 71 wurde der Triumph über die Juden in Rom gefeiert. Münzen zeigen das Motiv *Iudaea capta*.[7] Das Kolosseum „wurde wohl aus der jüd.[ischen] Beute als Siegesmonument erbaut (CIL VI 40454a mit Komm.[entar])."[8] Der sogenannte Titusbogen mit dem berühmten Relief stammt erst aus der Zeit des Domitian, wie die Inschrift zeigt.[9]

---

6   *Werner Eck*, ebd.
   Zum Jüdischen Krieg und speziell der Eroberung Jerusalems durch Titus vgl. die Ausführungen im Kapitel VIII auf den Seiten 300–305.

7   Vgl. dazu die Quellensammlung zu den Flaviern von *M. McCrum* und *A.G. Woodhead*, die oben in Anm. 2 zitiert wurde; hier die Nr. 44. Abgebildet ist eine Jüdin „seated among arms at foot of palmtree, in attitdue of dejection" (ebd.). Eine dieser Münzen ist abgebildet in Kapitel VIII auf Seite 304.

8   *Werner Eck*, ebd.

9   Die Inschrift auf dem Bogen lautet:
   Senatus
   populusque Romanus
   divo Tito divi Vespasiani f(ilio)
   Verspasiano Augusto.

Abbildung IX.3: Der Triumph über *Iudaea*. Es handelt sich um das berühmte Relief des Titus-bogens (vgl. die Abb. IX.2 auf S. 337), das die älteste Darstellung des siebenarmigen Leuchters aus dem Tempel von Jerusalem bietet. Abgebildet ist die Szene, in der römische Soldaten die Menorah aus dem Tempel von Jerusalem bei dem Triumph der Flavier im Jahr 71 zur Schau stellen.

Trotz des überwältigenden Sieges in *Iudaea* erhielt Titus bemerkenswerter Weise nicht den Beinamen *Iudaicus*. „Für römische Eroberer war es ehrenvoll, Beinamen zu haben wie »Africanus« oder »Germanicus«, oder auch »Dacicus« oder sogar »Ba-learicus« oder »Adiabenicus«. Doch Titus wurde nie zum »Iudaicus«, und die Frage ist, weshalb. Worin unterschieden sich die Juden von den übrigen Barbaren?"[10]

Schuld daran war wohl eine Dame namens Berenike, die uns auch aus dem Neu-en Testament bekannt ist (vgl. den Prozeß des Paulus, Apg 25,13.23 und 26,30). Diese Dame war eine Tochter des jüdischen Königs Agrippa I. und Schwester des aus dem-selben Prozeß uns bekannten Agrippa II. Mit ihr war Titus liiert. Dieses Verhältnis hat dem Titus „enorme öffentliche Kritik eingetragen", und so sah er sich gezwun-

---

(Übersetzung: Der Senat und das römische Volk dem Gott Titus Vespasianus Augustus, dem Sohn des Gottes Vespasian.)

Was die Datierung der Inschrift und damit auch des Monuments selbst angeht, so ist das *divo Tito* in Zeile 3 zu beachten, das den Tod des Vergöttlichten voraussetzt; der Bogen wurde daher erst nach dem Tod des Titus, vermutlich von seinem Bruder und Nachfolger Domitian, errichtet.

10 *Zvi Yavetz:* Judenfeindschaft in der Antike. Mit einer Einleitung von Christian Meier, Beck'sche [sic] Reihe 1222, München 1997, S. 43.

gen, „sie »*invito, invitam*« (gegen seinen und gegen ihren Willen) zu verlassen, um dem Titel »*Iudaicus*« zu entgehen; denn dies hätte als Annahme jüdischer Bräuche und Religion aufgefaßt werden können."[11]

Mit der Nachfolge seines Vaters im Sommer 79 erhielt Titus den Namen Titus Caesar Vespasianus Augustus. „Einen eigenwilligen Aspekt der Göttlichkeit des Kaisers spricht Martial in einem Gedicht an. Ein Elephant adoriert Titus; er gehorcht zwar seinem Dompteur nicht, aber dem Kaiser, weil das Tier den Gott spürt. Vielleicht lag dem Gedicht Martials die reale »Proskynese« eines Elephanten im Circus zugrunde. Die Anerkennung der Göttlichkeit durch die gleichsam unverdorbene Natur war eines von vielen Themen der Dichtung, welche die Göttlichkeit des Herrschers behandelte … "[12]

Einige Jahreszahlen

Tod des Caius Iulius Caesar	44 v. Chr.
Regierungszeit des Kaisers Augustus	27 v. Chr. – 14 n. Chr.
Regierungszeit des Kaisers Tiberius	14 n. Chr. – 37 n. Chr.
Regierungszeit des Caius/Caligula	37 n. Chr. – 41 n. Chr.
Geburt des Titus	39 n. Chr.
Regierungszeit des Claudius	41 n. Chr. – 54 n. Chr.
Regierungszeit des Nero	54 n. Chr. – 68 n. Chr.
Vierkaiserjahr	68/69 n. Chr.
Regierungszeit des Vespasian	69 n. Chr. – 79 n. Chr.
Zerstörung Jerusalems durch Titus	70 n. Chr.
Triumph über *Iudaea*	71 n. Chr.
Eroberung von Masada	73 n. Chr.
Regierungszeit des Titus	79 n. Chr. – 81 n. Chr.

---

11 *Zvi Yavetz*, a.a.O., S. 48. Das lateinische *invito, invitam* findet sich bei Sueton: Titus 7,2.

Berenike kommt außerhalb der Apostelgeschichte noch in folgenden Quellen vor: Sueton: Titus 7; Tacitus: Hist II 2,28; Juvenal: Sat VI 156–160; daneben natürlich häufig bei Josephus. Interesse verdient schließlich noch die Inschrift OGIS 428, in der Berenike als Königin bezeichnet wird: Ἰουλίαν Βερενείκην βασίλισσαν μεγάλην.

Zu Berenike ist heranzuziehen die Studie von *Eva Ebel:* Lydia und Berenike. Zwei selbständige Frauen bei Lukas, Biblische Gestalten 20, Leipzig 2009.

12 *Manfred Clauss:* Kaiser und Gott. Herrscherkult im römischen Reich, Stuttgart 1999 (Nachdr. der Erstauflage Leipzig 2001), S. 119. Der Text des Martial: De spec 17,4 (*nostrum sentit et ille deum*).

Abbildung IX.4: Münzbild des Kaisers Domitian. (Die Aufschrift lautet: *Domitianus Augustus.*
Der Aureus wurde im Jahr 88/89 in Rom geprägt.)

§ 49 Domitian (81 n. Chr. – 96 n. Chr.)

Domitian[1] war der um 12 Jahre jüngere Bruder des Titus und damit der dritte Kaiser
der flavischen Dynastie. „Nichts ist für den Absolutismus des D.[omitian] so bezeichnend, wie der von ihm geforderte Kaiserkult. Wohl hatten schon Caligula u.[nd]
Nero die Möglichkeiten, die dafür im Prinzipat u.[nd] in der religiösen Lage der beginnenden Kaiserzeit gegeben waren, mehr als die anderen Herrscher verwirklicht;
keiner aber hat die kultische Verehrung mit einer zwei Jahrhunderte vorwegnehmen-
den Kühnheit so gefordert wie D.[omitian] . . . “[2]

---

1   Umfassendere Informationen finden sich bei *Karl Gross:* Art. Domitianus, RAC 4 (1959), Sp. 91–
109; *Werner Eck:* Art. Domitianus, DNP 3 (1997), Sp. 746–750.
   Eine Biographie: *Brian W. Jones:* The Emperor Domitian, London 1992.
   Sammlung numismatischer und epigraphischer Quellen: Select Documents of the Principates of the
Flavian Emperors including the year of the revolution A.D. 68–96, collected by *M. McCrum* and *A. G.
Woodhead*, Cambridge 1961.
   Speziellere Literatur: *Alain Martin:* La titulature épigraphique de Domitien, BKP 181, Frankfurt am
Main 1987.
   Peter Pilhofer: Vom Sinn der neutestamentlichen Wissenschaft, in: Bekenntnis und Erinnerung. Fest-
schrift zum 75. Geburtstag von Hans-Friedrich Weiß, hg. v. Klaus-Michael Bull und Eckart Reinmuth,
Rostocker Theologische Studien 16, Münster 2004, S. 8–23; hier S. 17–23 zur Bedeutung des Domitian
für die Auslegung von Joh 20,28.
   Die Ausführungen zu Domitian sind aus meinen Texten zum Repetitorium aus dem Sommersemester 2005 herübergenommen (vgl. www.neutestamentliches-repetitorium.de).
2   *Karl Gross*, a.a.O., Sp. 94–95.

„Die göttliche Kraft (*numen*) vermochte auch dann zu wirken, wenn die Gottheit selbst nicht »persönlich« anwesend war, da man sich Gottheiten ja omnipräsent vorstellte."[3] Clauss führt in diesem Zusammenhang zunächst ein Beispiel aus den Kindheitsevangelien an: „Als Spielkameraden den kleinen Jesus beim gemeinsamen Spiel ärgern, tötet er sie, indem er seine Hand gegen sie ausstreckt und damit seine Macht wirken läßt; die Eltern der Toten, die sich über ihn beklagen, läßt er, ohne mit ihnen in Berührung zu kommen, erblinden."[4] „Domitian, als Kaiser und Gottheit, konnte seine Fischbestände in Baiae daher auch schützen, wenn er in Rom weilte. Einst wagte ein »gottloser Libyer« in den kaiserlichen Weihern zu fischen. Als er die Beute hochzog, erblindete er und konnte den Fisch nicht mehr sehen. Heute sitzt der Blinde in Baiae und bettelt, schreibt Martial. Domitian ist Gottheit, seine Fische sind heilig, der Diebstahl folglich ein Sakrileg."[5]

„Der Frevel des Menschen wird umso größer, vergleicht man sein Tun mit demjenigen der Fische. Diese »kennen ihren Herrn und liebkosen ihm die Hand«, und zwar »jene, welche die größte in der Welt ist«. Domitians Fische verehren die göttli-

---

3   *Manfred Clauss:* Kaiser und Gott. Herrscherkult im römischen Reich, Stuttgart 1999 (Nachdr. der Erstauflage Leipzig 2001), S. 234.

4   *Manfred Clauss,* a.a.O., S. 234; die Geschichte von Jesus stammt aus der sogenannten *Kindheitserzählung des Thomas*, 3–5 (vgl. *Hennecke/Schneemelcher* I 353–354).

5   Ebd. Der Text steht bei Martial: Epigrammata IV 30:

> *Baiano procul a lacu, monemus,*
> *Piscator, fuge, ne nocens recedas.*
> *Sacris piscibus hae natantur undae,*
> *Qui norunt dominum manumque lambunt*
> 5 *Illam, qua nihil est in orbe maius.*
> *Quid, quod nomen habent et ad magistri*
> *Vocem quisque sui venit citatus?*
> *Hoc quondam Libys impius profundo,*
> *Dum praedam calamo tremente ducit,*
> 10 *Raptis luminibus repente caecus*
> *Captum non potuit videre piscem,*
> *Et nunc sacrilegos perosus hamos*
> *Baianos sedet ad lacus rogator.*
> *At tu, dum potes, innocens recede*
> 15 *Iactis simplicibus cibis in undas,*
> *Et pisces venerare delicatos.*

Eine Prosaübersetzung bietet die Martial-Ausgabe der LCL: „From Baiae's lake, fisherman, I warn thee, fly afar, lest with guilt thou depart! These waters swim with hallowed fish, that know their lord, and fondle that hand greater than anything on earth. Aye, do they not bear his name, and at its master's voice does not each when summoned come? While aforetime an impious Libyan was drawing up out of this deep his prey with tremulous line, his eyes were snatched from him, and in sudden blindness he could not see the taken fish, and now, loathing his sacrilegious hooks, he sits by Baiae's lake a beggar. But do thou, while thou canst, depart yet innocent when thou hast cast into the water guileless bait, and revere these dainty fish" (*Walter C. A. Ker:* Martial: Epigrams. In two Volumes, LCL 94 & 95, Cambridge/London 1919 und 1920, Nachdr. 1978 und 1979; hier I 251 die zitierte Übersetzung).

Abbildung IX.5: Die Ruinen des Domitian-Tempels in Ephesos

che Hand ihres Herrn. Welch ein Kontrast zur Tat des Menschen! Wir dürfen uns gewiß ausmalen, wie kaiserliche Fischteiche oder Jagdgründe, Domänen und anderes auf diese Weise als Besitzungen einer Gottheit für viele einfache Leute mit einem heiligen Bann belegt wirkten."[6]

Die *größte* Hand der Welt ist in Ephesos bei den Ausgrabungen zutage gefördert worden.[7] Diese Ausgrabungen fanden im und unter dem unten abgebildeten Tempel des Domitian statt. In den Gewölben unter dem Tempel gelang Josef Keil vom Österreichischen Archäologischen Institut im Jahr 1930 ein sensationeller Fund, der für unseren Zusammenhang von größtem Interesse ist: Reste einer Statue, weit überlebensgroß, 5 bis 7 Meter hoch in ihrer ursprünglichen Form. Erhalten sind der Kopf und der linke Unterarm von staunenswerter Größe. Dieser Tempel und seine Kultstatue illustrieren auf ihre Weise die Geschichte aus Martial.

In bezug auf das Neue Testament ist der Kaiserkult in Ephesos wichtig für die Interpretation des Bekenntnisses des Thomas in Joh 20,28.

Man sagt nicht zuviel, wenn man zusammenfassend feststellt, daß der Kaiserkult zur Zeit des Domitian einen Höhepunkt erreichte. Von den Hofdichtern wird Do-

---

6   *Manfred Clauss*, a.a.O., S. 234.
     Abbildungen dieser größten Hand der Welt finden sich in meinem in Anm. 1 zitierten Aufsatz auf S. 340 (Abb. 3 und 4).
7   Ich übernehme im folgenden Passagen aus meinem in Anm. 1 zitierten Aufsatz, ohne dies im einzelnen zu kennzeichnen.

mitian mit Iuppiter verglichen, Martial zufolge übertrifft er Iuppiter sogar. Als „erster römischer Kaiser" wird Domitian „mit dem Blitzbündel Iupiters in der Hand" auf Münzen dargestellt; dieser Kaiser beherrscht die Welt wie Iuppiter selbst.[8] Statius bezeichnet ihn als „Führer der Menschen und Vater der Götter"[9]; an anderer Stelle sagt derselbe Dichter: „Hell glänzt der Morgenstern, doch heller glänzt der Caesar"[10]. Kein Kaiser vor ihm hatte die Anrede mit *dominus et deus* gefordert und durchgesetzt.

Berücksichtigt man dazu nun die ganz besondere Beziehung der Stadt Ephesos und ihrer Menschen zu Domitian, so kann man sich nicht vorstellen, daß die Christinnen und Christen in Ephesos bei der Lektüre des Thomasbekenntnisses „Mein Herr und mein Gott" nicht sogleich eine Assoziation zum Gott-Kaiser Domitian hergestellt hätten.

Ist diese Interpretation zutreffend – und vieles spricht dafür –, dann erging es den johanneischen Christinnen und Christen mit dem Bekenntnis des Thomas „Mein Herr und mein Gott" in Joh 20,28 völlig anders als *uns* heutigen Leserinnen und Lesern des Johannesevangeliums. Was uns als ein überaus steiles, vielleicht sogar allzu steiles christologisches Bekenntnis erscheint, war der johanneischen Gemeinde fast eine Selbstverständlichkeit. Die Menschen waren in ihrem täglichen Leben mit solchen »Bekenntnissen« vertraut, war doch der Kaisertempel für Ephesos ganz besonders wichtig und in den Tagen des Domitian der Kaiserkult so ausgeprägt wie nie zuvor. Diese Selbstverständlichkeit war für sie allerdings nicht banal, weil sie sie als eine Kampfansage an den regierenden Kaiser verstehen konnten, vielleicht sogar verstehen mußten. Dadurch erhielt dieses Bekenntnis am Schluß des Johannesevangeliums für sie eine politische Brisanz, die heutigen Leserinnen und Lesern ganz fern liegt.

* * *

Domitian ist für das Neue Testament darüber hinaus noch wichtig, weil eine angebliche Christenverfolgung zu seiner Regierungszeit als Argument bei der Datierung verschiedener neutestamentlicher Schriften als Argument herangezogen wird, so besonders im Zusammenhang mit der Apokalypse. Tertullian schreibt:

temptaverat et Domitianus,	Versucht hatte es auch Domitian
portio Neronis de crudelitate;	seiner Grausamkeit nach ein halber Nero;
sed, qua et homo,	aber da er doch noch ein Mensch war,
facile coeptum repressit,	unterdrückte er bald das Beginnen
restitutis etiam	und setzte sogar wieder in seine Würde
quos relegaveat.	ein, wen er verbannt hatte.

---

8 *Manfred Clauss*, a.a.O., S. 125.

9 Statius: Silvae IV 3,139: *dux hominum et parens deorum* (Aldus Marastoni [Hg.]: P. Papini Stati Silvae, BiTeu, Leipzig ²1970, S. 87).

10 Statius: Silvae IV 1,3f.: *cum grandibus astris | clarius ipse nitens et primo maior Eoo* (a.a.O., S. 79).

Auf diesem Zeugnis des Tertullian[11] beruht im wesentlichen die These von der Christenverfolgung des Domitian; Tertullian führt hier – wie zuvor schon Meliton von Sardes – Nero und Domitian als die ersten beiden Christenverfolger an. Diese These läßt sich nicht halten, wie wir bei der Besprechung der Apokalypse im einzelnen sehen werden: Es fehlt so gut wie völlig an außerchristlichen Belegen für eine solche Verfolgung, daher ist sie in der neueren Forschung immer wieder mit guten Gründen in Frage gestellt worden.[12]

Einige Jahreszahlen

Tod des Caius Iulius Caesar	44 v.Chr.
Regierungszeit des Kaisers Augustus	27 v.Chr. – 14 n.Chr.
Regierungszeit des Kaisers Tiberius	14 n.Chr. – 37 n.Chr.
Regierungszeit des Caius/Caligula	37 n.Chr. – 41 n.Chr.
Regierungszeit des Claudius	41 n.Chr. – 54 n.Chr.
Geburt des Domitian	51 n.Chr.
Regierungszeit des Nero	54 n.Chr. – 68 n.Chr.
Brand Roms	64 n.Chr.
Vierkaiserjahr	68/69 n.Chr.
Regierungszeit des Vespasian	69 n.Chr. – 79 n.Chr.
Zerstörung Jerusalems durch Titus	70 n.Chr.
Triumph über *Iudaea*	71 n.Chr.
Eroberung von Masada	73 n.Chr.
Regierungszeit des Titus	79 n.Chr. – 81 n.Chr.
Regierungszeit des Domitian	81 n.Chr. – 96 n.Chr.

11 Tertullian: Apologeticum 5,4. (Sowohl der oben gedruckte Text als auch die Übersetzung gebe ich nach der Ausgabe von *Carl Becker:* Tertullian: Apologeticum. Verteidigung des Christentums, Lateinisch und deutsch, München ²1961, S. 74f.)

12 Einzelheiten dazu sowie weiterführende Sekundärliteratur findet man im Zusammenhang der Diskussion der Datierung der Apokalypse in § 59, S. 437–440.

§ 50 Das Evangelium des Lukas

Wir haben in der Einleitung zu diesem Kapitel schon gesehen, daß Lukas mit den Werken seiner Vorgänger nicht zufrieden war, sondern sie als unzureichende Versuche betrachtet hat. Seinen eigenen Entwurf hielt er für wesentlich besser als den seiner Vorgänger. Ein Hauptgrund für diese Selbsteinschätzung liegt darin, daß sein Ansatz ein wesentlich umfassenderer war als der seiner Vorgänger: Lukas hat nicht – wie manch ein moderner Autor – seinem ersten Bestseller einen zweiten hinterhergeschickt, sondern ein einheitliches Werk konzipiert, das von Luk 1,1 bis Apg 28,31 (von ἐπειδήπερ *[epeidēper]* bis ἀκωλύτως *[akōlytōs]*) reicht. Im Neuen Testament sind die beiden zusammengehörigen Bücher auseinandergerissen, nachdem das völlig andersartige Johannesevangelium dazwischen geschoben wurde. Diese bedauerliche Trennung hat sich nicht nur bis zum heutigen Tag gehalten – die Kluft wird durch die isolierte Auslegung jeweils eines der beiden Bücher in allen Kommentarreihen noch weiter vertieft.[1]

Im Unterschied zu allen andern neutestamentlichen Schriften (doch vgl. immerhin Apk 1,1–3) hat das lukanische Doppelwerk ein Proömium in Luk 1,1–4 und eine Erinnerung an dieses Proömium zu Beginn der Apostelgeschichte. In diesem Proömium legt Lukas darüber Rechenschaft ab, wieso er überhaupt zur Feder gegriffen hat und was er mit seinem Werk bezweckt.[2]

1. Das Proömium des Lukas in Luk 1,1–4

Das Proömium des Lukasevangliums ist auch außerhalb der Kommentare oft und breit (neuerdings sogar in einer Monographie) diskutiert worden.[3] Der Text lautet:

ἐπειδήπερ πολλοὶ ἐπεχείρησαν	1 Nachdem schon viele den Versuch unternommen haben,
ἀνατάξασθαι διήγησιν	eine Erzählung zusammenzustellen

---

1   Das gilt in ähnlicher Weise auch für die einschlägigen Lehrveranstaltungen: Man findet Vorlesungen beispielsweise zum Lukasevangelium oder zur Apostelgeschichte – daß in ein und derselben Vorlesung *beide* Bücher des Lukas behandelt werden, ist dagegen relativ selten. Ich habe in einer Greifswalder Vorlesung im Wintersemester 2000/2001 den Versuch gemacht, das lukanische Doppelwerk als Ganzes zu behandeln. Teile aus dieser Vorlesung sind in die folgenden Ausführungen eingeflossen.

2   Es handelt sich bei Luk 1,1–4 um das Proömium des gesamten Werkes des Lukas, wie schon Schleiermacher in seiner Einleitung hervorhebt (*Friedrich Schleiermacher:* Einleitung ins Neue Testament. Aus Schleiermacher's handschriftlichem Nachlasse und nachgeschriebenen Vorlesungen, mit einer Vorrede von Dr. Friedrich Lücke, herausgegeben von G. Wolde, Friedrich Schleiermacher's sämmtliche Werke I 8, Berlin 1845, S. 346).

3   Neben den Kommentaren ist zur Interpretation des Proömiums des Evangeliums vor allem heranzuziehen:
Eduard Meyer: Ursprung und Anfänge des Christentums. Bd. I: Die Evangelien, Stuttgart und Berlin 1924, Kapitel I („Das Geschichtswerk des Lukas") und hier insbesondere S. 5–11 („Die Vorrede").
Henry J. Cadbury: Commentary on the Preface of Luke = Appendix C in: The Beginnings of Christianity, Part I: The Acts of the Apostles, hg. v. F.J. Foakes Jackson und Kirsopp Lake, vol. II: Prolegomena II: Criticism, London 1922, S. 489–510.

περὶ τῶν πεπληροφορημένων ἐν ἡμῖν πραγμάτων,	über die Dinge, die sich in unsrer Mitte erfüllt haben,
καθὼς παρέδοσαν ἡμῖν	**2** wie uns überliefert haben,
οἱ ἀπ᾽ ἀρχῆς αὐτόπται καὶ ὑπηρέται γενόμενοι τοῦ λόγου,	die von Anfang an Augenzeugen (waren) und Diener des Wortes geworden sind,
ἔδοξε κἀμοὶ	**3** schien es auch mir angebracht –
παρηκολουθηκότι ἄνωθεν πᾶσιν ἀκριβῶς	nachdem ich allem von Anfang an genau nachgegangen war –,
καθεξῆς σοι γράψαι,	es dir Stück für Stück aufzuschreiben,
κράτιστε Θεόφιλε,	bester Theophilos,
ἵνα ἐπιγνῷς περὶ ὧν κατηχήθης λόγων τὴν ἀσφάλειαν.	**4** damit du die Zuverlässigkeit der Lehren erkennst, in denen du unterrichtet bist.

Das Proömium des Lukasevangeliums besteht aus einem einzigen Satz, der von v. 1 bis v. 4 reicht. Dabei handelt es sich um den sprachlich besten Satz, der Lukas in den vielen Kapiteln seines Werkes überhaupt gelungen ist.[4] Dieses Proömium unterscheidet das Werk schon rein äußerlich von den andern kanonischen Evangelien: „Der Prolog erweist, daß der Verfasser die übliche literarische Bildung der hellenistisch-römischen Zeit besitzt und für sein Werk einen Platz in der Literatur beansprucht."[5]

Wir gehen dem nun in aller Kürze nach. „Nachdem schon viele den Versuch unternommen haben, eine Erzählung zusammenzustellen über die Dinge, die sich in unsrer Mitte erfüllt haben ..." (v. 1). Viele Vorgänger nennt Lukas, wir aber kennen nur zwei oder drei (das Markusevangeliums; die Spruchquelle; das lukanische Sondergut, das allerdings seinerseits vielleicht wieder in mehrere Quellen zerfällt). Wer trotz vieler Vorgänger dasselbe noch einmal »versucht«, kann die Werke der Vorgänger nicht für perfekt halten. Das bedeutet: Schon gleich zu Anfang kündigt sich eine vorsichtige Kritik des Lukas an seinen Vorgängern an.

Nach dem πολλοί *(polloi)* folgt das Prädikat ἐπεχείρησαν *(epecheirēsan)*, „sie haben den Versuch unternommen". Was will Lukas damit sagen? Cadbury möchte die Brisanz herunterspielen, indem er behauptet, daß in der Verwendung dieses Wortes keinerlei negative Qualifikation mitschwingt: „The other writers are mentioned as precedents rather than as failures."[6]

Daß Cadbury hier auf dem Holzweg ist, zeigt das Sprachgefühl keines geringeren als des Origenes, der z.St. schreibt, es handle sich um apokryphe Schriften:

Günter Klein: Lukas 1,1–4 als theologisches Programm, in: Zeit und Geschichte. Dankesgabe an Rudolf Bultmann zum 80. Geburtstag, Tübingen 1964, S. 193–216.

Loveday Alexander: The preface to Luke's Gospel. Literary convention and social context in Luke 1.1–4 and Acts 1.1, MSSNTS 78, Cambridge 1993.

4   *Cadbury* (s. die vorige Anmerkung), S. 96, diskutiert das καθώς aus v. 2, das nicht streng attisch sei: „But Luke, even in his best sentence, was not sensitive to this objection ... ".

5   *Eduard Meyer,* a.(Anm. 3)a.O., S. 8. Vgl. auch *Cadbury,* a.a.O., S. 489: „It is the only place in the synoptic gospels where the consciousness of authorship is expressed ... "

6   *Cadbury,* a.a.O., S. 493.

Ματθαῖος γὰρ οὐκ »ἐπεχείρησεν«,	Matthäus nämlich „hat nicht einen Versuch unternommen",
ἀλλ' ἔγραψεν ἀπὸ ἁγίου πνεύματος,	sondern geschrieben, was der Heilige Geist ihm eingab,
ὁμοίως καὶ Μᾶρκος καὶ Ἰωάννης,	in gleicher Weise auch Markus und Johannes
παραπλησίως δὲ καὶ Λουκᾶς.[7]	und ähnlich auch Lukas.

Dagegen träfe die Formulierung des Lukas etwa auf das Ägyptevangelium und ähnliche Machwerke zu (Z. 18ff.). Ganz eindeutig versteht Origenes also das Prädikat ἐπεχείρησαν *(epecheirēsan) in malam partem!*

Dem Origenes zum Trotz behauptet Theodor Zahn, sein – des Origenes – Verständnis lasse „sich aus dem Sprachgebrauch nicht rechtfertigen" – er kann eben besser Griechisch als selbst Origenes![7]

Was freilich den lukanischen Sprachgebrauch speziell angeht, so täuscht sich Zahn. Lukas verwendet dieses Verbum immer nur für gescheiterte Versuche, was nun doch ein starkes Argument für das Verständnis des Origenes ist. Ich führe die Stellen in aller Kürze vor. Es gibt im lukanischen Doppelwerk *zwei* weitere Vorkommen von ἐπιχειρεῖν *(epicheirein)*: (1) Apg 9,29. Hier ist davon die Rede, daß die Hellenisten den Paulus umbringen wollen. Dieser Versuch scheitert jedoch. Also ist unser Verbum hier von einem Versuch gebraucht, der nicht zum Ziel führt. (2) Apg 19,13. Hier heißt es: „Es versuchten auch einige der herumziehenden jüdischen Exorzisten, über die, welche die bösen Geister hatten, den Namen des Herrn Jesus zu nennen, indem sie sprachen: »Ich beschwöre euch bei Jesus, den Paulus verkündigt.«" Doch wie reagiert der auszutreibende Geist? Er sagt: „Den Jesus zwar kenne ich, und mit Paulus bin ich bekannt – aber was seid ihr denn für welche?" Und so endet ihr Versuch in 19,16 mit einer tüchtigen Tracht Prügel und einem etwas ungeordneten Rückzug der Herren. Auch hier handelt es sich mithin um einen klar gescheiterten Versuch.

Damit ergibt sich ohne weiteres: Sowohl in Apg 9,29 als auch in Apg 19,13 bezeichnet ἐπιχειρεῖν *(epicheirein)* einen *fehlgeschlagenen* Versuch. So kann Klein im Hinblick auf Luk 1,1 folgern, „daß [sich] für unsere Stelle die Möglichkeit eines negativen Einschlages … zumindest nahelegen dürfte."[8] „Lukas scheint also mit diesem Wort andeuten zu wollen, daß er die schriftstellerischen Versuche der πολλοί *[polloi]* für unzureichend hält."[9]

Wenn diese Auslegung zutrifft, hält Lukas die Versuche seiner Vorgänger also für unzureichend. Das wirft natürlich sogleich die Frage auf, was er denn besser machen will, inwiefern er über ihre Versuche hinauszukommen hofft. Auf diese Frage gibt Lukas in v. 3 eine Antwort: „… schien es auch mir angebracht – nachdem ich allem von Anfang an genau nachgegangen war –, es dir Stück für Stück aufzuschreiben, bester Theophilos". Ich weise Sie zunächst darauf hin, daß dies die einzige Stelle in den kanonischen Evangelien ist, an der der Verfasser in der 1. Person Singular von sich

---

7 Ὠριγένους εἰς τὸ κατὰ Λουκᾶν Εὐαγγέλιον, (Ὁμιλία Αʹ, ΕλλΠατ 15, Athen 1958 [die Ausgabe folgt dem Text von *M. Rauer:* Die Homilien zu Lukas in der Übersetzung des Hieronymus und die griechischen Reste der Homilien und des Lukas-Kommentars, GCS, Origenes Werke 9, Leipzig 1930], S. 11, Z. 15–17).

7 *Theodor Zahn:* Das Evangelium des Lucas. Erste Hälfte, Leipzig 1913, S. 43.

8 *Günter Klein,* a.(Anm. 3)a.O., S. 195.

9 *Günter Klein,* a.a.O., S. 195f.

Abbildung IX.6: Auch die Frankfurter Allgemeine Sonntagszeitung …

spricht (jedenfalls in der deutschen Übersetzung erscheint diese; im griechischen Text immerhin ἔδοξε κἀμοί *[edoxe kamoi]*). Nirgendwo sonst in den Evangelien spricht der Verfasser in dieser Weise über sich selbst. Manchen Textzeugen erschien dies so unglaublich oder doch ungewöhnlich, daß sie sich zu der Ergänzung *et spiritui sancto* veranlaßt sahen.[10]

Dieser Schriftsteller, der sich da zu Wort meldet, will sich von seinen Vorgängern unterscheiden, indem er sie schon rein stofflich übertrifft. Er ist »allem« genau nachgegangen und schreibt es auf. Wenn Sie das Lukasevangelium mit Markus vergleichen, sehen Sie, daß dies zutrifft: Über die von uns so genannte Vorgeschichte erfahren wir bei Markus nichts. Er erzählt weder die Vorgeschichte der Geburt Je-

---

10   Vgl. den Apparat zur Stelle (die Zeugen sind b q vg^mss) sowie Apg 15,28: ἔδοξεν γὰρ τῷ πνεύματι τῷ ἁγίῳ καὶ ἡμῖν.

Das wird der Selbsteinschätzung des Lukas jedoch nicht gerecht. Treffend wird diese in der oben abgebildeten Karikatur gekennzeichnet: Lukas versteht sich als Autor – dem der Lektor in der Karikatur freilich keine große Zukunft prophezeit. Es handelt sich dabei um eine Karikatur aus der Frankfurter Allgemeinen Sonntagszeitung Nr. 10 vom 12. März 2006. Auf S. 25 findet sich der Artikel „Die Schattenmänner. Keiner kennt ihre Namen, aber ohne sie entsteht kein gutes Buch: Lektorinnen und Lektoren sind die Helden der Leipziger Buchmesse", dem diese Karikatur als »Aufmacher« dient.

Das Exemplar der Zeitung wurde am 13. März 2006 am Flughafen von İzmir erstanden, bei strömendem Regen nach Aphrodisias transportiert und dort in dem unvergeßlichen Ambiente des *Aphrodisias Hotel* bei klirrender Kälte und in feuchter Atmosphäre von mir studiert. Trotz sintflutartiger Regenfälle über Wochen ist es mir gelungen, die Karikatur trocken bis nach Hause zu befördern.

su, noch die Weihnachtsgeschichte, noch die vom Zwölfjährigen usw. Das bedeutet: Lukas führt schon am Anfang seines Evangeliums weit über Markus hinaus.[11] Das „von Anfang an" in unserm Vers erhält so ein besonderes Gewicht. In bezug auf den Anfang ist Lukas überzeugt, seine Vorgänger weit zu übertreffen.

Man könnte nun diesen stofflichen Aspekt durch das ganze Evangelium hindurch verfolgen: Der Vergleich mit Markus erweist den Anspruch des Lukas auch im folgenden als berechtigt. Doch mag das auf sich beruhen. Denn das spektakulärste Plus, das den Lukas nicht nur von allen seinen Vorgängern, sondern auch von allen seinen Nachfolgern unterscheidet, ist ja sein zweites Buch, das in der christlichen Literatur ohne Parallele ist: Nie hat der Verfasser eines Evangeliums diesem ein zweites Buch hinterhergeschickt. Dies tat nur Lukas. Die Formulierung im Proömium hinsichtlich der Dinge, die sich unter uns erfüllt haben, bezieht sich dem entsprechend nicht nur auf das Leben Jesu, sondern auch auf die Zeit der Kirche, die im zweiten Buch geschildert wird.[12]

Verbleibt noch das χράτιστε Θεόφιλε *(krátiste Theophile)* zu erklären. Das lukanische Doppelwerk ist, „dem ständigen Brauch der hellenistischen Literatur entsprechend, einem befreundeten Gönner gewidmet."[13] Die antiken Ausleger haben häufig die Person des Theophilos in eine Fiktion auflösen wollen. Jeder Freund (φίλος *[philos]*) Gottes (θεοῦ *[theou]*), also Gott-Freund (Θεόφιλος *[Theophilos]*) sei hier durch den Verfasser angesprochen. Dies halte ich für eine verfehlte Interpretation.[14] Vielmehr bin ich mit Eduard Meyer der Auffassung: „Der anderweitig nicht bekannte Adressat Theophilos ist ein Mann von angesehener sozialer Stellung, und erhält daher das ehrende Beiwort χράτιστος *[krátistos]*."[15] Eduard Meyer weist in diesem Zusammenhang auf eine Parallele hin, die dem lukanischen Doppelwerk sowohl in

---

11 Vgl. dazu *Günter Klein:* „Schaltet Lukas seinem Evangelium den großen Komplex der Kindheitsgeschichten vor, so greift er damit auf Material zurück, das nach seiner eigenen Bestimmung des Apostolischen dem Augenzeugnis der Apostel gar nicht offenstand" (a.a.O., S. 207). Die lukanische »Definition« für »Apostel« findet sich in Apg 1,21–22: Deren Augenzeugenschaft erstreckt sich zurück bis zur Taufe des Johannes; was davor liegt, ist für Lukas spezifisch.

12 Die Formulierung περὶ τῶν πεπληροφορημένων πραγμάτων „geht keineswegs allein auf die Geschichte Christi, sondern auch auf den nach der Himmelfahrt im Kreise der Jünger Geschehene", wie schon Schleiermacher hervorhebt *(Friedrich Schleiermacher,* a.[Anm. 2]a.O., S. 346).

13 *Eduard Meyer,* a.(Anm. 3)a.O., S. 1.

14 Vgl. schon *Cadbury:* „In view of the prevalence of the name Theophilus there seems little reason to accept the suggestion that Theophilus here is the typical lover of God. The custom of dedicating books to individuals, real persons more or less intimately known by the author, is also against this explanation. The early Christian Fathers, who were used to the wordplay on personal names from the Old Testament, with their own delight in allegory, found in this name an irresistable temptation to draw a moral instead of acknowledging their ignorance about the identity of Theophilus. But their example is not one for modern students to follow" *(Cadbury,* a.[Anm. 3]a.O., S. 508).

15 *Eduard Meyer,* a.a.O., S. 6. „Diese Anrede ist bekanntlich bei der fortschreitenden Ausbildung der Beamtenhierarchie und des Titelwesens etwa seit Kaiser Marcus das offizielle Attribut der ritterlichen Procuratoren geworden, als Übersetzung von *vir egregius;* in älterer Zeit, wo die Abstufung noch nicht durchgeführt war, wird es in weit umfassenderer Weise gebraucht, so auch für Senatoren« (ebd.).

zeitlicher als auch in sachlicher Hinsicht nahesteht. Dabei handelt es sich um ein Werk des jüdischen Historikers Flavius Josephus, der ein Zeitgenosse des Lukas gewesen ist. Dieses Werk trägt den Titel *Contra Apionem* und ist einem Epaphroditos gewidmet, den Josephus in seinem Proömium zum ersten Buch (*Contra Apionem* besteht – auch dies eine Parallele zum lukanischen Werk – aus zwei Büchern) ebenfalls mit κράτιστε ἀνδρῶν Ἐπαφρόδιτε *(krạtiste andrọ̄n Epaphrọdite)* anredet; „zu Anfang des zweiten Buches sagt er vertraulicher τιμιώτατέ μοι Ἐπαφρόδιτε *[timiọtatẹ moi Epaphrọdite]*, und am Schluß einfach σοὶ δέ, Ἐπαφρόδιτε *[sọi dẹ, Epaphrọdite]*. Ebenso hat Lukas zu Anfang des zweiten Buchs den Titel weggelassen und sich mit ὦ Θεόφιλε *[ọ̄ Theọphile]* begnügt."[16]

Die Absicht, die er mit seinem Werk verfolgt, bringt Lukas in dem vierten und letzten Vers des Proömiums zum Ausdruck: „... damit du die Zuverlässigkeit der Lehren erkennst, in denen du unterrichtet bist." Der entscheidende Punkt für die Interpretation dieses Verses liegt darin, daß Lukas nicht nur den πολλοί *(pollọi)* gegenüber kritisch ist, sondern er ist „ebenso kritisch gegen das vorauszusetzende Wissen seines Lesers, das noch der ἀσφάλεια *[asphạleia]* entbehrt."[17]

Wir kommen hier noch einmal auf den in v. 3 erwähnten Theophilos zurück, da in v. 4 über ihn gesagt wird, er sei „in den Lehren unterrichtet" (κατηχήθης *[katēchẹ̄thēs]*). Meist versteht man das in dem Sinne, daß Theophilos Christ sei.[18] Theodor Zahn in seinem Lukaskommentar bestreitet dies jedoch. Die Anwendung des Titels κράτιστε *(krạtiste)* in v. 3 erlaube vielmehr „mit Sicherheit" den Schluß, „daß Theophilus zur Zeit noch kein Glied einer christlichen Gemeinde war. Es fehlt in der christlichen Literatur bis in den Anfang des 3. Jahrhunderts jedes Beispiel dafür, daß Christen untereinander einen auch nur irgend vergleichbaren Titel gebraucht hätten."[19]

Diese Debatte ist nicht nur von akademischem Interesse, sondern sie ist von Bedeutung für die gattungsgeschichtliche Einordnung des lukanischen Doppelwerkes.

---

16 *Eduard Meyer*, ebd. Die Belegstellen bei Josephus sind: Contra Apionem I 1; II 1 und II 296.
  Günter Klein, der sonst so akribische, meint dieses Problem mit einigen schwammigen Bemerkungen (S. 211–213) erledigen zu können. Diese gipfeln in dem Ergebnis: „Unter diesem Gesichtspunkt ist es gleichgültig, ob es sich bei Theophilus um eine historische Figur handelt oder nicht. Die auf Origenes zurückgehende symbolische Deutung scheint jeder historisierenden jedenfalls darin überlegen, daß sie die Dedikation aus kompositorischer Absicht des Lukas zu verstehen sucht" (*Klein*, S. 213). Ich habe bei der ersten Lektüre des Kleinschen Aufsatzes an dieser Stelle »absurd« an den Rand geschrieben und kann diese Marginalie nun allenfalls mit einem Ausrufezeichen ergänzen!

17 *Günter Klein*, a.a.O., S. 214.

18 So beispielsweise *Eduard Meyer*: „Natürlich ist er Christ, »in den Lehren unterrichtet«" (a.a.O., S. 7).

19 *Theodor Zahn*: Das Evangelium des Lucas. Erste Hälfte, Leipzig 1913, S. 58. Ähnlich auch *Cadbury*, der am Schluß seiner Interpretation des Proömiums meint: „If so, Theophilus was not a catechumen but an influential non-Christian (cf. above on κράτιστος), to whom this work is nominally dedicated or addressed with the intention of meeting incriminating reports or impressions by the presentation of exonerating facts" (a.a.O., S. 510) – so ein Blödsinn *(sit venia verbo!)*.

Zahn zieht aus seiner Interpretation des Verses 4 nämlich die weitreichende Konsequenz, „die Schrift des Lukas sei lediglich zur persönlichen Belehrung des Theophilos bestimmt gewesen und nur nebenbei, gewissermaßen per nefas, an die Öffentlichkeit gedrungen – eine Anschauung, die BLASS und ZAHN für die verunglückte Hypothese einer doppelten Redaktion des Werks durch Lukas selbst verwerten: die eine stamme aus seiner Kladde (oder nach ZAHN aus einer späteren Durchsicht seines Originalmanuskripts), die andere aus der Theophilos übersandten Reinschrift.“[20]

Davon aber kann keine Rede sein, wenn Theophilos, der Widmungsempfänger, schon Christ ist. In diesem Fall zielt das Werk des Lukas auf die christliche Gemeinde und nur auf diese. Daß man sich auch an die Heidenwelt wenden könnte, ist den Autoren des Neuen Testaments noch nicht in den Sinn gekommen. Dies ist eine Entwicklung der späteren Zeit, des zweiten Jahrhunderts, wo sich zum ersten Mal Christen mit apologetischen Schriften an die Heidenwelt wenden.[21]

Daß Theophilos schon Christ ist und Lukas auf ein christliches Publikum zielt, kann man nach meinem Urteil sinnvollerweise nicht bestreiten. So kommt auch Loveday Alexander in ihrer Monographie über das Proömium des Lukas zu dem Ergebnis, daß Lukas „is not writing for complete outsiders, but for a group in which his vague phrases (»the matters« which have come to fruition in our midst«, »the things in which you have been instructed«) would be immediately understood. Theophilus above all, we must presume, knows what to expect; he had received some kind of information about all this.“[22]

„Beide Tatbestände sind dann dahingehend miteinander zu verbinden, daß der Leser sein unzureichendes Wissen eben aus den unzureichenden Werken der Vorgänger hat. Erst auf Grund eines die in V. 3 genannten Bedingungen erfüllenden Werkes wird die bisher unerreichbare ἀσφάλεια *[asphaleia]* möglich.“[23]

Hier ergibt sich dann das theologische Problem der lukanischen Konzeption: „Greift Lukas hier auf profane Stilmittel zurück, so dient ihm der damit verbundene Verzicht auf eine lingua Christiana gerade als Ausdruckselement für die objektive Verifizierbarkeit der Glaubensinhalte. Zugespitzt läßt sich sagen: Eben mittels des Verzichts auf spezifisch christliche Formulierungen bringt Lukas das spezifische

---

20 *Eduard Meyer*, a.a.O., S. 7f.

21 Vgl. schon *Eduard Meyer*, a.a.O., S. 9: Lukas „hat … nur Leser im Auge, die Christen sind oder wenigstens dem Christentum nicht fern stehn und dafür gewonnen werden können: es ist ein Buch für die christliche Gemeinde, nicht für die Heidenwelt, wie die Schriften der Apologeten. Gleich das Prooemium ist so gefaßt, daß ein nichtorientierter Heide es nicht verstehn kann. Durchweg setzt er Bekanntschaft mit der heiligen Schrift und den jüdischen Anschauungen und Institutionen voraus, und in seinem Stil hat er die Anlehnung an die Septuaginta nicht nur nicht vermieden, sondern geradezu gesucht, und viele seiner Erzählungen sind nach dem Vorbild der griechischen Bibel gestaltet.“

22 *Loveday Alexander*, a.(Anm. 3)a.O., S. 137. Zu κατηχήθης vgl. noch ihre Ausführungen auf S. 139 und 141f.

23 *Günter Klein*, a.a.O., S. 214.

Glaubensinteresse – wie es sich für ihn darstellt – derart massiert zur Geltung, daß der Prolog geradezu die lukanische Theologie in nuce repräsentiert.«[24]

Die Kritik an den πολλοί *(polloi)* geht dahin, daß diese πολλοί *(polloi)* sich mit der διήγησις *(dihēgēsis)* der Augenzeugen zufriedengegeben haben. Aufgabe ist aber, zu den Tatsachen selbst vorzustoßen: „Wer nicht tendenziell zu den Tatsachen selbst vorstößt, bleibt grundsätzlich der Unsicherheit verhaftet. Darum setzt Lukas seinen Vorgängern gegenüber noch einmal neu an, indem er in programmatischer Differenzierung zu ihnen (V. 3) mittels eigenverantwortlicher historischer Rückfrage die Tatsachen [πράγματα, *pragmata*] selbst zu erheben trachtet.“[25]

„V. 4 sagt faktisch ja nichts anderes, als daß in dieser traditionsgeschichtlichen Situation Heilsgewißheit bis jetzt unerschwinglich war. Demnach kommt dem die Heilsgewißheit von neuem ermöglichende lukanischen Werk ein exzeptioneller theologischer Rang zu.“[26]

2. Der Aufbau des Evangeliums

Man kann leicht die großen Teile voneinander abheben und erhält dann eine Übersicht über den Inhalt des Evangeliums im groben:

1.	1,1–4	Das Proömium
2.	1,5–2,52	Die Kindheitsgeschichten
3.	3,1–4,13	Die Vorbereitung
4.	4,14–9,50	Jesu Wirksamkeit in Galiläa
5.	9,51–19,27	Jesus auf dem Weg nach Jerusalem
6.	19,28–24,53	Passion und Ostern

Was zunächst die Kindheitsgeschichten angeht, so sind diese sowohl nach oben als auch nach unten klar abgegrenzt: Mit 1,5 beginnt eine Reihe von Synchronismen, die sich zu Beginn des Kapitels 2 und des Kapitels 3 fortsetzen; sie sind ein Charakteristikum des Lukasevangeliums. 3,1 wiederum ist ein klarer Neueinsatz.

Dieser Teil des Lukasevangeliums geht vollkommen auf lukanisches Sondergut zurück; wir finden hier also weder Perikopen aus Markus noch solche aus Q.

Die Gliederung der Kindheitsgeschichten ergibt sich wie folgt:

I. Vorgeschichte der Geburt des Johannes und der Geburt Jesu

    1. Die Geburt des Johannes wird angekündigt (1,5–25)

    2. Die Geburt Jesu wird angekündigt (1,26–38)

    3. Der Besuch der Maria bei Elisabeth (1,39–56)

---

24   Ebd.
25   *Günter Klein*, a.a.O., S. 215.
26   Ebd.

II. Geburt und Kindheit des Johannes und Geburt und Kindheit Jesu

    1. Die Geburt des Johannes (1,57–58)

    2. Die Beschneidung des Johannes (1,59–80)

    3. Die Geburt Jesu (2,1–20)

    4. Die Beschneidung Jesu (2,21–40)

    5. Der zwölfjährige Jesus im Tempel (2,41–52)

Auch die Vorbereitung kann man als klar abgegrenzten Teil des Evangeliums aus-
sondern: Daß in 3,1 ein Neueinsatz vorliegt, haben wir vorhin schon gesehen. Bleibt
also nur die Frage zu klären, wie weit der hier beginnende Abschnitt reicht. Wer
die griechische Ausgabe des Textes zur Hand hat, sieht, daß Aland einen Einschnitt
nach 4,13 annimmt. Dieser Einschnitt ist wohlbegründet, da mit v. 13 die Versu-
chungsgeschichte beendet ist und in v. 14 die Wirksamkeit Jesu beginnt, näherhin
die Wirksamkeit in Galiläa.[27] In v. 16 folgt das erste Beispiel für diese Wirksamkeit,
die sogenannte Antrittspredigt in Nazareth.

    In diesem Teil des Evangeliums finden sich sowohl Perikopen aus Markus, als auch
solche aus Q; daneben auch lukanisches Sondergut wie beispielsweise die Standespre-
digt des Täufers. Die Gliederung ergibt sich folgendermaßen:

    1. Johannes der Täufer (3,1–6)

    2. Die Predigt des Täufers (3,7–18)

    3. Die Gefangennahme des Täufers (3,19–20)

    4. Die Taufe Jesu (3,21–22)

    5. Der Stammbaum Jesu (3,23–38)

    6. Die Versuchung in der Wüste (4,1–13).

Wer diese Gliederung aufmerksam ins Auge faßt, dem fällt auf, daß Lukas die
Taufe Jesu (3,21–22) *nach* der Gefangennahme des Täufers einordnet – schon von der
Gliederung her ein bemerkenswertes Phänomen!

∗ ∗ ∗

Damit kommen wir zu Jesu Wirksamkeit in Galiläa. Schon im ersten Vers dieses
Teils des Evangeliums, in 4,14, ist der Schauplatz Galiläa genannt. Hier begegnet
auch das lukanische Lieblingswort ὑπέστρεψεν *(hypestrepsen)*: Jesus kehrt in der Kraft

---

27   Der v. 13 hat auch eine besondere theologische Bedeutung: Hier beginnt die satanslose Zeit,
die bis 22,3 reicht.

des Geistes nach Galiläa zurück. Dort liegt das Betätigungsfeld für diesen Teil des Evangeliums. Er endet in 9,51, wo der Blick auf Jerusalem gelenkt wird.[28]

4,14a	Reise nach Galiläa	Mk 1,14a
4,14b–15	Wirksamkeit in Galiläa	Mk 1,14b–15
4,16–30	Predigt in Nazareth	vgl. Mk 6,1–6a
4,31–32	Lehrvortrag in der Synagoge zu Kapernaum	Mk 1,21–22
4,33–37	Heilung des Besessenen in der Synagoge	Mk 1,23–28
4,38–39	Heilung der Schwiegermutter des Petrus	Mk 1,29–31
4,40–41	Heilungen am Abend	Mk 1,32–34
4,42–43	Jesus verläßt Kapernaum	Mk 1,35–38
4,44	Reisetätigkeit (in Judäa!)	Mk 1,39
5,1–11	Der Fischzug des Petrus	Lukas-Sondergut
5,12–16	Heilung des Aussätzigen	Mk 1,40-45
5,17–26	Heilung des Gelähmten	Mk 2,1–12
5,27–32	Berufung des Levi, Zöllnermahl	Mk 2,13–17
5,33–39	Die Fastenfrage, Gleichnisantworten	Mk 2,18–22
6,1–5	Das Ährenraufen am Sabbat	Mk 2,23–28
6,6–11	Heilung der verdorrten Hand am Sabbat	Mk 3,1–6
6,12–16	Auswahl der Zwölf	Mk 3,13–19
6,17–19	Summarium	Mk 3,7–12

---

28 Ein Problem bildet 4,44, wo von einer Reisetätigkeit in Judäa (!) die Rede ist. Die Parallele bei Mk (1,39) hat Galiläa (so auch Mt 4,23). Wieso hat also Lukas hier Judäa? Man lasse folgende Ausführungen auf sich wirken: „This can hardly [!] refer to the southern district of Judaea, as distinct from Galilee (*pace* Conzelmann, 33–35); it is improbable [in der Tat] that a ministry in the south should be interpolated here … [Mit Schürmann ist vielmehr anzunehmen] that Judaea here means Palestine as a whole *including* Galilee … " (*I. Howard Marshall:* The Gospel of Luke, The New International Greek Testament Commentary, Exeter 1978, S. 198–199).

Dagegen *Hans Conzelmann* (Die Mitte der Zeit. Studien zur Theologie des Lukas, BHTh 17, Tübingen [6]1977, S. 62): „Jesus kann bei Lukas ohne weiteres zwischen Galiläa und Judäa hin- und herwechseln, ohne daß dabei an Jerusalem-Reisen Johanneischen Stils gedacht ist. Die Stelle 4,44 wird verständlich, ebenso die Tatsache, daß zwischen dem Aufenthalt in Galiläa, 13,31ff., und der Ankunft vor Jerusalem kein Übergang markiert ist. Die beliebte, aber nicht zu beweisende Annahme eines doppelten Gebrauchs von »Judäa« (in einem engeren und einem weiteren Sinne) wird einfach überflüssig, sobald beide Gebiete aneinander grenzen. Sie sind in der Vorstellung des Lukas geographisch-völkisch-religiös eine Einheit; politisch sind sie gegliedert in die römische Prokuratur und die Herrschaft des Herodes."

An diesem ersten Teil der Tabelle kann man sehr schön die Arbeitsweise des Lukas beobachten. Er verwendet seine Quellen blockweise: Hier haben wir einen Block, den Lukas aus dem Markusevangelium übernommen hat (einzige Ausnahme: 5,1–11). Hinzu kommt die Beobachtung, daß Lukas die Reihenfolge der Stücke, die er aus der Vorlage übernimmt, nicht ändert, sondern durchweg beibehält. Das ist ein Phänomen, das bei der Rekonstruktion der Logienquelle von nicht zu unterschätzender Bedeutung ist.

$$* * *$$

Wir können diese Aufstellung hier nicht bis zum Ende des Evangeliums fortsetzen (das würde die Seitenzahl dieses Kapitels ins Unermeßliche anschwellen lassen!); ich rate Ihnen aber, einmal selbst für die folgenden Stücke eine solche Tabelle zu erstellen. Als nächstes begegnet uns die sogenannte *kleine Einschaltung*; das ist der Name für das Stück 6,20–8,3, in dem Lukas den Markus-Faden verläßt, um Stoffe aus Q und aus seinem Sondergut einzufügen. In 8,4–9,17 folgt dann wieder ein Markus-Block (bei Markus handelt es sich um das Stück von 4,1 bis 6,44).

Darauf folgt die lukanische Lücke: Die Passage Mk 6,45–8,26 fehlt bei Lukas völlig. Von 9,18–9,50 folgt dann wieder Markus-Stoff.

Wir werfen abschließend einen Blick auf die Reise nach Jerusalem. Den einleitenden Vers 9,51 haben wir schon erwähnt. Mit 9,52 beginnt die sogenannte *große Einschaltung*, einer langen Passage, die bis 18,14 reicht und nur aus Q-Stücken und Sondergut besteht. Erst in 18,15 nimmt Lukas den Markus-Faden dann wieder auf.

$$* * *$$

Die übrigen Einleitungsfragen, die für das Lukasevangelium zu diskutieren wären, also die Frage nach dem Verfasser, nach der Zeit und dem Ort der Abfassung des Werks, vertagen wir bis zum nächsten Paragraphen: Wir werden sie im Zusammenhang mit der Apostelgeschichte erörtern. Dieses Vorgehen ist sachgemäß, weil die Apostelgeschichte für die Beantwortung dieser Fragen wesentlich mehr konkrete Anhaltspunkte bietet als das Evangelium.

3. Literatur[29]

Einführungen zum Lukasevangelium

Walter Radl: Lukasevangelium, RGG⁴ 5 (2002), Sp. 546–550.

Peter Pilhofer: Lukasevangelium, http://www.neutestamentliches-repetitorium.de.

---

29 Bitte beachten Sie: Hier wird nur die Literatur angeführt, die sich speziell mit dem Evangelium des Lukas beschäftigt. Übergreifende Titel, die das lukanische Werk als ganzes ins Auge fassen, sind erst im Literaturverzeichnis zur Apostelgeschichte am Ende dieses Kapitels verzeichnet.

Kommentare in chronologischer Folge

Julius Wellhausen: Das Evangelium Lucae, übersetzt und erklärt von J. W., Berlin 1904; wieder abgedruckt in: *ders.:* Evangelienkommentare. Mit einer Einleitung von Martin Hengel, Berlin/New York 1987.

Theodor Zahn: Das Evangelium des Lucas. Erste Hälfte, KNT III 1, Leipzig 1913.

Theodor Zahn: Das Evangelium des Lucas. Zweite Hälfte, KNT III 2, Leipzig ³/⁴1920.[30]

I. Howard Marshall: The Gospel of Luke. A Commentary on the Greek Text, The New International Greek Testament Commentary o. Nr., Exeter 1978.

Joseph A. Fitzmyer: The Gospel According to Luke. Introduction, Translation and Notes, Band I und II, AncB 28.28A, New York 1981 und 1985.

Eduard Schweizer: Das Evangelium nach Lukas, NTD 3, Göttingen 1982.

Wolfgang Wiefel: Das Evangelium nach Lukas, ThHK 3, Berlin 1988.

François Bovon: Das Evangelium nach Lukas, 1. Teilband. Lk 1,1–9,50, EKK III 1, Zürich/Neukirchen-Vluyn 1989.

François Bovon: Das Evangelium nach Lukas, 2. Teilband. Lk 9,51–14,35, EKK III 2, Zürich/Düsseldorf/Neukirchen-Vluyn 1996.

François Bovon: Das Evangelium nach Lukas, 3. Teilband. Lk 15,1–19,27, EKK III 3, Zürich/Düsseldorf/Neukirchen-Vluyn 2001.

Karl Löning: Das Geschichtswerk des Lukas, Band I: Israels Hoffnung und Gottes Geheimnisse, UB 455, Stuttgart 1997.

Karl Löning: Das Geschichtswerk des Lukas, Band II: Der Weg Jesu, UB 456, Stuttgart 2006.

Hans Klein: Das Lukasevangelium, KEK I 3, Göttingen 2006.

Michael Wolter: Das Lukasevangelium, HNT 5, Tübingen 2008.

Sonstige Literatur (alphabetisch)

Loveday Alexander: The preface to Luke's Gospel. Literary convention and social context in Luke 1.1–4 and Acts 1.1, MSSNTS 78, Cambridge 1993.

Reinhard von Bendemann: Zwischen δόξα und σταυρός. Eine exegetische Untersuchung der Texte des sogenannten Reiseberichts im Lukasevangelium, BZNW 101, Berlin/New York 2001.

Lukas Bormann: Recht, Gerechtigkeit und Religion im Lukasevangelium, StUNT 24, Göttingen 2001.

Georg Braumann [Hg.]: Das Lukas-Evangelium. Die redaktions- und kompositionsgeschichtliche Forschung, WdF 280, Darmstadt 1974.

Bernhard Heininger: Metaphorik, Erzählstruktur und szenisch-dramatische Gestaltung in den Sondergutgleichnissen bei Lukas, NTA 24, Münster 1991.

Joachim Jeremias: Die Sprache des Lukasevangeliums. Redaktion und Tradition im Nicht-Markusstoff des dritten Evangeliums, KEK Sonderband, Göttingen 1980.

---

30 Beide Bände des Zahnschen Kommentars sind als Nachdruck in einem Band verfügbar: *Theodor Zahn:* Das Evangelium des Lucas. Mit einem Geleitwort von Martin Hengel, Wuppertal 1988.

Günter Klein: Lukas 1,1–4 als theologisches Programm, in: Zeit und Geschichte. Dankesgabe an Rudolf Bultmann zum 80. Geburtstag, Tübingen 1964, S. 193–216.

Gerd Petzke: Das Sondergut des Evangeliums nach Lukas, ZBK o. Nr., Zürich 1990.

Walter Radl: Der Ursprung Jesu. Traditionsgeschichtliche Untersuchungen zu Lukas 1–2, Herders biblische Studien 7, Freiburg 1996.

Martin Rese: Das Lukas-Evangelium. Ein Forschungsbericht, ANRW II 25,3 (1985), S. 2258–2328.

Tim Schramm: Der Markus-Stoff bei Lukas, MSSNTS 14, Cambridge 1971.

Wolfgang Stegemann: Zwischen Synagoge und Obrigkeit. Zur historischen Situation der lukanischen Christen, FRLANT 152, Göttingen 1991.

§ 51 *Die Apostelgeschichte*

Wir haben zu Beginn dieses Kapitels gesehen, daß Lukas sich von allen andern Evangelisten dadurch unterscheidet, daß er seinem Evangelium ein zweites Buch hinzufügt. In seinem Proömium gibt er zu erkennen, daß er mit den Werken seiner Vorgänger nicht zufrieden ist.[1] Was immer er in seinem Evangelium besser macht als seine Vorgänger – das entscheidende Plus ist sein zweites Buch, das den Rahmen der früheren Evangelien bei weitem sprengt. Behandeln die andern Evangelien das Leben Jesu – also je nach Chronologie den Verlauf eines oder mehrere Jahre –, so reicht das Werk des Lukas von den Tagen des Herodes (vgl. Luk 1,5) bis in die Regierungszeit des Kaisers Nero, d.h. von 4 v.Chr. bis zur Haft des Paulus in Rom Anfang der sechziger Jahre n.Chr.

Einführende Charakterisierung

Ohne die Apostelgeschichte des Lukas wäre eine Darstellung der Geschichte des frühen Christentums so gut wie unmöglich. Hätten wir dieses Werk des Lukas nicht, so wären die Nebel, die Ursprung und Anfänge des Christentums verbergen, auf weite Strecken völlig undurchdringlich. Aus dieser Perspektive geurteilt, ist die Apostelgeschichte die wichtigste Einzelschrift im Neuen Testament überhaupt. D.h. wir könnten auf jede einzelne Schrift aus dem Neuen Testament eher verzichten als auf die Apostelgeschichte.

Das Merkwürdigste an der Apostelgeschichte ist die Tatsache, daß es sie überhaupt gibt. Keiner der Evangelistenkollegen des Lukas ist je auf die Idee gekommen, seinem Evangelium ein zweites Buch hinterherzuschicken. Das mit Recht so genannte lukanische *Doppelwerk* ist daher im Neuen Testament ohne Parallele. Dies ist nicht nur eine bibelkundliche Feststellung, sondern ein Sachverhalt von einer nicht zu unterschätzenden *theologischen* Bedeutung, wird hier doch der Zeit Jesu die Zeit der

---

1 Zum Proömium des Lukas im Evangelium 1,1–4 vgl. die eingehende Diskussion oben in diesem Kapitel, Paragraph 50, S. 345–352.

Kirche gleichberechtigt an die Seite gestellt.[2] Freilich hat sich Lukas hier theologisch nicht durchgesetzt: Liefert sein Evangelium ungefähr 75 Predigttexte, so sind es im Fall der Apostelgeschichte kümmerliche 25 – so viele kann fast schon der Epheserbrief aufweisen![3] Dabei umfaßt der Epheserbrief sechs, die Apostelgeschichte aber 28 Kapitel.

Die Apostelgeschichte ist für uns die einzige fortlaufende Quelle, die einen Bericht von den Ereignissen von der Himmelfahrt Jesu bis hin zu dem Aufenthalt des Paulus in Rom gibt, d.h. sie umfaßt in etwa die Jahre 30 bis 60 n.Chr. Obwohl wir in den Briefen des Paulus eine umfangreiche zweite Quelle haben, könnte man noch nicht einmal das Werk dieses Apostels ohne die Apostelgeschichte historisch rekonstruieren. Dies gilt umso mehr für die Geschichte der Urgemeinde (Apg 1–12), für die Gemeinde in Antiochien am Orontes (Apg 11.13–15), für die Gemeinde in Ephesos (Apg 18–19) und für die Phase der Wirksamkeit des Paulus, die nach der Abfassung des Römerbriefs anzusetzen ist.[4]

Aber auch in bezug auf solche Gemeinden, die durch paulinische Briefe an sich gut »dokumentiert« sind, bietet die Apostelgeschichte Material, das darüber hinausführt. Dies kann man sich etwa am Beispiel Philippis klarmachen: Weder die Purpurhändlerin Lydia, die erste Christin, die Paulus in Philippi und damit in Europa überhaupt gewonnen hat (Apg 16,11–15), noch der Gefängnisdirektor (Apg 16,25–34) begegnen im Brief des Paulus an die Philipper.

Daß die Apostelgeschichte darüber hinaus streckenweise geradezu spannend zu lesen ist, spricht für die schriftstellerischen Qualitäten des Verfassers. Man lese einige einschlägige Passagen (etwa Kapitel 6 über die ersten inneren Konflikte der Urgemeinde in Jerusalem; oder 8,4–25 die Konfrontation zwischen Simon Magus und Philippos; Kapitel 12 mit der Verfolgung der Urgemeinde durch Agrippa I.; 14,8–18 die Episode in Lystra usw.). Man erkennt, daß Lukas sein Brot auch als Unterhaltungsschriftsteller[5] hätte verdienen können ...

---

2   Eine ausführlichere Fassung dieser Überlegungen finden Sie in meiner Vorlesung zur Geschichte des frühen Christentums, deren pdf-Datei ebenfalls unter `www.neutestamentliches-repetitorium.de` zugänglich ist. Weitere Materialien speziell zur Apostelgeschichte finden sich unter `www.die-apostelgeschichte.de`.
Die folgenden Ausführungen sind meinen Texten zum Repetitorium 2005 entnommen, die unter `www.neutestamentliches-repetitorium.de` zu finden sind.

3   Die Angaben sind dem Register von *Herwarth von Schade* und *Frieder Schulz [Hg.]:* Perikopen. Gestalt und Wandel des gottesdienstlichen Bibelgebrauchs, reihe gottesdienst 11, Hamburg 1978 entnommen.

4   Im Unterschied zu vielen Lehrbüchern rechne ich nicht mit Rom als Abfassungsort paulinischer Briefe; wer etwa den Philipperbrief in Rom entstanden sein läßt, muß die Aussage oben im Text entsprechend modifizieren. Zum Problem vgl. die Texte zum Philipperbrief und Philemonbrief oben in Kapitel IV die Seiten 173–199.

5   *Jens Börstinghaus:* Sturmfahrt und Schiffbruch. Zur lukanischen Verwendung eines literarischen Topos in Apostelgeschichte 27,1–28,6, WUNT II 274, Tübingen 2010.

Doch Lukas war in erster Linie Historiker und Theologe, nicht Unterhaltungsschriftsteller. Trotzdem kann man von ihm nicht nur historisch und theologisch lernen.

Der Aufbau

Teil I: Von Jerusalem nach Antiochien: Kapitel 1–14

---

6   Die erste Fassung der Himmelfahrt findet sich bekanntlich am Ende des Evangeliums: Luk 24,50–53. Vgl. dazu *Peter Pilhofer:* Livius, Lukas und Lukian: Drei Himmelfahrten, in: *ders.:* Die frühen Christen und ihre Welt. Greifswalder Aufsätze 1996–2001. Mit Beiträgen von Jens Börstinghaus und Eva Ebel, WUNT 145, Tübingen 2002, S. 166–182.

Das Scharnier: Kapitel 15

Teil II: Von Antiochien nach Rom: Kapitel 16–28

Die Situation

Obwohl Lukas als einziger der Evangelisten seinem Werk in Luk 1,1–4 ein schulmäßiges Proömium[7] vorangestellt hat, auf das er zu Beginn des zweiten Buches noch einmal Bezug nimmt (Apg 1,1–2), bleibt bezüglich der sogenannten Einleitungsfragen so gut wie alles heftig umstritten, seine zeitliche Ansetzung ebenso wie sein theologisches Profil, um nur zwei herausragende Problemfelder zu nennen. Bis in die neuesten Kommentare und Einleitungen hinein kann man dazu ganz unterschiedliche Stellungnahmen finden.

Aus der Lektüre des lukanischen Doppelwerkes ergibt sich nach meinem Urteil die folgende zeitliche Ansetzung:

- Das Werk endet mit dem Aufenthalt des Paulus in Rom, der sich auf Anfang der 60er Jahre datieren läßt; daraus ergibt sich ein *terminus a quo*: Lukas schreibt mit Sicherheit nach 60 n.Chr.

- Das Werk endet (Apg 28,30–31) mit einem optimistischen Ton: Paulus lehrt in Rom mit allem Freimut (μετὰ πάσης παρρησίας *[meta pasēs parrēsias]*) –, und dies tut er ungehindert (ἀκολύτως *[akolytōs]*). Besonders dieses letzte Wort der Apostelgeschichte ist Programm: Die Behörden lassen den gefangenen Paulus gewähren.[8]

- Daraus ergibt sich als *terminus ad quem* die Regierungszeit des Kaisers Trajan (98–117): Zu seiner Zeit war das Verhältnis zwischen christlichen Gemeinden und römischen Behörden irreparabel, denn das Christsein als solches war ein mit der Todesstrafe bewehrtes Verbrechen.[9]

Als erstes Zwischenergebnis können wir daher notieren: Die Abfassung des lukanischen Doppelwerkes ist in die Zeit zwischen etwa 65 und 95 anzusetzen.

Zwei Gründe sprechen nach meinem Urteil für eine relativ späte Ansetzung in diesem zeitlichen Rahmen: Die Aussagen des Lukas in seinem Proömium Luk 1,1–4 lassen den Verfasser als einen Mann der dritten christlichen Generation erscheinen: Nach den Augenzeugen und Dienern des Wortes (Luk 1,2: οἱ ἀπ' ἀρχῆς αὐτόπται

---

7   Zum Proömium des Lukas im Evangelium vgl. die eingehende Diskussion oben in diesem Kapitel, S. 345–352.

8   Vgl. dazu *Gerhard Delling:* Das letzte Wort der Apostelgeschichte, NT 15 (1973), S. 193–204.

9   Zu Trajan und seinem die Christen betreffenden Rescript (= Plinius: Epistulae X 97) vgl. unten im Kapitel XI den Paragraphen 57.

καὶ ὑπηρέται γενόμενοι τοῦ λόγου *[hoi ap' archēs autoptai kai hypēretai genomenoi tou logou]*) – den Männern der ersten Generation – haben viele versucht, einen Bericht zusammenzustellen (Luk 1,1: πολλοὶ ἐπεχείρησαν ἀνατάξασθαι διήγησιν *[polloi epecheirēsan anataxasthai dihēgesin]*) – die Männer der zweiten Generation, auf deren Versuche Lukas mit mitleidigem Lächeln schon zurückblickt. Er selbst, der mit seinem Werk die Versuche dieser Vorgänger zu übertreffen glaubt, rechnet sich demnach schon der dritten Generation zu.

Der zweite Grund für die relativ späte Ansetzung ist das Verhältnis des Lukas zu Paulus. Durchweg entsteht der Eindruck, daß Lukas zeitlich und sachlich klar von Paulus getrennt ist.[10] Wenig plausibel ist daher die Annahme, Lukas sei ein Reisebegleiter des Paulus gewesen: Lukas schaut auf das Werk des Paulus aus deutlich späterer Perspektive zurück, wie verschiedene neuralgische Punkte zeigen:

• Lukas enthält dem Paulus den Titel »Apostel« vor. (Nur in Apg 14,4 und – falls der Text von Nestle/Aland[27] sich halten läßt[11] – in 14,14 wird Paulus sozusagen versehentlich als »Apostel« bezeichnet. Nach der lukanischen Definition aus Apg 1,21–22 ist Paulus gar nicht in der Lage, die Kriterien für einen Apostel zu erfüllen, da er nicht ein persönlicher Jünger Jesu ist!)

• Zudem trennt ein tiefer Graben die Theologie des Paulus von der Theologie des Lukas. In der klassischen Formulierung von Jens-W. Taeger kann man diese Differenz folgendermaßen benennen: „Der Mensch ist [in der Theologie des Lukas] kein *salvandus*, sondern ein *corrigendus*.“[12] Damit haben wir einen fundamentalen theologischen Dissens zwischen Paulus und Lukas.

Aus den genannten Gründen datiere ich das Doppelwerk des Lukas auf etwa 90 n.Chr. – mit einigem Spielraum in beide Richtungen.

Exkurs: Lukas und die Briefe des Paulus

Ein spezifisches Problem in diesem Zusammenhang ist das Verhältnis des Lukas zu den paulinischen Briefen: Warum verrät Lukas an keiner Stelle seines zweiten Buches Kenntnis dieser Quellen? Als ich die Vorlesung, auf der dieses Buch beruht, zum ersten Mal hielt, wurde diese Frage ausführlich diskutiert.[13] Im Verlauf dieser Diskussion verwies ich auf meine »Lösung«

---

10 Anders noch *Adolf Harnack:* Lukas der Arzt, der Verfasser des dritten Evangeliums und der Apostelgeschichte, Beiträge zur Einleitung in das Neue Testament I, Leipzig 1906.

11 Zum Text der Apostelgeschichte vgl. meine Studie »Der umstrittene Urtext«, deren erster Teil unter www.die-apostelgeschichte.de zugänglich ist.

12 *Jens-W. Taeger:* Der Mensch und sein Heil. Studien zum Bild des Menschen und zur Sicht der Bekehrung bei Lukas, StNT 14, Gütersloh 1982, S. 224. Die Kursivierung der lateinischen Wörter ist von mir.

13 Das war die Sitzung vom 7.7.2006. Ich danke den TeilnehmerInnen auch an dieser Stelle für ihre rege Beteiligung.

des Problems, die freilich weder von mir stammt noch eine wirkliche Lösung sein kann.[14] Dieser »Lösung« zufolge hat Lukas Briefe des Paulus gekannt, aber nicht benutzt; benutzt habe er sie deshalb nicht, weil er ja nur die Gründung der jeweiligen Gemeinde schildere, wofür die Briefe in der Regel wenig bis nichts hergeben.

Friedrich Schleiermacher ist in seiner Einleitung unserer Frage in einem eigenen Paragraphen nachgegangen.[15] Er schreibt: „Nimmt man an, daß er [Lukas] einer der Begleiter des Paulus gewesen sei, welche dieser sowohl in seiner Nähe als zu Sendungen gebrauchte, und daß er zu der Zeit, wo die Erzählung im Buche endigt, geschrieben habe: so ist kaum zu begreifen, wie er nicht sollte die Briefe gekannt oder wenigstens eine Notiz von ihnen gehabt haben; denn bei einer vertrauten Umgebung des Apostels muß man doch auch eine gemeinschaftliche Kenntniß der Briefe voraussetzen."[16]

Schleiermacher ist der Auffassung, daß die Ignorierung der paulinischen Briefe leichter begreiflich ist, wenn Lukas eben kein Reisebegleiter des Paulus war, sondern sein Werk erst später aufgrund anderer Quellen (und das heißt eben *ohne* Kenntnis der paulinischen Briefe) schrieb. Wie es möglich sein kann, daß Lukas diese nicht kennt, wird bei Schleiermacher leider nicht erörtert.

Lukas als ἀνὴρ Μακεδών *(anēr Makedōn)*

Ich habe an anderer Stelle ausführlich begründet, warum ich die Entstehung des lukanischen Werkes in Makedonien für wahrscheinlich halte.[17] Die Gründe dafür seien hier kurz zusammengefaßt:

- Die geographischen Kenntnisse des Lukas sind höchst unterschiedlich; nirgendwo aber sind sie so gut wie entlang der *Via Egnatia* zwischen Neapolis und Thessaloniki. Das spricht für die makedonische Herkunft des Lukas.

- Die lokalen Kenntnisse über die Städte und ihre Verwaltung sind nirgendwo so umfassend und so zutreffend wie in den makedonischen Städten Philippi und Thessaloniki.

- Der Übergang des Paulus nach Makedonien wird durch das Traumgesicht in Alexandria Troas (Apg 16,9–10) in singulärer Weise motiviert – hier spricht ein ἀνὴρ Μακεδών *(anēr Makedōn)*!

- Die Ereignisse in Philippi selbst werden besonders breit und liebevoll geschildert. Das beginnt bei der einmaligen Charakterisierung der Stadt und ihrer

---

14 Vgl. dazu *Peter Pilhofer:* Philippi, Band I: Die erste christliche Gemeinde Europas, WUNT 87, Tübingen 1995, S. 251.

15 *Friedrich Schleiermacher,* a.(S. 345 in Anm. 2)a.O., Paragraph 88, S. 367–370: „Verhältnis der Acta zu den paulinischen Briefen."

16 *Friedrich Schleiermacher,* a.a.O., S. 368.

17 Vgl. dazu meinen Aufsatz: *Peter Pilhofer:* Lukas als ἀνὴρ Μακεδών. Zur Herkunft des Evangelisten aus Makedonien, in: *Peter Pilhofer:* Die frühen Christen und ihre Welt. Greifswalder Aufsätze 1996–2001. Mit Beiträgen von Jens Börstinghaus und Eva Ebel, WUNT 145, Tübingen 2002, S. 106–112.

Lage in Apg 16,12, setzt sich fort bei der eingehenden Darstellung der Bekehrung der Lydia in Apg 16,11–15, wird bestätigt durch die religionsgeschichtlichen Lokalkenntnisse in Apg 16,16–18[18]. Von besonderer Bedeutung sind die städtischen Funktionäre der Kolonie, die den restlichen Text (Apg 16,19–40) prägen.

Ich komme daher zu dem Schluß, daß Lukas als Glied der christlichen Gemeinde von Philippi in Makedonien sein Werk verfaßt hat. Man kann in den entsprechenden Passagen der Apostelgeschichte den Lokalpatrioten am Werk sehen. Fern liegen nach meinem Urteil ältere Thesen, wonach Lukas beispielsweise in Antiochien oder in Ephesos oder gar in Rom angesiedelt wird.[19]

Die Welt des Lukas

Lukas schreibt also in der römischen Kolonie in Philippi am Ende des ersten Jahrhunderts sein Evangelium und seine Apostelgeschichte. Dies kann man durch die beiden Bücher hindurch an etlichen Stellen verifizieren. Ich hebe nur einige wichtige Punkte heraus:

Lukas erweist sich durchweg als in bezug auf römische Verhältnisse überdurchschnittlich sattelfest. Das beginnt bei den militärischen Einheiten und ihren Befehlshabern, setzt sich bei den Provinzen und den Statthaltern fort und reicht bis hin zur Frage des römischen Bürgerrechts und des Prozesses des Paulus mit der Appellation an den Kaiser. Dies wird gut verständlich, wenn man berücksichtigt, daß Lukas in einer römischen Kolonie für eine Gemeinde in dieser Kolonie schreibt. Die *res Romanae* sind den AdressatInnen von Kindesbeinen an genauso vertraut wie dem Verfasser.

Vielleicht darf man noch einen Schritt weitergehen und auch die Sympathie des Lukas für das *imperium Romanum* auf diesem Hintergrund erklären. Im Unterschied zu andern Positionen – die sich ebenfalls im Neuen Testament finden! – erscheint das Römische Reich bei Lukas nirgendwo in einem auch nur ansatzweise kritischen Licht. Der Verfasser äußert keinerlei Vorbehalte gegen das Reich und seine Vertreter. Die

---

18 Vgl. dazu im einzelnen *Peter Pilhofer:* Philippi, Band I: Die erste christliche Gemeinde Europas, WUNT 87, Tübingen 1995, S. 182–188 (§ 5 Die Diener des θεὸς ὕψιστος).

19 Die Herkunft aus Antiochien stammt aus der altkirchlichen Tradition; daran wird von einigen bis heute festgehalten. *August Strobel* zufolge „ist die Aussage über die antiochenische Herkunft des Lukas ohne Zweifel beachtlich alt und sie kann nicht einfach als wertlos abgetan werden" (*August Strobel:* Lukas der Antiochener, ZNW 49 (1958), S. 131–134; hier S. 132).

Peder Borgen: Philo, Luke and Geography, in: *ders.:* Philo, John and Paul. New Perspectives on Judaism and Early Christianity, BJSt 131, Atlanta 1987, S. 273–285 bringt Argumente, die für Ephesos als den Abfassungsort des lukanischen Werkes sprechen; dies scheitert nach meinem Urteil an dem Ephesos-Abschnitt in Apg 19 selbst. Zur Begründung vgl. die Diskussion oben im Paragraphen über Ephesos, Seite 155 bis Seite 156.

Rom schließlich wird als Abfassungsort beispielsweise von *Udo Schnelle:* Einleitung in das Neue Testament, UTB 1830, Göttingen ⁵2005, S. 288 und 307 vertreten.

römischen Soldaten kommen ebenso gut weg wie die Spitzen der Verwaltung. Sie alle stehen der Sache des Christentums wohlwollend gegenüber. Die künftigen Probleme der ChristInnen im Römischen Reich kommen noch nicht einmal ansatzweise in den Blick.

Über das Politische hinaus ist schließlich noch der weltanschauliche und religiöse Aspekt in den Blick zu nehmen. Auch hier versteht man wohl manches lukanische Anliegen besser, wenn man es aus dem Blickwinkel der römischen Kolonie Philippi ansieht. Die Mentalität des Lukas ist eine friedlich-konservative Loyalität. Alles Radikale, gar Revolutionäre ist ihm ein Greuel. Das paßt sehr gut zur römischen Mentalität, wie sie in einer Kolonie herrschend ist. Auch die unhinterfragte Akzeptanz von Hierarchien ordne ich in diesen Zusammenhang ein. Lukas tut sein Bestes, um die Apostel als *die* Autorität zu etablieren; das ist ganz und gar römisch gedacht. Seine Loyalität erstreckt sich auf alle Tradition in gleicher Weise, sei es römische oder jüdische. Es wäre sehr interessant, seine durchgehende Abschwächung – das ist noch eine verharmlosende Formulierung des Sachverhalts; man sollte vielleicht besser sagen: Entwertung – der Gesetzeskritik Jesu unter diesem Aspekt zu studieren. Das jüdische Gesetz ist alt und gut; es ist ein Wert an sich wie alter Wein. Da kann Jesus bei Markus sagen was er will, gegen die lukanische Loyalität der Tradition gegenüber hat er keine Chance. Abschließend sei noch an den lukanischen Optimismus anthropologischer Art erinnert, der in der Areopagrede mit Händen zu greifen ist. Der Mensch bedarf der Erlösung nicht – das wäre ein ganz und gar unrömischer Gedanke –, er bedarf nur der Korrektur; in der Taegerschen Formulierung: Er ist kein *salvandus*, sondern ein *corrigendus*.

Literatur

Kommentare in chronologischer Folge[20]

Franz Overbeck: Kurze Erklärung der Apostelgeschichte von Dr. W.M.L. de Wette, 4. Auflage bearbeitet und stark erweitert von Franz Overbeck, Kurzgefasstes exegetisches Handbuch zum Neuen Testament, 1. Band, 4. Theil, Leipzig 1870.

Theodor Zahn: Die Apostelgeschichte des Lucas. Erste Hälfte Kap. 1–12, KNT V 1, Leipzig 1919; Zweite Hälfte Kap. 13–28, KNT V 2, Leipzig [3] und [4]1927.

Kirsopp Lake/Henry J. Cadbury: The Acts of the Apostles. English Translation and Commentary, The Beginnings of Christianity, Part I, Vol. IV, London 1933 (Nachdr. Michigan 1979).

Ernst Haenchen: Die Apostelgeschichte, KEK III, Göttingen [10/1]1956; maßgeblich ist [16/7]1977.

Hans Conzelmann: Die Apostelgeschichte, HNT 7, Tübingen 1963 ([2]1972).

Jürgen Roloff: Die Apostelgeschichte, NTD 5, Göttingen 1981.

Gottfried Schille: Die Apostelgeschichte des Lukas, ThHK V, Berlin 1983 ([3]1989).

---

20 Eine detailliertere Liste finden Sie unter `www.die-apostelgeschichte.de`.

C. K. Barrett: A Critical and Exegetical Commentary on the Acts of the Apostles. Vol. I: Preliminary Introduction and Commentary on Acts I–XIV, ICC, Edinburgh 1994; Vol. II: Introduction and Commentary on Acts XV–XXVII, ICC, Edinburgh 1998.

Daniel Marguerat: Les Actes des Apôtres (1–12), CNT(N) Va, Genève 2007.

Richard I. Pervo: Acts. A Commentary, Hermeneia o. Nr., Minneapolis 2009.

Sonstige Literatur (alphabetisch)[21]

Michael Bachmann: Jerusalem und der Tempel. Die geographisch-theologischen Elemente in der lukanischen Sicht des jüdischen Kultzentrums, BWANT 109, Stuttgart/Berlin/Köln/Mainz 1980.

Ernst Bammel: Jewish Activity against Christians in Palestine according to Acts, in: The Book of Acts in Its First Century Setting. Volume 4: The Book of Acts in Its Palestinian Setting, hg. v. Richard Bauckham, Grand Rapids 1995, S. 357–364.

Jens Börstinghaus: Sturmfahrt und Schiffbruch. Zur lukanischen Verwendung eines literarischen Topos in Apostelgeschichte 27,1–28,6, WUNT II 274, Tübingen 2010.

François Bovon: L'œuvre de Luc. Études d'exégèse et de théologie, Lectio Divina 130, Paris 1987.

Rudolf Bultmann: Zur Frage nach den Quellen der Apostelgeschichte, in: *ders.:* Exegetica. Aufsätze zur Erforschung des Neuen Testaments, Tübingen 1967, S. 412–423.

Alexis Bunine: Une légende tenace: Le retour de Paul à Antioche après sa mission en Macédoine et en Grèce (Actes 18,18–19,1), Cahiers de la Revue Biblique 52, Paris 2002.

Albert C. Clark: The Acts of the Apostles. A Critical Edition with Introduction and Notes on Selected Passages, Oxford 1933.

Hans Conzelmann: Die Mitte der Zeit. Studien zur Theologie des Lukas, BHTh 17, Tübingen [4]1962; [6]1977.

Martin Dibelius: Aufsätze zur Apostelgeschichte, hg. v. Heinrich Greeven, Göttingen [4]1961.

Erich Gräßer: Forschungen zur Apostelgeschichte, WUNT 137, Tübingen 2001.

Adolf Harnack: Lukas der Arzt, der Verfasser des dritten Evangeliums und der Apostelgeschichte, Beiträge zur Einleitung in das Neue Testament I, Leipzig 1906.

Adolf Harnack: Die Apostelgeschichte, Beiträge zur Einleitung in das Neue Testament III, Leipzig 1908.

Adolf Harnack: Neue Untersuchungen zur Apostelgeschichte und zur Abfassungszeit der synoptischen Evangelien, Beiträge zur Einleitung in das Neue Testament IV, Leipzig 1911.

Bernhard Heininger: Paulus als Visionär. Eine religionsgeschichtliche Studie, HBS 9, Freiburg usw. 1996.

Colin J. Hemer: The Book of Acts in the Setting of Hellenistic History, edited by Conrad H. Gempf, WUNT 49, Tübingen 1989.

Martin Hengel: Der vorchristliche Paulus, in: Paulus und das antike Judentum, WUNT 58, Tübingen 1991, S. 117–293.

Rudolf Hoppe/Kristell Köhler [Hg.]: Das Paulusbild der Apostelgeschichte, Stuttgart 2009.

---

21 Eine detailliertere Liste finden Sie unter www.die-apostelgeschichte.de.

Joachim Jeremias: Untersuchungen zum Quellenproblem der Apostelgeschichte, ZNW 36 (1937), S. 205–221.

Gerhard Lohfink: Die Himmelfahrt Jesu. Untersuchungen zu den Himmelfahrts- und Erhöhungstexten bei Lukas, StANT 26, München 1971.

Helmut Merkel: Das Gesetz im lukanischen Doppelwerk, in: Schrift und Tradition (FS Josef Ernst), Paderborn/München/Wien/Zürich 1996, S. 119–133.

Helmut Merkel: Israel im lukanischen Werk, NTS 40 (1994), S. 371–398.

Henri Metzger: Les routes de saint Paul dans l'Orient grec, CAB 4, Neuchatel/Paris ²1956.

Eduard Meyer: Ursprung und Anfänge des Christentums. Dritter Band: Die Apostelgeschichte und die Anfänge des Christentums, Stuttgart und Berlin 1923.

Peter Pilhofer: Die frühen Christen und ihre Welt. Greifswalder Aufsätze 1996–2001. Mit Beiträgen von Jens Börstinghaus und Eva Ebel, WUNT 145, Tübingen 2002.

Peter Pilhofer: Philippi, Band I: Die erste christliche Gemeinde Europas, WUNT 87, Tübingen 1995.

Eckhard Plümacher: Geschichte und Geschichten. Aufsätze zur Apostelgeschichte und zu den Johannesakten, hg.v. Jens Schröter und Ralph Brucker, WUNT 170, Tübingen 2004.

Josep Rius-Camps and Jenny Read-Heimerdinger: The Message of Acts in Codex Bezae. A Comparison with the Alexandrian Tradition, Volume 1: Acts 1.1–5.42: Jerusalem, JSNT.S 257, London/New York 2004.

Wolfgang Stegemann: Zwischen Synagoge und Obrigkeit. Zur historischen Situation der lukanischen Christen, FRLANT 152, Göttingen 1991.

Alfred Suhl: Paulus und seine Briefe. Ein Beitrag zur paulinischen Chronologie, StNT 11, Gütersloh 1975.

Jens-W. Taeger: Der Mensch und sein Heil. Studien zum Bild des Menschen und zur Sicht der Bekehrung bei Lukas, StNT 14, Gütersloh 1982.

Kapitel X: Matthäus und der Jakobusbrief

Wir haben uns zuletzt mit der Welt des Lukas beschäftigt. Wenn wir uns nun von Lukas zu Matthäus und Jakobus wenden, kommen wir in eine ganz und gar andere Welt. Lukas gehört – auch wenn er den Paulus persönlich nicht mehr gekannt hat, wie wir gesehen haben – in die Nachfolge des Paulus; wer von einer »Schule des Paulus«[1] sprechen will, kann ihn mit Hans Conzelmann sogar zu der Schule des Paulus rechnen. Matthäus und Jakobus dagegen sind gegen einen solchen Verdacht gefeit. Theologisch unterscheiden sie sich ganz deutlich von allem, was man mit Paulus in Verbindung bringen kann.

Das Programm für dieses Kapitel sieht folgendermaßen aus: Wir werden uns im ersten Paragraphen mit dem Kaiser Nerva befassen, der zwar nur sehr kurz regiert hat, für das Neue Testament jedoch trotzdem von Bedeutung ist, weil er für die Datierung der Apokalypse eine Rolle spielt, wie wir sogleich sehen werden. In Paragraph 53 wird dann das Evangelium des Matthäus diskutiert, in Paragraph 54 der Brief des Jakobus.

§ 52 Nerva (96 – 98 n. Chr.)

Nerva – mit vollem Namen M. Cocceius Nerva[1] – war schon ein alter Mann, als er zum Kaiser gemacht wurde. Im Jahr 30 zur Zeit des Kaisers Tiberius geboren, war er 66 Jahre alt, als er nach der Ermordung des Domitian am 17. September 96 n.Chr. dessen Nachfolger wurde. Domitian fiel der *damnatio memoriae* anheim, was für das diskutierte Standbild des Kaisers aus Ephesos ein Jammer ist.[2]

Die Regierungszeit des Nerva ist zu kurz, als daß wir uns hier des längeren mit ihm befassen könnten.[3] Daß die Wahl gerade auf ihn fiel, „ist überraschend und im Detail nicht voll erklärbar. Daß er unter seinem Vorgänger in Gefahr gewesen sei, ist eher als eine nachträglich erfundene Geschichte zu betrachten, um ihn von dem

---

1   Zum Problem der Konstruktion einer Schule des Paulus vgl. oben Kapitel V *Die Paulusschule in Ephesos*, S. 209–218.

1   Umfassendere Informationen finden sich bei *Werner Eck:* Art. Nerva [2], DNP 8 (2000), Sp. 856–858. Eine Sammlung von Quellen zu Nerva bietet *E. Mary Smallwood [Hg.]:* Documents illustrating the Principates of Nerva, Trajan and Hadrian, Cambridge 1966.

2   Vgl. den einschlägigen Abschnitt im Paragraphen 49 über Domitian, oben S. 342.

3   Auch Clauss hat S. 133 zu Nerva nur wenige Zeilen (*Manfred Clauss:* Kaiser und Gott. Herrscherkult im römischen Reich, Stuttgart 1999 [Nachdr. der Erstauflage Leipzig 2001]).

Abbildung X.1: Der Kaiser Nerva. Es handelt sich bei der Münze um einen Sesterz, der 97 in Rom geprägt wurde. Die Aufschrift lautet: *Imp(erator) Nerva Caes(ar) Aug(ustus), p(ontifex) m(aximus), tr(ibunicia) p(otestate), co(n)s(ul) III, p(ater) p(atriae).*

Geruch der Kollaboration mit dem nunmehr verdammten Domitian zu entlasten."[4] Angesichts seines hohen Alters war von vornherein klar, daß es sich um einen Übergangskandidaten handelte. Der Frage der Nachfolge kam daher eine noch höhere Bedeutung zu als sonst. Wir kommen darauf gleich noch zurück.

Aus neutestamentlicher Sicht ist seine Behandlung jedoch trotz der kurzen Regierungszeit unerläßlich, weil er für die Datierung der Apokalypse herangezogen worden ist. Das berühmte Zahlenrätsel 666 aus Apk 13,18 ist nämlich Heinrich Kraft[5] zufolge in Nerva aufzulösen. Zunächst muß man dazu den Vornamen Marcus hinzunehmen; sodann wird das Ganze in griechische Buchstaben transkribiert:

M. NEPOΥA

– und wenn man dann den Zahlenwert[6] der griechischen Buchstaben zugrundelegt, ergibt sich die folgende Addition:

---

4   *Werner Eck:* Traian – Der Weg zum Kaisertum, in: *Annette Nünnerich-Asmus [Hg.]:* Traian. Ein Kaiser der Superlative am Beginn einer Umbruchzeit? Zaberns Bildbände zur Archäologie o. Nr., Mainz 2002, S. 7–20; Zitat S. 15.

5   *Heinrich Kraft:* Die Offenbarung des Johannes, HNT 16a, Tübingen 1974, S. 183 (zum Verfahren der Gematrie) und S. 221–222 (zur Lösung).

6    $\mu' = 40$; $\nu' = 50$; $\varepsilon' = 5$; $\rho' = 100$; $o' = 70$; $\upsilon' = 400$; $\alpha' = 1$.

40 + 50 + 5 + 100 + 70 + 400 + 1 = 666.

Die Lösung Nerva in 13,18 ergibt sich nach Kraft aus der Interpretation von 17,10, wo es heißt: καὶ βασιλεῖς ἑπτά εἰσιν· οἱ πέντε ἔπεσαν, ὁ εἷς ἔστιν, ὁ ἄλλος οὔπω ἦλθεν, καὶ ὅταν ἔλθῃ ὀλίγον αὐτὸν δεῖ μεῖναι *(kai basileis hepta eisin; hoi pente epesan, ho heis estin, ho allos oupō ēlthen, kai hotan elthē oligon auton dei meinai),* was Kraft wie folgt übersetzt: „Und sind sieben Könige, die fünf sind gefallen, der eine ist, der andere ist noch nicht gekommen. Und wenn er kommt, muß er kurze Zeit bleiben."[7]

Entscheidend für die Kraftsche Zählung ist die These, daß die Zahl 7 vorgegeben ist, also hier nicht Grundlage der Interpretation sein darf. Bei der Auslegung „sind, weil die Aufgabe nicht eindeutig gestellt ist, alle römischen Kaiser von Nero – ja sogar Caligula – bis Trajan herausgekommen außer dem richtigen. Man muß berücksichtigen, daß die Siebenzahl der Häupter und damit die Siebenzahl der Könige dem Verfasser durch seine eigene Darstellungsweise, insbesondere durch die Bedeutung der Zahl Sieben für die Gestaltung des Buches vorgeschrieben war."[8]

Aus diesem Grund darf die Interpretation Kraft zufolge nicht von der Zählung der sieben Kaiser ausgehen. Vielmehr setzt Kraft bei der Bemerkung über den gerade herrschenden *sechsten* Kaiser an: ὁ εἷς ἔστιν, ὁ ἄλλος οὔπω ἦλθεν *(ho heis estin, ho allos oupō ēlthen).* Der Verfasser „ist gezwungen, mit der Regierung des Siebten zu rechnen, weil er ihn bereits kennt, weil am Siebten, wiewohl in diesem Augenblick noch der Sechste regiert, nicht mehr zu zweifeln ist. — Daraus ergibt sich: nur in einer kurzen, nach Monaten zählenden Zeitspanne kann diese Weissagung geschrieben sein, nämlich zur Zeit Nervas zwischen der Aufnahme Trajans in die Mitregentschaft und Nervas Tod. D.h. zwischen Sommer 97 und Frühling 98."[9]

✳ ✳ ✳

Die Hauptbedeutung Nervas besteht in der Wahl seines Nachfolgers Trajan: „Im Okt.[ober] 97 adoptierte N.[erva] Traian auf dem Capitolium, angeblich auf Eingebung Iuppiters, und ließ ihm durch den Senat die *tribunicia potestas* und das *imperium proconsulare* verleihen. Seine Herrschaft war damit stabilisiert; doch starb er bereits wenige Monate später, wohl am 27.1.98, nachdem er am 1.1.98 zusammen mit Traian nochmals den Konsulat bekleidet hatte. Vom Senat wurde er divinisiert ... und als letzter Kaiser im Mausoleum Augusti beigesetzt."[10]

---

7 *Heinrich Kraft,* a.a.O., S. 219.
8 *Heinrich Kraft,* a.a.O., S. 221.
9 *Heinrich Kraft,* a.a.O., S. 222. Zum Übergang von Nerva auf Trajan vgl. den oben Anm. 4 zitierten Aufsatz von *Werner Eck;* hier besonders S. 15–20.
Zur Datierung der Apokalypse vgl. unten den Paragraphen 59, S. 437–440.
10 *Werner Eck,* in seinem zitierten Lexikonartikel, a.(Anm. 1)a.O., Sp. 857–858. Genauere Informationen bietet *Werner Eck* in dem oben Anm. 4 zitierten Aufsatz, S. 15–18.

Einige Jahreszahlen

Tod des Caius Iulius Caesar	44 v. Chr.
Regierungszeit des Kaisers Augustus	27 v. Chr. – 14 n. Chr.
Regierungszeit des Kaisers Tiberius	14 n. Chr. – 37 n. Chr.
Geburt des Nerva	30 n. Chr.
Regierungszeit des Caius/Caligula	37 n. Chr. – 41 n. Chr.
Regierungszeit des Claudius	41 n. Chr. – 54 n. Chr.
Regierungszeit des Nero	54 n. Chr. – 68 n. Chr.
Vierkaiserjahr	68/69 n. Chr.
Regierungszeit des Vespasian	69 n. Chr. – 79 n. Chr.
Regierungszeit des Titus	79 n. Chr. – 81 n. Chr.
Regierungszeit des Domitian	81 n. Chr. – 96 n. Chr.
Regierungszeit des Nerva	96 n. Chr. – 98 n. Chr.

§ 53 Das Evangelium des Matthäus

Im Unterschied zu seinem Evangelistenkollegen Lukas beginnt Matthäus sein Evangelium nicht mit einem Proömium, sondern – darin eher dem Kollegen Markus vergleichbar – mit einer Überschrift: βίβλος γενέσεως Ἰησοῦ Χριστοῦ υἱοῦ Δαυὶδ υἱοῦ Ἀβραάμ *(biblos geneseōs Iēsou Christou hyiou Dauid hyiou Abraam)*, also: „»Urkunde des Ursprungs« Jesu Christi, des Davidssohns, des Abrahamssohns."[1] War im Fall des Markus unklar, ob Mk 1,1 die Überschrift für das ganze Buch, also für Mk 1,1 bis Mk 16,8 sein sollte, oder nur die Überschrift für den ersten Abschnitt Mk 1,1–13[2], ist im Fall des Matthäusevangeliums ziemlich klar, daß das βίβλος γενέσεως Ἰησοῦ Χριστοῦ υἱοῦ Δαυὶδ υἱοῦ Ἀβραάμ *(biblos geneseōs Iēsou Christou hyiou Dauid hyiou Abraam)*, die »Urkunde des Ursprungs«, wie Luz übersetzt, „den Stammbaum

---

1　Übersetzung von *Ulrich Luz:* Das Evangelium nach Matthäus, 1. Teilband: Mt 1–7, EKK I 1, Zürich/Einsiedeln/Köln/Neukirchen-Vluyn 1985, S. 88 = ⁵2002, S. 117.

2　Vgl. dazu oben im Kapitel VIII die Seite 320 mit Anm. 2; bei Markus handelt es sich wahrscheinlich um die Überschrift des ganzen Buches.

mit Anhang, also Mt 1" „umfaßt".[3] Wir haben es in Mt 1,1 also vermutlich mit der Überschrift für das erste Kapitel, nicht mit der Überschrift des ganzen Buches zu tun (anders noch Zahn in seinem Kommentar zur Stelle, vgl. Anm. 3).

Aber eben: mit einer Überschrift, wie bei Markus, nicht mit einem Proömium, wie bei Lukas. Für die uns interessierenden Einleitungsfragen ergibt sich also aus dem Anfang des Evangeliums genausowenig wie im Fall des Markusevangeliums; wir sehen uns daher zunächst an die kirchliche Tradition gewiesen.

1. Das Zeugnis des Papias

Unser ältester Gewährsmann ist – wie schon im Fall des Markusevangeliums[4] – Papias, der Bischof von Hierapolis, dessen Ausführungen zu Matthäus aber wesentlich kürzer sind als die zu Markus, dem Dolmetscher des Petrus. Papias hat, dies sei hier nachgetragen, ein Werk in fünf Büchern hinterlassen, das den Titel trug: Λογίων κυριακῶν ἐξηγήσεως συγγράμματα *(Logiōn kyriakōn exēgēseōs syggrammata)*.[5] Das Werk des Papias ist nicht überliefert, wir kennen es lediglich durch einige Zitate bei Irenaios und vor allem bei Euseb in der Kirchengeschichte. Die älteste Beziehung auf Papias bietet Irenaios, der sagt:[6]

ταῦτα δὲ καὶ Παπίας ὁ Ἰωάννου μὲν ἀκουστής, Πολυκάρπου δὲ ἑταῖρος γεγονώς, ἀρχαῖος ἀνήρ, ἐγγράφως ἐπι-	Dieses aber bezeugt auch Papias, der Hörer des Johannes, der Gefährte des Polykarp, ein Mann des Altertums, in schrift-

---

3 *Ulrich Luz,* ebd. Luz führt in Anm. 1 (d.i. in der fünften Auflage die Anm. 3 auf S. 117) lateinische Kirchenväter an, die die Überschrift auf das ganze Evangelium beziehen möchten. Das erscheint also immerhin als möglich.

Freilich entsteht hier der falsche Eindruck, als habe seit der alten Kirche niemand mehr in 1,1 die Überschrift des ganzen Buches gesehen. Diese Auffassung vertritt jedoch Zahn in seinem Kommentar zur Stelle: „Die Worte, mit welchen Mt sein Buch beginnen läßt, Βίβλος γενέσεως Ἰησοῦ Χριστοῦ υἱοῦ Δαυὶδ υἱοῦ Ἀβραάμ sind durch ihre Form und durch den Platz, den sie innehaben, als ein Titel und zwar als Titel des hier beginnenden Buchs gekennzeichnet. Sie als Überschrift eines ersten Abschnitts zu verstehen, ist schon dadurch verwehrt, daß im Verlauf des Buches keine weitere Kapitelüberschrift folgt" (*Theodor Zahn:* Das Evangelium des Matthäus, KNT I, Leipzig ³1910, S. 38).

4 Zum Zeugnis des Papias über Markus vgl. oben im Kapitel VIII die Seiten 323 bis 325.

5 Zu Papias vgl. den Artikel von *Ernst Bammel:* Art. Papias, RGG³ V (1961), Sp. 47–48. Bammel datiert das Werk des Papias auf 130/140. „Das Buch enthielt kommentierte Nachrichten über Worte und Taten Jesu. Echtes Überlieferungsgut ist nicht feststellbar, obwohl P.[apias] im Vorwort behauptet, besondere Traditionen aufgespürt zu haben. Diese Angabe erweist sich damit als bloßes literarisches Schema. ... P.[apias] gibt als mittelbare Zeugen 7 Herrenjünger, als direkte Gewährsmänner Aristion und den Presbyter Johannes ... an. Auch diese Liste steht jedoch in dem Verdacht eines literarischen Aufputzes. Nur die beiden letzten Namen können auf persönliche Beziehungen hinweisen. Anscheinend hat P.[apias] die Tradenten so deutlich bezeichnet, um überhaupt eine Basis zu haben. ... Merkwürdig ist, daß P.[apias] über das LkEv nichts sagt und auch Paulus nicht erwähnt" (a.a.O., Sp. 48).

6 Irenaios: Adversus Haereses V 33,4. Ich benutze die Ausgabe von Adolf Stieren, Leipzig 1853; hier Band I, S. 810. Die oben gebotene griechische Fassung stammt aus Euseb: H.E. III 39,1 (die griechische Fassung des Irenaios ist nur in Fragmenten erhalten; das Buch als ganzes ist lateinisch überliefert). Daher habe ich den Stierenschen Text dem heutigen Euseb-Text angepaßt.

μαρτυρεῖ ἐν τῇ τετάρτῃ τῶν ἑαυτοῦ βιβλίων· ἔστι γὰρ αὐτῷ πέντε βιβλία συντεταγμένα.

licher Form, und zwar im vierten seiner Bücher. Er hat aber (insgesamt) fünf Bücher geschrieben.

Wenn Irenaios – der um 180 schreibt –, den Papias einen ἀρχαῖος ἀνήρ *(archaios anēr)* nennt, muß dieser mindestens zwei Generationen vor Irenaios gelebt haben. Er gehört also in die erste Hälfte des zweiten Jahrhunderts und ist mit den späten Schriften des Neuen Testaments gleichzeitig.

Über das Matthäusevangelium nun sagt Papias nach Euseb: H.E. III 39,16 folgendes:[7]

περὶ δὲ τοῦ Ματθαίου ταῦτ' εἴρηται· Ματθαῖος μὲν οὖν Ἑβραΐδι διαλέκτῳ τὰ λόγια συνετάξατο, ἡρμήνευσεν δ' αὐτὰ ὡς ἦν δυνατὸς ἕκαστος.

Über Matthäus aber sagt er folgendes: Matthäus hat in hebräischer Sprache die Logia zusammengestellt; übersetzt aber hat sie ein jeder, so gut er konnte.

Matthäus war bei Papias schon im Proömium seines Buches genannt worden (zitiert bei Euseb: H.E. III 39,4) und zwar in der Gruppe der Herrenjünger. Das heißt, daß Papias den Verfasser unseres Evangeliums zu den Jüngern Jesu rechnet. Für ihn ist er ein Mann der Vergangenheit; Papias selbst hatte keine Gelegenheit mehr, den Matthäus persönlich kennenzulernen. Die Nachricht über Markus hatte Papias auf den Presbyteros als Gewährsmann zurückgeführt. Dies unterbleibt in bezug auf Matthäus. Wir können daher nicht ohne weiteres erkennen, ob Papias hier eine Tradition zitiert, oder ob er lediglich seine eigene Auffassung wiedergibt.

So kurz diese Mitteilung über das Matthäusevangelium auch ist, sie enthält eine Fülle von Problemen.[8] Zunächst erhebt sich die Frage nach dem Ἑβραΐδι διαλέκτῳ *(Hebraïdi dialektō)*. Meistens versteht man das so, daß Matthäus nach dieser Aussage des Papias sein Evangelium auf Aramäisch abgefaßt habe.[9]

Das zweite Problem hängt mit dem Wort λόγια *(logia)* zusammen. Logion bedeutet eigentlich den Orakelspruch. Aber kann Papias Orakelsprüche meinen? Näher liegt die Annahme, daß er hier an Herrenworte denkt. Schon Schleiermacher hat diese Frage eingehend untersucht und ist dabei zu dem Schluß gekommen, daß hier nicht ohne weiteres von unserm Matthäusevangelium die Rede ist, sondern „daß der

---

7   Die Fragmente des Papias sind bequem zugänglich in der Alandschen Synopse, im Anhang: II. Testimonia patrum veterum, hier: Papias, S. 531.

8   Diese werden seit langem diskutiert, vgl. schon den ausführlichen Beitrag aus der Feder Schleiermachers (*Friedrich Schleiermacher:* Über die Zeugnisse des Papias von unsern beiden ersten Evangelien [1832], in: Friedrich Schleiermacher's sämmtliche Werke. Erste Abtheilung. Zur Theologie, Zweiter Band, Berlin 1836, S. 361–392).

9   Die Sprachenfrage für das Palästina zur Zeit Jesu ist überaus schwierig: Aramäisch, Hebräisch, Griechisch, Latein – um nur die wichtigsten zu nennen – kommen in Frage. Vgl. dazu *Schürer* II, § 22 The Cultural Setting, I. Population and Language, S. 29–80.

Apostel Matthäus in palästinischer Mundart eine Zusammenstellung von Reden und Aussprüchen Christi verfaßt habe, über welche hernach viele andere, jeder auf seine Weise, gearbeitet haben, und dann daß unser Matthäusevangelium eine solche Arbeit ist, und eben davon seinen Namen κατὰ Ματθαῖον *[kata Matthaion]* führt, weil es auf jener Schrift des Matthäus beruht."[10] Nach Schleiermacher müßte man die Aussage des Papias also nicht auf unser Matthäusevangelium, sondern auf Q beziehen; von dieser Quelle würde Papias hier behaupten, daß sie ursprünglich nicht auf griechisch abgefaßt worden sei. Kümmel bezeichnet in seiner Einleitung die Nachricht des Papias einfach als falsch und ist damit alle Probleme los.[11]

Damit kommen wir zu dem Ergebnis: *Schon Papias, der älteste Gewährsmann der kirchlichen Überlieferung, bietet uns keinerlei hilfreiche Nachrichten zu den Einleitungsfragen des Matthäusevangeliums.*

2. Der Aufbau des Evangeliums

„Die Exegese scheint sich weitgehend darüber einig zu sein, daß sich unser Evangelium wirklich gliedern läßt. Geht es aber darum, eine Gliederung konkret durchzuführen, wird die Uneinigkeit groß. Man fragt selten: Hat Matthäus überhaupt eine Gliederung seines Buches geplant? Oder war er durch seine Quellen zu stark gebunden?"[12]

Trotzdem muß man für praktische Zwecke eine Gliederung versuchen; ob Matthäus diese geplant hat oder nicht, ist dann nicht die entscheidende Frage …

Eine mögliche Gliederung des Matthäusevangeliums könnte folgendermaßen aussehen:[13]

1.	Das Werden Jesu	1,1–4,16
2.	Der Messias und seine Jüngergemeinde	4,17–11,30
3.	Jesu Auseinandersetzung mit den Gegnern	12,1–16,12
4.	Der Weg zur Passion	16,13–20,34
5.	Die Tage in Jerusalem	21–25
6.	Passion und Auferstehung	26–28

---

10 *Friedrich Schleiermacher*, a.a.O., S. 363–373; das Zitat S. 372.

11 Vgl. *Werner Georg Kümmel:* Einleitung in das Neue Testament, Heidelberg [21]1983, S. 91. Zur neueren Diskussion ist heranzuziehen:

Ulrich H.J. Körtner: Papias von Hierapolis. Ein Beitrag zur Geschichte des frühen Christentums, FRLANT 133, Göttingen 1983.

Josef Kürzinger: Papias von Hierapolis und die Evangelien des Neuen Testaments, Eichstätter Materialien 4, Regensburg 1983.

Matthew Black: The Use of Rhetorical Terminology in Papias on Mark and Matthew, JSNT 37 (1989), S. 31–41.

Ulrich H.J. Körtner: Art. Papias von Hierapolis, TRE 25 (1995), S. 641–644.

12 *Ulrich Luz,* a.a.O., S. 16.

13 Die folgende Gliederung gebe ich in Anlehnung an *Eduard Schweizer:* Das Evangelium nach Matthäus, NTD 2, Göttingen 1976, S. 369.

Charakteristisch für das Matthäusevangelium sind die fünf Reden, die der Verfasser aus zum Teil weit auseinanderliegenden Traditionsstücken zusammengestellt hat, wie ein Vergleich der Bergpredigt (Mt 5–7) mit dem lukanischen Gegenstück, der sogenannten »Feldrede« (Luk 6,17–49), zeigt. Unabhängig von der gewählten Gliederung des Evangeliums sollte man sich daher diese fünf Reden unbedingt einprägen:

- Die Bergpredigt, Kapitel 5–7.

- Die Aussendungsrede, Kapitel 10.

- Die Gleichnisrede, Kapitel 13.

- Die Gemeinderede, Kapitel 18.

- Die Pharisäerrede und die eschatologische Rede, Kapitel 23 und 24–25.

Im Zusammenhang mit diesen Reden begegnen die einzigen Gliederungssignale, mit denen der Verfasser seinen Leserinnen und Lesern die Lektüre seines Werkes erleichtert, so am Schluß der Bergpredigt in 7,28 (καὶ ἐγένετο ὅτε ἐτέλεσεν ὁ Ἰησοῦς τοὺς λόγους τούτους *[kai egeneto hote etelesen ho Iēsous tous logous toutous]*), am Schluß der Aussendungsrede in 11,1 (καὶ ἐγένετο ὅτε ἐτέλεσεν ὁ Ἰησοῦς διατάσσων τοῖς δώδεκα μαθηταῖς αὐτοῦ *[kai egeneto hote etelesen ho Iēsous diatassōn tois dōdeka mathētais autou]*), in 13,53 (καὶ ἐγένετο ὅτε ἐτέλεσεν ὁ Ἰησοῦς τὰς παραβολὰς ταύτας *[kai egeneto hote etelesen ho Iēsous tas parabolas tautas]*), in 19,1 (καὶ ἐγένετο ὅτε ἐτέλεσεν ὁ Ἰησοῦς τοὺς λόγους τούτους *[kai egeneto hote etelesen ho Iēsous tous logous toutous]* – fast gleichlautend mit 7,28!) und schließlich in 26,1 (καὶ ἐγένετο ὅτε ἐτέλεσεν ὁ Ἰησοῦς πάντας τοὺς λόγους τούτους *[kai egeneto hote etelesen ho Iēsous pantas tous logous toutous]*). Trotzdem kann man die Reden nicht als Ausgangspunkt für die Gliederung des gesamten Evangeliums heranziehen.[14]

3. Der Anfang: Die Genealogie und die Vorgeschichte

Wir haben schon gesehen, daß das Matthäusevangelium mit dem merkwürdigen Satz beginnt: βίβλος γενέσεως Ἰησοῦ Χριστοῦ υἱοῦ Δαυὶδ υἱοῦ Ἀβραάμ *(biblos geneseōs Iēsou Christou hyiou Dauid hyiou Abraam)* und uns in diesem Zusammenhang darauf geeinigt, daß dies die Überschrift des ersten Kapitels sein soll. In Mt 1,2–17 folgt zunächst der Stammbaum, der von Abraham bis „Jesus, den sogenannten Christus“ (v. 16) reicht. Für ein Buch ist das ein höchst eigenartiger Anfang; Lukas, der auch einen Stammbaum Jesu bietet, hat diesen mit gutem Grund nicht an den Anfang seines Werkes gestellt. Er bringt seinen (völlig anderen) Stammbaum erst in Kapitel 3 (Luk 3,23–38).

---

14 Vgl. die Diskussion bei *Ingo Broer:* Einleitung in das Neue Testament, Band 1: Die synoptischen Evangelien, die Apostelgeschichte und die johanneische Literatur, Die Neue Echter Bibel. Ergänzungsband zum Neuen Testament 2,1, Würzburg 1998, S. 99–100.

Wir haben uns zu Beginn dieses Buches mit der Textsorte *Liste* beschäftigt.[15] Eine spezielle Sorte dieser Listen sind die Stammbäume, von denen wir im Neuen Testament zwei Exemplare besitzen. Obwohl wir Lukas und Matthäus als »Synoptiker« bezeichnen, kann man die beiden Stammbäume nicht synoptisch lesen, wie ein Blick in eine Synopse zeigt:[16] Der Stammbaum des Lukas ist umgekehrt angelegt: Führt der Stammbaum des Matthäus von Abraham bis Jesus, so führt der des Lukas in umgekehrter Reihenfolge von Jesus bis Adam. Die Generationen von Adam bis Abraham bietet nur Lukas, der auch in diesem Detail also über seinen Konkurrenten hinausführt.

Aber auch in dem Abschnitt, den beide Evangelisten gemeinsam haben, also von Jesus bis hinauf zu Abraham, ist eine Übereinstimmung nicht zu erzielen. Aland druckt in seiner Synopse den gemeinsamen Abschnitt von Abraham bis Jesus in der Lukas-Spalte doppelt ab, einmal in der lukanischen Reihenfolge und einmal umgekehrt, d.h. in der matthäischen. Da sieht man auf einen Blick, daß eine Übereinstimmung nur in dem Abschnitt von Abraham bis David besteht; in dem Abschnitt von David bis Jesus findet man fast keinen übereinstimmenden Namen mehr. Noch nicht einmal der der Name des Großvaters Jesu stimmt überein: In der Fassung des Lukas heißt der Großvater Eli (Luk 3,23), bei Matthäus dagegen Jakob (Mt 1,15). Das läßt keine sonderliche historische Genauigkeit vermuten, wenn schon der Name des Großvaters Jesu nicht festzustehen scheint …

Das Programm, das Matthäus in v. 17 angibt, erfüllt sein Stammbaum nur ansatzweise: Mit den drei mal vierzehn Generationen klappt es nämlich nicht so ohne weiteres. „Folgt man V 17 wörtlich, so ist David doppelt zu zählen, und die zweite Vierzehnerreihe geht von ihm bis Joschija. Zählt man Joschija wieder doppelt, so erhält man eine weitere Vierzehnerreihe bis zu Jesus."[17] Das mag man als Petitessen abtun. Ein Malheur ganz anderer Größenordnung verursacht der vorausgegangene v. 16, der das Prinzip des Stammbaums geradezu *ad absurdum* führt:

Ἰακὼβ δὲ ἐγέννησεν τὸν Ἰωσὴφ τὸν ἄνδρα Μαρίας,	Jakob aber zeugte den Joseph, den Mann der Maria,
ἐξ ἧς ἐγεννήθη Ἰησοῦς ὁ λεγόμενος Χριστός.	aus welcher geboren wurde Jesus, der sogenannte Christus.

Nicht weniger als 39 Mal hatten wir in nicht zu überbietender Gleichförmigkeit das Prädikat ἐγέννησεν *(egennēsen)* in v. 2–15 gelesen – aber bei Jesus in v. 16 ist alles anders: Hier nun haben wir das passive ἐγεννήθη *(egennēthē)*. Salomonisch formuliert liest sich das im Kommentar von Luz dann so: „Das Passivum ἐγεννήθη *[egennēthē]* und die Erwähnung Marias zeigen, daß die Jungfrauengeburt bereits vorausgesetzt

---

15 Vgl. im ersten Kapitel die Seiten 4–6.

16 Vgl. beispielsweise die Alandsche Synopse, S. 7–10.

17 *Ulrich Luz:* Das Evangelium nach Matthäus, 1. Teilband: Mt 1–7, EKK I 1, Zürich/Einsiedeln/Köln/Neukirchen-Vluyn 1985, S. 91.

ist. Der Gedanke der Adoption Jesu durch Josef fehlt; der Stammbaum läßt offen, wieso der Mariasohn Davidide ist."[18]

Umstritten ist schließlich die Funktion des Stammbaums im Rahmen des Matthäusevangeliums. „Die Meinung, daß dieses erste Sück dem Zweck dienen sollte, die Herkunft Jesu von David und damit sein Recht auf die Stellung des Davidssohnes oder des Messias zu *beweisen*, ist zwar alt und behauptet sich mit Zähigkeit, ist aber darum nicht weniger ein sonderbares Mißverständnis. Es bleibt bei dieser Auffassung unerklärlich, warum die Liste mit Abraham statt mit David beginnt."[19] Zahn selbst möchte die Funktion des Stammbaums darin sehen, daß hier „ein Abriß der Geschichte Israels" gegeben werden soll[20], der hier „in der denkbar kürzesten Form eines Stammbaums" gegeben wird, „welcher an Abraham seine Wurzel, an Jesus dem Christ seinen Wipfel hat (1,2–17)."[21]

* * *

Was wir exemplarisch an den beiden Stammbäumen gesehen haben, gilt für die Vorgeschichten der beiden großen Synoptiker ganz allgemein: Sie erzählen zwei ganz unterschiedliche Geschichten, die nicht auf eine gemeinsame Tradition zurückgeführt werden können. Unsere gottesdienstlichen Gewohnheiten verschleiern diesen klaren Tatbestand, indem die Lesungen in der Weihnachtszeit uns ein Potpourri dieser Geschichten bieten, das teils der lukanischen, teils der matthäischen Fassung entstammt:[22]

- Die Christvesper beginnt mit Luk 2,1–14.(15–20), der klassischen *Weihnachtsgeschichte*, die also ganz und gar lukanisch ist.

- Die Christnacht kann kaum jemanden irritieren, da schwerlich ein Gottesdienstbesucher sowohl Christvesper als auch Christnacht besuchen wird. Hier

---

18 *Ulrich Luz*, a.a.O., S. 95.
19 *Theodor Zahn:* Das Evangelium des Matthäus, KNT I, Leipzig ³1910, S. 44 (das kursiv Gesetzte im Original gesperrt gedruckt).
20 *Theodor Zahn*, a.a.O., S. 50.
21 *Theodor Zahn*, a.a.O., S. 44.
22 Ulrich Luz beklagt in seinem Kommentar, „daß heute kaum noch über diesen Text [Mt 1,2–17] gepredigt wird" (*Ulrich Luz*, a.a.O., S. 97), obgleich die matthäische Fassung, wie wir sogleich sehen werden, in der Reihe I für die Christnacht vorgeschrieben ist (wenngleich nur in Klammern . . .). Die lukanische Version des Stammbaums (Luk 3,23–38) fehlt in der Perikopenordnung völlig. Listen haben es da *per se* schwer, einen Platz zu finden: Luk 8,1–3 fehlt ebenso wie Apg 13,1–3. Aber die Apostelgeschichte wird in der Perikopenordnung ja ohnehin sehr stiefmütterlich behandelt. Nicht nur in der Perikopenordnung freilich: Als ich einst einer Landeskirche – ben Namen wollen wir ber Zenfur gar nicht erft zumuten! – für das erste Examen diesen Text vorschlug, erntete ich ziemliches Unverständnis, und mein Vorschlag landete verdientermaßen im Papierkorb. Man kann daran sehen, daß zwar die großen kirchlichen Feste von Lukas geprägt sind (Weihnachten, Ostern, Pfingsten), er mit seiner theologischen Grundentscheidung, die Zeit Jesu und die Zeit der Kirche gleichrangig nebeneinanderzustellen, nicht

haben wir die matthäische Konkurrenz in ihrer ganzen Breite: Mt 1,(1–17).18–21.(22–25).

- Für den ersten Feiertag ist wiederum Luk 2,1–14.(15–20) vorgesehen. Praktisch wird das meist so gelöst, daß in der Christvesper der erste Teil, am ersten Feiertag dann der zweite Teil gelesen wird.

- Für den zweiten Feiertag steht der Johannesprolog im Perikopenbuch.

- Der erste Sonntag nach Weihnachten bietet die Fortsetzung der lukanischen Version, Luk 2,(22–24).25–38.(39–40). Der zweite Sonntag nach Weihnachten nimmt diesen Faden mit Luk 2,41–52 wieder auf.

- An Epiphanias aber kommt Matthäus mit Mt 2,1–12 zum Zug, und am ersten Sonntag nach Epiphanias folgt Mt 3,13–17.[23]

Die Differenz zwischen den Geburtsgeschichten (Luk 2,1–7 gegen Mt 1,18–25) aber bleibt auch einem regelmäßigen Gottesdienstbesucher verborgen, da die matthäische Fassung auf die Christnacht gelegt ist. Man müßte erst den Gottesdienst in der Christnacht verfolgen, dann den am ersten Feiertag besuchen, um darauf gestoßen zu werden. Und daß dann die heiligen drei Könige, wie sie so schön genannt werden, an Epiphanias in die lukanische Erzählfolge eingeschaltet werden, kann niemanden wirklich stören.

Wir kommen also zu dem folgenden Ergebnis: *Das lukanische und das matthäische Sondergut geht in bezug auf die Vorgeschichten ganz verschiedene Wege. Weder in den Stammbäumen noch in den Erzählungen von der Geburt läßt sich eine gemeinsame Tradition erkennen.*

4. Das Gesetz im Matthäusevangelium

Wir können in diesem Buch nicht versuchen, einen Überblick über alle wesentlichen Züge dieses großen Evangeliums zu geben. Daher beschränke ich mich im folgenden darauf, noch zwei charakteristische Eigenheiten des Matthäus zu diskutieren, nämlich die Frage nach dem Gesetz und den sogenannten Missionsbefehl.

Ganz gleich, ob man von Paulus her zu Matthäus kommt – wie das beim Aufbau dieses Buches der Fall ist – oder von der Verkündigung des historischen Jesus, immer wird die Stellung dieses Evangeliums zur Frage des Gesetzes als bemerkens-

---

durchgedrungen ist. Doch das führt uns nun etwas von unserm Faden ab, zu dem wir daher schleunigst zurückkehren.

23   Die einzelnen Angaben stammen aus *Herwarth von Schade* und *Frieder Schulz [Hg.]*: Perikopen. Gestalt und Wandel des gottesdienstlichen Bibelgebrauchs, reihe gottesdienst 11, Hamburg 1978. Warum ist Luk 2,21 ganz ausgelassen?

wert erscheinen. Besonders gut eignet sich als Ausgangspunkt eine Passage aus der Bergpredigt, wo es in 5,17–19 heißt:[24]

μὴ νομίσητε	**17** Meint nicht,
ὅτι ἦλθον καταλῦσαι τὸν νόμον ἢ τοὺς προφήτας·	ich sei gekommen, das Gesetz oder die Propheten aufzulösen.
οὐκ ἦλθον καταλῦσαι ἀλλὰ πληρῶσαι.	Ich bin nicht gekommen, aufzulösen, sondern zu erfüllen.
ἀμὴν γὰρ λέγω ὑμῖν·	**18** Wahrlich, ich sage euch:
ἕως ἂν παρέλθῃ ὁ οὐρανὸς καὶ ἡ γῆ,	Bis Himmel und Erde vergehen
ἰῶτα ἓν ἢ μία κεραία οὐ μὴ παρέλθῃ	soll kein Jota und kein Häkchen von
ἀπὸ τοῦ νόμου	dem Gesetz vergehen,
ἕως ἂν πάντα γένηται.	bis alles geschieht.
ὃς ἐὰν οὖν λύσῃ μίαν τῶν ἐντολῶν τούτων τῶν ἐλαχίστων	**19** Wer also eines dieser geringen Gebote auflöst,
καὶ διδάξῃ οὕτως τοὺς ἀνθρώπους,	und die Menschen so lehrt,
ἐλάχιστος κληθήσεται ἐν τῇ βασιλείᾳ τῶν οὐρανῶν·	der wird gering heißen im Himmelreich.
ὃς δ' ἂν ποιήσῃ καὶ διδάξῃ,	Wer [es] aber tut und lehrt,
οὗτος μέγας κληθήσεται ἐν τῇ βασιλείᾳ τῶν οὐρανῶν.	der wird groß heißen im Himmelreich.

Die Bergpredigt – das sollte der Grundsatz jeder Auslegung sein – ist von Matthäus, nicht von Jesus. Auf unsere Passage angewendet heißt das: Diese Aussagen zum Gesetz sind von Matthäus, nicht von Jesus. Unsere Verse „sind eine möglichem Misverständnis [sic] vorbeugende Einleitung zu der folgenden Stellungnahme gegenüber dem Gesetz. Jesus will es [dem Matthäus zufolge] trotz allem nicht auflösen, sondern erfüllen; seine Absicht ist nicht negativ, sondern positiv, sogar superlativ."[25] Richtig weist Wellhausen darauf hin, daß hier nicht der historische Jesus am See zu seinen Hörerinnen und Hörern spricht, sondern der matthäische Christus wendet sich „an seine Gemeinde ... . Das Verhalten zum Gesetz der Alten war die brennende Frage des jungen Christentums."[26] Dem entspricht es, wenn im v. 19 nicht – wie so häufig – von jüdischen Schriftgelehrten die Rede ist. Denn „das zweimal wiederholte »im Reiche Gottes« führt mit Notwendigkeit auf die christliche Gemeinde ... und auf christliche Lehrer, die bei Mt stets mit den jüdischen Schriftgelehrten auf eine Stufe gestellt werden. Jesus setzt also auch hier die Zukunft als Gegenwart voraus. Er exkommuniziert zwar nicht diejenigen Lehrer seiner Gemeinde, welche eine oder die

---

24　Die Übersetzung in Anlehnung an den Wellhausenschen Kommentar (*Julius Wellhausen: Das Evangelium Matthaei, übersetzt und erklärt von J. W.*, Berlin ²1914; wieder abgedruckt in: *ders.:* Evangelienkommentare. Mit einer Einleitung von Martin Hengel, Berlin/New York 1987, S. 16 = S. 192.)

25　*Julius Wellhausen*, a.a.O., S. 17 = S. 193.

26　Ebd.

andere Bestimmung des Gesetzes aufheben, weist ihnen aber einen niederen Rang an als denen, die das ganze Gesetz aufrecht erhalten."[27]

Wir können also folgendes Ergebnis formulieren. *Die Theologie des Matthäus ist durch ein eigenartiges Gesetzesverständnis charakterisiert: Demnach will Jesus das Gesetz nicht auflösen, sondern erfüllen.*[28]

5. Der Missionsbefehl

Wie der Anfang des Evangeliums, so ist auch sein Ende charakteristisch. Für die Ereignisse in Jerusalem hat Matthäus im wesentlichen auf Markus als Vorlage zurückgegriffen. Das gilt insbesondere für Passion und Auferstehung in Kapitel 26–28 unseres Evangeliums. Im Unterschied zu dem Kollegen Lukas, der alle Ereignisse seit Ostern in Jerusalem konzentriert (vgl. Luk 24 und Apg 1–2), um die Tradition der Urgemeinde zu stabilisieren, läßt Matthäus, hier Markus folgend (vgl. den Auftrag in Mk 16,7), die entscheidende Begegnung zwischen dem Auferstandenen und den Jüngern auf einem Berg in Galiläa erfolgen (Mt 28,16–20). Ich gebe im folgenden den Text wie gewöhnlich nach Nestle/Aland[27], die Übersetzung nach Wellhausen.[29]

οἱ δὲ ἕνδεκα μαθηταὶ ἐπορεύθησαν εἰς τὴν Γαλιλαίαν	**16** Die elf Jünger aber gingen nach Galiläa,
εἰς τὸ ὄρος οὗ ἐτάξατο αὐτοῖς ὁ Ἰησοῦς,	auf den Berg, wohin Jesus sie beschieden hatte.
καὶ ἰδόντες αὐτὸν προσεκύνησαν,	**17** Und sie sahen ihn und warfen sich vor ihm nieder,
οἱ δὲ ἐδίστασαν.	andere aber zweifelten.
καὶ προσελθὼν ὁ Ἰησοῦς ἐλάλησεν αὐτοῖς λέγων·	**18** Und Jesus trat heran und redete zu ihnen:
ἐδόθη μοι πᾶσα ἐξουσία ἐν οὐρανῷ καὶ ἐπὶ [τῆς] γῆς.	„Mir ist alle Gewalt gegeben im Himmel und auf Erden.
πορευθέντες οὖν μαθητεύσατε πάντα τὰ ἔθνη,	**19** Geht also und bekehrt alle Völker

---

27 *Julius Wellhausen*, a.a.O., S. 18 = S. 194. Wellhausen weist hier in dem ausgelassenen Stück noch auf die Belege in Mt 11,11 und 13,52 hin.

28 Zur neueren Diskussion sind heranzuziehen:
Gerhard Barth: Das Gesetzesverständnis des Evangelisten Matthäus, in: *Günther Bornkamm/Gerhard Barth/Heinz Joachim Held:* Überlieferung und Auslegung im Matthäusevangelium, WMANT 1, Neukirchen-Vluyn 1959; [7]1975, S. 54–154.
Georg Strecker: Der Weg der Gerechtigkeit. Untersuchung zur Theologie des Matthäus, FRLANT 82, Göttingen 1962; [2]1966; [3]1971.
Ingo Broer: Freiheit vom Gesetz und Radikalisierung des Gesetzes, SBS 98, Stuttgart 1980.

29 Vgl. zur Übersetzung *Julius Wellhausen*, a.a.O., S. 143 = S. 319.

βαπτίζοντες αὐτοὺς εἰς τὸ ὄνομα τοῦ πατρὸς καὶ τοῦ υἱοῦ καὶ τοῦ ἁγίου πνεύματος,	und tauft sie auf den Namen des Vaters und des Sohnes und des heiligen Geistes
διδάσκοντες αὐτοὺς τηρεῖν πάντα ὅσα ἐνετειλάμην ὑμῖν·	**20** und lehrt sie alles halten, was ich euch befohlen habe.
καὶ ἰδοὺ ἐγὼ μεθ' ὑμῶν εἰμι πάσας τὰς ἡμέρας ἕως τῆς συντελείας τοῦ αἰῶνος.	Und siehe, ich bin bei euch alle Tage bis an das Ende der Welt."

Die Gestaltung der Szene ist für das Matthäusevangelium charakteristisch. Zwar folgt Matthäus dem Markus in der Lokalisierung der Begegnung in Galiläa – aber für alle anderen Züge dieses Abschnitts gibt es im Neuen Testament keine Parallele. Insbesondere die Beauftragung der Jünger unterscheidet sich sowohl von Markus als auch von Lukas. Hat man bei Markus den Eindruck, als verhindere der letzte Vers eine wie auch immer geartete Information der Jünger überhaupt (vgl. Mk 16,8), liegen die Dinge bei Lukas völlig anders. Bei Lukas ist als feste Station über Jahre und Jahrzehnte Jerusalem vorgesehen. Ganz anders aber hier bei Matthäus: „Die Jünger sollen nicht erst nach Jerusalem zurückkehren und wie in der Apostelgeschichte dort zunächst bleiben, sondern sofort in alle Welt gehn; es liegt hier ... der ausgesprochenste Universalismus vor, als von Jesus selbst befohlen."[30]

Daher können wir als Ergebnis formulieren: Wie in bezug auf die Vorgeschichte gilt auch hier: *Die Fassungen des Lukas und des Matthäus sind nicht miteinander vereinbar.*

* * *

Aber auch in bezug auf die theologische und ekklesiologische Aussage dieses Abschnitts steht Matthäus allein. Was zunächst den Taufbefehl angeht, so kann man sich über ihn gar nicht genug wundern. Jesus selbst hat, wie wir wissen, überhaupt nicht getauft. Die frühen Gemeinden tauften, soweit wir das aus dem Neuen Testament rekonstruieren können, auf den Namen Jesu. Völlig anders erscheint es aber in unserer Szene. Die Taufe auf den Namen des Vaters und des Sohnes und des heiligen Geistes findet sich nirgendwo sonst im Neuen Testament. „Der Taufbefehl und die Dreieinigkeit erscheint im Neuen Testament nur hier; es sind Merkmale einer sehr späten Entstehungszeit von Mt 28,16–20."[31]

„In 28,20 ist von der Predigt des Evangeliums, welches den gekreuzigten und auferstandenen *Christus* zum Inhalt hat, keine Rede, sondern nur von Geboten *Jesu.* Die Hoffnung der Parusie tritt zurück hinter der beständigen Anwesenheit des Auferstan-

---

Die klassische Studie zu diesem letzten Stück des Matthäusevangeliums ist *Günther Bornkamm:* Der Auferstandene und der Irdische. Mt. 28,16–20, in: *Günther Bornkamm/Gerhard Barth/Heinz Joachim Held:* Überlieferung und Auslegung im Matthäusevangelium (siehe dort), S. 289–310.

30 *Julius Wellhausen,* a.a.O., S. 144 = S. 320.
31 *Julius Wellhausen,* ebd.

denen bei den Seinen schon in der Gegenwart (18,20). In der Auferstehung ist die Verherrlichung im Himmel einbegriffen."[32]

6. Literatur

Einführung zum Matthäusevangelium[33]

Ingo Broer: § 6 Das Matthäusevangelium, in: Einleitung in das Neue Testament, Band 1: Die synoptischen Evangelien, die Apostelgeschichte und die johanneische Literatur, Die Neue Echter Bibel. Ergänzungsband zum Neuen Testament 2,1, Würzburg 1998, S. 99–125.

Kommentare in chronologischer Reihenfolge

Julius Wellhausen: Das Evangelium Matthaei, übersetzt und erklärt von J. W., Berlin ²1914; wieder abgedruckt in: *ders.:* Evangelienkommentare. Mit einer Einleitung von Martin Hengel, Berlin/New York 1987.

Theodor Zahn: Das Evangelium des Matthäus, KNT I, Leipzig ³1910.

Adolf Schlatter: Der Evangelist Matthäus. Seine Sprache, sein Ziel, seine Selbständigkeit, Stuttgart ³1948.

Ernst Lohmeyer: Das Evangelium des Matthäus, hg.v. Werner Schmauch, KEK Sonderband, Göttingen ⁴1967.

Eduard Schweizer: Das Evangelium nach Matthäus, NTD 2, Göttingen 1976.

Joachim Gnilka: Das Matthäusevangelium, 1. Teil: Mt 1,1–13,58, HThK I 1, Freiburg/Basel/Wien 1986; ³1993.

Joachim Gnilka: Das Matthäusevangelium, 2. Teil: Mt 14,1–28,20, HThK I 2, Freiburg/Basel/Wien 1988; ²1992.

Ulrich Luz: Das Evangelium nach Matthäus, 1. Teilband: Mt 1–7, EKK I 1, Zürich/Einsiedeln/Köln/Neukirchen-Vluyn 1985; ⁵2002.

Ulrich Luz: Das Evangelium nach Matthäus, 2. Teilband: Mt 8–17, EKK I 2, Zürich u.a. 1990; ³1999.

Ulrich Luz: Das Evangelium nach Matthäus, 3. Teilband: Mt 18–25, EKK I 3, Zürich u.a. 1997.

Ulrich Luz: Das Evangelium nach Matthäus, 4. Teilband: Mt 26–28, EKK I 4, Zürich u.a. 2002.

J. Enoch Powell: The Evolution of the Gospel. A New Translation of the First Gospel with Commentary and Introductory Essay, New Haven & London 1994.

Wolfgang Wiefel: Das Evangelium nach Matthäus, ThHK 1, Berlin 1998.

---

32 *Julius Wellhausen,* ebd. Das kursiv Gesetzte im Original bei Wellhausen gesperrt gedruckt.
33 Besonders zu beachten ist der Artikel Matthäusevangelium, TRE 22 (1992), S. 278, Z. 22.

Sonstige Literatur (alphabetisch)

Gerhard Barth: Das Gesetzesverständnis des Evangelisten Matthäus, in: *Günther Bornkamm/ Gerhard Barth/Heinz Joachim Held:* Überlieferung und Auslegung im Matthäusevangelium (siehe dort), S. 54–154.

Günther Bornkamm: Der Auferstandene und der Irdische. Mt. 28,16–20, in: *Günther Bornkamm/Gerhard Barth/Heinz Joachim Held:* Überlieferung und Auslegung im Matthäusevangelium (siehe dort), S. 289–310.

Günther Bornkamm/Gerhard Barth/Heinz Joachim Held: Überlieferung und Auslegung im Matthäusevangelium, WMANT 1, Neukirchen-Vluyn 1959; ⁷1975.

Ingo Broer: Das Verhältnis von Judentum und Christentum im Matthäus-Evangelium, Franz-Delitzsch-Vorlesung 1994, Münster 1995.

Ingo Broer: Freiheit vom Gesetz und Radikalisierung des Gesetzes, SBS 98, Stuttgart 1980.

Rudolf Hoppe: Gerechtigkeit bei Matthäus und Philo, in: „Dies ist das Buch . . . ". Das Matthäusevangelium. Interpetation – Rezeption – Rezeptionsgeschichte, FS Hubert Frankemölle, hg. v. Rainer Kampling, Paderborn/München/Wien/Zürich 2004, S. 141–155.

Poul Nepper-Christensen: Das Matthäusevangelium: Ein judenchristliches Evangelium, Acta Theologica Danica 1, Aarhus 1958.

Walter Petersen: Zur Eigenart des Matthäus. Untersuchung zur Rhetorik in der Bergpredigt, Osnabrücker Studien zur Jüdischen und Christlichen Bibel 2, Osnabrück 2001.

Wilhelm Rothfuchs: Die Erfüllungszitate des Matthäus-Evangeliums. Eine biblisch-theologische Untersuchung, BWANT 88, Stuttgart/Berlin/Köln/Mainz 1969.

Georg Strecker: Der Weg der Gerechtigkeit. Untersuchung zur Theologie des Matthäus, FRLANT 82, Göttingen 1962; ²1966; ³1971.

§ 54 Der Brief des Jakobus

Theodor Zahn hat in seiner Einleitung den Brief des Jakobus als erste Schrift des Neuen Testaments behandelt.[1] Für ihn ist dieser Brief die älteste Schrift des Neuen Testaments überhaupt. Der Jakobusbrief ist nicht nur älter als der 1. Thessalonicherbrief, sondern er gehört in die Zeit vor der ersten Missionsreise.[2] Dieser Brief spiegelt

---

1   *Theodor Zahn:* Einleitung in das Neue Testament, Zwei Bände, Leipzig ³1906 bzw. ³1907; hier Band I 52–108.

2   Zahn datiert diese sehr spät in das Jahr 50 bzw. 51, vgl. I 65 und den dort gegebenen Verweis. Nach der in diesem Buch gewählten Chronologie des Paulus wären wir für die Phase vor der ersten Missionsreise, der der Brief Zahn zufolge angehören soll, spätestens am Ende der 40er Jahre des ersten Jahrhunderts.
Zahn selbst datiert den Brief in die Zeit von 44 bis 51 (I 80), wohingegen nach seiner Chronologie der 1. Thessalonicherbrief erst in das Jahr 53 gehört; für Zahn ist der Galaterbrief der älteste erhaltene Brief des Paulus; ihn datiert er auf „nach dem März des Jahres 53" (I 141): „Vor Ankunft beider Gehilfen [nämlich Silas und Timotheus] in Korinth, etwa im April oder Mai 53, schrieb P[au]l[us] den G[a]l[aterbrief] . . . , nach seiner Wiedervereinigung mit denselben, etwa im Juni desselben Jahres, den 1 Th[essalonicherbrief] (I 147)."

Zahn zufolge eine Phase der Geschichte des frühen Christentums, in der heiden-christliche Gemeinden noch gar nicht existierten, das Christentum mithin noch eine rein innerjüdische Bewegung war. Verfaßt sei der Brief von Jakobus, dem Bruder des Herrn, der seit 44 Leiter der Urgemeinde in Jerusalem gewesen sei.[3]

„Ohne weitläufige Erörterungen und Begründungen zeugt J[a]k[obus] von der in ihm lebenden Wahrheit mit einer Wucht der Rede, welche in der altchristlichen Literatur, abgesehen von den Reden Jesu, ihresgleichen vergeblich sucht. Hier findet man eine von Herzen kommende und die Gewissen treffende Beredsamkeit, welche man in keiner Schule lernt"[4] – so charakterisiert Zahn unsern Brief.

Der Jakobusbrief als katholischer Brief

Mit dem Jakobusbrief haben wir den ersten »Brief« außerhalb des *corpus Paulinum* vor uns. Wir haben früher gesehen, daß von den 27 Schriften des Neuen Testament 21 die Form eines Briefes haben (das sind alle außer den vier Evangelien, der Apostel-geschichte und der Apokalypse); von diesen 21 zählen 13 zum *corpus Paulinum* – die-se haben wir bereits eingehend besprochen: Röm, 1Kor, 2Kor, Gal, Eph, Phil, Kol, 1Thess, 2Thess, Phlm, 1Tim, 2Tim, Tit. Unter den verbleibenden acht Briefen nimmt der Hebräerbrief eine Sonderstellung ein, weil er einerseits keinen Briefanfang bietet und mithin gar kein Brief ist[5], zum andern im weiteren Kreis des *corpus Paulinum* an-zusiedeln ist, obgleich er sicher nicht von Paulus stammt. Die übrigen sieben Briefe bezeichnet man als katholische Briefe. Wir werden die drei Johannesbriefe im Kapi-tel XI im Rahmen der johanneischen Literatur behandeln, die beiden Petrusbriefe und den Judasbrief dann am Schluß im Kapitel XII. Den Jakobusbrief aber stelle ich wegen seiner theologischen Nähe zum Matthäusevangelium. Die Bezeichnung »katholische« Briefe geht schon auf die Alte Kirche zurück.[6]

„Sinn dieser Bezeichnung kann kaum von Anfang an die allgemeine, d.h. katholi-sche, Anerkennung dieser Briefe gewesen sein, denn Eusebius ist ein beredter Zeuge dafür, daß von einer allgemeinen Anerkennung dieser Schriften gerade keine Rede sein kann .... Katholisch muß dann eher den Sinn von vornherein »für die Allge-

---

3   *Theodor Zahn* I 71f. „Wie der nackte Name Simon selbst da, wo der Apostel Simon Zelotes anwesend zu denken ist ..., den Simon Kephas bezeichnet, so verstand man während der Jahre 44–66 und noch lange nachher unter dem bloßen Namen Jakobus stets den ältesten der vier Brüder Jesu" (a.a.O., S. 75).

4   *Theodor Zahn* I 79.

5   Vgl. dazu *William Wrede*: Das literarische Rätsel des Hebräerbriefes, FRLANT 8, Göttingen 1906. Der Hebräerbrief hat dafür aber einen brieflichen Schluß in Hebr 13,18–25.

6   „Während Origenes (185–254) nur einzelne Briefe (1Joh, 1Petr, Jud, aber auch den nicht in den Kanon aufgenommenen Barnabasbrief) als katholisch bezeichnet, spricht Eusebius von Caesarea (nach 260–339) in seiner Kirchengeschichte zweimal von »katholischen Briefen«, erwähnt ihre Siebenzahl und weist die Briefe des Jakobus und Judas dieser Gruppe zu (II 23,24f. ...; VI 14,1)" (*Ingo Broer*: Einleitung in das Neue Testament, Band 2: Die Briefliteratur, die Offenbarung des Johannes und die Bildung des Kanons, Die Neue Echter Bibel. Ergänzungsband zum Neuen Testament 2,2, Würzburg 2001, S. 593).

meinheit bestimmt« (im Gegensatz z. B. zu den echten Paulinen mit ihren konkreten Adressaten[gemeinden]) tragen.“[7]

∗ ∗ ∗

Ist mithin die Bezeichnung »katholisch« geklärt, verbleibt die Frage nach dem Brief. Während nämlich der Hebräer»brief« zwar einen brieflichen Schluß aufweist (vgl. Anm. 5), aber kein Präskript, verhält es sich beim Jakobus»brief« umgekehrt: Hier haben wir zwar ein Präskript in Jak 1,1 – aber wir haben keinen brieflichen Schluß (vgl. Jak 5,19–20). Genau wie im Fall des Hebräer»briefs« stellt sich also auch hier die Frage, ob es sich überhaupt um einen wirklichen Brief handelt.[8]

Das Präskript in Jak 1,1 lautet folgendermaßen:

Ἰάκωβος θεοῦ καὶ κυρίου Ἰησοῦ Χριστοῦ δοῦλος	Jakobus, Sklave Gottes und des Herrn Jesus Christus,
ταῖς δώδεκα φυλαῖς ταῖς ἐν τῇ διασπορᾷ	den zwölf Stämmen in der Diaspora
χαίρειν.	Gruß!

Wie in den uns vertrauten paulinischen Präskripten finden wir zunächst die Angabe des Absenders (die sogenannte *superscriptio*) im Nominativ: Ἰάκωβος θεοῦ καὶ κυρίου Ἰησοῦ Χριστοῦ δοῦλος *(Iakōbos theou kai kyriou Iēsou Christou doulos).* Darauf folgt – ebenfalls wie in den paulinischen Präskripten – im Dativ die Angabe des Adressaten (die sogenannte *adscriptio*): ταῖς δώδεκα φυλαῖς ταῖς ἐν τῇ διασπορᾷ *(tais dōdeka phylais tais en tē diaspora).* Den entscheidenden Unterschied zu den paulinischen Präskripten macht der dritte Bestandteil, die *salutatio*, aus. Bei Paulus finden wir an dieser Stelle das „Gnade sei mit euch und Friede von Gott unserm Vater und dem Herrn Jesus Christus“ (so Röm 1,7; 1Kor 1,3; 2Kor 1,2; Gal 1,3; Eph 1,2; Phil 1,2; 2Thess 1,2; Phlm 1,3; verkürzt in Kol 1,2; 1Thess 1,1; anders 1Tim 1,2; 2Tim 1,2; Tit 1,4). Stattdessen hat unser Jakobus hier das klassische χαίρειν *(chairein).* „Der Briefgruß χαίρειν *[chairein]* findet sich im N. T. nur noch Apg 15₂₃ Apg 23₂₆. Aber diese Vereinzelung ist scheinbar, denn χαίρειν *[chairein]* und nicht eine der reicheren im N. T. sonst verwendeten Formeln ... ist der gewöhnliche Gruß des griechischen Briefschreibers; man vergleiche die Papyri ... . Daß die Christen diesen Gruß übernahmen – nur neben ihm noch christlichere Formeln ausbildeten – ist von vornherein wahrscheinlich und wird auch durch die Grüße der Ignatius-Briefe bestätigt ... “[9]

---

7   *Ingo Broer*, a.a.O., S. 593. Das *[gemeinden]* stammt von Broer.

8   Zum Problem vgl. *Ingo Broer*, a.a.O., S. 594–597. Noch Zahn hielt unser Schreiben für einen Brief. „Nach [dem Kommentar von] Dibelius ist es unmöglich, das Schreiben des Jakobus für einen wirklichen Brief zu halten, da nicht nur alle Andeutungen einer Briefsituation fehlen, sondern auch alle Arten brieflicher Äußerung überhaupt“ (a.a.O., S. 594).

9   *Martin Dibelius:* Der Brief des Jakobus, KEK 15, Göttingen 1921; 10., durchgesehene Auflage mit einem Ergänzungsheft herausgegeben von Heinrich Greeven, Göttingen 1959, S. 67–68.

Wir haben vorhin schon gesehen (vgl. Anm. 8), daß neben diesem Präskript keinerlei briefliche Elemente in unserm Text zu finden sind. Wenn man von den paulinischen Briefen her zu Jakobus kommt, vermißt man neben diesen zugleich auch
lehrhafte Abschnitte. Der Inhalt ist durchweg paränetisch geprägt. Daher ist die Gattung nicht als Brief, sondern als Paränese zu bestimmen; wer den Kompromiß liebt,
mag von einer brieflichen Paränese sprechen und sich dabei auf das besprochene
Präskript berufen.

Wir kommen also zu dem doppelten Ergebnis: *1. Man spricht von »katholischen« Briefen, weil diese nicht an eine einzelne Person oder an eine bestimmte Gemeinde, sondern
an die Allgemeinheit gerichtet sind. 2. Im Fall des Jakobusbriefs haben wir zwar ein Briefpräskript, sonst jedoch keinerlei briefliche Charakteristika. Es handelt sich mithin nicht
um einen Brief, sondern um eine Paränese.*

Der Aufbau des Jakobusbriefes

Man kann den Brief des Jakobus wie folgt gliedern:[10]

Präskript	1,1	
1. Abschnitt	1,2–18	Anfechtungen
2. Abschnitt	1,19–27	Vom Tun des Wortes
3. Abschnitt	2,1–13	Arm und reich in der Versammlung
4. Abschnitt	2,14–26	Vom Glauben und Tun
5. Abschnitt	3,1–18	Lehre und Zungenrede
6. Abschnitt	4,1–12	Aufruf zur Friedfertigkeit
7. Abschnitt	4,13–17	Vom Plänemachen
8. Abschnitt	5,1–6	Drohwort gegen die Reichen
9. Abschnitt	5,7–20	Epilog

Die „Übersicht läßt erkennen, daß dem Text keine sofort einsichtige Disposition zugrundeliegt (Dibelius): Spruchreihen, (kurze) thematische Abhandlungen und
Spruchgruppen reihen sich aneinander. Dies verweist notwendig auf die formgeschichtliche Bestimmung der Überlieferungen, die ein solcher Mangel an argumenta-
tiver Durchdringung kennzeichnet. Deshalb erscheinen Versuche, eine klare Abfolge
des Textes nachzuweisen, oft als künstlich ... "[11]

---

10 Vgl. zur vorgeschlagenen Gliederung *Theodor Zahn* I 83, Anm. 3, *Henning Paulsen:* Art. Jakobusbrief, TRE 16 (1987), S. 488–495; hier S. 488, Z. 38–47, sowie *Ingo Broer*, a.a.O., S. 594.
11 *Henning Paulsen*, a.a.O., S. 488, Z. 48–53.

Ein zentraler Abschnitt: 2,1–4

Das Problem von Arm und Reich liegt dem Verfasser des Jakobusbriefs ganz besonders am Herzen. Es durchzieht das ganze Schreiben, vgl. die folgenden Passagen: 1,9–11; 2,1–13; 2,14–17; 4,13–17; 5,1–4. Ein Stück daraus wollen wir uns ansehen:[12]

ἀδελφοί μου, μὴ ἐν προσωπολημψίαις ἔχετε τὴν πίστιν τοῦ κυρίου ἡμῶν Ἰησοῦ Χριστοῦ τῆς δόξης.	**1** Meine Brüder, habt euren Glauben an unseren Herrn Jesus Christus in seiner Herrlichkeit nicht (zusammen) mit Bevorzugung von Personen.
ἐὰν γὰρ εἰσέλθῃ εἰς συναγωγὴν ὑμῶν ἀνὴρ χρυσοδακτύλιος ἐν ἐσθῆτι λαμπρᾷ,	**2** Denn wenn in eure Synagoge ein Mann mit goldenen Fingerringen (und) prächtigem Gewand hereintritt,
εἰσέλθῃ δὲ καὶ πτωχὸς ἐν ῥυπαρᾷ ἐσθῆτι,	es tritt aber auch ein Armer in schmutzigem Gewand herein,
ἐπιβλέψητε δὲ ἐπὶ τὸν φοροῦντα τὴν ἐσθῆτα τὴν λαμπρὰν καὶ εἴπητε·	**3** ihr aber kümmert euch um den im prächtigen Gewand und sprecht:
σὺ κάθου ὧδε καλῶς,	„Du da, setze dich hier bequem hin!“
καὶ τῷ πτωχῷ εἴπητε·	und zu dem Armen sprecht ihr:
σὺ στῆθι ἢ	„Du da, stell dich dorthin!“ oder:
κάθου ἐκεῖ ὑπὸ τὸ ὑποπόδιόν μου,	„Setze dich unten an meine Fußbank!“,
οὐ διεκρίθητε ἐν ἑαυτοῖς καὶ ἐγένεσθε κριταὶ διαλογισμῶν πονηρῶν;	**4** habt ihr da nicht bei euch selbst (unberechtigte) Unterschiede gemacht und seid Richter mit schlechten Entscheidungen geworden?

Diese Passage bedarf keines Kommentars von meiner Seite. Eine jede und ein jeder ist in der Lage, sich in unserer heutigen Situation die passenden Szenen aus dem gemeindlichen und kirchlichen Leben überhaupt vor Augen zu stellen …

Ort und Zeit des Jakobusbriefs

Wir haben zu Beginn dieses Paragraphen gesehen, daß Theodor Zahn den Jakobusbrief für ein Schreiben des Herrenbruders Jakobus hält. Damit ist als Abfassungsort Jerusalem gegeben; was die Zeit angeht, so plädiert Zahn für Ende der vierziger Jahre. Ihm zufolge hätten wir hier das älteste Dokument des Neuen Testaments vor uns.[13]

Diese Position wird heute nur noch selten vertreten. Wer den Brief nicht dem Herrenbruder Jakobus zuschreiben will, kann ihn dann auch in eine spätere Phase datieren. Henning Paulsen plädiert für Ägypten oder Syrien und gibt als Zeit die

---

12   Die Übersetzung ist dem Kommentar von *Wolfgang Schrage:* Der Jakobusbrief, in: *Horst Balz* und *Wolfgang Schrage:* Die »Katholischen« Briefe. Die Briefe des Jakobus, Petrus, Johannes und Judas, NTD 10, Göttingen 1973, S. 24, entnommen.

13   Zur Position von Theodor Zahn vgl. oben S. 386.

Jahre zwischen 70 und 100 an.[14] Dem schließt sich Ingo Broer in seiner Einleitung an: Auch er plädiert für 70–100 als Abfassungszeit[15]; was den Ort angeht, schreibt er: „Die meisten Ausleger entscheiden sich für Syrien, z.B. weil dort die wegen der Jesustraditionen notwendige Nähe zur mündlichen Überlieferung und gleichzeitig auch der Einfluß von seiten des Judentums sowie von seiten des Hellenismus gegeben ist."[16]

Was mich selbst angeht, so beschränke ich mich darauf, an das in dieser Vorlesung schon mehrfach zitierte Käsemannsche *dictum* von den Märchenbüchern zu erinnern; im übrigen verweise ich – wie stets – auf die schöne Stadt Gades …[17]

Literatur

Einführung zum Jakobusbrief

Ingo Broer: § 27 Der Jakobusbrief, in: Einleitung in das Neue Testament, Band 2: Die Briefliteratur, die Offenbarung des Johannes und die Bildung des Kanons, Die Neue Echter Bibel. Ergänzungsband zum Neuen Testament 2,2, Würzburg 2001, S. 593–612.

Kommentare in chronologischer Reihenfolge

Martin Dibelius: Der Brief des Jakobus, KEK 15, Göttingen 1921; 10., durchgesehene Auflage mit einem Ergänzungsheft herausgegeben von Heinrich Greeven, Göttingen 1959.

Wolfgang Schrage: Der Jakobusbrief, in: *Horst Balz* und *Wolfgang Schrage:* Die »Katholischen« Briefe. Die Briefe des Jakobus, Petrus, Johannes und Judas, NTD 10, Göttingen 1973.

Franz Mußner: Der Jakobusbrief, HThK 13,1, Freiburg u.a. ⁵1987.

Rudolf Hoppe: Jakobusbrief, SKK.NT 15, Stuttgart 1989.

Wiard Popkes: Der Brief des Jakobus, ThHK 14, Leipzig 2001.

Sonstige Literatur (alphabetisch)

Georg Braumann: Der theologische Hintergrund des Jakobusbriefes, ThZ 18 (1962), S. 401–410.

Bruce D. Chilton & C.A. Evans [Hg.]: James the Just and Christian Origins, NT.S 98, Leiden 1999.

Rudolf Hoppe: Der theologische Hintergrund des Jakobusbriefes, FzB 28, Würzburg 1977.

---

14 *Henning Paulsen,* a.a.O., S. 492.

15 *Ingo Broer,* a.a.O., S. 602.

16 Ebd.

17 In der Vorlesung, die diesem Buch zugrundeliegt, habe ich gelegentlich Gades als Abfassungsort einer neutestamentlichen Schrift ins Gespräch gebracht, um das hohe Maß an Spekulation zu verdeutlichen, die manchen solchen Zuweisungen zugrundeliegt.

René Krüger: Der Jakobusbrief als prophetische Kritik der Reichen. Eine exegetische Untersuchung aus lateinamerikanischer Perspektive, BVBib 12, Münster 2005.[18]

Ulrich Luck: Weisheit und Leiden. Zum Problem Paulus und Jakobus, ThLZ 92 (1967), Sp. 253–258.

Henning Paulsen: Art. Jakobusbrief, TRE 16 (1987), S. 488–495.

Peter Pilhofer: Von Jakobus zu Justin. Lernen in den Spätschriften des Neuen Testaments und bei den Apologeten, in: Religiöses Lernen in der biblischen, frühjüdischen und frühchristlichen Überlieferung, hg. v. Beate Ego und Helmut Merkel, WUNT 180, Tübingen 2005, S. 253–269.

Wiard Popkes: Adressaten, Situation und Form des Jakobusbriefes, SBS 125/126, Stuttgart 1986.

Wilhelm Pratscher: Der Herrenbruder Jakobus und die Jakobustradition, FRLANT 139, Göttingen 1987.

Ethelbert Stauffer: Das »Gesetz des Freiheit« in der Ordensregel von Jericho, ThLZ 77 (1952), Sp. 527–532.

Joachim Wanke: Die urchristlichen Lehrer nach dem Zeugnis des Jakobusbriefes, in: Die Kirche des Anfangs (FS Heinz Schürmann), Freiburg/Basel/Wien 1978, S. 489–510.

Alfred F. Zimmermann: Die urchristlichen Lehrer. Studien zum Tradentenkreis der διδάσκαλοι im frühen Urchristentum, WUNT 2/12, Tübingen 1984.

---

18   Ich danke Herrn Michael Nachtrab für diesen Literaturhinweis. Die Abkürzung BVBib bedeutet: Beiträge zum Verstehen der Bibel.

Kapitel XI: Die johanneische Literatur

In diesem Kapitel befassen wir uns mit einer aus ganz unterschiedlichen Schriften zusammengesetzten Gruppe – der johanneischen Literatur. Darunter versteht man zunächst das Johannesevangelium, das im Rahmen der neutestamentlichen Evangelien eine Sonderstellung einnimmt, da es den synoptischen Evangelien gegenübersteht, weil es sich von diesen in vielerlei Hinsicht unterscheidet. Neben dem Evangelium haben wir eine Reihe von Briefen, die unter dem Namen des Johannes überliefert sind, der 1. Johannesbrief, der 2. Johannesbrief und der 3. Johannesbrief. Schließlich gehört zur johanneischen Literatur noch die Apokalypse des Johannes, die im Rahmen des Neuen Testaments ganz vereinzelt dasteht, da es keine zweite Apokalypse – etwa die Petrusapokalypse – in den Kanon geschafft hat.

Der Name eines Johannes wird freilich nur in der Apokalypse[1] genannt; er fehlt in dem Evangelium ebenso wie in den Briefen. „Die Zuschreibung an Johannes ergibt sich beim Evangelium und bei den Briefen also ausschließlich aus der kirchlichen Tradition."[2] Dieser gelten alle fünf genannten Schriften als Werke ein und desselben Verfassers, eben des Johannes. Heute wird diese These jedoch kaum mehr vertreten. Dennoch behandle ich alle fünf Schriften in ein und demselben Kapitel.

Broer hält es für sinnvoll, die Apokalypse gesondert zu behandeln: „Die Apokalypse unterscheidet sich auch sonst in Sprache, Stil und theologischem Anliegen sehr stark von den vier anderen dem/einem Johannes zugeschriebenen Dokumenten, die sich gerade durch eine besonders Nähe untereinander auszeichnen, so daß sie gesondert vom Johannesevangelium und den Johannesbriefen behandelt werden kann und muß ..."[3]

Ich folge Broer in dieser Hinsicht nicht, obgleich auch ich die Apokalypse als eine im Rahmen des Neuen Testaments randständige Schrift sehe. Wegen der späten Abfassungszeit der Apokalypse ist es zudem erforderlich, noch je einen Abschnitt zu Kaiser Trajan und seinem Nachfolger Hadrian einzuschieben, so daß sich die folgende Gliederung ergibt:

- § 55 Das Johannesevangelium

- § 56 Die Johannesbriefe

---

1   Apk 1,1; 1,4; 1,9 und 22,8. Ausnahmsweise benötigt man zur Zusammenstellung dieser Belege eine Konkordanz: Die Randnotizen zu den einzelnen Versen im Nestle/Aland[27] sind ungenügend.

2   *Ingo Broer:* Einleitung in das Neue Testament, Band 1: Die synoptischen Evangelien, die Apostelgeschichte und die johanneische Literatur, Die Neue Echter Bibel. Ergänzungsband zum Neuen Testament 2,1, Würzburg 1998, S. 180.

3   Ebd.

- § 57 Trajan (98 – 117 n.Chr.)

- § 58 Hadrian (117 – 138 n.Chr.)

- § 59 Die Apokalypse

§ 55 Das Johannesevangelium

Ich zitiere[1] zu Beginn meiner Johannes-Vorlesung mit schöner Regelmäßigkeit die goldenen Worte aus dem jeweiligen Kommentierten Vorlesungsverzeichnis: „Das Johannesevangelium ist das späteste und wohl auch schwierigste unter den kanonischen Evangelien. Seine Auslegung ist heute umstrittener denn je. Die neuere Debatte hat zwar die Bultmannsche Position nachhaltig erschüttert, aber ihrerseits noch nicht zu einem neuen Konsens geführt."[2]

Noch drastischer formuliert Ernst Käsemann unser Problem: „Wir tappen mehr oder minder im Dunkel, wenn wir über den historischen Hintergrund des Evangeliums ... Auskunft geben sollen. Nirgendwo im Neuen Testament gilt das stärker als hier, obgleich es uns überall vor Rätsel stellt. Die sogenannten Einleitungen sind auf weite Strecken in die Gattung der Märchenbücher einzureihen, mag ihr trockener Ton und Inhalt noch so sehr Tatsachenreportagen vortäuschen. Der Evangelist, den wir Johannes nennen, scheint ein Mann ohne deutlichen Schatten zu sein. Wir hören seine Stimme, die sich klar von andern der Urchristenheit abhebt, und sehen doch nicht scharf ihren historischen Ort. Sehr viel von dem, was sie sagt, ist durchaus begreiflich, und wir werden dadurch immer wieder aufs stärkste bewegt. Stets bleibt sie aber seltsam unirdisch. Alle Zeiten der Kirchengeschichte haben das empfunden und gerade deshalb das Evangelium aufs höchste geschätzt. ... In gewisser Hinsicht sind die Exegeten seit dem 2. Jahrhundert damit beschäftigt, den vergessenen Platz des 4. Evangeliums in unserer irdischen Geschichte wiederzufinden."[3]

Der von Karl Barth gelobte Franz Overbeck bringt das Problem auf den Punkt, wenn er sagt: „Die moderne Theologie ist in betreff des johanneischen Evangeliums auf Bärenkost angewiesen, d.h. darauf, vom Belecken der eigenen Pfoten satt zu werden."[4] Wir wollen sehen, wozu das Belecken der Pfoten heute führt und uns zunächst dem Selbstzeugnis des Evangeliums zuwenden.

---

1   Die folgenden Ausführungen zum Johannesevangelium sind identisch mit dem einschlägigen Text unter `www.neutestamentliches-repetitorium.de`.

2   Kommentiertes Vorlesungsverzeichnis der Theologischen Fakultät der Ernst-Moritz-Arndt-Universität Greifswald für das Sommersemester 1998, S. 24. Gleichlautend in der Erlanger Ankündigung für das Wintersemester 2002/2003.

3   *Ernst Käsemann:* Jesu letzter Wille nach Johannes 17, Tübingen ³1971, S. 11f.

4   *Franz Overbeck:* Das Johannesevangelium. Studien zur Kritik seiner Erforschung. Aus dem Nachlaß herausgegeben von Carl Albrecht Bernoulli, Tübingen 1911, S. 79. Die Stelle wird bei *Ernst Käsemann*, a.a.O., S. 13, Anm. 1 nicht ganz korrekt zitiert: Statt des Overbeckschen „Die moderne Theologie" hat Käsemann kurzerhand „Die moderne Forschung" – vielleicht nicht ganz unbedeutend!

1. Das Selbstzeugnis des Evangeliums über seinen Verfasser

Wir haben schon gesehen, daß der Name »Johannes« als Name des Verfassers im Evangelium selbst gar nicht genannt wird. Trotzdem hat man seit jeher gemeint, dem Evangelium Aussagen über seinen Verfasser entnehmen zu können. Ich schließe mich in diesem Abschnitt an einen Aufsatz von Martin Rese aus dem Jahr 1996 an.[5] Wir verschaffen uns zunächst einen Überblick über das für unsere Frage einschlägige Material:

1,14	Augenzeugenschaft
1,35–40	namenloser Jünger
13,23–26	Lieblingsjünger
8,15–18	namenloser Jünger
19,25–27	Lieblingsjünger
19,35	Augenzeugenschaft
20,1–10	Lieblingsjünger
21,1–14.20–23	Lieblingsjünger
21,24	Augenzeugenschaft & Verfasserschaft

Dies sind die für unsere Frage nach dem Selbstzeugnis des Evangeliums über seinen Verfasser einschlägigen Stellen. Aus diesem Selbstzeugnis „zogen im 19. Jh. konservative und kritische Forscher übereinstimmend den Schluß, das JohEv erhebe »abweichend von den älteren Evangelien ... den Anspruch, von einem Augenzeugen des Lebens Jesu herzurühren«. Umstritten war freilich, ob dieser »Anspruch« durch die historische Wirklichkeit gedeckt wird, wie die Konservativen meinten, oder ob er Fiktion sei, was kritischer Konsens war."[6]

Zu beachten ist zunächst die auffällige Tatsache, daß es ein solches Zeugnis des Evangelisten über sich selbst im Johannesevangelium überhaupt gibt – Markus hat dergleichen nicht, auch Matthäus nicht, und das Proömium des Lukas (Luk 1,1–4) ist im Grund auch nichts Vergleichbares. Rese sagt daher mit einem gewissen Recht: „... während sich die Verfasser der anderen Evangelien außer in Lk 1,1–4 nicht zu

---

5   *Martin Rese:* Das Selbstzeugnis des Johannesevangeliums über seinen Verfasser, EThL 72 (1996), S. 75–111. Unter den klassischen Darstellungen ist v.a. *Theodor Zahn:* Einleitung in das Neue Testament, Band II, dritte, vielfach berichtigte und vervollständigte Auflage, Leipzig 1907, S. 462–638: „Die Schriften des Johannes" zu nennen, wo Zahn als § 65 „Das Selbstzeugnis des vierten Evangeliums" behandelt.

6   *Martin Rese,* a.a.O., S. 75f. Das Zitat im Zitat stammt aus der Weißschen Einleitung (S. 586).

Wort melden, »rückt sich der Evangelist im vierten selbst in den Vordergrund der Betrachtung«, und zwar durch sein Selbstzeugnis."[7]

Im Anschluß an den genannten Aufsatz von Rese gehe ich im folgenden so vor, daß ich zunächst die Texte behandle, „die im 19. Jh. als »Selbstzeugnis« bezeichnet wurden, d.h. Joh 1,14; 19,35; 21,24, und erst dann jene Texte, die mit diesen Stellen zusammenhängen"[8], also die sogenannten Lieblingsjüngerstellen.

I

Im 20. Jahrhundert „hat *Joh 1,14* vor allem im Zusammenhang mit zwei Fragen eine Rolle gespielt, der nach dem Umfang der hinter Joh 1,1–18 vermuteten Vorlage und der nach dem Doketismus des Joh[annes]ev[angeliums]. Doch hin und wieder wurde diese Stelle auch noch wegen des ἐθεασάμεθα *[etheasameta]* in V. 14b mit der Verfasserfrage in Verbindung gebracht – was angesichts der 1. pers. plur. und des Aorists ja naheliegt"[9]: καὶ ἐθεασάμεθα τὴν δόξαν αὐτοῦ *[etheasameta tēn doxan autou]*. Walter Bauer interpretiert das folgendermaßen: Das θεᾶσθαι *[theasthai]* wird im Johannesevangelium „sonst immer" vom „Sehen mit leiblichen Augen" gebraucht.[10]

Daraus zieht Walter Bauer den Schluß: „Das würde für unsere Stelle ausmachen, daß sich entweder der Verf. mit den anderen Augenzeugen des Lebens Jesu zusammenschließen und selbst als solcher erscheinen will (vgl. I Jo 1₁), oder daß die Christenheit, gestützt auf die Bekundung jener Zeugen, ihr Bekenntnis ablegt (vgl. 3₁₁)."[11] An dieser Stelle macht Martin Rese auf eine wichtige Unterscheidung aufmerksam: „Als »Augenzeuge erscheinen wollen« heißt noch nicht, auch tatsächlich einer zu sein. Hier ist zu unterscheiden zwischen der Frage, »ob das 4. Evangelium der Bericht eines Augenzeugen ist oder nicht«, und der Frage, »ob der Evangelist ein Augenzeuge sein will oder nicht«."[12]

Die *zweite* hier nach Rese zu betrachtende Stelle, 19,35, schließt Theodor Zahn in seiner monumentalen Einleitung mit 20,31 zusammen: „Dagegen spricht sich

---

7   *Martin Rese,* a.a.O., S. 80. Das Zitat im Zitat stammt – von wem denn sonst? – natürlich von *Overbeck,* a.(Anm. 4)a.O., S. 232. Überhaupt greift Rese in diesem Aufsatz häufig auf die Arbeit Overbecks zurück.

8   *Rese,* ebd.

9   *Rese,* a.a.O., S. 81.

10   Die Stellen sind 1,32.38; 4,35; 6,5; 11,45.

11   *Walter Bauer:* Das Johannesevangelium, HNT 6, Tübingen ³1933, S. 24. Im folgenden weist Bauer darauf hin, daß die δόξα das Objekt des Sehens in 1,14b ist. „Viele sehen das Wunder zu Kana, aber nur den Jüngern erschließt sich die göttliche δόξα, die den Glauben weckt (2 ₁₁). Ebenso hat mancher an der wunderbaren Speisung teilgenommen, ohne mit diesem Erlebnis wirklich etwas anfangen zu können ... . Es muß eben zu dem äußeren Sehen eine innere Schau hinzukommen." (ebd.)

12   *Rese,* a.a.O., S. 81. Die beiden letzten Zitate stammen wieder aus Overbeck (S. 237). Rese fährt fort: „Joh 1,14 gibt allein eine Antwort auf die zweite Frage, nicht aber auf die erste: Der Verfasser des Joh[annes]ev[angeliums] will einer von denen sein, die den irdischen Jesus und seine Herrlichkeit sahen. ... Ob der Verfasser tatsächlich ein derartiger Augenzeuge ist, darüber läßt sich 1,14 nichts entnehmen." (S. 81f.)

Jo[hannes] an zwei späteren Stellen seines Buches (19,35; 20,31) in Anrede an die Leser über den Zweck seiner schriftstellerischen Tätigkeit und an der ersten derselben auch über sein, des Berichterstatters, Verhältnis zu den von ihm berichteten Tatsachen aus. Ein die Leser anredendes Ihr mitten in einer erzählenden Schrift, welche übrigens nicht die Form eines Sendschreibens an sich trägt, auch nicht durch eine voraufgeschickte Widmungszuschrift eine gewisse Ähnlichkeit mit einem Sendschreiben erhalten hat, ist etwas Unerhörtes in der Literatur. Das ist *die Sprache des Predigers vor versammelter Gemeinde.* Dazu stimmt es, daß an beiden Stellen als Zweck der schriftlichen Erzählung eine Einwirkung auf das religiöse Leben der Leser angegeben wird. Die Erzählung ist ein Mittel zu demjenigen Zweck, welchen der Prediger verfolgt; sie ist also eine an einen bestimmten Hörerkreis oder vielmehr, da sie in schriftlicher Form vorgetragen wird, Leserkreis gerichtete Predigt. Damit ist auch schon gesichert, daß der Leserkreis, für welchen Jo[hannes] sein Buch geschrieben hat, aus Christen besteht, denen er bekannt und die ihm bekannt sind. ... Nehmen wir die Überlieferung ... zu Hilfe, so dürfen wir den nächsten Eindruck von 19,35; 20,31 dahin näher bestimmen: Jo[hannes] sieht im Geist die Gemeinde von Ephesus oder die sämtlichen Christen von Asien um sich versammelt und redet sie an bedeutsamen Stellen seines Buches geradezu an."[13]

Wir sehen uns zunächst den Text 19,35 genauer an: „In *Joh 19,35* redet jemand von sich in der 3. pers. sing. und nicht wie in 1,14 in der 1. pers. pl. Er erscheint als ein Zeuge, der bei Jesu Kreuzestod als Augenzeuge dabei war. Doppelt wird die Wahrheit seines Zeugnisses unterstrichen, und der Finalsatz »damit auch ihr glaubt« am Ende von V. 35 zeigt an, daß dieses Zeugnis auf den Glauben der Leser des Joh[annes]ev[angeliums] zielt."[14]

Die Resesche Folgerung halte ich allerdings für verfehlt: „Der Verfasser des Joh[annes]ev[angeliums] will, daß man ihn selbst und nicht einen anderen für den Augenzeugen des Kreuzestodes Jesu hält."[15] Im Unterschied zu Rese bin ich der Auffassung, daß hier von *zwei* Personen die Rede ist, dem Lieblingsjünger, der Augenzeuge der Kreuzigung ist, und dem hier ἐκεῖνος *(ekeinos)* Genannten, vielleicht dem Evangelisten, der die Augenzeugenschaft bestätigt. Diese Interpretation des v. 35 ist nach meinem Urteil die nächstliegende.[16]

Damit kommen wir zur *dritten* einschlägigen Stelle, zu Joh 21,24a. Hier wird nun die Rolle, die der geliebte Jünger für das Johannesevangelium spielt, abschließend

---

13 *Theodor Zahn,* a.(Anm. 5)a.O., II 475. Dies ist der § 65 zum „Selbstzeugnis des vierten Evangeliums"; die kirchliche Überlieferung, auf die Zahn sich im Zitat bezieht, hatte er schon im § 64 diskutiert. (Das Kursivierte im Original gesperrt gedruckt.)

14 *Rese,* a.a.O., S. 82f.

15 *Rese,* a.a.O., S. 83.

16 Absurd die Alternative, die *Rese,* a.a.O., S. 84, Anm. 26 zu ἐκεῖνος eröffnet: „Seit dem letzten Jahrhundert wird gefragt, wer der ἐκεῖνος ist: Ist es der von sich selbst in der 3. pers. sing. redende Augenzeuge oder Jesus?" Für die erste Auffassung nennt Rese *H.A.W. Meyer;* für die zweite das ungleiche Paar *Theodor Zahn* (Kommentar, S. 670) und *Rudolf Bultmann* (Kommentar, S. 526).

beschrieben. Diese Rolle besteht in zwei verschiedenen Teilen, in dem Zeugnis einerseits, in dem Aufschreiben andererseits. Die Rolle des Zeugen war dem Jünger auch in 19,35 zugeschrieben worden; vom Schreiben dagegen war zuvor nie die Rede. Das ὁ γράψας ταῦτα *(ho grapsas tauta)* kann ja nur meinen, daß dieser Jünger mit dem Verfasser des Johannesevangeliums, d.h. genauer mit dem Verfasser der Kapitel 1–20 identisch ist. Ob das eine plausible Annahme ist, lasse ich in diesem Zusammenhang zunächst einmal dahingestellt ...

„Was bei 19,35 erst aus dem Kontext erschlossen werden mußte, das wird hier unmißverständlich festgestellt: Das vorliegende Joh[annes]ev[angelium] will von dem »Jünger, den Jesus liebte«, verfaßt sein; dieser soll »nicht nur der *Gewährsmann*, der Zeuge für den ganzen Inhalt dieser Evangelienschrift ... (sein), sondern auch der *Schriftsteller*«.“[17]

An dieser Stelle der Diskussion kann ich Rese im einzelnen nicht folgen; es fehlt seiner Argumentation hier die Klarheit, die Rese sonst auszeichnet. Er wirft einen Blick auf den vorausgehenden Vers 23 und bestreitet ausdrücklich, daß dieser Vers den Tod des Lieblingsjüngers voraussetze: „Das Wort vom Nichtsterben des »Jüngers, den Jesus liebte« (21,23a) ist also für den Verfasser ein Gerücht und beruht auf einem Mißverständnis des Jesuswortes an Petrus – 21,23 sagt also nichts darüber, ob der »Jünger, den Jesus liebte«, schon gestorben ist oder noch lebt.“[18]

Demgegenüber halte ich an der Auffassung fest, daß der Tod des Lieblingsjüngers Voraussetzung für die in v. 23 greifbare Debatte ist: Der Verfasser des Nachtragskapitels greift hier in eine aktuelle Diskussion innerhalb der johanneischen Gemeinde ein und versucht, eine seines Erachtens irrige Auffassung zu korrigieren. Nicht Jesus hat sich getäuscht; er ist vielmehr nur falsch interpretiert worden. Zwar ist der geliebte Jünger nun gestorben, aber das Wort Jesu selbst wird dadurch auf gar keine Weise beschädigt. Die Redaktion hat hier also einen apologetischen Zweck. Diesen apologetischen Zweck vermute ich auch hinter der Aussage des v. 24: καὶ ὁ γράψας ταῦτα *(kai ho grapsas tauta)*. Diese Behauptung geht über das in Kapitel 1–20 Gesagte hinaus. Augenzeugenschaft des Lieblingsjüngers wird in 1,14 wie in 19,35 behauptet – *Autorschaft* hingegen nicht. Von dieser ist vielmehr ausschließlich im Nachtragskapitel 21 die Rede. Sie geht mithin auf die Redaktion zurück und nicht auf den Evangelisten. Nicht der Evangelist behauptet, mit dem Lieblingsjünger identisch und also ein Augenzeuge zu sein, sondern erst die Redaktion.

Gegen die Resesche Auffassung mache ich folgendes geltend:

1. Die Stelle im Prolog (1,14) ist nur mit allergrößter Zurückhaltung in unserm Zusammenhang heranzuziehen. Sie geht nach unserer Interpretation[19] auf ein

---

17   *Rese*, a.a.O., S. 85. Rese zitiert auch hier Overbeck.
18   *Rese*, a.a.O., S. 87.
19   Eine ausführliche Begründung für diese auch von mir vertretene These bietet *Jürgen Becker* in seinem Kommentar, Band I, S. 81–85.

christliches Gemeindelied zurück und ist für die vermeintliche Augenzeugenschaft des Verfassers des Evangeliums daher von vornherein nicht brauchbar. Objekt des Sehens ist im übrigen die δόξα *(doxa)* – schon diese sprachliche Beobachtung mahnt zur Vorsicht.

2. Die Stelle in der Passionsgeschichte (19,35) beansprucht Augenzeugenschaft für den Lieblingsjünger, setzt diesen aber nicht mit dem Verfasser gleich.

3. Einzig 21,24 beansprucht Autorschaft für den Lieblingsjünger und setzt sich damit zu den Aussagen des Evangeliums selbst (d.h. in Kapitel 1 bis 20) in Widerspruch.

II

Damit kommen wir nun zu den übrigen Stellen, die Rese für das Selbstzeugnis des Johannesevangeliums für einschlägig hält. Dabei handelt es sich um 13,23–26; 18,15–18; 19,25–27; 20,1–10; 21,1–14.20–23.

Wir gehen nur auf Kapitel 13 ein. In der Mahlszene wird der Lieblingsjünger folgendermaßen eingeführt: ἦν ἀνακείμενος εἷς ἐκ τῶν μαθητῶν αὐτοῦ ἐν τῷ κόλπῳ τοῦ Ἰησοῦ *(ēn anakeimenos heis ek tōn mathētōn autou en tō kolpō tou Iēsou)*. Die These Reses (im Anschluß an Overbeck), daß einer der Zwölf gemeint sei, lehne ich ebenso entschieden ab wie seine weitere Folgerung: „Im Kreis der zwölf Jünger hat dieser Jünger die hervorragendste Stellung, er ist »der Auserlesene dieser Auserlesenen«.“[20]

Am Anfang des Kapitels ist nämlich nicht von Jüngern die Rede – und schon gar nicht von den Zwölf. Vielmehr heißt es, Jesus ἀγάπησεν τοὺς ἰδίους *(agapēsen tous idious)*; das erinnert vielleicht an 1,11 (εἰς τὰ ἴδια ἦλθεν, καὶ οἱ ἴδιοι αὐτὸν οὐ παρέλαβον *(eis ta idia ēlthen, kai hoi idioi auton ou parelabon])*, aber doch gewiß nicht an die Zwölf, die auch sonst im Johannesevangelium eine ganz untergeordnete Rolle spielen, wie ein Blick in die Konkordanz zeigt: Sie begegnen ausschließlich in Kapitel 6 (drei Belege) und einmal in Kapitel 20 – wir haben keine Berufung der Zwölf wie etwa bei Markus 3,14.16 und schon gar keine Zwölferliste wie bei den Synoptikern und in Apostelgeschichte 1.[21] Gerade ein »kritischer« Forscher wie Martin Rese – der Aufsatz ist ganz konstitutiv durch den Gegensatz zwischen der „kritischen“ und der „konservativen“ Fraktion bestimmt – dürfte nicht völlig unkritisch das Standardbild der Zwölf aus den Synoptikern in das Johannesevangelium übertragen. Im Gegensatz zu Martin Rese halte ich fest: *Der Lieblingsjünger ist in 13,23 nicht als eine Figur aus dem Zwölferkreis vorgestellt.* Dies wäre im Ganzen des Johannesevangeliums eine reichlich abwegige Zuordnung, die v.a. auch das Argument gegen sich hat, daß

---

20 *Rese*, a.a.O., S. 91 mit Bezug auf Overbeck.

21 Die johanneischen Belege sind Joh 6,67.70.71 und 20,24. Darüber hinaus ist in 11,9 von den zwölf Stunden des Tages die Rede und in 6,13 von den zwölf Körben – das ist alles!

der Lieblingsjünger im ersten Teil des Evangeliums (Kap. 1–12) überhaupt nicht vorkommt. Sein Radius ist ganz auf Jerusalem und Umgebung beschränkt – in Galiläa tritt er nicht auf.

Weiter führt die Beobachtung, daß unsere Stelle 13,23 mit 1,18 zusammengesehen werden muß. In beiden Versen (und nur hier!) begegnet das Wort κόλπος *(kolpos)*. Hieß es in 1,18 von dem Logos: ὁ ὢν εἰς τὸν κόλπον τοῦ πατρός *(ho ōn eis ton kolpon tou patros)*, so heißt es nun hier in 13,23 von dem Lieblingsjünger, er lag ἐν τῷ κόλπῳ τοῦ Ἰησοῦ *(en tō kolpō tou Iēsou)*. Ganz unabhängig von irgendwelchen Hierarchien innerhalb und außerhalb des Zwölferkreises kann man mit Rese feststellen: „Offensichtlich wird im Joh[annes]ev[angelium] diesem einen Jünger bei Jesus der Platz zugewiesen, den jener bei seinem Vater innehat."[22] Um genau zu sein, muß man allerdings statt „im Johannesevangelium" vielmehr „in dieser Geschichte des Johannesevangeliums" sagen. Auch darf man die Analogie nicht übertreiben: Denn der Vordersatz θεὸν οὐδεὶς ἑώρακεν πώποτε *(theon oudeis eōraken pōpote)* aus 1,18 hat hier in 13,23 natürlich keine Entsprechung. Wir haben bei der Diskussion der andern Lieblingsjüngerstellen (insbesondere auch in Kapitel 21) immer wieder gesehen, daß die Position dieser Figur nicht exklusiv ist, d.h. andere werden dadurch hinsichtlich ihrer Geltung nicht in Frage gestellt, wie etwa Petrus in Kapitel 21 zeigt. Ich lehne daher die Folgerung Reses ab: „Auch wenn der Verfasser des Joh[annes]ev[angeliums] nicht Johannes ist, sondern es allenfalls sein will, die Art und Weise, wie er sich in 13,23 als den einen besonderen Jünger herausstellt, ist eine »anmaßende Selbstüberhebung«."[23]

Auch die andere Lieblingsjüngerstelle in 19,25–27 möchte Rese in bezug auf die Rangfrage auswerten: „In 19,25–27 wird also der besondere Rang des Lieblingsjüngers weiter entfaltet: Als einziger aus dem engsten Kreis der Jünger ist er Augenzeuge des Kreuzestodes Jesu, und er wird schon unter dem Kreuz zum Bruder Jesu."[24] Abgesehen von der Rangfrage – die nach meiner Interpretation hier nichts zu suchen hat – kann man die Resesche Auslegung gelten lassen.

Es verwundert nicht, daß Rese auch in 20,1–10 die Rangfrage einbringt; seines Erachtens wird Petrus hier „auf höchst kunstvolle Weise dem Lieblingsjünger unter- und dieser ihm übergeordnet."[25] Ein „Vorrang" des Lieblingsjüngers sei „unübersehbar".[26] „In 20,1–10 ist der »Jünger, den Jesus liebte«, die Hauptperson. Anders als Petrus und Maria Magdalena sowie die übrigen Jünger ist er schon als Augenzeuge des leeren Grabes zum Glauben gekommen, und so der erste Zeuge der Auferstehung im Joh[annes]ev[angelium]."[27]

22　*Rese*, a.a.O., S. 91.
23　*Rese*, a.a.O., S. 93, Anm. 55.
24　*Rese*, a.a.O., S. 95.
25　Ebd.
26　Ebd.
27　*Rese*, a.a.O., S. 97.

2. Das Zeugnis der Alten Kirche

Wir haben uns in einem ersten Anlauf mit dem *Selbstzeugnis* des Johannesevangeliums befaßt und sind zum Ergebnis gekommen, daß dieses Selbstzeugnis das Johannesevangelium von den synoptischen Evangelien unterscheidet: Es beansprucht in der Tat, etwa in bezug auf die Kreuzigungsszene auf einen Augenzeugen zurückzugehen. Der mittlerweile verstorbene Lieblingsjünger soll als Autorität neben längst arrivierten Figuren wie Petrus etabliert werden und als Garant der Überlieferung des Johannesevangeliums fungieren.

In einem zweiten Schritt soll es nun um die Frage gehen, was die Überlieferung außerhalb unseres Evangeliums selbst zu unserer Frage zu bieten hat. Dabei liegt der Schwerpunkt auf dem zweiten Jahrhundert.[28]

a) Die Überschrift

Die älteste kirchliche Überlieferung zum Johannesevangelium erscheint auf den ersten Blick als Bestandteil desselben, handelt es sich doch um seine Überschrift.[29] „Die Überschrift des Evangeliums ist textlich sehr gut bezeugt, so lesen P[66] aus dem späten 2. Jh. εὐαγγέλιον κατὰ Ἰωάννην *[euaggelion kata Iōannēn]* und P[75] (Anfang 3. Jh.) εὐαγγέλιον κατὰ Ἰωάνην *[euaggelion kata Iōanēn]*.“[30] Diese Überschrift ist kein Bestandteil des Johannesevangeliums, sondern ein späterer Zusatz dazu, mithin also die älteste kirchliche Überlieferung zum Thema.

„Der Evangelist gebraucht εὐαγγέλιον *[euaggelion]* bzw. εὐαγγελίζεσθαι *[euaggelizesthai]* sonst nicht, und es ist nicht anzunehmen, daß er bei der bewußten literarischen Disposition und hohen theologischen Reflexion innerhalb seiner Jesus-Erzählung einen Begriff zur Klassifizierung des Gesamtwerkes benutzt, der seiner Theologie fremd ist“, stellt Schnelle zutreffend fest.[31] Die Überschrift stellt das Buch in eine Reihe mit andern, die schon zuvor auf dem Markt waren. „Sie benennt das Werk und unterscheidet es zugleich von vergleichbaren Erzählungen. Durch die Überschrift wird das Johannesevangelium einer im Urchristentum seit Markus bekannten Literaturgattung zugeordnet und damit in einen bereits existierenden Interpretationsrahmen gestellt. Die Überschrift verbindet das Werk mit einer Person namens Johannes.“[32]

Schnelle möchte die Überschrift als gleichzeitig mit Kapitel 21 sehen und also der Redaktion zuschreiben: „Für diesen bedeutsamen Schritt dürften die Verfasser von

---

28 Vgl. dazu *Titus Nagel:* Die Rezeption des Johannesevangeliums im 2. Jahrhundert. Studien zur vorirenäischen Aneignung und Auslegung des vierten Evangeliums in christlicher und christlich-gnostischer Literatur, Arbeiten zur Bibel und ihrer Geschichte 2, Leipzig 2000.

29 Grundlegend ist *Martin Hengel:* Die Evangelienüberschriften, SHAW.PH, Heidelberg 1984. Speziell zur Überschrift des Johannesevangeliums vgl. den Kommentar von *Udo Schnelle*, S. 331.

30 *Udo Schnelle:* Das Evangelium nach Johannes, ThHK 4, Berlin 1998, S. 321.

31 Ebd.

32 Ebd.

Kap. 21 verantwortlich sein, die das Evangelium herausgaben und durch ihre Zusätze mit der Person des Zebedaiden Johannes verbanden."[33] Ich halte das erste zwar für möglich, das zweite aber für falsch: Daß die Redaktion die Überschrift hinzugefügt hat, ist möglich. Genauso gut möglich ist die Annahme, daß diese Überschrift erst im nächsten Stadium hinzugekommen ist. Daß der genannte Johannes der Zebedaide sein soll, halte ich für falsch. Sie werden gleich sehen, warum.[34]

b) Das Zeugnis des Papias

Papias lebte in der ersten Hälfte des 2. Jahrhunderts und war Bischof von Hierapolis, dem heutigen Pamukkale in Phrygien. Er ist nach der Überschrift unser ältester Gewährsmann. Er hat ein Werk in fünf Büchern hinterlassen. Es trägt den Titel

$$\Lambda o \gamma \acute{\iota} \omega \nu \; \kappa \upsilon \rho \acute{\iota} o \upsilon \; \grave{\epsilon} \xi \eta \gamma \acute{\eta} \sigma \epsilon \iota \varsigma^{35}$$
(Logiōn kyriou exēgēseis).

Dieses Werk ist leider nur in wenigen Fragmenten auf uns gekommen. Es handelt sich hier um einen Auszug aus der Kirchengeschichte des Euseb, Buch III, Kapitel 39. In § 1 sagt Euseb, daß Papias fünf Bücher hinterlassen habe, und nennt den Titel des Werkes. Er bezieht sich dann auf Irenaios, der seinerseits, Papias zitierend, diesen als

$$\text{'}I \omega \acute{\alpha} \nu \nu o \upsilon \; \mu \grave{\epsilon} \nu \; \grave{\alpha} \kappa o \upsilon \sigma \tau \acute{\eta} \varsigma$$
(Iōannou men akoustēs)

sowie als

$$\Pi o \lambda \upsilon \kappa \acute{\alpha} \rho \pi o \upsilon \; \grave{\epsilon} \tau a \widetilde{\iota} \rho o \varsigma$$
(Polykarpou hetairos)

und schließlich generell als

$$\grave{\alpha} \rho \chi a \widetilde{\iota} o \varsigma \; \grave{\alpha} \nu \acute{\eta} \rho$$
(archaios anēr)

bezeichnet. Mit diesen Angaben wird Papias gewissermaßen vernetzt: Er ist ein Mann des (kirchlichen) »Altertums«, ein Gefährte des berühmten Bischofs Polykarp von Smyrna[36] und – das interessiert uns hier – ein „Hörer des Johannes". Auch hier ist mitnichten an den Zebedaiden Johannes gedacht, wie wir sogleich sehen werden.

In § 2 befaßt sich Euseb näher mit diesen Angaben und interpretiert sie dahingehend, daß Papias selbst sich mitnichten als Freund irgendeines Apostels ausgegeben habe und beruft sich dafür auf das Proömium des Buches des Papias, aus dem er in § 3

---

33 Ebd.

34 Die Begründung gebe ich erst im Paragraphen zu den Johannesbriefen, wo die Verfasserfrage eingehender diskutiert wird, vgl. unten in diesem Kapitel im Paragraphen 56 die Seite 415–417.

35 Zu ἐξήγησις vgl. den Artikel bei *G. W. H. Lampe [Hg.]:* A Patristic Greek Lexicon, Oxford 1961 (Nachdr. 1978), S. 496. Er schlägt als Übersetzung „commentary" vor (*s. v.* 2.). Vgl. zu Papias oben in § 53, S. 375–377.

36 Zu diesem vgl. *Peter Pilhofer:* Philippi. Band I: Die erste christliche Gemeinde Europas, WUNT 87, Tübingen 1995, S. 206–228.

und § 4 zitiert. Papias redet in diesem Proömium ganz allgemein von πρεσβύτεροι *(presbyteroi)*, älteren Menschen, die ihrerseits davon zu berichten wußten τί Ἀνδρέας ἢ τί Πέτρος εἶπεν κτλ. *(ti Andreas ē ti Petros eipen ktl.)*. Diese älteren ihrerseits, mit denen Papias Umgang hatte, fragte er nach den Worten der Apostel aus. Namentlich genannt werden die Apostel Andreas, Petrus, Philippos, Thomas, Jakobus, Johannes und Matthäus. Die Liste ist damit geschlossen.

Am Schluß von § 4 folgt nun aber zu unserer Überraschung eine weitere Liste, die andere Jünger nennt (ἤ τις ἕτερος τῶν τοῦ κυρίου μαθητῶν *[ē tis heteros tōn tou kyriou mathētōn]*), d.h. also solche außerhalb des exklusiven Kreises der Apostel. Zwei dieser Herrenjünger werden namentlich genannt: Aristion und der πρεσβύτερος Ἰωάννης *(presbyteros Iōannēs)*. Auch diese beiden hat Papias seinem Proömium zufolge nicht persönlich gekannt; er hat sich aber von den älteren Christen über ihre Worte berichten lassen.

Dieser Unterschied ist bereits dem Euseb aufgefallen, der in § 5 darauf hinweist, daß hier zwei Jünger namens Johannes genannt werden, der Apostel, den Euseb seinerseits flugs mit dem Evangelisten identifiziert (... σαφῶς δηλῶν τὸν εὐαγγελιστήν ... *[saphōs dēlōn ton euaggelistēn]*) und den Anderen, den Papias πρεσβύτερος *(presbyteros)* nennt. Daß Euseb auf dem Holzweg ist, wenn er den Apostel Johannes, den Sohn des Zebedäus, für den Verfasser des Johannesevangeliums hält, interessiert hier nur am Rande. Ich möchte Ihre Aufmerksamkeit vielmehr auf den so unscheinbaren *zweiten* Johannes lenken, den Papias πρεσβύτερος *(presbyteros)* nennt. Ich formuliere meine These: *Der zweite Johannes des Papias ist kein anderer als der Johannes der Überschrift*

εὐαγγέλιον κατὰ Ἰωάννην
(euaggelion kata Iōannēn).

Dann bleibt uns hier nur noch die Frage zu erörtern, wie wir diesen Johannes mit den uns interessierenden Figuren in Beziehung setzen. Ist dieser der Evangelist? Oder ist er der Lieblingsjünger? Für Hengel ist die Sache sehr einfach, fallen für ihn doch alle drei Figuren zusammen: Unser Johannes ist für ihn der Lieblingsjünger, und der ist zugleich Verfasser des Evangeliums, der Johannesbriefe und der Apokalypse.[37] Wenn wir einmal die Johannesbriefe außer Anschlag lassen, so ist zu sagen, daß unmöglich der Verfasser der Apokalypse mit dem Verfasser des Evangeliums identisch sein kann. Das zeigen sprachliche wie inhaltliche und speziell theologische Gründe. Was insbesondere das Evangelium angeht, so hat sich im Lauf der Auslegung die Unterscheidung von Lieblingsjünger und Evangelist bewährt: Wir haben z.B. in bezug auf 19,35 oben[38] festgestellt, daß der ἐκεῖνος *(ekeinos)* nicht der Lieblingsjünger ist. Daher formuliere ich meine zweite These wie folgt: *Der von Papias genannte Jünger Jesu mit Namen Johannes, auf den sich auch die Überschrift unseres Evangeliums bezieht,*

---

37 *Martin Hengel:* The Johannine Question, London/Philadelphia 1989, S. 80–83.
38 Vgl. dazu die Diskussion der Stelle oben S. 396–399.

ist kein anderer als der Lieblingsjünger. Dieser ist der Gewährsmann der johanneischen Tradition; er war der Gemeinde in Ephesos persönlich bekannt. Sein Tod hat
eine Erschütterung hervorgerufen, die Kapitel 21 lindern oder beseitigen will. Der
Verfasser des Evangeliums nimmt ihn für sein Werk als Gewährsmann in Anspruch.
Vieles aus dem judäischen Bereich, so beispielsweise die frappierenden topographischen Detailkenntnisse, lassen sich auf ihn zurückführen. Wieweit die Theologie des
Johannesevangeliums – ich denke insbesondere an die spezifische Eschatologie – von
dem Lieblingsjünger Johannes angeregt, geprägt oder mit geprägt ist, das ist eine
Frage, der wir in diesem Zusammenhang nicht mehr nachgehen können.

3. Eine mögliche Lösung

Die Einleitungsfragen zum Johannesevangelium sind so etwas wie ein eigener For-
schungszweig geworden. Die einschlägigen Bücher und Aufsätze können gar nicht
alle aufgezählt werden. Die Monographien aus der Feder von Martin Hengel haben
wir schon kennengelernt.[39] Von Interesse ist darüber hinaus die Sammlung unter
dem Titel „Johannes und sein Evangelium", die Karl Heinrich Rengstorf für die Reihe *Wege der Forschung* zusammengestellt hat.[40] Hier findet sich u. a. die bahnbrechen-
de Arbeit von Eduard Schwartz: Über den Tod der Söhne Zebedäi. Ein Beitrag zur
Geschichte des Johannesevangeliums [aus dem Jahr 1904!][41], die die kirchliche Tradition, wonach der Zebedaide der Verfasser des Johannesevangeliums sei, nachhaltig
erschütterte. Der Aufsatz ist in den hundert Jahren seit seinem ersten Erscheinen 1904
zu einem Klassiker auf unserm Gebiet geworden. Er hat die gesamte nachfolgende
Debatte maßgeblich bestimmt, wie gerade die folgenden Aufsätze in dem Sammelband von Rengstorf zeigen.[42]

---

39 Zu unterscheiden ist die ältere englische Fassung (*Martin Hengel*: The Johannine Question,
London/Philadelphia 1989) und die neuere deutsche: Die johanneische Frage. Ein Lösungsversuch. Mit
einem Beitrag zur Apokalypse von Jörg Frey, WUNT 67, Tübingen 1993. Ich beziehe mich im folgenden auf die englische »Urausgabe«.

40 *Karl Heinrich Rengstorf [Hg.]:* Johannes und sein Evangelium, WdF LXXXII, Darmstadt 1973.

41 *Eduard Schwartz:* Über den Tod der Söhne Zebedäi. Ein Beitrag zur Geschichte des Johannesevangeliums [aus dem Jahr 1904], in: Karl Heinrich Rengstorf [Hg.]: Johannes und sein Evangelium,
WdF LXXXII, Darmstadt 1973, S. 202–272. Die Untersuchung beginnt mit dem Satz: „Den Anstoß
zu diesem Aufsatz habe ich durch Wellhausens Kommentar zum Markusevangelium erhalten" (a.a.O.,
S. 202), was sich auf Wellhausens klassischen Ausspruch bezieht: „Die Weissagung des Marytriums bezieht sich nicht bloß auf Jakobus, sondern auch auf Johannes, und wenn sie zur einen Hälfte unerfüllt
geblieben wäre, so stünde sie schwerlich im Evangelium. Es erhebt sich also ein schweres Bedenken gegen die Zuverlässigkeit der Überlieferung, daß der Apostel Johannes im hohen Alter eines nicht gewaltsamen Todes gestorben sei" (Anm. 2). Wellhausen hat das in seinem Kommentar zu Mk 10,39 bemerkt,
vgl. auch Rengstorfs Einleitung, a.a.O., S. XXI.

42 Das Fehlen jeglicher Indices mindert den Wert der Rengstorfschen Sammlung erheblich.

Außerdem will ich Ihnen noch den Sammelband mit den Arbeiten Günter Reims nennen, den ich Ihnen besonders empfehlen möchte.[43] Der Band enthält einige Studien, die für unsere Einleitungsfragen von Bedeutung sind, so beispielsweise: „Nordreich – Südreich: Der vierte Evangelist als Vertreter christlicher Nordreichstheologie"[44], in dem er die „Johannes-Gemeinden" im NO des Sees Genezareth lokalisiert, oder die Studie „Johannes 21 – Ein Anhang?"[45] Hier vertritt Reim die interessante These, dem Evangelisten habe „u.a. Material synoptischen Charakters vorgelegen, das von einer Gruppe im Hinblick auf den Lieblingsjünger redigiert und außerdem sicher auch mit anderem Material wesentlich erweitert worden war, aber in seinem Grundbestand auf einen schriftlichen Bericht eines Augenzeugen zurückgeführt werden kann. An diesen Augenzeugen knüpfte sich ursprünglich die Hoffnung, daß er nicht sterbe, ehe sich die Parusie Jesu ereigne. Diese Hoffnung wurde auf ein Jesuswort zurückgeführt, das man aber nach dem Tode des Lieblingsjüngers anders interpretierte. Der Evangelist hat dann sein Evangelium (lange?) nach dem Tode dieses Lieblingsjüngers abgefaßt."[46]

Von Interesse ist hier für uns auch noch der Aufsatz „Zur Lokalisierung der johanneischen Gemeinde"[47], in dem Reim seine These zum Entstehungsort präzisiert und sie historisch zu Beginn des jüdischen Krieges einordnet: „Abgelegene Lage und Krieg sind dafür verantwortlich, daß die joh.[anneische] Gemeinde vom Hauptstrom neutestamentlicher Tradition abgeschnitten ist."[48]

Abschließend sei darauf hingewiesen, daß Sie natürlich auch in jedem Kommentar zum Johannesevangelium im Eingangsteil eine Diskussion der Einleitungsfragen finden. Eine bemerkenswerte Ausnahme bildet in dieser Hinsicht der Bultmannsche Kommentar, der sogleich mit der Interpretation des Prologs beginnt.

a) Der Ort des Johannesevangeliums

Wir haben gerade gesehen, daß Günter Reim den Entstehungsort des Johannesevangeliums im palästinischen Raum sucht. Daneben ist seit längerer Zeit auch Syrien im Angebot.[49] Ich will mich nicht damit aufhalten, diese anderen Vorschläge zu widerlegen, sondern Ihnen gleich meine eigene Auffassung darlegen und begründen. Ich schließe mich in diesem Punkt der kirchlichen Überlieferung an und lokalisie-

---

43 *Günter Reim:* Jochanan. Erweiterte Studien zum alttestamentlichen Hintergrund des Johannesevangelims, Erlangen 1995.

44 *Günter Reim,* a.a.O., S. 360–368.

45 *Günter Reim,* a.a.O., S. 389–396.

46 *Günter Reim,* a.a.O., S. 396.

47 *Günter Reim,* a.a.O., S. 410–424.

48 *Günter Reim,* a.a.O., S. 423.

49 Kümmel bezeichnete einst „die Annahme, das Joh[annesevangelium] sei irgendwo in Syrien entstanden", sogar als „wohl die beste Vermutung"! (*Werner Georg Kümmel:* Einleitung in das Neue Testament, Heidelberg ²¹1983, S. 212.)

re das Johannesevangelium in der römischen Provinz Ἀσία *(Asia)*, näherhin in der Hauptstadt dieser Provinz, in Ephesos.

Man kann probehalber das ganze Johannesevangelium auf diesem Hintergrund zu lesen versuchen. Dies brauchen wir nicht zu tun, denn Sjef van Tilborg hat es bereits für uns getan, und zwar in seinem Buch Reading John in Ephesus.[50] Er formuliert sein Ziel sehr bescheiden: „In the following study one can find a number of arguments which make the traditional location of the Gospel in Ephesus defensible. In my own vision the Gospel of John, or at least the final version of this Gospel originated in a Jewish quarter of a Hellenistic city."[51] Tilborg will in seinem Buch nicht *beweisen*, daß das Johannesevangelium in Ephesos entstanden ist. Sein Ziel ist vielmehr „to study how John's text was read or could have been read in first century Ephesus."[52]

Nicht alle Belege, die Tilborg anführt, sind gleichwertig. Ich konzentriere mich im folgenden auf Material, das zwei Kriterien erfüllt:

   1. Es sollte sich auf Texte aus dem Johannesevangelium beziehen, die wir gemeinsam ausgelegt haben.[53]

   2. Es sollte eine gewisse Evidenz besitzen ...

Wir beginnen im ersten Kapitel, das schon im Prolog (1,1–18) Jesus als Sohn vorstellt und in dem Bekenntnis des Nathanael ihn als Sohn Gottes apostrophiert: σὺ εἶ υἱὸς τοῦ θεοῦ *(sy ei hyios tou theou)* (1,49). Dieser uns ganz und gar christlich erscheinende »Hoheitstitel« Jesu erschien den ersten Leserinnen und Lesern überhaupt nicht christlich. Ihnen war er seit langem als Titel im Rahmen des Kaiserkults vertraut. Schon Augustus wurde als Sohn Gottes bezeichnet, nämlich als Sohn des Gottes C. Iulius Caesar.[54] Nero wurde als Sohn des Gottes Claudius und Nachkomme des Gottes Caesar verehrt.[55] Titus, der flavische Kaiser, der Jerusalem zerstört

---

50 *Sjef van Tilborg:* Reading John in Ephesus, NT.S 83, Leiden/New York/Köln 1996. Die epigraphische Sachkenntnis des Verfassers bedarf einer vorsichtigen Rezeption, wie etwa S. 66, Anm. 7 beweist, wo T. sich auf IEph 737 bezieht und in dieser Inschrift einen Beleg für das „praetorium in Philippi" findet. Die Inschrift bietet aber τὸν κράτιστον χειλίαρχον ... κοόρτης δεκάτη[ς] πραιτωρίας [φιλιππιανῆς] κτλ.
  Bereits zuvor war die Studie von *Rudolf Schnackenburg* erschienen: Ephesos: Entwicklung einer Gemeinde von Paulus zu Johannes, BZ 35 (1991), S. 41–64.

51 *Tilborg,* a.a.O., S. 2f.

52 Ebd. Tilborg weist in Anm. 6 auf die Tatsache hin, daß „the name *Joannes* is found in Ephesus more than any other biblical name and more than in other cities ... "

53 Dieses Kriterium ist natürlich nur im Rahmen der Johannesvorlesung sinnvoll, aus dem dieser Text entnommen ist.

54 *Tilborg* bringt S. 39 die folgenden Belege aus Ephesos: IEph II 252; 253; 401; V 1522; VII 1, Nr. 3006; 3409; VII 2, Nr. 3825.

55 *Tilborg* nennt ebd. IEph V 1834 und SEG 1989, Nr. 1178.

hatte, wird in Ephesos als Sohn des Gottes Vespasian bezeichnet.[56] Genauso wird sein Bruder Domitian als Sohn des Gottes Vespasian in einer Inschrift genannt.[57]

Der Titel υἱὸς τοῦ θεοῦ *(hyios tou theou)* ist den Menschen in Ephesos aus dem Kaiserkult mithin seit drei Generationen vertraut. Auch werden die Kaiser selbst nach ihrem Ableben als θεός *(theos)* bezeichnet, wie Tilborg mit umfangreichem Material aus Ephesos zeigt.[58] Claudius wird sogar schon zu Lebzeiten in einer Inschrift aus Ephesos als Gott bezeichnet (IEph I 17, Zeile 67 aus dem Jahr 44). Ähnliches gilt auch für Domitian, auf den wir später noch einmal zurückkommen.[59]

Das könnte man *mutatis mutandis* auch für die Titel σωτήρ *(sōtēr)* (Joh 4,42) und κύριος *(kyrios)* *(passim)* zeigen. Alle vier Titel: θεός, υἱὸς τοῦ θεοῦ, σωτήρ *(theos, hyios theou, sōtēr)* und κύριος *(kyrios)* sind in Ephesos für den Kaiserkult spezifisch. Im Johannesevangelium dagegen sind sie strikt für Jesus reserviert. Wir haben hier also einen klaren Gegensatz: „not the emperor(s) but Jesus alone can lay claim to these titles, because he alone has proved in word and deed that he is from God. If we read this in the social context of Ephesus ... we see, via these titles, a text which has a clear political meaning.“[60]

Interessant ist der Beschluß des Synhedriums in Joh 11,47–53. In dieser Szene begegnet in 11,49 zum esten Mal im Johannesevangelium der Hohepriester Kaiphas. Er wird den Leserinnen und Lesern vorgestellt als ἀρχιερεὺς ὢν τοῦ ἐνιαυτοῦ ἐκείνου *(archiereus ōn tou eniautou ekeinou).* Diese Bemerkung wird in 18,13 fast wörtlich wiederholt: ὃς ἦν ἀρχιερεὺς τοῦ ἐνιαυτοῦ ἐκείνου *(hos ēn archiereus tou eniautou ekeinou).* Hier liegt ein Problem insofern vor, als der Hohepriester in Jerusalem gar nicht jährlich wechselt, sondern u. U. viele Jahre im Amt ist (d.h. wenn die Römer nichts dagegen haben ...). Aus Sicht der Leserinnen und Leser in Ephesos ist das freilich gar kein Problem. Die denken nämlich an die jährlich wechselnden Kaiserpriester, und so ist es für sie die natürlichste Annahme der Welt, daß ein ἀρχιερεύς *(archiereus)* alle Jahre wechselt. „Every year, a high priest is elected and/or appointed in the province who, in the name of the province of Asia, is responsible for the functioning of the emperor's temple. That means that, from the foundation of the temple for Augustus and Dea Roma in Pergamum (29 BC), every year imperial high priests are appointed.“[61]

---

56 *Tilborg* nennt ebd. IEph II 263B.

57 Siehe die in der vorigen Anm. genannte Inschrift.
   Ich übergehe die Belege für Trajan und Hadrian, da sie nach meiner Datierung des Johannesevangeliums zu spät sind.

58 Von Augustus bis Nerva; *Tilborg*, S. 41–43.

59 Zu Domitian vgl. das Material bei *Tilborg*, S. 45f.

60 *Tilborg*, a.a.O., S. 53.

61 *Tilborg*, a.a.O., S. 21. Er fügt hinzu: „Originally these people are called »high priests of Augustus and Dea Roma«. Later in the century they are called »high priests of Asia«. The change in title probably has its origin in the fact that at that time there are more provincial temples of the emperor.

Für die Leserinnen und Leser des Johannesevangeliums ist daher nicht nur Kaiphas ohne Probleme verständlich, sondern auch Hannas, der ja als früherer Hohepriester (18,19) fungiert. Auch in Ephesos behielt ein gewesener Hohepriester seinen Titel auf Lebenszeit bei, so braucht man sich aus dieser Perspektive über den Ex-Hohenpriester Hannas überhaupt nicht zu wundern.[62]

b) Der Verfasser und seine Quellen

Ich bin ein Anhänger der altmodischen Auffassung, wonach es sinnvoll ist, beim Johannesevangelium drei Ebenen zu unterscheiden, die Ebene der Quellen – zu der in gewisser Weise auch der Lieblingsjünger gehört, den wir vorhin mit Johannes identifiziert haben; die Ebene des Evangelisten (= E); und die Ebene der Redaktion (= R). Diese ist, wie wir gesehen haben, vielleicht für die Überschrift, gewiß für einzelne Einschübe und hauptsächlich für die Anfügung des Kapitels 21 verantwortlich. Das ergäbe das folgende Bild:

R	Überschrift? (vgl. S. 401–402)	Einzelnes 1,13; 4,2; 6,51b–58	Nachtragskapitel 21

Die wichtigste Gestalt – der Verfasser im eigentlichen Sinn – ist der Evangelist, auf den das *corpus* des Evangeliums, also die Kapitel 1 bis 20, vom Prolog bis zum Buchschluß in 20,30f. zurückgeht. Er ist derjenige, auf den die entscheidenden theologischen Weichenstellungen v. a. in der Christologie und in der Eschatologie zurückgehen. Das ergibt für die zweite Ebene folgendes Bild:

E	Kapitel 1–20

Für die Erstellung seines Werkes hat der Evangelist auf Quellen zurückgegriffen. Erkennbar sind uns noch die Semeia-Quelle (= SQ) und der Passions- und Osterbericht (= PB). Daneben kannte er das Markusevangelium, nutzte es jedoch nicht als literarische Vorlage. Schließlich verdankte er dem Lieblingsjünger Johannes manche Informationen, die es ihm ermöglichen, über die Synoptiker hinaus für den Bereich Judäas Neuigkeiten zu bieten. Das ergibt folgendes Bild:

Quellen	Gemeindelied	SQ	PB	Lieblingsjünger

Because the title is given for life, they are mentioned more frequently. Apart from the high priest in function, one finds sometimes mention of »the high priests« in the plural."

62   „That the title is meaningful even after the term of office, is clear from the honorary inscriptions in which a number of people call themselves high priest or are so called by others" (*Tilborg*, a.a.O.,

Setzt man die drei Ebenen zusammen, so erhält man folgende Darstellung:

Quellen	Gemeindelied	SQ	PB	Lieblingsjünger
E	Kapitel 1–20			
R	Überschrift?		Einzelnes	Kapitel 21

4. Der Aufbau des Evangeliums

Die grobe Gliederung des Johannesevangeliums kann man recht leicht angeben: Zwischen dem Prolog in 1,1–18 und dem sogenannten »Nachtragskapitel« = Kapitel 21 haben wir zwei große Abschnitte:[63]

   I. 1,19–12,50 Die Offenbarung Jesu vor der Welt

   II. 13,1–20,31 Die Offenbarung Jesu vor den Seinen

Um sich den Inhalt leicht einzuprägen, empfehle ich Ihnen, nicht eine Untergliederung dieser beiden großen Abschnitte vorzunehmen, sondern die charakteristischen Stoffe des Evangeliums jeweils für sich zu lernen. Daher gebe ich Ihnen im folgenden zunächst einen Überblick über die Reden und die Wunder Jesu, bevor ich eine Gliederung der Passions- und der Ostergeschichte dieses Evangeliums vorschlage.[64]

Die Reden im Johannesevangelium (Übersicht)

   I. Die „Rede" an Nikodemus Kapitel 3 (3,14–21)

   II. Die Rede am Teich Bethesda Kapitel 5 (5,19–47)

   III. Die Brotrede Kapitel 6 (6,26–59)

   IV. Die Hirtenrede Kapitel 10 (10,1–18)

   V. Zwei kleinere Reden Kapitel 12 (12,20–36 und 44–50)

   VI. Die Abschiedsreden Kapitel 13–17

S. 22). Tilborg bringt in den Anmerkungen z. St. hierfür Belege sowohl aus Pergamon als auch aus Ephesos.

63   Vgl. beispielsweise *Ingo Broer:* Einleitung in das Neue Testament, Band 1: Die synoptischen Evangelien, die Apostelgeschichte und die johanneische Literatur, Die Neue Echter Bibel. Ergänzungsband zum Neuen Testament 2,1, Würzburg 1998, S. 182.

64   Alle folgenden Übersichten sind meiner Vorlesung über das Johannesevangelium entnommen, die ich zunächst in Greifswald, dann in Rostock, zuletzt in Erlangen im WS 2002/2003 gehalten habe. Diese Vorlesung ist im Netz bisher noch nicht dokumentiert.

1. Die Fußwaschung (13,1–11)
2. Ihre Interpretation (13,12–20)
3. Die Ankündigung des Verrats (13,21–30)
4. Voraussagung des Todes; das neue Gebot; Voraussage der Verleugnung des Petrus (13,31–38).
5. In Kapitel 14–17 dann nur Redestoff. Ich hebe heraus: Der wahre Weinstock (15,1–8) und Das hohepriesterliche Gebet (Kapitel 17).

Die Wunder im Johannesevangelium (Übersicht)[65]

1. Hochzeit zu Kana (2,1–12), in Kana

2. Heilung eines königlichen Beamtensohnes (4,46–54), in Kana

3. Speisung der 5000 (6,1–15), am See Genezareth

4. Seewandel Jesu (6,16–21), am See Genezareth

5. Heilung eines Gelähmten am Teich Bethesda (5,1–9), in Jerusalem

6. Heilung eines Blindgeborenen (9,1–7), in Jerusalem (v. 7: Σιλωάμ *[Silōam]*)

7. Auferweckung des Lazarus (11,1–44), bei Jerusalem

Die Passionsgeschichte im Johannesevangelium (Übersicht)

1. Der Todesbeschluß (11,45–54)

2. Gefangennahme Jesu (18,1–11)

3. Die jüdischen Verhöre (18,12–27)

4. Vor Pilatus (18,28–19,16a)

5. Kreuzigung, Tod und Grablegung Jesu (19,16b–42)

Die Ostergeschichte im Johannesevangelium (Übersicht)

I. Die erste Osterversion (Joh 20)

1. Der Ostermorgen (20,1–10)
2. Maria und der Gärtner (20,11–18)

---

65 Die Zusammenstellung der sieben σημεῖα ist auch für den sinnvoll, der nicht mehr mit einer Semeia-Quelle rechnet. Die klassische Bultmannsche Position, wonach diese Semeia-Quelle eine wichtige Grundlage des Evangeliums ist, wird noch im Kommentar von Jürgen Becker (und in meiner Johannes-Vorlesung ...) aufrechterhalten, verliert aber sonst zunehmend an Boden.

3. Der Auferstandene erscheint den Jüngern (20,19–23)

4. Thomas (20,24–29)

5. Der Buchschluß I (20,30f.)

II. Die zweite Osterversion (Joh 21)

1. Die Erscheinung am See Genezareth (21,1–14)

2. Simon Petrus (21,15–19)

3. Der Lieblingsjünger (21,20–23)

4. Der Buchschluß II (21,24–25)

5. Literatur

Kommentare in chronologischer Reihenfolge

Julius Wellhausen: Das Evangelium Johannis, Berlin 1908 (Nachdr. in: *ders.:* Evangelienkommentare. Mit einer Einleitung von Martin Hengel, Berlin/New York 1987; hier S. 601–746).

Theodor Zahn: Das Evangelium des Johannes, KNT IV, Leipzig 1908.

Walter Bauer: Das Johannesevangelium, HNT 6, Tübingen ³1933.

Rudolf Bultmann: Das Evangelium des Johannes, KEK II, Göttingen ¹⁹1968 (1. Aufl. 1941); dazu das Ergänzungsheft, Neubearbeitung 1957, Göttingen 1968.[66]

J. N. Sanders & B. A. Mastin: A Commentary on the Gospel according to St John, Black's New Testament Commentaries [o. Nr.], London 1968.

Rudolf Schnackenburg: Das Johannesevangelium, I. Teil: Einleitung und Kommentar zu Kap. 1–4, HThK IV 1, Freiburg/Basel/Wien 1965.

Rudolf Schnackenburg: Das Johannesevangelium, II. Teil: Kommentar zu Kap. 5–12, HThK IV 2, Freiburg/Basel/Wien 1971.

Rudolf Schnackenburg: Das Johannesevangelium, III. Teil: Kommentar zu Kap. 13–21, HThK IV 3, Freiburg/Basel/Wien 1975.

Rudolf Schnackenburg: Das Johannesevangelium, IV. Teil: Ergänzende Auslegungen und Exkurse, HThK IV 4, Freiburg/Basel/Wien 1984.

Ernst Haenchen: Das Johannesevangelium. Ein Kommentar, hg.v. Ulrich Busse, Tübingen 1980.

---

[66] *Ernst Haenchen* hat einen Aufsatz geschrieben mit dem Titel: Das Johannesevangelium und sein Kommentar (jetzt in: *ders.:* Die Bibel und wir. Gesammelte Aufsätze II, Tübingen 1968, S. 208–234) – diese Formulierung sagt alles.

Christian Welck charakterisiert das Epochemachende an Bultmanns Kommentar von 1941 treffend, wenn er sagt: „Gerade insofern er nicht nur einzelne Ansichten, sondern auch die *Arbeitsweise* der Folgezeit nachhaltig bestimmte und noch bestimmt, markiert Bultmanns Kommentar und speziell seine σημεῖα-Quellen-Hypothese einen tiefen *Einschnitt* in der Johannesexegese" (Erzählte Zeichen. Die Wundergeschichten des Johannesevangeliums literarisch untersucht. Mit einem Ausblick auf Joh 21, WUNT II 69, Tübingen 1991, S. 13).

Charles Kingsley Barrett: Das Evangelium nach Johannes. Übersetzt aus dem Englischen von Hans Bald, KEK.S, Göttingen 1990.

Jürgen Becker: Das Evangelium nach Johannes Kapitel 1–10, ÖTK 4/1, Gütersloh/Würzburg ³1991.

Jürgen Becker: Das Evangelium nach Johannes Kapitel 11–21, ÖTK 4/2, Gütersloh/Würzburg ³1991.

Udo Schnelle: Das Evangelium nach Johannes, ThHK 4, Berlin 1998 (dritte, neubearbeitete Auflage 2004).

Hartwig Thyen: Das Johannesevangelium, HNT 6, Tübingen 2005.

Sonstige Literatur (alphabetisch)

Ernst Bammel: John did no miracle, in: *C. F. D. Moule [Hg.]:* Miracles, Cambridge studies in their philosophy and history, London/New York 1965 (²1966), S. 179–202.

Heinz Becker: Die Reden des Johannesevangeliums und der Stil der gnostischen Offenbarungsrede, hg. v. Rudolf Bultmann, FRLANT 68, Göttingen 1956.

Johannes Beutler/Anthony Meredith: Art. Johannes-Evangelium (u. -Briefe), RAC 18 (1998), Sp. 646–670.

Klaus-Michael Bull: Gemeinde zwischen Integration und Abgrenzung. Ein Beitrag zu der Frage nach dem Ort der joh Gemeinde(n) in der Geschichte des Urchristentums, BET 24, Frankfurt am Main 1992.

Rudolf Bultmann: Art. Johannesevangelium, RGG³ III (1959), Sp. 840–850.

Anton Dauer: Die Passionsgeschichte im Johannesevangelium. Eine traditionsgeschichtliche und theologische Untersuchung zu Joh 18,1–19,30, StANT 30, München 1972.

C. H. Dodd: The Interpretation of the Fourth Gospel, Cambridge 1953 (Nachdr. 1963).

C. H. Dodd: Historical Tradition in the Fourth Gospel, Cambridge 1963.

Jörg Frey: Die johanneische Eschatologie. Band 1: Ihre Probleme im Spiegel der Forschung seit Reimarus, WUNT 96, Tübingen 1997; Band 2: Das johanneische Zeitverständnis, WUNT 110, Tübingen 1998; Band 3: Die eschatologische Verkündigung in den johanneischen Texten, WUNT 117, Tübingen 2000.

Adolf Harnack: Zur Textkritik und Christologie der Schriften des Johannes. Zugleich ein Beitrag zur Würdigung der ältesten lateinischen Überlieferung und der Vulgata, SPAW 1915, S. 534–573; Nachdr. in: *ders.:* Kleine Schriften zur alten Kirche [II]. Berliner Akademieschriften 1908–1930, Opuscula IX 2, Leipzig 1980, S. 265–304.

Adolf Harnack: Das »Wir« in den Johanneischen Schriften, SPAW 1923, S. 96–113; Nachdr. in: *ders.:* Kleine Schriften zur alten Kirche [II]. Berliner Akademieschriften 1908–1930, Opuscula IX 2, Leipzig 1980, Band II, S. 626–643.

Martin Hengel: Die Evangelienüberschriften, SHAW.PH, Heidelberg 1984.

Martin Hengel: The Johannine Question, London/Philadelphia 1989.

Martin Hengel: Die johanneische Frage. Ein Lösungsversuch. Mit einem Beitrag zur Apokalypse von Jörg Frey, WUNT 67, Tübingen 1993.[67]

---

67 Erweiterte deutsche Fassung des englischen Buches *The Johannine Question*, das vier Jahre früher erschienen ist.

Hans-Christian Kammler: Christologie und Eschatologie. Joh 5,17–30 als Schlüsseltext johanneischer Theologie, WUNT 126, Tübingen 2000.

Ernst Käsemann: Jesu letzter Wille nach Johannes 17, Tübingen ³1971.

Titus Nagel: Die Rezeption des Johannesevangeliums im 2. Jahrhundert. Studien zur vorirenäischen Aneignung und Auslegung des vierten Evangeliums in christlicher und christlich-gnostischer Literatur, Arbeiten zur Bibel und ihrer Geschichte 2, Leipzig 2000.

Franz Overbeck: Das Johannesevangelium. Studien zur Kritik seiner Erforschung. Aus dem Nachlaß herausgegeben von Carl Albrecht Bernoulli, Tübingen 1911.

Peter Pilhofer: Vom Sinn der neutestamentlichen Wissenschaft, in: Bekenntnis und Erinnerung. Festschrift zum 75. Geburtstag von Hans-Friedrich Weiß, hg. v. Klaus-Michael Bull und Eckart Reinmuth, Rostocker Theologische Studien 16, Münster 2004, S. 8–23.

Günter Reim: Studien zum alttestamentlichen Hintergrund des Johannesevangeliums, MSSNTS 22, Cambridge 1974.

Günter Reim: Jochanan. Erweiterte Studien zum alttestamentlichen Hintergrund des Johannesevangelims, Erlangen 1995.

Martin Rese: Das Selbstzeugnis des Johannesevangeliums über seinen Verfasser, EThL 72 (1996), S. 75–111.

Karl Heinrich Rengstorf [Hg.]: Johannes und sein Evangelium, WdF LXXXII, Darmstadt 1973.

John A. T. Robinson: »His witness is true«: A test of the Johannine claim, in: Ernst Bammel & C. F. D. Moule [Hg.]: Jesus and the Politics of His Day, Cambridge 1984, Nachdr. 1985, S. 453–476.

Rudolf Schnackenburg: Ephesos: Entwicklung einer Gemeinde von Paulus zu Johannes, BZ 35 (1991), S. 41–64.

Eduard Schwartz: Über den Tod der Söhne Zebedäi. Ein Beitrag zur Geschichte des Johannesevangeliums [aus dem Jahr 1904], in: Karl Heinrich Rengstorf [Hg.]: Johannes und sein Evangelium, WdF LXXXII, Darmstadt 1973, S. 202–272.

Eduard Schweizer: Ego eimi. Die Religionsgeschichtliche Herkunft und theologische Bedeutung der johanneischen Bilderreden. Zugleich ein Beitrag zur Quellenfrage des vierten Evangeliums, FRLANT 56, Göttingen 1939, 2. Aufl. 1965.

Sjef van Tilborg: Reading John in Ephesus, NT.S 83, Leiden/New York/Köln 1996.

Christian Welck: Erzählte Zeichen. Die Wundergeschichten des Johannesevangeliums literarisch untersucht. Mit einem Ausblick auf Joh 21, WUNT II 69, Tübingen 1991.

§ 56 Die Johannesbriefe

In der Einleitung zu diesem Kapitel war davon die Rede, daß eine Reihe von Briefen unter dem Namen des Johannes überliefert sind.[1] Das ist eine vereinfachende Redeweise, die andeuten soll, daß unter den »katholischen« Briefen drei in der Überschrift den Namen des Johannes – genauer müßte man sagen: *eines* Johannes – aufweisen:

---

1 Vgl. dazu oben Seite 393: „Neben dem Evangelium haben wir eine Reihe von Briefen, die unter dem Namen des Johannes überliefert sind, der 1. Johannesbrief, der 2. Johannesbrief und der 3. Johannesbrief. "

1. ΙΩΑΝΝΟΥ Α´ = Ἰωάννου α´ = *Iōannou a'* = 1. Johannesbrief

2. ΙΩΑΝΝΟΥ Β´ = Ἰωάννου β´ = *Iōannou b'* = 2. Johannesbrief

3. ΙΩΑΝΝΟΥ Γ´ = Ἰωάννου γ´ = *Iōannou g'* = 3. Johannesbrief

Die Überschriften haben im Falle der drei Briefe am Text ebensowenig Anhalt wie beim Evangelium, da in keinem der Briefe der Name Johannes genannt wird; im 1. Johannesbrief fehlt jeder briefliche Rahmen, beim 2. und beim 3. Johannesbrief wird im Präskript ein Presbyter genannt, der jedoch darauf verzichtet, seinen Namen anzugeben: Die *superscriptio* lautet in beiden Fällen einfach ὁ πρεσβύτερος *(ho presbyteros)*. Bei allen vier genannten »johanneischen« Schriften ist der Name des Johannes also spätere Zutat. Die einzige Ausnahme bildet die Apokalypse, in der der Verfasser sich mehrfach mit Namen vorstellt.[2]

Hinzu kommt im Fall des 1. Johannesbriefs die Frage nach dem brieflichen Charakter; wie beim Hebräerbrief und beim Jakobusbrief steht es damit nicht zum besten. Hat der Hebräerbrief wenigstens einen brieflichen Schluß und der Jakobusbrief – wie wir gesehen haben – ein richtiggehendes Präskript, so fehlt dem 1. Johannesbrief beides. Hier ist also nicht nur die Zuschreibung zu Johannes, sondern auch die Zugehörigkeit zur Gattung »Brief« fraglich. Freilich bietet sich auch eine andere Gattung (in Frage käme etwa »Predigt« oder »theologischer Traktat«) nicht ohne weiteres an, so daß etwa Broer dafür plädiert, doch an der Gattung »Brief« festzuhalten: „Reduziert man den Briefcharakter eines Briefes nicht auf den formelartigen Anfang und Schluß und betont als Charakteristikum des Briefes mehr die Verständigung räumlich getrennter Dialogpartner über einen Gegenstand, so erweist sich dieses neutestamentliche Dokument sehr wohl als Brief, zu dessen gutem Zureden und Aufmuntern sich durchaus Parallelen in der antiken Briefliteratur finden lassen. Man könnte z.B. daran denken, daß das Dokument einem Mitglied der Gemeinde mit einem persönlichen Brief, der dem von uns erwarteten Briefformular sicher mehr entsprach, zum Verlesen in der Gemeindeversammlung übersandt worden ist. Die fehlenden Informationen hätten sich dann aus der mündlichen Mitteilung des Briefempfängers, der den Brief ja nicht ohne einführende Erläuterung vortragen konnte, ergeben.“[3]

Wir können also folgendes Ergebnis notieren: *Bei den drei Johannesbriefen handelt es sich in der Tat um Briefe; dies zeigt der briefliche Rahmen im Fall des 2. und des 3. Johannesbriefes; dieser fehlt zwar beim 1. Johannesbrief, doch gibt es gute Gründe, auch diesen trotzdem als Brief anzusprechen.*

---

2   Seinen Namen Johannes nennt der Verfasser an folgenden Stellen der Apokalypse: 1,1; 1,4; 1,9 und 22,8.

3   *Ingo Broer:* Einleitung in das Neue Testament, Band 1: Die synoptischen Evangelien, die Apostelgeschichte und die johanneische Literatur, Die Neue Echter Bibel. Ergänzungsband zum Neuen Testament 2,1, Würzburg 1998, S. 229.

Die Verfasserfrage

Überaus verwickelt ist im Fall der drei Johannesbriefe die Verfasserfrage, da diese nicht isoliert von den beiden anderen »johanneischen« Schriften, dem Johannesevangelium und der Apokalypse, diskutiert werden kann. Wir haben gerade schon gesehen, daß es die Apokalypse ist, die als einzige der johanneischen Schriften als Verfasser einen Johannes namentlich nennt. Doch wie verhält sich dieser Johannes aus der Apokalypse zu den vier anderen Schriften, die ebenfalls einem Johannes zugeschrieben werden?

Zu Beginn des zwanzigsten Jahrhunderts konnte noch die These vertreten werden, alle fünf johanneischen Schriften gingen auf ein und denselben Verfasser zurück. Theodor Zahn etwa faßt das Zeugnis der kirchlichen Überlieferung zu den johanneischen Schriften in diesem Sinn zusammen: „Einig ist ferner die kirchliche Überlieferung darin, daß der Evangelist Jo[hannes] zugleich der V[er]f[asser] der Ap[okalypse] und der johanneischen Briefe und kein anderer, als der Apostel Jo[hannes], der Sohn des Zebedäus sei. Als Evangelist wird Jo[hannes] von Kirchenlehrern wie von Häretikern nicht selten ein Jünger des Herrn, aber von denselben, die so reden, zuweilen auch Apostel genannt."[4] Demnach wäre Johannes, der Sohn des Zebedäus, der Jünger Jesu, einer von den Zwölfen, der Verfasser aller fünf johanneischen Schriften gewesen.

Diese in ihrer Einfachheit bestechende Hypothese wird heute in einer in einem entscheidenden Punkt modifizierten Form von Martin Hengel[5] vertreten. Auch Martin Hengel möchte – darin Zahn folgend – alle fünf johanneischen Schriften auf ein und denselben Mann zurückführen, aber eben nicht auf den Zebedaiden Johannes, sondern auf den πρεσβύτερος *(presbyteros)* Johannes, mit dem wir uns im Zusammenhang mit dem Evangelium etwas genauer befaßt haben.[6]

Ich hatte schon in dem Paragraphen zum Johannesevangelium *den Zebedaiden Johannes* als Verfasser ausgeschlossen.[7] Ihn möchte ich auch für die übrigen johanneischen Schriften ausschließen. Daher gebe ich an dieser Stelle eine kurze Begründung dafür, daß der Zebedaide nicht als Verfasser einer oder mehrerer johanneischer Schriften in Frage kommt. Das entscheidende Argument fußt auf der berühmten Stelle Mk 10,35–40.[8] Hier prophezeit Jesus den beiden Söhnen des Zebedäus das Martyrium. Was Jakobus, den Bruder des Johannes, angeht, wird dieses Martyrium in Apg 12,1–2 erzählt. Damit befinden wir uns im Jahr 43 oder 44 n. Chr. Schon Wellhausen hatte in

---

4 *Theodor Zahn:* Einleitung in das Neue Testament, Band II, Leipzig ³1907, S. 455.

5 Zu Martin Hengel vgl. die Ausführungen oben im Zusammenhang mit dem Evangelium (in diesem Kapitel die Seite 403).

6 Oben S. 402–403.

7 Vgl. dazu oben in diesem Kapitel Seite 402.

8 Dazu ist die klassische Studie von *Eduard Schwartz* heranzuziehen: Über den Tod der Söhne Zebedäi. Ein Beitrag zur Geschichte des Johannesevangeliums [aus dem Jahr 1904], in: Karl Heinrich Rengstorf [Hg.]: Johannes und sein Evangelium, WdF LXXXII, Darmstadt 1973, S. 202–272.

seinem Markuskommentar zur Stelle bemerkt: „Die Weissagung des Maryriums bezieht sich nicht bloß auf Jakobus, sondern auch auf Johannes, und wenn sie zur einen Hälfte unerfüllt geblieben wäre, so stünde sie schwerlich im Evangelium. Es erhebt sich also ein schweres Bedenken gegen die Zuverlässigkeit der Überlieferung, daß der Apostel Johannes im hohen Alter eines nicht gewaltsamen Todes gestorben sei."[9] Die These Wellhausens geht also dahin, daß zur Zeit der Abfassung des Markusevangeliums nicht nur der Zebedaide Jakobus, sondern auch sein Bruder Johannes den Märtyrertod gestorben waren. Setzen wir das Markusevangelium um 70 an, so kann der Zebedaide Johannes daher weder als Verfasser des Johannesevangeliums noch als Verfasser einer der anderen johanneischen Schriften in Anspruch genommen werden.

Eduard Schwartz hält unsere Geschichte aus dem Markusevangelium für sehr alt, aber nicht authentisch. Gerade unter dieser Voraussetzung ergeben sich starke Argumente für einen frühen Märtyrertod auch des Zebedaiden Johannes: „Ein *vaticinium ex eventu*, das unmittelbar aus dem Ereignis selbst hervorgegangen ist, ist ein historisches Zeugnis von einer Authentie, die durch nichts erreicht wird. Nimmt man es ernst mit dem Anspruch der Zebedäussöhne auf die beiden Ehrenplätze zur Rechten und Linken des wiederkehrenden Messias, so ist nicht nur der Schluß nicht zu umgehen, daß sie beide als Märtyrer gestorben sind, sondern es wird auch das Sitzen zu beiden Seiten nur dann verständlich und klar, wenn sie tatsächlich zur gleichen Zeit und zusammen die Erde verlassen haben; ich wüßte endlich nicht, wie jener ganze Anspruch sich hätte bilden können, wenn sie nicht unter den Zwölfen die ersten waren und für geraume Zeit blieben, welche »ihr Kreuz auf sich nahmen«."[10]

Wir können also das folgende Zwischenergebnis festhalten: *Der Zebedaide Johannes kommt als Verfasser einer der johanneischen Schriften nicht in Frage.*

∗ ∗ ∗

Damit ist zwar der Zebedaide aus dem Rennen, wir aber sind einer Lösung der Frage, wer die drei Johannesbriefe geschrieben hat, nicht wirklich näher gekommen. Zunächst muß geklärt werden, nach wie vielen Verfassern wir suchen. Da liegt nun die Annahme nahe, für den 2. und den 3. Johannesbrief ein und denselben Verfasser anzunehmen; er bezeichnet sich in beiden Briefen als πρεσβύτερος (*presbyteros* – 2Joh 1; 3Joh 1). „Der Verfasser gibt sich in beiden Briefen zwar nicht namentlich zu erkennen, spricht aber jeweils zu Anfang des Briefes von sich als Presbyter, was die Einheitsübersetzung mit »der Älteste« wiedergibt, meist aber und wohl zu Recht mit »der Alte« übersetzt wird."[11] Nach Broer müssen wir also drei Verfasser unterschei-

---

9 *Julius Wellhausen:* Das Evangelium Marci, übersetzt und erklärt von J. W., Berlin ²1909, wieder abgedruckt in: *ders.:* Evangelienkommentare. Mit einer Einleitung von Martin Hengel, Berlin/New York 1987, S. 84 = 404.

10 *Eduard Schwartz,* a. a. O., S. 203–204. Die Hervorhebung ist von mir.

11 *Ingo Broer:* Einleitung in das Neue Testament, Band 1: Die synoptischen Evangelien, die Apostelgeschichte und die johanneische Literatur, Die Neue Echter Bibel. Ergänzungsband zum Neuen Testament 2,1, Würzburg 1998, S. 243.

den: Den Verfasser des Johannesevangeliums, den Verfasser des 1. Johannesbriefes und den Verfasser der beiden anderen Johannesbriefe. Daß die Apokalypse einen vierten Verfasser erfordert, hatten wir schon gesehen.[12]

Zum Schluß möchte ich Sie noch darauf hinweisen, daß der Verfasser dieser beiden Johannesbriefe, der sich selbst als πρεσβύτερος *(presbyteros)* bezeichnet, höchstwahrscheinlich nicht Johannes geheißen hat;[13] dieser πρεσβύτερος *(presbyteros)* ist daher nicht mit dem Verfasser der Apokalypse zu verwechseln, der seinen Namen mit Johannes angibt, und den wir mit dem aus der kirchlichen Überlieferung bekannten πρεσβύτερος *(presbyteros)* Johannes identifizieren werden.[14]

Literatur

Kommentare in chronologischer Reihenfolge

Rudolf Bultmann: Die Johannesbriefe, KEK XIV, Göttingen 1967; ²1969.

Horst Balz: Die Johannesbriefe, in: *Horst Balz* und *Wolfgang Schrage:* Die »Katholischen« Briefe. Die Briefe des Jakobus, Petrus, Johannes und Judas, NTD 10, Göttingen 1973.

Georg Strecker: Die Johannesbriefe, KEK XIV, Göttingen 1989.

Klaus Wengst: Der erste, zweite und dritte Brief des Johannes, ÖTK 16, Gütersloh ²1990.

Hans-Josef Klauck: Der erste Johannesbrief, EKK XXIII 1, Zürich u.a. 1991.

Hans-Josef Klauck: Der zweite und dritte Johannesbrief, EKK XXIII 2, Zürich u.a. 1992.

Sonstige Literatur (alphabetisch)

Johannes Beutler/Anthony Meredith: Art. Johannes-Evangelium (u. -Briefe), RAC 18 (1998), Sp. 646–670.

Rudolf Bultmann: Die kirchliche Redaktion des ersten Johannesbriefes, in: In Memoriam Ernst Lohmeyer, Stuttgart 1951, S. 189–201 (Nachdr. in: *ders.:* Exegetica. Aufsätze zur Erforschung des Neuen Testaments, Tübingen 1967, S. 381–393).

Rudolf Bultmann: Art. Johannesbriefe, RGG³ III (1959), Sp. 836–839.

Adolf Harnack: Zur Textkritik und Christologie der Schriften des Johannes. Zugleich ein Beitrag zur Würdigung der ältesten lateinischen Überlieferung und der Vulgata, SPAW 1915, S. 534–573; Nachdr. in: *ders.:* Kleine Schriften zur alten Kirche [II]. Berliner Akademieschriften 1908–1930, Opuscula IX 2, Leipzig 1980, S. 265–304.

Adolf Harnack: Das »Wir« in den Johanneischen Schriften, SPAW 1923, S. 96–113; Nachdr. in: *ders.:* Kleine Schriften zur alten Kirche [II]. Berliner Akademieschriften 1908–1930, Opuscula IX 2, Leipzig 1980, Band II, S. 626–643.

Ernst Käsemann: Ketzer und Zeuge. Zum johanneischen Verfasserproblem, ZThK 48 (1951), S. 292–311; Nachdruck in: *ders.:* Exegetische Versuche und Besinnungen, Bd. I, Göttingen ⁶1970, S. 168–187.

---

12 Vgl. dazu oben Seite 403.

13 Wenngleich dies natürlich nicht ausgeschlossen werden kann: Wir kennen seinen Namen einfach nicht.

14 Vgl. dazu den Abschnitt zur Verfasserfrage der Apokalypse unten in § 59, S. 440–441.

Eduard Schwartz: Über den Tod der Söhne Zebedäi. Ein Beitrag zur Geschichte des Johannes-evangeliums [aus dem Jahr 1904], in: Karl Heinrich Rengstorf [Hg.]: Johannes und sein Evangelium, WdF LXXXII, Darmstadt 1973, S. 202–272.

Jens-W. Taeger: »Gesiegt! O himmlische Musik des Wortes!« Zur Entfaltung des Siegesmotivs in den johanneischen Schriften, ZNW 85 (1994), S. 23–46.

Hartwig Thyen: Art. Johannesbriefe, TRE 17 (1988), S. 186–200.

§ 57   Trajan (98 n. Chr. – 117 n. Chr.)

Marcus Ulpius Traianus[1] stammt aus Italica nahe beim heutigen Sevilla in Südspanien. Er wurde am 18. September 53 oder 56 n.Chr. als Sohn einer aus Italien stammenden Familie geboren. Schon sein gleichnamiger Vater wurde, vielleicht noch unter dem Kaiser Claudius, Mitglied des Senats und bekleidete wichtige Ämter in Rom und den Provinzen. Am Jüdischen Krieg war dieser als Kommandant der *legio X Fretensis* beteiligt. „In dieser Eigenschaft als Legionskommandeur nahm er an der Niederwerfung des jüdischen Aufstandes durch Vespasian teil, aber er war auch in dessen Erhebung zum Kaiser durch die Truppen des Ostens involviert. Die dabei erwiesene politische Loyalität sicherte seinen sozio-politischen Aufstieg und auch den seines Sohnes."[3] Der spätere Kaiser Trajan stand seinem Vater in Syrien als Militärtribun zur Seite.[4] Im Jahr 91 wurde er dann Konsul; damit hatte er das höchste Amt erreicht, das ein Senator erreichen konnte.

---

1   Informationen zu Trajan bietet: *Werner Eck:* Art. Traianus [1], DNP 12/1 (2002), Sp. 746–749.
Eine Sammlung von Aufsätzen zu Trajan: *Annette Nünnerich-Asmus [Hg.]:* Traian. Ein Kaiser der Superlative am Beginn einer Umbruchzeit? Zaberns Bildbände zur Archäologie o.Nr., Mainz 2002. (Aus diesem Sammelband ist insbesondere zu nennen: *Werner Eck:* Traian – Der Weg zum Kaisertum, a.a.O., S. 7–20.)
Eine Quellensammlung: *E. Mary Smallwood [Hg.]:* Documents illustrating the Principates of Nerva, Trajan and Hadrian, Cambridge 1966.
Eine literarische Quelle ersten Ranges: Plinius der Jüngere: Panegyrikus. Lobrede auf den Kaiser Trajan, herausgegeben, übersetzt und mit Erläuterungen versehen von Werner Kühn, TzF 51, Darmstadt 1985.
2   Bemerkenswert ist die Tatsache, daß wir es auf dieser Münze des Trajan mit einem Dativ zu tun haben, während die Legende bei allen Kaisermünzen seit Augustus, die wir kennengelernt haben, im Nominativ stand, vgl. die Münzen des Augustus (S. 26), des Tiberius (S. 49), des Caius und des Claudius (beide zusammen abgebildet auf S. 88), des Nero (S. 200), des Vespasian (S. 307), des Titus (S. 336), des Domitian (S. 340) und auch des direkten Vorgängers Nerva (S. 372). Dies ist für die Regierungszeit des Trajan charakteristisch: „Die bislang in der Kaiserzeit üblicherweise im Nominativ formulierten Vs.-Aufschriften wurden seit 103 n.Chr. sehr oft in den Dativ der Dedikation gesetzt, wie eine Weihung" (*Wolfram Weiser:* Kaiserliche Publizistik in Kleinformat. Die Münzen der Epoche des Kaisers Traian, in dem in Anm. 1 zitierten Sammelband über Trajan, S. 145–162; Zitat S. 152). Übersetzung: „Dem Imperator Caesar Nerva Traianus Augustus, Germanicus, Dacicus, dem *pontifex maximus*, mit der tribunizischen Gewalt ausgestattet, zum fünften Mal Konsul, dem Vater des Vaterlandes."
3   *Werner Eck*, a.a.O., S. 9.
4   Ebd.

Abbildung XI.1: Münzbild des Kaisers Trajan. Es handelt sich bei der Münze um einen Sesterz, der zwischen 103 und 111 in Rom geprägt wurde. Die Aufschrift lautet: *Imp(eratori) Caes(ari) Nervae Traiano Aug(usto) Ger(manico) Dacico, p(ontifici) m(aximo), tr(ibunicia) p(otestate), co(n)s(uli) V, p(atri) p(atriae).*

Sein Konsulat fiel wie die zuvor bekleidete Prätur (um 83/84) in die Regierungszeit des Kaisers Domitian (81 – 96 n. Chr.), der die Karriere des Trajan nicht sonderlich gefördert hat. „Denn für einen Patrizier, wie es Traian war, galt die Regel, bereits zwei bis drei Jahre nach der Prätur zum Konsulat, der höchsten senatorischen Prestigestellung zu kommen. In Traians Fall hätte dies bedeutet, daß er bereits um 86/87 n. Chr. diese Ehrenstellung hätte erreichen sollen.“[5]

Die entscheidende Weichenstellung für die weitere Karriere des Trajan war die Adoption durch Domitians Nachfolger Nerva im Oktober 97 n. Chr.[6] Damit war Trajan von einem Senator aus der Provinz, dessen Karriere bislang eher schleppend verlaufen war, zum designierten Thronfolger avanciert. Als Nerva bald darauf im Januar 98 starb, wurde Trajan sein Nachfolger, dem eine lange Amtszeit beschieden sein sollte (98 – 117 n. Chr.).[7] Mit Trajan bestieg der erste Provinziale den Thron, und damit

---

5   *Werner Eck,* a. a. O., S. 12.

6   Vgl. dazu den einschlägigen Abschnitt im Paragraphen 52 über Nerva, Seite 373.

7   Die Nachricht vom Tod des Nerva erreichte den Trajan im fernen Köln, der *Colonia Claudia Ara Agrippinensium.* „Wie lange die Nachricht vom Tod des Kaisers brauchte, um nach Köln zu gelangen, wissen wir nicht. Doch ein Faktum von solch eminenter politischer Tragweite wurde immer und überall hin möglichst schnell übermittelt. Noch mehr gilt das in diesem Fall, da Traian ja nun der neue Träger der höchsten Gewalt im Reich war, der unmittelbar verständigt werden mußte“ (*Werner Eck,* a. a. O., S. 18).

war das alte „Gegensatzpaar *Italicus an provincialis*" zum ersten Mal gegenstandslos geworden.[8] Es war nicht ungewöhnlich, daß jemand außerhalb Roms zum Kaiser gekürt wurde; wir haben bereits den Fall Vespasian kennengelernt: Er war der Verantwortliche im Jüdischen Krieg und wurde vom Kriegsschauplatz weg zu höheren Aufgaben berufen. Aber im Unterschied zu Trajan machte sich Vespasian stracks auf den Weg, um nach Rom zu gelangen. Trajan hingegen, den der »Ruf« in Germanien erreichte, tat nichts dergleichen; er blieb in der Provinz und kam erst knapp zwei Jahre später wieder in die Hauptstadt. „Im Herbst des Jahres 99 n.Chr. kehrte er endlich nach Rom zurück, das er rund zweieinhalb Jahre früher verlassen hatte, noch als Senator, aber wohl bereits mit der Aussicht, die Macht als Kaiser bald übernehmen zu können."[9]

∗ ∗ ∗

Der Kaiser Trajan ist für die Geschichte des frühen Christentums wichtig, weil er im Briefwechsel mit seinem Statthalter Plinius, der in das ferne Bithynien-Pontus[10] entsandt worden war, Regeln für den Umgang mit Christinnen und Christen gibt: Demnach ist das Christsein an sich schon ein todeswürdiges Verbrechen.[11]

Zum ersten Mal ist damit die Rechtslage klar. Damit ändert sich spätestens in der Regierungszeit des Trajan die Situation der Christinnen und Christen im Römischen Reich grundlegend. Das hat Auswirkungen auf die Datierung von einigen Schriften im Neuen Testament: Das lukanische Doppelwerk gehört deutlich vor die Zeit des Trajan, Schriften wie der 1. Petrusbrief und die Apokalypse dagegen rücken in das zweite Jahrhundert.

---

8   Vgl. *Werner Eck,* a.a.O., S. 9. Zum Problem weiter S. 10: „So lag der Gedanke, daß ein Senator wie Traian, dessen ursprüngliche Heimat das nicht eben bedeutende Municipium Italica in der spanischen Provinz Baetica war, einmal das römische Reich als Kaiser beherrschen würde, nicht gerade nahe."

9   *Werner Eck,* a.a.O., S. 20.

10   Zur Lage der Provinz Bithynien-Pontus im Süden des Schwarzen Meeres vgl. etwa die Karte VII.1 oben auf Seite 276.
Literatur: *Christian Marek:* Pontus et Bithynia. Die römischen Provinzen im Norden Kleinasiens, Zaberns Bildbände zur Archäologie o.Nr., Mainz 2003.

11   Es handelt sich dabei um Plinius: Epistulae X 96–97 (*Helmut Kasten [Hg.]:* C. Plini Caecili Secundi epistularum libri decem/Gaius Plinius Caecilius Secundus: Briefe (lat.-dt., Tusc), Darmstadt 5. Aufl. 1984, S. 640–645).
Zum Christenbrief ist vor allem der folgende Aufsatz heranzuziehen: *Angelika Reichert:* Durchdachte Konfusion: Plinius, Trajan und das Christentum, ZNW 93 (2002), S. 227–250.
Grundlegend sind die beiden folgenden Monographien: *Joachim Molthagen:* Der römische Staat und die Christen im zweiten und dritten Jahrhundert, Hypomnemata 28, Göttingen ²1975 sowie: *Rudolf Freudenberger:* Das Verhalten der römischen Behörden gegen die Christen im 2. Jahrhundert dargestellt am Brief des Plinius an Trajan und den Reskripten Trajans und Hadrians, MBPF 52, München 1967.

C. Plinius Traiano imperatori

X 96,1 Sollemne est mihi, domine, omnia, de quibus dubito, ad te referre. quis enim potest melius vel cunctationem meam regere vel ignorantiam instruere? cognitionibus de Christianis interfui numquam; ideo nescio, quid et quatenus aut puniri soleat aut quaeri.

2 nec mediocriter haesitavi, sitne aliquod discrimen aetatum, an quamlibet teneri nihil a robustioribus differant, detur paenitentiae venia, an ei, qui omnino Christianus fuit, desisse non prosit, nomen ipsum, si flagitiis careat, an flagitia cohaerentia nomini puniantur.

interim, in iis, qui ad me tamquam Christiani deferebantur, hunc sum secutus modum.
3 interrogavi ipsos, an essent Christiani. confitentes iterum ac tertio interrogavi supplicium minatus; perseverantes duci iussi. neque enim dubitabam, qualecumque esset, quod faterentur, pertinaciam certe et inflexibilem obstinationem debere puniri.

4 fuerunt alii similis amentiae, quos, quia cives Romani erant, adnotavi in urbem remittendos. mox ipso tractatu, ut fieri solet, diffundente se crimine plures species inciderunt.

5 propositus est libellus sine auctore mul-

C. Plinius an Kaiser Trajan

Ich habe es mir zur Regel gemacht, Herr, alles, worüber ich im Zweifel bin, Dir vorzutragen. Wer könnte denn besser mein Zaudern lenken oder meine Unwissenheit belehren? Gerichtsverhandlungen gegen Christen habe ich noch nie beigewohnt; deshalb weiß ich nicht, was und wieweit man zu strafen oder zu untersuchen pflegt.
Ich war auch ziemlich unsicher, ob das Lebensalter einen Unterschied bedingt, oder ob ganz junge Menschen genau so behandelt werden wie Erwachsene, ob der Reuige Verzeihung erfährt oder ob es dem, der überhaupt einmal Christ gewesen ist, nichts hilft, wenn er es nicht mehr ist, ob schon der Name „Christ", auch wenn keine Verbrechen vorliegen, oder nur mit dem Namen verbundene Verbrechen bestraft werden.
Vorerst habe ich bei denen, die bei mir als Christen angezeigt wurden, folgendes Verfahren angewandt.
Ich habe sie gefragt, ob sie Christen seien. Wer gestand, den habe ich unter Androhung der Todesstrafe ein zweites und drittes Mal gefragt; blieb er dabei, ließ ich ihn abführen. Denn mochten sie vorbringen, was sie wollten – Eigensinn und unbeugsame Halsstarrigkeit glaubte ich auf jeden Fall bestrafen zu müssen.
Andre in dem gleichen Wahn Befangene habe ich, weil sie römische Bürger waren, zur Überführung nach Rom vorgemerkt. Als dann im Laufe der Verhandlungen, wie es zu gehen pflegt, die Anschuldigung weitere Kreise zog, ergaben sich verschieden gelagerte Fälle.
Mir wurde eine anonyme Klageschrift

torum nomina continens. qui negabant es-
se se Christianos aut fuisse, cum praeeunte
me deos appellarent et imagini tuae, quam
propter hoc iusseram cum simulacris nu-
minum adferri, ture ac vino supplicarent,
praeterea maledicerent Christo, quorum ni-
hil cogi posse dicuntur, qui sunt re vera
Christiani, dimittendos esse putavi.

6 *alii ab indice nominati esse se Christianos*
dixerunt et mox negaverunt; fuisse quidem,
sed desisse, quidam ante triennium, qui-
dam ante plures annos, non nemo etiam
ante viginti. hi quoque omnes et imaginem
tuam deorumque simulacra venerati sunt
et Christo maledixerunt.

7 *adfirmabant autem hanc fuisse summam*
vel culpae suae vel erroris, quod essent soliti
stato die ante lucem convenire carmenque
Christo quasi deo dicere secum invicem se-
que sacramento non in scelus aliquod ob-
stringere, sed ne furta, ne latrocinia, ne
adulteria committerent, ne fidem fallerent,
ne depositum appellati abnegarent. quibus
peractis morem sibi discedendi fuisse rur-
susque coeundi ad capiendum cibum, pro-
miscuum tamen et innoxium, quod ipsum
facere desisse post edictum meum, quo se-
cundum mandata tua hetaerias esse vetuer-
am.

mit zahlreichen Namen eingereicht. Diejenigen, die leugneten, Christen zu sein
oder gewesen zu sein, glaubte ich frei-
lassen zu müssen, da sie nach einer von
mir vorgesprochenen Formel unsre Götter anriefen und vor Deinem Bilde, das
ich zu diesem Zweck zusammen mit den
Statuen der Götter hatte bringen lassen,
mit Weihrauch und Wein opferten, außerdem Christus fluchten, lauter Dinge,
zu denen wirkliche Christen sich angeblich nicht zwingen lassen.

Andre, die der Denunziant genannt hatte, gaben zunächst zu, Christen zu sein,
widerriefen es dann aber; sie seien es zwar
gewesen, hätten es dann aber aufgegeben, manche vor drei Jahren, manche
vor noch längerer Zeit, hin und wieder
sogar vor zwanzig Jahren. Auch diese alle
bezeugten Deinem Bilde und den Göt-
terstatuen ihre Verehrung und fluchten
Christus.

Sie versicherten jedoch, ihre ganze Schuld
oder ihr ganzer Irrtum habe darin bestanden, daß sie sich an einem bestimmten
Tage vor Sonnenaufgang zu versammeln
pflegten, Christus als ihrem Gott einen
Wechselgesang zu singen und sich durch
Eid nicht etwa zu irgendwelchen Verbrechen zu verpflichten, sondern keinen
Diebstahl, Raubüberfall oder Ehebruch
zu begehen, ein gegebenes Wort nicht zu
brechen, eine angemahnte Schuld nicht
abzuleugnen. Hernach seien sie ausein-
andergegangen und dann wieder zusam-
mengekommen, um Speise zu sich zu
nehmen, jedoch gewöhnliche, harmlose
Speise, aber das hätten sie nach meinem
Edikt, durch das ich gemäß Deinen Instruktionen Hetärien verboten hatte, un-
terlassen.

8 *quo magis necessarium credidi ex duabus ancillis, quae ministrae dicebantur, quid esset veri, et per tormenta quaerere. nihil aliud inveni quam superstitionem pravam, immodicam.*

9 *ideo dilata cognitione ad consulendum te decurri. visa est enim mihi res digna consultatione, maxime propter periclitantium numerum; multi enim omnis aetatis, omnis ordinis, utriusque sexus etiam, vocantur in periculum et vocabuntur. neque civitates tantum, sed vicos etiam atque agros superstitionis istius contagio pervagata est; quae videtur sisti et corrigi posse.*

10 *certe satis constat prope iam desolata templa coepisse celebrari et sacra sollemnia diu intermissa repeti passimque venire victimarum carnem, cuius adhuc rarissimus emptor inveniebatur. ex quo facile est opinari, quae turba hominum emendari possit, si sit paenitentiae locus.*

Traianus Plinio

X 97,1 *Actum, quem debuisti, mi Secunde, in excutiendis causis eorum, qui Christiani ad te delati fuerant, secutus es. neque enim in universum aliquid, quod quasi certam formam habeat, constitui potest. conquirendi non sunt; si deferantur et arguantur, puniendi sunt, ita tamen, ut, qui negaverit se Christianum esse idque re ipsa manifestum fecerit, id est supplicando dis nostris,*

Für um so notwendiger hielt ich es, von zwei Mägden, sogenannten Diakonissen, unter der Folter ein Geständnis der Wahrheit zu erzwingen. Ich fand nichts andres als einen wüsten, maßlosen Aberglauben.

Somit habe ich die weitere Untersuchung vertagt, um mir bei Dir Rat zu holen. Die Sache scheint mir nämlich der Beratung zu bedürfen, vor allem wegen der großen Zahl der Angeklagten. Denn viele jeden Alters, jeden Standes, auch beiderlei Geschlechts sind jetzt und in Zukunft gefährdet. Nicht nur über die Städte, auch über Dörfer und Felder hat sich die Seuche dieses Aberglaubens verbreitet, aber ich glaube, man kann ihr Einhalt gebieten und Abhilfe schaffen.

Jedenfalls ist es ziemlich sicher, daß die beinahe schon verödeten Tempel allmählich wieder besucht, die lange ausgesetzten feierlichen Opfer wieder aufgenommen werden und das Opferfleisch, für das sich bisher nur ganz selten ein Käufer fand, überall wieder Absatz findet. Daraus gewinnt man leicht einen Begriff, welch eine Masse von Menschen gebessert werden kann, wenn man der Reue Raum gibt.

Trajan an Plinius

Mein Secundus! Bei der Untersuchung der Fälle derer, die bei Dir als Christen angezeigt worden sind, hast Du den rechten Weg eingeschlagen. Denn insgesamt läßt sich überhaupt nichts festlegen, was gleichsam als feste Norm dienen könnte. Nachspionieren soll man ihnen nicht; werden sie angezeigt und überführt, sind sie zu bestrafen, so jedoch, daß, wer leug-

quamvis suspectus in praeteritum, veniam ex paenitentia impetret.	net, Christ zu sein und das durch die Tat, das heißt: durch Anrufung unsrer Götter beweist, wenn er auch für die Vergangenheit verdächtig bleibt, auf Grund seiner Reue Verzeihung erhält.
2 *sine auctore vero propositi libelli in nullo crimine locum habere debent.* *nam et pessimi exempli nec nostri saeculi est.*	Anonym eingereichte Klageschriften dürfen bei keiner Straftat Berücksichtigung finden, denn das wäre ein schlimmes Beispiel und paßt nicht in unsre Zeit.

Hier haben wir eine unschätzbare Urkunde für die Geschichte des frühen Christentums, die erste sozusagen »staatliche« Verlautbarung, die uns überhaupt erhalten ist. Wir befinden uns im zweiten Jahrzehnt des zweiten Jahrhunderts. Zu diesem Zeitpunkt erscheint das Christsein nach diesem Briefwechsel als ein todeswürdiges Verbrechen. Damit ist erstmals eine neue Situation dokumentiert, eine Situation, die den Optimismus des Lukas beispielsweise endgültig widerlegt. Ein *modus vivendi* zwischen dem Römischen Reich und den christlichen Gemeinden, wie er dem Lukas vorschwebte, ist nun nicht mehr vorstellbar.[12]

Daher ist dieser Briefwechsel für die Datierung neutestamentlicher Schriften von großer Bedeutung. So läßt sich etwa die Datierung der Apokalypse in die 90er Jahre wohl schwerlich halten; diese Schrift gehört mindestens in die Regierungszeit des Kaisers Trajan.[13] Aber auch die Datierung des 1. Petrusbriefs – den wir in Kapitel XII besprechen werden – ist davon betroffen. Immer geht es um die Frage: Wann kann von einer Situation des Martyriums in überregionalem Sinne die Rede sein? Dafür ist unser Briefwechsel zwischen Plinius und Trajan von grundlegender Bedeutung: Für keinen Kaiser vor Trajan läßt sich eine solche Bedrohung der christlichen Gemeinden reichsweit nachweisen, wie sie sich aus diesen beiden Briefen ergibt. Es handelt sich also offensichtlich um eine neue Situation, um eine neue Qualität staatlicher Bedrohung, der die christlichen Gemeinden seit der Wende vom ersten zum zweiten Jahrhundert ausgesetzt waren.

∗ ∗ ∗

Es sind hier noch kurz die weiteren Schicksale des für das Christentum so wichtigen Kaisers Trajan bis hin zu seinem Tod in Selinus darzustellen. Den entscheidenden Sachverhalt faßt Michael Alexander Speidel folgendermaßen zusammen: „Unter der Herrschaft Traians erreichte das Römische Reich, wenn auch nur für sehr kurze Zeit,

---

12 Zur optimistischen Einschätzung der politischen Rahmenbedingungen durch Lukas vgl. oben in Kapitel IX, Seite 366–367.

13 Vgl. dazu *Angelika Reichert:* Durchdachte Konfusion: Plinius, Trajan und das Christentum, ZNW 93 (2002), S. 227–250, sowie die Ausführungen zur Datierung der Apokalypse unten in § 59, S. 437–440.

seine größte Ausdehnung.“[14] Trajan hat dem Reich eine Reihe neuer Provinzen hinzugefügt, so *Dacia, Arabia, Armenia, Assyria* und *Mesopotamia.* „Kein römischer Kaiser vor ihm war je so weit in den Osten vorgedrungen und keiner hatte dem Reich seit Augustus so viel neues Gebiet hinzu erobert.“[15]

Das „vorgedrungen“ ist im Fall des Trajan durchaus wörtlich zu verstehen: Er begleitete seine Truppen bis in den hintersten Winkel seines Reiches – in Dakien und in Mesopotamien sogar noch weit darüber hinaus – und meinte dabei, auf den Spuren des großen Alexander zu wandeln. Während des Partherfeldzugs erkrankte Trajan im fernen Osten schwer und kehrte nie wieder nach Rom zurück: Er starb im August 117 im kilikischen Selinus, nachdem er kurz vor seinem Tod den Hadrian durch Adoption zu seinem Nachfolger bestimmt hatte.

Trajan hat vom Senat „den Ehrentitel *optimus princeps* und schließlich sogar noch absoluter den Beinamen *Optimus,* der Beste, erhalten. Und als dieser ist er der Nachwelt in Erinnerung geblieben.“[16] Aus christlicher Perspektive ist da vielleicht eine gewisse Einschränkung angebracht.

∗ ∗ ∗

Die kriegerischen letzten Jahre der Regierungszeit des Trajan, als den sich über etliche Jahre hinziehenden Operationen in Dakien ab dem Jahr 113 der mit massiven Truppenverlegungen aus dem Westen in den Osten verbundene Aufmarsch gegen die Parther folgte, der in jahrelangen Kriegszügen mündete, die beim Tod des Trajan im Jahr 117 noch nicht endgültig abgeschlossen waren, haben auch den davon direkt nicht betroffenen Menschen in der Provinz *Asia* einen tiefen Eindruck gemacht. Zusammen mit den jüdischen Aufständen in Ägypten und Kyrene in den Jahren 115–117[17] bilden sie nach meinem Urteil den Hintergrund der Apokalypse, die ich daher auf das Ende der Regierungszeit des Trajan oder auf den Beginn der Regierungszeit

---

14   *Michael Alexander Speidel: Bellicosissimus Princeps*, in: Annette Nünnerich-Asmus [Hg.]: Traian (vgl. oben S. 418, Anm. 1), S. 23–40; das Zitat hier S. 29.

15   *Michael Alexander Speidel,* ebd.

16   *Werner Eck,* a.(Anm. 1)a.O., S. 20.

17   Zu diesen vgl. genauer *Schürer* I 529–534. Sie begannen in Ägypten und Kyrene, wie Euseb berichtet (H.E. IV 2,2). „By the following year (A.D. 116) the revolt reached such proportions that it took on the character of a formal war“ (*Schürer* I 529–530). Einzelheiten des Krieges in Ägypten sind durch Papyrus-Zeugnisse bekannt.
Was Kyrene angeht, so berichtet Cassius Dio LXVIII 32,1–3 von 220000 Toten. „But however certain we may be of the unbridled fantasy of this account, it nevertheless discloses the scope and importance of the rebellion“ (*Schürer* I 531). „Here too there is now considerable documentary, and also archaeological, evidence to confirm the accounts of the literary sources. For instance, a number of temples in the city of Cyrene – including those of Apollo, Zeus, Demeter, Artemis, and Isis – were destroyed or damaged; milestones refer to roads near the city destroyed »tumultu Iudaico«; an inscription mentions the sending by Trajan of 3.000 veterans to settle in Cyrenaica, evidently to assist repopulation“ (*Schürer* I 531).
Die Rebellion breitete sich bis nach Zypern und Mesopotamien aus, wo sie die militärischen Operationen gegen die Parther gefährdete. „The Jewish rebellion seems not to have ended completely until the beginning of the reign of Hadrian (A.D. 117)“ (*Schürer* I 532).

des Hadrian (etwa 115/120) datiere, wie wir in § 59 sehen werden. Diese Datierung ist der traditionellen Ansetzung der Apokalypse in die Zeit des Domitian weit überlegen.

Einige Jahreszahlen

Tod des Caius Iulius Caesar	44 v. Chr.
Regierungszeit des Kaisers Augustus	27 v. Chr. – 14 n. Chr.
Regierungszeit des Kaisers Tiberius	14 n. Chr. – 37 n. Chr.
Regierungszeit des Caius/Caligula	37 n. Chr. – 41 n. Chr.
Regierungszeit des Claudius	41 n. Chr. – 54 n. Chr.
Geburt des Trajan	53 (oder 56) n. Chr.
Regierungszeit des Nero	54 n. Chr. – 68 n. Chr.
Vierkaiserjahr	68/69 n. Chr.
Regierungszeit des Vespasian	69 n. Chr. – 79 n. Chr.
Regierungszeit des Titus	79 n. Chr. – 81 n. Chr.
Regierungszeit des Domitian	81 n. Chr. – 96 n. Chr.
Trajan zum ersten Mal Konsul	91 n. Chr.
Regierungszeit des Nerva	96 n. Chr. – 98 n. Chr.
Trajan von Nerva adoptiert	97 n. Chr.
Regierungszeit des Trajan	98 n. Chr. – 117 n. Chr.
Plinius d. J. Statthalter in Bithynien-Pontus	111–113 n. Chr.
Partherkrieg	113–116 n. Chr.
Jüdische Aufstände in Ägypten und Kyrene	115–117 n. Chr.
Trajan adoptiert den Hadrian	117 n. Chr.

Abbildung XI.2: Münzbild des Kaisers Hadrian. Es handelt sich bei der Münze um einen Sesterz, der 121/122 in Rom geprägt wurde. Die Aufschrift lautet: *Imp(erator) Caes(ar) Traian(us) Hadrianus Aug(ustus).*

§ 58 Hadrian (117 n. Chr. – 138 n. Chr.)

Der Kaiser Hadrian[1] stammt wie sein Vormund und Vorgänger Marcus Ulpius Traianus aus Italica in Spanien. Geboren wurde er als Publius Aelius Hadrianus am 24. Januar 76 „wohl in Rom".[2] Im Unterschied zu seinem Vorgänger Trajan, der oben auf Seite 419 abgebildet ist, trug Hadrian einen Bart. Das war schon für die Zeitgenossen erklärungsbedürftig; so kann man etwa lesen, Hadrian habe mit seinem Bart Gesichtsnarben verbergen wollen. Der Bart nämlich unterscheidet ihn nicht nur von seinem direkten Vorgänger Trajan, sondern von allen seinen Vorgängern[3] seit Caius Iulius Caesar – alle von ihnen rasierten sich täglich. Sein Vorbild bewirkte eine Änderung der Mode: Das Tragen von Bärten war hinfort für römische Män-

---

1   Kurze Information zu Hadrian bietet *Werner Eck:* Art. Hadrianus, DNP 5 (1998), Sp. 59–64.
Eine Biographie: *Anthony R. Birley:* Hadrian: Der rastlose Kaiser, Zaberns Bildbände zur Archäologie o. Nr., Mainz 2006 (die englische Originalausgabe erschien 1997 unter dem Titel: Hadrian: The Restless Emperor).
Eine Quellensammlung: *E. Mary Smallwood [Hg.]:* Documents illustrating the Principates of Nerva, Trajan and Hadrian, Cambridge 1966.

2   *Werner Eck,* a.a.O., Sp. 59.

3   Die Abbildung des Titus in diesem Buch (vgl. oben Seite 336, Abbildung IX.1) zeigt, daß immerhin ein Kinn»bart« bei diesem Vorgänger im Bereich des Möglichen war; Titus bildet insofern jedenfalls eine Ausnahme.

ner keineswegs mehr abwegig.[4] „Daß sich die Barttracht des Kaisers schlagartig im ganzen Reich durchsetzte, auch im römischen Westen, braucht nicht zu verwundern. Die Kaiser und ihre Familien waren seit langem die absoluten Vorbilder für alles, was mit bürgerlicher Selbstdarstellung zu tun hatte, ihre Bildnisse die wichtigsten Multiplikatoren für modische Veränderungen."[5] Die Barttracht des Kaisers Hadrian war Vorbild auch für spätere Generationen: Seine Nachfolger auf dem Kaiserthron trugen Bart; und diese Bärte wurden im zweiten Jahrhundert zusehends länger.

Nicht nur in der äußeren Erscheinung, in Frisur und Barttracht, unterschied sich Hadrian von seinem Vorgänger Trajan. Auch seine Politik war keine Fortsetzung der Expansion des Trajan. Diese hat er – etwa gegen die Parther – nicht nur nicht fortgeführt, sondern er hat sogar von Trajan neu hinzugewonnene Gebiete gleich wieder aufgegeben.[6] Er propagierte den Frieden *(pax)* und kehrte zu der Politik der Kaiser vor Trajan zurück, die darauf abzielte, das Reich in den überkommenen Grenzen zu erhalten, nicht aber – wie Trajan – neue Gebiete hinzuzugewinnen.[7]

Hatte Hadrian die jüdischen Aufstände, die zur Zeit des Trajan ausgebrochen waren, erfolgreich beendet, so provozierte er einen weit furchtbareren selbst durch die Gründung der Kolonie *Aelia Capitolina* in Jerusalem: den sogenannten Bar Kochba-Aufstand, der sich über vier Jahre hinzog und unter den römischen Truppen „gewaltige Verluste" verursachte.[8] Cassius Dio berichtet in LXIX 12,1, Hadrian habe nicht nur eine römische Kolonie in Jerusalem errichtet, sondern darüber hinaus auch einen Tempel des Zeus an der Stelle des Jerusalemer Tempels. Darin sieht Cassius Dio den Grund für den furchtbaren Krieg, den er in den folgenden Abschnitten beschreibt.

---

4   Zum Thema Barttracht ist die Diskussion bei Epiktet heranzuziehen (I 19,6–14), vgl. *Anthony R. Birley,* a.a.O., S. 22. Von Interesse ist auch die Passage I 2,28–29, derzufolge sich ein Philosoph wie Epiktet lieber den Kopf abschneiden läßt, als sich den Bart abzunehmen.

Die Erklärung mit den Narben im Gesicht findet sich in der Historia Augusta: *statura fuit procerus, forma comptus, flexo ad pectinem capillo, promissa barba, ut vulnera, quae in facie naturalia erant, tegeret, habitudine robusta* (Hadrian XXVI 1). „Er war von hohem Wuchs, eine elegante Erscheinung, er trug sein Haar künstlich gekräuselt, dazu einen langen Bart, um die Narben, die er im Gesicht von Natur aus hatte, zu bedecken; er war von kräftiger Gestalt."

5   *Paul Zanker:* Die Maske des Sokrates. Das Bild des Intellektuellen in der antiken Kunst, München 1995, S. 211. Zum Bart des Hadrian ist das gesamte einschlägige Kapitel bei Zanker heranzuziehen (V. Hadrians Bart, S. 190–251).

6   *inter haec tamen et multas provincias a Traiano adquisitas reliquit* heißt es in der Historia Augusta, Hadrian IX 1 („Und dennoch hat er zugleich viele Provinzen, die von Traian hinzugewonnen worden waren, wieder aufgegeben").

7   In der Historia Augusta ist dies in der Formulierung zusammengefaßt: *adeptus imperium ad priscum se statim morem instituit et tenendae per orbem terrarum paci operam impendit* (Hadrian V 1).

8   *Werner Eck:* Art. Hadrianus, DNP 5 (1998), Sp. 59–64; hier Sp. 61.

Zum Bar Kochba-Krieg vgl. die Darstellung bei *Schürer* I 534–557: „The Great Revolt under Hadrian A.D. 132–135". Das Jahr 135, in dem der Bar Kochba-Aufstand endgültig niedergeschlagen wurde, bildet das Ende der Schürerschen Darstellung, die von 175 v.Chr. bis 135 n.Chr. reicht.

ἐς δὲ τὰ Ἱεροσόλυμα πόλιν αὐτοῦ ἀντὶ τῆς κατασκαφείσης οἰκίσαντος, ἣν καὶ Αἰλίαν Καπιτωλῖναν ὠνόμασε, καὶ ἐς τὸν τοῦ ναοῦ τοῦ θεοῦ τόπον ναὸν τῷ Διὶ ἕτερον ἀντεγείραντος πόλεμος οὔτε μικρὸς οὔτ᾽ ὀλιγοχρόνιος ἐκινήθη.

In Jerusalem gründete er anstelle der völlig zerstörten Stadt eine neue, die er *Aelia Capitolina* nannte, und an der Stelle des Tempels Gottes baute er einen andern Tempel für Zeus, was einen Krieg veranlaßte, der weder gering noch kurz war.

Die jüdische Reaktion auf diese Maßnahmen des Hadrian beschreibt Schürer folgendermaßen: „While Jerusalem lay in ruins, they [die Juden] could look for its restoration. The establishment of a pagan city, the erection of a pagan temple on the holy place, put an end to these hopes. It was an outrage similar to that once perpetrated by Antiochus Epiphanes, and the reaction to it was, as before, a general uprising of the people."[9] Wir sind heute sehr viel besser informiert als einst Cassius Dio, weil im 20. Jahrhundert Originaldokumente aus der Zeit des Bar Kochba entdeckt wurden, und zwar sowohl Papyrustexte als auch Münzen.[10] So wissen wir heute, daß der in den christlichen Texten Bar Kochba genannte jüdische Führer eigentlich Simon hieß. Aus christlicher Sicht ist der messianische Aspekt von besonderem Interesse: „The association of Simon ben Kosiba with »the Star« rising from Jacob (Num 24:17) indicates that he war regarded as Messiah. As has been noted, R.[abbi] Akiba definitely announced him as such."[11] Diese Vorgänge sind daher für die Diskussion um die Messianität Jesu von großer Bedeutung – was ich hier nicht im einzelnen diskutieren kann; immerhin zeigen sie, wie man sich das Wirken eines Messias vorgestellt hat, ganz anders beschaffen als das Wirken Jesu.

Was den Kaiser Hadrian angeht, so war also sowohl der Beginn als auch das Ende seiner Regierungszeit durch jüdische Aufstände überschattet. Beim Bar Kochba-Aufstand war er die längste Zeit selbst anwesend, bis er im Jahr 134 nach Rom zurückkehren konnte. „He will have returned immediately success was assured, without waiting for the complete cessation of operations."[12] Er ließ sich anläßlich des Sieges zum zweiten Mal als *imperator* proklamieren und erscheint in den einschlägigen Texten seither als *Imperator II*. Dafür zahlte das römische Heer einen hohen Preis: „So great were the casualities that Hadrian, in his letter to the Senate, omitted the usual opening formula that he and the army were well [Cassius Dio LXIX 14,3]."[13] Das Land, in dem dieser Krieg stattgefunden hatte, glich einer Wüste.

---

9 *Schürer* I 540. Schürer führt übrigens einen zweiten Anlaß für den Aufstand an, den Cassius Dio nicht namhaft macht, ein Verbot der Beschneidung, vgl. die Diskussion S. 536–540.

10 Vgl. die Zusammenstellung und Diskussion des Materials bei *Schürer* I 543–544. Eine kleine Auswahl ist abgedruckt in dem in Anm. 1 genannten Sammelband von *Smallwood* auf S. 48.

11 *Schürer* I 544.

12 *Schürer* I 550.

13 *Schürer* I 553.

Abbildung XI.3: Die römische Provinz *Asia*

§ 59 Die Apokalypse

Die Apokalypse ist die 27. und letzte Schrift des Neuen Testaments. Man kann sie aus verschiedenen Gründen als randständige Schrift bezeichnen. Rudolf Bultmann hat geglaubt, „das Christentum" der Apokalypse „als ein schwach christianisiertes Judentum bezeichnen" zu müssen,[1] und dieses Urteil folgendermaßen begründet: „Die Bedeutung Christi beschränkt sich doch im wesentlichen darauf, daß er der leidenschaftlichen Hoffnung die Sicherheit gibt, die den jüdischen Apokalyptikern fehlt. Auf ihn, als den Herrn über Leben und Tod (1,17f.; 2,8), als den himmlischen Tröster und Gebieter ist übertragen, was das Judentum von Gott sagt."[2]

---

1   *Rudolf Bultmann:* Theologie des Neuen Testaments, 7., durchgesehene, um Vorwort und Nachträge erweiterte Auflage, hg. v. Otto Merk, UTB 630, Tübingen 1977, S. 525.
2   *Rudolf Bultmann,* a.a.O., S. 525–526.

Dieses Unbehagen an der Apokalypse ist keine moderne Erscheinung, findet es sich doch auch bei Martin Luther und – viel früher schon – bei Euseb von Caesarea im vierten Jahrhundert.[3] Von diesem Urteil müssen wir uns freimachen, wenn wir die Apokalypse in ihrer Zeit und an ihrem Ort würdigen wollen. Es ist gewiß kein Zufall, daß der Verfasser der Apokalypse in der Provinz *Asia* beheimatet ist. Das Christentum dieser Region weist auch sonst einschlägige apokalyptische Theologen auf, so den in diesem Buch schon verschiedentlich zitierten Bischof Papias von Hierapolis – der noch ein Zeitgenosse unseres Verfassers gewesen sein wird – oder, zwei Generationen später, Montanus, der dem Montanismus den Namen gegeben hat.

Was die Apokalypse des Neuen Testaments von ihren christlichen und vor allem von ihren jüdischen Schwestern unterscheidet, ist ihre Verortung in den christlichen Gemeinden der Provinz *Asia*. Sieben dieser Gemeinden bilden die Adressaten der Schrift im engeren Sinn, wie aus dem Auftrag in 1,11 und den Sendschreiben in 2,1–3,22 hervorgeht. Ein Blick auf die Karte zeigt, daß diese sieben Gemeinden so angeordnet sind, daß sie dem Überbringer gleichsam eine Rundreise ermöglichen, die in der Hauptstadt Ephesos beginnt[4] (Apk 2,1–7). Von Ephesos aus führt der Weg an der Straße Richtung Norden nach Smyrna[5] (2,8–11) und weiter bis Pergamon[6] (2,12–17).

In Pergamon ändert sich die Richtung, die bisher von Süd nach Nord wies: Nun biegt die Route – der Straße folgend – zunächst in Richtung Osten, dann in Richtung Südosten ins Landesinnere ein nach Thyateira[7] (2,18–29). Von Thyateira geht es weiter nach Sardes[8] (3,1–6); von hier aus hätte der Überbringer der Schrift direkt nach Ephesos zurückkehren können, wie unsere Karte (S. 432) zeigt. Doch noch waren zwei weitere Stationen zu absolvieren, nämlich Philadelphia[9] im Südosten von

---

3   Über die Geschichte der Auslegung und Beurteilung der Apokalypse unterrichtet *Wilhelm Bousset* in seinem Kommentar im Abschnitt IV seiner Einleitung, S. 49–119; zur schwankenden Haltung Martin Luthers hier S. 84.

4   Von Patmos nach Ephesos konnte man die Schrift bequem auf dem Seeweg befördern, vgl. die Karte, die unten unter der Nummer XI 5 abgedruckt ist (S. 436).

5   Während man Ephesos den LeserInnen dieses Buches nicht mehr vorzustellen braucht, verhält es sich mit Smyrna anders: Diese Stadt ist sonst im Neuen Testament nicht belegt. Die Gemeinde von Smyrna ist erst durch die Korrespondenz des Ignatius und durch ihren berühmten Bischof Polykarp bekannt geworden. Die Anfänge der Gemeinde in Smyrna liegen im Dunkeln; auch Lukas berichtet uns darüber nichts.

6   Auch die Stadt Pergamon kommt im Neuen Testament nur in der Apokalypse vor.

7   Thyateira ist den LeserInnen sowohl des Neuen Testaments als auch dieses Buches schon bekannt als der Heimat der Lydia, der ersten Christin Europas, vgl. Apg 16,14. Für die Anfänge der christlichen Gemeinde in Thyateira ergibt sich daraus allerdings nichts.

8   Die berühmte Stadt Sardes, die schon bei Herodot begegnet, kommt im Neuen Testament hier ebenfalls zum ersten Mal vor.

9   Diese Stadt begegnet sonst im Neuen Testament nirgendwo; sie ist allerdings durch einen Brief des Ignatius bekannt.

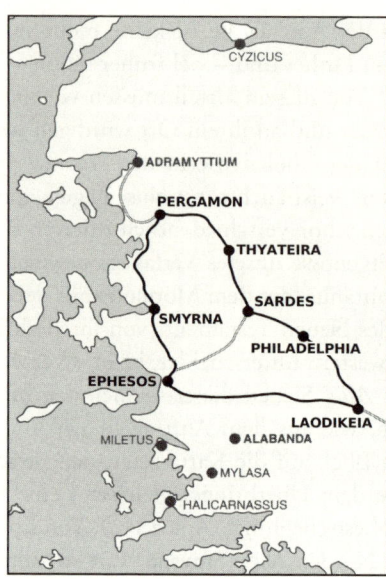

Abbildung XI.4: Die sieben Gemeinden der Apokalypse

Sardes (3,7–13) und Laodikeia[10], noch weiter in derselben Richtung gelegen (3,14–22). Von Laodikeia aus konnte der Bote auf der alten Straße Richtung Westen nach Ephesos zurückkehren.

Einige der sieben Städte der Apokalypse sind auch durch die Korrespondenz des Ignatius bekannt, so daß man einen Vergleich zwischen der Apokalypse und den Ignatiusbriefen durchführen kann.[11] Auch lohnt sich ein Blick auf die Situation in den einzelnen Städten für die Auslegung unserer Texte aus der Apokalypse.[12] Darauf können wir freilich in diesem Buch nicht näher eingehen.

Als Ergebnis halten wir fest: Die Apokalypse ist fest in der Provinz *Asia* und ihren christlichen Gemeinden verwurzelt. Die sieben Sendschreiben in den Kapiteln 2–3 verraten eine eingehende Kenntnis dieser Gemeinden und ihrer jeweiligen Situation seitens des Verfassers.

10   Laodikeia kommt im Neuen Testament außerhalb der Apokalypse nur noch im Kolosserbrief vor (2,1 und 4,13.15–16; doch vergleiche immerhin die *varia lectio* zur *inscriptio* des Epheserbriefes: *ad Laodicenses*), wo diese Stadt neben Hierapolis genannt ist. Die Städte Kolossai, Laodikeia und Hierapolis bilden ein Dreieck. Der mehrfach erwähnte Papias war Bischof der Stadt Hierapolis.

11   Vgl. etwa den Exkurs unter dem Titel „Die Gemeinden in den Sendschreiben und den Ignatiusbriefen" im Kommentar von *Heinrich Kraft,* S. 87–94.

12   Vgl. dazu die Studie von *Colin J. Hemer,* die unten im Literaturverzeichnis genannt ist; diese hat schon einen Vorgänger in dem Buch von *Γεώργιος Λαμπάκης:* Οι Επτά Αστέρες της Αποκαλύψεως ήτοι ιστορία, ερείπια, μνημεία και νυν κατάστασις των επτά εκκλησίων της Ασίας, Εφέσου, Σμύρνης, Περγάμου, Θυατείρων, Σάρδεων, Φιλαδελφείας και Λαοδικείας, παρ' ᾗ Κολοσσαί και Ιεράπολις, Athen 1909 (Nachdr. Thessaloniki 1995).

Der Aufbau des Buches

1,1–3	Proömium
1,4–8	Präskript
1,9–20	Berufungsvision
2,1–3,22	Die sieben Sendschreiben
4,1–8,1	Das Buch mit den sieben Siegeln
8,2–11,19	Die sieben Posaunen
12,1–13,18	Der Fürst dieser Welt
14,1–20	Das Lamm und die Geretteten
15,1–16,21	Die sieben Schalen
17,1–19,10	Der Fall Babylons
19,11–21	Der Messias besiegt das Tier
20,1–21,8	Das Tausendjährige Reich
21,9–22,5	Die Gottesstadt
22,6–21	Brieflicher Rahmen

Diese Gliederung ist für bibelkundliche Zwecke geeignet, orientiert sie sich doch weitestmöglich an der Siebenzahl als Gliederungsprinzip.[13] Mehr einer kapitelweisen Aufzählung des Inhalts gleicht der Vorschlag von Heinrich Kraft.[14] Neuere Studien zum Problem des Aufbaus der Apokalypse stellt Pierre Prigent 2001 zusammen.[15]

Zur Frage nach der Gattung

Eine Besonderheit unserer Apokalypse ist ihr brieflicher Rahmen.[16] Wir haben ein regelrechtes Präskript in 1,4–8, das man durchaus mit den Präskripten der paulini-

---

13 Die Gliederung gebe ich in Anlehnung an *Helmut Merkel:* Bibelkunde des Neuen Testaments. Ein Arbeitsbuch, Gütersloh ³1988, S. 246.

14 *Heinrich Kraft,*, a.a.O., S. 5–6.

15 *Pierre Prigent* in seinem Kommentar, S. 93, mit anschließender Diskussion S. 94–103, die in einem eigenen Vorschlag zur Gliederung gipfelt.

16 Vgl. dazu im einzelnen die Studie von *Martin Karrer*, die im Literaturverzeichnis genannt ist. Zur apokalyptischen Literatur in Judentum und Christentum vgl. die knappe Übersicht bei *Ingo Broer* II 559–661.

schen Briefe[17] vergleichen kann, weist es doch den Absender im Nominativ auf, die sogenannte *superscriptio* (Ἰωάννης *[Iōannēs]*), die Adressaten im Dativ, die sogenannte *adscriptio* (ταῖς ἑπτὰ ἐκκλησίαις ταῖς ἐν τῇ Ἀσίᾳ *[tais hepta ekklēsiais tais en tē Asia]*), und einen Gruß, die sogenannte *salutatio* (χάρις ὑμῖν καὶ εἰρήνη κτλ. *[charis hymin kai eirēnē ktl.]*).[18]

Diesem Präskript entsprechend finden wir auch am Schluß der Schrift eine Art brieflichen Rahmen in 22,6–21. Der abschließende Wunsch in v. 21: „Die Gnade unseres Herrn Jesus [Christus] sei mit [uns] allen" hat eine enge Parallele im letzten Vers des 2. Thessalonicherbriefes, wo er als Briefschluß dient (2Thess 3,18; vgl. schon Röm 16,20 am Schluß, wo dann allerdings in v. 21–23 noch Grüße folgen).

Zu dem Präskript tritt nun allerdings die Passage 1,1–3 in Konkurrenz, eine Art von Proömium[19], das der Sache nach nicht vor einem Präskript, ja noch nicht einmal neben einem Präskript stehen kann: Auf ein Proömium kann kein Präskript folgen; einem Präskript kann kein Proömium vorangehen.

Vergleicht man die Apokalypse des Johannes mit anderen Apokalypsen, so fällt weiter als Besonderheit der Abschnitt 2,1–3,22 mit den sieben Sendschreiben ins Auge.[20] Dieser Abschnitt trennt die einleitende Vision 1,9–20 von ihrer Fortsetzung in 4,1. Würde man die beiden Kapitel 2 und 3 aus ihrem Zusammenhang herauslösen, würde niemand zwischen 1,20 und 4,1 eine Lücke vermuten.[21]

Ähnlich verhält es sich im übrigen auch mit dem Präskript in 1,4–8 – wenn man dieses Präskript herausnimmt, hat man einen sachgemäßen Anfang in 1,9, der sich gut an das Proömium 1,1–3 anschließt. Die beispielsweise von W.M. Ramsay vertretene Hypothese, wonach die brieflichen Elemente 1,4–8 und 2,1–3,22 die spätesten Teile der Apokalypse bilden, hat manches für sich.[22]

---

17 Zum Aufbau eines paulinischen Präskripts vergleiche die Ausführungen zum Präskript des 1. Thessalonicherbriefs, oben im § 17 im Abschnitt zum „Aufbau des 1. Thessalonicherbriefs".

18 Die mit ἀπό angeschlossenen Angaben sind eine Besonderheit dieses Präskripts, die bei Paulus so keine Parallele aufweist.

19 Zu den Proömien in neutestamentlichen Schriften vgl. oben den einschlägigen Exkurs im Paragraphen 3.

20 „One of the most remarkable parts of that strange and difficult book, the Revelation of St. John, is the passage ii. 1 to iii. 22, containing the Seven Letters" (*W.M. Ramsay:* The Letters to the Seven Churches of Asia and their Place in the Plan of the Apocalypse, London 1904; ²1906, S. 35).

21 Vgl. schon die Feststellung bei *W.M. Ramsay,* a.a.O., S. 37: „The Apocalypse would be quite complete without the Seven Letters: chapter iv. follows chapter i. naturally."

22 „It seems highly probable … that the Seven Letters, though placed near the beginning and fitted carefully into that position, were the last part of the work to be conceived" (*W.M. Ramsay,* a.a.O., S. 36). Ramsay zieht daraus aber keine literarkritischen Schlüsse, sondern nimmt an, daß der Verfasser unseres Buches diese brieflichen Stücke später seinem eigenen Entwurf eingefügt habe.
Einen komplizierten Entstehungsprozeß in mehreren Stufen nimmt *David E. Aune* an; eine knappe Zusammenfassung dieser Hypothese bietet *Pierre Prigent* in seinem Kommentar auf Seite 84. Auch Aune nimmt an, daß der briefliche Schluß 22,6–21 sowie die Sendschreiben der letzten Bearbeitung – einer zweiten Auflage der Schrift vielleicht erst unter Trajan – angehören (vgl. *David E. Aune,* Band I, S. cxxxii).

Was aber ergibt sich daraus für die Frage nach der Gattung unseres Buches? Beide Aspekte sind bei der Bestimmung der Gattung zu berücksichtigen. Ohne Zweifel handelt es sich bei unserem Buch um eine Apokalypse (übrigens ist diese Gattungsbezeichnung aus Apk 1,1 entwickelt: Hier taucht der Begriff ἀποκάλυψις *[apokalypsis]* erstmals in der Literatur als Buchtitel auf[23]). Andrerseits sind die brieflichen Elemente nicht zu übersehen: „Der Verfasser hat seinem Werk ... die Gestalt eines Briefes an die sieben kleinasiatischen Gemeinden gegeben – daß er damit die Verlesung seines Werkes im Gottesdienst ermöglichen oder gar sicherstellen wollte, ist zumindest eine nicht völlig abwegige Vermutung.“[24]

Einleitungsfragen

Die Debatte der Einleitungsfragen setzt zweckmäßigerweise ein bei der Ortsangabe Patmos (Apk 1,9) und den sieben Städten, die 1,11 der Reihe nach genannt und in 2,1–3,22 je eines individuellen Sendschreibens gewürdigt werden. Demnach wendet sich der Verfasser Johannes von Patmos aus an die sieben Gemeinden der *Asia*, die ihm allesamt wohlbekannt waren.[25]

Der Verfasser befindet sich nach seinen eigenen Angaben also auf der Insel Patmos.[26] Da nicht anzunehmen ist, daß es sich dabei um seinen Wohnort handelt, stellt sich die Frage, wozu er nach Patmos gereist ist. In Apk 1,9 wird dieser Grund mit der Formulierung διὰ τὸν λόγον τοῦ θεοῦ καὶ τὴν μαρτυρίαν Ἰησοῦ *(dia ton logon tou theou kai tēn martyrian Iēsou)* angegeben. Dies hat man in der Regel dahingehend interpretiert, daß der Verfasser auf die Insel Patmos verbannt worden sei. Das Stichwort μαρτυρία *(martyria)* wird hier als *terminus technicus* für »Martyrium« verstanden. Dies liegt freilich nicht nahe. Denn „für Johannes wäre Patmos nicht als Verbannungsort in Frage gekommen. Die Römer verbannten niemanden in die Nähe seines bisherigen Wohnorts; eine Verbannung von Ephesus nach Patmos hätte nicht den Gepflogenheiten der Römer entsprochen.“[27]

---

23 Zu ἀποκάλυψις vgl. LSJ, S. 201, *s.v.* ἀποκάλυψις; *Lampe*, S. 194, *s.v.* ἀποκάλυψις (wo unter Nummer 5 die Verwendung „as title of book“ rubriziert wird); schließlich *Bauer/Aland*, Sp. 184–185, *s.v.* ἀποκάλυψις.

Bemerkenswerterweise ist der Begriff ἀποκάλυψις von 1,1 aus in die Überschrift gewandert, allerdings mit einem bezeichnenden Wechsel des Genitivs; in 1,1 heißt es ἀποκάλυψις Ἰησοῦ Χριστοῦ, wohingegen wir in der Überschrift ἀποκάλυψις Ἰωάννου lesen. Zu den *variae lectiones* dieser *inscriptio* vgl. den Apparat des *Nestle/Aland*[27] zu dieser Stelle. In jedem Fall gilt: Im Rahmen unseres Neuen Testaments erscheint unser Buch von Anfang an als »Apokalypse«.

24 *Ingo Broer*, Band II, S. 664.

25 „The letters were written by one who was familiar with the situation, the character, the past history, the possibilities of future development, of those Seven Cities“ (*W.M. Ramsay*, a.a.O., S. 40).

26 Zu Patmos ist heranzuziehen der grundlegende Artikel von *Johanna Schmidt*: Art. Patmos, PRE XVIII 2 (1949), Sp. 2174–2191. Eine lesenswerte Reisebeschreibung bietet *Karl Krumbacher*: Griechische Reise. Blätter aus dem Tagebuche einer Reise in Griechenland und in der Türkei, Berlin 1886 (Nachdr. in der Reihe Βιβλιοθήκη Ιστορικών Μελετών 140, Athen 1979), S. 140–186.

27 *Heinrich Kraft* in seinem Kommentar z.St. (S. 40).

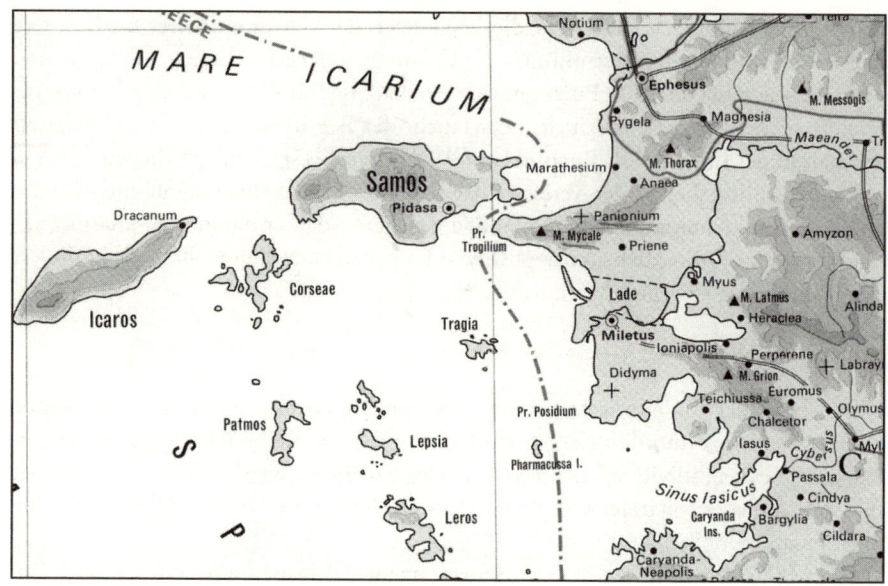

Abbildung XI.5: Die Lage der Insel Patmos im Süden von Samos vor Milet: Ephesos ist von hier
aus mit dem Schiff leicht zu erreichen

Einwänden dieser Art versucht Colin J. Hemer zu begegnen, indem er eine Verbannung nicht durch staatliche Behörden in Rom, sondern seitens des Statthalters
von Ephesos annimmt; dieser habe Patmos gewählt, weil es zu seiner Provinz *Asia*
gehört habe.[28] Damit sind zwar die Bedenken wegen der Nähe des Verbannungsorts
zum ursprünglichen Wohnort beseitigt, nicht aber das sprachliche Argument hinsichtlich des Verständnisses des Begriffs μαρτυρία *(martyria)*. Insgesamt kann man
festhalten, daß die These von der Verbannung sich von 1,9 her nicht nahelegt.

„Da die Präposition διά aber nicht nur »wegen« = auf Grund von, sondern auch
»wegen« = zum Zwecke von heißt, bot sich ein neues Mißverständnis an, sobald
man das erste als solches erkannt hatte, sobald man also wußte, daß mit μαρτυρία
[martyria] die Missionspredigt gemeint sein konnte.“[29] Aber auch dieses Verständnis
führt zu Schwierigkeiten. Denn daß Johannes sich zur Missionierung der Bewohner

---

28 *Colin J. Hemer* in seiner im Literaturverzeichnis zur Apokalypse genannten Studie, S. 28–29.
Die Zugehörigkeit von Patmos zur Provinz *Asia* ist, wie Hemer einräumt, freilich ein Postulat. Überhaupt fehlt es an zwingenden Begründungen, wie Hemer selbst zugibt: „It must be emphasized that
this is only inferential. If we could determine whether John was in fact exiled by proconsular sentence,
this would be valuable as a possible clue to the nature and method of the Roman action against Christianity. But the tradition ascribes the act to Domitian, and Tertullian, who uses the legal term *relegatur*,
locates the event in Rome“ (a.a.O., S. 29).

29 *Heinrich Kraft*, a.a.O., S. 40–41.

auf diese Insel begeben hätte, ist eine recht abwegige Vorstellung, hatte die Insel doch noch nicht einmal eine städtische Siedlung aufzuweisen.[30]

Daher hat Heinrich Kraft eine neue Interpretation der Passage vorgeschlagen: „Johannes befand sich zum Offenbarungsempfang in Patmos. Die Offenbarung »in der Grotte« ist nicht nur biblisch (Ex 33,22; 1.Kön 19,9), sondern entspricht auch griechischen Vorstellungen vom Offenbarungsempfang. Die Überlieferung wird wohl recht haben, wenn sie sich den Berg des Heiligen Elias als Ort der Offenbarung, die Grotte als Wohnung des Johannes vorstellt.“[31]

Wir können also das folgende *Zwischenergebnis* formulieren: Der Ort der Abfassung der Apokalypse ist die Insel Patmos im Südwesten von Samos; Johannes befindet sich nach der plausiblen Auslegung von 1,9 durch Heinrich Kraft zum Empfang der Offenbarung auf dieser menschenarmen Insel.

∗ ∗ ∗

Damit kommen wir zur Frage nach der Abfassungszeit, die in der Diskussion zuletzt insbesondere durch Thomas Witulski neu bestimmt worden ist. Ich diskutiere hier in aller Kürze den klassischen Ansatz, wonach die Apokalypse aus der Zeit des Domitian stammt, und stelle sodann die These von Thomas Witulski dar, der das Buch in die Zeit des Hadrian setzen will, bevor ich meine eigene Datierung in die zweite Hälfte des zweiten Jahrzehnts des zweiten Jahrhunderts (also zwischen 115 und 120) begründen werde.

Was zunächst den klassischen Ansatz angeht, so rekonstruiert beispielsweise Kümmel in seiner Einleitung aus den Angaben der Apokalypse die folgende Situation: „Das Christentum ist mit Staat und Staatsreligion zusammengestoßen, der Christuskult mit dem Kaiserkult. Die Apk erhebt leidenschaftlichen Widerspruch gegen Rom und den Kaiserkult um des Glaubens willen. Das entspricht der Situation unter Domitian.“[32] Zur Begründung des letzten Satzes führt Kümmel dann weiter aus: „Denn die Staatsreligion hat sich vor Domitian nicht gegen die Christen gewandt. Daß Nero in Rom gegen die Christen wütete, hatte mit dem Kaiserkult nichts zu schaffen. Unter Domitian, der nach orientalischem Muster für sich als Kaiser bei Lebzeiten göttliche Verehrung in Anspruch nahm, ist es zum erstenmal zur Verfolgung von Christen durch den Staat aus religiösen Gründen gekommen; 96 wurden in Rom Mitglieder des kaiserlichen Hauses wegen ἀθεότης *[atheọtēs]*, Verbrechen gegen die Staatsreligion, zur Verantwortung gezogen, und in der christlichen Überlieferung

---

30 Zur Zeit von Krumbacher hatte die Insel Patmos insgesamt „etwas über 2000 Einwohner“ (*Karl Krumbacher*, a.[Anm. 26]a.O., S. 170).

Prigent zufolge liegt dieses Verständnis auch sprachlich nicht nahe: „This phrase cannot be understood as »in order to spread the word ... «, for the preposition διά never has this meaning in Revelation“ (*Pierre Prigent* in seinem Kommentar, S. 127). Dieses Argument wendet sich jedoch in gleicher Weise gegen die oben im Text sogleich darzustellende Lösung von Heinrich Kraft.

31 *Heinrich Kraft*, a.a.O., S. 42.

32 *Werner Georg Kümmel:* Einleitung in das Neue Testament, Heidelberg ²¹1983, S. 412.

gilt Domitian einhellig als der erste Christenverfolger nach Nero. In der Provinz Asia
wurde der Kaiserkult mit besonderem Eifer betrieben … . Gerade in der Provinz
Asia, dem klassischen Land des Kaiserkultes, sind daher zur Zeit des Domitian alle Voraussetzungen gegeben für den schweren Konflikt zwischen Christentum und
Staatsreligion, den die Apk ins Auge faßt."[33]

Das Problem dieser klassischen Lösung besteht in dem Fehlen außerchristlicher
Quellen für eine domitianische Christenverfolgung; wir haben schon in dem Paragraphen über Domitian gesehen, daß der hauptsächliche Gewährsmann für diese These
Tertullian ist.[34] Daher ist in der neueren Forschung die Historizität einer domitianischen Verfolgung immer wieder bestritten worden.[35] Gibt man diese Hypothese auf,
besteht kein Grund mehr, die Apokalypse in die Zeit des Domitian zu datieren.

Wir haben oben in § 52 über den Kaiser Nerva schon die These von Heinrich
Kraft kennengelernt, derzufolge die Apokalypse auf 97/98 n.Chr. zu datieren sei, da
die Zahl 666 aus Apk 13,18 als M. Νέρουα *(M. Neroua)* aufzulösen sei.[36] Gegen diese
Datierung kann man dieselben Einwände erheben, die gegen eine Abfassung zur Zeit
des Domitian sprechen. Ich gehe deswegen darauf nicht genauer ein.

Thomas Witulski hat der klassischen Lösung eine Datierung in die Zeit des Kaisers
Hadrian entgegengestellt; ihm zufolge ist die Apokalypse in die Zeit zwischen 132 und
135 zu datieren: „Gegen christliche Kreise, die eine Beteiligung von Christen an der
kultisch-religiösen Verehrung Hadrians für möglich hielten und auch theologisch zu
rechtfertigen suchten, fordert der Apokalyptiker seine Adressaten zu kompromißloser
Verweigerung auf und ermahnt sie, auch angesichts von Repressalien ihrer heidnisch
geprägten Umwelt standhaft und glaubenstreu zu bleiben. Dem Kaiser Hadrian, dem
Herrscher des *imperium Romanum*, dem ersten der beiden in Apk 13 beschriebenen
θηρία, dem Kulminationspunkt der gottfeindlichen Hybris dieses Reiches, und dem
Rhetor und Sophisten Antonius Polemon, dem zweiten der beiden θηρία, sagt er den
baldigen Untergang voraus …"[37]

---

33 *Werner Georg Kümmel*, a.a.O., S. 412–413.

34 Vgl. oben S. 343–344.

35 *Ulrike Riemer*: Das Tier auf dem Kaiserthron? Eine Untersuchung zur Offenbarung des Johannes als historischer Quelle, Beiträge zur Altertumskunde 114, Stuttgart und Leipzig 1998, bietet S. 34–52
eine ausführliche Diskussion des Forschungsstandes; auf S. 172 formuliert sie das Ergebnis: „Von einer
domitianischen Christenverfolgung sollte diese These endgültig Abschied genommen werden …"
Auch von neutestamentlicher Seite wird diese Konsequenz seit längerer Zeit immer wieder gezogen;
ich nenne beispielsweise *Wolfgang Stegemann*: Zwischen Synagoge und Obrigkeit. Zur historischen Situation der lukanischen Christen, FRLANT 152, Göttingen 1991, der sich S. 188–190 mit unserer Frage befaßt und ebenfalls zu dem Ergebnis kommt, es habe unter Domitian keine Christenverfolgung gegeben.

36 Vgl. dazu im einzelnen oben S. 372–373.

37 *Thomas Witulski*: Die Johannesoffenbarung und Kaiser Hadrian. Studien zur Datierung der
neutestamentlichen Apokalypse, FRLANT 221, Göttingen 2007, S. 350; vgl. auch seine zweite Studie
in diesem Zusammenhang: *Thomas Witulski*: Kaiserkult in Kleinasien. Die Entwicklung der kultisch-
religiösen Kaiserverehrung in der römischen Provinz Asia von Augustus bis Antoninus Pius, NTOA 63,
Göttingen 2007.

Es ist im Rahmen dieses Buches nicht möglich, die Argumentation Witulskis im einzelnen zu würdigen. Die von ihm vorgeschlagene Datierung erscheint mir jedoch insbesondere deshalb zu spät, weil sie die Apokalypse zu nahe an die Zeit Justins des Märtyreres heranrückt, der in seinem Dialog in 81,4 die Apokalypse erwähnt und ihren Verfasser Johannes für einen der Apostel Christi hält.

Daher möchte ich eine mittlere Lösung vorschlagen und die Apokalypse auf das Ende der Regierungszeit des Trajan bzw. die ersten Jahre des Hadrian datieren. Gegenüber der traditionellen Datierung auf das Ende der Regierungszeit des Domitian bietet die hier vorgeschlagene Datierung auf das Ende der Regierungszeit des Trajan bzw. auf die ersten Jahre des Hadrian – also auf etwa 115/120 n.Chr. – die folgenden Vorteile:

1. Mit dem Reskript des Trajan aus dem Jahr 112/113 (Plinius: Epistulae X 97) haben wir erstmals ein Zeugnis, das das Christsein von Staats wegen als todeswürdiges Verbrechen klassifiziert. Damit ist die »optimistische« Haltung des Lukas dem *Imperium Romanum* gegenüber ein für alle Mal erledigt und die »pessimistische« Haltung des Johannes, des Verfassers der Apokalypse, erscheint hinlänglich begründet. Zur Zeit des Domitian haben wir ein solches Zeugnis nicht.

2. Die militärischen Aktivitäten des Kaisers Trajan, die schon die beiden Dakerkriege zeitigten, sind ab dem Jahr 113 bis zu seinem Tod 117 und noch darüber hinaus das Kennzeichen seiner Regierung und zugleich ein plausibler Hintergrund für die Apokalypse. Insbesondere die jüdische Rebellion von 115 bis 117 bzw. 118 n.Chr. spielte sich ja nicht im fernen Osten, sondern in Kernländern des Römischen Reiches ab (in Kyrene, Ägypten und Zypern) und bot für apokalyptisch orientierte Juden wie Christen Anregung für mancherlei einschlägige Spekulationen. Zur Zeit des Domitian fehlen solche Erfahrungen so gut wie vollkommen.

3. Die für unser Buch so wichtige Provinz Asia hat den Kaiser Trajan Zeit seines Lebens wenig interessiert. Im Unterschied zu seinem Nachfolger Hadrian ist Trajan „nur kurz in Kleinasien gewesen und scheint dort wenig an der konkreten Ausführung von Bauwerken interessiert gewesen zu sein."[38] Dennoch ist Trajan gerade in den Städten der Asia kultisch präsent, wie man insbesondere an Ephesos und an Pergamon studieren kann.

So wurde in Pergamon der weit und breit spektakulärste Kaisertempel, den das einschlägige Sendschreiben (Apk 2,12–17) als ὁ θρόνος τοῦ σατανᾶ *(ho thronos*

---

38 *Lutgarde Vanderput/Christof Berns:* Private Freigebigkeit und die Verschönerung von Stadtbildern. Die Städte Kleinasiens in traianischer Zeit, in: Annette Nünnerich Asmus [Hg.]: Traian (vgl. S. 418, Anm. 1), S. 73–82; Zitat S. 79.

tou sataṇa) bezeichnet (Apk 2,13),[39] ab 113/114 errichtet, „nachdem die Stadt ... die ehrenvolle Aufgabe erhielt, den zentralen Kult für Traian in der Provinz Asia zu pflegen."[40]

Wir können also folgendes Ergebnis festhalten: Insgesamt fügt sich eine Datierung der Apokalypse in das zweite Jahrzehnt des zweiten Jahrhunderts wohl am besten zu den rekonstruierbaren historischen Sachverhalten: Dieses Buch ist in den von Kriegen geprägten letzten Jahren des Kaisers Trajan oder zu Beginn der Regierungszeit seines Nachfolgers Hadrian veröffentlicht worden. Damals war die Rechtslage endgültig zuungunsten der Christen fixiert worden durch das Reskript, das bei Plinius: Epistulae X 97, erhalten ist.[41] Die zahlreichen militärischen Aktivitäten des Kaisers Trajan v. a. gegen die Daker und dann gegen die Parther sowie die sich wie ein Lauffeuer ausbreitenden jüdischen Aufstände im Osten sind die »apokalyptischen« Hintergrund, auf dem unser Buch am besten verständlich wird.

Nicht in Frage kommt m. E. die klassische Datierung in die Zeit des Kaisers Domitian, in der es dem Lukas noch möglich war, einen *modus vivendi* zwischen christlichen Gemeinden und dem Römischen Reich für möglich und erstrebenswert zu halten. Weniger plausibel erscheint mir auch die von Thomas Witulski vorgeschlagene Verlegung in die späteren Jahre des Kaisers Hadrian. Demgegenüber plädiere ich auf die Jahre 115–120 als wahrscheinlichste Datierung.[42]

* * *

Verbleibt schließlich noch die Frage nach dem Verfasser der Apokalypse zu klären. Wir können dabei auf die Ergebnisse der Diskussion der Verfasserfrage bei den andern johanneischen Schriften zurückgreifen. Diese hat ergeben, daß der Zebedaide Johannes als Verfasser der andern johanneischen Schriften nicht in Frage kommt;[43]

---

39 Die Identifizierung des »Throns des Satans« aus Apk 2,13 mit dem Trajaneum in Pergamon ist in der Literatur kontrovers diskutiert worden. Für den, der die Apokalypse in die Jahre 115 bis 120 datiert, liegt sie sehr nahe. Zum Problem vgl. die Darlegungen von *Jens Börstinghaus* in unserm Greifswalder Exkursionsband aus dem Sommersemester 2001, der unter http://www.antike-exkursion. de/orontes/index_orontes.html zugänglich ist, S. 103–138; speziell zum Trajaneum hier S. 105–110.

Besondere Beachtung verdient auch die von Börstinghaus herangezogene Inschrift IvP II 395, in der Trajan als ὁ γῆς καὶ θαλάσσης κύριος, „Herr über Erde und Meer", bezeichnet wird (a. a. O., S. 107, Abb. 33 und s. 108, Anm. 15 mit dem Text der Inschrift).

40 *Lutgarde Vanderput/Christof Berns*, a. a. O., S. 79.

41 Zu diesem Dokument vgl. den Text, die Übersetzung und die Diskussion oben Seite 421 bis Seite 424.

42 Dieser Vorschlag ist keineswegs neu; er wurde beispielsweise schon 1969 von *Joachim Becker* vertreten, vgl. seinen Anm. 46 genannten Aufsatz, S. 102: „Jedenfalls schreibt er für die Situation der Trajanischen Verfolgung."

Ohne Bezug auf Becker zu nehmen, hat *Angelika Reichert* in ihrem oben Seite 420 in Anm. 11 genannten Aufsatz ebenfalls für eine Abfassung der Apokalypse in der Regierungszeit des Trajan plädiert, vgl. a. a. O., S. 248–250.

43 Vgl. die Ausführungen oben S. 416.

das gilt trotz des gleichen Namens »Johannes« erst recht für die Apokalypse, wenn man sie in die Jahre 115–120 datiert; zu dieser Zeit hätte der Zebedaide die 100 schon weit überschritten gehabt. Im übrigen gilt speziell für die Apokalypse: „Für den Verfasser sind die Apostel 18,20 und 21,14 eine abgeschlossene Gruppe der Vergangenheit, und besonders 21,14 ist es ganz ausgeschlossen, daß er daran gedacht haben könnte, sich diesem Kreis zuzurechnen."[44]

Die Diskussion hat weiter ergeben, daß wir mit insgesamt vier verschiedenen Verfassern zu rechnen haben, einem für das Evangelium, einem für den 1. Johannesbrief, einem für den 2. und 3. Johannesbrief und einem für die Apokalypse.[45]

Daß der Verfasser unseres Buches wirklich Johannes hieß, wie er selbst mehrfach angibt, hätte man nicht bezweifeln sollen.[46]

Zur Auslegung der Apokalypse

In bezug auf keine neutestamentliche Schrift ist die Frage: „Ich bitte dich, über wen sagt der Prophet das?"[47] so berechtigt wie in bezug auf die Apokalypse. Die Auslegungsgeschichte bietet ein erstaunliches Spektrum, angefangen bei der Deutung auf die Zerstörung Jerusalems bis hin zur Deutung auf einen Atomkrieg ist alles im Angebot, was sich irgend denken läßt. Je nach Auslegung sind es also Ereignisse des ersten oder des 20. Jahrhunderts, auf die die Apokalypse sich bezieht.[48] Im 17. Jahrhundert deutet ein Ausleger das ganze Buch auf die Zeit vor 70: „Das Tier ist … demgemäß der jüdische Sanhedrin, die sieben Häupter die letzten Hohenpriester, der achte Ananus, durch dessen Tod das Tier die tödliche Wunde erhält; die sieben Berge werden auf sieben Hügel Jerusalems bezogen, die zehn Hörner sind die zehn Toparchen, welchen beim Aufstand die einzelnen Distrikte zur Verwaltung übergeben werden, Babel ist natürlich Jerusalem."[49]

---

44 *Heinrich Kraft*, in seinem Kommentar, S. 9.

45 Vgl. dazu oben S. 417.

46 Apk 1,1; 1,4; 1,9 und 22,8 sind die Belege für den Namen Johannes; bestritten wurde seine Authentizität etwa von *Joachim Becker*: Erwägungen zu Fragen der neutestamentlichen Exegese. 3. Pseudonymität der Johannesapokalypse und Verfasserfrage, BZ NF 13 (1969), S. 101–102.
Unklar ist die Position von *Heinrich Kraft*, der in seinem Kommentar auf S. 11 schreibt: „Wir können also zusammenfassen, daß die Apokalypse von einem Mann geschrieben sein will, der durch seinen Namen Johannes hinreichend ausgewiesen war, daß man ihn im westlichen Kleinasien als vertrauenswürdigen Propheten kannte. Weiter ist zu vermuten, daß das Buch nicht von ihm selber, sondern in seinem Namen geschrieben sei."

47 Apg 8,34b; im griechischen Original lautet die Frage: δέομαί σου· περί τίνος ὁ προφήτης λέγει τοῦτο;

48 Gewiß gibt es inzwischen auch Auslegungen, die die geweissagten Ereignisse im 21. Jahrhundert in Erfüllung gehen sehen; solche sind mir allerdings noch nicht begegnet. Im übrigen sind natürlich auch alle Jahrhunderte zwischen dem ersten und dem 20. Jahrhundert vertreten.

49 *Wilhelm Bousset* in seinem Kommentar, S. 102–103. Ein Zeitgenosse dieses Auslegers „läßt sogar die Sendschreiben an die Christen in Jerusalem gerichtet sein und treibt so die Verkehrtheit auf die Spitze" (*Wilhelm Bousset*, a.a.O., S. 103).

Am andern Ende der Extreme findet man Werke wie „Christliche Prophetie und Nuklearenergie"[50], wo etwa die These vertreten wird: „Die Apokalypse ist in wesentlichen Teilen eine erklärungslose Beschreibung des Einsatzes modernster Kampfmittel. Sie gibt in konsequenter Nacheinanderfolge die Folgen einer Nuklearkriegsführung in charakteristischen physikalischen Besonderheiten wieder."[51]

Zu dieser Art der »weltgeschichtlichen« Auslegung hatte sich Bousset in seinem Kommentar folgendermaßen geäußert: „Diese Methoden finden noch immer ihre Anhänger unter Auslegern zweiten und dritten Ranges, bei englischen Kommentatoren und amerikanischen Traktatenschreibern."[52] Das wird sich vermutlich auch im 21. Jahrhundert nicht ändern; mit Bousset ist nach wie vor solchen Auslegern entgegenzuhalten: „Von den verschiedenen möglichen Methoden der Auslegung können heutzutage einige als nicht mehr in Betracht kommend und in wissenschaftlichen Kreisen nicht mehr vertreten einfach beiseite gesetzt werden. Die weltgeschichtliche und kirchengeschichtliche Deutung ist auch von den Gelehrten, die an dem spezifischen Offenbarungscharakter der Apk festhalten, allgemein aufgegeben."[53]

Im 21. Jahrhundert sollte daher gelten, daß in der Apokalypse weder kirchengeschichtliche noch weltgeschichtliche Ereignisse zu finden sind; ihr Verfasser hat nicht die Geschichte des 21. Jahrhunderts vorausgesehen (und natürlich auch nicht die Geschichte irgendeines andern Jahrhunderts).

Das Buch wendet sich an die Gemeinden seiner Zeit, also wohl, wie wir gesehen haben, an Christinnen und Christen am Ende der Regierung des Trajan, im zweiten Jahrzehnt des zweiten Jahrhunderts. Es handelt sich um eine Kampfschrift gegen das Römische Reich: „Die beste Verteidigung ist der Angriff. So geht auch der Apok.[alyptiker] zum offenen Angriff über. Selten wohl ist eine so entschlossene, fulminante Streitschrift gegen ein herrschendes System geschrieben wie in diesem merkwürdigen Buch. Es sind Fanfarentöne, die hier klingen. Sie rufen das verhältnismäßig kleine Häuflein derer, die das Tier nicht anbeten, zum Widerstand gegen eine Welt, zu Trotz und Treue bis in den Tod, sie windet im Voraus den Märtyrern dieses Kampfes die ewige Krone."[54]

Es war zu Beginn dieses Kapitels von der Randständigkeit der Apokalypse die Rede. Diese Randständigkeit betrifft ihr zentrales Anliegen, wenn man dieses mit dem in andern neutestamentlichen Schriften erkennbaren Positionen vergleicht: Nirgendwo sonst wird die Rolle des Römischen Reiches so ausschließlich negativ gesehen wie in unserm Buch. Schon der historische Jesus war selbst auf Aufforderung hin nicht dazu zu bewegen, eine oppositionelle Haltung dem Kaiser gegenüber einzunehmen

---

50   *Bernhard Philberth:* Christliche Prophetie und Nuklearenergie, R. Brockhaus Taschenbücher 75, Wuppertal [6]1968.

51   *Bernhard Philberth,* a.a.O., S. 14.

52   *Wilhelm Bousset,* a.a.O., S. 120.

53   *Wilhelm Bousset,* a.a.O., S. 119–120.

54   *Wilhelm Bousset,* a.a.O., S. 137–138.

(Mk 12,13–17). Paulus fordert die Christinnen und Christen in Rom ausdrücklich dazu auf, mit dem Römischen Reich und seinen Repräsentanten zu kooperieren – um es *ganz* freundlich zu formulieren (Röm 13,1–7). Das Bestreben des Lukas in der Apostelgeschichte ist darauf ausgerichtet, einen *modus vivendi* zwischen christlichen Gemeinden und Römischem Staat zu finden. Keiner der Genannten hätte für die Totalopposition der Apokalypse gegenüber dem Imperium Romanum etwas übrig gehabt.

Literatur

Kommentare in chronologischer Reihenfolge

Wilhelm Bousset: Die Offenbarung Johannis, KEK XVI, Göttingen 1896; [2]1906; Nachdr. 1966.

Theodor Zahn: Die Offenbarung des Johannes, Erste Hälfte: Kap. 1–5 mit ausführlicher Einleitung, KNT XVIII [1], Leipzig & Erlangen 1924.

Theodor Zahn: Die Offenbarung des Johannes, Zweite Hälfte: Kap. 6–22, KNT XVIII [2], Leipzig & Erlangen 1926.

Ernst Lohmeyer: Die Offenbarung des Johannes, HNT XVI, Tübingen 1926; neu herausgegeben von Günther Bornkamm, Tübingen [2]1952; [3]1970.

Eduard Lohse: Die Offenbarung des Johannes, NTD 11, Göttingen 1960; [2]1966; [3]1971; [8]1993.

Heinrich Kraft: Die Offenbarung des Johannes, HNT 16a, Tübingen 1974.

Ulrich B. Müller: Die Offenbarung des Johannes, ÖTK XIV, Gütersloh/Würzburg 1984; [2]1995.

David E. Aune: Revelation 1–5, Word Biblical Commentary 52, o.O. 1997.

David E. Aune: Revelation 6–16, Word Biblical Commentary 52B, o.O. 1998.

David E. Aune: Revelation 17–22, Word Biblical Commentary 52C, o.O. 1998.

Pierre Prigent: Commentary on the Apocalypse of St. John. Translated from French into English by Wendy Pradels, Tübingen 2001.

Sonstige Literatur (alphabetisch)

Joachim Becker: Erwägungen zu Fragen der neutestamentlichen Exegese. 3. Pseudonymität der Johannesapokalypse und Verfasserfrage, BZ NF 13 (1969), S. 101–102.

Paul-Richard Berger: Kollyrium für die blinden Augen, Apk 3:18, NT 27 (1985), S. 174–195.

Otto Böcher: Art. Johannes-Apokalypse, RAC XVIII (1997), Sp. 595–646.

Otto Böcher: Die Johannesapokalypse, EdF 41, Darmstadt [4]1998.

Franz Boll: Aus der Offenbarung Johannis. Hellenistische Studien zum Weltbild der Apokalypse, Στοιχεῖα 1, Leipzig & Berlin 1914.

Jörg Frey: Erwägungen zum Verhältnis der Johannesapokalypse zu den übrigen Schriften des Corpus Johanneum, in: *Martin Hengel:* Die johanneische Frage. Ein Lösungsversuch. Mit einem Beitrag zur Apokalypse von Jörg Frey, WUNT 67, Tübingen 1993, S. 326–429.

Wilhelm Hadorn: Die Zahl 666, ein Hinweis auf Trajan, ZNW 19 (1919/20), S. 11–29.

Colin J. Hemer: The Letters to the Seven Churches of Asia in their Local Setting, JSNT.S 11, Sheffield 1986; Nachdr. 1989.[55]

Traugott Holtz: Die Christologie der Apokalypse des Johannes, TU 85, Berlin 1962.

Martin Karrer: Die Johannesoffenbarung als Brief. Studien zu ihrem literarischen, historischen und theologischen Ort, FRLANT 140, Göttingen 1986.

Eduard Lohse: Synagoge des Satans und Gemeinde Gottes. Zum Verhältnis von Juden und Christen nach der Offenbarung des Johannes, Franz-Delitzsch-Vorlesung 1989, Münster 1992.

Hans-Peter Müller: Die Plagen der Apokalypse. Eine formgeschichtliche Untersuchung, ZNW 51 (1960), S. 268–278.

Hans-Peter Müller: Die himmlische Ratsversammlung. Motivgeschichtliches zu Apc 5,1–5, ZNW 54 (1963), S. 254–267.

Erik Peterson: Offenbarung des Johannes und politisch-theologische Texte. Aus dem Nachlass herausgegeben von Barbara Nichtweiß und Werner Löser, Ausgewählte Schriften 4, Würzburg o.J. [vermutlich 2004].

W.M. Ramsay: The Letters to the Seven Churches of Asia and their Place in the Plan of the Apocalypse, London 1904; ²1906.

Angelika Reichert: Durchdachte Konfusion: Plinius, Trajan und das Christentum, ZNW 93 (2002), S. 227–250.

Ulrike Riemer: Das Tier auf dem Kaiserthron? Eine Untersuchung zur Offenbarung des Johannes als historischer Quelle, Beiträge zur Altertumskunde 114, Stuttgart und Leipzig 1998.

Eduard Schwartz: Über den Tod der Söhne Zebedäi. Ein Beitrag zur Geschichte des Johannesevangeliums [aus dem Jahr 1904], in: Karl Heinrich Rengstorf [Hg.]: Johannes und sein Evangelium, WdF LXXXII, Darmstadt 1973, S. 202–272.

August Strobel: Art. Apokalypse des Johannes, TRE 3 (1978), S. 174–189.

Jens-W. Taeger: Johannesapokalypse und johanneischer Kreis. Versuch einer traditionsgeschichtlichen Ortsbestimmung am Paradigma der Lebenswasser-Thematik, BZNW 51, Berlin/New York 1989.

Jens-W. Taeger: »Gesiegt! O himmlische Musik des Wortes!« Zur Entfaltung des Siegesmotivs in den johanneischen Schriften, ZNW 85 (1994), S. 23–46.

Nikolaus Walter: Die Botschaft des Sehers Johannes zwischen apokalyptischer Tradition und urchristlichem Osterglauben. Thesen zur theologischen Interpretation der Johannesoffenbarung, WZJ.G 39 (1990), S. 399–404.

Julius Wellhausen: Analyse der Offenbarung Johannis, AGG N.F. IX 4, Berlin 1907 (Nachdr. Göttingen und Wiesbaden 1970).

Thomas Witulski: Die Johannesoffenbarung und Kaiser Hadrian. Studien zur Datierung der neutestamentlichen Apokalypse, FRLANT 221, Göttingen 2007.

Thomas Witulski: Kaiserkult in Kleinasien. Die Entwicklung der kultisch-religiösen Kaiserverehrung in der römischen Provinz Asia von Augustus bis Antoninus Pius, NTOA 63, Göttingen 2007.

---

55 Hemer spricht im Vorwort von den Bildern zum Buch, die er verschiedentlich vorgeführt habe (S. 10); das Buch selbst bietet diese freilich nicht. Man kann solche etwa in dem populären Reiseführer von *Fatih Cimok* finden: A Guide to the Seven Churches, İstanbul 1998.

Kapitel XII: Der Hebräerbrief und drei katholische Briefe (1Petr; Jud; 2Petr)

Wir stehen am Ende eines langen Weges. Vom Kaiser Augustus haben wir uns bis zu seinem Nachfolger Hadrian vorgearbeitet, das ist ein Zeitraum von mehr als 150 Jahren. Vom König Herodes, in dessen Regierungszeit ein gewisser Jesus von Nazareth geboren wurde (Mt 2,1 und Luk 1,5), bis zum jüdischen Aufstand des Bar Kochba unter Hadrian haben wir die römische und die palästinische Geschichte in den groben Zügen verfolgt. Die Welt hat sich verändert in diesen eineinhalb Jahrhunderten. Aus einer kleinen Gruppe von seltsamen Menschen, die in einem abgelegenen Winkel des *Imperium Romanum* zunächst ungestört ihrer Wege ging, ist eine Bewegung entstanden, die den Statthalter Plinius in tiefe Sorge stürzt: Die staatliche Ordnung ist gefährdet; die Anhänger dieses wüsten Aberglaubens bedrohen das Fundament des römischen Staates.

Der Staat geht entschlossen gegen diese irregeleiteten Menschen vor: Wer sich als Christ zu erkennen gibt, wird mit dem Tod bestraft. Damit sind die Fronten klar, und der Optimismus etwa des Lukas ist durch den Gang der Dinge widerlegt: Auf lange Zeit gibt es keinen *modus vivendi* zwischen den christlichen Gemeinden und dem *Imperium Romanum*. Der Staat zeigt sich seit Trajan entschlossen, dieser bedrohlichen Gruppe den Garaus zu machen.

Wir haben neben diesen politischen Ereignissen auch die Geschichte dieser seltsamen Bewegung in ihren ersten 100 Jahren verfolgt. Bei dem vielen Erstaunlichen, was da vor unserem geistigen Auge vorüberzog, ist die Entstehung des Neuen Testaments vielleicht das Allererstaunlichste: Daß wir von dieser Bewegung aus ihrer Anfangszeit 27 Schriften besitzen, die uns Einblick geben in ihre Geschichte und in ihr theologisches Denken, unterscheidet diese Bewegung von allen andern antiken Religionen. Wir sind in bezug auf keine religiöse und keine philosophische Richtung des Altertums auch nur entfernt so gut informiert wie über das frühe Christentum.

* * *

Wir stehen damit endgültig[1] bei den Spätschriften des Neuen Testaments, dem 2. Petrusbrief und dem Judasbrief, die beide ins zweite Jahrhundert gehören. Älter als diese beiden katholischen Briefe ist der ebenfalls zu dieser Gruppe gehörige 1. Pe-

---

1 Die Datierung der Apokalypse ist in der Forschung zur Zeit noch umstritten; ich datiere sie in die Zeit 115/120 n.Chr. (vgl. dazu die Ausführungen in § 59, S. 437–440), und damit gehört natürlich auch sie zu den späten Schriften des Neuen Testaments und wäre aus chronologischen Gründen in diesem Kapitel zu behandeln.

trusbrief sowie der Hebräerbrief, der eine Sonderstellung einnimmt zwischen den katholischen und den paulinischen Briefen. Er gehört auf jeden Fall noch ins erste Jahrhundert und vor die Zeit des Kaisers Trajan. Ihm wollen wir uns daher zuerst zuwenden.

§ 60 Der Hebräererbrief

Einführende Charakterisierung

Gott allein,[1] so befand schon Origenes[2], weiß, wer den Hebräerbrief geschrieben hat, und Franz Overbeck formuliert die Aporie mit Worten des Hebräerbriefs selbst so: Bei dem Hebräerbrief handelt es sich um ein Schreiben, das „vor dem nach seiner historischen Entstehung fragenden Betrachter wie ein melchisedekitisches Wesen ohne Stammbaum dasteht. Wer hat ihn geschrieben? Wo und wann ist er geschrieben worden, und an wen ist er ursprünglich gerichtet gewesen? – Man weiss es nicht."[3]

Franz Delitzsch, der in einem ganz anderen theologischen Lager steht als Franz Overbeck, stimmt *in diesem Punkt* dem (späteren) Antipoden nicht nur der Sache nach zu, wenn er sagt: „Der Brief hat Aehnlichkeit mit dem Melchisedek der h.[eiligen] Geschichte, von welchem die Mitte desselben handelt. Mit priesterlich-königlicher Feierlichkeit schreitet er einher, und wie der Melchisedek der h.[eiligen] Geschichte weder Anfang noch Ende hat, so ist auch er ein ἀγενεαλόγητος *[agenealogētos]*: wir wissen nicht woher er kommt und wohin er gehet."[4]

---

1   Die einführende Charakterisierung ist herübergenommen aus meinem Aufsatz: ΚΡΕΙΤΤΟΝΟΣ ΔΙΑΘΗΚΗΣ ΕΓΓΥΟΣ. Die Bedeutung der Präexistenzchristologie für die Theologie des Hebräerbriefs, ThLZ 121 (1996), Sp. 319–338. Wieder abgedruckt in: *Peter Pilhofer: Die frühen Christen und ihre Welt*, S. 58–72; hier S. 58–59.

Die genauen bibliographischen Angaben zu den einzelnen Arbeiten über den Hebräerbrief finden sich im Literaturverzeichnis am Ende dieses Paragraphen.

2   Origenes bei Euseb: H.E. VI 25,14: τίς δὲ ὁ γράψας τὴν ἐπιστολήν, τὸ μὲν ἀληθὲς θεὸς οἶδεν. Bei der Verwendung dieses Ausspruchs ist jedoch Vorsicht geboten: „Im Allgemeinen sieht man Origenes hier mit dem Hbf. ganz auf derselben Bahn der Aufrechterhaltung seiner kanonischen Autorität wie Clemens. Die apologetische These ist streng dieselbe geblieben: die paulinische Herkunft des Briefs. Zweifel an dieser würde nur bei vollständigem Missverständniss aus dem vorletzten Satze gelesen. *Nur den Schreiber, nicht den geistigen Urheber des Hbfs. lässt Origenes dahingestellt.* Auch verlangt er für die Annahme der paulinischen Herkunft des Briefs nicht Duldung, sondern Anerkennung" (*Franz Overbeck*, a.(Anm. 3)a.O., S. 22f., meine Hervorhebung).

3   *Franz Overbeck*: Zur Geschichte des Kanons, Chemnitz 1880 (Nachdr. Darmstadt 1965), S. 1 (ungenau zitiert auch in dem Kommentar von *Hans-Friedrich Weiß*, S. 60f.). Auch *Gräßer* bringt das Zitat in seiner Einleitung, 1. Teilband, S. 18. Zu Franz Overbeck (1837–1905) vgl. *Ph. Vielhauer*: Art. Overbeck, I. *Franz Camille*, RGG³ IV (1960), Sp. 1750–1752.

4   *Franz Delitzsch*: Commentar zum Briefe an die Hebräer. Mit archäologischen und dogmatischen Excursen über das Opfer und die Versöhnung, Leipzig 1857 (Nachdr. mit einem Geleitwort von Otto Michel, TVG-Reprint ²1989), S. XII. Im Original irrtümlich ἀγενεάλογητος. Zu Franz Delitzsch vgl. *Eckhard Plümacher*: Art. Delitzsch, Franz Julius (1813–1890), TRE 8 (1981), S. 431–433.

Sind wir hundert Jahre nach Franz Overbeck auch noch nicht weiter, was die Einleitungsfragen im engeren Sinne angeht, also die Frage nach dem Verfasser, nach seinen Adressaten und nach der Abfassungszeit, so zeichnet sich inzwischen doch ein Konsens über die *Absicht des Verfassers* ab. Diese geht dahin – ich zitiere Nikolaus Walter –, „den Glauben der Gemeinde durch eine Neuauslegung tradierter christologischer Sätze zu stärken."[5]

Hans-Friedrich Weiß spricht in seinem Kommentar von dem „pastoralen Grundanliegen"[6] des Verfassers, das eben in den christologischen Ausführungen seine theologische Grundlage hat. Schon am Aufbau des Schreibens – christologische Belehrung wechselt mit paränetischen Abschnitten – wird die enge Verbindung von Christologie und Paraklese deutlich. Man kann geradezu sagen: Die Paränese wird aus der Christologie entwickelt.[7]

Willi Marxsen bringt dies in seiner Einleitung auf die prägnante Formel: Der Verfasser bietet „Christologie als Lebenshilfe"[8].

Der Aufbau

Wie wir im vorigen Abschnitt gesehen haben, ist für den Hebräerbrief der Wechsel zwischen lehrhaften und paränetischen Abschnitten charakteristisch. Diesen Wechsel nimmt man daher gern als Ausgangspunkt für die Gliederung des Schreibens: „Wenn man den unverkennbaren Wechsel zwischen mehr grundsätzlichen theologischen und eher paränetischen Ausführungen als Gliederungsmerkmal akzeptiert und sich vor einer Aufteilung nach inhaltlichen Gesichtspunkten nicht scheut, läßt sich folgende Einteilung vertreten . . . "[9]

---

5 *Nikolaus Walter*, S. 64.

6 *Hans-Friedrich Weiß*, S. 51f. und *passim*.

7 Vgl. etwa die Formulierung von *Hans-Friedrich Weiß* in seinem Kommentar, S. 95, der von der „besondere[n] Art und Weise" spricht, „in der gerade der Hebr seine Paränese als *Schlußfolgerung aus der Darlegung und Entfaltung der christologisch-soteriologischen Position darbietet*" (Hervorhebung von mir).
Vgl. auch *Weiß*, S. 772: „Gipfel- und Zielpunkt ist im Hebräerbrief in der Tat die ekklesiologische Paraklese und Paränese, die ihrerseits jedoch ihre »Basis« durchaus in der »Darstellung des Hohenpriesteramtes Christi« hat."

8 *Willi Marxsen:* Einleitung in das Neue Testament. Eine Einführung in ihre Probleme, Gütersloh ⁴1978, S. 217.

9 *Ingo Broer*, S. 569. Die folgende Gliederung gebe ich in Anschluß an die Broersche Gliederung, a.a.O., S. 570.

1,1–5		Prolog
1,6–2,18	theologisch	Die Überlegenheit des Sohnes über die Engel
3,1–4,16	paränetisch	Aufforderung zum Festhalten an der Verheißung
5,1–5,10	theologisch	Christus der wahre Hohepriester
5,11–6,20	paränetisch	Aufforderung, im Glauben nicht nachzulassen
7,1–28	theologisch	Jesus der Bürge eines besseren Bundes
8,1–10,18	theologisch	Jesus der Hohepriester der ewigen Erlösung
10,19–39	paränetisch	Aufforderung zum Festhalten am Bekenntnis
11,1–40	theologisch	Die Wolke der Zeugen
12,1–17	paränetisch	Aufforderung zu Ausdauer, Frieden und Heiligung
12,18–13,19	paränetisch	Erneute Aufforderung zur Heiligung
13,19–21		Schlußdoxologie
13,22–25		Postskript

Zur Christologie des Hebräerbriefs

Der Hebräerbrief heißt zwar »Brief«, beginnt aber nicht als ein solcher. Wer von den paulinischen Briefen herkommt, erwartet als kennzeichnende Bestandteile zunächst ein Präskript, sodann ein Proömium. Keines dieser charakteristischen Bestandteile aber findet sich im Hebräerbrief. Dieser beginnt vielmehr mit einem Prolog:[10]

Πολυμερῶς καὶ πολυτρόπως πάλαι ὁ θεὸς λαλήσας τοῖς πατράσιν ἐν τοῖς προφήταις	[1] Nachdem Gott früher auf vielgestaltige und mannigfaltige Weise zu den Vätern durch die Propheten geredet hat,
ἐπ᾽ ἐσχάτου τῶν ἡμερῶν τούτων ἐλάλησεν ἡμῖν ἐν υἱῷ,	[2] hat er am Ende dieser Tage zu uns geredet durch den Sohn,
ὃν ἔθηκεν κληρονόμον πάντων,	den er zum Erben aller Dinge eingesetzt hat,
δι᾽ οὗ καὶ ἐποίησεν τοὺς αἰῶνας·	durch den er auch die Äonen geschaffen hat.
ὃς ὢν ἀπαύγασμα τῆς δόξης	[3] Dieser ist der Abglanz seiner Herrlichkeit,
καὶ χαρακτὴρ τῆς ὑποστάσεως αὐτοῦ,	und Prägebild seines Wesens.

---

10 Die Übersetzung gebe ich teilweise in Anlehnung an den Kommentar von *Hans-Friedrich Weiß*, S. 133.155.

φέρων τε τὰ πάντα τῷ ῥήματι τῆς δυνάμεως αὐτοῦ,	Er trägt das All mit seinem Machtwort.
καθαρισμὸν τῶν ἁμαρτιῶν ποιησάμενος	Er hat eine Reinigung von den Sünden vollbracht,
ἐκάθισεν ἐν δεξιᾷ τῆς μεγαλωσύνης ἐν ὑψηλοῖς,	und sich zur Rechten der Majestät in der Höhe gesetzt;
τοσούτῳ κρείττων γενόμενος τῶν ἀγγέλων	4 er ist in dem Maß erhabener geworden als die Engel,
ὅσῳ διαφορώτερον παρ' αὐτοὺς κεκληρονόμηκεν ὄνομα.	in dem er einen sie überragenden Namen geerbt hat.
τίνι γὰρ εἶπέν ποτε τῶν ἀγγέλων·	5 Denn zu welchen von den Engeln hat er jemals gesagt:
υἱός μου εἶ σύ,	„Mein Sohn bist du,
ἐγὼ σήμερον γεγέννηκά σε;	heute habe ich dich gezeugt"?
καὶ πάλιν·	Und wiederum:
ἐγὼ ἔσομαι αὐτῷ εἰς πατέρα,	„Ich will ihm zum Vater sein,
καὶ αὐτὸς ἔσται μοι εἰς υἱόν;	und er soll mir zum Sohn sein"?

Hier[11] fällt der Blick vom „Ende dieser Tage" zurück zum Anfang, zur Schöpfung, an der der Sohn entscheidenden Anteil hat. Von diesem Sohn wird gesagt, er ist „Abglanz der Herrlichkeit und Prägebild des Wesens Gottes" (ἀπαύγασμα τῆς δόξης καὶ χαρακτὴρ τῆς ὑποστάσεως αὐτοῦ *[apaugasma tēs doxēs kai charaktēr tēs hypostaseōs autou]*, 1,3). Dabei ist nicht an „eine dem Original gegenüber mindere Kopie"[12] gedacht, sondern eher an Identität: Ganz gleich, wie man ἀπαύγασμα *(apaugasma)* und χαρακτήρ *(charaktēr)* im Deutschen wiedergibt, es „muß ... klar sein: Der Unterschied zwischen Reflex und Ausstrahlung ist unwesentlich"[13]. Schließlich wird dem in v. 3 noch hinzugefügt:

„Er trägt das All mit seinem Machtwort"
(φέρων τε τὰ πάντα τῷ ῥήματι τῆς δυνάμεως αὐτοῦ).[14]

So ist der Sohn nicht nur Schöpfungs*mittler*, wie v. 2 gesagt wird, sondern er erhält die Schöpfung auch. Damit haben wir die wesentlichen Elemente der Präexistenzchristologie des Hebräerbriefs alle schon im Prolog beieinander. Und wenn es zutrifft, daß dieser einleitende Abschnitt eine Ouvertüre ist, „die den theologischen Horizont umreißt für das, was im folgenden im einzelnen ausgeführt werden soll"[15], so läßt sich erwarten, daß auch für den Brief selbst die Präexistenzchristologie von einiger theologischer Bedeutung sein wird.

---

11 Der folgende Abschnitt ist meinem oben in Anm. 1 zitierten Aufsatz entnommen (S. 60).
12 *Herbert Braun* in seinem Kommentar, S. 24.
13 *Herbert Braun*, S. 25.
14 Übersetzung von *Herbert Braun*, S. 24.
15 *Hans-Friedrich Weiß* in seinem Kommentar, S. 133.

Damit steht der Hebräerbrief christologisch durchaus Paulus nahe; auch Paulus setzt die Präexistenzchristologie als Selbstverständlichkeit voraus, wie wir etwa im Zusammenhang mit dem Philipperhymnus gesehen haben. Auch in der johanneischen Literatur, v. a. im Johannesevangelium, ist uns diese Präexistenzchristologie begegnet; auch dort wird sie bereits im Eingangsteil (Joh 1,1–18) betont.

∗ ∗ ∗

Hebt der Hebräerbrief auf der einen Seite also die *Göttlichkeit* Jesu hervor[16], indem er die Präexistenzchristologie aufnimmt, so ist auf der anderen Seite nicht zu übersehen, daß dem Verfasser gerade auch die volle *Menschlichkeit* Jesu ein theologisches Anliegen ist: Jesus mußte in jeder Hinsicht den Menschen gleich werden (κατὰ πάντα τοῖς ἀδελφοῖς ὁμοιωθῆναι *[kata panta tois adelphois homoiōthēnai]*, 2,17), denn:

> „Auf Grund dessen, daß er als einer,
> der selber Versuchungen ausgesetzt war, gelitten hat,
> ist er imstande, denen zu helfen, die Versuchungen ausgesetzt sind"
> (ἐν ᾧ γὰρ πέπονθεν αὐτὸς πειρασθείς,
> δύναται τοῖς πειραζομένοις βοηθῆσαι, v. 18)[17].

Man fühlt sich an den Philipperhymnus erinnert, wo es heißt:

> „Er nahm Knechtsgestalt an,
> wurde den Menschen *gleich*
> und der Gestalt nach als ein Mensch erfunden"
> (μορφὴν δούλου λαβών,
> ἐν ὁμοιώματι ἀνθρώπων γενόμενος·
> καὶ σχήματι εὑρεθεὶς ὡς ἄνθρωπος, Phil 2,7).

Die Aussage des *auctor ad Hebraeos*, wonach Jesus Versuchungen ausgesetzt war, hat im Philipperhymnus allerdings keine Parallele; sie wird in 4,15, noch einmal unterstrichen:

> „Denn wir haben nicht einen Hohenpriester,
> der nicht mit unseren Schwachheiten mitleiden könnte,
> [sondern einen,]
> der in jeder Hinsicht versucht ist gemäß seiner Gleichheit"
> (πεπειρασμένον δὲ κατὰ πάντα καθ' ὁμοιότητα).

Das καθ' ὁμοιότητα *(kat' homoiotēta)* bezeichnet hier freilich keine Einschränkung der Menschlichkeit Jesu. Hans-Friedrich Weiß betont mit Recht: „Nicht ... ein Vorbehalt hinsichtlich der Menschlichkeit Jesu spricht sich in dem καθ' ὁμοιότητα *[kat' homoiotēta]* aus, sondern gerade seine vollständige »Gleichheit« mit dem [sic!] Menschen, wie dies bereits in 2,17 (κατὰ πάντα τοῖς ἀδελφοῖς ὁμοιωθῆναι *[kata panta*

---

16 Der folgende Abschnitt ist wieder meinem oben in Anm. 1 zitierten Aufsatz entnommen, hier S. 62–63.

17 Übersetzung von *Herbert Braun* (im Kommentar), S. 75.

tois adelphois homoiōthēnai]) betont herausgestellt worden ist."[18] Nach Oscar Cullmann stellt diese Aussage des Hebräerbriefs „vielleicht die kühnste Behauptung des absolut menschlichen Charakters Jesu dar, die sich im Neuen Testament findet"[19].

In der ihm eigenen Radikalität geht der Verfasser des Hebräerbriefs also auch in diesem Punkt über andere christologische Entwürfe des frühen Christentums hinaus.

$$* * *$$

Die Beschreibung Jesu als des ewigen Hohenpriesters nach der Ordnung Melchisedek[20] birgt das zentrale christologische Lehrstück des Hebräerbriefs.[21] Hier liegt auch – christologisch gesehen – die Originalität des Verfassers. Die hochpriesterliche Christologie unterscheidet den Hebräerbrief von allen anderen christologischen Entwürfen des frühen Christentums.

Hier treffen sich nun *beide* bisher besprochenen christologischen Aspekte – die Präexistenzchristologie auf der einen Seite und die Betonung der theologischen Bedeutung des Menschseins Jesu auf der anderen Seite – und verbinden sich miteinander.

Ich beginne mit dem Menschen Jesu. Unser Hoherpriester, so heißt es in 4,15, ist nicht ein solcher, der nicht Verständnis für unsere Schwachheit hätte, „denn er ist versucht wie wir in jeder Hinsicht, doch ohne Sünde" (πεπειρασμένον κατὰ πάντα καθ' ὁμοιότητα χωρὶς ἁμαρτίας *[pepeirasmenon kata panta kath' homoiotēta chōris hamartias]*, 4,15). Dieser Hohepriester war voll und ganz Mensch:

> „In den Tagen seines Fleisches
> hat er Bitten und Flehen vor den gebracht,
> der ihn aus dem Tode retten konnte,
> mit lautem Geschrei und Tränen" (5,7).

Als ein Mensch hat sich dieser Hohepriester ein für alle Mal für uns geopfert (7,27; vgl. 9,12 und 10,10). Diese Seite des Werkes des Hohenpriesters, sein Opfer ἐφάπαξ *(ephapax)*, setzt also sein Menschsein notwendig voraus.

Auf der anderen Seite haben wir in Jesus, dem Sohne Gottes, einen großen Hohenpriester, der die Himmel durchschritten hat (ἔχοντες οὖν ἀρχιερέα μέγαν διεληλυθότα τοὺς οὐρανούς *[echontes oun archierea megan dielēlythota tous ouranous]*, 4,14). Dieser Hohepriester ist von Gott selbst eingesetzt worden als „Priester in Ewigkeit nach der Ordnung Melchisedek" (σὺ ἱερεὺς εἰς τὸν αἰῶνα κατὰ τὴν τάξιν Μελχισέδεκ *[sy hiereus eis ton aiōna kata tēn taxin Melchisedek]*, 5,6 und v. 10). Dieser

---

18 *Hans-Friedrich Weiß*, a.a.O., S. 295.

19 *Oscar Cullmann:* Die Christologie des Neuen Testaments, Tübingen 1957 ([2]1958; [3]1963), S. 94.

20 Der folgende Abschnitt ist wieder meinem oben in Anm. 1 zitierten Aufsatz entnommen, hier S. 62–63.

21 „Auszugehen ist ... von dem an sich unbestrittenen Tatbestand, daß die Hohepriester-Christologie des Hebräerbriefes wie auch die ihr entsprechende Soteriologie – der Hohepriester Christus bringt sich selbst als Opfer dar und stiftet auf diese Weise eine »ewige«, für alle Zeit gelten-

Hohepriester ist als ewiger Priester der „Bürge eines besseren Bundes" (κρείττονος διαθήκης ἔγγυος *[kreittonos diathēkēs engyos]*, 7,22). Sein Priestertum ist ein unwandelbares Priestertum in Ewigkeit, weil er bleibt, d.h. nicht stirbt (ὁ δὲ διὰ τὸ μένειν αὐτὸν εἰς τὸν αἰῶνα ἀπαράβατον ἔχει τὴν ἱερωσύνην *[ho de dia to menein auton eis ton aiōna aparabaton echei tēn hierōsynēn]*, 7,24). Und weil dies so ist, kann dieser Hohepriester ewige Rettung verheißen, weil er ewig lebt und vor Gott für uns eintritt (πάντοτε ζῶν εἰς τὸ ἐντυγχάνειν ὑπὲρ αὐτῶν *[pantote zōn eis to entyngchanein hyper autōn]*, 7,25).

Himmlischer Hoherpriester und irdischer Jesus sind für unsern Verfasser nicht voneinander zu trennen; Jürgen Roloff stellt daher zu Recht fest, „daß das Eintreten des himmlischen Hohenpriesters für die Menschen im oberen, »nicht von Händen gemachten« Heiligtum (9,11.24) auf dem Werk des irdischen Jesus beruht."[22]

Man kann also zusammenfassend sagen, *daß für den Verfasser des Hebräerbriefs beides, die Menschlichkeit wie die Göttlichkeit Jesu, von grundlegender theologischer Relevanz ist.*

Zur Argumentation des Hebräerbriefs

Der Hebräerbrief[23] nimmt im Rahmen der neutestamentlichen Schriften auch insofern eine Sonderstellung ein, als der Verfasser durchweg versucht, *rational* zu argumentieren. Ernst von Dobschütz sagt in bezug auf den Hebräerbrief: „sein frommes Denken ist rational, d.h. hier überwiegt der Versuch, das Tun Gottes, das Heilswerk Christi als vernunftnotwendig zu erweisen"[24]. Nicht nur in bezug auf sein Griechisch ist der Hebräerbrief griechischer als etwa die paulinischen Briefe – ich beziehe mich hier auf das Urteil eines anerkannten »Gräzisten«, nämlich auf keinen Geringeren als Origenes. Er sagt ausdrücklich, die Sprache des Hebräerbriefs sei Ἑλληνικωτέρα *(Hellēnikōtera)* als die der paulinischen Briefe.[25] Nicht nur in bezug auf die Sprache aber trifft m.E. dieses Urteil des Origenes zu, nein, auch hinsichtlich der Argumentation ist der Hebräerbrief Ἑλληνικωτέρα *(Hellēnikōtera)* nicht nur als die paulinischen Schriften, sondern auch als alle anderen Schriften innerhalb des neutestamentlichen Kanons. Dafür ließen sich zahlreiche Passagen aus dem Hebräerbrief ins Feld führen. Ich verweise beispielshalber auf die Sentenz in 7,7:

> „Ohne jeden Widerspruch [gilt die Regel]:
> Das Geringere wird von dem Höheren gesegnet."

---

de »Erlösung« (5,9) – für die Trost- und Mahnrede des Autors schlechterdings grundlegend ist." (*Hans-Friedrich Weiß*, a.a.O., S. 774f.)

22 *Jürgen Roloff*, S. 164.

23 Der folgende Abschnitt ist wieder meinem oben in Anm. 1 zitierten Aufsatz entnommen, hier S. 69–71.

24 *Ernst von Dobschütz*, S. 247.

25 Bei Euseb, H.E. VI 25,11–12. Vgl. zu dieser Stelle oben, Anm. 2.

χωρὶς δὲ πάσης ἀντιλογίας
τὸ ἔλαττον ὑπὸ τοῦ κρείττονος εὐλογεῖται.

Oder zwei Verse weiter in 7,9:

„Man kann geradezu sagen,
daß durch Abraham auch Levi
– der sonst den Zehnten empfängt –
mit dem Zehnten belegt wird"
καὶ ὡς ἔπος εἰπεῖν,
δι᾽ Ἀβραὰμ καὶ Λευὶ
ὁ δεκάτας λαμβάνων δεδεκάτωται.

Diese Formulierung ὡς ἔπος εἰπεῖν *(hōs epos eipein)* findet sich in der griechischen Literatur seit Homer, bei erlauchten Autoren wie Herodot oder Platon und selbst bei Philon und Josephus – im Rahmen der neutestamentlichen Schriften aber sucht man vergebens nach einem weiteren Beleg, es handelt sich hier um ein Hapaxlegomenon. Dies ist bezeichnend für Sprache und Argumentation des Verfassers des Hebräerbriefs.

Ähnlich in 7,12: „Mit Notwendigkeit (ἐξ ἀνάγκης *[ex anankēs]*)" heißt es hier, „bringt eine Änderung des Priestertums auch eine Änderung des Gesetzes mit sich." Die gleiche Formulierung ἐξ ἀνάγκης *(ex anankēs)* begegnet dann noch in 9,16 (ähnlich schließlich auch 9,23).[26]

Hans-Friedrich Weiß spricht in diesem Zusammenhang davon, daß der Verfasser „die Leser durch eine Art logischer »Beweisführung« zu überzeugen versucht. Kennzeichnend dafür ist die mehrfache Hervorhebung der »Denknotwendigkeit« der im Hebr[äerbrief] entfalteten Konklusionen, in diesem Zusammenhang auch eine gewisse »logische« Terminologie, die sich als solche an das eigene Urteilsvermögen der Adressaten, gleichsam an ihre Rationalität wendet."[27]

Diese im Neuen Testament beispiellose Art der Argumentation und Beweisführung des *auctor ad Hebraeos* kann man nun aber nicht nur an den kleinen Einheiten – auf Verseebene sozusagen – festmachen, sondern gerade auch an ganzen *Abschnitten*. Dies wird besonders schön am 9. Kapitel deutlich. Da heißt es in v. 1:

„Nun hatte *zwar* auch die erste [nämlich διαθήκη *(diathēkē)*] Kultvorschriften und ein irdisches Heiligtum"

---

26 Vgl. dazu auch noch 8,3 (πᾶς γὰρ ἀρχιερεὺς εἰς τὸ προσφέρειν δῶρά τε καὶ θυσίας καθίσταται ὅθεν ἀναγκαῖον ἔχειν τι καὶ τοῦτον ὃ προσενέγκῃ). Interessant ist in diesem Zusammenhang auch die Formulierung in 2,17 (ὅθεν ὤφειλεν κατὰ πάντα τοῖς ἀδελφοῖς ὁμοιωθῆναι, ἵνα ἐλεήμων γένηται καὶ πιστὸς ἀρχιερεὺς τὰ πρὸς τὸν θεόν, εἰς τὸ ἱλάσκεσθαι τὰς ἁμαρτίας τοῦ λαοῦ). Mit ἔπρεπεν argumentiert der Verfasser in 2,10 (ἔπρεπεν γὰρ αὐτῷ, δι᾽ ὃν τὰ πάντα καὶ δι᾽ οὗ τὰ πάντα, πολλοὺς υἱοὺς εἰς δόξαν ἀγαγόντα τὸν ἀρχηγὸν τῆς σωτηρίας αὐτῶν διὰ παθημάτων τελειῶσαι) und 7,26 (τοιοῦτος γὰρ ἡμῖν καὶ ἔπρεπεν ἀρχιερεύς, ὅσιος, ἄκακος, ἀμίαντος, κεχωρισμένος ἀπὸ τῶν ἁμαρτωλῶν, καὶ ὑψηλότερος τῶν οὐρανῶν γενόμενος).

27 *Hans-Friedrich Weiß*, a.a.O., S. 55.

εἶχε μὲν οὖν [καὶ] ἡ πρώτη δικαιώματα λατρείας
τό τε ἅγιον κοσμικόν.

Auf das zugehörige δέ *(de)* muß der gespannte Leser *ganze zehn Verse warten.* Erst in v. 11 heißt es dann:

> „Christus *aber* trat auf als Hoherpriester der wirklichen Güter usw."
> Χριστὸς δὲ παραγενόμενος ἀρχιερεὺς τῶν γενομένων ἀγαθῶν ...

Ich kenne im gesamten Neuen Testament keinen einzigen anderen Fall, wo eine μέν-δέ *(men-de)*-Struktur durch 10 Verse getrennt ist und zwei Abschnitte von insgesamt 14 Versen zusammenbindet.

Zu diesen Beobachtungen auf Vers- bzw. Abschnittebene gesellen sich schließlich aber auch Feststellungen, die die *Argumentation* des Verfassers *als Ganze* betreffen.

Im Zuge seiner Argumentation, daß der neuen διαθήκη *(diathēkē)* ungleich größere Dignität eignet als der alten, beschränkt sich der Verfasser nämlich nicht auf Nachweise im einzelnen, so daß sich lediglich ein gleichsam kumulativer Beweis ergäbe. Zwar lassen sich eine ganze Reihe solcher Einzelargumentationen aus dem Hebräerbrief zusammentragen, an denen der Verfasser mittels seiner von Erich Gräßer treffend so genannten „komparativische[n] Hermeneutik"[28] den Nachweis erbringt, daß die neue διαθήκη *(diathēkē)* in diesem oder jenem Punkt der alten überlegen sei. Dies gilt etwa in bezug auf die Vermittlung: Die alte διαθήκη *(diathēkē)* ist ein von Engeln gesprochenes Wort (δι' ἀγγέλων λαληθεὶς λόγος *[di' angelōn lalētheis logos]*, 2,2), die neue dagegen wird vom κύριος *(kyrios)* selbst gesprochen 2,3); das levitische Priestertum der alten διαθήκη *(diathēkē)* ist dem Priester κατὰ τὴν τάξιν Μελχισέδεκ *(kata tēn taxin Melchisedek)* unterlegen (7,11). Die Opfergaben, die die levitischen Priester in der alten διαθήκη *(diathēkē)* darbringen, sind inferior verglichen mit dem Opfer unseres Hohenpriesters (Kapitel 8). Die alte Kultordnung als ganze ist der neuen unterlegen (9,1–14). Das Heiligtum der alten διαθήκη *(diathēkē)* ist lediglich ein Schatten und Abbild des wahren Heiligtums der neuen διαθήκη *(diathēkē)* (8,5 und 9,24).

Aber alle diese Einzelnachweise können nicht davon ablenken, daß sie im Grunde sekundär, fast ist man versucht zu sagen: zufällig sind. Denn sie treten weit zurück hinter die zentrale Argumentation des Verfassers, die es *ausschließlich* mit dem Mittler des neuen Bundes zu tun hat. Gerade hierin erweist sich die argumentative Kraft des *auctor ad Hebraeos,* daß alle die einzelnen Nachweise auf diesen zentralen Punkt hin ausgerichtet sind und nur von diesem zentralen Punkt her ihre (nachgeordnete) Bedeutung erhalten.

Kern seiner Argumentation aber ist der Nachweis, daß der Mittler des neuen Bundes dessen größere Dignität garantiert. Die Rationalität der gesamten Argumentation – um noch einmal den Ausdruck Ernst von Dobschütz' aufzugreifen – steht

---

28 *Erich Gräßer* in seinem Kommentar, I 267. An anderer Stelle (II 51) spricht Gräßer von der „komparativen Hermeneutik".

und fällt mit der Person des neuen Mittlers. Als Bürge eines besseren Bundes (κρείτ-τονος διαθήκης ἔγγυος *[kreittonos diathēkēs ẹngyos]*) muß Jesus sich auch und vor allem als der bessere μεσίτης *(mesịtēs)*[29] erweisen: Die bessere Qualität der neuen διαθήκη *(diathēkē)* ist entscheidend abhängig von der besseren Qualität ihres μεσί-της *(mesịtēs)*.

Einleitungsfragen

Wir haben schon gesehen, daß dem Hebräerbrief der briefliche Anfang fehlt: Die Ou-vertüre, mit der der »Brief« beginnt, kann ein ordentliches Präskript nicht ersetzen. William Wrede hat daher die Auffassung vertreten, unser Text beginne als Abhand-lung, gehe dann in Briefform über und ende „in 13,22–25 mit pseudepigraphischem Interesse als paulinischer Gemeindebrief."[30] Im Anschluß an Franz Dibelius spricht Backhaus von einer zum Brief gewordenen Predigt.[31] „Das Schreiben bezeichnet sich selbst im Rückblick als λόγος τῆς παρακλήσεως *[logos tẹs paraklẹseōs]* (13,22 . . .), als glaubendeutende Trost- und Mahnrede. Als parakletischer λόγος *[logos]* in Form von Schriftauslegung und theologischer Interpretation des Gemeindebekenntnisses ist Hebr jedenfalls zuerst in der Tradition der hellenistisch-jüdischen Synagogenpre-digt zu sehen."[32]

Die Adressaten des Schreibens sind wohl in Italien zu suchen:[33] „Wenn das Post-skript vom Verfasser des Hauptbriefes stammt, dürfte die Adressaten-Gemeinde auf-grund von 13,24 in Italien, evtl. sogar in Rom, anzusiedeln sein. In diese Richtung weist auch die Bezeugung durch den ersten Clemensbrief und dessen mit dem He-bräerbrief übereinstimmende Bezeichnung für die Leitungsstrukturen (vgl. 13,7.17.24 mit 1Clem 1,3; 5,7)."[34]

Bezüglich der Datierung des Schreibens liegen die Dinge ähnlich wie beim Mar-kusevangelium. Man hat die Wahl zwischen »vor 70« und »nach 70« – die Zerstö-rung des Tempels scheint im Hebräerbrief keine Spur hinterlassen zu haben. Man

---

29 Das Stichwort μεσίτης begegnet *expressis verbis* in 8,6; 9,15; 12,24; ἔγγυος (Hapaxlegomenon im Neuen Testament) in 7,22.

30 So faßt *Knut Backhaus:* Der neue Bund und das Werden der Kirche. Die Diatheke-Deutung des Hebräerbriefs im Rahmen der frühchristlichen Theologiegeschichte, NTA 29, Münster 1996, S. 42, die Auffassung Wredes zusammen (*William Wrede:* Das literarische Rätsel des Hebräerbriefs. Mit einem Anhang über den literarischen Charakter des Barnabasbriefes, FRLANT 8, Göttingen 1906).

31 Ebd.

32 *Knut Backhaus,* a.a.O., S. 44. Die Formulierung eine „zum Brief gewordene Predigt" hat Back-haus übernommen aus *Franz Dibelius:* Der Verfasser des Hebräerbriefes. Eine Untersuchung zur Ge-schichte des Urchristentums, Straßburg 1910, S. 13, wo es heißt: „Der Hebräerbrief ist eine zum Brief gewordene Predigt". Franz Dibelius hält den Barnabas (a.a.O., S. 43–58) für den Verfasser des Hebräer-briefs (vgl. Tertullian: De pudicitia 20) und datiert das Schreiben auf die Zeit der Gefangenschaft des Paulus in Rom; es wurde von Rom aus nach Antiochien gesandt (a.a.O., S. 65–67).

33 Anders etwa *Franz Dibelius,* a.(Anm. 32)a.O., S. 65–67, der Italien – näherhin Rom – für den *Abfassungsort* des Hebräerbriefs hält.

34 *Ingo Broer,* S. 578.

kann dann entweder argumentieren: Also ist der Tempel noch in Betrieb, und das Schreiben gehört in die Zeit vor der Eroberung Jerusalems; oder man sagt: Der real existierende Tempel ist für den Hebräerbrief ohne Belang, da seine Argumentation nicht auf den herodianischen Tempel Bezug nimmt, sondern nur auf die alttestamentlichen Texte. In jedem Fall ist der Hebräerbrief vor die Mitte der 90er Jahre zu datieren, da der 1. Clemensbrief – der um diese Zeit von Rom nach Korinth geschrieben wurde – ihn schon kennt.

Über den Verfasser und den Abfassungsort sind nur Spekulationen möglich; einige haben wir kennengelernt: Der Brief geht auf den Apostel Paulus selbst zurück (vgl. Anm. 2); Barnabas schreibt den Hebräerbrief von Rom nach Antiochien (vgl. Anm. 32); Maria, die Mutter Jesu, hat den Brief in Zusammenarbeit mit Lukas und Johannes verfaßt (vgl. Anm. 38): Daneben könnte man noch ein beträchtliche Liste weiterer Hyptothesen anführen, so beispielsweise die Harnacksche, wonach Prisca, die Frau des Aquila (vgl. Apg 18,1–3) den Hebräerbrief geschrieben habe.[35]

Es bleibt also dabei: „Nach dem wirklichen Verfasser lohnt sich gar nicht zu fragen."[36]

Literatur

Einführungen zum Hebräerbrief

Albert Vanhoye: Art. Hebräerbrief, TRE 14 (1985), S. 494–505.

Ingo Broer: § 26 Der Brief an die Hebräer, in: Einleitung in das Neue Testament, Band 2: Die Briefliteratur, die Offenbarung des Johannes und die Bildung des Kanons, Die Neue Echter Bibel. Ergänzungsband zum Neuen Testament 2,2, Würzburg 2001, S. 569–590.

Peter Pilhofer: Hebräerbrief, http://www.neutestamentliches-repetitorium.de.

Kommentare in chronologischer Folge

Eduard Riggenbach: Der Brief an die Hebräer, KNT 14, Leipzig 1913.

August Strobel: Der Brief an die Hebräer, NTD 9, Göttingen 1975.

Herbert Braun: An die Hebräer, HNT 14, Tübingen 1984.

Hans-Friedrich Weiß: Der Brief an die Hebräer, KEK 13, Göttingen 1991.

Erich Gräßer: An die Hebräer. 1. Teilband: Hebr 1–6, EKK XVII 1, Zürich/Braunschweig/Neukirchen-Vluyn 1990.

Erich Gräßer: An die Hebräer. 2. Teilband: Hebr 7,1–10,18, EKK XVII 2, Zürich/Braunschweig/Neukirchen-Vluyn 1993.

Erich Gräßer: An die Hebräer. 3. Teilband: Hebr 10,19–13,25, EKK XVII 3, Zürich/Braunschweig/Neukirchen-Vluyn 1997.

---

35 *Adolf Harnack: Probabilia* über die Adresse und den Verfasser des Hebräerbriefes, ZNW 1 (1900), S. 16–41.

36 *William Wrede,* a.(Anm. 30)a.O., S. 86.

Sonstige Literatur

Knut Backhaus: Auf Ehre und Gewissen! Die Ethik des Hebräerbriefes, in: Ausharren in der Verheißung, hg. v. Rainer Kampling (s. dort), S. 111–134.

Knut Backhaus: Der neue Bund und das Werden der Kirche. Die Diatheke-Deutung des Hebräerbriefs im Rahmen der frühchristlichen Theologiegeschichte, NTA 29, Münster 1996.[37]

Knut Backhaus: „Licht vom Licht". Die Präexistenz Christi im Hebräerbrief, in: Gottes ewiger Sohn. Die Präexistenz Christi, Paderborn/München/Wien/Zürich 1997, S. 95–114.

Ernst von Dobschütz: Rationales und Irrationales Denken über Gott im Urchristentum. Eine Studie besonders zum Hebräerbrief, ThStKr 95 (1923/24), S. 235–255.

J. Massyn(g)berde Ford: The Mother of Jesus and the Authorship of the Epistle to the Hebrews, The University of Dayton Review 11 (1975), S. 49–56.[38]

Erich Gräßer: Aufbruch und Verheißung. Gesammelte Aufsätze zum Hebräerbrief, BZNW 65, Berlin/New York 1992.

Adolf Harnack: Probabilia über die Adresse und den Verfasser des Hebräerbriefes, ZNW 1 (1900), S. 16–41.

M. de Jonge/A. S. van der Woude: 11Q Melchizedek and the New Testament, NTS 12 (1965/66), S. 301–326.

Rainer Kampling [Hg.]: Ausharren in der Verheißung. Studien zum Hebräerbrief, SBS 204, Stuttgart 2005.

Ernst Käsemann: Das wandernde Gottesvolk. Eine Untersuchung zum Hebräerbrief, FRLANT 55, Göttingen 1939.

Peter Pilhofer: ΚΡΕΙΤΤΟΝΟΣ ΔΙΑΘΗΚΗΣ ΕΓΓΥΟΣ. Die Bedeutung der Präexistenzchristologie für die Theologie des Hebräerbriefs, ThLZ 121 (1996), Sp. 319–338; wieder abgedruckt in: *ders.*: Die frühen Christen und ihre Welt. Greifswalder Aufsätze 1996–2001. Mit Beiträgen von Jens Börstinghaus und Eva Ebel, WUNT 145, S. 58–72.

Jürgen Roloff: Der mitleidende Hohepriester. Zur Frage nach der Bedeutung des irdischen Jesus für die Christologie des Hebräerbriefes, in: Jesus Christus in Historie und Theologie (FS Hans Conzelmann), Tübingen 1975, S. 143–166.

Nikolaus Walter: Christologie und irdischer Jesus im Hebräerbrief, in: Das lebendige Wort. Beiträge zur kirchlichen Verkündigung (FS Gottfried Voigt), Berlin 1982, S. 64–82.

A. J. M. Wedderburn: Sawing off the Branches: Theologizing Dangerously *Ad Hebraeos,* JThS 56 (2005), S. 393–414.

---

37 Vgl. dazu meine Rezension in ThLZ 124 (1999), Sp. 623–625.

38 Ich zitiere diesen Titel als Kuriosität: Diesem Aufsatz zufolge ist Maria, die Mutter Jesu – vielleicht gemeinsam mit Johannes und Lukas – für den Hebräerbrief verantwortlich. („Thus I conclude that Mary, perhaps in conjunction with John and Luke may have been responsible for the content of Hebrews. An other hand may have written the Greek style and the title added later. If this is so, we have a valuable treatise reflecting on the fulfillment of Old Testament texts coming from one who knew Jesus intimately and written before the Fall of the Temple" heißt es a.a.O., S. 56.)

Der Name der Autorin ist in zweifacher Weise geboten, auf S. 49 als »Massynberde«, auf S. 56 jedoch als »Massyngberde«, daher habe ich mich bei der Titelaufnahme für das salomonische »Massyn(g)berde« entschieden ...

William Wrede: Das literarische Rätsel des Hebräerbriefs. Mit einem Anhang über den literarischen Charakter des Barnabasbriefes, FRLANT 8, Göttingen 1906.[39]

Gottfried Wuttke: Melchisedech, der Priesterkönig von Salem. Eine Studie zur Geschichte der Exegese, BZNW 5, Gießen 1927.

Heinrich Zimmermann: Das Bekenntnis der Hoffnung. Tradition und Redaktion im Hebräerbrief, BBB 47, Köln 1977.

§ 61 Der 1. Petrusbrief

Mit dem Hebräerbrief haben wir den Dunstkreis paulinischen Denkens hinter uns gelassen. Wir wenden uns abschließend den drei noch verbleibenden katholischen Briefen zu, dem 1. Petrusbrief, dem Judasbrief und dem 2. Petrusbrief. Man hat versucht, in Analogie zu dem Kreis der paulinischen und der johanneischen Schriften auch eine Gruppe von petrinischen Schriften im Neuen Testament zu finden, zu der neben den beiden Petrusbriefen auch das Markusevangelium gerechnet worden ist, das Papias ja, wie wir gesehen haben, auf die Predigten des Petrus zurückführt.[1] Nun will es schon beim Markusevangelium nicht recht gelingen, spezifisch »petrinisches« Gut nachzuweisen. Aber auch mit den beiden Briefen, die unter seinem Namen laufen, steht es nicht besser: Sie können schon aus chronologischen Gründen nicht von dem Apostel verfaßt sein. Wie wir sehen werden, gehört der 1. Petrusbrief an das Ende der Regierungszeit des Trajan, der 2. Petrusbrief sogar erst in die Regierungszeit des Hadrian. Der Apostel hätte ein Alter von 120 Jahren erreichen müssen, um auch nur den ersten unter seinem Namen verbreiteten Brief zu schreiben ...

Selbst die beiden gefälschten Petrusbriefe muß man noch zwei verschiedenen Verfassern zuweisen, wie sich zeigen wird. Ich verweise einstweilen auf Norbert Brox, der sagt: „Allein infolge der identischen fiktiven Verfasserangabe kann man darauf kommen, gerade diese beiden aus den sieben »Katholischen« Briefen zusammenzustellen. Weiteren Anlaß dazu gibt es nicht. In modernen Kommentaren wird aus inhaltlichen Gründen der 2. Petrusbrief mit dem Judasbrief zusammengefaßt, während der 1. Petrusbrief allein bleibt ... “[2]

Wir gehen daher so vor, daß wir uns nun zunächst dem ältesten der drei Briefe, dem 1. Petrusbrief, zuwenden. Anschließend werden wir dann den Judasbrief und den 2. Petrusbrief noch kurz besprechen.

---

39   Merkwürdigerweise bildet Wrede den Genitiv »Hebräerbriefs« – ohne das E vor dem S – und daneben den Genitiv Barnabasbriefes – mit dem E vor dem S.

1   Zum Zeugnis des Papias über das Markusevangelium vgl. oben in Kapitel VIII die Seiten 356 bis 357.

2   *Norbert Brox:* Art. Petrusbriefe, TRE 26 (1996), S. 308–319; hier S. 308, Z. 20–24.

Aufbau

„Daß 1Petr überhaupt so etwas wie eine Gliederung, eine Disposition, ein Aufbau zugrundeliegt, ist seit langem und häufig bezweifelt worden."[3] Das Ergebnis der Analyse Reicherts ist für bibelkundliche Zwecke zu detailliert.[4] Daher beschränke ich mich hier darauf, einen anspruchslosen Überblick über den Inhalt des Schreibens zu geben. Zunächst die Teile des Briefs:

Präskript	1,1–2
Proömium	1,3–9
Briefcorpus	1,10–5,11
Eschatokoll	5,12–14

Das Briefcorpus 1,10–5,11 teilt man seinerseits in drei Hauptteile ein; diese ergeben sich folgendermaßen:

1. 1,10–2,10 Mahnungen an die Erwählten I

2. 2,11–4,11 Mahnungen an die Erwählten II (hier die Haustafel unseres Briefes in 2,13–3,7)

3. 4,12–5,11 Mahnungen an die Erwählten III

Die Abschnitte samt den Überschriften sind der Einleitung von Ingo Broer entnommen.[5]

Inhalt

Wir beginnen mit dem ersten Vers des Präskripts (1Petr 1,1–2), weil die Adressaten für die folgende Argumentation – insbesondere für die Frage der Datierung – von Bedeutung sein werden:

Πέτρος ἀπόστολος Ἰησοῦ Χριστοῦ ἐκλεκτοῖς παρεπιδήμοις διασπορᾶς	Petrus, Apostel Jesu Christi, den auserwählten Fremden in der Diaspora
Πόντου, Γαλατίας, Καππαδοκίας, Ἀσίας, καὶ Βιθυνίας.	in Pontos, in Galatien, in Kappadokien, in Asia und in Bithynien.

---

3 *Angelika Reichert:* Eine urchristliche *praeparatio ad martyrium.* Studien zur Komposition, Traditionsgeschichte und Theologie des 1. Petrusbriefes, Beiträge zur biblischen Exegese und Theologie 22, Frankfurt am Main/Bern/New York/Paris 1989, S. 103.

4 *Angelika Reichert,* a.a.O., S. 137.

5 *Ingo Broer:* Einleitung in das Neue Testament, Band 2: Die Briefliteratur, die Offenbarung des Johannes und die Bildung des Kanons, Die Neue Echter Bibel. Ergänzungsband zum Neuen Testament 2,2, Würzburg 2001, S. 614.

Hier werden eine Reihe von römischen Provinzen in Kleinasien genannt, Galatien, Kappadokien, Asia und Bithynien-Pontos, letztere aber merkwürdigerweise in zwei Landschaften geteilt: Am Anfang der Liste steht Pontos, am Schluß Bithynien. Gerade die Adressaten in dieser Provinz sind für die Datierung wichtig, weil Bithynien-Pontos die Provinz ist, aus der wir durch den Briefwechsel des Plinius zeitgenössische Nachrichten besitzen. Wir kommen darauf bei der Datierung zurück.

Die Liste der Adressaten in v. 1 veranschaulicht im übrigen sehr schön die Benennung dieser Briefgruppe als »katholische«: Sie richten sich nicht an eine einzelne Gemeinde oder eine Person, wie das im *corpus Paulinum* die Regel ist (eine Ausnahme bildet der Galaterbrief, des sich an mehrere Gemeinden einer Provinz wendet), sondern an die Allgemeinheit – im Fall des 1. Petrusbriefs immerhin an ganz Kleinasien. Der Verfasser wendet sich also „an einen zwar begrenzten Adressatenkreis, dessen Größe aber jedenfalls unter den neutestamentlichen Schriften, die überhaupt einen geographisch abgegrenzen Leserkreis nennen, analogielos ist."[6]

Was die Gattung unseres Textes angeht, so haben wir es also in der Tat mit einem Brief – genauer: einem Rundbrief – zu tun. Es erscheint nach Angelika Reichert am nächstliegenden, „1Petr als das aufzufassen, wofür er sich ausgibt: als Rundbrief, dessen Besonderheit gegenüber der größeren Gattung »Brief« darin liegt, auf getrennt voneinander rezipierende Adressaten hin angelegt zu sein."[7]

* * *

Wir übergehen den 1. Abschnitt und wenden uns sogleich dem 2. Abschnitt 2,11–4,11 zu. Dieser ist durch die Haustafel charakterisiert, die wir anschließend noch gesondert behandeln werden. Hier möchte ich zunächst jedoch Ihre Aufmerksamkeit auf den einleitenden Teil in 2,11–12 lenken, der an sich schon eine Besonderheit bringt, in v. 12 aber auch für die Situation der Adressaten bezeichnend ist. In v. 12 lesen wir:

τὴν ἀναστροφὴν ὑμῶν ἐν τοῖς ἔθνεσιν ἔχοντες καλήν,	Führt ein gutes Leben vor den Heiden,
ἵνα, ἐν ᾧ καταλαλοῦσιν ὑμῶν ὡς κακοποιῶν,	damit sie eure Haltung, deretwegen sie euch als Verbrecher verleumden,
ἐκ τῶν καλῶν ἔργων ἐποπτεύοντες	aus euren guten Werken ersehen,
δοξάσωσιν τὸν θεὸν ἐν ἡμέρᾳ ἐπισκοπῆς.	und Gott am Tag des Gerichts preisen.

Der Verfasser blickt hier auf die Beurteilung von außen, ein Phänomen, das im Neuen Testament selten begegnet. Paulus beispielsweise fordert die Christinnen und Christen in Thessaloniki wohl einmal dazu auf, ein gutes Leben πρὸς τοὺς ἔξω zu

---

6   *Angelika Reichert:* Eine urchristliche *praeparatio ad martyrium.* Studien zur Komposition, Traditionsgeschichte und Theologie des 1. Petrusbriefes, Beiträge zur biblischen Exegese und Theologie 22, Frankfurt am Main/Bern/New York/Paris 1989, S. 101.

7   *Angelika Reichert,* a.a.O., S. 102. Reichert bietet eine gründliche Diskussion der Frage nach der Gattung auf den Seiten 96–102 (der zitierte Satz stellt ihr Ergebnis dar).

führen (1 Thess 4,12), aber das bleibt in seinen paränetischen Passagen eine seltene Ausnahme. Hier im 1. Petrusbrief liegen die Dinge anders: Die Gemeinden sind von außen bedroht, Christen werden als Verbrecher (κακοποιοί[8]) betrachtet. Ähnlich heißt es in 4,16, daß die Christen (Χριστιανοί[9]) leiden – doch ganz offensichtlich durch bzw. unter staatlichen Maßnahmen. Das erinnert an die Situation, wie sie im Briefwechsel des Plinius mit seinem Kaiser Trajan greifbar wird. Wir kommen darauf bei den Einleitungsfragen zurück.

In einer solchen Situation ist das Urteil gerade der Außenstehenden von Belang. Daher verweist der Verfasser gerade auf sie als Bezugsrahmen des christlichen Lebens. Es geht darum, ein tadelloses Leben zu führen, um damit den heidnischen Vorwürfen den Wind aus den Segeln zu nehmen.

✳ ✳ ✳

Erwähnt werden muß hier unbedingt noch die petrinische Fassung der Haustafel in 2,13–3,7. Wir haben uns mit den Haustafeln im Zusammenhang mit dem Kolosserbrief und dem Epheserbrief schon beschäftigt[10] und dabei gesehen, daß diese beiden Haustafeln voneinander literarisch abhängig sind. Hier im 1. Petrusbrief finden wir nun noch eine dritte Version dieser Haustafeln. Zunächst empfiehlt es sich, die drei Texte noch einmal nebeneinanderzustellen:

- Kolosserbrief: 3,18–4,1

- Epheserbrief: 5,22–6,9

- 1. Petrusbrief: 2,13–3,7

Besonders gründlich werden die Haustafeln im Kommentar von Leonhard Goppelt besprochen.[11] Da heißt es: „Die Reihe in 1 Petr berührt sich so eng mit der in Kol 3,18–4,1 wie mit der in Eph 5,22–6,9, daß hier dieselbe Gattung, nämlich, wie meist gesagt wird, eine »Haustafel«, vorliegt und daß überdies dieselbe mündliche Tradition verwendet sein muß, die »Haustafel-Tradition«."[12] Ob eine solche Tradition jemals existiert hat, mag hier dahingestellt bleiben; m. E. ist weniger an eine gemeinsame Tradition als vielmehr an eine literarische Abhängigkeit zu denken. Interessant aber sind die historischen Nachweise, die Goppelt bietet: „Als »Haustafel«

---

8 Es ist vielleicht kein Zufasll, daß dieses Wort im Neuen Testament nur im 1. Petrusbrief begegnet, nämlich außer an unserer Stelle 2,12 noch in 2,14 und in 4,15. Auch in 2,14 und 4,15 wird die staatliche Perspektive eingenommen: In 2,14 wird der »Obrigkeit« ausdrücklich bescheinigt, daß sie u. a. dazu da ist, Verbrecher zu strafen. In 4,15 erscheint »Verbrecher« in Parallele zu Χριστιανός v. 15. Das Leiden als Christ ist in Ordnung, als Verbrecher aber nicht. D. h. Christen sind eben *keine* Verbrecher ...

9 Es ist bezeichnend, daß dieser Name im Neuen Testament nur an dieser Stelle und zweimal in der Apostelgeschichte begegnet, vgl. dazu oben in Kapitel I die Seite 16 mit Anmerkung 38.

10 Vgl. dazu die Übersicht oben in Kapitel VII, Seite 246.

11 *Leonhard Goppelt:* Der Erste Petrusbrief, KEK XII 1, Göttingen 1978, S. 163–179.

12 *Leonhard Goppelt,* a.a.O., S. 164.

hatte Luther eine Auswahl von Schriftstellen für die verschiedenen Stände, den II. Anhang des Kleinen Katechismus, betitelt ... . In den Lutherbibeln des ausgehenden 16. Jh. wurde das Wort Überschrift über die entsprechenden Abschnitte des Kol und Eph, und vor allem durch M. Dibelius Bezeichnung einer Gattung frühchristlicher Paränese.... Als solche wurde es zum Teil als Fremdwort in die angelsächsische Literatur übernommen.“[13]

Vergleicht man die drei Texte miteinander, so sieht man, daß die Haustafeln im Kolosserbrief und im Epheserbrief einander sehr ähnlich strukturiert sind, wohingegen das Schema im 1. Petrusbrief erkennbar abgewandelt ist. „Dort steht vor allem ... das »christliche Haus«, die Großfamilie, im Blick, hier der einzelne Christ in den Institutionen einer nichtchristlichen Gesellschaft, die ihn diskriminiert. Diese andere Blickrichtung zeichnet sich an ... Abwandlungen des Schemas ab ... “[14] Unter diesen Abwandlungen fällt vor allem ins Auge, daß zunächst in 2,13–17 die »Obrigkeit« genannt wird, der man sich unterwerfen solle. Überhaupt werden die „Einzelweisungen ... im 1Petr inhaltlich auf die Konfliktsituation hin ausgeführt, die überraschenderweise weder in den Haustafeln des Kol und Eph noch in Röm 13,1–7 angesprochen wird. Durch ihre Einbeziehung wird der 1Petr der Wirklichkeit besser gerecht; denn das Unrecht und daher der Konflikt und das Zeugnis in den Ständen ist eine stets akute Frage.“[15]

Die Datierung

Wie im Fall der Apokalypse gewinnt auch beim 1. Petrusbrief die Spätdatierung an Boden. Für beide Schriften kommt eine Datierung in die Zeit des Domitian schwerlich in Frage. Beide setzen vielmehr die rechtliche Lage voraus, die sich aus dem Brief des Plinius an den Kaiser Trajan ergibt.[16] F. Gerald Downing hatte schon 1988 für die späte Datierung der beiden Schriften argumentiert.[17] Richtig hatte er festgestellt: „There was no co-ordinated persecution/prosecution of Christians qua Christians under Domitian: not in Irenaeus, nor Luke (if so dated).“[18] Gerade die Situation des 1. Petrusbriefs entspricht durchaus dem, was wir aus dem Briefwechsel des Plinius mit Trajan erfahren: „1Peter suggests a rather sudden (»unexpected«) new intensity of opposition. The theoretical possibility of »suffering« has all at once become actual. What Christians face is described in very much the same terms as are used in Pliny X

---

13 *Leonhard Goppelt*, a.a.O., S. 164, Anm. 2.

14 *Leonhard Goppelt*, a.a.O., S. 165.

15 *Leonhard Goppelt*, a.a.O., S. 166.

16 Der Text dieses Schreibens samt der Antwort des Kaisers Trajan findet sich in Kapitel XI auf den Seiten 461 bis 465. Dort finden sich auch erste Bemerkungen zur Datierung der Apokalypse und des 1. Petrusbriefs.

17 *F. Gerald Downing:* Pliny's Prosecutions of Christians: Revelation and 1Peter, JSNT 34 (1988), S. 105–123.

18 *F. Gerald Downing*, a.a.O., S. 105.

xcvi, yet this provides no precedent for Pliny to look back to . . . . It seems to be the same situation."[19]

Zum selben Ergebnis kommt auch Angelika Reichert aufgrund ihrer neuen Analyse des Briefs des Plinius und der Antwort des Trajan.[20] In bezug auf die Apokalypse und den 1. Petrusbrief fragt Reichert am Schluß ihrer Studie: „Konkret stellt sich . . . die Frage: Lassen sich diese Schriften nicht auch, vielleicht sogar besser verständlich machen vor dem Hintergund der durch Plinius und Trajan geschaffenen Situation mit der ihr eigenen Ambivalenz: dem harten Konzept einer Zurückdrängung des Christentums auf der einen Seite und der zum Konzept hinzugehörenden, gleichsam »abgefederten« Durchsetzungsweise – Verzeihungsangebot an Apostaten, Verbot der Berücksichtigung anonymer Anzeigen und vor allem: kein Aufspüren christlicher Personen, also Verzicht auf behördliche Initiativen – auf der anderen Seite?"[21]

In bezug auf die Datierung kommen wir also zu folgendem Ergebnis: *Der 1. Petrusbrief gehört wahrscheinlich ans Ende der Regierungszeit des Kaisers Trajan in die Situation, die der Pliniusbrief an Trajan schildert.*

Der Verfasser

Ist damit die Abfassungszeit zutreffend bestimmt, so ist klar, daß der Apostelfürst Petrus als Verfasser definitiv nicht in Frage kommt. Denn wenn Petrus ungefähr so alt war wie Jesus, muß er wie dieser noch in der Regierungszeit des Herodes des Großen – der 4 v.Chr. starb – geboren sein. Am Ende der Regierungszeit des Trajan – der 118 n.Chr. in Selinus in Kilikien starb – wäre der Apostelfürst also rund 120 Jahre alt gewesen. Das wird niemand für plausibel halten.

Damit erweist sich der 1. Petrusbrief also als pseudonyme Schrift wie schon der 2. Thessalonicherbrief, der Kolosser- und der Epheserbrief sowie die Pastoralbriefe. Nur eben mit dem Unterschied, daß hier nicht mehr Paulus bemüht wird, sondern Petrus.

---

19 *F. Gerald Downing*, a.a.O., S. 106.

20 *Angelika Reichert:* Durchdachte Konfusion: Plinius, Trajan und das Christentum, ZNW 93 (2002), S. 227–250.

21 *Angelika Reichert*, a.a.O., S. 248–250. Vgl. schon die Reichertsche Monographie zum 1. Petrusbrief (*Angelika Reichert:* Eine urchristliche *praeparatio ad martyrium*. Studien zur Komposition, Traditionsgeschichte und Theologie des 1. Petrusbriefes, Beiträge zur biblischen Exegese und Theologie 22, Frankfurt am Main/Bern/New York/Paris 1989), wo die Verfasserin in einem ausführlichen Exkurs „Zur historischen Einordnung der Situation der Adressaten" (S. 73–95) die einzelnen Texte aus dem Brief mit der durch den Plinius-Briefwechsel geschaffenen Lage vergleicht. Hier plädiert sie für die frühe Zeit des Trajan als Datum des 1. Petrusbriefs. Die Analyse des Pliniusbriefes hat sie nun in dem genannten Aufsatz zu einer Modifikation ihrer These veranlaßt, so daß der 1. Petrusbrief in die Zeit nach dem Pliniusbrief datiert wird. Diesem Ergebnis schließe ich mich an.

Literatur

Einführungen zum 1. Petrusbrief

Norbert Brox: Art. Petrusbriefe, TRE 26 (1996), S. 308–319.

Kommentare in chronologischer Reihenfolge

Karl Hermann Schelkle: Die Petrusbriefe. Der Judasbrief, HThK 13,2, Freiburg usw. 1961; ⁵1980.

Wolfgang Schrage: Der erste Petrusbrief, in: *Horst Balz* und *Wolfgang Schrage:* Die »Katholischen« Briefe. Die Briefe des Jakobus, Petrus, Johannes und Judas, NTD 10, Göttingen 1973.

Leonhard Goppelt: Der Erste Petrusbrief, KEK XII 1, Göttingen 1978.

Norbert Brox: Der erste Petrusbrief, EKK 21, Zürich/Einsiedeln/Köln/Neukirchen-Vluyn 1979; ⁴1993.

Sonstige Literatur

F. Gerald Downing: Pliny's Prosecutions of Christians: Revelation and 1Peter, JSNT 34 (1988), S. 105–123.

Martin Evang: Ἐκ καρδίας ἀλλήλους ἀγαπήσατε ἐκτενῶς. Zum Verständnis der Aufforderung und ihrer Begründungen in 1Petr 1,22f., ZNW 80 (1989), S. 111–123.

Reinhard Feldmeier: Die Christen in der Fremde. Die Metapher der Fremde in der antiken Welt, im Urchristentum und im 1. Petrusbrief, WUNT 64, Tübingen 1992.

Claus-Hunno Hunzinger: Babylon als Deckname für Rom und die Datierung des 1. Petrusbriefes, in: Gottes Wort und Gottes Land. FS Hans-Wilhelm Hertzberg, Göttingen 1965, S. 67–77.[22]

Willi Marxsen: Der Mitälteste und Zeuge der Leiden Christ. Eine martyrologische Begründung des »Rom-Primats« im 1. Petrus-Brief? in: Theologia crucis – Signum crucis. Festschrift für Erich Dinkler, Tübingen 1979, S. 377–393.

Joachim Molthagen: Die Lage der Christen im römischen Reich nach dem 1. Petrusbrief, Hist. 44 (1995), S. 422–458.

Angelika Reichert: Eine urchristliche *praeparatio ad martyrium*. Studien zur Komposition, Traditionsgeschichte und Theologie des 1. Petrusbriefes, Beiträge zur biblischen Exegese und Theologie 22, Frankfurt am Main/Bern/New York/Paris 1989.

Angelika Reichert: Durchdachte Konfusion: Plinius, Trajan und das Christentum, ZNW 93 (2002), S. 227–250.

Ernst Scharfe: Die petrinische Strömung der neutestamentlichen Literatur. Untersuchungen über die schriftstellerische Eigentümlichkeit des ersten Petrusbriefes, des Marcusevangeliums und der petrinischen Reden der Apostelgeschichte, Berlin 1893.

---

22 Der Deckname Babylon ist erst nach der Zerstörung Jerusalems geprägt worden; daher kann der Brief nicht älter als 70 n.Chr. sein. Brox datiert in seinem Kommentar in die Zeit zwischen 70 und 100 (*Norbert Brox:* Der erste Petrusbrief, EKK 21, Zürich/Einsiedeln/Köln/Neukirchen-Vluyn 1979, S. 41) – was m.E. zu früh ist, wie wir gesehen haben.

W.C. van Unnik: Die Rücksicht auf die Reaktion der Nicht-Christen als Motiv in der altchristlichen Paränese, in: Judentum – Urchristentum – Kirche. Festschrift für Joachim Jeremias, BZNW 26, Berlin 1960, S. 221–234.

§ 62 Der Judasbrief

Wenn wir auf den 1. Petrusbrief nicht gleich den 2. Petrusbrief folgen lassen, sondern zunächst den Judasbrief betrachten, so ist der Gund dafür ein doppelter: Wie wir schon gesehen haben, gibt es vom fiktiven Namen abgesehen gar keine Gemeinsamkeiten zwischen den beiden Petrusbriefen; zum andern aber ist die Wahrscheinlichkeit groß, daß der 2. Petrusbrief seinerseits vom Judasbrief literarisch abhängig ist[1]; daher empfiehlt es sich, zunächst den Judasbrief, dann erst den 2. Petrusbrief zu behandeln.

Der Aufbau

Auch beim Judasbrief treten die brieflichen Elemente klar hervor, so daß man sie als Grundlage einer Gliederung verwenden kann:

Präskript	v. 1–2
Proömium	fehlt im Judasbrief
Briefcorpus	v. 3–23
Schlußdoxologie	v. 24–25

Das Briefcorpus kann man seinerseits in zwei Abschnitte unterteilen, deren erster von v. 3 bis v. 16 reicht und die Auseinandersetzung mit den Gegnern führt; v. 17–23 bemüht sich um Stärkung der Gemeinde.[2]

„Die Sprache kennzeichnet eine für den Umfang hohe Zahl von Hapaxlegomena, der Stil erscheint als elaboriert . . . . Der Verfasser schreibt einen Brief, wobei allerdings die gemeindliche Konkretion verlassen und die situative Erfahrung insgesamt vermittelt wird.“[3]

Einleitungsfragen

„Der Autor des Judasbriefes führt seinen Namen in höchst auffälliger Weise ein. Denn nach der Einführung seines Namens erwähnt er sofort seinen Bruder Jako-

---

1 Anders beispielsweise Zahn in seiner Einleitung, der den Judas aus dem 2. Petrusbrief zitieren läßt; für Zahn stammt der 2. Petrusbrief von dem Apostelfürsten, der Judasbrief vom gleichnamigen Herrenbruder (*Theodor Zahn:* Einleitung in das Neue Testament, Band II, dritte, vielfach berichtigte und vervollständigte Auflage, Leipzig 1907, S. 82). Nach Zahn ist der Judasbrief nach der Zerstörung Jerusalems um 75 n.Chr. zu datieren (*Theodor Zahn,* a.a.O., S. 84–85).

2 Vgl. *Henning Paulsen:* Art. Judasbrief, TRE 17 (1988), S. 307–310; hier S. 307.

3 Ebd.

bus. Damit kommt von den im Neuen Testament genannten Personen mit diesem Namen nur der in Mk 6,3 par Mt 13,55 genannte Judas in Frage, der im Matthäus- und Markusevangelium zusammen mit Jakobus zu den Geschwistern Jesu gezählt wird. Dann entsteht aber sogleich das Problem, warum sich der Autor nicht gleich als Bruder Jesu bezeichnet, sondern die Verwandtschaft mit Jakobus nennt."[4]

Wieder erweist sich die Absenderangabe als fiktiv: Der Verfasser gehört nicht der Zeit der Apostel an, sondern er blickt auf diese als eine vergangene schon zurück, wie v. 17 zeigt:

ὑμεῖς δέ, ἀγαπητοί,	Ihr aber, Geliebte,
μνήσθητε τῶν ῥημάτων	gedenkt der Aussprüche,
τῶν προειρημένων ὑπὸ τῶν ἀποστόλων	die zuvor von den Aposteln
τοῦ κυρίου ἡμῶν Ἰησοῦ Χριστοῦ.	unseres Herrn Jesu Christi gesagt wurden!

Hier fällt ein bezeichnendes Licht auf den Verfasser und seine Situation. Die Adressaten sollen sich auf die *Worte* der Apostel besinnen. „Zu beachten ist, daß für den Vf. die Mündlichkeit ihrer Botschaft (im Unterschied zur Schrift und ihren Worten!) bedeutsam wird: ῥῆμα/προειρημένον/ἔλεγον schärfen dies ein. Das hat z.T. seine Ursache in der Art der Begründung von V. 18 (die Aussage läßt sich textlich ja nicht belegen!). Doch wichtiger ist, daß der Vf. darin Teil an seiner Zeit hat, die noch wesentlich von der Fiktion der Mündlichkeit des Apostolischen ausgeht. Daß die Aussage den Standort des Vf.s als getrennt von der Zeit des Anfangs definiert, läßt sich kaum bestreiten."[5]

Was die Datierung des Judasbriefes angeht, so ist diese von zwei Fixpunkten bestimmt: Die Formulierung im Präskript setzt einerseits voraus, daß der Verfasser den Jakobusbrief kennt; die Tatsache, daß der 2. Petrusbrief den Judasbrief benutzt, datiert diesen vor jenen. D.h. daß wir den Judasbrief zwischen den Jakobusbrief und den 2. Petrusbrief setzen müssen, nach meinem Urteil näher am 2. Petrusbrief als am Jakobusbrief. Damit fällt seine Entstehungszeit entweder an das Ende der Regierungszeit des Trajan oder in die Zeit des Hadrian.[6] Plausibler ist nach meinem Urteil die Datierung in die Zeit des Hadrian (117–138).

---

4   *Ingo Broer:* Einleitung in das Neue Testament, Band 2: Die Briefliteratur, die Offenbarung des Johannes und die Bildung des Kanons, Die Neue Echter Bibel. Ergänzungsband zum Neuen Testament 2,2, Würzburg 2001, S. 634.

5   *Henning Paulsen:* Der Zweite Petrusbrief und der Judasbrief, KEK XII 2, Göttingen 1992, S. 79.

6   Zur Datierung des 2. Petrusbriefes siehe den folgenden Paragraphen 62.

Literatur

Einführungen zum Judasbrief

Henning Paulsen: Art. Judasbrief, TRE 17 (1988), S. 307–310.

Kommentare in chronologischer Reihenfolge

Karl Hermann Schelkle: Die Petrusbriefe. Der Judasbrief, HThK 13,2, Freiburg usw. 1961; ⁵1980.

Wolfgang Schrage: Judasbrief, in: *Horst Balz* und *Wolfgang Schrage:* Die »Katholischen« Briefe. Die Briefe des Jakobus, Petrus, Johannes und Judas, NTD 10, Göttingen 1973.

Henning Paulsen: Der Zweite Petrusbrief und der Judasbrief, KEK XII 2, Göttingen 1992.

Anton Vögtle: Der Judasbrief. Der zweite Petrusbrief, EKK 22, Neukirchen/Vluyn u.a. 1994.

Sonstige Literatur

Richard C. Bauckham: Jude and the Relatives of Jesus in the Early Church, Edinburgh 1990.

Roman Heiligenthal: Zwischen Henoch und Paulus. Studien zum theologiegeschichtlichen Ort des Judasbriefes, TANZ 6, Tübingen 1992.

Friedrich Spitta: Der zweite Brief des Petrus und der Brief des Judas. Eine geschichtliche Untersuchung, Halle 1885.

§ 63 Der 2. Petrusbrief

Ich zitiere zur Einstimmung die berühmte Einschätzung unseres Schreibens durch Ernst Käsemann: „Der 2. Petrusbrief ist als Apologie der urchristlichen Eschatologie geschrieben worden. Das gibt ihm Bedeutung und Aktualität. Wenn er gleichwohl merkwürdigerweise viel zu selten beachtet wird, so könnte dafür nur die Einsicht eine stichhaltige Erklärung bieten, daß diese Apologie ihren Gegenstand diskreditiert. Denn der 2. Petrusbrief ist vom Anfang bis zum Ende ein Dokument frühkatholischer Anschauung und wohl die fragwürdigste Schrift des Kanons. Auch das müßte zu eingehender Beschäftigung mit ihm verlocken."[1]

„Offensichtlich hat der Verfasser zusammengestellt, was einzeln schon vor ihm geltend gemacht wurde. Die Häufung verrät mehr die Verlegenheit als die Kraft. So kann die Wirkung auch nur die sein, daß jeder sich aussucht, was ihm paßt. Unser Brief schließt darum faktisch mit dem Eingeständnis, daß die Lehre von den letzten Dingen der Kirche schon damals nur Not bereitet hat, und ihre Apologie ist in Wahrheit die Bekundung einer Aporie."[2]

---

1 *Ernst Käsemann:* Eine Apologie der urchristlichen Eschatologie, ZThK 49 (1952), S. 272–296, Nachdruck in: *ders.:* Exegetische Versuche und Besinnungen, Bd. I, Göttingen ⁶1970, S. 135–157; hier S. 135.

2 *Ernst Käsemann,* a.a.O., S. 157.

Der Aufbau

Den Aufbau des 2. Petrusbriefes kann man mit Broer folgendermaßen angeben:[3]

1,1–2	Präskript
1,3–11	Gabe und Aufgabe des Christenstandes
1,12–3,13	Die Verteidigung des Parusieglaubens gegen die Irrlehrer
3,14–18	Abschließende Mahnungen und Doxologie

Für den Hauptteil gibt Broer die folgende Gliederung:[4]

1,12–21	Das Testament des Petrus als bleibende Erinnerung an die Wahrheit
2,1–22	Die Schuld der Irrlehrer und Androhung des Gerichts
3,1–13	Die Gewißheit der Parusie

Der Verfasser

Nicht nur im Präskript (1,1) beansprucht der Verfasser, Petrus, der Jünger des Herrn gewesen zu sein, sondern besonders kraß auch in 1,16–18:[5]

οὐ γὰρ σεσοφισμένοις μύθοις ἐξακολουθήσαντες	[16] Denn wir sind nicht ausgeklügelten Mythen gefolgt,
ἐγνωρίσαμεν ὑμῖν τὴν τοῦ κυρίου ἡμῶν Ἰησοῦ Χριστοῦ δύναμιν καὶ παρουσίαν,	als wir euch die Kraft und Parusie unseres Herrn Jesus Christus kundgetan haben,
ἀλλ' ἐπόπται γενηθέντες τῆς ἐκείνου μεγαλειότητος.	sondern wir waren eingeweihte Zeugen seiner Größe.
λαβὼν γὰρ παρὰ θεοῦ πατρὸς τιμὴν καὶ δόξαν	[17] Denn er empfing von Gott dem Vater Ehre und Herrlichkeit,
φωνῆς ἐνεχθείσης αὐτῷ τοιᾶσδε ὑπὸ τῆς μεγαλοπρεποῦς δόξης·	als von der hocherhabenen Herrlichkeit die Stimme an ihn erging:
ὁ υἱός μου ὁ ἀγαπητός μου οὗτός ἐστιν, εἰς ὃν ἐγὼ εὐδόκησα	„Dieser ist mein geliebter Sohn, an dem ich Wohlgefallen habe."
καὶ ταύτην τὴν φωνὴν ἡμεῖς ἠκούσαμεν ἐξ οὐρανοῦ ἐνεχθεῖσαν σὺν αὐτῷ ὄντες ἐν τῷ ἁγίῳ ὄρει.	[18] Und diese Stimme haben wir gehört, die vom Himmel her erging, als wir mit ihm zusammen auf dem heiligen Berg waren.

---

3   *Ingo Broer:* § 30 Der zweite Petrusbrief, in: Einleitung in das Neue Testament, Band 2: Die Briefliteratur, die Offenbarung des Johannes und die Bildung des Kanons, Die Neue Echter Bibel. Ergänzungsband zum Neuen Testament 2,2, Würzburg 2001, S. 641–656; hier S. 641.

4   Ebd.

5   Übersetzung von *Henning Paulsen:* Der Zweite Petrusbrief und der Judasbrief, KEK XII 2, Göttingen 1992, S. 116.

Der Verfasser beansprucht mithin, ein Augenzeuge des Lebens Jesu gewesen zu sein. Dieser Anspruch soll seinem Anliegen Legitimation verleihen. Daß der Apostel Petrus nicht der Verfasser gewesen sein kann, bedarf heute keiner langen Argumentation mehr. Die Entstehungszeit unseres Schreibens im 2. Jahrhundert schließt eine solche Möglichkeit von vornherein aus.

Sein Anliegen

Das Anliegen des Verfassers ist die Erklärung der Parusieverzögerung.[6] In seiner Eigenschaft als Petrus kleidet er dieses Problem in eine Weissagung künftigen Geschehens (3,3b–4):[7]

ἐλεύσονται ἐπ' ἐσχάτων τῶν ἡμερῶν ἐν ἐμπαιγμονῇ ἐμπαῖκται	[3] In den letzten Tagen werden Spötter mit Spottrede auftreten,
κατὰ τὰς ἰδίας ἐπιθυμίας αὐτῶν πορευόμενοι	die nach ihren eigenen Lüsten wandeln
καὶ λέγοντες·	[3] und sprechen:
ποῦ ἐστιν ἡ ἐπαγγελία τῆς παρουσίας αὐτοῦ;	Wo bleibt die Verheißung seiner Ankunft?
ἀφ' ἧς γὰρ οἱ πατέρες ἐκοιμήθησαν,	Denn seit die Väter entschliefen,
πάντα οὕτως διαμένει ἀπ' ἀρχῆς κτίσεως.	geht alles so wie vom Anfang der Welt weiter.

Datierung

Es herrscht weitgehender Konsens darüber, daß wir es beim 2. Petrusbrief mit dem spätesten Dokument des Neuen Testaments zu tun haben. Ernst Käsemann datiert es auf „die Mitte des zweiten Jahrhunderts"[8], Broer plädiert für vor 135[9]. Für unsere Zwecke mag es genügen, für die Regierungszeit des Hadrian zu votieren: 118–137.

Literatur

Einführungen zum 2. Petrusbrief

Norbert Brox: Art. Petrusbriefe, TRE 26 (1996), S. 308–319.

Ingo Broer: § 30 Der zweite Petrusbrief, in: Einleitung in das Neue Testament, Band 2: Die Briefliteratur, die Offenbarung des Johannes und die Bildung des Kanons, Die Neue Echter Bibel. Ergänzungsband zum Neuen Testament 2,2, Würzburg 2001, S. 641–656.

---

6   Zum Problem der Parusieverzögerung vgl. oben in Kapitel VIII die Seiten 328.
7   Die Übersetzung ist von *Ernst Käsemann,* a.a.O., S. 135.
8   A.a.O., S. 138.
9   A.a.O., S. 650.

Kommentare in chronologischer Reihenfolge

Wolfgang Schrage: Der zweite Petrusbrief, in: *Horst Balz* und *Wolfgang Schrage:* Die »Katholischen« Briefe. Die Briefe des Jakobus, Petrus, Johannes und Judas, NTD 10, Göttingen 1973.

Henning Paulsen: Der Zweite Petrusbrief und der Judasbrief, KEK XII 2, Göttingen 1992.

Anton Vögtle: Der Judasbrief. Der zweite Petrusbrief, EKK 22, Neukirchen/Vluyn u.a. 1994.

Sonstige Literatur

Ernst Käsemann: Eine Apologie der urchristlichen Eschatologie, ZThK 49 (1952), S. 272–296, Nachdruck in: *ders.:* Exegetische Versuche und Besinnungen, Bd. I, Göttingen ⁶1970, S. 135–157.

Friedrich Spitta: Der zweite Brief des Petrus und der Brief des Judas. Eine geschichtliche Untersuchung, Halle 1885.

Abschließende Zusammenfassung

1. Der geschichtliche Rahmen des Neuen Testaments reicht von Augustus bis zu Hadrian, umfaßt also mehr als eineinhalb Jahrhunderte.

2. Die Entstehungszeit der neutestamentlichen Schriften ist sehr viel enger eingegrenzt: Sie reicht von Nero bis Hadrian, das heißt vom 1. Thessalonicherbrief – geschrieben im Jahr 50 – bis zum 2. Petrusbrief knapp 90 Jahre später.

3. Läßt man die beiden späten Werke, den Judasbrief und den 2. Petrusbrief, unberücksichtigt, so umfaßt die Entstehungszeit der neutestamentlichen Schriften gut zwei Generationen, von 50 bis ungefähr 120.

4. Läßt man auch die unter Trajan entstandenen Schriften, den 1. Petrusbrief und die Apokalypse, unberücksichtigt, so stammen alle übrigen 23 Schriften aus dem halben Jahrhundert von 50 bis 100.

5. Die paulinischen Schriften stammen aus dem Jahrzehnt von 50 bis 60: Alle echten Paulusbriefe sind in dieser kurzen Zeitspanne entstanden: 1Thess, 1Kor, Phil, Phlm, 2Kor, Röm, Gal.

6. Der nachapostolischen Generation von 60 bis 90 verdanken wir die meisten Schriften des Neuen Testaments: Die Evangelien stammen ebenso aus dieser Zeit wie die Apostelgeschichte und die deuteropaulinischen Schriften.

7. In diesen eineinhalb Jahrhunderten spielt sich die staunenswerte Ausbreitung der christlichen Gemeinden ab: Nahm von Jesus und seinen Anhängern in Rom noch niemand Notiz, sind die Christen gut 30 Jahre später in Rom schon in aller Munde; weitere 60 Jahre später, zur Zeit des Trajan, sind sie eine politische Gefahr, auf die der Staat mit der Androhung der Todesstrafe reagiert. Wie eine Pest – so die Sicht der römischen Behörden – haben sich die christlichen Gemeinden in kürzester Zeit aus Palästina über Kleinasien und Griechenland bis nach Italien und darüber hinaus ausgebreitet.

Indices

Hier finden sich zwei Indices, ein Stellenregister sowie ein Personen-, Orts- und Sachregister. Verzeichnet ist bei letzterem nicht jedes Vorkommen des jeweiligen Begriffs oder Namens; gebucht werden vielmehr nur solche Stellen, an denen etwas Substantielles dazu gesagt wird. Besonders hervorgehoben wurde der Verweis auf Karten im Personen-, Orts- und Sachregister: Deren Seitenangabe erscheint in Fettstellung mit der zusätzlichen Bemerkung „(Karte)".

Stellen

Personen, Orte und Sachen

Gespräch über Jesus

Benedikt XVI. im Dialog mit Martin Hengel, Peter Stuhlmacher
und seinen Schülern in Castelgandolfo 2008
Im Auftrag der Joseph Ratzinger Papst Benedikt XVI.-Stiftung
herausgegeben von Peter Kuhn

Zu den jährlichen Tagungen, die Joseph Ratzinger, seit 2005 Papst Benedikt XVI.,
mit einem Kreis von Assistenten, Doktoranden und Habilitanden aus seiner Uni-
versitätszeit abhält, wurden 2008 die beiden evangelischen Neutestamentler Martin
Hengel und Peter Stuhlmacher als Referenten nach Castelgandolfo eingeladen. Beide
sprachen über Themen, die auch in dem bekannten Werk des Papstes über ›Jesus von
Nazareth‹ zur Sprache kommen, dessen erster Band 2007 erschien und dessen zweiter
Band 2010 erscheinen soll: Martin Hengel trug »Zur historischen Rückfrage nach
Jesus von Nazareth«, Peter Stuhlmacher zu »Jesu Opfergang« vor. Der vorliegende
Band hat so gleichsam eine Scharnierfunktion zwischen den beiden Jesus-Bänden des
Papstes. Im Anschluss an die Referate entwickelte sich in Castelgandolfo eine lebhafte
Diskussion in ökumenischer Offenheit, zu der auch der Papst einen gewichtigen Bei-
trag leistete.

»Das […] Buch geht in der Hoffnung hinaus, es möge etwas von dem damaligen
Bemühen widerspiegeln, Jesus als der Mitte des christlichen Glaubens und zugleich
als einer Gestalt der Geschichte nahe zu kommen.«
Peter Kuhn im Vorwort

Gesprächsteilnehmer:
*Papst Benedikt XVI., Wolfgang Beinert, Martin Bialas, Cornelio Del Zotto, Martin
Hengel, Hans-Jochen Jaschke, Peter Kuhn, Johannes Lehmann-Dronke, Vinzenz Pfnür,
Udo Maria Schiffers, Christoph Schönborn, Peter Stuhlmacher, Martin Trimpe, Vincent
Twomey, Ludwig Weimer, Siegfried Wiedenhofer, Josef Zöhrer*

2010. Ca. 140 Seiten.
ISBN 978-3-16-150441-9
fadengeheftete Broschur

Mohr Siebeck
Tübingen
info@mohr.de
www.mohr.de

Barbara Fuß
Neutestamentliches Griechisch
Ein Lernbuch zu Wortschatz und Formenlehre

Barbara Fuß bietet mit ihrem Lernbuch denjenigen, die die Originalsprache des Neuen Testaments erlernen, das Vokabular und die Formenlehre des neutestamentlichen Griechisch auf kompakte, übersichtliche und benutzerfreundliche Weise dar – als Ergänzung zu einem Lehrbuch, als Begleitung für den Griechischunterricht und als Hilfe zum Selbststudium. Vokabular und Formen sind in aufeinander bezogenen Doppelseiten angeordnet, um das sukzessive und gleichzeitige Lernen sowohl des Wortschatzes als auch der grammatikalischen Formen zu ermöglichen. Das Vokabular umfasst alle Wörter des griechischen Neuen Testaments, die zehnmal und häufiger vorkommen (ergänzt um weitere theologisch bedeutsame oder für einzelne Autoren charakteristische Wörter). Die Vokabeln sind grundsätzlich nach der Häufigkeit ihres Vorkommens im Neuen Testament geordnet. Die Zuordnung einzelner Wörter zu Grammatikthemen und die Zusammenstellung von stamm- oder sinnverwandten Wörtern sind gegebenenfalls vorrangige Ordnungskriterien. Die Grammatiktafeln bieten eine Übersicht über die gesamte neutestamentliche Formenlehre (ohne jedoch auf sämtliche Details und Ausnahmeformen einzugehen). Dem grammatischen Stoff sind diejenigen Erläuterungen beigegeben, die zum Verstehen des Dargebotenen unerlässlich sind oder eine Hilfe zum leichteren Einprägen darstellen. Verweise auf verwandte Wörter auf den Vokabelseiten erleichtern es, sich Wörter in Familien bzw. Gruppen einzuprägen. Die Beispielsätze am selben Ort und die Beispielsätze mit deutscher Übersetzung auf den Grammatikseiten demonstrieren neutestamentliche Anwendungen des Vokabulars und der dargebotenen grammatikalischen Phänomene.

»Insgesamt also ein äußerst hilfreiches Kompendium des neutestamentlichen Griechisch für alle, die beim Erstkontakt mit der griechischen Sprache den Überblick zu verlieren drohen, und für alle, die sich (wieder) schnell einen Überblick verschaffen wollen.«
M.E. in *Theologische Revue* 105 (2009), S. 351

2007. X, 161 Seiten (UTB Mittlere Reihe 2910).
ISBN 978-3-8252-2910-8 Broschur

Mohr Siebeck
Tübingen
info@mohr.de
www.mohr.de